AF820059

Zugang zur Online-Datenbank:

juris.de/stollfuss

Bitte folgenden Freischaltcode im
Eingabefeld „Freischaltcode" eingeben

Zwzma5A4TqG

und durch einen Klick auf „Weiter" bestätigen.
Nach erfolgter Registrierung erhalten Sie
Ihre Zugangsdaten direkt per E-Mail.

Stollfuß Verlag

RSM Ebner Stolz / BDI
Steuer- und Wirtschaftsrecht 2026

BDI
Bundesverband der
Deutschen Industrie e.V.

RSM EBNER STOLZ

Steuer- und Wirtschaftsrecht 2026

Redaktionelle Gesamtverantwortung

Dr. Ulrike Höreth
Rechtsanwältin
Fachanwältin für Steuerrecht

Brigitte Stelzer
Rechtsanwältin
Steuerberaterin

Lefebvre Stollfuß

Zitierweise:
RSM Ebner Stolz / BDI, Steuer- und Wirtschaftsrecht 2026, Rz. ...

Bibliografische Information der Deutschen Nationalbibliothek
Die Deutsche Nationalbibliothek verzeichnet diese Publikation in der Deutschen Nationalbibliografie; detaillierte bibliografische Daten sind im Internet über http://www.d-nb.de abrufbar.

ISBN: 978-3-08-318462-1

Satz: mediaTEXT Jena GmbH, Jena
Druck und Verarbeitung: Druckerei Hachenburg – PMS GmbH, Hachenburg
Verlag: Stollfuß Verlag – Zweigniederlassung der Lefebvre Sarrut GmbH, Bundeskanzlerplatz 2, 53113 Bonn
Gedruckt auf 100 % PEFC zert. Papier, EU Eco Label

Geleitwort

Mit den Beschlüssen zu den Unternehmenssteuern – dem sog. Investitionssofortprogramm – hat die Bundesregierung sehr schnell wachstumsfördernde Impulse auf den Weg gebracht. Auch wenn nach unserer Auffassung die Senkung der Körperschaftsteuer bereits früher greifen und die Wiedereinführung der degressiven AfA nicht nur befristet, sondern dauerhaft erfolgen sollte, werden hiermit wichtige Impulse für den Wirtschaftsstandort Deutschland gesetzt.

Zum Beginn des Jahres 2026 sind die wirtschafts- und finanzpolitischen Rahmenbedingungen schwierig: Haushaltslücken in Milliardenhöhe sowie hoher Konsolidierungsdruck sind große Herausforderungen und engen die Spielräume für weitere steuerliche Maßnahmen ein. Entscheidend sind somit nun vor allem weitere Schritte zur bürokratischen Entlastung der deutschen Wirtschaft. Diese Maßnahmen sind dringend notwendig, um den Standort Deutschland durch wettbewerbsfähige steuerliche Rahmenbedingungen zu stärken.

Notwendige Steuereinnahmen zur Finanzierung der Staatsausgaben können nur durch eine stabile Wirtschaft erhalten werden. Die deutsche Wirtschaft braucht jetzt Rückenwind durch eine Steuerpolitik, die zu einer Reduzierung der umfassenden Compliance-Kosten der Wirtschaft führt. Dies gilt auch für die europäische Ebene, wo in diesem Jahr ein Decluttering von redundanten und überbordenden Berichtspflichten vorgenommen werden soll.

Der neu aufgelegte Ratgeber leistet mit zahlreichen Vorschlägen zum steuerlichen Bürokratieabbau einen wichtigen Beitrag zu dem notwendigen Dialog zwischen Wirtschaft, Beratung, Verwaltung und Politik über eine zukunftsorientierte Steuerpolitik in Deutschland.

Tanja Gönner
Hauptgeschäftsführerin und Mitglied des Präsidiums
Bundesverband der Deutschen Industrie e.V.

Vorwort

Geopolitische Spannungen, die unberechenbare US-Zollpolitik, drastische Veränderungen der weltweiten Handelsbeziehungen und der rasante Technologiewandel stellen deutsche Unternehmen vor enorme Herausforderungen. Bürokratische Hürden binden dringend benötigte Fachkräfte in den Unternehmen und behindern Effizienz sowie Innovation. Fehlende Planungssicherheit führt zu Vertrauensverlust der Wirtschaft in die Politik und steht Investitionen im Weg. Die äußerst angespannte Haushaltslage verbietet neben den bislang umgesetzten Maßnahmen weitere Steuerentlastungen für Unternehmen. Der euphorisch angekündigte Herbst der Reformen fiel insgesamt eher überschaubar aus.

Der mit dem Regierungswechsel im Frühjahr 2025 erhoffte Turbo für Wirtschaftswachstum ist kaum zu spüren. Der Investitionsbooster der neuen Bundesregierung bleibt vielfach ungenutzt, die Senkung des Körperschaftsteuersatzes greift erst ab 2028 – und damit in der nächsten Legislaturperiode. Von weiteren geplanten steuerlichen Maßnahmen, wie der Absenkung der Gastrosteuer, dürften keinerlei Impulse für die Wirtschaft ausgehen. Ob die Aktivrente hilft, Know-how in den Unternehmen zu halten und zur Stabilisierung der Sozialversicherungskosten beizutragen, ist auch zu hinterfragen. Weitestgehend unklar und für die betroffenen Unternehmen nahezu unzumutbar sind die mit Blick auf die Nachhaltigkeitsberichterstattung und das Lieferkettensorgfaltspflichtengesetz bestehenden Unsicherheiten. Zwar ist zu begrüßen, dass zukünftig sowohl der Anwenderkreis als auch der Umfang der Berichtspflichten deutlich reduziert werden sollen; dennoch ist für viele Unternehmen, die bereits sehr ressourcenbindende und kostspielige Berichts- und Meldeprozesse aufgesetzt haben, nach wie vor unklar, ob sie überhaupt und wenn ja, ob sie dauerhaft verschont bleiben.

Selbst kleinere Reparaturen und erforderliche Anpassungen im Steuer- und Wirtschaftsrecht an die Rechtsprechung von EuGH und die höchsten nationalen Gerichte wurden nur äußerst dosiert vorgenommen. Für die Praxis resultieren daraus oftmals Anwendungsunsicherheiten, wenn etwa die EU-Rechtswidrigkeit nationaler Regelungen im Raum steht.

In dem vorliegenden, nunmehr in 13. Auflage erscheinenden Ratgeber sind alle wesentlichen bis zum Ende des Jahres 2025 abgeschlossenen Gesetzgebungsverfahren im Steuer- und Wirtschaftsrecht sowie der Stand etwaiger noch laufender Gesetzgebungsverfahren zu diesem Zeitpunkt berücksichtigt. Damit steht dem Leser ein Werk zur Verfügung, das einen umfassenden Überblick über den aktuellen Gesetzesstand gibt.

In guter Tradition wird zunächst im ERSTEN TEIL durch den Bundesverband der Deutschen Industrie e.V. (BDI) dargelegt, welche Anforderungen die Industrie in Deutschland an die Steuer- und Wirtschaftspolitik stellt, um erfolgreich wirtschaften und den Wirtschaftsstandort Deutschland sichern oder gar stärken zu können.

Nach dem Soll beschäftigen sich Experten von RSM Ebner Stolz mit dem Ist und stellen in einer Gesamtschau die zahlreichen Veränderungen in den Bereichen Steuerrecht, Wirtschaftsprüfung (nationale und internationale Rechnungslegung) und Wirtschaftsrecht dar. So beinhaltet der ZWEITE TEIL eine Analyse über die ab dem 1.1.2026 anzuwendenden abgeschlossenen Gesetzesänderungen und gibt einen Ausblick auf vom Gesetzgeber derzeit diskutierte Regelungen. Im DRITTEN TEIL wird ein umfassender Überblick über die im Verlauf des Jahres 2025 bereits anzuwendenden gesetzlichen Regelungen sowie über relevante Rechtsprechung, Verwaltungsanweisungen sowie Verlautbarungen der Standardsetter gegeben.

Der Ratgeber vermittelt damit einen Überblick über den Status quo und liefert wertvolle Beratungshilfen und Hinweise für die Steuererklärung bzw. für die Finanz- und

Nachhaltigkeitsberichterstattung sowie über maßgebliche Veränderungen im Wirtschaftsrecht.

Dieses Kompendium bietet Unternehmen einen umfassenden Überblick über alle Disziplinen im Steuer- und Wirtschaftsrecht. Gestaltungsüberlegungen und Beratungshinweise helfen dabei, die eigene Unternehmenssituation durch entsprechende Weichenstellungen zu optimieren. Darüber hinaus unterstützt der Ratgeber Steuerberater sowie Angehörige rechts- und wirtschaftsberatender Berufe bei ihrer Beratungstätigkeit.

Im Januar 2026

Prof. Dr. Bettina Thormann
Wirtschaftsprüferin, Steuerberaterin und Partnerin bei RSM Ebner Stolz in Hamburg

Dr. Daniel Kautenburger-Behr
Rechtsanwalt, Steuerberater und Partner bei RSM Ebner Stolz in Köln

Prof. Dr. Holger Jenzen
Steuerberater und Partner bei RSM Ebner Stolz in Stuttgart

Informationen zu RSM Ebner Stolz / BDI

RSM Ebner Stolz

RSM Ebner Stolz ist eine der größten unabhängigen mittelständischen Beratungsgesellschaften in Deutschland. Das Unternehmen gehört zu den Top Ten der Branche und verfügt über eine breite Expertise in Wirtschaftsprüfung, Steuer-, Rechts- und Unternehmensberatung. Mit diesem multidisziplinären Beratungsansatz und über 2.700 Mitarbeitern an 15 Standorten betreut RSM Ebner Stolz als einer der Marktführer im Mittelstand nationale und internationale Industrie-, Handels- und Dienstleistungsunternehmen aller Branchen. Zudem ist die Kompetenz von RSM Ebner Stolz gefragt, wenn größere Unternehmen hochkarätige Projekte vergeben.

Der hohe Qualitätsanspruch von RSM Ebner Stolz zeigt sich in einer weit überdurchschnittlichen Berufsträgerquote. Mit dem aus eigener unternehmerischer Tätigkeit herrührenden Verständnis für die Bedürfnisse der betreuten Unternehmen werden pragmatische und vorausschauende Gesamtlösungen individuell, schnell und qualifiziert erarbeitet.

Als Mitglied von RSM International bietet RSM Ebner Stolz seinen Mandanten hochwertige Prüfungs- und Beratungsleistungen in weltweit 120 Ländern mit mehr als 900 Büros an. Weitere Informationen zu RSM Ebner Stolz finden Sie unter www.ebnerstolz.de.

Bundesverband der Deutschen Industrie

Der Bundesverband der Deutschen Industrie (BDI) ist die Spitzenorganisation im Bereich der Industrieunternehmen und industrienahen Dienstleister. Als Interessenvertretung der Industrie trägt der BDI bei seinen Mitgliedern zur Meinungsbildung und Entscheidungsfindung bei. Er bietet Informationen für alle Bereiche der Wirtschaftspolitik an. Der BDI unterstützt so die Unternehmen im intensiven Wettbewerb, den die Globalisierung mit sich bringt. Mit seinen 39 Branchenverbänden, inklusive einer Arbeitsgemeinschaft bestehend aus 6 Verbänden, vertritt er die Interessen von rund 100.000 Unternehmen und 8 Mio. Beschäftigten.

Autorenverzeichnis

Redaktionelle Gesamtverantwortung

Dr. Ulrike Höreth,
Rechtsanwältin, Fachanwältin für Steuerrecht

Brigitte Stelzer,
Rechtsanwältin, Steuerberaterin

Bundesverband der Deutschen Industrie

Nadine Fetzer,
Msc Economics

Dr. Nadja Fochmann,
Master of Science, International Business Administration, Referentin Steuern und Finanzpolitik

Tobias Kohlstruck,
Master of Science, Volkswirtschaftslehre, Referent Steuern und Finanzpolitik

Benjamin Koller,
Dipl.-Volkswirt, stellvertretender Abteilungsleiter Steuern und Finanzpolitik

Annette Selter,
Dipl.-Volkswirtin, Referentin Steuern und Finanzpolitik

Julian Winkler,
Master of Science, Economics, Referent Steuern und Finanzpolitik

Dr. Monika Wünnemann,
Rechtsanwältin, Abteilungsleiterin Steuern und Finanzpolitik

RSM Ebner Stolz

Thomas Becker,
Steuerberater

Dr. Alexander Bohn,
Wirtschaftsprüfer, Steuerberater

Martina Büttner,
Wirtschaftsprüferin, Steuerberaterin

Christine Diener,
Rechtsanwältin

Alexander Euchner,
Steuerberater, Fachberater für internationales Steuerrecht

Klaudija Etter,
Wirtschaftsprüferin

Marion Gerber,
Steuerberaterin

Christoph Germer,
Rechtsanwalt

Alexander Glöckner,
Wirtschaftsprüfer

Carolin Göb-Jungclaus,
Rechtsanwältin

Laurin Graf von Perponcher,
Rechtsanwalt

Jan Hendrik Groß,
Rechtsanwalt

Sten Günsel,
Rechtsanwalt, Steuerberater, Fachanwalt für internationales Steuerrecht

Judith Gumpert

Uwe Harr,
Wirtschaftsprüfer, Steuerberater

Maxine Hauser,
Steuerberaterin

Dr. Ulrike Höreth,
Rechtsanwältin, Fachanwältin für Steuerrecht

Patrick Huhn,
Wirtschaftsprüfer, Steuerberater

Jörn R. Karall,
Rechtsanwalt, Fachanwalt für Arbeitsrecht

Kai Karcher,
Steuerberater

Anne-Marie Kekow,
Wirtschaftsprüferin, Steuerberaterin

Dr. Holger Kierstein,
Rechtsanwalt, Fachanwalt für Handels- und Gesellschaftsrecht

Luisa Köhler,
Steuerberaterin

Nadja Kuner,
Rechtsanwältin, Steuerberaterin

Svenja Lindtner,
Steuerberaterin

Daria Madejska, LL.M.,
Rechtsanwältin, Fachanwältin für Medizinrecht, Fachanwältin für Verwaltungsrecht

Dr. Manuela Martin,
Rechtsanwältin

Laurent Meister, LL.M.,
Rechtsanwalt, Fachanwalt für IT-Recht

Anne Meldau,
M. A. Environmental Policy Sustainability Auditor IDW

Alexander Michelutti,
Steuerberater

Dr. Evelyn Nau,
Rechtsanwältin, Fachanwältin für Arbeitsrecht

Janina Poppe,
Wirtschaftsprüferin, Steuerberaterin

Dr. Alexander Rehs,
Rechtsanwalt

Volker Schmidt,
Rechtsanwalt, Steuerberater

Henrik Steffan

Brigitte Stelzer,
Rechtsanwältin, Steuerberaterin

Prof. Dr. Bettina Thormann,
Wirtschaftsprüferin, Steuerberaterin

Birgit Weisschuh,
Wirtschaftsprüferin

Bettina Weyh,
Rechtsanwältin, Steuerberaterin

Anna Zander,
Wirtschaftsprüferin, Steuerberaterin

Christian Zimmermann,
Steuerberater, Fachberater für internationales Steuerrecht

Dr. Daniel Zöller,
Steuerberater

Christof Zondler,
Rechtsanwalt, Steuerberater, Fachberater für internationales Steuerrecht

Inhaltsverzeichnis

Seite

Seite

Seite

Seite

Seite

Seite

Seite

Seite

Seite

Seite

Seite

Seite

Seite

Seite

Seite

Schrifttum

Armbrüster,	Anmerkung zum Urteil des EuGH vom 12.9.2024, Az. C-17/22, C-18/22 – Zur Auslegung von Art. 6 Abs. 1 UAbs. 1 DSGVO, ZIP 2024, 2517;
Becker,	Datenschutzvorschriften als Marktverhaltensregelungen, jurisPR-WettbR 6/2025 Anm. 3;
Bergmeister,	Keine Haftung des Anlagevermittlers für Schäden einer Gemeinde nach Insolvenz der Greensill Bank, jurisPR-BGHZivilR 22/2024 Anm. 1;
Besgen,	Erteilung digitaler Entgeltabrechnungen: Digitales Mitarbeiterpostfach ausreichend!, B+P 2025, 530;
Besgen,	Höheres Arbeitsentgelt nur in Höhe der Differenz der Mediane der männlichen und weiblichen Vergleichsgruppe, B+P 2024, 797;
Besgen,	Schadensersatz bei verspäteter Zielvorgabe, B+P 2025, 222;
Besgen,	Diskriminierung von Teilzeitbeschäftigten bei Überstundenzuschlägen, B+P 2025, 76;
Besgen,	Tarifvertragliche Inflationsausgleichsprämie – Ausschluss von Arbeitnehmern in der Passivphase ihrer Altersteilzeit, B+P 2025, 4;
Besgen,	Freigestelltes Betriebsratsmitglied – Vergütungsanpassung – Beteiligung des Betriebsrats, B+P 2025, 77;
Besgen,	Vergütung (freigestellter) Betriebsratsmitglieder – Darlegungs- und Beweislast, B+P 2025, 292;
Besgen,	Betriebsratswahl – aktives Wahlrecht von Führungskräften in mehreren Betrieben bei einer unternehmensinternen Matrix-Struktur, B+P 2025, 437;
Besgen,	30-jährige Verjährungsfrist für kapitalisierte Forderungen des Pensions-Sicherungs-Vereins, B+P 2025, 148;
Besgen,	Arbeitgeberzuschuss zu Entgeltumwandlung – Tariföffnung, B+P 2025, 293;
Besgen,	Verspätete Erfüllung des Auskunftsanspruchs nach Art. 15 DSGVO: Immaterieller Schadensersatz?, B+P 2025, 455;
Besgen,	Fälligkeit einer Sozialplanabfindung – Verzugszinsen, B+P 2025, 221;
Besgen,	Befristetes Arbeitsverhältnis eines Betriebsratsmitglieds – Benachteiligungsverbot, B+P 2025, 508;
Bissels/Jopp,	Abgeltung von Urlaub bei Langzeiterkrankung unter Berücksichtigung von zwischen den Arbeitsvertragsparteien vereinbarten AGB, jurisPR-ArbR 44/2025 Anm. 1;
Bissels/Pitzer,	Erschütterung des Beweiswerts einer ärztlichen Arbeitsunfähigkeitsbescheinigung aus dem Nicht-EU-Ausland, jurisPR-ArbR 21/2025 Anm. 2;
Bissels/Steeger,	Pflicht des Arbeitnehmers zur Arbeitszeitdokumentation als Fixschuld, jurisPR-ArbR 34/2025 Anm. 3;
Bissels/Zirkelbach,	Zum Verfall von Ansprüchen auf Urlaubsabgeltung aufgrund einer arbeitsvertraglich vereinbarten Ausschlussfrist, jurisPR-ArbR 38/2025 Anm. 5;

Bleschick,	Mindestgewinnbesteuerung selbst bei „bilanzsteuerrechtlichem Umkehreffekt" und Definitiveffekt verfassungsgemäß; Folgerichtigkeitsgebot kein eigener Prüfungsmaßstab, EStB 2025, 349;
Bleschick,	Steuerbefreiung nach § 5 Abs. 1 Nr. 9 KStG bei Auflösung/Aufhebung einer Körperschaft, EStB 2025, 372;
Bleschick,	Erschütterung des für die Privatnutzung sprechenden Anscheinsbeweises: Gesamtwürdigung aller Umstände geboten, jurisPR-SteuerR 8/2025 Anm. 4;
Bleschick,	Ein-Prozent-Regelung: Keine Erschütterung des Anscheinsbeweises bei einem jederzeit privat nutzbaren Pick-up, jurisPR-SteuerR 25/2025 Anm. 2;
Bodden,	Entgeltliche Ablösung eines Nießbrauchs an GmbH-Anteilen, BeSt 2025, 13;
Bodden,	Begriff des Kapitalkontos i.S. des § 15a EStG und besondere Bedeutung der Entnehmbarkeit, BeSt 2025, 29;
Bodden,	Zur korrespondierenden Bilanzierung und Wertberichtigung von Darlehensforderungen im Sonderbetriebsvermögen bei Betriebsaufgabe, BeSt 2025, 37;
Bopp/Möller,	Verfassungsbeschwerde einer Betreiberin eines Fast-Food-Restaurants gegen „Tübinger Verpackungssteuer" erfolglos, jurisPR-SteuerR 16/2025 Anm. 7;
Bork/Stefanink,	Anmerkung zum Beschluss des OLG München vom 23.7.2024, Az. 34 Wx 167/24 e – Zur Berichtigung des Bestands der im Grundbuch eingetragenen Gesellschafter, ZIP 2024, 2810;
Börstinghaus,	Keine Kündigungssperrfrist bei Veräußerung ungeteilten Grundbesitzes an Personenhandelsgesellschaft, jurisPR-BGHZivilR 20/2025 Anm. 3;
Brandt,	Erstattung der Steuerzahlung für einen Verdienstausfallschaden ist einkommensteuerpflichtig, jurisPR-SteuerR 23/2025 Anm. 3;
Brill,	Praxisfragen zur Einführung der E-Rechnung zum 1.1.2025, kösdi, 2024, 23856;
Brinkmeier,	Voraussetzungen für die Bestellung eines GmbH-Notgeschäftsführers, GmbH-StB 2025, 304;
Brinkmeier,	Gesamtschuldner-Regress unter GmbH-Geschäftsführern, GmbH-StB 2025, 247;
Brzoza,	Vollstreckungsdruck i.S.v. § 131 InsO: Inhalt der Zahlungsaufforderung und nicht die (Un-)Freundlichkeit der Formulierung ist maßgeblich, jurisPR-InsR 7/2025 Anm. 1;
Burmeister-Bießle,	Störung der Geschäftsgrundlage eines Aufhebungsvertrags, jurisPR-ArbR 28/2025 Anm. 2;
Carlé,	Der Sanierungsertrag i.S. des § 3a Abs. 1 Satz 1 EStG ist gesondert festzustellen, BeSt 2025, 24;
Carlé,	Keine erweiterte Kürzung bei Grundstücksveräußerung en bloc, BeSt 2025, 41;
Carlé;	Mitunternehmerstellung des Kommanditisten bei Nießbrauch, BeSt 2025, 28;
Cramer,	Anmerkung zum Beschluss des OLG Frankfurt vom 11.4.2024, Az. 20 W 187/23 – Zur Frage der Eintragung von Änderungen der Gesellschafter einer GbR im Grundbuch nach Inkrafttreten des MoPeG, ZIP 2024, 1883;

Cranshaw,	Kapitalerhöhung einer GmbH mit Aufnahme eines ausgegliederten Einzelunternehmens als Sachagio, jurisPR-HaGesR 8/2024 Anm. 3;
Cranshaw,	Bargeschäftseinwand des Mieters bei Zahlung von Miete nach Kündigung, jurisPR-InsR 1/2025 Anm. 4;
Cranshaw,	Insolvenzanfechtung, Annexzuständigkeiten nach Art. 6 EuInsVO und Staatenimmunität, jurisPR-InsR 6/2025 Anm. 2;
Cranshaw,	Reichweite des Gesellschafterdarlehensrechts bei dem Gesellschafter einer Komplementär-GmbH (ohne Kapitalbeteiligung an der darlehensnehmenden KG), jurisPR-InsR 1/2025 Anm. 3;
Dahl,	Auskunft nach dem Entgelttransparenzgesetz, jurisPR-ArbR 33/2025 Anm. 3;
Dahl,	Zusammenspiel zwischen Anfechtung eines Sozialplans und individualrechtlicher Klage auf Zahlung der Sozialplanabfindung, jurisPR-ArbR 28/2025 Anm. 1;
Däubler,	Bindung der Tarifparteien an Art. 3 Abs. 1 GG, jurisPR-ArbR 17/2025 Anm. 1;
Durst,	Zur doppelten Haushaltsführung bei einem Ein-Personen-Haushalt, BeSt 2025, 39;
Eckardt,	Berücksichtigung nur binnen drei Wochen realisierbarer Forderungen bei Feststellung der Zahlungsunfähigkeit, ZIP 2025, 2371;
Engels,	Zur 1 %-Regelung bei Einzelkostentragung durch den Angestellten, BeSt 2025, 17;
Engels,	Zu Schenkungsteuerfolgen disquotaler Gesellschafterleistungen, BeSt 2025, 46;
Erdbrügger,	Vorgaben für die Aufteilung eines Gesamtpreises für eine Bündel selbständiger, unterschiedlich besteuerter Leistungen nach der Grundsatzentscheidung des BFH, DStR 2025, 1792;
Ernst,	Anmerkung zum Urteil des EuGH vom 13.2.2025, Az. C-383/23 – Zur Berechnung eines Bußgeldes wegen DSGVO-Verstößen bei Konzernunternehmen, ZIP 2025, 692;
Esteves Gomes,	Die neuen Rechtsprechungsgrundsätze zum Vorsteuerabzug in Insolvenzfällen – Zugleich Besprechung der BFH-Entscheidungen v. 23.10.2024 – XI R 8/22, XI R 20/22 und v. 11.12.2024 – XI R 1/22, MwStR 2025, 456;
Feldgen,	Anwendungsschreiben zur Sonderabschreibung für die Anschaffung oder Herstellung neuer Mietwohnungen nach § 7b EStG – Darstellung des Anwendungsschreibens zur Sonderabschreibung nach § 7b EStG vom 21.5.2025, DStZ 2025, 632;
Finken/Schlack,	Steuerbefreiung für die Ausfuhr von Gegenständen zur Ausrüstung oder Versorgung eines privaten Beförderungsmittels, DB 2025, 1116;
Fischer,	Wirtschaftliches Eigentum an zur Sicherheit übereigneten Aktien – Grundfragen der Steuerumgehung, jurisPR-SteuerR 29/2025 Anm. 1;
Fischer,	Verfassungswidrigkeit der Vollverzinsung in fixer Höhe von 0,5% pro Monat, jurisPR-SteuerR 39/2021 Anm. 1;
Flick,	Prüfungskompetenz des Handelsregisters bei einem Gesellschafterbeschluss, jurisPR-HaGesR 4/2025 Anm. 6;

Flick, Schlussbilanz muss zeitnah nach Anmeldung einer Verschmelzung oder Spaltung zum Handelsregister nachgereicht werden, jurisPR-HaGesR 6/2025 Anm. 1;

Flink, Auswirkungen einer unverhältnismäßig langen Probezeit auf die Kündigungsfrist, B+P 2025, 395;

Flink, Erschütterung des Beweiswerts der Arbeitsunfähigkeitsbescheinigung, B+P 2025, 171;

Flink, Zulässigkeit des Widerrufs der privaten Dienstwagennutzung, B+P 2025, 537;

Flink, Anspruch auf Urlaubsabgeltung für Zeiten von Beschäftigungsverboten und Mutterschutz, B+P 2025, 96;

Flink, Zulässigkeit des Widerrufs der privaten Dienstwagennutzung, B+P 2025, 537;

Flink, Keine Korrektur tariflicher Regelungen durch die Arbeitsgerichte, B+P 2025, 680;

Förster, Das neue BMF-Schreiben vom 24.3.2025 zur Zinsschranke – Darstellung und Analyse, GmbHR 2025, 741;

Freeden, von, Voraussetzungen für die Bildung und Feststellung eines Sonderausweises gemäß § 28 Abs. 1 Satz 3 KStG, Anm. zu BFH v. 25.2.2025 – VIII R 41/23, HFR 2025, 1098;

Fu, Organschaft und Entnahmebesteuerung bei hoheitlicher Tätigkeit des Organträgers, Anm. zu BFH v. 29.8.2024 – V R 14/24 (V R 20/22; V R 40/19), HFR 2025, 372;

Geisler, Auslegung der Willenserklärung eines GmbH-Geschäftsführers, jurisPR-BGHZivilR 9/2025 Anm. 2;

Geserich, Kein Arbeitslohn bei schenkweiser Übertragung von Gesellschaftsanteilen zur Sicherung der Unternehmensnachfolge, jurisPR-SteuerR 11/2025 Anm. 2;

Geserich, Periodengerechte Verteilung einer Leasingsonderzahlung im Rahmen der Ermittlung der jährlichen Fahrzeuggesamtkosten, jurisPR-SteuerR 12/2025 Anm. 2;

Geserich, Stattgebender Kammerbeschluss: Verletzung der Rechtsschutzgarantie (Art. 19 Abs. 4 GG) durch Überspannung der Darlegungsanforderungen bzgl. der grundsätzlichen Bedeutung einer Rechtssache (§ 115 Abs. 2 Nr. 1 FGO), jurisPR-SteuerR 19/2025 Anm. 4;

Geserich, Keine Arbeitgebereigenschaft einer Betriebsstätte nach Abkommensrecht, jurisPR-SteuerR 22/2025 Anm. 1;

Geserich, Zugangsvermutung des § 122 Abs. 2 Nr. 1 AO, auch wenn Post regelmäßig nicht an allen Werktagen zugestellt wird, jurisPR-SteuerR 24/2025 Anm. 2;

Geserich, Steuerfreistellung des niederländischen Arbeitslohns im Ansässigkeitsstaat Deutschland auch bei Anwendung der niederländischen 30%-Regelung, jurisPR-SteuerR 33/2025 Anm. 1;

Geserich, Zur Verfassungsmäßigkeit des Gewinnzuschlags nach § 6b Abs. 7 EStG, jurisPR-SteuerR 35/2025 Anm. 3;

Görden, Haftung ausgeschiedener Geschäftsführer für Neugläubigerschäden, GmbH-StB 2025, 271;

Gosch, Abgabenordnung/Finanzgerichtsordnung, Loseblatt, Bonn;

Gralla,	Anmerkung zur Entscheidung des Hessischen LG vom 16.5.2025, „AGB-Kontrolle – Bereicherungsanspruch – Dienstwagen – Elementenfeststellungsklage – Grundsatz „ohne Arbeit kein Lohn" – Pflicht zur Beteiligung an Leasingkosten – Schadensersatz – Transparenzgebot und Unklarheitenregelung", ArbR 2025, 360;
Gralla,	Anmerkung zum Urteil des Hessischen Landesarbeitsgerichts vom 16.5.2025 – 10 SLa 1164/24, ArbR 2025, 360;
Graßmann,	Veräußerungsgewinn nach § 23 EStG bei teilentgeltlicher Übertragung eines Grundstücks, BeSt 2025, 33;
Graßmann,	Zu den Anforderungen an eine Rechnung i.S. des § 14c Abs. 2 UStG, BeSt 2025, 42;
Gravenhorst,	Unterlassener Zwischenverdienst während der Kündigungsfrist in der Regel nicht böswillig, jurisPR-ArbR 17/2025 Anm. 5;
Grünwald/von Rechteren,	Können Banken Negativzinsen an ihre Kunden weiterreichen?, jM 2025, 155;
Gummert,	Anmerkung zur Entscheidung des OLG München, Beschluss vom 10.2.2025: „Zur Frage der Grundbuchfähigkeit des Vereins ohne Rechtspersönlichkeit", GmbHR 2025, 426;
Gummert,	Grundbuchfähigkeit des Vereins ohne Rechtspersönlichkeit, Anm. zu OLG München v. 10.2.2025, 34 Wx 328/24 e, GmbHR 2025, 426;
Günther,	Anwendung der Vorschriften über die Pflicht zur Mitteilung grenzüberschreitender Steuergestaltungen, AO-StB 2024, 196;
Günther,	Mitarbeiter-(Kapital-)Beteiligung: Arbeitslohn oder Einkünfte aus Kapitalvermögen?, EStB 2025, 376;
Hain,	Unlauteres Handeln eines Insolvenzschuldners bei einem Bargeschäft, jurisPR-InsR 1/2025;
Halaczinsky,	Zur Anwendung der Befreiung nach § 3 Nr. 6 GrEStG für durch die Kapitalaufstockung entstandenen Anteile einer KG, UVR 2025, 75;
Halaczinsky,	Grunderwerbsteuer bei erneuter Überschreitung der 95 %-Grenze; Steuerbefreiung nach § 16 Abs. 2 Nr. 1 GrEStG bei fehlender Steuerbarkeit des vorausgegangenen Erwerbs, UVR 2025, 330;
Halaczinsky,	Bayerisches Grundsteuergesetz ist verfassungsgemäß, UVR 2025, 334;
Halder,	Der Referentenentwurf zum „Widerrufsbutton", jurisPR-ITR 18/2025 Anm. 2;
Hallberg/Krafft,	Anmerkung zum Urteil des OLG Frankfurt vom 5.3.2025, Az. 7 U 134/23 – Zur Leistungsfreiheit des D&O-Versicherers bei Kardinalpflichtverletzung, ZIP 2025, 1517;
Hansen,	Abweichung von Regelungen zum Arbeitgeberzuschuss zur Entgeltumwandlung auch durch bereits vor Inkrafttreten des Ersten Betriebsrentenstärkungsgesetzes geschlossenen Tarifvertrag, ZIP 2025, 1975;
Haunhorst,	Zur Gebührenfestsetzung für eine von mehreren Personenbeantragte verbindliche Auskunft, Anm. zu BFH v. 3.7.2025 – IV R 6/23, HFR 2025, 1021;
Heckschen,	Digitalisierung – dritter Schritt, GmbHR 2025, R340;

Heckschen/Best, Keine Unterscheidungskraft eines Gattungsbegriffs in der Second-Level-Domain mit angehängter First-Level-Domain „.de" als Firma, GmbHR 2025, 632;

Hintzen, Lohnpfändung 2025, Bonn, 42. Aufl. 2025;

Hippeli, Auskunftsverlangen des Treugebers in Bezug auf seine Mitgesellschafter – BGH vs. EuGH, jurisPR-HaGesR 5/2025 Anm. 1;

Hippeli, Auskunftsverlangen des Gesellschafters/Treugebers in Bezug auf seine Mitgesellschafter/Mittreugeber, jurisPR-HaGesR 1/2024 Anm. 3;

Hippeli, Änderung der Gesellschafter einer GbR im Grundbuch nach Inkrafttreten des MoPeG, jurisPR-HaGesR 3/2025 Anm. 2;

Hippeli, Eintragung noch unbekannter Erben in das Gesellschaftsregister, jurisPR-HaGesR 9/2025 Anm. 5;

Hippeli, Kein Anspruch des Gesellschafters auf Löschung eines objektiv unrichtigen Handelsregistereintrags, jurisPR-HaGesR 6/2025 Anm. 4;

Höink, Finanzverwaltung ersetzt bisherige Auffassung zur Umsatzsteuer bei Online-Veranstaltungen – Zurück auf Start oder nur notwendige Korrektur?, DB 2025, 2463;

Höring, BMF: Folgen des EuGH-Urteils vom 26.02.2019, C-581/17, „Wächtler", DStZ 2025, 585;

Huschens, Grundsätze des EuGH und nachfolgend des BFH zur Wertabgabenbesteuerung – ein Update, MwStR 2025, 607;

Jachmann-Michel, Steuerfreiheit einer als Sonderbetriebseinnahme erfassten Aufwandsentschädigung nach § 3 Nr. 12 Satz 2 EStG, jurisPR-SteuerR 21/2025 Anm. 1;

Jachmann-Michel, Verfassungsbeschwerde gegen Solidaritätszuschlag, jurisPR-SteuerR 24/2025 Anm. 1;

Jachmann-Michel, Keine nochmalige Einzahlung von bereits geleistetem Nennkapital im Fall einer wirtschaftlichen Neugründung, jurisPR-SteuerR 33/2025 Anm. 6;

Jachmann-Michel, Verzinsung von Kapitalertragssteuerbeträgen, die nach § 50d Abs. 1 Satz 2 i.V.m. § 43b EStG und Art. 5 MTR zu erstatten sind, jurisPR-SteuerR 35/2025 Anm. 2;

Jachmann-Michel, AfA nach Wegfall der gewerblichen Prägung einer Personengesellschaft; Änderung wegen eines rückwirkenden Ereignisses, jurisPR-SteuerR 44/2025 Anm. 1;

Jachmann-Michel, Verfassungsmäßigkeit des Zinssatzes für die Erhebung von Zinsen bei AdV, jurisPR-SteuerR 48/2024 Anm. 3;

Jacobs, Der „Vorsteuerabzug bei Kreditinstituten" – das BMF nimmt Stellung, UR 2025, 125;

Jacoby, Anfechtbarkeit als unentgeltliche Leistung bei Verursachung eines von materieller Rechtslage abweichenden Steuerbescheids durch Verhalten des Schuldners, ZIP 2025, 2489;

Joost/ Szabó, Konkretisierungen des BFH zu den Voraussetzungen für den „Reemtsma-Direktanspruch", UVR 2025, 163;

Joost/Szabó, Anwendbarkeit des § 14c UStG bei Rechnungen an Endverbraucher, UVR 2025, 293;

Joost/Szabó, Steuerbefreiung bei Versteigerung gepfändeter Sachen, UVR 2024, 166;

Joost/Szabó, Umsatzsteuer und Bruchteilsgemeinschaft, UVR 2023, 356;

Joost/Szabó, Vorsteuerabzug aus Insolvenzverwalterleistung bei Unternehmensfortführung durch Insolvenzverwalter, UVR 2025, 130;

Joost/Szabó, Vorsteuerabzug aus Insolvenzverwalterleistungen bei steuerpflichtigen und steuerfreien Ausgangsleistungen, UVR 2025, 161;

Joost/Szabó, Keine Gefährdung des Steueraufkommens bei überhöhtem Steuerausweis an Endverbraucher, UVR 2023, 68;

Joost/Szabó, Aufladen eines Elektroautos als Lieferkette, UVR 2025, 98;

Jukic, Die Betriebsvereinbarung als Murmeltier im Datenschutz? Die Nachjustierung des EuGH in der Workday-Entscheidung, jurisPR-IWR 3/2025 Anm. 1;

Jüngst, Zugang der Kündigung durch Einwurf-Einschreiben, B+P 2025, 387;

Kaciran-Demir, Anmerkung zum Urteil des LAG Schleswig-Holstein vom 8.7.2025, Az. 2 TaBV 16/24, ArbR 2025, 434;

Kielbassa, Steuerfreiheit von Aufstockungsbeträgen nach dem Altersteilzeitgesetz, BeSt 2025, 7;

Koch, Anmerkung zum Urteil des BGH vom 18.12.2024, Az. IV ZR 151/23 – Zur automatischen Beendigung einer D&O-Versicherung bei Insolvenzantragstellung, ZIP 2025, 496;

Koch, Anmerkung zum Urteil des BGH vom 4.2.2025, Az. XI ZR 61/23 – Zur Wirksamkeit von Klauseln zu Verwahrentgelten in Giroverträgen, ZIP 2025, 875;

Koisiak, BMF-Schreiben mit Darstellung von Rechnungstexten in anderen EU-Amtssprachen, StEd 2025, 459;

König, Die Gesellschaft bürgerlichen Rechts im Zivilprozess, jurisPR-HaGesR 4/2025 Anm. 4;

Korn, Einkommensteuergesetz Kommentar, Loseblatt, Bonn;

Korn, kösdi 2025, 24207 (Report Nr. 218);

Korn, kösdi 2025, 24290 (Report Nr. 313);

Korn, kösdi 2025, 24299 (Report Nr. 342);

Korn kösdi 2025, 24341 f. (Report Nr. 382);

Korn, kösdi 2025, 24342 (Report Nr. 384);

Korn, kösdi 2025, 24343 (Report Nr. 387);

Korn, kösdi 2025, 24374 (Report Nr. 392);

Korn, kösdi 2025, 24384 (Report Nr. 425);

Korn, kösdi 2025, 24458, 24461 (Report Nr. 486);

Korn, kösdi 2025, 24514 (Report Nr. 552);

Korn, Das Wachstumschancengesetz sowie daraus in das Kreditzweitmarktförderungsgesetz vorgezogene Regelungen, kösdi 2024, 23853;

Korn, Gesellschafterwechsel insbesondere bei vermögensverwaltenden Personengesellschaften, kösdi 2025, 24370;

Korn/Strahl, Steuerliche Hinweise zum Jahresende 2025, kösdi 2025, 24466;

Köster, Erweiterte Kürzung des Gewerbeertrags nach § 9 Nr. 1 Satz 2 GewStG bei Betriebsverpachtung, DStZ 2025, 146;

Köster,	Keine gewerbesteuerrechtliche Hinzurechnung von Aufwendungen für Out of Home-Werbung, DStZ 2025, 189;
Köster,	Fahrtkosten eines (nicht erwerbstätigen) Teilzeitstudierenden zwischen seiner Wohnung und seinem Studienort nach Reisekostengrundsätzen abzurechnen, DStZ 2025, 195;
Köster,	Veräußerungsgewinn nach § 17 EStG bei teil-entgeltlicher Übertragung eines GmbH-Anteils, DStZ 2024, 389;
Köster,	Verfassungsmäßigkeit der Grundsteuer B nach dem Bayerischen Grundsteuergesetz (BayGrStG), DStZ 2025, 785;
Köster,	Zweimalige Festsetzung von Grunderwerbsteuer für den Erwerb von Gesellschaftsanteilen beim Auseinanderfallen von sog. Signing und Closing, DStZ 2025, 822;
Köster,	Steuerbefreiung nach § 16 Abs. 2 Nr. 3 GrEStG bei fehlender Steuerbarkeit des vorausgegangenen Erwerbs, DStZ 2025, 825;
Kraft/Hohage,	Grunderwerbsteuerliche Konzernklausel des § 6a GrEStG – Anmerkungen zum BFH-Urteil vom 21.5.2025 – II R 31/22 (DB 2025 S. 2823), DB 2025, 3006;
Kromm,	Auskunftsanspruch bei willkürlicher Gehaltserhöhung, jurisPR-ArbR 33/2025 Anm. 2;
Krüger/ Kleinekathöfer,	Anmerkung zum Beschluss des AG Köln vom 14.3.2024, Az. 83 RES 1/24 – Zur Auslegung von § 30 Abs. 1 S. 2 StaRUG, ZIP 2025, 498;
Küsters,	Freiberufliche Einkünfte einer Mitunternehmerschaft bei kaufmännischer Führung durch einen Berufsträger, jurisPR-SteuerR 22/2025 Anm. 2;
Küsters,	Einkommensteuer: Pauschalierung bei Sachzuwendungen, jurisPR-SteuerR 47/2024 Anm. 4;
Lambracht,	Der RefE des neuen Produkthaftungsgesetzes – Es verbleiben Unsicherheiten, DB 2025, 2964;
Langohr-Plato,	Verjährung von auf den PSV übergegangenen Ansprüchen, jurisPR-ArbR 25/2025 Anm. 2;
Langohr-Plato,	Betriebliche Altersversorgung – biometrisches Risiko, jurisPR-ArbR 37/2025 Anm. 3;
Leister,	Zur Berücksichtigung von virtuellen Aktienoptionen bei Berechnung einer Karenzentschädigung, ZIP 2025, 2046;
Leonard/Bernhard,	Anforderungen an die Erstellung der Schlussbilanz bei der Handelsregisteranmeldung der Eintragung der Verschmelzung einer GmbH, jurisPR-HaGesR 8/2024 Anm. 7;
Levedag,	Vollständige Erstattung der Kapitalertragsteuer auf Dividenden an japanische Muttergesellschaften ab 2009?, jM 2025, 256;
Lieder,	Anmerkung zum Urteil des BGH vom 22.10.2024, Az. II ZR 64/23 – Zur Bindung an die Stimmabgabe in einer Personengesellschaft, ZIP 2025, 244;
Linardatos,	Anmerkung zum Urteil des BGH vom 4.2.2025, Az. XI ZR 65/23 – Zur Frage der Wirksamkeit von Klauseln zu Verwahrentgelten in Giroverträgen, ZIP 2025, 1004;
Linnerz,	Anmerkung zum Urteil des OLG Frankfurt vom 21.2.2025, Az. 2 U 35/24 – Zur Wirksamkeit einer formularmäßigen Change-of-Control-Klausel, ZIP 2025, 2166;

Loose	Erstmalige Erklärung zur optionalen Vollverschonung von Betriebsvermögen im Rahmen eines Änderungsbescheids, jurisPR-SteuerR 27/2025 Anm. 3;
Loose,	Keine Grunderwerbsteuerbefreiung bei der Aufhebung einer Wohnungseigentümergemeinschaft, jurisPR-SteuerR 7/2025 Anm. 4;
Loose,	Zurechnung von Grundstücken bei einer Anteilsvereinigung nach § 1 Abs. 3 GrEStG und Grunderwerbsteuerbefreiung bei einer niederländischen Stiftung, jurisPR-SteuerR 8/2025 Anm. 5;
Loose,	Neue Gesellschafter bei einer mittelbaren Änderung des Gesellschafterbestands einer grundbesitzenden Personengesellschaft, jurisPR-SteuerR 15/2025 Anm. 4;
Loose,	Ableitung des gemeinen Werts von Kapitalgesellschaftsanteilen aus Verkäufen; Berücksichtigung eines Holdingabschlags, jurisPR-SteuerR 16/2025 Anm. 3;
Loose,	Zweimalige Festsetzung von Grunderwerbsteuer für den Erwerb von Gesellschaftsanteilen beim Auseinanderfallen von sogenanntem Signing und Closing, jurisPR-SteuerR 39/2025 Anm. 4;
Lutter,	Zeitpunkt der Ausführung einer gemischt-freigebigen Grundstücksschenkung, jurisPR-SteuerR 9/2025 Anm. 3;
Lutter,	Keine erweiterte gewerbesteuerliche Kürzung im Falle der Veräußerung des gesamten Grundbesitzes durch eine Kapitalgesellschaft im Laufe des Erhebungszeitraums, jurisPR-SteuerR 14/2025 Anm. 3;
Lutter,	Rücklage gemäß § 5 Abs. 7 Satz 5 EStG bei der Übernahme von Pensionsverpflichtungen, jurisPR-SteuerR 18/2025 Anm. 1;
Lutter,	Verfassungsmäßigkeit der Höhe der Säumniszuschläge ab Februar 2022 infolge des russischen Angriffskrieges gegen die Ukraine und des dadurch ausgelösten Anstieges der Marktzinsen, jurisPR-SteuerR 23/2025 Anm. 1;
Lutter,	Steuerbarkeit einer Pauschalabfindung für den Verzicht auf nacheheliche Ansprüche, jurisPR-SteuerR 46/2025 Anm. 3;
Mader,	BMF: Neue Auslandsreisekostensätze ab 1.1.2025, B+P 2025, 7;
Mader,	Einstweiliger Rechtsschutz zur Vorbereitung einer Betriebsratswahl, B+P 2025, 584;
Märtens,	Einkünftekorrektur nach § 1 Abs. 1 AStG bei gewinnmindernder Ausbuchung einer unbesichert im Konzern begebenen Darlehensforderung, jurisPR-SteuerR 34/2022 Anm. 2;
Mentzel/Sura,	Anmerkung zum Urteil des LArbG Rostock vom 13.2.2024 (2 Sa 60/23, DStR 2025, 174) – Zur Lohnsteuerpflicht für durch die Konzernmutter gewährte Aktien im Rahmen eines Aktienoptionsprogramms, DStR 2025, 176;
Mückl/Grajcarek,	Tantiemezahlungen an den Minderheitsaktionär als verdeckte Gewinnausschüttungen, jurisPR-SteuerR 21/2025 Anm. 5;
Narjes,	Regress des Unternehmensbußgeldes bei Leitungsorganen, jurisPR-Compl 4/2025 Anm. 3;
Nassall,	Forderungen aus Austauschgeschäften als Gesellschafterdarlehen, jurisPR-BGHZivilR 20/2025 Anm. 5;
Neuffer,	Darlehensverzicht eines GmbH-Gesellschafters gegen Besserungsschein, BeSt 2025, 15;

Neuffer, Begriff des Kapitalkontos i.S. des § 15a EStG und besondere Bedeutung der Entnehmbarkeit, BeSt 2025, 31;

Nücken, EuGH schafft Klarheit: Innenleistungen bei umsatzsteuerlicher Organschaft nicht steuerbar, WPg 2024, 1264;

Omlor, Anmerkung zum Urteil des BGH vom 4.2.2025, Az. XI ZR 183/23 – Zu Verwahrentgelten auf Spareinlagen, ZIP 2025, 757;

Pape, Anmerkung zur Entscheidung des BGH vom 7.11.2024, Az. IX ZR 179/23 – Zur Erhebung einer Auskunftsklage gegen den Insolvenzverwalter ohne vorherige Anmeldung der Forderung zur Tabelle, ZIP 2024, 2926;

Paschmanns, Unentgeltliche Übertragung eines verpachteten Gewerbebetriebs gegen Versorgungsleistungen oder unter Vorbehalt des Nießbrauchs, BeSt 2025, 1;

Prätzler, Unentgeltliche Wärmelieferungen aus unternehmerischen Gründen an andere Unternehmer für deren unternehmerische Tätigkeit; Entnahmebesteuerung; Bemessungsgrundlage, jurisPR-SteuerR 4/2025 Anm. 4;

Prätzler, Betriebsfortführung zugunsten eines Dritten kein Umsatz im Rahmen einer Geschäftsveräußerung, jurisPR-SteuerR 7/2025 Anm. 5;

Prätzler, EuGH: Keine Mehrwertsteuerschuld aus falscher Rechnung an Empfänger ohne Vorsteuerabzugsrecht, jurisPR-SteuerR 11/2023 Anm. 5;

Prätzler, Umsatzsteuerrechtliche Bemessungsgrundlage im Falle strafrechtlicher Einziehung von Taterträgen, jurisPR-SteuerR 15/2025 Anm. 6;

Prätzler, Keine Haftung des Grundstückserwerbers für unrichtige Steuerausweise in übernommenen Mietverträgen, jurisPR-SteuerR 18/2025 Anm. 7;

Prätzler, EuGH: Ehegattengemeinschaft kann mehrwertsteuerlicher Unternehmer sein (C-213/24 „Grzera"), jurisPR-SteuerR 22/2025 Anm. 4;

Prätzler, Umsatzsteuerrechtliche Behandlung von Bonuszahlungen im sogenannten Zentralregulierungsgeschäft, jurisPR-SteuerR 29/2025 Anm. 6;

Prätzler, Unentgeltliche Trocknung fremder Holzhackschnitzel zur Erlangung eines KWK-Bonus zwar nicht steuerbar, jedoch vorsteuerschädlich, jurisPR-SteuerR 33/2025 Anm. 7;

Prätzler, Umsatzsteuerbarkeit von „Donations" für Internetseite, jurisPR-SteuerR 36/2025 Anm. 6;

Prätzler, EuGH zur Differenzbesteuerung bei Lieferung durch juristische Person („Galerie Karsten Greve"), jurisPR-SteuerR 39/2025 Anm. 6;

Prätzler, Steuerbefreiungen bei der Ausfuhr – Auslegung des Art. 146 Abs. 1 Buchst. b MwStSystRL Lieferungen von Gegenständen, die nach Orten außerhalb der EU versandt oder befördert werden, jurisPR-SteuerR 41/2025 Anm. 5;

Prätzler, EuGH-Vorlage zur Prüfung von Vertrauensschutz bei der Differenzbesteuerung, jurisPR-SteuerR 42/2025 Anm. 6;

Prätzler, Zur umsatzsteuerlichen Behandlung des Handels mit Non-Fungible Token (NFT), jurisPR-SteuerR 44/2025 Anm. 6;

Prinz, Geschäftsleitende Holding-Personengesellschaft als Organträgerin, FR 2025, 509;

Prütting Anmerkung zum Urteil des BGH vom 19.2.2025, Az. VIII ZR 138/23 – Zur Erstattungsfähigkeit von Inkassokosten beim Konzerninkasso, ZIP 2025, 1198;

Rasch, Die Verwaltungsgrundsätze Verrechnungspreise 2024 – BMF, Schreiben v. 12.12.2024 – IV B 3 – S 1341/19/1001, IWB 2025, 94;

Reddig, Rückabwicklung einer Anteilsübertragung wegen Wegfalls der Geschäftsgrundlage, Anm. zu BFH v. 9.5.2025, IX R 4/23, HFR 2025, 1040;

Reddig, Ausgleichszahlung bei Auflösung eines Zinsswaps sind keine Werbungskosten bei Vermietungseinkünften, jurisPR-SteuerR 16/2025 Anm. 1;

Reddig, Gefährdung des Schuldzinsenabzugs bei Schenkung einer vermieteten Immobilie, jurisPR-SteuerR 28/2025 Anm. 3;

Reddig, § 6e EStG gilt rückwirkend, jurisPR-SteuerR 43/2025 Anm. 1;

Reif, (Zweiter) Referentenentwurf eines Gesetzes zur Stärkung der genossenschaftlichen Rechtsform, GmbHR 2025, R228;

Reinke/Müller, Erwartete finanzielle Effekte in der Nachhaltigkeitsberichterstattung – Wenig Konkretes und weiterhin (zu) viele offene Fragen für alle Beteiligten, DB 2025, 2517;

Ries, Anmerkung zum Beschluss des BGH vom 19.9.2024, Az. IX ZB 13/22 – Zur Glaubhaftmachung von Steuerforderungen im Rahmen eines Insolvenzantrags, ZIP 2025, 369;

Rissmann, Anmerkung zum Urteil des BGH vom 23.1.2025, Az. IX ZR 229/22 – Zur Berücksichtigung eines vorläufig vollstreckbaren Titels über eine streitige Forderung bei der Zahlungsunfähigkeitsprüfung, ZIP 2025, 1605;

Rodi, Anmerkung zum Urteil des BGH vom 3.6.2025, Az. XI ZR 45/24 – Zur Verjährung von Rückforderungsansprüchen aus Kontoführungsentgeltklauseln, ZIP 2025, 1909;

Rodi, Anmerkung zu der Entscheidung des BGH vom 4.2.2025, Az. XI ZR 161/23 – Zur Wirksamkeit von Verwahrentgeltklauseln, ZIP 2025, 1135;

Rodi, Anmerkung zum Urteil des BGH vom 3.6.2025, Az. XI ZR 45/24 – Zur Verjährung von Rückforderungsansprüchen aus Kontoführungsentgeltklauseln, ZIP 2025, 1909;

Roetteken, Diskriminierung einer Person, die selbst den Diskriminierungsgrund nicht erfüllt, jurisPR-ArbR 40/2025 Anm. 8;

Rott, Anmerkung zum Urteil des EuGH vom 11.7.2024, Az. C-757/22 – Zur Verbandsklagebefugnis von Verbraucherschutzverbänden bei Verstößen gegen die DSGVO, ZIP 2024, 2754;

RSM Ebner Stolz / BDI, Steuer- und Wirtschaftsrecht 2025, Bonn 2025;

Ruhe-Schweigel, Keine Anwendung der Frist des § 58a Abs. 4 Satz 2 GmbHG auf insolvenzplangestützte Maßnahmen, ZIP 2025, 2045;

Sauer, Anmerkung zum Urteil des EuGH vom 28.11.2024 – Rs. C-293/23, N&R 2025, 43;

Scheffold/Stiegler,	Thesaurierungsbegünstigung des § 34a EStG idF des Wachstumschancengesetzes – Ausgewählte Aspekte aus der Praxis, DStR 2025, 1433;
Schellberg/Berg,	Anmerkung zum Beschluss des BGH vom 15.7.2025 – Az. EnVR 1/24, N&R 2025, 238;
Schiffers,	Buchwertantrag nach § 3 Abs. 2 UmwStG durch Erklärung in dem notariellen Umwandlungsbeschluss?, DStZ 2025, 5;
Schiffers,	BMF: Ausweis einer falschen Steuer in Rechnungen an Endverbraucher, DStZ 2024, 265;
Schiffers,	Auswirkungen einer rechtsträgerübergreifenden Übertragung stiller Reserven nach § 6b EStG auf die Ermittlung des Kapitalkontos nach § 15a EStG bei der übernehmenden Personengesellschaft, DStZ 2025, 240;
Schiffers,	Anwendung des § 8b Abs. 3 Satz 4 KStG bei Darlehensgewährung durch zwischengeschaltete vermögensverwaltende KG, DStZ 2025, 477;
Schiffers,	Gesetzentwurf der Fraktionen der CDU/CSU und SPD, DStZ 2025, 546;
Schiffers,	Versagung des Betriebsausgabenabzugs wegen angeblichen Schriftformerfordernisses des § 4 Abs. 4 EStG verstößt gegen Willkürverbot, DStZ 2025, 657;
Schiffers,	Verlustnutzung nach Beendigung einer zweigliedrigen KG durch Anwachsung auf eine GmbH, DStZ 2025, 742;
Schiffers,	Grunderwerbsteuer: Gegenleistung bei Grundstücksveräußerungen mit Solar- bzw. Photovoltaikanlagen, DStZ 2025, 787;
Schilha/Gaßner,	Gestattung der Teilnahme der Aufsichtsratsmitglieder an virtueller Hauptversammlung im Wege der Bild- und Tonübertragung in AG-Satzung, ZIP 2025, 2367;
Schirrmacher,	Kammergericht: Berücksichtigung von Arbeitnehmern eines Gemeinschaftsbetriebs bei der Ermittlung des Schwellenwerts gemäß § 1 Abs. 1 DrittelbG in faktischen Konzernverhältnissen?, GmbHR 2025, R295;
Schmalenbach,	Dreijahreslösung bei rechtsgrundlos erhobenen Kontoführungsentgelten unanwendbar, RdZ 2025, 133;
Schober,	Mindestgewinnbesteuerung bei Körperschaften verfassungsgemäß, DB 2025, 2195;
Schodder,	Vertretung der Gesellschafter bei Abgabe der Versicherung über fehlende Voreintragung der GbR in Handels- oder Partnerschaftsregister nur mit besonderer Vollmacht, ZIP 2025, 2369;
Schröder,	Anmerkung zum Urteil des BGH vom 14.11.2024, Az. IX ZR 13/24 – Zum Umfang des Rückgewähranspruchs bei der Inkongruenzanfechtung einer verfrühten Leistung, ZIP 2025, 763;
Schubert/Koneberg,	Rücksichtnahmepflichten bei Überlassung eines Dienstwagens Gliederung, DB 2025, 2374;
Schulteis,	Anmerkung zum Beschluss des OLG Frankfurt vom 10.10.2024, Az. 20 W 186/24 – Zur Grundbuchfähigkeit des nicht wirtschaftlichen Vereins ohne Rechtspersönlichkeit, ZIP 2025, 364;
Schwenker,	Vertragsstrafe auch nach Rücktritt vom Bauträgervertrag, jurisPR-BGHZivilR 17/2025 Anm. 2;

Selder,	Vorteilsminderung bei der 1%-Regelung, Sonderausgabenabzug von Kinderbetreuungskosten, Verfassungsmäßigkeit Kinderfreibetrag 2014, jurisPR-SteuerR 28/2025 Anm. 4;
Sievers,	Keine tarifvertragliche altersbedingte Arbeitszeitverkürzung nur für Vollzeitbeschäftigte, jurisPR-ArbR 47/2024 Anm. 1;
Spruytenburg,	Auskunftspflicht des Insolvenzverwalters einer aufgelösten GmbH, ZIP 2025, 2422;
Staake,	Herabsetzung der Vorstandsbezüge wegen Verschlechterung der Lage der AG, jurisPR-HaGesR 2/2025 Anm. 1;
Stahmann,	Zum Bankenprivileg bei einer Konzernfinanzierungsgsesellschaft, Anm. zu BFH v. 21.5.2025 – III R 6/24, HFR 2025, 1081;
Steinhauff,	AdV bei verfassungsrechtlichen Zweifeln an der Höhe der Aussetzungszinsen, jurisPR-SteuerR 1/2025 Anm. 2;
Steinhauff,	Abgrenzung von Anlagevermögen und Umlaufvermögen, jurisPR-SteuerR 7/2025 Anm. 2;
Steinhauff,	Gewinnhinzurechnung gemäß § 15a Abs. 3 EStG, jurisPR-SteuerR 17/2025 Anm. 2;
Steinhauff,	Bestimmung des Beginns der sachlichen Gewerbesteuerpflicht einer Personengesellschaft, jurisPR-SteuerR 25/2025 Anm. 5;
Stelzer,	Kosten infolge der Auseinandersetzung einer Erbengemeinschaft als Nachlassregelungskosten, StEd 2025, 4;
Sterzinger,	BMF-Schreiben v. 18.3.2025 zur Kleinunternehmerregelung nach §§ 19, 19a UStG ab 1.1.2025, UR 2025, 361;
Suchanek/Rüsch,	§ 8c KStG: BMF reagiert mit Nichtanwendungserlass auf AdV-Beschluss des BFH v. 12.4.2023 – I B 74/22 (AdV), FR 2025, 117;
Sura,	Determinierung variabler Vergütungsbestandteile bei freigestellten Betriebsratsmitgliedern, ZIP 2025, 567;
Textor,	Zur Verlustnutzung nach Beendigung einer zweigliedrigen KG durch Anwachsung auf eine GmbH, Anm. zu BFH-Urteil v. 19.3.2025 – XI R 2/23, HFR 2025, 1059;
Textor,	Vergleichsweise Zahlung: Schadensersatz oder umsatzsteuerpflichtiges Entgelt?, MwStR 2025, 496;
Thole,	Anmerkung zum Urteil des BGH vom 17.7.2025, Az. IX ZR 70/24 – Zur Durchsetzung des Vergütungsanspruchs für eine vor Verfahrenseröffnung mangelfrei erbrachte Teilleistung, ZIP 2025, 1913;
Thum,	Verlustausgleichsvolumen durch Einlagen trotz sogenannter Mehrentnahmen in Vorjahren, jurisPR-SteuerR 10/2025 Anm. 2;
Thum,	Erweiterte Kürzung und Drei-Objekt-Grenze bei erstmaligen Grundstücksveräußerungen im sechsten Jahr, jurisPR-SteuerR 40/2025 Anm. 3;
Vetter,	Anmerkung zum Urteil des OLG München vom 31.7.2024, Az. 7 U 351/23 e – Zur fristlosen Kündigung eines Vorstandsmitglieds wegen Weiterleitung dienstlicher E-Mails auf den privaten E-Mail-Account, ZIP 2025, 127;
von Roetteken,	Diskriminierung einer Person, die selbst den Diskriminierungsgrund nicht erfüllt, jurisPR-ArbR 40/2025 Anm. 8;
Weber,	Die Neufassung der Kleinunternehmerregelung durch das Jahressteuergesetz 2024, UVR 2025, 141;

Weymüller,	Keine Gefährdung des Steueraufkommens bei Rechnungen mit unzutreffendem Steuerausweis gegenüber Privatpersonen, jurisPR-SteuerR 46/2025 Anm. 5;
Wicke,	Keine Übertragung eines im Eigentum der GbR stehenden Grundstücks ohne Eintragung als eGbR nach MoPeG, GmbHR 2025, 1027;
Widmann/Mayer,	Umwandlungsrecht Kommentar, Loseblatt, Bonn;
Wilde,	Anmerkung zu einem Urteil des EuGH v. 28.11.2024 (C-293/23) – Zum Begriff des Verteilernetzes, EnWZ 2025, 31;
Wulf,	Referentenentwurf zur Nachhaltigkeitsberichterstattung – Überblick der Anforderungen im Vergleich zur aktuellen Rechtslage, DStZ 2025, 681;
Zapf,	Zu den Besteuerungsfolgen der unentgeltlichen Übertragung eines verpachteten Gewerbebetriebs entweder gegen Versorgungsleistungen oder unter Vorbehalt des Nießbrauchs, jurisPR-SteuerR 1/2025 Anm. 3;
Zapf,	Keine vGA wegen bloß tatsächlicher Nutzungsmöglichkeit einer spanischen Immobilie, jurisPR-SteuerR 13/2025 Anm. 2;
Zapf,	Formwechsel als Veräußerung i.S.d. Regelung über den Einbringungsgewinn II, jurisPR-SteuerR 32/2025 Anm. 4;
Zapf,	Gewerbesteuerliches Bankenprivileg, jurisPR-SteuerR 19/2024 Anm. 5;
Zapf,	Körperschaftsteuer – Nachweis der Fremdüblichkeit eines Gesellschafterdarlehens i.S.v. § 8b Abs. 3 Satz 6 KStG a.F., jurisPR-SteuerR 41/2025.

Abkürzungsverzeichnis

a.A.	anderer Auffassung
a.F.	alte Fassung
a.M.	am Main
ABl.	Amtsblatt
ABl.EG	Amtsblatt der Europäischen Gemeinschaft
ABl.EU	Amtsblatt der Europäischen Union
Abs.	Absatz
Absch.	Abschnitt
AdV	Arbeitsgemeinschaft der Vermessungsverwaltungen
AEAO	Anwendungserlass zur Abgabenordnung
AEAStG	Anwendungserlass zum Außensteuergesetz
AEUV	Vertrag über die Arbeitsweise der Europäischen Union
AfA	Absetzung für Abnutzung
AG	Aktiengesellschaft
AGB	Allgemeine Geschäftsbedingungen
AI-Act	Verordnung (EU) 2024/1689 des Europäischen Parlaments und des Rates vom 13. Juni 2024 zur Festlegung harmonisierter Vorschriften für künstliche Intelligenz und zur Änderung der Verordnungen (EG) Nr. 300/2008, (EU) Nr. 167/2013, (EU) Nr. 168/2013, (EU) 2018/858, (EU) 2018/1139 und (EU) 2019/2144 sowie der Richtlinien 2014/90/EU, (EU) 2016/797 und (EU) 2020/1828 (Verordnung über künstliche Intelligenz)
AktG	Aktiengesetz
Alt.	Alternative
AnfG	Gesetz über die Anfechtung von Rechtshandlungen eines Schuldners außerhalb des Insolvenzverfahrens
Anm.	Anmerkung
AO	Abgabenordnung
AO-StB	AO-Steuerberater *(Zeitschrift)*
APA	Advance Pricing Agreements
APAS	Abschlussprüferaufsichtsstelle
APrVO	Verordnung (EU) Nr. 537/2014 des Europäischen Parlaments und des Rates vom 16. April 2014 über spezifische Anforderungen an die Abschlussprüfung bei Unternehmen von öffentlichem Interesse und zur Aufhebung des Beschlusses 2005/909/EG der Kommission (Abschlussprüfungsverordnung)
ArbR	Arbeitsrecht Aktuell *(Zeitschrift)*
Art.	Artikel
AStG	Außensteuergesetz

ATAD	Anti-Tax-Avoidance Directive
Aufl.	Auflage
AÜG	Arbeitnehmerüberlassungsgesetz
Az.	Aktenzeichen
B+P	Betrieb und Personal *(Zeitschrift)*
BaFin	Bundesanstalt für Finanzdienstleistungsaufsicht
BAG	Bundesarbeitsgericht
BAV	Bundesanstalt für Verwaltungsdienstleistungen
BayObLG	Bayerisches Oberstes Landesgericht
BB	Betriebsberater *(Zeitschrift)*
BDI	Bundesverband der deutschen Industrie e.V.
BDSG	Bundesdatenschutzgesetz
BEFIT	Business in Europe: Framework for Income Taxation
BEG IV	Viertes Gesetz zur Entlastung der Bürgerinnen und Bürger, der Wirtschaft sowie der Verwaltung von Bürokratie (Viertes Bürokratieentlastungsgesetz)
BEHG	Brennstoffemissionshandelsgesetz
BEPS	base erosion and profit shifting
BEPS-MLI	Multilaterale Instrument zur Umsetzung steuerabkommensbezogener Maßnahmen zur Verhinderung der Gewinnverkürzung und Gewinnverlagerung
BeSt	Beratersicht zur Steuerrechtsprechung (Quartalsbeilage zu EFG und HFR)
BetrAVG	Gesetz zur Verbesserung der betrieblichen Altersversorgung (Betriebsrentengesetz)
BetrVG	Betriebsverfassungsgesetz
BeurkG	Beurkundungsgesetz
BewG	Bewertungsgesetz
BFH	Bundesfinanzhof
BFH/NV	Sammlung der Entscheidungen des Bundesfinanzhofs mit allen amtlich und nicht amtlich veröffentlichten Entscheidungen
BGB	Bürgerliches Gesetzbuch
BGBl.	Bundesgesetzblatt
BGH	Bundesgerichtshof
BHKW	Blockheizkraftwerk
BImSchG	Bundes-Immissionsschutzgesetz
BKZ	Baukostenzuschüsse
BMF	Bundesministerium der Finanzen
BMJV	Bundesministerium der Justiz und für Verbraucherschutz
BNotO	Bundesnotarordnung

BpO	Betriebsprüfungsordnung
BR-Drucks.	Bundesratsdrucksache
BSI	Bundesamt für Sicherheit in der Informationstechnik
BSIG	Gesetz über das Bundesamt für Sicherheit in der Informationstechnik
BStBl	Bundessteuerblatt
BT-Drucks.	Bundestagsdrucksache
Buchst.	Buchstabe
BUrlG	Bundesurlaubsgesetz
BVerfG	Bundesverfassungsgericht
BZSt	Bundeszentralamt für Steuern
bzw.	beziehungsweise
CAD-Files	Digitales Dateiformat, das von computergestützten Konstruktionsprogrammen zur Speicherung relevanter Zeichnungsinformationen verwendet wird
CapEx	Capital Expenditure
CBAM	Carbon Border Adjustment Mechanism (europäisches CO_2-Grenzausgleichsmechanismus)
CbCR	Country by Country Reporting
CEN	Comité Européen de Normalisation
CO_2	Kohlenstoffdioxid
CORE	Corporate Resource for Europe
CRA	Cyber-Resilience Act
CSDDD	Corporate Sustainability Due Diligence Directive
CSRD	Corporate Sustainability Reporting Directive
D&O-Versicherung	Directors & Officers-Versicherung
d.h.	das heißt
DAC	Richtlinie über die Verwaltungszusammenarbeit
DAC6	Richtlinie (EU) 2018/822 des Rates vom 25. Mai 2018 zur Änderung der Richtlinie 2011/16/EU bezüglich des verpflichtenden automatischen Informationsaustauschs im Bereich der Besteuerung über meldepflichtige grenzüberschreitende Gestaltungen
DAC7-UmsG	Gesetz zur Umsetzung der Richtlinie (EU) 2021/514 des Rates vom 22. März 2021 zur Änderung der Richtlinie 2011/16/EU über die Zusammenarbeit der Verwaltungsbehörden im Bereich der Besteuerung und zur Modernisierung des Steuerverfahrensrechts
DB	Der Betrieb *(Zeitschrift)*
DBA	Doppelbesteuerungsabkommen
DIVID	Einwegkunststofffonds-Plattform des Umweltbundesamtes
DNSH	Do no significant harm (Grundsatz der Vermeidung erheblicher Umweltschäden)

Doppelbuchst.	Doppelbuchstabe
DORA	Digital Operational Resilience Act
DrittelbG	Gesetz über die Drittelbeteiligung der Arbeitnehmer im Aufsichtsrat
DRS	Deutsche Rechnungslegungs Standards
DSGVO	EU-Datenschutzgrundverordnung
DST	Digital Service Taxes
DStR	Deutsches Steuerrecht *(Zeitschrift)*
DStZ	Deutsche Steuerzeitung *(Zeitschrift)*
DTSVA	Deutsch-türkisches Sozialversicherungsabkommen
DVO	Durchführungsverordnung
e.V.	eingetragener Verein
etc.	et cetera
ECEP	European Common Enforcement Priorities
EDI	Electronic Data Interchange
EDIFACT	Electronic Data Interchange for Administration, Commerce and Transport
EFG	Entscheidung der Finanzgerichte *(Zeitschrift)*
EFRAG	European Financial Reporting Advisory Group
EFZG	Gesetz über die Zahlung des Arbeitsentgelts an Feiertagen und im Krankheitsfall (Entgeltfortzahlungsgesetz)
eG	Eingetragene Genossenschaft
EGAO	Einführungsgesetz zur Abgabenordnung
EGBGB	Einführungsgesetz zum Bürgerlichen Gesetzbuche
EGV	Vertrag über die Europäische Gemeinschaft
EGVP	Elektronisches Gerichts- und Verwaltungspostfach
EIB	Ertragsteuerinformationsbericht
ELSTER	ELektronische STeuerERklärung
EmpCO-RL	Richtlinie (EU) 2024/825 des Europäischen Parlaments und des Rates vom 28. Februar 2024 zur Änderung der Richtlinien 2005/29/EG und 2011/83/EU hinsichtlich der Stärkung der Verbraucher für den ökologischen Wandel durch besseren Schutz gegen unlautere Praktiken und durch bessere Informationen
ENISA	European Network an Information Security Agency
EntgTranspG	Gesetz zur Förderung der Entgelttransparenz zwischen Männern und Frauen und Männern (Entgelttransparenzgesetz)
EntgTransp-RL	Entgelttransparenzrichtlinie
EnWG	Energiewirtschaftsgesetz
EnWZ	Zeitschrift für das gesamte Recht der Energiewirtschaft *(Zeitschrift)*
EP	Plenum des Europäischen Parlaments

ErbbauRG	Gesetz über das Erbbaurecht
ErbStG	Erbschaftsteuer- und Schenkungsteuergesetz
ErbStR	Erbschaftsteuer-Richtlinien
E-Rechnung	Elektronische Rechnung
ESEF	European Single Electronic Format
ESMA	Europäische Wertpapieraufsichtsbehörde
ESRS	European Sustainability Reporting Standards
EStG	Einkommensteuergesetz
ETR-Safe-Harbours	Effektive Tax Rate-Safe-Harbours
EU	Europäische Union
EU-BatterieVO	Verordnung (EU) 2023/1542 des Europäischen Parlaments und des Rates vom 12. Juli 2023 über Batterien und Altbatterien, zur Änderung der Richtlinie 2008/98/EG und der Verordnung (EU) 2019/1020 und zur Aufhebung der Richtlinie 2006/66/EG
EUDR	EU-Entwaldungsverordnung
EuGH	Europäischer Gerichtshof
EuInsVO	Europäische Insolvenzverordnung
EUSt	Einfuhrumsatzsteuer
EWKFondsG	Gesetz über den Einwegkunststofffonds (Einwegkunststofffondsgesetz)
EWR	Europäischer Wirtschaftsraum
EZ	Erhebungszeitraum
f./ff.	folgend/folgende
FA	Finanzamt
FAB	Fachausschuss Unternehmensberichterstattung
FamFG	Gesetz über das Verfahren in Familiensachen und in den Angelegenheiten der freiwilligen Gerichtsbarkeit
FAQ	Frequently Asked Questions
FAUB	Fachausschuss für Unternehmensbewertung und Betriebswirtschaft
FeRD	Forum elektronische Rechnung Deutschland
FG	Finanzgericht
FGO	Finanzgerichtsordnung
FinMin	Finanzministerium
FinVerw	Finanzverwaltung
FKS	Finanzkontrolle Schwarzarbeit
FR	Finanz Rundschau *(Zeitschrift)*
FZulG	Gesetz zur steuerlichen Förderung von Forschung und Entwicklung (Forschungszulagengesetz)
GAufzV	Gewinnabgrenzungsaufzeichnungs-Verordnung

GBl.	Gesetzblatt
GBO	Grundbuchordnung
GbR	Gesellschaft bürgerlichen Rechts
gem.	gemäß
GenG	Gesetz betreffend die Erwerbs- und Wirtschaftsgenossenschaften
GPT	Generative Pretrained Transformer
GewO	Gewerbesteuerordnung
GewSt	Gewerbesteuer
GewStDV	Gewerbesteuer-Durchführungsverordnung
GewStG	Gewerbesteuergesetz
GG	Grundgesetz
ggf.	gegebenenfalls
GloBE	Global anti-base erosion proposal
GmbH	Gesellschaft mit beschränkter Haftung
GmbH & Co. KG	Gesellschaft mit beschränkter Haftung & Compagnie Kommanditgesellschaft
GmbHG	Gesetz betreffend die Gesellschaften mit beschränkter Haftung
GmbHR	GmbH-Rundschau *(Zeitschrift)*
GmbH-StB	GmbH-Steuerberater *(Zeitschrift)*
GoB	Grundsätze ordnungsgemäßer Buchführung
GoBD	Grundsätze zur ordnungsmäßigen Führung und Aufbewahrung von Büchern, Aufzeichnungen und Unterlagen in elektronischer Form
GrESt	Grunderwerbsteuer
GrEStG	Grunderwerbsteuergesetz
GRUR	Gewerblicher Rechtsschutz und Urheberrecht *(Zeitschrift)*
GRUR-RS	Gewerblicher Rechtsschutz und Urheberrecht – digitale Rechtsprechungssammlung
GuV	Gewinn & Verlust
Halbs.	Halbsatz
HFR	Höchstrichterliche Finanzrechtsprechung *(Zeitschrift)*
HGB	Handelsgesetzbuch
HGrStG	Hessisches Grundsteuergesetz
HR-Verantwortliche	Verantwortliche für Human Resources
Hrsg.	Herausgeber
i.d.F.	in der Fassung
i.d.R.	in der Regel
i.d.S.	in dem Sinne

i.H.v.	in Höhe von
i.R.d.	im Rahmen der/des
i.S.d.	im Sinne der/des
i.S.v.	im Sinne von
i.V.m.	in Verbindung mit
IAS	International Accounting Standards
IASB	International Accounting Standards Board
IDW	Institut für Wirtschaftsprüfer
IDW RS FAB	IDW Stellungnahme zur Rechnungslegung: Handelsrechtliche Rechnungslegung bei Personenhandelsgesellschaften
IDW RS IFA	IDW Stellungnahme zur Rechnungslegung: Abgrenzung von Erhaltungsaufwand und Herstellungskosten bei Gebäuden in der Handelsbilanz
IFRS	International Financial Reporting Standards
IFRS IC	International Financial Reporting Standards Interpretations Committee
IHK	Industrie- und Handelskammer
IIR	Income Inclusion Rule
insb.	insbesondere
InsO	Insolvenzordnung
IROs	Impacts, Risks and Opportunities
IT	Informationstechnologie
JStG	Jahressteuergesetz
JURI	Rechtsausschuss des Europäischen Parlaments
jurisPR-ArbR	juris PraxisReport Arbeitsrecht *(Zeitschrift)*
jurisPR-BGH-ZivilR	juris PraxisReport BGH-Zivilrecht *(Zeitschrift)*
jurisPR-Compl	juris PraxisReport Compliance & Investigations *(Zeitschrift)*
jurisPR-HaGesR	juris PraxisReport Handels- und Gesellschaftsrecht *(Zeitschrift)*
jurisPR-InsR	juris PraxisReport Insolvenz- und Sanierungsrecht *(Zeitschrift)*
jurisPR-ITR	juris PraxisReport IT-Recht *(Zeitschrift)*
jurisPR-SteuerR	juris PraxisReport Steuerrecht *(Zeitschrift)*
jurisPR-WettbR	juris PraxisReport Wettbewerbs-Recht *(Zeitschrift)*
KBS	Konformitätsbewertungsstellen
Kfz	Kraftfahrzeug
kg	Kilogramm
KG	Kommanditgesellschaft / Kammergericht
KI	Künstliche Intelligenz
KIVO	KI-Verordnung

KMU	kleine und mittlere Unternehmen
KN-Code	8-Stellige Codenummer der Kombinierten Nomenklatur
KöMoG	Körperschaftsteuermodernisierungsgesetz
kösdi	Kölner Steuerdialog *(Steuerfachzeitschrift)*
KoSIT	Koordinierungsstelle für IT-Standards
KraftStG	Kraftfahrzeugsteuergesetz
KRITIS	Kritische Infrastruktur
KStG	Körperschaftsteuergesetz
kW	Kilowatt
KWG	Kreditwesengesetz
kWh	Kilowattstunde
KWK	Kraft-Wärme-Kopplung
kWp	Kilowatt Peak
LAG	Landesarbeitsgericht
LG	Landgericht
lit.	Buchstabe
LkSG	Lieferkettensorgfaltspflichtengesetzes
LLC	Limited Liability Company
LNG	Liquefied Natural Gas
LSG	Bayerisches Landessozialgericht
LStR	Lohnsteuer-Richtlinien
LV-Altbatterie	Alt-Batterie für leichte Verkehrsmittel
m.w.H.	mit weiteren Hinweisen
MinStAnpG	Mindeststeueranpassungsgesetz
MinStG	Mindeststeuergesetz
Mio.	Millionen
MLI	Multilaterales Instrument
MoPeG	Gesetz zur Modernisierung des Personengesellschaftsrechts (Referentenentwurf)
MPMs	Management-Defined Performance Measures
Mrd.	Milliarden
MuSchG	Gesetz zum Schutz von Müttern bei der Arbeit, in der Ausbildung und im Studium (Mutterschutzgesetz)
MwStR	Zeitschrift für das gesamte Mehrwertsteuerrecht *(Zeitschrift)*
MwStSystRL	Mehrwertsteuersystem-Richtlinie
N&R	Netzwirtschaften und Recht *(Zeitschrift)*
n.F.	neue Fassung
n.v.	nicht veröffentlicht

NCTI	Network Computer Telephony Integration
NFE	Nichtfinanzielle (Konzern-)Erklärung
NFRD	Non-Financial Reporting Directive
NFT	Non-Fungible Token
NIS2	The Network and Information Security (NIS) Directive
NJW	Neue Juristische Wochenschrift *(Zeitschrift)*
NJW-RR	Neue Juristische Wochenschrift – Rechtsprechungsreport *(Zeitschrift)*
Nr.	Nummer
NVwZ	Neue Zeitschrift für Verwaltungsrecht *(Zeitschrift)*
NWB	Neue Wirtschafts-Briefe *(Zeitschrift)*
NZA	Neue Zeitschrift für Arbeitsrecht *(Zeitschrift)*
NZA-RR	Rechtsprechungs-Report Arbeitsrecht *(Zeitschrift)*
NZB	Nichtzulassungsbeschwerde
NZG	Neue Zeitschrift für Gesellschaftsrecht *(Zeitschrift)*
NZI	Neue Zeitschrift für Insolvenz- und Sanierungsrecht *(Zeitschrift)*
o.g.	oben genannt
OECD	Organisation for Economic Cooperation and Development (Organisation für wirtschaftliche Zusammenarbeit und Entwicklung)
OFD	Oberfinanzdirektion
OHG	Offene Handelsgesellschaft
OLG	Oberlandesgericht
OpEx	Operational Expenditures
OSS	Open-Source-Software
OWiG	Gesetz über Ordnungswidrigkeiten
p.a.	per anno, pro Jahr
PDF	Portable Document Format
Pkw	Personenkraftwagen
PPWR	European Packaging an Packaging Waste Regulation
ProdHaftG	Gesetz zur Modernisierung des Produkthaftungsrechts
PSV	Pensions-Sicherungs-Verein
PV-Anlage	Photovoltaik-Anlage
QDMTT	Qualified Domestic Minimum Top-Up-Tax
R	Abschnitt der Einkommensteuer-Richtlinien
RdZ	Recht der Zahlungsdienste *(Zeitschrift)*
RED III	Erneuerbare-Energien-Richtlinie 2023/2413
Rev.	Revision eingelegt
RL	Richtlinie

Rn.	Randnummer
RRF	Recovery and Resilienz Facility
Rz.	Randziffer
S. / s.	Seite / siehe
SaaS	Software-as-a-Service
SAPS/HANA	SAP High Performance Analytic Appliance
SE	Societas Europaea; Europäische Aktiengesellschaft
SGB	Sozialgesetzbuch
SMEs	Small and medium-sized enterprises
sog.	so genannt
StaRUG	Gesetz über den Stabilisierungs- und Restrukturierungsrahmen für Unternehmen (Unternehmensstabilisierungs- und -restrukturierungsgesetz)
StGB	Strafgesetzbuch
StEd	Steuer-Eildienst *(Zeitschrift)*
StiftRG	Stiftungsregistergesetz
TaBV	Tabakverordnung
Tax CMS	Tax Compliance Management Systeme
TEHG	Emission von Treibhausgasen
TV-EUmw/VKA	Tarifvertrag zur Entgeltumwandlung für Arbeitnehmer im Kommunalen öffentlichen Dienst
TV-VKA	Tarifverträge des öffentlichen Dienstes der Kommunen
Tz.	Textzahl / Textziffer
TzBfG	Gesetz über Teilzeitarbeit und befristete Arbeitsverträge (Teilzeit- und Befristungsgesetz)
U2-Umlage	Pflichtabgabe für alle Arbeitgeber zur Finanzierung von Arbeitgeberleistungen während des Mutterschutzes
u.a.	unter anderem
u.Ä.	und Ähnliches
u.E.	unseres Erachtens
u.U.	unter Umständen
UGP-Richtlinie	Richtlinie über unlautere Geschäftspraktiken (2005/29/EG)
UmwG	Umwandlungsgesetz
UmwStE	Umwandlungssteuer-Erlass
UmwStG	Umwandlungssteuergesetz
UR	UmsatzsteuerRundschau *(Zeitschrift)*
US	United States of America, Vereinigte Staaten von Amerika
US-GAAP	United States Generally Accepted Accounting Principles
UStAE	Umsatzsteuer-Anwendungserlass

UStDV	Umsatzsteuer-Durchführungsverordnung
UStG	Umsatzsteuergesetz
USt-Idnr.	Umsatzsteuer-Identifikationsnummer
UVR	Umsatz- und Verkehrsteuer-Recht *(Zeitschrift)*
UWG	Gesetz gegen den unlauteren Wettbewerb
v.	vom/von
Var.	Variante
VeR	Verband elektronische Rechnung
VerpackG	Gesetz über das Inverkehrbringen, die Rücknahme und die hochwertige Verwertung von Verpackungen (Verpackungsgesetz)
vGA	verdeckte Gewinnausschüttung
vgl.	vergleiche
ViDA	VAT in the Digital Age
VSME	Voluntary Sustainability Reporting Standard for SME
VR-Richtlinie	Richtlinie über Rechte der Verbraucher (2011/83/EU)
VVG	Versicherungsvertragsgesetz
VZ	Veranlagungszeitraum
Wachstumschancen G	Wachstumschancengesetz
WHG	Wasserhaushaltsgesetz
WM	Wertpapier Mitteilungen *(Zeitschrift)*
WPO	Wirtschaftsprüferordnung
z.B.	zum Beispiel
ZEV	Zeitschrift für Erbrecht und Vermögensnachfolge *(Zeitschrift)*
ZInsO	Zeitschrift für das gesamte Insolvenz- und Sanierungsrecht *(Zeitschrift)*
ZIP	Zeitschrift für Wirtschaftsrecht *(Zeitschrift)*
ZKF	Zeitschrift für Kommunalfinanzen *(Zeitschrift)*
ZPO	Zivilprozessordnung
ZUGfeRD	Zentraler User Guide des Forums elektronische Rechnung Deutschland

Erster Teil:
Bewertung aus der Sicht der Wirtschaft

A. Investitionssofortprogramm

I. Steuerpolitik der neuen Bundesregierung

1. Sondierungsergebnisse der neuen Bundesregierung

Die drei späteren Regierungsparteien CDU/CSU und SPD hatten bereits in den Sondierungsergebnissen vom 8.3.2025 **umfangreiche steuerliche Maßnahmen** vereinbart, die in den späteren Koalitionsvertrag einfließen sollten. Dazu gehörten: 1

- Einstieg in eine Unternehmensteuerreform im Laufe der Legislaturperiode
- Setzen von Investitionsanreizen *„sofort nach Regierungsübernahme"*
- Einkommensteuerreform zur Entlastung „der breiten Mitte"
- Senkung der Stromsteuer „für alle" auf das europäische Mindestmaß und Halbierung der Übertragungsnetzentgelte
- Erhöhung der Pendlerpauschale
- Steuerfreiheit für Überstundenzuschläge, steuerliche Begünstigung von Arbeitgeberprämien zur Ausweitung der Arbeitszeit von Teilzeitbeschäftigten, Steuerfreiheit für die Weiterarbeit nach Erreichen des gesetzlichen Rentenalters (bis 2.000 Euro)
- Reduzierung des Umsatzsteuersatzes für Speisen in der Gastronomie auf 7 %.

2. Koalitionsvertrag

Am 9.4.2025 wurde von den Regierungsparteien nach zähen Verhandlungen der **Koalitionsvertrag** veröffentlicht.[1] Hierin wurden die Maßnahmen der Sondierungsergebnisse konkretisiert. 2

Im Bereich **Unternehmensteuern und Investitionen** sah der Koalitionsvertrag vor, die degressive Abschreibung auf Ausrüstungsinvestitionen von 30 % in den Jahren 2025, 2026 und 2027 einzuführen. In demselben Gesetzgebungsverfahren solle die Körperschaftsteuer in fünf Schritten ab dem VZ 2028 um jeweils einen Prozentpunkt gesenkt werden. Um eine rechtsformneutrale Besteuerung zu ermöglichen, sollten das Optionsmodell (§ 1a KStG) und die Thesaurierungsbegünstigung (§ 34a EStG) wesentlich verbessert werden.[2] Der Solidaritätszuschlag solle unverändert bestehen bleiben.[3] Zudem plante die Koalition, Scheinsitzverlegungen in Gewerbesteuer-Oasen wirksam zu begegnen sowie den Gewerbesteuer-Mindesthebesatz von 200 auf 280 % zu erhöhen.[4] Bei der steuerlichen Forschungszulage plante die Koalition, den Fördersatz und die Bemessungsgrundlage deutlich anzuheben und das Verfahren zu vereinfachen.[5]

Bei der **Arbeitnehmerbesteuerung** plante die Koalition, mit folgenden Maßnahmen steuerliche Arbeitsanreize zu setzen:

- Steuerfreiheit für Überstundenzuschläge,
- Steuerfreiheit für Arbeitsentgelt (bis 2.000 Euro im Monat) nach Erreichen des gesetzlichen Rentenalters sowie
- steuerliche Begünstigung von Arbeitgeberprämien für die Arbeitszeitausweitung von Teil- zu Vollzeitarbeit.

Ferner sollte die Pendlerpauschale ab 1.1.2026 auf 38 Cent ab dem ersten Kilometer dauerhaft erhöht werden und der maximale Bruttolistenpreis für die steuerliche Begünstigung von E-Firmenwagen wird von 70.000 auf 100.000 Euro steigen. Die Mit-

1) CDU, CSU und SPD, Koalitionsvertrag „Verantwortung für Deutschland".
2) Vgl. CDU, CSU und SPD, Koalitionsvertrag „Verantwortung für Deutschland", Zeilen 1429 ff.
3) Vgl. CDU, CSU und SPD, Koalitionsvertrag „Verantwortung für Deutschland", Zeilen 1448.
4) Vgl. CDU, CSU und SPD, Koalitionsvertrag „Verantwortung für Deutschland", Zeilen 1449 ff.
5) Vgl. CDU, CSU und SPD, Koalitionsvertrag „Verantwortung für Deutschland", Zeilen 2591 f.

arbeiterkapitalbeteiligung sollte durch eine praxisnahe Ausgestaltung von Steuer- und Sozialversicherungsrecht weiter gestärkt werden.[1)]

Im Rahmen der **Umsatzsteuer**, soll die Erhebung der Einfuhrumsatzsteuer auf ein Verrechnungsmodell umgestellt werden (→ Rz. 41 ff.), um Unternehmen von Bürokratie zu entlasten.[2)] Im Bereich der **internationalen Besteuerung** soll nach den Plänen der Koalition eine Finanztransaktionssteuer auf europäischer Ebene unterstützt und an der globalen Mindeststeuer für große Konzerne festgehalten werden, wobei dauerhafte Vereinfachungen auf internationaler Ebene unterstützt werden. Gleichzeitig sollten die internationalen Entwicklungen beobachtet werden und die Koalition plant, sich auch auf europäischer Ebene dafür einzusetzen, dass daraus keine Benachteiligung deutscher Unternehmen im internationalen Wettbewerb resultiert.[3)]

Mit dem Ziel, die **Steuerbürokratie** zu reduzieren, strebt die Koalition Steuervereinfachungen durch „Typisierungen, Vereinfachungen und Pauschalierungen" an und benennt als konkrete Beispiele eine Arbeitstagepauschale für Arbeitnehmer, die Besteuerung von Rentnern und die vorausgefüllte Steuererklärung. Ziel sei weiterhin, bei jedem steuerrelevanten Gesetzgebungsverfahren auf Vereinfachung und Digitalisierbarkeit zu achten. Beabsichtigt sei, Digitalisierung und den Einsatz von KI auf Seiten der Finanzverwaltung voranzutreiben. Perspektivisch sei geplant, Körperschaften und Personengesellschaften sukzessive auf die Selbstveranlagung umzustellen.[4)]

Damit traf der Koalitionsvertrag zu zahlreichen steuerpolitischen Themen **begrüßenswerte Grundsatzaussagen** – etwa zur Verbesserung des Optionsmodells und der Thesaurierungsbegünstigung bei der Besteuerung von Personenunternehmen sowie zum Abbau von Steuerbürokratie durch „Typisierungen, Vereinfachungen und Pauschalierungen". Positiv ist auch das Ziel, Benachteiligungen deutscher Unternehmen durch die globale Mindeststeuer – an der die Koalition festhalten will – im internationalen Wettbewerb zu vermeiden. Auch die geplante Umstellung der Einfuhrumsatzsteuer auf ein Verrechnungsmodell ist ein weiterer erfreulicher Aspekt.

3. Das steuerliche Sofortprogramm der Bundesregierung

3 Am 28.5.2025 veröffentlichte der Koalitionsausschuss seine Ergebnisse unter dem Titel „Verantwortung für Deutschland: Sofortprogramm der Bundesregierung". Hierin legte die Bundesregierung in fünf Themenbereichen die Eckpunkte für ein *Sofortprogramm* fest, welche die wesentlichen Punkte des Koalitionsvertrags aufgriffen.

Im Bereich Steuern und Finanzpolitik wurden zum einen eine **Investitionsoffensive** bis zum Sommer 2025 angekündigt, die die Einführung eines Investitions-Boosters in Form einer degressiven Abschreibung für Ausrüstungsinvestitionen sowie die Senkung der Unternehmensteuerbelastung – sowohl für Kapital- als auch Personengesellschaften – vorsah. Zudem sollte ein **Sondervermögen Infrastruktur und Klimaneutralität** errichtet und eine **Expertenkommission zur Reform der Schuldenbremse** eingerichtet werden. Zum anderen sollte **neues Wirtschaftswachstum** durch die Absenkung des Umsatzsteuersatzes in der Gastronomie, die steuerliche Förderung der Elektromobilität, die Verbesserung der steuerlichen Forschungszulage, die Erhöhung der Entfernungspauschale sowie die Senkung der Stromsteuer generiert werden.

II. Das steuerliche Investitionssofortprogramm als Sofortmaßnahme

4 Erfreulicherweise mündeten die Ergebnisse des Koalitionsausschusses vom 28.5.2025 und weitere steuerpolitische Vereinbarungen des Koalitionsvertrags sehr schnell in

1) Vgl. CDU, CSU und SPD, Koalitionsvertrag „Verantwortung für Deutschland", Zeilen 1466 ff., 203 f., 106 f.
2) Vgl. CDU, CSU und SPD, Koalitionsvertrag „Verantwortung für Deutschland", Zeilen 346 ff.
3) Vgl. CDU, CSU und SPD, Koalitionsvertrag „Verantwortung für Deutschland", Zeilen 1495 ff.
4) Vgl. CDU, CSU und SPD, Koalitionsvertrag „Verantwortung für Deutschland", Zeilen 1522 ff.

eine konkrete Gesetzesinitiative. So veröffentlichte das Bundesministerium der Finanzen bereits am 1.6.2025 einen Referentenentwurf für ein **Gesetz für ein steuerliches Investitionssofortprogramm zur Stärkung des Wirtschaftsstandorts Deutschland**.

Die Gesetzesinitiative enthielt wesentliche steuerpolitische Reformen und Verbesserungen, für die sich der BDI seit Jahren eingesetzt hatte:

- Mit dem sog. „**Investitions-Booster**" wurde die Möglichkeit zur **degressiven Abschreibung** in § 7 Abs. 2 EStG in Höhe von 30 %, maximal jedoch das Dreifache der linearen AfA, für **bewegliche Wirtschaftsgüter des Anlagevermögens**, die nach dem 30.6.2025 und vor dem 1.1.2028 angeschafft werden, wiedereingeführt und aufgestockt (→ Rz. 256).
- Zudem wurde in § 23 Abs. 1 KStG geplant, den **Körperschaftsteuersatz schrittweise** ab dem VZ 2028 von derzeit 15 % **auf 10 % ab dem VZ 2032 zu senken** (→ Rz. 86).
- Im sinnvollen Gleichschritt wurde auch der **Thesaurierungssteuersatz** nach § 34a Abs. 1 Satz 1 EStG für nicht entnommene Gewinne von derzeit 28,25 % in drei Stufen auf 27 % im VZ 2028/2029, 26 % im VZ 2030/2031 und 25 % ab dem VZ 2032 **gesenkt** (→ Rz. 88).
- Mit § 7 Abs. 2a – neu – EStG wurde die **arithmetisch-degressive Abschreibung** für nach dem 30.6.2025 und vor dem 1.1.2028 **neu angeschaffte Elektrofahrzeuge eingeführt** (→ Rz. 257).
- Zur weiteren Förderung von Elektrofahrzeugen wurde in § 6 Abs. 1 Nr. 4 Satz 2 Nr. 3 und Satz 3 Nr. 3 EStG auch die Anhebung der **Bruttolistenpreisgrenze** bei der **Firmenwagenbesteuerung** auf **100.000 Euro** für nach dem 30.6.2025 (vgl. § 52 Abs. 12 Satz 6 EStG) angeschaffte **Kraftfahrzeuge ohne CO_2-Emission** je gefahrenem Kilometer gesetzlich festgelegt (→ Rz. 350).
- Durch die **Ausweitung des Forschungszulagengesetzes** in § 3 FZulG durch die Anhebung des Bemessungsgrundlagen-Höchstbetrages auf 12 Mio. Euro und die mittelbare Anhebung des Fördersatzes durch pauschalen Einbezug der Gemeinkosten in die förderfähigen Aufwendungen in Höhe von 20 % der im Wirtschaftsjahr im Übrigen entstandenen förderfähigen Aufwendungen für Forschungs- und Entwicklungs-Vorhaben ab 2026 (→ Rz. 97 f.).

Nur drei Tage später beschloss das **Bundeskabinett** am 4.6.2025 den vorliegenden Entwurf und der **Bundestag** befasste sich damit einen Tag später in seiner ersten Beratung. Am 13.5.2025 nahm der **Bundesrat** im ersten Durchgang zu dem Investitionssofortprogramm Stellung. Auch von Seiten der Länder wurde die Notwendigkeit unterstützender Maßnahmen für die schwächelnde Wirtschaft anerkannt. Dennoch wurde eine **Kompensation der Steuermindereinnahmen auf Seiten von Ländern und Gemeinden** angemahnt. In der Aussprache wurde hierzu auf das Konnexitätsprinzip verwiesen.

Am 23.6.2025 folgte die Anhörung im **Finanzausschuss** des Bundestages, an welcher auch der BDI mitwirkte, so dass der Entwurf eines Gesetzes für ein steuerliches Investitionssofortprogramm zur Stärkung des Wirtschaftsstandorts Deutschland am 26.6.2025 in Zweiter und Dritter Lesung im **Bundestag** beraten und verabschiedet wurde. Gegenüber dem Regierungsentwurf erfolgte nur eine kleinere Anpassung im Kontext der Forschungszulage: Der Höchstbetrag für die Eigenleistungen von Mitunternehmern in einem begünstigten Forschungs- und Entwicklungsvorhaben gemäß § 3 Abs. 3 Satz 2 und 3 FZulG wurde von 70 Euro auf 100 Euro je Arbeitsstunde (bei maximal 40 Arbeitsstunden je Woche) erhöht. In derselben Woche wurde zudem eine Einigung zwischen Bund und Ländern erzielt, wonach die Kommunen eine vollständige und die Länder eine anteilige Kompensation der Steuermindereinnahmen erhalten, die mit den gesetzlichen Regelungen einhergehen. Daher war die Verabschiedung des Gesetzes durch den **Bundesrat** am 11.7.2025 bereits vorab zu erwarten. Das Gesetz vom 14.7.2025 wurde am 18.7.2025 im Bundesgesetzblatt verkündet.[1)]

---

1) Gesetz v. 14.7.2025, BGBl. I 2025 Nr. 161 = BStBl I 2025, 1486.

III. Bewertung des Investitionssofortprogramms aus Sicht der deutschen Wirtschaft

5 Die deutsche Wirtschaft begrüßt ausdrücklich die in dem Investitionssofortprogramm vorgesehenen Maßnahmen. Besonders bemerkenswert war die zügige Umsetzung der Koalitionsmaßnahmen in einem sehr straffen Gesetzgebungszeitplan.

Die Wiedereinführung und Aufstockung der **degressiven Abschreibungsmöglichkeit** für die kommenden zweieinhalb Jahre ist ein positives und verlässliches Signal für die deutsche Wirtschaft, das gerade im Mittelstand einen wichtigen Investitionsimpuls setzen kann. Da die degressive AfA den Haushalt über den Zeitverlauf nicht mehr belastet als die lineare AfA, wäre eine Entfristung der degressiven AfA gerade für eine langfristige Investitionsrealisierung wünschenswert gewesen.

Die **Senkung des Körperschaftsteuersatzes** auf 10 % und die damit verbundene Unternehmensteuersatzsenkung auf 25 % ist eine langjährige Forderung des BDI und stärkt die internationale Wettbewerbsfähigkeit deutscher Kapitalgesellschaften. Der BDI hatte sich im Vorfeld anstelle dieser Absenkung für eine Anrechnung der Gewerbesteuer auf die Körperschaftsteuer – unter entsprechender Anpassung des Körperschaftsteuersatzes – analog § 35 Abs. 1 Satz 1 EStG ausgesprochen. Der Vorteil der Anrechnung bestünde zum einen in einer einfacheren Anrechnung ausländischer Quellensteuer und zum anderen keinen möglichen Problemen im Zusammenhang mit der Mindeststeuer, bei der man sich international auf einen Mindeststeuersatz von 10 % geeinigt hatte. Letztlich hat sich die Politik jedoch für die Absenkung des Körperschaftsteuersatzes ausgesprochen, um auch ein gewichtiges und eindrucksvolles Zeichen für ausländische Investoren zu setzen.

Die **Senkung des Thesaurierungssteuersatzes** analog zur Körperschaftsteuersatzsenkung ist wichtig und richtig, um auch Personengesellschaften, die ihre Gewinne einbehalten und reinvestieren, im internationalen Wettbewerb zu stärken. Weitere Verbesserungen bei der Thesaurierungsbegünstigung, wie ein Gleichklang der Nachbesteuerung analog zur Ausschüttungsbesteuerung, die Anpassung der Verwendungsreihenfolge, um einen Entnahmezwang für Altrücklagen zu vermeiden, und die Beseitigung von Umstrukturierungshemmnissen sollten jedoch in einem weiteren, zeitnahen Gesetzgebungsverfahren angestoßen werden.

Die **Erhöhung** des maximalen **Bruttolistenpreises** ist ein weiterer wichtiger Beitrag, um durch verbesserte steuerliche Rahmenbedingungen den Hochlauf der Elektromobilität zu fördern. Firmenwagen sind ein wichtiger Treiber für die E-Mobilität in Deutschland. Durch die Maßnahme wird in der Folge auch der Gebrauchtwagenmarkt für vollelektrische Pkw gestärkt werden, weil Firmenwagen nach Ablauf der Leasingzeit zu einem günstigen Preis als Gebrauchtwagen zur Verfügung stehen.

Die **Anhebung** des Höchstbetrages der **Bemessungsgrundlage der Forschungszulage** auf **12 Mio. Euro** sowie die mittelbare Anhebung des Fördersatzes ist ein weiterer wichtiger Hebel, um Forschung in Deutschland, gerade im Mittelstand, zu fördern. Um in Deutschland eine international wettbewerbsfähige steuerliche Forschungsförderung anzubieten, muss die Bemessungsgrundlage jedoch deutlicher erhöht, das Antragsverfahren vereinfacht und der Fördersatz für alle Unternehmen auf ein wettbewerbsfähiges Niveau von 30 % angehoben werden.

Über die im Investitionssofortprogramm vorgesehenen Schritte hinaus braucht die deutsche Wirtschaft in dieser Legislaturperiode jedoch auch **strukturelle Reformen im Steuerrecht**, **Steuervereinfachungen** und weitere Fortschritte bei der **Digitalisierung des Besteuerungsverfahrens**. Zahlreiche zeitnah und niederschwellig umsetzbare Vorschläge hierzu enthält zudem der Bericht der BMF-Expertenkommission „Vereinfachte Unternehmensteuer", der als Grundlage für weitere Gesetzesinitiativen dienen sollte.[1)]

---

1) Vgl. hierzu Bundesministerium der Finanzen, Abschlussbericht der Expertenkommission „Vereinfachte Unternehmensteuer". Als PDF-Datei abrufbar unter: https://www.bundesfinanzministerium.de/Content/DE/Downloads/Broschueren_Bestellservice/bericht-kommission-vereinfachte-unternehmensteuer.pdf?__blob=publicationFile&v=5 (zuletzt abgerufen am 5.12.2025).

B. Aktivrentengesetz

In ihrem Koalitionsvertrag haben sich CDU/CSU und SPD auf steuerliche Maßnahmen zur Beschäftigungsförderung verständigt. Konkret einigten sich die Koalitionspartner auf die Steuerfreiheit für freiwilliges längeres Arbeiten im Rentenalter (Aktivrente), die Steuerfreiheit von Überstundenzuschlägen und die Steuerfreiheit von Arbeitgeberprämien zur Aufstockung von Teilzeit. **6**

Die Maßnahmen zielen darauf, das Arbeitsangebot der Arbeitnehmer auszuweiten und so dem Fachkräftemangel entgegenzuwirken.

I. Aktivrente

Kurz vor Jahresende haben Bundestag am 5.12.2025 und Bundesrat am 19.12.2025 die Einführung der Aktivrente beschlossen und das *Gesetz zur steuerlichen Förderung von Arbeitnehmerinnen und Arbeitnehmern im Rentenalter (Aktivrentengesetz)* verabschiedet (→ Rz. 110). Das Gesetz vom 22.12.2025 wurde am 23.12.2025 im Bundesgesetzblatt verkündet.[1] **7**

Mit der Aktivrente wird ein Steuerfreibetrag für Arbeitsentgelt von Arbeitnehmern eingeführt, die nach Überschreiten des gesetzlichen Regelrentenalters gemäß § 35 Satz 2 oder § 235 SGB VI (Vollendung des 67. Lebensjahres, einschließlich Übergangsregelung) weiterhin in einer sozialversicherungspflichtigen, nichtselbständigen Beschäftigung arbeiten. Gesetzestechnisch erfolgt die Einführung der Aktivrente in der – bislang unbesetzten – Nr. 21 des § 3 EStG. Selbstständige profitieren von der Aktivrente nicht. Tätigkeiten, die zu Einkünften aus selbständiger Arbeit, Gewerbebetrieb oder Land- und Forstwirtschaft führen, sind von der Begünstigung ausdrücklich ausgenommen. Hierin sieht der Bund der Steuerzahler einen Verstoß gegen den allgemeinen Gleichheitsgrundsatz und hat am 23.12.2025 den Gang vor das Bundesverfassungsgericht angekündigt.

Der **Freibetrag** beläuft sich auf **2.000 Euro monatlich** und unterliegt nicht dem Progressionsvorbehalt. In der Gesetzesbegründung wird ausdrücklich darauf hingewiesen, dass der tatsächliche monatliche Freibetrag nicht mehr als 2.000 Euro beträgt und auch im Veranlagungsverfahren nicht überschritten werden kann. Es ist demnach nicht möglich, ein in einem Monat nicht vollständig ausgenutztes Freibetragsvolumen auf einen anderen Kalendermonat zu übertragen.

Voraussetzung ist allerdings, dass für das Arbeitsentgelt **Beiträge zur gesetzlichen Rentenversicherung** oder ein Zuschuss an eine berufsständische Versorgungseinrichtung entrichtet werden. Durch diese Voraussetzung wird die Anwendung der Aktivrente auf über die Regelaltersgrenze hinaus aktive Beamte ausgeschlossen.

Die Neuregelung sieht ausdrücklich **keinen Wegfall der Sozialversicherungspflicht** für nach § 3 Nr. 21 EStG steuerfreies Arbeitsentgelt vor. § 1 Abs. 1 Satz 1 Nr. 1 der Sozialversicherungsentgeltverordnung wurde entsprechend angepasst. Die Nicht-Zurechnung zu dem beitragspflichtigen Arbeitsentgelt gilt demnach ausdrücklich nicht für Einnahmen, die allein nach § 3 Nr. 21 EStG steuerfrei sind. Laut der Bundesregierung soll die Steuerfreiheit neben den wirtschaftspolitischen Impulsen und der Förderung der Weiterarbeit im Alter auch der Stärkung der Sozialkassen (Kranken- und Pflegeversicherung) dienen.

Somit fallen auch für nach § 3 Nr. 21 EStG steuerfreies Arbeitsentgelt weiterhin Beiträge zur Kranken- und Pflegeversicherung an. Lediglich die eigenen Renten- und Arbeitslosenbeiträge der Arbeitnehmer entfallen, da nach geltendem Recht (§ 28 Abs. 1 Nr. 1 SGB III, § 5 Abs. 4 SGB VI) mit Vollendung der Regelaltersgrenze Versicherungsfreiheit in der Arbeitslosen- und Rentenversicherung eintritt. Die Arbeitgeber tragen

1) BGBl. I 2025 Nr. 361.

dagegen auch Renten- und Arbeitslosenversicherungsbeiträge. Sie sind gemäß § 346 Abs. 3 SGB III sowie § 172 Abs. 1 SGB VI verpflichtet, für versicherungsfreie Beschäftigte den halben Beitrag zu entrichten, der bei fortbestehender Versicherungspflicht zu zahlen wäre.

Die Regelung tritt bereits zum **1.1.2026** in Kraft. Erwartet werden Steuermindereinnahmen von rund 890 Mio. Euro jährlich.

Der BDI hat im Kreis der Spitzenorganisationen der deutschen Wirtschaft zu dem Gesetzentwurf kurzfristig Stellung genommen. Zwar könnte die Einführung der Aktivrente dazu beitragen, Anreize für ältere Menschen zu setzen, auch nach Eintritt in den Ruhestand überhaupt zu arbeiten oder mehr zu arbeiten. Dies ist mit Blick auf die demografische Entwicklung positiv. Aber es ist widersprüchlich, wenn neben der Aktivrente weiterhin die Möglichkeit besteht, abschlagsfrei in Frührente zu gehen (abschlagsfreie Altersrente für langjährig Versicherte nach 45 Beitragsjahren). Dieser Widerspruch sollte aus Sicht der Wirtschaft durch die Abschaffung der abschlagsfreien Frührente vermieden werden.

Beachtlich ist zudem, dass sich der **Arbeitsmarkt** in den vergangenen Monaten deutlich verändert hat. Während die Zahl der Arbeitslosen steigt, sinkt die Zahl der gemeldeten offenen Stellen kontinuierlich. Angesichts dieser Entwicklung ist es richtig, dass die Bundesregierung die Neuregelung nach einem Zeitraum von zwei Jahren auf ihre Wirksamkeit hinsichtlich der gesetzten Ziele überprüfen will. Hierbei sollte geprüft werden, ob die Regelung tatsächlich zu einer höheren Erwerbsquote von Personen nach Erreichen der gesetzlichen Regelaltersgrenze geführt hat und ob die Fachkräfteengpässe, die mit der Neuregelung adressiert werden sollen, tatsächlich (noch) in der Breite der Wirtschaft bestehen.

Aus Sicht der Wirtschaft ist es zudem wichtig, dass durch die Aktivrente keine zusätzlichen belastenden bürokratischen Kosten, vor allem auch bei den kleineren und mittelgroßen mittelständischen Unternehmen, ausgelöst werden. Daher ist es begrüßenswert, dass über das Vorliegen eines Beschäftigungsverhältnisses und die Überschreitung der Regelaltersgrenze hinaus keine weiteren Bedingungen oder Voraussetzungen für die Aktivrente vorgesehen sind.

Sehr kritisch ist jedoch mit Blick auf die Umsetzbarkeit in der betrieblichen Praxis das Inkrafttreten bereits zum 1.1.2026. Dies erfordert ein weiteres Mal sehr kurzfristige und zeitkritische Anpassungen in der betrieblichen Entgeltabrechnung. Ein längerer Umsetzungszeitraum wäre praxisgerechter gewesen, nicht zuletzt da wichtige operative Fragen noch im Gesetzgebungsprozess – d.h. wenige Wochen vor dem 1.1.2026 – nicht abschließend geklärt waren; so bspw. die Frage, was bei einem Arbeitgeberwechsel zur Mitte des Monats zu beachten ist, oder ob Sonderzahlungen in den Steuerfreibetrag einbezogen werden können.

Ein weiterer, aus Sicht der Wirtschaft kritischer Aspekt des Gesetzes ist, dass Personen, die bereits in Frührente sind, bis zur gesetzlichen Regelaltersgrenze warten müssen, um die Aktivrente in Anspruch nehmen zu können. Wer somit bereits in die Altersrente für langjährig Versicherte gestartet ist, muss bis zur Regelaltersgrenze warten, bis er oder sie in den Genuss des Steuervorteils kommt. Dies ist nicht sinnvoll, da eine mögliche Erwerbsbereitschaft in dieser Personengruppe nicht aktiviert würde. Weil diese Personen bereits Rentenleistungen beziehen, würde durch ihre Einbeziehung in die Aktivrente keine neue Frühverrentungsdynamik ausgelöst. Daher hatten die Spitzenorganisationen der deutschen Wirtschaft vorgeschlagen, die Aktivrente auf bereits vor Inkrafttreten des Aktivrentengesetzes verrentete Personen unterhalb der Regelaltersgrenze auszudehnen.

Sinnvoll wäre es zudem gewesen, anstelle der monatlichen Gewährung des Steuerfreibetrags einen Jahresfreibetrag zu schaffen und eine **Nachholung des Steuerfreibetrags** ausdrücklich zuzulassen. Dies hätte den Unternehmen einen zeitlich flexibleren Personaleinsatz ermöglicht, um Belastungsspitzen abzufangen. Mit einer solchen Ausgestaltung der Aktivrente wäre es bspw. bei einer Beschäftigung und einem Verdienst von 1.500 Euro in der ersten Jahreshälfte möglich, dass der Freibetrag mit einem höheren Verdienst von 2.500 Euro in der zweiten Jahreshälfte nachgeholt wird. In der Gesamtbetrachtung blieben 24.000 Euro steuerfrei.

Aus Sicht der Wirtschaft kommt der angekündigten **Evaluation** der Regelung große Bedeutung zu: Wirksamkeit, Kosten und Umsetzungsaufwand sollten unter die Lupe genommen werden. Dabei sollte auch die bisherige Nicht-Einbeziehung von Selbstständigen überprüft werden.

II. Steuerfreiheit von Überstundenzuschlägen und Aufstockungsprämien

Die ebenfalls im Koalitionsvertrag vorgesehene Steuerfreiheit von Überstundenzu- **8**
schlägen und die Steuerfreiheit von Arbeitgeberprämien zur Aufstockung von Teilzeit werden noch diskutiert, sie waren im Referentenentwurf des BMF zu einem Arbeitsmarktstärkungsgesetz (Bearbeitungsstand: 12.9.2025) noch enthalten,[1] wurden jedoch nicht in das Aktivrentengesetz aufgenommen. Im Hinblick auf die Steuerfreiheit von Überstundenzuschlägen war vorgesehen, dass nur die Überstundenzuschläge, nicht aber die gesamte Überstundenvergütung steuerbegünstigt sein soll.

Sowohl die Steuerfreiheit von Überstundenzuschlägen als auch von Arbeitgeberprämien zur Aufstockung von Teilzeit werfen aus Sicht der Wirtschaft Fragen hinsichtlich der Zielgenauigkeit und der Umsetzbarkeit auf. Dies gilt z.B. mit Blick auf die erwartbare zusätzliche Bürokratie, denn beide Vorhaben würden Regelungen erforderlich machen, um ungewollte Gestaltungen und Mitnahmeeffekte zu verhindern. Der Gesetzgeber müsste insbesondere sicherstellen, dass eine geplante **Arbeitszeitreduzierung nicht** dafür **genutzt wird**, um durch eine sich anschließende Ausweitung der Arbeitszeit **steuerfreie Überstundenzuschläge oder Aufstockungsprämien zu erhalten**.

Hinzu kommen tarifpolitische Folgen und Auswirkungen auf die praktische Arbeitszeitgestaltung. Ein Beispiel sind flexible Arbeitszeitkonten. Die Entwicklung in Praxis und Tarifpolitik geht seit Langem hin zu einer Nutzung von Arbeitszeitkonten. Die dadurch entstandene Arbeitszeitflexibilität ist für Unternehmen genauso elementar wie für Arbeitnehmer für eine gelingende Vereinbarkeit von Familie und Beruf, die aufgrund der demografischen Entwicklung zunehmend wichtiger wird. Zudem haben Arbeitszeitkonten eine wichtige Funktion, um Phasen der Auftragsspitzen und der (saisonalen) Unterauslastung auszugleichen.

Steuerprivilegierte Zuschläge können diese **Arbeitszeitflexibilität** in den Betrieben **gefährden**, wenn sie den Wunsch nach Auszahlung einer Überstunde (mit entsprechendem Zuschlag) auslösen, anstatt damit das Arbeitszeitkonto zu befüllen. Diese Befürchtung nachteiliger Auswirkungen auf die Arbeitszeitflexibilisierung ist nicht unbegründet. Reaktionen von Gewerkschaften zeigen, dass diese vor dem Hintergrund der diskutierten Regelung erwägen würden, Tarifverträge über Arbeitszeitkonten zu kündigen. Dadurch könnten auch vorhandene Wertguthaben Schaden nehmen, wenn Überstunden ausbezahlt werden, statt in Wertguthaben überführt zu werden.

Aus Sicht der Wirtschaft sind die beiden Maßnahmen daher nicht prioritär und hinsichtlich ihrer praktischen Umsetzbarkeit mit einem Fragezeichen versehen. Hinzu kommt, dass angesichts der verfestigten Wachstumsschwäche in weiten Teilen der Wirtschaft – gerade in der Industrie – nicht Überstunden, sondern Auftragsmangel und Beschäftigungsabbau vorherrschen.

C. Bürokratieabbau im Steuerrecht

Die Bundesregierung hat insbesondere mit dem steuerlichen Investitionssofortpro- **9**
gramm (→ Rz. 4) ein sehr schnelles Maßnahmenpaket verabschiedet, das Investitionen

1) Vgl. hierzu Korn/Strahl, kösdi 2025, 24466, 24483 (Tz. 51 b und c).

anreizen und den Standort Deutschland mittelfristig wettbewerbsfähiger ausgestalten kann. Allerdings zählen zu den attraktiven steuerlichen Rahmenbedingungen nicht allein die Höhe der Steuerbelastung, sondern auch ein modernes, bürokratiearmes und digitaltaugliches Steuerrecht, das Investitionen und Beschäftigung in Deutschland unterstützt.

Gemeinsam mit der unternehmerischen Praxis hat der BDI **steuerrechtliche Regelungen identifiziert**, die in der betrieblichen Praxis unnötigen Zeit-, Ressourcen- und **Bürokratieaufwand** erzeugen. Diese Regelungen sollten u.E. zeitnah reformiert und modernisiert werden, um – nach dem Investitionssofortprogramm – einen weiteren steuerpolitischen Impuls für Investitionsentscheidungen zugunsten des Standorts Deutschland zu setzen.

Die nachfolgenden Vorschläge des BDI berücksichtigen die Haushaltslage und zielen nicht auf aufkommenswirksame Entlastungen, sondern auf einen notwendigen und zielgerichteten Bürokratieabbau. Angesichts des zunehmenden Steuerwettbewerbs ist ein **Abbau von Steuerbürokratie** ein **wesentlicher Standortfaktor** in Deutschland, der mit Blick auf die personellen und finanziellen Ressourcen sowohl der Wirtschaft als auch der Finanzverwaltung zugutekommt. Zahlreiche Vorschläge des BDI decken sich mit den **Empfehlungen der unabhängigen Expertenkommission „Vereinfachte Unternehmensteuer"**, die das BMF eingesetzt hatte.

Zu den Vorschlägen zählen Erleichterungen für Mittelstand und Personenunternehmen (z.B. hinsichtlich der Thesaurierungsregelung), Bürokratieabbau bei der Gewerbesteuer und der Forschungszulage, Verbesserungen für die Stammhäuser deutscher Konzerne (z.B. durch die Einführung einer modernen Gruppenbesteuerung), Vereinfachungen im internationalen Steuerrecht und Verfahrensrecht sowie Prozessverbesserungen und Digitalisierungsfortschritte (z.B. bei Sachzuwendungen, steuerlichen Betriebsprüfungen und durch ein Verrechnungsmodell bei der Einfuhrumsatzsteuer).

I. Entlastung von Mittelstand und Personenunternehmen

10 Zur bürokratischen Entlastung von Mittelstand und Personenunternehmen und zum Anreiz von Investitionen muss insbesondere das **Verfahren der Besteuerung von einbehaltenen und reinvestierten Gewinnen verbessert** werden. Dazu muss bei der Thesaurierungsbegünstigung vor allem die Verwendungsreihenfolge angepasst und die Nachversteuerung flexibilisiert werden, um die Regelung auch für Gesellschafter mittelständischer Unternehmen attraktiv auszugestalten.[1] Zudem muss eine **rechtsformneutrale Besteuerung** durch eine praxistaugliche Nachbesserung des Optionsmodells ermöglicht werden.[2] Konkret weisen wir auf den folgenden Nachbesserungsbedarf bei der Thesaurierungsbegünstigung nach § 34a EStG hin

- **Einräumung eines Wahlrechts bei der Nachversteuerung** zwischen pauschaler Nachsteuer und individuellem Einkommensteuersatz (Günstigerprüfung) sowie Optionsrecht zum Teileinkünfteverfahren
- Anpassung der gesetzlich bedingten Verwendungsreihenfolge, den Lock-in Effekt von Altrücklagen zu verhindern
- **Verhinderung von Umstrukturierungshemmnissen** – gerade beim Übergang von Thesaurierungsbegünstigung zum Optionsmodell.

Auch das **Optionsmodell** sollte **nachgebessert** werden, um die tatsächliche Anwendung in der Praxis deutlich zu erhöhen. Hier sollte die Organgesellschaftsfähigkeit

1) Vgl. hierzu ausführlich das BDI-Positionspapier „Reformbedarf bei der Thesaurierungsbegünstigung" (https://bdi.eu/media/publikationen#/publikation/news/reformbedarf-bei-der-thesaurierungsbeguenstigung).

2) Vgl. hierzu ausführlich das BDI-Positionspapier „Reform des Optionsmodells" (https://bdi.eu/media/publikationen#/publikation/news/tax2025-reform-des-optionsmodells).

ermöglicht, die Behandlung des Sonderbetriebsvermögens vereinfacht und der Wegfall der Ergänzungsbilanzen vermieden werden.

II. Erleichterung der Administration der Gewerbesteuer

Die Administration der Gewerbesteuer sollte durch die Einführung einer „**Gewerbesteuer-Clearingstelle**" oder eines „One-Stop-Shops" vereinfacht werden. Hierdurch können Unternehmen und Gemeinden gleichermaßen entlastet werden, indem das zuständige Betriebsstättenfinanzamt auch die Festsetzung und Erhebung der Gewerbesteuer für die einzelnen Gemeinden übernimmt. So können Vereinfachungen durch eine einheitliche Verwaltung der Gewerbesteuer und einen drastischen Abbau der Buchungs- und Zahlungsvorgänge bei den Unternehmen erfolgen. 11

Zudem sollte der **digitale Gewerbesteuerbescheid** flächendeckend in allen Kommunen in Deutschland umgesetzt werden. Seit 2023 können Unternehmen direkt bei Abgabe der Gewerbesteuererklärung mitteilen, dass sie den Gewerbesteuerbescheid in digitaler Form erhalten wollen. Ziel muss es sein, dass der digitale Gewerbesteuerbescheid nicht nur in einzelnen Kommunen, sondern in allen rund 11.000 Kommunen in Deutschland zur Verfügung steht.

III. Forschungszulage: Reduzierung des Antrags- und Dokumentationsaufwands

Die Forschungszulage ist ein wichtiges Instrument zur Förderung von FuE-Aktivitäten in Deutschland und in vielerlei Hinsicht flexibler als die klassische Projektförderung. Allerdings ist die aktuelle Ausgestaltung der Forschungszulage für viele Unternehmen in Deutschland – vor allem im Hinblick auf das **viel zu komplexe Antragsverfahren** – nach wie vor nicht attraktiv genug. Eine praxistauglichere Ausgestaltung durch eine Reduzierung des Bürokratieaufwands kann dazu beitragen, weitere Innovationspotenziale zu heben und einen wichtigen Beitrag zur Verbesserung des Forschungsstandorts Deutschland zu leisten. 12

Folgende Maßnahmen schlägt der BDI zur Verbesserung und Vereinfachung der Forschungszulage vor:

- **Deutliche Vereinfachung des Antragsverfahrens** durch Automatisierung und Digitalisierung der Prozesse
- **Verlängerung der Frist zur Beantwortung von Nachfragen** auf mindestens vier Wochen und Ermöglichung des Rückgriffs auf bereits eingegebene Daten bei neuer Antragsstellung
- **Bessere Koordination von einmal eingegebenen Daten** zwischen der Bescheinigungsstelle Forschungszulage und der Finanzverwaltung
- **Deutliche Reduzierung des Dokumentationsaufwands** während der Antragsstellung und insbesondere pauschale Erfassung von förderfähigem Personalaufwand
- Vereinfachung der Klärung des in verbundenen Unternehmen förderfähigen Aufwands.

IV. Beseitigung von Hürden für Umstrukturierungen

Steuerliche Hürden für Umstrukturierungen müssen beseitigt werden, damit Unternehmen nicht länger an wirtschaftlich notwendigen Umstrukturierungsmaßnahmen oder Sanierungen gehindert werden.[1] Auch hierzu hat sich die Expertenkommission zur vereinfachten Unternehmensteuer umfänglich geäußert.[2] Hierzu zählen u.a.: 13

---

1) Vgl. hierzu ausführlich den BDI Two-Pager *„Unternehmensteuern modernisieren" (https://bdi.eu/publikation/news/unternehmensteuern-modernisieren-1).*

2) Vgl. BMF-Expertenkommission „Vereinfachte Unternehmensteuer", Besteuerung der Unternehmen – Einfacher und Effizienter, S. 84 ff.

- **Vereinheitlichung von Sperrfristen** und **Erleichterung von Nachweispflichten** (§§ 15 Abs. 2, 22 UmwStG, § 6 Abs. 5 EStG)
- Ermöglichung von steuerneutralen Umwandlungs- und Einbringungsvorgängen in **Organschaftsfällen** (§§ 20, 21, 24 UmwStG)
- Ermöglichung des **Verlustübergangs** bei typischen Umwandlungen von Kapitalgesellschaften
- **Aufgabe des Gesamtplangedankens**, u.a. bei der Einbringung von Sonderbetriebsvermögen (§§ 20, 24 UmwStG).

V. Einführung einer modernen Gruppenbesteuerung

14 Für Unternehmensgruppen stellen die aktuellen Regelungen zur **ertragsteuerlichen Organschaft eine hohe Hürde** dar und begründen zusätzlichen Bürokratieaufwand. Daher sollte das bestehende System durch ein einfaches, international übliches Gruppenbesteuerungsregime ersetzt werden. Damit könnte der bürokratische und fehleranfällige Ergebnisabführungsvertrag durch einen gemeinsamen Antrag der Unternehmen der Organschaft ersetzt werden. Voraussetzung hierfür sollte allein eine Mindestbeteiligung, jedoch keine Laufzeit sein.

VI. Vereinfachung der Sachzuwendungen

15 Viele Unternehmen lassen ihren Arbeitnehmern oder Dritten (z.B. Geschäftspartnern oder Kunden) Sachzuwendungen zukommen. Typische Beispiele sind Aufmerksamkeiten zu einem persönlichen Anlass, Gutscheine, Sachzuwendungen im Rahmen einer Veranstaltung oder Betriebsveranstaltung (z.B. Weihnachtsfeier) oder Bewirtungen aus geschäftlichem oder betrieblichem Anlass (z.B. Arbeitsessen mit Geschäftspartnern). Obwohl dies alltägliche Vorgänge sind, sind sie in der Praxis mit großem Aufwand verbunden. Die **steuer- und sozialversicherungsrechtlichen Einzelregelungen und Aufzeichnungspflichten** sind so **komplex**, dass sie sich nicht oder nur mit unverhältnismäßigem Aufwand in einen digitalen Prozess übersetzen lassen. Daher sollte eine **Pauschalbesteuerung von Sachzuwendungen** mit **vollständig digitaler Umsetzbarkeit** ermöglicht werden, um eine grundlegende Vereinfachung zu schaffen[1]:

- Einführung einer Pauschalbesteuerung von Sachzuwendungen anhand der tatsächlichen Aufwendungen der Unternehmen
- **Verabschiedung von Regelungen für die angrenzenden Rechtsbereiche** Ertragsteuern (Betriebsausgabenabzug), Umsatzsteuer (Vorsteuerabzug) und Sozialversicherung
- Sicherstellung der vollständigen Digitaltauglichkeit der Neuregelung.

VII. Effiziente und beschleunigte Betriebsprüfungen

16 Effiziente Prüfungsprozesse reduzieren unnötigen Aufwand und schonen die knappen Ressourcen von Steuerpflichtigen und Finanzverwaltung. In der vergangenen Legislaturperiode wurden zwar Verbesserungen umgesetzt, jedoch dauern die Betriebsprüfungen im Durchschnitt immer noch zu lang. Zur Prüfungsbeschleunigung bieten innerbe-

1) Vgl. hierzu ausführlicher BDI-Positionspapier „Steuerliche Regelungen von Sachzuwendungen reformieren" (https://bdi.eu/publikation/news/steuerliche-regelungen-von-sachzuwendungen-reformieren).

triebliche Kontrollsysteme (**Tax CMS**) viel Potenzial[1], das stärker genutzt werden sollte. Zudem sind weitere Modernisierungsschritte erforderlich[2]:

- **Ausgestaltung von prozessorientierten Prüfungen** unter Einbeziehung von Steuerkontrollsystemen (Tax CMS) der Unternehmen (dauerhafte Regelung von Art. 97 § 38 EGAO[3])
- Beschleunigung von Prüfungen durch eine stringentere Auswahl der Prüfungsthemen, durch skalierbare Wesentlichkeitsgrenzen und durch eine Vorab-Klärung von verwirklichten Einzelsachverhalten außerhalb der Betriebsprüfung („**punktuelle Bestandskraft**")
- Einführung eines **Antragsrechts** für Unternehmen **für eine „zeitnahe Betriebsprüfung**" (§ 4a BpO)
- Abschaffung der E-Bilanz für anschlussgeprüfte Unternehmen.

VIII. Vereinfachung und Rechtssicherheit im Grunderwerbsteuerrecht

Das Grunderwerbsteuerrecht hat sich in den vergangenen Jahren und Jahrzehnten zu einer zunehmenden Belastung und Rechtsunsicherheit für die Unternehmen entwickelt. Durch die ständigen Reaktionen des Gesetzgebers auf identifizierte Unzulänglichkeiten im Grunderwerbsteuerrecht wurden viele Einzelmaßnahmen erlassen, die wie ein unkoordinierter Flickenteppich wirken und Unternehmen vor teilweise unkalkulierbare Hürden stellen. Dies hemmt auch wirtschaftlich sinnvolle und notwendige Umstrukturierungen und schadet dem Standort Deutschland. **17**

Daher muss das Grunderwerbsteuerrecht dringend vereinfacht und rechtssicher ausgestaltet werden:

- Ausweitung der Frist für die Anzeigepflicht für grunderwerbsteuerliche Inlandsfälle auf mindestens zwei Monate für alle Steuerpflichtigen
- **Beschränkung der Anforderungen** an den Inhalt der Anzeige auf steuerlich relevante Inhalte
- **gesetzliche Klarstellung**, dass ein Auseinanderfallen von Signing und Closing nicht zu einer Doppelbesteuerung führt
- **unbefristete Fortführung der Übergangsregelung** zur Besteuerung von Grundstücksübertragungen bei Personengesellschaften auch nach 2026.

IX. Einführung eines Verrechnungsmodells bei der Einfuhrumsatzsteuer

Die seit Jahren von der Wirtschaft geforderte Einführung eines Verrechnungsmodells zur Erhebung der Einfuhrumsatzsteuer muss jetzt umgesetzt werden (→ Rz. 41 ff.). Die Aufgabenteilung zwischen zentraler Zollabwicklung und föderaler Umsatzsteuerabwicklung muss überwunden werden, um die Wettbewerbssituation des deutschen Logistikstandortes in Europa zu stärken und die Voraussetzungen für eine zentrale Zollabwicklung zu schaffen.[4] **18**

---

1) Vgl. hierzu ausführlich BDI-Positionspapier „Tax CMS zur Beschleunigung von steuerlichen Betriebsprüfungen" (https://bdi.eu/publikation/news/tax-cms-zur-beschleunigung-von-steuerlichen-betriebspruefungen#:~:text=Der%20BDI%20setzt%20sich%20daf%C3%BCr,von%20Tax%20CMS%20sinnvoll%20sein.).
2) Vgl. hierzu BDI-Two-Pager „BDI-Vorschläge für beschleunigte Betriebsprüfungen" (https://bdi.eu/publikation/news/tax-cms-zur-beschleunigung-von-steuerlichen-betriebspruefungen#:~:text=Der%20BDI%20setzt%20sich%20daf%C3%BCr,von%20Tax%20CMS%20sinnvoll%20sein.).
3) Eingeführt durch Art. 5 des Gesetzes v. 20.12.2022, BGBl. I 2022, 2730 = BStBl I 2023, 82.
4) Vgl. Verbände-Papier „Das Verrechnungsmodell zur Erhebung der Einfuhrumsatzsteuer" (https://zds-seehaefen.de/wp-content/uploads/2024/04/2023–05-15-Verbaendeinformation-Einfuhrumsatzsteuer.pdf).

Ein Verrechnungsverfahren zur Erhebung der Einfuhrumsatzsteuer sollte daher zeitnah ermöglicht werden:

- **Zügige** Erarbeitung und **Umsetzung** eines Konzepts für ein Verrechnungsmodell
- **Voraussetzungen**: automatisierter Datenaustausch und eine synchrone Verwaltung der Stammdaten in den verschiedenen IT-Systemen bei Bund und Ländern
- **Ziel**: Erhebung und Erstattung der Einfuhrumsatzsteuer in einem Prozess ermöglichen.

X. Reform des Quellensteuerabzugsverfahrens

19 Für international tätige Unternehmen ist das Quellensteuerabzugsverfahren gemäß § 50a EStG zu komplex und ressourcenintensiv. Zwar gab es seit 2023 einige Verbesserungen, darunter die Verlängerung der Höchstdauer von Freistellungsbescheinigungen auf fünf Jahre, eine Freigrenze i.H.v. 10.000 Euro für bestimmte DBA-Konstellationen sowie erste Digitalisierungsschritte beim BZSt. Darüber hinaus ist eine **grundlegende Reform des Erstattungs- und Freistellungsverfahrens** erforderlich, um dieses aufwendige Verfahren für Unternehmen und Finanzverwaltung zu vereinfachen. Ziel ist eine schnelle und digitale Abwicklung mit rechtssicheren und klaren Verfahren statt mehrfacher Prüfungen.

Der BDI schlägt vor, das Quellensteuerabzugsverfahren (§§ 50a, 50c EStG) wie folgt zu vereinfachen:

- **Reduzierung von Nachweispflichten:** Geltung von Freistellungsbescheinigungen ohne erneute Nachweispflichten für alle Verträge mit dem Unternehmen
- **Vermeidung von Mehrfachprüfungen durch Einführung von Identifikationsnummern:** Verhinderung von mehrfachen Prüfungen derselben Vertragspartner und gleicher Sachverhalte durch die Vergabe von Identifikationsnummern (analog Umsatzsteuer)
- **Einführung einer Rückwirkung und Mindestgeltungsdauer von drei Jahren:** Rückwirkende und mindestens dreijährige Geltung von Freistellungsbescheinigungen
- **Ermöglichung einer Dauerfristverlängerung** zur Entlastung bei den vierteljährlichen Steueranmeldungen (analog Umsatzsteuer-Voranmeldung).

XI. Vereinfachung der Verrechnungspreisdokumentation

20 Bei der Verrechnungspreisdokumentation besteht seit 1.1.2025 (vgl. Art. 97 § 37 Abs. 5 EGAO) die Verpflichtung zur Vorlage einer sog. **Transaktionsmatrix** (→ Rz. 47 ff.) durch das Vierte Bürokratieentlastungsgesetz[1]. Statt eines Bürokratieabbaus kommt hiermit auf alle Unternehmen eine neue und zusätzliche Verpflichtung zu. Dies betrifft insbesondere die **Verkürzung der gesetzlichen Frist zur Vorlage der Verrechnungspreisdokumentation auf 30 Tage** (§ 90 Abs. 4 AO) sowie die neue Verpflichtung zur Erstellung einer Transaktionsmatrix innerhalb von 30 Tagen nach Bekanntgabe der Prüfungsanordnung. Der Ansatz einer Transaktionsmatrix birgt ein erhebliches Vereinfachungspotenzial, jedoch ist die gegenwärtige Ausgestaltung unzureichend. Zudem sollte eine grundlegende **Überarbeitung der Gewinnaufzeichnungsverordnung** (GAufzV) erfolgen, um eine Bürokratieentlastung bei der Verrechnungspreisdokumentation zu erreichen (→ Rz. 46 ff.).

Die Wirtschaft schlägt die folgenden konkreten Maßnahmen vor, um die Transaktionsmatrix praxisgerecht auszustatten und GAufzV zu modernisieren[2]:

---

1) Gesetz v. 23.10.2024, BGBl. I 2024 Nr. 323 = BStBl I 2024, 1421 (Auszug).

2) Vgl. hierzu ausführlich BDI-Papier „Verrechnungspreisdokumentation: Vorschläge zum Bürokratieabbau" (https://bdi.eu/media/publikationen#/publikation/news/verrechnungspreisdokumentation-vorschlaege-zum-buerokratieabbau).

- **Verlängerung der Vorlagepflicht** für die Verrechnungspreisdokumentation von 30 Tagen auf sechs Monate
- **Befreiung von der Pflicht zur Transaktionsmatrix**, wenn bereits eine detaillierte Verrechnungspreisdokumentation vorliegt
- **Bagatellregelung für kleinere Transaktionen**: Beschränkung auf große Transaktionen, die einen Mindestabdeckungsgrad von 80 % des gesamten Transaktionsvolumens
- **Beschränkung der Transaktionsmatrix auf notwendige Angaben** für eine risikoorientierte Prüfung und Anpassung der Transaktionsmatrix an die wirtschaftliche Realität
- Verzicht auf eine Dokumentationspflicht bei kleinen Konzerngesellschaften (Streichung des § 6 Abs. 3 GAufzV).

XII. Schaffung eines Umsatzsteuerverfahrensrechts

Die Umsatzsteuer sollte für die Unternehmen ein durchlaufender Posten sein (Neutrali- 21
tätsprinzip). Dies setzt eine **kongruente Steuerfestsetzung** unter Zugrundelegung einer bundesweit einheitlichen rechtlichen Beurteilung eines Sachverhalts bei sämtlichen Beteiligten voraus. Die Rechtspraxis in Deutschland stellt dies nicht sicher, da die Unternehmen häufig sachwidrig mit Umsatzsteuer belastet werden. Ursache ist das Verfahrensrecht der Abgabenordnung, welches häufig zu sich widersprechenden Steuerfestsetzungen ohne Korrekturmöglichkeit und nachgelagerten Rechtsstreitigkeiten führt.

Mit der Schaffung eines Umsatzsteuerverfahrensrechts kann eine **adäquate Umsatzbesteuerung von Unternehmen** erfolgen, Ressourcen auf allen Seiten geschont und das kooperative Verhältnis zwischen Wirtschaft und Finanzverwaltung gefördert werden[1]:

- **Sicherstellung einer einheitlichen Beurteilung** umsatzsteuerrechtlich relevanter Sachverhalte durch die Finanzverwaltungen aller Beteiligter (bei verbindlichen Auskünften und gesonderten Feststellungsverfahren)
- Einführung wirksamer Korrekturmöglichkeiten bei inkongruenten Steuerfestsetzungen
- **Einführung umfassender Beteiligungsrechte** an den jeweiligen umsatzsteuerlichen Verfahren (durch Hinzuziehung und notwendige Beiladung)
- **Beschränkung der Verzinsung der Umsatzsteuer** auf Fälle, in denen der Fiskus in einer Gesamtbetrachtung aller Beteiligten tatsächlich einen finanziellen Nachteil erlitten hat.

D. Umsatzsteuer

I. Die Umsetzung der elektronischen Rechnungspflicht

Die Einführung der elektronischen Rechnung (E-Rechnung) stellt für Unternehmen 22
aller Branchen und Größen eine **erhebliche organisatorische und technische Herausforderung** dar (→ Rz. 409). Die Klärung von bestehenden Umsetzungsfragen durch das zweite BMF-Schreiben ist daher für die Unternehmenspraxis von zentraler Bedeutung. Rechtsunsicherheit und zusätzliche bürokratische Belastungen sollte durch die Einführung der E-Rechnung so weit wie möglich vermieden werden, um eine breite Akzeptanz der E-Rechnung zu erreichen.

---

1) Vgl. BDI und BStBK „Vorschläge zur Reform des Umsatzsteuerverfahrensrechts" (https://www.bstbk.de/downloads/bstbk/presse-und-kommunikation/pressemitteilungen/BStBK_2025_PM03_Anlage-1_Massnahmenkatalog.pdf).

Im Zuge der Einführung der elektronischen Rechnungspflicht war der Wirtschaft durch das BMF zugesichert worden, dass sich aus der Einführung der E-Rechnung keine zusätzlichen Belastungen bezüglich der übrigen Regelungen zur Rechnungsstellung ergeben sollten. Die Regelungen zur Einführung der elektronischen Rechnungspflicht zeigen jedoch, dass **Verschärfungen durch die Vorgabe einer zwingenden elektronischen Verarbeitung der E-Rechnung unvermeidbar** sind. Die bislang geltenden Vereinfachungen, wonach eine Rechnung aus mehreren Dokumenten bestehen kann, wie auch die Möglichkeit, eine Rechnung durch ein separates Dokument zu berichtigen, können nicht weiter fortbestehen. Für die Unternehmenspraxis und hier insbesondere für die KMU sind die Anforderungen einer elektronischen Verarbeitung mit den Konsequenzen für Ausstellung und Korrekturmöglichkeiten beim derzeitigen Stand der Digitalisierung nur mit hohem Aufwand umsetzbar.

Die wichtigsten Punkte der Stellungnahme der Spitzenverbände der gewerblichen Wirtschaft zum Entwurf des zweiten BMF-Schreibens wie auch die Reaktionen auf das endgültige BMF-Schreiben werden im Folgenden dargestellt und zeigen die bestehenden Praxisprobleme der Unternehmen mit der Einführung der elektronischen Rechnung auf.

1. Auswirkungen einer fehlgeschlagenen Validierung

23 Die von der Finanzverwaltung im Entwurf des zweiten BMF-Schreibens angeregte Nutzung einer geeigneten Validierungsanwendung hatte zu Unsicherheiten geführt und es wurden weitere Präzisierungen gefordert. Insbesondere waren die Konsequenzen einer fehlgeschlagenen Validierung durch „Critical Errors" und die dazu erfolgten Erläuterungen zu Geschäftsregelfehlern unklar.

Mehr Klarheit über Konsequenzen fehlgeschlagener Validierungen erfolgte im endgültigen zweiten BMF-Schreiben[1)] durch die Unterscheidung von formalen Fehlern und inhaltlichen Fehlern mit umsatzsteuerrechtlicher Relevanz. **Formatfehler** führen zur Annahme einer sog. „sonstigen Rechnung", da die Anforderungen an das strukturierte elektronische Format einer E-Rechnung nach § 14 Abs. 1 Satz 6 UStG nicht erfüllt sind. Für die Übergangszeit führt diese Klarstellung zu mehr Rechtsicherheit für die beteiligten Unternehmen. **Inhaltliche Fehler** betreffen nur Rechnungspflichtangaben i.S.d. §§ 14, 14a UStG, denn nur diese sind entsprechend § 15 Abs. 1 Nr. 1 UStG für die Annahme einer – zum Vorsteuerabzug berechtigenden – ordnungsgemäßen Rechnung erforderlich. Das BMF stellt jedoch klar, dass bezüglich Inhaltsfehler eine Validierung der E-Rechnung die inhaltliche Prüfung vielfach nicht ersetzen kann. Dem Empfänger obliegt demnach weiterhin die Pflicht zur Überprüfung der Rechnung auf Vollständigkeit und Richtigkeit. Durch die Aufnahme einer Vertrauensschutzregelung bei Nutzung einer Validierungslösung wird daher nur Rechtssicherheit für die technischen Ergebnisse der Validierung (hinsichtlich des Formats und der Geschäftsregeln) gewährt.

2. Konsequenzen aus der Vorgabe einer zwingenden elektronischen Verarbeitung

24 Das zweite BMF-Schreiben regelt eindeutig die Notwendigkeit, dass die E-Rechnung die elektronische Verarbeitung ermöglicht. Dies bedeutet, dass für eine ordnungsmäßige E-Rechnung **alle umsatzsteuerrechtlichen Pflichtangaben** nach §§ 14, 14a UStG **im strukturierten Teil** enthalten sein müssen. Ein bloßer Verweis in den strukturierten Daten auf ein anderes Dokument oder eine in der E-Rechnung eingebettete Anlage, in der die Rechnungspflichtangaben in unstrukturierter Form enthalten sind, genügt nicht, da dann keine elektronische Verarbeitung möglich ist.

Damit kann die bislang geltende Regelung, dass Rechnungen aus einer Mehrzahl von Dokumenten bestehen können, auf die E-Rechnung nicht mehr angewendet werden.

1) BMF v. 15.10.2025, III C 2 – S 7287-a/00019/007/243, BStBl I 2025, 1806.

§ 31 Abs. 1 UStDV gilt damit nur noch für sonstige Rechnungen. Die Unternehmen befürchten durch diese Vorgaben **deutliche Belastungen gegenüber der bisherigen Praxis**.

Nach wie vor ist es fraglich, wie **umfangreiche Verträge oder Leistungsverzeichnisse** im Kern-Datenmodell abgebildet werden müssen. Die Notwendigkeit der Einbettung von Verträgen und weiteren Dokumenten zur Ergänzung der im strukturierten Teil enthaltenen Leistungsbeschreibung wird das Datenvolumen von E-Rechnungen deutlich erhöhen. Das gilt erst recht, wenn diese Dokumente wiederholt ausgetauscht werden müssen. In der Praxis ist es üblich, dass die Leistung in umfangreichen Verträgen genau definiert ist. Diese Verträge liegen beiden Parteien vor und können auch im Falle einer Betriebsprüfung herausgegeben werden. In der Rechnung wird zur genauen Definition der Leistung auf diese Verträge verwiesen.

Sollte eine **Einbettung** gefordert werden, würde dies zu **einer erheblichen Vergrößerung des Dateivolumens der Rechnung** führen, da z.B. Verträge, auf die heute verwiesen wird, häufig aus einer Vielzahl von Seiten und teilweise mehreren Nachträgen und Anlagen bestehen. Dieses hohe Datenvolumen muss beim Sender und Empfänger verarbeitet und archiviert werden und müsste auch später bei einem Meldesystem von der Meldeplattform verarbeitet werden können. Zu Bedenken gilt auch, dass es zu einer Leistung häufig mehrere Abschläge gibt oder monatliche Rechnungen über wiederkehrende Dienstleistungen, bei denen dann immer der gleiche Vertrag eingebettet sein müsste.

In der Praxis ergeben sich zudem **Probleme mit Begrenzungen des Datenvolumens:** Bei ZUGfeRD durch die Firewall des E-Mail-Systems, bei XRechnung durch die limitierte Größe eines möglichen PDF-Anhangs und zusätzlich gibt es im strukturierten Teil der E-Rechnung eine Zeichenbegrenzung für die Leistungsbeschreibung, die beachtet werden muss. Vor dem Hintergrund der Vorgaben für Datensparsamkeit und Datensicherheit sollte auf den wiederholten Austausch von Anhängen verzichtet werden. Die Notwendigkeit zur Einbettung des Vertrags wird zudem problematisiert, da Teile des Vertrags oftmals vertraulich sind und eben nicht als Anhang zur Rechnung versendet werden dürfen.

Die **Verunsicherung** bezüglich des notwendigen **Umfangs der Leistungsbeschreibung** konnte bislang nicht behoben werden. Auch wenn das BMF-Schreiben hier ausführt, dass die Leistungsbeschreibung im strukturierten Teil der E-Rechnung eine eindeutige und leicht nachprüfbare Feststellung der Leistung entsprechend den bislang gültigen Vorgaben ermöglichen muss, um die Kontrollfunktion der Rechnung zu gewährleisten, ergeben sich aus dieser Vorgabe vielfältige Praxisprobleme. Durch die Notwendigkeit der Vollständigkeit der Pflichtangaben im strukturierten Teil der E-Rechnung zur Sicherstellung einer ordnungsgemäßen Rechnung müssen die Unternehmen zukünftig ihre Eingangsrechnungen eingehend prüfen und damit **neue digitale Prüfprozesse aufbauen**. Bislang war das nicht notwendig, da unvollständige Rechnungsangaben leicht ergänzt werden und das Vorsteuerrisiko damit minimiert werden konnte.

Darüber hinaus gibt es insbesondere im **Baubereich** umfangreiche Leistungsbeschreibungen, die bisher als Anhang der Rechnung beigefügt wurden. Vor diesem Hintergrund sollte es weiterhin ausreichen, wenn sich aus der Leistungsbeschreibung im strukturierten Teil die Leistung als solche ergibt und sich daraus der Ort der Leistung und der Steuersatz ableiten lassen. Insbesondere kleinere Unternehmen verfügen häufig nicht über digitale Vorsysteme, aus denen detaillierte Auflistungen auf Zeilenebene in den strukturierten Teil der E-Rechnung übernommen werden können. Detaillierte Angaben können daher nur aus einem eingebetteten unstrukturierten Anhang (z.B. Lieferscheine von Vorlieferanten, Baubeschreibungen) entnommen werden. Wie im Falle von Verträgen sollte es ausreichen, wenn zur genaueren Definition der Leistung auf andere Dokumente verwiesen werden kann, die beiden Parteien bereits vorliegen und im Falle einer Prüfung zeitnah herausgegeben werden können. Diese Dokumente sollten nicht in die E-Rechnung eingebettet werden müssen. Es sollte ausreichend sein, wenn im strukturierten Teil der E-Rechnung auf die Dokumente eindeutig verwiesen wird.

3. Umgang mit Sammel- und (Massen)korrekturen

25 Berichtigungen fehlerhafter Angaben in einer E-Rechnung müssen in den vorgeschriebenen Formaten erfolgen, die der Normenreihe EN 16931 und den zulässigen Syntaxen entsprechen oder in den Fällen des § 14 Abs. 1 Satz 6 Nr. 2 UStG eine richtige und vollständige Extraktion zulassen.

Mit diesen Vorgaben wird daher befürchtet, dass mit der E-Rechnung zukünftig **Sammelkorrekturen technisch nicht mehr möglich** sein werden. Die Möglichkeit, mehrere E-Rechnungen über Sammelkorrekturen zu korrigieren, war bislang von großer praktischer Relevanz zur Korrektur identischer aufgetretener Fehler im **Massenabrechnungsverfahren** (z.B. Rundungs-, Steuersatz- oder Textfehler). Es wird erwartet, dass dies zukünftig aus technischen Gründen nicht mehr möglich sein wird. So kann künftig eine Korrektur nur auf Positionsebene mit Bezug zur zugrundeliegenden E-Rechnung erstellt und verbucht werden. Es ist noch nicht absehbar, wie eine Vielzahl von entsprechenden Verlinkungen über eine elektronische Sammelrechnung technisch abgebildet werden kann. Die Konsequenz ist eine erhebliche administrative und technische Belastung. Zur Vermeidung unverhältnismäßiger Belastungen sollten Voraussetzungen festgelegt werden, nach denen Sammelkorrekturen bei E-Rechnungen weiterhin zulässig sein können. Wünschenswert wäre, dass mit einer eindeutigen Referenzierung mehrerer Ursprungsrechnungen (innerhalb einer strukturierten Korrekturdatei) die gesetzlichen Anforderungen erfüllt werden könnten.

4. Umgang mit Korrekturen ohne Wertänderung

26 Bei Korrekturen ohne Änderung des Rechnungsbetrags, besteht in der Praxis die Schwierigkeit, dass die CEN-Norm keinen strukturierten Nachrichten-Typ bietet, um einzelne Rechnungselemente gezielt zu übermitteln. Die Berichtigung im Wege einer vollständigen Stornierung und Neuausstellung der Rechnung (unter Bezugnahme auf die Ursprungsrechnung) wird von Unternehmen als unverhältnismäßig empfunden. Insbesondere in den Fällen, in denen gesetzlich eine rückwirkende Rechnungsberichtigung zulässig ist, würde eine vollständige Neuausstellung einen hohen Verwaltungsaufwand bedeuten. Das würde die bisherige Praxis deutlich verschlechtern, bei der ein einfaches Berichtigungsschreiben ausreichend ist.

Falls einzelne Elemente einer Rechnung – insbesondere im Rahmen einer rückwirkenden **Rechnungsberichtigung ohne Betragsveränderung**, z.B. Korrektur einer falschen Hausnummer, nachträglich berichtigt werden müssen, sollte dies wie bisher in einer „unstrukturierten Dateiform" (z.B. per PDF oder Papier) **unter Angabe der ursprünglichen Rechnungsnummer** mitgeteilt werden können. Auch sollten Sammelkorrekturen in unstrukturierter Form weiterhin möglich bleiben. Für den Fall, dass eine Vielzahl von Rechnungen den gleichen Fehler aufweist, sollte die Möglichkeit erhalten bleiben, mit einer (unstrukturierten) Korrekturmitteilung die Rechnungsangabe zu korrigieren, die die in einem Anhang aufgelisteten Rechnungen betreffen. Korrekturen ohne Wertänderung müssen erleichtert werden, da im Massenverfahren (zehn)tausende von Rechnungen betroffen sein können. Müssten jeweils einzelne elektronische Korrekturrechnungen erstellt werden, würde dies zu einem immensen Aufwand führen.

5. Rechnungskorrekturen durch Gutschriftverfahren

27 Nach dem zweiten BMF-Schreiben[1)] soll bei **bloßer Änderung der Bemessungsgrundlage** nach § 17 UStG, bspw. aufgrund von Unstimmigkeiten über die Höhe des abzu-

1) BMF v. 15.10.2025, III C 2 – S 7287-a/00019/007/243, BStBl I 2025, 1806 (Änderung des Abschn. 14.5 Abs. 19 Satz 7 UStAE).

rechnenden Entgelts, weiterhin **keine Rechnungsberichtigung** notwendig sein. Sofern jedoch die **Änderung im Leistungsumfang oder -gehalt** liegt, soll nach Auffassung der Finanzverwaltung eine **Rechnungsberichtigung grundsätzlich erforderlich** sein, da in diesen Fällen die Leistungsbeschreibung angepasst werden muss. Im endgültigen BMF-Schreiben ist zur Rechnungsberichtigung – unter der Voraussetzung einer vorherigen Vereinbarung – auch die Form einer Gutschrift durch den Leistungsempfänger vorgesehen. In diesem Fall ist in der Gutschrift in spezifischer und eindeutiger Weise auf die ursprüngliche Rechnung hinzuweisen (§ 31 Abs. 5 UStDV).

Grundsätzlich wird es positiv bewertet, dass eine Klarstellung erfolgt, unter welchen Voraussetzungen eine nachträgliche Änderung der Bemessungsgrundlage gemäß § 17 UStG vorliegt und wann stattdessen eine Rechnungsberichtigung erforderlich ist, die ebenfalls als strukturierter Datensatz versendet werden muss. Mit der vorgesehenen (negativen) Gutschrift bleibt die Möglichkeit der Rechnungsberichtigung durch den Rechnungsempfänger erhalten.

In der Praxis ist jedoch eine **Unterscheidung** zwischen **Änderungen der Bemessungsgrundlage** (beispielsweise bei Mängelrügen) und **Änderungen der Leistungsbeschreibung bzw. des Leistungsumfangs** (beispielsweise bei Aufmaßänderungen) nur **schwer möglich**, da sich die Änderungen häufig gegenseitig bedingen. Wird etwa beim Kauf von verderblicher Ware bei Anlieferung festgestellt, dass ein Teil bereits verdorben ist, führt dies einerseits zur Mängelrüge und damit der Änderung der Bemessungsgrundlage und anderseits zur Anpassung des Leistungsumfangs im Rahmen der Leistungsbeschreibung. Es wurden hier zusätzliche Beispiele gefordert.

6. Umgang mit Rabattvereinbarungen

Das endgültige zweite BMF-Schreiben fordert mit Blick die Anwendung der elektronischen Rechnung, dass bei der **Vereinbarung von Boni, Skonti und Rabatten**, bei denen im Zeitpunkt der Rechnungserstellung die Höhe der Entgeltminderung nicht feststeht, in der Rechnung **eindeutig auf die Vereinbarung hinzuweisen ist**, z.B. durch Benennung des entsprechenden Vertrages. Bisher wurde lediglich eine hinreichend genaue Bezeichnung gefordert. Diese war gegeben, wenn die Entgeltminderungsvereinbarungen in Schriftform vorhanden sind und auf Nachfrage ohne Zeitverzögerung bezogen auf die jeweilige Rechnung vorgelegt werden können. Aus diesem Grund waren bisher allgemeine Hinweise auf das Vorliegen von Rabattvereinbarungen ausreichend (z.B. „Es ergeben sich Entgeltminderungen aufgrund von Rabatt- oder Bonusvereinbarungen.“). 28

Mit der Forderung nach einer genauen Benennung der Rabattverträge ergibt sich eine **deutliche Verschärfung** gegenüber der bisherigen Regelung. Rabattverträge werden häufig nur für einen kurzen Zeitraum oder bezogen auf bestimmte Artikel geschlossen. Häufig besteht auch eine Vielzahl von Rabattvereinbarungen zwischen zwei Parteien. Wenn der genaue Vertrag angegeben werden muss, würde dies bedeuten, es müsste bei jeder Rechnung geprüft werden, welche genauen Rabattvereinbarungen Anwendung finden können. In der Regel werden Rabattvereinbarungen nach Erreichen bestimmter Verkaufsvolumina angepasst. Dies führt zu einem erheblichen Mehraufwand bei der Rechnungserstellung und Rechnungsprüfung. Bei Massensachverhalten ist dieser Mehraufwand schwer umsetzbar. Die heutige Vorgehensweise der Aufnahme von allgemeinen Hinweisen auf bestehende Rabattvereinbarungen sollte bestehen bleiben können.

7. Technische Fragestellungen zu Sammelrechnungen

Bislang kann im Rahmen der EN16931 eine **Sammelrechnung noch nicht in strukturierter Form abgebildet** werden. Die erforderlichen Daten können derzeit lediglich in Freitextfeldern übermittelt werden. Diese sind allerdings für den Empfänger nicht automatisiert weiter verarbeitbar. Über die CEN-Norm hinausgehende sog. Extended- 29

Formate wie bspw. ZUGFeRD-extended ermöglichen jedoch bereits zum jetzigen Zeitpunkt die Ausstellung von strukturierten Sammelrechnungen.

Im Rahmen der Revision der CEN-Norm soll auch die Erstellung von **Sammelrechnungen im Kern-Datensatz** möglich werden. Für die Breite der Wirtschaft wird diese Möglichkeit damit voraussichtlich erst im Laufe des Jahres 2026 bzw. 2027 zur Verfügung stehen. Um die Unternehmen nicht vorab in die Anwendung aufwendiger „Workarounds" durch Befüllen von Freitextfeldern zu drängen, sollten Sammelrechnungen auch weiterhin Rechnungspflichtangaben in unstrukturierten Anlagen enthalten dürfen.

8. Konsequenzen fehlender Möglichkeiten zur Abbildung von Voraus- und Anzahlungsrechnungen

30 Im BMF-Schreiben vom 15.10.2024[1] wurde konstatiert, dass eine vollständige Schlussrechnung i.S.d. Umsatzsteuerrechts mit den aktuellen Datenfeldern der E-Rechnung nicht korrekt dargestellt werden kann. Deshalb wurde empfohlen, im strukturierten Teil einer elektronischen Rechnung nur den noch offenen Betrag in Form einer „Restrechnung" zu stellen. Für viele Unternehmen ist diese Art der Rechnungsstellung nicht praxisgerecht.

Daher bedarf es weiterer Überlegungen seitens der Finanzverwaltung und der Autoren der CEN-Norm, wie Schlussrechnungen künftig unter Verwendung der E-Rechnung praxisgerecht ausgestellt werden können.

Das BMF hat zugesagt, den Umgang mit technischen Anforderungen wie die noch fehlenden Rechnungstypen bis zur Fertigstellung der CEN-Norm noch klarzustellen. Hierunter fallen insbesondere auch Abschlagsrechnungen und Schlussrechnungen.

Kritische Stellungnahme:

Das BMF hat frühzeitig vor Einführung der E-Rechnung die Wirtschaftsbeteiligten in den Prozess der Umsetzung einbezogen. Mit der Durchführung von regelmäßigen Austauschrunden u.a. mit Wirtschaftsverbänden, Vertretern der elektronischen Rechnung (VeR und FeRD), der Wissenschaft und der staatlichen Koordinierungsstelle für IT-Standards (KoSIT) konnten technische wie auch praxisrelevante Fragestellungen frühzeitig erörtert und berücksichtigt werden. Das erste wie das zweite BMF-Schreiben wurde in enger Abstimmung mit der Praxis erarbeitet. Die auf der BMF-Seite veröffentlichten FAQs[2] beinhalten weitere Praxishilfen. Insbesondere sei auf die u.a. durch die KoSIT veröffentlichte Zuordnungstabelle[3] der Pflichtangaben nach dem UStG und ihre Entsprechung in der EN 16931 verwiesen.

Trotz der umfangreichen Hilfestellungen bestehen weiterhin Unsicherheiten über die Vorgaben zur Einführung der E-Rechnung. Wie zuvor beschrieben, bestehen Befürchtungen von **umfangreichen Belastungen** aus der Umstellung der Systeme und zusätzlichen Anforderungen an die Rechnungsstellung- und -prüfung. Da die Einführung der E-Rechnung eng mit dem steuerlichen Meldesystem (→ Rz. 31 ff.) zusammenhängt und hier die Grundzüge bislang nur skizziert wurden, ist eine umfassende Umstellung der Systeme noch nicht erfolgt. Diese wird erst zum 1.1.2028 erfolgen müssen. Bis dahin werden die Unternehmen weitere Klarstellungen einfordern, um den Umstellungsaufwand so gering wie möglich zu halten.

II. Steuerliches Meldesystem nach Einführung der elektronischen Rechnung

1. Ausgangslage

31 Zusätzlich zu der bereits seit 2025 obligatorischen E-Rechnungspflicht soll in Deutschland ein zentrales, steuerliches Meldesystem für elektronische Rechnungen (E-Rechnungen) im B2B-Bereich eingeführt werden.

1) BMF v. 15.10.2024, III C 2 – S 7287-a/23/10001 :007, BStBl I 2024, 1320.
2) Bundesfinanzministerium – Fragen und Antworten zur Einführung der obligatorischen (verpflichtenden) E-Rechnung zum 1. Januar 2025 – Stand Oktober 2025 (https://www.bundesfinanzministerium.de/Content/DE/FAQ/e-rechnung.html).
3) Neue Zuordnungstabelle veröffentlicht: Empfehlungen zu Pflichtangaben nach UStG und ihre Entsprechung in der EN16931 | XStandards Einkauf (https://xeinkauf.de/aktuelles/xrechnung/pflichtangaben-nach-ustg-en16931/).

Am 7.5.2025 hat das BMF mit Wirtschaftsbeteiligten in einem Workshop die ersten Grundzüge dieses möglichen steuerlichen Meldesystems erörtert. Mit der frühen Einbindung der Wirtschaft in die Konzeption steuerlicher Meldepflichten soll eine effiziente und praxisgerechte Umsetzung ohne zusätzliche Bürokratielasten sichergestellt werden.

Der Workshop sollte dazu dienen, von Seiten der Wirtschaftsbeteiligten die wichtigsten Themen zu adressieren. Das BMF konnte zu diesem Zeitpunkt noch kein ausgearbeitetes Konzept präsentieren. Die Spitzenverbände der gewerblichen Wirtschaft hatten im Anschluss an den Austausch eine Eingabe mit den wichtigsten Forderungen zur Konzeption des Meldesystems an das BMF adressiert.

Mit der Einführung der elektronischen Rechnung (E-Rechnung) sind bereits zusätzliche Belastungen durch den Abstimmungsbedarf über Übermittlungswege und Rechnungsformate verbunden. Dazu kommt ein erheblicher Umsetzungsaufwand durch notwendige neue IT-Prozesse und -Strukturen. **Zusätzliche Belastungen aus der Einführung des Meldesystems sollten** daher **vermieden werden.** Die mit der Einführung der elektronischen Rechnung und des Meldesystems verbundenen Zielsetzungen für mehr Effizienz und geringere Bürokratielasten dürfen mit Einführung des Meldesystems nicht konterkariert werden. Ein wichtiger Punkt in der Diskussion war der Erhalt der in der Praxis bestehenden Prozesse und technischen Lösungen für Erstellung und Empfang von E-Rechnungen mit der Einführung des Meldesystems.

In diesem Zusammenhang wurde betont, dass mit der Konzeption des Meldesystems berücksichtigt werden muss, dass der Austausch von E-Rechnungen stets aus zwei Komponenten besteht: zum einen aus dem **Datenstandard** (z.B. EN-16931, EDIFACT, etc.) und zum anderen aus dem **Übertragungsweg** (z.B. Peppol-Netzwerk, Punkt-zu-Punkt-Verbindung, etc.). Falls aufgrund steuerrechtlicher Vorgaben für das Meldesystem die Übertragungswege gewechselt werden müssen, wäre dies ein extrem aufwändiger und kostenintensiver Prozess. Für die Unternehmen ist daher eine ziel- und wirkungsorientierte Umsetzung des Meldesystems mit einer effektiven Bürokratieentlastung von wesentlicher Bedeutung.

2. Das High-Level-Konzept des BMF zur Einführung eines Meldeverfahrens

Das auf dem Workshop am 7.5.2025 durch das BMF vorgestellte High-Level-Konzept **32** zeigt, dass die Finanzverwaltung zur Umsetzung des Meldeverfahrens das sog. „Fünf-Ecken-Modell" andenkt. Das Konzept **erweitert den Datenaustausch** des Rechnungsstellers und Rechnungsempfängers über ihre jeweiligen Service-Provider (Access Points) mit der Meldepflicht an die Steuerbehörde als fünfte „Ecke". Damit werden die Rechnungsdaten nicht nur zwischen Sender und Empfänger ausgetauscht, sondern parallel auch an die Finanzverwaltung übermittelt. Nach dem Modell des BMF sollen sowohl staatliche wie auch private E-Rechnungs-Plattformen möglich sein. Auf genaue Anforderungen an die Ausgestaltung der Plattformen und der Meldepflicht an die Steuerbehörden hatte sich das BMF noch nicht festgelegt.

Aus Sicht der Unternehmen muss wesentliche Grundlage der Konzeption der Plattformen und des Meldesystems ein prozess- und technikoffener Ansatz sein, d.h. der Rechnungsersteller sollte in jedem Fall die Wahl haben, ob er die E-Rechnung selbst ausstellt und versendet (wie heute auch) oder diese Dienstleistung an eine (wie auch immer ausgestaltete) private oder staatliche Plattform auslagert. Die zu erwartenden Mehrbelastungen aus der Umsetzung der Meldepflichten sind allenfalls dann zu rechtfertigen, wenn damit ein tatsächlicher Beitrag zur Betrugsbekämpfung erzielt wird.

Der Workshop zeigte, dass der Beitrag des Meldesystems zur Betrugsbekämpfung nur vage umrissen werden konnte. Vor dem Hintergrund, dass die Mehrwertsteuerlücke insgesamt in der EU und auch in Deutschland in den letzten Jahren bspw. durch Ausweitung des Revers-Charge-Verfahrens gesunken ist, wurden von den Beteiligten weitere Konkretisierungen gefordert. In Anbetracht der Probleme und Belastungen, insbesondere der kleinen Unternehmen, durch die Einführung der elektronischen Rechnungspflicht wurde eine gute Begründung für die Einführung eines nationalen Meldesystems gefordert, zumal nationale Meldepflichten in der ViDA-Richtlinie nur als Wahlrecht ausgestaltet sind. Für eine breite Akzeptanz der geplanten Maßnahmen besteht hier weiterer Diskussionsbedarf.

Mit der Vorstellung des High-Level-Konzepts des Meldesystems haben die Spitzenverbände der gewerblichen Wirtschaft die folgenden Punkte an das BMF adressiert:

a) Ausreichende Vorlaufzeit zur Einführung des Meldesystems

33 **Ohne die Festlegung der Anforderungen** an eine geplante Übermittlung und Validierung der E-Rechnung im nationalen wie europäischen Meldesystem zu kennen, haben die Unternehmen **keine Planungs- und Investitionssicherheit** bei der Umsetzung der E-Rechnungs- und Meldepflicht.

Für eine effiziente Digitalisierung der Systeme müssen die Vorgaben für die Übermittlung und Validierung von E-Rechnungen im zukünftigen Meldesystem frühzeitig bekannt sein. Insbesondere die Festlegung der technischen Spezifikationen für die Zertifizierung von Plattformen muss frühzeitig erfolgen.

Die Unternehmen benötigen einen Vorlauf von mindestens zwei Jahren nach Bekanntgabe der rechtlichen und technischen Voraussetzungen zur Übermittlung der E-Rechnungen im Rahmen der künftigen Meldepflicht.

Hinsichtlich des Zeitpunkts zur Einführung des nationalen Meldesystems sollte dies erst nach Einführung des EU-Meldesystems erwogen werden anstatt einer zeitgleichen Einführung zum 1.7.2030. Damit könnten die Erfahrungen aus der Einführung des europäischen Meldesystems für das nationale Meldesystem genutzt werden. Eine Alternative wäre eine Testphase analog zur Einführung der elektronischen Rechnungspflicht mit freiwilligen Meldungen.

Bei der Festlegung des Zeitplans ist auch die Verzögerung bei der Überarbeitung der CEN-Norm zu berücksichtigen.

b) Folgefragen bei der Einrichtung von Plattformen

34 Bei der Etablierung einer staatlichen und / oder privatwirtschaftlichen E-Rechnungsplattform sollte bedacht werden, dass die Übertragung von bestimmten Funktionen und Aufgaben auf diese Stelle als **datenschutz- und aufsichtsrechtliche Ausgliederung** qualifiziert werden könnte und sich daraus verschiedene Folgefragen und -wirkungen ergeben.

Dies betrifft im Grundsatz alle beaufsichtigten Institute und Unternehmen des europäischen Finanzsektors unter dem Digital Operational Resilience Act (kurz: DORA). DORA führt auch verschiedene Anforderungen an die Institute und Unternehmen in puncto Cybersicherheit, IT-Risiken und digitale operationale Resilienz zusammen. Die Etablierung von Plattformen mit den aktuell vorgesehenen Funktionen wird vermutlich eine Ausgliederung i.S.d. DORA-Regelungen darstellen mit der Folge, dass jedes Versicherungsunternehmen aufwändige regulatorische Prozesse durchlaufen müsste. Um diesen Aufwand und verschiedene weitere prozessuale wie rechtliche Folgewirkungen zu vermeiden, müssen insbesondere die Versicherungsunternehmen wie bisher die Möglichkeit haben, die E-Rechnungen selbst zu erstellen und diese – unabhängig von der Übermittlung der für die Meldung notwendigen Daten – an den Kunden zu senden.

c) Schaffung einer staatlichen Plattform zur Ausstellung und Übermittlung der E-Rechnung

35 Für die Akzeptanz der E-Rechnung und des Meldesystems durch die Breite der Wirtschaft ist eine **staatliche Plattform** zur kostenlosen Erstellung, Validierung und Über-

mittlung der E-Rechnung notwendig, die später auch die Meldung übernimmt. Die ersten Erfahrungen mit der Validierung empfangener E-Rechnungen haben gezeigt, dass die angebotenen Software-Lösungen für die E-Rechnungserstellung häufig keine Rechtsicherheit bieten und das Risiko nicht validierbarer E-Rechnungen allein die Unternehmen tragen. Ein staatliches Tool würde Rechtsicherheit bieten und die Akzeptanz der E-Rechnung und des Meldesystems stärken.

Die staatliche Plattform sollte auch auf Anfrage des Steuerpflichtigen die GoBD-konforme Archivierung der Rechnungen übernehmen. Kleine Unternehmen dürfen nicht mit den Anforderungen einer GoBD-konformen Archivierung kosten- und organisationsseitig überfordert werden. In Verbindung mit der E-Rechnung und dem Meldesystem werden die Belastungen weiter steigen.

d) Einfache und praxisnahe Möglichkeiten zur Zertifizierung

Die Anforderungen an eine Zertifizierung als Plattform sollten einfach und praxisnah **36**
sein, um einen **breiten Marktzugang der Serviceprovider** sowie der als eigenständige Provider teilnehmenden Unternehmen zu ermöglichen. Gleiches gilt für die Registrierungskriterien der Unternehmen auf einer Plattform. Dies ist wichtig, um die Kosten für die Wirtschaft durch die Einführung des Meldesystems möglichst gering zu halten. Bei den Anforderungen an die Zertifizierung ist gleichzeitig darauf zu achten, dass gewisse Qualitätsstandards erfüllt werden und der deutsche Provider-Markt aus qualifizierten Anbietern besteht, die ein stabiles und zuverlässiges Netzwerk bilden. Zur (evtl. sogar EU-weiten) Erhöhung der Angebotsdichte an zertifizierten Plattformen sollte ein Europäischer Pass, analog zum Europäischen Pass für Kreditinstitute etc. über die aufsichtsrechtliche Zulassung, die in einem Staat des Europäischen Wirtschaftsraums (EWR) zugelassen sind, eingeführt werden. Durch einen Incoming Passport könnten Provider, die in anderen EU-Mitgliedsstaaten zertifiziert sind, ohne weitere Zertifizierung auch in Deutschland am Austausch von E-Rechnungen und dem Meldesystem teilnehmen. Mit einem Outgoing Passport könnten in Deutschland zertifizierte Plattformen auch im Ausland tätig werden.

Zusätzlich ist es notwendig, Zertifizierungsregeln für die Unternehmen vorzusehen, die ihre EDI-Systeme weiterführen und Intercompany-Abrechnungen vornehmen. Eine direkte „Punkt zu Punkt"-Übertragung sollte unbedingt weiterhin (auch außerhalb einer EDI-Nutzung) möglich sein.

Es sollte geprüft werden, ob eine vereinfachte Zertifizierung möglich ist, wenn ein Unternehmen nur für den Rechnungsaustausch innerhalb der eigenen Gruppe als zertifizierte Plattform fungiert und für den Rechnungsaustausch mit fremden Dritten einen externen zertifizierten Provider nutzt.

e) Erhalt der interoperablen Formate für die EU-Meldung

Gemäß der ViDA-Richtlinie können die Mitgliedstaaten gestatten, neben der E-Rech- **37**
nungsnorm EN 16931 und der Liste von Syntaxen gemäß der Richtlinie 2014/55/EU auch andere Datenformate zur Übermittlung der nationalen Meldedaten zuzulassen, sofern die anderen Datenformate die Interoperabilität mit der EU-Norm gewährleisten.

Das nationale Kriterium der Interoperabilität anderer Datenformate mit der EU-Norm sollte auch für die europäische Meldung gelten. Bestehende branchenspezifische Geschäftsanforderungen, in die europäische Unternehmen bereits in großem Umfang investiert haben (wie z.B. EDIFACT), sollten in diese Norm integriert werden. Damit würde ein großer Umstellungsaufwand vermieden und zuverlässige digitale Prozesse aufrechterhalten werden können.

f) Keine Einführung einer Erwerbsmeldung

38 Die Einführung einer sog. Erwerbsmeldung auf EU- wie auch auf nationaler Ebene wird kritisch beurteilt.

Für die EU-Ebene kann die Erwerbsmeldung mit der Vorgabe der MwStSystRL (Meldung von Steuersatz und -betrag) **nicht aus dem strukturierten Format** geleistet werden, da die Pflichtangaben „Mehrwertsteuersatz" und „Mehrwertsteuerbetrag" nicht in der Rechnung für eine innergemeinschaftliche Transaktion enthalten sind. Diese Meldepflicht könnte nur mit einem aufwändigen internen Prozess erfüllt werden, was zu neuen Bürokratielasten führt.

Eine Erwerbsmeldung auf nationaler Ebene bedeutet ebenfalls eine **zusätzliche Berichtspflicht**, was dem Ziel des Bürokratieabbaus widerspricht. Zudem ist eine Zuordnung der Rechnung zum Leistungsempfänger bereits automatisch mit der Weiterleitung der Rechnung durch die Plattform des Leistungserbringers an die Plattform des Leistungsempfängers gegeben, was eine Erwerbsmeldung überflüssig macht. Die Plattformen könnten somit automatisch identische Rechnungen melden. Sollte die Erwerbsmeldung nur eine faktische Eingangsmeldung sein, ist damit kein zusätzlicher Bürokratieaufwand verbunden, aber aus unserer Sicht eine unnötige Erhöhung des Datenvolumens.

Sollte hingegen die Erwerbsmeldung mit einer Akzeptanzmeldung verbunden sein, kann diese von den Unternehmen erst nach eingehender Prüfung abgegeben werden. Insgesamt bleibt der Beitrag der Erwerbsmeldung zur Betrugsbekämpfung unklar, da der Finanzverwaltung durch die Meldung der Ausgangsrechnung alle notwendigen Daten (auch die des Erwerbers) vorliegen.

g) Geringerer Datenumfang und geringere Datentiefe für die nationalen Meldepflichten

39 Die grundsätzliche Ausrichtung des nationalen Meldesystems an der ViDA-Richtlinie mit dem Ziel, nur ein Meldesystem für alle inländischen und innergemeinschaftlichen Umsätze zu schaffen, vereinfacht für die Unternehmen die Etablierung der neuen Prozesse und Systeme.

Dennoch sollte der Datenumfang und die Datentiefe für das nationale Meldesystem unter der Maßgabe des Bürokratieabbaus beschränkt werden. Nach ViDA kann der Meldeumfang für das Inland geringer, aber nicht größer ausfallen (Art. 273 Abs. 1 und 2 MwStSystRL); zusätzliche Meldepflichten für das nationale Meldesystem sind daher ausgeschlossen.

Detaillierte Meldepflichten auf Transaktionsebene und für Einzelpositionen sind zu hinterfragen. Das nationale Meldesystem sollte nicht zu einer Detailtiefe bei der Meldung der abgerechneten Leistungen führen, die über das bisherige Maß hinausgeht, um Geschäfts- bzw. Steuergeheimnisse nicht zu gefährden. Die Datensicherheit sollte ein zusätzliches Kriterium sein, um detaillierte Meldepflichten zu hinterfragen.

Zusätzlich sollten nationale Meldepflichten der Betrugsbekämpfung dienen. Eine Datensammlung ohne gezielte Auswertung darf es nicht geben.

h) Verbindung mit Maßnahmen zum Bürokratieabbau

40 Die Einführung eines Meldesystems sollte dringend mit Maßnahmen zum Bürokratieabbau verbunden werden, die zu spürbaren Erleichterungen für die Unternehmen führen. Dazu gehört auch der Verzicht auf die bisherigen Mehrfachmeldungen im Umsatzsteuerbereich. Die Befassung mit Lösungen zur Reduzierung der bestehenden unterschiedlichen umsatzsteuerlichen Meldepflichten unterstützen wir sehr. Die Einführung der neuen transaktionalen Meldepflichten (auf europäischer und nationaler Ebene) darf die bisherigen Meldepflichten nicht einfach ersetzen (wie die ZM), sondern muss bisherige Meldepflichten reduzieren und vereinfachen. Die Zusammenlegung der

Umsatzsteuermeldungen mit bestehenden statistischen Meldungen ist daher ein guter Ansatz, den wir unterstützen.

Mögliche Erleichterungen bei der Steueranmeldung sowie die Einführung von Prüfungsmechanismen bei Meldung der Rechnung an die Finanzverwaltung, die formelle Prüfungshandlungen beim Leistungsempfänger überflüssig machen, sollten geprüft werden. Perspektivisch sollten auch Überlegungen für eine Reform des Voranmeldungsverfahrens angestellt werden, um den Wegfall der unterjährigen Anmeldepflichten zu ermöglichen.

Die Verringerung der Anforderungen an die Archivierung nach den GoBD, insbesondere in Verbindung mit der Bereitstellung einer staatlichen Plattform, sollte ebenfalls geprüft werden.

III. Verrechnungsmodell zur Erhebung der Einfuhrumsatzsteuer

1. Stärkung der Wettbewerbsfähigkeit des Logistik- und Verkehrsstandorts Deutschland

Die neue Bundesregierung hat im Koalitionsvertrag 2025 eine **Reform der Einfuhrumsatzsteuer** (EUSt) mit der **Einführung eines Verrechnungsverfahrens** angekündigt. 41

Die Einführung eines Verrechnungsmodells zur gleichzeitigen Erhebung und Erstattung der Einfuhrumsatzsteuer wird seit Jahren von den Wirtschaftsbeteiligten gefordert, um die Wettbewerbsfähigkeit des Logistik- und Verkehrsstandorts insbesondere gegenüber den Niederlanden, Belgien und Österreich zu stärken. Eine breite Verbändekoalition mit 27 Wirtschaftsverbänden, darunter auch der BDI, haben sich seit 2018 für die Einführung eines Verrechnungsmodells eingesetzt. Die folgenden Ausführungen basieren größtenteils auf dem Positionspapier der Verbändekoalition zur Einführung eines Verrechnungsmodells.[1)]

In den letzten beiden Legislaturperioden wurde als Antwort auf diese Forderung das Erhebungsverfahren mit der Einführung und Weiterentwicklung eines Fristenmodells optimiert. Mit der Verschiebung der Zahlungsfrist der EUSt konnten Liquiditätsnachteile durch das getrennte und damit zeitlich auseinanderfallende Erhebungs- und Erstattungsverfahren unter bestimmten Voraussetzungen behoben werden. Der **Bürokratieaufwand** durch die getrennten Prozesse beim Zoll und dem zuständigen Finanzamt und die bürokratischen Hürden zur Nutzung des Fristenmodells ermöglichten jedoch keine Verbesserung der Wettbewerbssituation des deutschen Standorts für die Logistik- und Verkehrsbranche. Für Importeure besteht weiterhin der Anreiz, die Güter außerhalb Deutschlands einzuführen, wo vereinfachte Verfahren ohne steuerliche Belastung bestehen.

Dem Ergebnis einer Evaluation der bisherigen Maßnahmen und der Aufforderung der Finanzminister der Länder zur Einführung des Verrechnungsmodells folgend hat sich die Bundesregierung in dieser Legislaturperiode auf die Einführung eines Verrechnungsverfahrens festgelegt. Ein Umsetzungszeitplan liegt allerdings noch nicht vor.

2. Hintergrund

Nach Art. 211 der EU-Mehrwertsteuer-Systemrichtlinie (MwStSystRL) können die Mitgliedstaaten Erleichterungen bei der Erhebung der Einfuhrumsatzsteuer dahingehend gewähren, dass die **Einfuhrumsatzsteuer nicht bereits zum Zeitpunkt der Wareneinfuhr** zu entrichten ist, sondern erst **im Zuge der Umsatzsteuer-Voranmeldung** verrechnet wird. Von diesem sog. Verrechnungsmodell machen praktisch alle EU-Mitglied- 42

1) Gemeinsames Informationspapier der Verbändekoalition zur Einführung eines Verrechnungsmodells (https://zds-seehaefen.de/wp-content/uploads/2024/04/2023–05-15-Verbaendeinformation-Einfuhrumsatzsteuer.pdf).

staaten Gebrauch, während solche Erleichterungen in Deutschland bisher nicht gewährt werden.[1)]

Beispiel:

In Deutschland muss ein Unternehmen aktuell bei der Einfuhr von Drittlandswaren in das Unionsgebiet über eine deutsche Zollgrenzstelle in jedem Fall die Einfuhrumsatzsteuer beim Zoll entrichten. Im weit überwiegenden Regelfall wird sie anschließend als abzugsfähige Vorsteuer im Rahmen der Umsatzsteuer-Voranmeldung berücksichtigt und durch die Landesfinanzverwaltung zu einem späteren Zeitpunkt erstattet. Das Unternehmen muss zunächst Zahlungen leisten und dann einen Antrag auf Erstattung stellen. Dies führt zu Abfluss von Liquidität, Kosten für die Zwischenfinanzierung und zu Bürokratiekosten für das Erstattungsprozedere.

Dagegen kann ein deutscher Importeur Einfuhren aus dem EU-Ausland z.B. über die niederländische Grenze unter Einschaltung eines niederländischen Fiskalvertreters ohne Entrichtung der Einfuhrumsatzsteuer vornehmen. So geht die zu entrichtende Einfuhrumsatzsteuer lediglich in die Umsatzsteuer-Voranmeldung ein und kann sofort als Vorsteuer abgezogen werden. Die Liquidität bleibt beim Unternehmen. Etwaige höhere Kosten des Transports und der Fiskalvertretung haben bisher im Vergleich zum Import über deutsche See- und Flughäfen eine geringere Belastung dargestellt als die Kosten der Zwischenfinanzierung der Einfuhrumsatzsteuer und des korrespondierenden administrativen Aufwands in Deutschland.

3. Die aktuelle Regelung in Deutschland

43 Das aktuelle Verfahren zur Einfuhrumsatzsteuer in Deutschland stellt die Kontrolle der Einfuhr über die Zollbehörden und die steuerliche Gleichbehandlung von importierten Waren und inländischen Lieferungen über die Finanzbehörden sicher. Entsprechend läuft die Erhebung der Einfuhrumsatzsteuer über die Zollbehörden und deren Erstattung über die Finanzbehörden der Länder ohne eine Verbindung der beiden Verfahren.

Es bestehen zudem **unterschiedliche Zahlungsfristen**. Für die Zahlung der Einfuhrumsatzsteuer beträgt die Zahlungsfrist beim Zoll generell zehn Tage nach Einfuhr, die Erstattung der Einfuhrumsatzsteuer über die Umsatzsteuer-Voranmeldung kann mit einem erheblichen Liquiditätseffekt erst bis zu zwei Monate später erklärt werden. Bis zur Erstattung vergehen nochmals einige Tage. In Verbindung mit einem Aufschubkonto konnte ein Zahlungsaufschub von 16 Tagen des zweiten auf die Einfuhr folgenden Monats erreicht werden. Diese Regelung wurde zum 1.12.2020 durch die **verlängerte Fristenlösung** um weitere 10 Tage auf den 26. Tag nach hinten verlagert. Dieses Modell reduziert zwar die Liquiditätsbelastung, beseitigt diese aber nicht vollständig, da die Einfuhrumsatzsteuer weiterhin an den Zoll entrichtet werden muss.

Zudem ist die verlängerte Fristenlösung an die Nutzung von Aufschubkonten geknüpft, deren Beantragung an zahlreiche Voraussetzungen geknüpft ist. Für Unternehmen aus Drittstaaten ohne Sitz in der EU ist die Erteilung einer Bewilligung für ein Aufschubkonto zudem nicht möglich. Mit diesen Hürden fällt eine Ansiedlungsentscheidung ausländischer Importeure oft zu Lasten Deutschlands.

Die **Konsequenzen** sind **Wettbewerbsnachteile für die deutsche Wirtschaft** und für den Fiskus. Angesichts der im Jahr 2023 vereinnahmten Einfuhrumsatzsteuer von 78,8 Mrd. Euro[2)] dürften der Aufwand und die Kosten für die deutschen Unternehmen erheblich und damit das Potenzial, die Wettbewerbssituation von Unternehmen am Standort Deutschland zu verbessern, hoch sein. Nicht außer Acht gelassen werden dürfen die teilweise beträchtlichen Probleme von Unternehmen und Existenzgründern hinsichtlich der Vorfinanzierung und der Bürokratiekosten bei Einfuhren. Dies betrifft insbesondere kleine und mittelständische Unternehmen aus dem Verkehrs- und Logistiksektor (Luft, Schiene, Straße, Wasser) sowie die hiermit unmittelbar im Zusammenhang ste-

1) Nur Zypern schöpft neben Deutschland die Möglichkeiten der Richtlinie nicht voll aus. Als Maßnahme zur Stärkung der britischen Wirtschaft im Zuge des Brexits hat Großbritannien im Jahr 2020 ebenfalls das Verrechnungsmodell eingeführt.

2) Statistisches Bundesamt (Destatis), Genesis-Online, Tabelle 71211–0001, eingesehen am 17.6.2024.

henden Dienstleistungen (Im-/Export). Die Auswirkungen des bestehenden Erhebungsverfahrens sind umso signifikanter, je teurer die importierten Güter sind, je schwieriger die Finanzierung wird und je höher das Zinsniveau und der administrative Aufwand sind.

Und auch der deutsche Fiskus kann gewinnen, nämlich anteilige Zolleinnahmen, die bei einer Einfuhr über Deutschland anfallen würden, sowie sonstige **Steuereinnahmen** (z.B. Gewerbesteuer, Lohnsteuer, Umsatzsteuer), die aufgrund der zunehmenden Ansiedlung von Logistikzentren in Deutschland anfallen würden. Im B2C-Online-Handel wären ebenfalls Steuermehreinnahmen möglich. Durch steuerliche Verfahrensoptimierungen erleichterte kürzere geografische Wegeführungen können sich positiv auf die **ökologische Bilanz des Warentransports** auswirken.

Die niederländischen und belgischen Flughäfen und Seehäfen werben weiterhin offensiv bei Importeuren und Spediteuren mit den positiven Effekten des geltenden Verrechnungsverfahrens und zeigen insbesondere die Vorteile zum aktuellen Verfahren in Deutschland auf.[1] Die Wettbewerbsnachteile haben sich trotz des erweiterten Fristenmodells nicht verändert.

4. Politische Einigkeit über die Änderung des Erhebungsverfahrens

Der Aufnahme der Einführung eines Verrechnungsverfahrens in den Koalitionsvertrag von 2025 geht ein langer Entscheidungsfindungsprozess der Politik und der Verwaltung voraus. Bereits im Juni 2014 hatten die Wirtschaftsminister aller Bundesländer die Bundesregierung einstimmig gebeten, Möglichkeiten für eine Neugestaltung/Verbesserung des Verfahrens zur Einfuhrumsatzsteuererhebung zu prüfen. Der Deutsche Bundestag hatte am 30.3.2017 mit der Mehrheit von CDU/CSU und SPD die Bundesregierung ausdrücklich dazu aufgefordert, das Verfahren zur Erhebung der Einfuhrumsatzsteuer zu verbessern. Der Koalitionsvertrag von CDU/CSU und SPD von 2018 legte erstmals fest, dass die Bundesregierung das Verfahren in Kooperation mit den Bundesländern optimieren wird. Ein Gespräch von Vertretern der Finanzministerien von Bundesländern und des Bundes mit Bundesverbänden und Kammern hatte gezeigt, dass nur das Verrechnungsverfahren eine Verbesserung der Wettbewerbsposition bringen kann, in der Zwischenzeit aber Erleichterungen der Liquiditätssituation durch eine Fristenlösung gesucht werden sollten. Die Bundesregierung hatte damals ihre Bereitschaft für Veränderungen signalisiert und sich verpflichtet, gemeinsam mit den Ländern das Erhebungsverfahren weiterzuentwickeln, um im europäischen Wettbewerb gleiche Bedingungen zu erreichen. 44

Bei der Einführung des erweiterten Fristenmodells Ende 2020 hatten Bund und Länder beschlossen, dass im Jahr 2023 das Bundesfinanzministerium unter Einbeziehung von Verbänden die Einführung des Fristenmodells evaluieren sollte.

Das Verrechnungsmodell ist „konkurrenzlos“

Die **Verbändekoalition** hat die ganzen Jahre in der Diskussion um die Optimierung des Erhebungsverfahrens für die Einfuhrumsatzsteuer die **Umsetzung eines Verrechnungsmodells** gefordert. Für die Wirtschaftsbeteiligten war klar, dass nur mit einem Verrechnungsmodell die Senkung der Kosten für Wirtschaft und Verwaltung und die Stärkung der Anreize für Importeure, Seehäfen und Flughäfen in Deutschland zu nutzen, erreicht werden könne. Der Befund der Wirtschaftsbeteiligten war eindeutig: für die Ansiedlung von Logistikzentren sowie Niederlassungen von Dienstleistern und weiterverarbeitenden Unternehmen ist zwingend ein Verrechnungsmodell einzuführen. Mit dem Verrechnungsmodell wurde zudem die Verbesserung der Einnahmen der öffentlichen Hand und die ökologische Bilanz von Güterströmen verbunden. Und nicht zuletzt ging es um den bürokratischen Aufwand, der nur mit dem Verrechnungsmodell im Gegensatz zum erweiterten Fristenmodell minimiert werden könne.

1) Rotterdam Fiskalvertretung (https://www.youtube.com/watch?v=THvqGB7MH2I).

Funktionsweise des Verrechnungsmodells

Beim Verrechnungsmodell müssen vorsteuerabzugsberechtigte Unternehmen die fällige **Einfuhrumsatzsteuer** nicht mehr unmittelbar an den Zoll entrichten, sondern **in der Umsatzsteuer-Voranmeldung anmelden und sofort in derselben Umsatzsteuer-Voranmeldung als Vorsteuer abziehen**, so dass es zu **keinem Zahlungsfluss** für eine Rückerstattung kommt. Dadurch käme es zu einer vollständigen Entlastung von Zwischenfinanzierungslösungen und zu einer gleichen Wettbewerbssituation mit anderen EU-Staaten.

Die vom Deutschen Maritimen Zentrum durchgeführte Evaluierung zeigte ein klares Bekenntnis zur Einführung einer Verrechnungslösung auf.[1)] Das Verrechnungsmodell wurde als konkurrenzlos zur Schonung der Liquidität der einführenden Wirtschaft und zur Reduzierung von Bürokratielasten für eine Stärkung des deutschen Logistikstandorts beurteilt. Die Studie konstatierte, dass umgehender Handlungsbedarf bestünde, und alle Bundesländer aufzufordern seien, den Reformbedarf zur Einführung des Verrechnungsmodells beim Bund zu adressieren und damit die Wettbewerbsfähigkeit der jeweiligen Regionen zu sichern. Die Wirtschaftsminister der Länder sprachen sich im Anschluss an die Veröffentlichung des Berichts im Juni 2024 klar für die Umsetzung dieser Empfehlung aus. Diese Empfehlung wurde erneut von der Verkehrsministerkonferenz im April 2025 bekräftigt.[2)]

5. Die Umsetzung des Verrechnungsmodells durch die aktuelle Bundesregierung

45 Die neue Bundesregierung hat sich im Koalitionsvertrag 2025 das Ziel gesetzt, ein Verrechnungsverfahren umzusetzen. Diese Maßnahme soll den Wirtschaftsstandort Deutschland stärken. Der Koalitionsausschuss im November 2025 hat diese Maßnahme in Zusammenhang mit der Stärkung des Luftverkehrsstandorts erneut bekräftigt. Bislang wurde dazu kein Zeitplan genannt. Auch gab es noch keine Anhaltspunkte, wie ein Systemwechsel ausgestaltet werden könnte.

Der BDI wird sich mit den Spitzenverbänden der gewerblichen Wirtschaft für eine praxisgerechte Umsetzung des Verrechnungsmodells einsetzen. In der Übergangsphase sollten die Rahmenbedingungen und der **Zugang zum Fristenmodell erleichtert** und **Aufschubkonten für jeden verfügbar** gemacht werden.

E. Internationales Steuerrecht

I. Bürokratieabbau bei der Verrechnungspreisdokumentation

46 Die zunehmende Verdichtung steuerlicher Dokumentations- und Meldepflichten stellt Unternehmen mit grenzüberschreitenden Geschäftsbeziehungen vor erhebliche Herausforderungen. Verrechnungspreisdokumentationen, das Country-by-Country-Reporting, gesteigerte Mitwirkungspflichten nach § 12 des Steueroasen-Abwehrgesetz (StAbwG)[3)] sowie die umfangreichen Anforderungen im Zusammenhang mit Pillar 2 führen bereits heute zu einem hohen administrativen Aufwand. Durch die Einführung zusätzlicher Berichtselemente wie der Transaktionsmatrix im Zuge des Vierten Büro-

1) Deutsches Maritimes Zentrum (Hrsg.) (2023): Evaluierung des Erhebungsverfahrens zur Einfuhrumsatzsteuer. AWB Rechtsanwaltsgesellschaft mbH; HTC Hanseatic Transport Consultancy. Hamburg. Online verfügbar unter https://dmz-maritim.de/evaluierung-des-erhebungsverfahrens-zur-einfuhrumsatzsteuer/.

2) Ergebnisse Verkehrsministerkonferenz 2025 (https://www.verkehrsministerkonferenz.de/VMK/DE/termine/sitzungen/25–04-02–03-vmk/25–04-02–03-bericht-bmdv-7–2.pdf?__blob=publicationFile&v=3).

3) Das StAbwG wurde mit Wirkung ab 1.7.2021 als Art. 1 des Gesetzes v. 25.6.2021, BGBl. I 2021, 2056 = BStBl I 2021, 895 eingeführt; zuletzt geändert durch Art. 40 JStG 2024 v. 2.12.2024, BGBl. I 2024 Nr. 387 = BStBl I 2024, 1484.

kratieentlastungsgesetzes[1] hat sich dieser Aufwand weiter erhöht, ohne dass eine spürbare Entlastung erkennbar geworden wäre. Zwar konnte die automatische Vorlagepflicht eines vollständigen Local Files abgewendet werden, doch führt die **Transaktionsmatrix** nach § 90 Abs. 3 Satz 1 Nr. 1 AO als neues Pflichtdokument zu zusätzlichen Prozessen und Fristen, deren **Nutzen in keinem angemessenen Verhältnis zum administrativen Aufwand** steht. Zusammen mit der Verkürzung der Vorlagefrist nach § 90 Abs. 4 AO auf 30 Tage entsteht ein System, das faktisch eine Ausweitung und keinen Abbau von Bürokratie bewirkt.

Das Ziel einer risikoorientierten Prüfung der Verrechnungspreise durch die Finanzverwaltung und das übergeordnete Ziel der Bürokratieentlastung müssen konsequent zusammen gedacht werden. Insgesamt sollte der Katalog der Dokumentationsanforderungen auf das unbedingt erforderliche Maß für eine risikoorientierte Prüfung zurückgeführt werden. Aus dieser Perspektive sind Mindestanforderungen an die Verrechnungspreisdokumentation abzuleiten. Jeder darüber hinausgehende und damit nicht unbedingt erforderliche Gliederungspunkt sollte konsequent gestrichen werden.

Ein solcher Ansatz würde nicht nur die deutsche Wirtschaft von Bürokratie entlasten, sondern könnte insgesamt zu einer Win-Win-Situation führen, da er der Finanzverwaltung, die ebenfalls unter Nachwuchsmangel leidet, einen deutlich **effizienteren Prüfungsansatz** ermöglichen würde. Schließlich könnte Deutschland mit einem solchen Ansatz eine Vorreiterrolle innerhalb der EU und der OECD einnehmen und dafür werben, die stetig gestiegenen Dokumentationsanforderungen auf das notwendige Mindestmaß zurückzuführen.

1. Transaktionsmatrix

a) Unbestimmter Geschäftsvorfallbegriff und Aggregationserfordernisse

47 Die Transaktionsmatrix (hierzu bereits → Rz. 20) soll gemäß der gesetzlichen Intention eine schnelle Übersicht über die konzerninternen, grenzüberschreitenden Geschäftsvorfälle eines Unternehmens ermöglichen. Die gesetzliche Ausgestaltung und die ergänzenden Ausführungen im BMF-Merkblatt[2] verfehlen diesen Zweck jedoch in mehrfacher Hinsicht. So ist bereits der **Begriff des „Geschäftsvorfalls" nicht hinreichend bestimmt**. Wird er formal ausgelegt, könnte die Pflicht zur Darstellung einzelner Lieferungen und Leistungen entstehen, was aus betriebswirtschaftlicher und steuerlicher Perspektive weder sachgerecht noch praktikabel wäre.

Unternehmen strukturieren ihre Geschäftsvorfälle typischerweise anhand funktions- und risikoähnlicher Gruppen. Schon die GAufzV erlaubt die Zusammenfassung einzelner Vorgänge zu **wirtschaftlich zusammengehörigen Einheiten** ausdrücklich. Die Transaktionsmatrix muss daher zwingend auf solchen Aggregationsebenen aufbauen. Andernfalls würde sie ihre Funktion als Übersicht verlieren und zu einer reinen Datensammlung degenerieren, die sich nur schlecht zur Identifikation steuerlicher Risiken eignet und zu erheblichen Mehrbelastungen führt.

Erforderlich ist eine **gesetzliche oder verwaltungsseitige Klarstellung**, um die zulässige **Aggregationsebene** eindeutig festzulegen und den Unternehmen einen praktikablen Rahmen zu geben, innerhalb dessen die Transaktionsmatrix erstellt werden kann. Dabei muss anerkannt werden, dass unterschiedliche Geschäftsmodelle (etwa projektbasiertes versus produktbasiertes Geschäft) unterschiedliche Aggregationsanforderungen bedingen. Die konkrete Festlegung der Aggregationsebene muss deshalb im Ermessen der Unternehmen liegen, solange die Übersicht ihren Zweck erfüllt.

b) Problematische Pflichtangaben und fehlende Datenverfügbarkeit

48 Die Transaktionsmatrix enthält eine Reihe von Pflichtangaben, deren **Relevanz für eine risikoorientierte Prüfung zweifelhaft** ist und die in vielen Unternehmen **nicht automa-**

1) Gesetz v. 23.10.2024, BGBl. I 2024 Nr. 323 = BStBl I 2024, 1421 (Auszug).
2) BMF v. 2.4.2025, IV B 3 – S 0225/00019/004/009, BStBl I 2025, 966.

tisiert erhoben werden können. Dies betrifft insbesondere die geforderte Trennung von Volumen und Entgelt. Während eine solche Differenzierung bei Darlehen sachgerecht sein kann, trifft dies auf Dienstleistungen, Lizenzen oder projektbezogene Transaktionen nicht zu. Hier wird der Leistungsumfang regelmäßig nur durch das Entgelt abgebildet.

Ähnlich problematisch ist die vorgesehene **Angabe der „vertraglichen Grundlage"**. In Konzernen erfolgen Transaktionen vielfach auf Basis globaler Richtlinien oder standardisierter Konditionen. Einzelverträge sind nicht in jedem Fall vorhanden und häufig nicht in einer Weise systemseitig zugeordnet, die eine automatisierte Zuordnung erlauben würde. Zudem ist der Informationsgehalt dieser Angabe für eine risikoorientierte Analyse gering, da der Fremdvergleichsgrundsatz nicht voraussetzt, dass schriftliche Verträge existieren, solange tatsächlich durchgeführte und wirtschaftlich nachvollziehbare Vereinbarungen vorliegen.

Auch die **verpflichtende Angabe der Verrechnungspreismethode** in der Matrix führt nicht zu einem Erkenntnisgewinn. Je nach Aggregationsniveau können sich Preisbestimmung und Dokumentationsmethodik unterscheiden. Die Aussagekraft einer pauschalen Methodenangabe ist daher begrenzt. Gleiches gilt für die Abfrage der „Regelbesteuerung" im Ausland. Aus systematischen Gründen ist sie kein Bestandteil einer Fremdvergleichsanalyse und adressiert eher Elemente einer Missbrauchsverhinderung. Für eine risikoorientierte Prüfung ist sie nicht erforderlich und sollte entfallen.

c) Rückwirkung und unverhältnismäßiger Anwendungszeitraum

49 Nach geltender Rechtslage erfasst die Pflicht zur Vorlage der Transaktionsmatrix alle Fälle, in denen eine **Außenprüfung nach dem 1.1.2025 angeordnet** wird (vgl. Art. 97 § 37 Abs. 5 EGAO), **unabhängig vom betroffenen Veranlagungszeitraum**. Dadurch sind Unternehmen gezwungen, für bereits vollständig dokumentierte Jahre nachträglich zusätzliche Informationen bereitzustellen.

Insbesondere im Hinblick auf laufende Systemumstellungen, wie die Migration auf SAP S/4HANA, ist die rückwirkende Erfassung der erforderlichen Daten nicht nur ressourcenintensiv, sondern häufig technisch kaum möglich. Eine Übergangsregelung, die Altjahre von der Pflicht ausnimmt, ist daher notwendig, um eine unverhältnismäßige Belastung zu vermeiden und zu verhindern, dass die Intention des Bürokratieabbaus ins Gegenteil verkehrt wird.

d) Außergewöhnlichen Geschäftsvorfälle

50 Die neu eingeführte Pflicht zur **automatischen Vorlage von Aufzeichnungen über außergewöhnliche Geschäftsvorfälle** verstärkt die Problematik einer überbordenden Dokumentation. Da es **keine eindeutige Definition** des Begriffs gibt und die GAufzV lediglich einen beispielhaften Katalog unbestimmter Rechtsbegriffe enthält, ist die Gefahr streitanfälliger Abgrenzungsfragen erheblich. Zudem existiert im internationalen Dokumentationsstandard kein Pendant zu einer solchen Sonderkategorie.

Die Pflicht zur automatischen Vorlage außergewöhnlicher Geschäftsvorfälle erzeugt somit einen **nationalen Sonderweg**, der in global agierenden Konzernen zu Inkonsistenzen und erhöhter Komplexität führt. Aus Gründen der Rechtsklarheit und der internationalen Anschlussfähigkeit ist eine Abschaffung dieser Kategorie geboten.

e) Vorratsdokumentation und fehlender Entlastungseffekt

51 Die Transaktionsmatrix sollte eine Entlastung gegenüber einer umfassenden Local-File-Pflicht darstellen. Für Unternehmen, die bereits heute weitgehend vollständige **Vorratsdokumentationen** erstellen, tritt jedoch der gegenteilige Effekt ein. Die Matrix **erhöht den Aufwand**, ohne dass die Finanzverwaltung einen zusätzlichen Erkenntnisgewinn erzielt.

Unternehmen mit vollständigen Local Files sollten daher von der Pflicht zur Vorlage einer Transaktionsmatrix ausgenommen werden. Auf Grundlage einer risikoorientierten Prüfung sollten lediglich jene Geschäftsvorfälle vertieft dokumentiert werden müssen, die einen wesentlichen Anteil am Transaktionsvolumen ausmachen. Eine sinnvolle Grenze liegt bei etwa 80 % des debitorischen und kreditorischen Gesamtvolumens, unabhängig von der Art der Transaktionen. Eine solche relative Wesentlichkeitsschwelle entspricht internationalen Empfehlungen und wurde in der Praxis bereits teilweise genutzt, ist jedoch noch nicht gesetzlich verankert.

Um Dokumentationspflichten zielgerichtet auszugestalten, bietet sich ein gestufter Prozess an, bei dem zunächst eine grobe Übersicht erstellt wird. Innerhalb von 30 Tagen wird eine reduzierte Übersicht in Form einer Transaktionsmatrix vorgelegt. Auf dieser Grundlage identifiziert die Finanzverwaltung innerhalb eines klar begrenzten Zeitraums jene Geschäftsvorfälle, die vertieft geprüft werden sollen. Anschließend erhalten die Unternehmen sechs Monate Zeit, um eine vollständige Dokumentation für diese ausgewählten Transaktionen zu erstellen.

Ein solches Verfahren entspricht dem ursprünglichen Geist des § 2 Abs. 6 GAufzV und schafft eine klare Struktur. Dies erhöht die Effizienz der Betriebsprüfung und reduziert die administrativen Lasten der Unternehmen. Gleichzeitig wird die De-facto-Pflicht zur Erstellung umfassender Vorratsdokumentationen verhindert und die risikoorientierte Fokussierung der steuerlichen Außenprüfung gestärkt.

2. Modernisierungsbedarf der Gewinnaufzeichnungsverordnung

a) Befreiung kleiner Unternehmen und Anpassung der Schwellenwerte

Die GAufzV enthält Schwellenwerte, die kleinere Unternehmen von der Pflicht zur Erstellung eines Local Files ausnehmen sollen. Die derzeitige **Konzernzusammenrechnung** hat jedoch zur Folge, dass auch kleine Einheiten in Konzernen der Dokumentationspflicht unterliegen. Dies widerspricht dem Ziel der Entlastung kleinerer Unternehmen und führt in der Praxis zu einer unverhältnismäßigen Ausweitung der Pflichten. 52

Um die Entlastungswirkung wiederherzustellen, sind die Streichung der Konzernzusammenrechnung sowie eine **inflationsbedingte Anhebung der Schwellenwerte**, etwa auf 10 Mio. Euro für Lieferungen und 1 Mio. Euro für Dienstleistungen, notwendige Schritte. Zudem sollte klargestellt werden, dass die Befreiung kleiner Unternehmen auch die Transaktionsmatrix umfasst, da das BMF-Merkblatt hierzu keine ausdrückliche Aussage trifft.

b) Reduzierung überbordender Anforderungen im Local File

Der Umfang der durch die GAufzV vorgegebenen Local-File-Anforderungen **übersteigt** in vielen Bereichen die **internationalen Standards**. Um Doppelbelastungen und Überdokumentationen zu vermeiden, ist eine Fokussierung auf die in der GAufzV zwingend vorgesehenen Elemente notwendig. Zusätzliche Anforderungen aus der Verwaltungspraxis oder Richtlinien sollten nicht verbindlich sein. 53

Dies betrifft insbesondere die **Dokumentation des Zeitpunkts der Preisbestimmung und der damals verfügbaren Informationen**. Diese sind häufig nur eingeschränkt rekonstruierbar und ihr Nutzen für die Angemessenheitsprüfung ist begrenzt. Auch die Unterscheidung zwischen gewöhnlichen und außergewöhnlichen Geschäftsvorfällen führt zu erheblichem Streitpotenzial und ist im Gegensatz zu DAC6-Meldepflichten steuerlich nicht zwingend erforderlich.

c) Optimierung der Dokumentationsprozesse und Stärkung der Rechtssicherheit

Benchmarking-Studien verursachen **erhebliche Kosten** und einen hohen **Ressourcenaufwand**. Die OECD-Empfehlung, alle drei Jahre eine vollständige Studie zu erstellen 54 und jährlich zu aktualisieren, führt zu einer hohen administrativen Belastung. Eine Verlängerung der Zyklen auf fünf bis sechs Jahre sowie ein reduzierter Aktualisierungsrhythmus könnten eine deutliche Entlastung schaffen, ohne die Aussagekraft der Analysen zu beeinträchtigen.

In vielen Unternehmen bleiben Transaktionen, Funktions- und Risikoprofile sowie Preisbildungslogiken über mehrere Jahre hinweg stabil. In solchen Fällen ist eine **jährliche vollständige Neuerstellung der Dokumentation nicht erforderlich**. Ein Mechanismus, der eine dreijährige Nutzungsdauer erlaubt, sofern die relevanten Parameter unverändert geblieben sind, würde die Effizienz der Dokumentationsprozesse erheblich verbessern und den administrativen Aufwand insbesondere für mittelständische Strukturen reduzieren.

Die Sanktionen nach § 162 Abs. 4 Satz 1 AO i.d.F. des Vierten Bürokratieentlastungsgesetzes wurden im Zusammenhang mit der Transaktionsmatrix (Festsetzung eines Zuschlags in Höhe von 5.000 Euro bei deren Nichtabgabe) durch das BMF-Merkblatt[1)] konkretisiert. Gleichwohl besteht Rechtsunsicherheit darüber, ob neben dem pauschalen Zuschlag weitere Zuschläge möglich sind. Für eine klare und vorhersehbare Rechtsanwendung muss festgelegt werden, dass ausschließlich der pauschale Zuschlag Anwendung findet und formale Unvollständigkeiten oder Verzögerungen nicht zu zusätzlichen Sanktionen führen. Sanktionen sollten sich außerdem auf Fälle erheblicher oder vollständiger Mitwirkungsverweigerung beschränken.

3. Perspektiven einer modernen Dokumentationssystematik

55 Die dargestellten Reformvorschläge verfolgen das Ziel, Dokumentationspflichten auf das notwendige Maß zu beschränken und gleichzeitig die Voraussetzungen für eine effiziente, risikoorientierte und unionsrechtskonforme Betriebsprüfung zu schaffen. Eine Neuausrichtung der Transaktionsmatrix, eine umfassende Modernisierung der GAufzV, die Einführung praxistauglicher Wesentlichkeitsgrenzen sowie eine klar strukturierte Sanktionensystematik würden die Steuerbürokratie spürbar reduzieren und gleichzeitig die Qualität der steuerlichen Überprüfung verbessern.

Eine solche Reform setzt voraus, dass **Dokumentationsprozesse nicht als Selbstzweck**, sondern als Mittel zur Sicherstellung der Fremdvergleichskonformität verstanden werden. Ein modernes Dokumentationssystem muss konsequent auf Übersichtlichkeit, Risikoorientierung und internationale Anschlussfähigkeit ausgerichtet sein. Nur so können Effizienzgewinne erzielt und zugleich die Rechtssicherheit für Unternehmen und Verwaltung gestärkt werden.

II. Globale Mindeststeuer und Mindeststeueranpassungsgesetz

1. Ausgangslage: Vom internationalen Konsens zum europäischen Sonderweg

56 Im Rahmen des OECD/G20 Inklusive Framework **einigten sich** im Jahr 2021 **rund 140 Staaten** auf ein Mindestbesteuerungsregime mit einem effektiven Steuersatz von 15 % für Unternehmensgruppen mit einem Umsatz von mehr als 750 Mio. Euro. Das Ziel bestand darin, Gewinnverlagerungen in Niedrigsteuerländer einzudämmen, schädlichen Steuerwettbewerb zu begrenzen und weltweit fairere Wettbewerbsbedingungen zu schaffen.

Die **Europäische Union** setzte diese Vorgaben mit der Mindeststeuerrichtlinie (EU) 2022/2523 besonders konsequent um und verpflichtete alle Mitgliedstaaten ab dem 1.1.2024 zur Einführung eines entsprechenden nationalen Regimes.

Deutschland gehört zu den Staaten, die die globale Mindeststeuer frühzeitig und umfassend umgesetzt haben. Das Mindeststeuergesetz ist seit dem 28.12.2023 in Kraft

1) BMF v. 2.4.2025, IV B 3 – S 0225/00019/004/009, BStBl I 2025, 966 (dort unter IV.).

und seit dem Geschäftsjahr 2024 auf alle Unternehmensgruppen anzuwenden, die in seinen Anwendungsbereich fallen. Es knüpft an konsolidierte Konzernabschlüsse an, definiert eine eigenständige GloBE-Earnings-Grundlage, bestimmt die sog. „covered taxes" und sieht eine jurisdiktionsbezogene Ermittlung der effektiven Steuerquote vor. Damit wurde ein **System** geschaffen, das **neben das bestehende Körperschaftsteuer- und Außensteuerrecht** tritt und aus praktischer Sicht nicht nur materiell, sondern vor allem administrativ **äußerst komplex** ist (→ Rz. 128 ff.).

Seit der politischen Einigung im Jahr 2021 haben sich die **geopolitischen Rahmenbedingungen** jedoch deutlich verändert. Zentral ist der **Kurswechsel der Vereinigten Staaten**, die sich von der aktiven Umsetzung der OECD-Mindeststeuer verabschiedet haben. Im Rahmen der G7-Verständigung vom 28.6.2025 wurde zugleich vereinbart, das US-amerikanische NCTI-System (ehemals GILTI) als funktionales Äquivalent zur Income Inclusion Rule anzuerkennen und eine zuvor angekündigte Vergeltungssteuer (Section 899) zu vermeiden. Dadurch wären **US-Konzerne weitgehend von der** direkten Anwendung der **globalen Mindeststeuer ausgenommen**, während europäische Unternehmensgruppen weiterhin den vollen GloBE-Regelungen unterliegen. Hinzu kommt, dass **andere große Volkswirtschaften**, insbesondere China und Indien, die **Mindeststeuer** bislang ebenfalls **nicht eingeführt** haben.

Damit ist die **globale Mindeststeuer de facto** zu einem **vorwiegend europäischen Projekt** geworden. Der ursprünglich angestrebte globale Konsens existiert nicht mehr, auch wenn das OECD Inclusive Framework formal weiterhin an der Weiterentwicklung der Regeln arbeitet. Gerade in diesem Spannungsfeld aus europäischem Umsetzungsdruck, ausbleibender globaler Beteiligung und stetig zunehmender technischer Detaillierung stellt sich die Frage, wie tragfähig das System für einen Hochsteuer- und Exportstandort wie Deutschland ist.

2. Deutsche Umsetzung: Nachbesserungen durch das Mindeststeueranpassungsgesetz

Mit dem „Gesetz zur Anpassung des Mindeststeuergesetzes" (Mindeststeueranpassungsgesetz – MindStAnpG), das der Bundestag am 13.11.2025 verabschiedet und dem der Bundesrat am 19.12.2025 zugestimmt hat und welches am 23.12.2025 im Bundesgesetzblatt verkündet worden ist,[1] reagiert der deutsche Gesetzgeber auf die fortlaufenden Klarstellungen der OECD sowie auf erkennbare Vollzugsprobleme der ersten Umsetzungsphase (→ Rz. 128 ff.). Der im August 2025 veröffentlichte Referentenentwurf verfolgte im Wesentlichen drei Ziele, die im weiteren Gesetzgebungsverfahren weitgehend beibehalten wurden: 57

- die Übernahme der OECD-Administrativleitlinien,
- die Anpassung und teilweise Vereinfachung einzelner Regelungen des Mindeststeuergesetzes sowie
- die Bereinigung nationaler Vorschriften, die durch die Mindeststeuer ihre Gültigkeit verloren haben.

Hervorzuheben ist die vorgesehene **Übernahme der OECD-Leitlinien** zur Anerkennung von Reporting-Packages für Zwecke des CbCR-Safe-Harbours und der Gewinnermittlung. Bisher haben viele Unternehmensgruppen keine vollständigen Einzelabschlüsse nach IFRS oder US-GAAP für jede ausländische Einheit erstellt, sondern arbeiten mit standardisierten Reporting-Packages, die bereits Vorkonsolidierungen enthalten. Eine breitere Anerkennung dieser Datenquellen könnte die Implementierungskosten senken, sofern das nationale Recht nicht durch zu enge Vorgaben eine Rückkehr zu vollumfänglichen Einzelabschlüssen erzwingt. Aus Sicht der Wirtschaft ist es daher entscheidend, dass der Gesetzgeber den im OECD-Kommentar angelegten Wesentlichkeitsgrundsatz ernst nimmt und auf unverhältnismäßige Detailanforderungen verzichtet.

1) Gesetz v. 22.12.2025, BGBl. I 2025 Nr. 353.

Ebenfalls positiv bewertet werden die **Klarstellungen zu steuerlichen Zulagen** sowie **die Abschaffung der Lizenzschranke** gemäß § 4j EStG, die erstmals für den Veranlagungszeitraum 2025 Anwendung findet. Diese Regelung war unter den Bedingungen der globalen Mindestbesteuerung zunehmend entbehrlich geworden, da aggressive Gestaltungen mit Niedrigsteuerlizenzen ohnehin durch die Mindeststeuer erfasst werden. Ihre Streichung reduziert Bürokratie, ohne das Schutzniveau gegen Gewinnverlagerungen zu senken.

In anderen Bereichen zeigen sich hingegen **strukturelle Defizite**. Besonders kontrovers diskutiert wird die **Nachversteuerungsregelung für passive latente Steuern** gemäß § 50a Mindeststeueranpassungsgesetz (→ Rz. 130). Diese Regelung soll Erleichterungen schaffen, indem sie eine aggregierte Nachverfolgung latenter Steuern auf Konten- oder Bilanzpostenebene zulässt. In der Praxis ist diese Regelung jedoch mit einer Vielzahl von Voraussetzungen verknüpft, deren Erfüllung und Dokumentation mit erheblichem Zusatzaufwand verbunden ist. Zudem ist die in Konzernen übliche Vorgehensweise der automatisierten Ermittlung latenter Steuern auf aggregierter Ebene ohne durchgehende Transaktionshistorie nur schwer mit den in § 50a MindStAnpG angelegten Anforderungen vereinbar. Damit droht aus einer vermeintlichen Vereinfachung ein **zusätzlicher Komplexitätsschub** zu entstehen.

Auch die im Entwurf des MindStAnpG enthaltenen Änderungen im Bereich der **Safe-Harbour-Regelungen** werfen Fragen auf (→ Rz. 129). Der Zweck solcher Regelungen besteht darin, durch pauschalierende Voraussetzungen für bestimmte Konstellationen einen vereinfachten Vollzug zu ermöglichen. Werden jedoch über die OECD-Vorgaben hinaus zusätzliche nationale Einschränkungen eingeführt, untergräbt dies den Charakter des Safe Harbours und führt zu einer Rückkehr zu Einzelfallprüfungen. Gerade im Zusammenhang mit qualifizierten nationalen Ergänzungssteuern (QDMTT) sollte Deutschland die von der OECD getroffenen Qualifikationsentscheidungen grundsätzlich akzeptieren und keine zusätzlichen Unsicherheiten durch Sonderwege erzeugen.

Die Diskussion um die **Niedrigsteuersatzgrenze im Außensteuerrecht** wirft schließlich eine zentrale systemische Frage auf. Die deutsche Hinzurechnungsbesteuerung nach AStG war bereits vor Einführung der Mindeststeuer ein wirksames Instrument gegen niedrig besteuerte passive Einkünfte. Durch die Einführung der globalen Mindestbesteuerung stellt sich jedoch die Frage, ob eine **kumulative Anwendung von Mindeststeuer und Hinzurechnungsbesteuerung** bei unveränderten Niedrigsteuersatzgrenzen noch verhältnismäßig ist. Eine Absenkung der Grenze auf 10 % würde die Kohärenz mit der Körperschaftsteuer stärken, unnötige Doppelbelastungen vermeiden und den Schutz vor schädlichen Gestaltungen kaum beeinträchtigen.

Insgesamt zeigt sich, dass das Mindeststeueranpassungsgesetz zwar an vielen Stellen um technische Verbesserungen bemüht ist, jedoch an die strukturellen Grenzen eines hochkomplexen, international determinierten Regelwerks stößt. Der nationale Handlungsspielraum ist begrenzt, so dass grundlegende Entlastungen letztlich nur auf OECD- und EU-Ebene erzielt werden können.

3. Internationaler Wettbewerbsrahmen: Side-by-Side mit den USA und Wettbewerbsnachteile für Europa

58 Seit der G7-Verständigung vom Juni 2025 wird der internationale Kontext der Mindeststeuer maßgeblich durch das Verhältnis zwischen dem europäischen GloBE-Regime und dem US-amerikanischen NCTI-System geprägt. Die Anerkennung des NCTI-Systems als funktionales Äquivalent zur IIR bedeutet, dass US-amerikanische Konzerne außerhalb der USA grundsätzlich keinen zusätzlichen Mindeststeuerpflichten nach GloBE unterliegen sollen, sofern das US-amerikanische Regime Anwendung findet. Somit beschränkt sich die **Anwendung der globalen Mindeststeuer für US-Unternehmensgruppen** faktisch auf die **nationalen Ergänzungssteuern** der Tätigkeitsstaaten, während **europäische Gruppen die volle GloBE-Kaskade** durchlaufen müssen.

Die **Unterschiede** zwischen beiden Systemen sind **erheblich**. So basiert GloBE auf einem strikt jurisdiktionsbezogenen Blending, während bei NCTI ein globaler Ansatz verfolgt wird, bei dem ausländische Gewinne und Steuerbelastungen zusammengefasst werden. Dieser globale Blending-Mechanismus ermöglicht es, niedrig besteuerte Einkünfte in einem Land mit hoch besteuerten Einkünften in einem anderen Land auszugleichen. Unter GloBE löst eine niedrig besteuerte Gewinnposition hingegen bereits dann eine Top-up-Steuer aus, wenn sie in einem einzelnen Land unterhalb der 15 %-Grenze liegt, selbst wenn die Gesamtsteuerbelastung der Gruppe deutlich darüber liegt. Aufgrund dieses strukturellen Gefälles sind **europäische Unternehmensgruppen im Durchschnitt eher von Nachversteuerungen betroffen** als US-Unternehmen mit vergleichbaren Geschäftsmodellen.

Von großer praktischer Bedeutung ist auch die **unterschiedliche Behandlung steuerlicher Förderinstrumente.** Die OECD unterscheidet zwischen qualifizierten erstattbaren Steueranreizen und klassischen, nicht erstattbaren oder nur begrenzt übertragbaren Steuergutschriften. Qualifizierte erstattbare Anreize werden im GloBE-System eher wie Zuschüsse behandelt und wirken sich deutlich weniger stark auf die GloBE-ETR aus. Im Gegensatz dazu reduzieren herkömmliche Steuergutschriften die „covered taxes" unmittelbar und erhöhen damit das Risiko zusätzlicher Top-up-Steuern. Da die USA im Rahmen des Inflation Reduction Act und anderer Programme verstärkt auf marktgängige und erstattbare Instrumente setzen, während europäische Staaten vielfach an traditionellen Steuergutschriften festhalten, entsteht ein **struktureller Standortnachteil für Europa.**

Für europäische Konzerne mit US-Strukturen entsteht zusätzlich das **Risiko faktischer Doppelbelastungen**. Während die US-Muttergesellschaft auf ihre ausländischen Einkünfte NCTI schuldet, können auf Ebene europäischer Zwischen- oder Obergesellschaften weitere Top-up-Steuern nach GloBE anfallen, wenn einzelne Jurisdiktionen die 15 %-Schwelle nicht erreichen. Ohne eine wechselseitige Anerkennung oder Anrechnung der unterschiedlichen Mindeststeuerregime kann dies zu **kumulativen Steuerlasten** führen, die deutlich über dem politisch intendierten Mindestniveau liegen. Dies betrifft insbesondere deutsche Unternehmensgruppen, die neben GloBE und NCTI auch das Außensteuerrecht und die Gewerbesteuer berücksichtigen müssen.

Wer den Holdingstandort frei strukturieren kann, wird daher auf weniger belastende Jurisdiktionen ausweichen. Deutsche Muttergesellschaften können das regelmäßig nicht ohne Weiteres, weshalb sie die Nachteile eher hinnehmen müssen: einen unverhältnismäßigen administrativen Aufwand, weitere materielle Zusatzbelastungen und hierdurch letztlich gesamtgeschäftliche Nachteile einschließlich solchen im Bereich M&A insb. im US-Markt.

4. Empirische Bestandsaufnahme: Hoher Compliance-Aufwand bei begrenzter fiskalischer Wirkung

Erst die aktuellen Untersuchungen von ZEW/Tax Foundation sowie Koch/Oblinger liefern eine belastbare empirische Grundlage zu den tatsächlichen Auswirkungen der Mindeststeuer. Beide Studien zeichnen dabei ein bemerkenswert konsistentes Bild. 59

Auf EU-Ebene zeigen die Ergebnisse von Bray et al., dass der **einmalige Implementierungsaufwand** für die Durchführung der Mindeststeuerberechnungen zwischen 1,2 und 2,0 Mrd. Euro liegt. Die **jährlichen Befolgungskosten** werden mit 517 bis 865 Mio. Euro veranschlagt. Die befragten Gruppen geben im Durchschnitt an, 1,3 Mio. Euro in die Implementierung investiert zu haben, wobei sich die jährlichen Zusatzkosten auf etwa 600.000 Euro belaufen. Diese verteilen sich auf interne Personalaufwendungen, externe Beratungsleistungen und IT-Investitionen. Insbesondere die Einrichtung neuer Berichts- und Datenschnittstellen wird als besonders ressourcenintensiv beschrieben. Auffällig ist eine geografische Asymmetrie: Die zusätzlichen Steuererträge entstehen überwiegend in Jurisdiktionen mit bisher niedrigerer Besteuerung, während die **administrativen Kosten primär in den Hauptsitzstaaten** anfallen – typischerweise in Ländern mit ohnehin hoher Steuer- und Regulierungslast wie Deutschland, Frankreich oder den Niederlanden.

Die Studie von Koch/Oblinger konzentriert sich dagegen auf deutsche Unternehmensgruppen und verbindet eine Unternehmensbefragung mit einer Auswertung der Konzernabschlüsse für das Jahr 2024.

Da Unternehmen die voraussichtlichen Auswirkungen der Mindeststeuer bereits vor Abgabe der ersten Erklärung in ihren Abschlüssen berücksichtigen müssen, erlauben Rückstellungen und Angaben im Anhang einen ersten Blick auf das erwartete Steueraufkommen. Zentrales Ergebnis der Studie ist, dass die zusätzlichen Steuerbelastungen für die meisten befragten Gruppen gering sind und teilweise in Jurisdiktionen entstehen, die nicht als klassische Niedrigsteuerländer gelten. Die Mindeststeuer erfasst demnach nicht primär jene Konstellationen, in denen aggressive Gewinnverlagerungen vorliegen, sondern greift auch in normal besteuerten Strukturen, etwa aufgrund von Bewertungsdifferenzen, latenten Steuern oder spezifischen Anrechnungslücken.

Parallel dazu berichten nahezu alle befragten Unternehmen von einem **erheblichen organisatorischen und personellen Mehraufwand.** In vielen Steuerabteilungen mussten für die Umsetzung der Mindeststeuer zusätzliche Vollzeitstellen geschaffen werden, die häufig durch projektbezogene Unterstützung externer Berater ergänzt werden. Besonders aufwendig sind die jurisdiktionsbezogene Aufbereitung der Daten, die Anpassung der IT-Systeme und die Implementierung der komplexen Berechnungslogik für die GloBE-ETR. Dies betrifft nicht nur große Konzerne, sondern auch mittelgroße Unternehmensgruppen mit begrenzten Ressourcen.

In der Anfangsphase spielt der CbCR-Safe-Harbour eine zentrale entlastende Rolle. Viele Unternehmen können in den ersten Jahren die vereinfachte Beurteilung auf Basis der Country-by-Country-Reporting-Daten nutzen und so die Umsetzung der vollständigen GloBE-Mechanik hinauszögern. Es handelt sich allerdings um eine zeitlich befristete Übergangsregelung. Nach Ablauf der Safe-Harbour-Phase wird der administrative Aufwand nochmals deutlich steigen, sofern keine dauerhafte Vereinfachung eingeführt wird.

In der Gesamtschau legen die empirischen Befunde nahe, dass das **Verhältnis von fiskalischem Nutzen zu administrativen Kosten ungünstig** ausfällt. Der zusätzliche administrative Aufwand bindet qualifizierte Fachkräfte und IT-Ressourcen, die in produktiveren Bereichen fehlen. Dies gilt nicht nur für die Wirtschaft, sondern auch für die Finanzverwaltung, die ebenso einem erheblichen Vollzugsaufwand ausgesetzt ist. Zugleich entsteht **in Hochsteuerländern wie Deutschland nur ein begrenzter fiskalischer Mehrertrag,** während die **internationale Wettbewerbsfähigkeit der betroffenen Unternehmensgruppen unter Druck** gerät.

5. Perspektiven und Reformbedarf: Wege zu einer praxistauglichen Mindestbesteuerung

60 Angesichts der veränderten geopolitischen Rahmenbedingungen stellt sich die Frage, wie die globale Mindeststeuer weiterentwickelt werden kann, damit sie auch unter den aktuellen Voraussetzungen tragfähig bleibt. Auf europäischer Ebene ergibt sich Reformbedarf vor allem daraus, dass zentrale Drittstaaten nicht mehr am System teilnehmen, wodurch **erhebliche Wettbewerbsverzerrungen** entstanden sind. Eine **vorübergehende Aussetzung** der EU-Mindeststeuerrichtlinie könnte den nötigen Raum schaffen, um die europäischen Vorgaben grundlegend zu überarbeiten und den Mitgliedstaaten die Möglichkeit zu geben, eigenständig über die zukünftige Ausgestaltung des Regimes zu entscheiden.

Unabhängig davon ist die **OECD-Ebene** von zentraler Bedeutung, weil das Grundkonzept der globalen Mindeststeuer weiterhin dort verankert ist. Eine Weiterentwicklung des Systems sollte jedoch stärker auf eine **robuste Grundarchitektur** statt auf eine fortlaufende Detailregulierung setzen. Dazu gehört die Erleichterung der Nutzung bestehender Rechnungslegungsstrukturen, die Verankerung konsistenter Vereinfachungen sowie die Minimierung von Doppelbelastungen zwischen verschiedenen Mindeststeuerregimen.

Praxistaugliche, dauerhafte Safe-Harbour-Regelungen sind und bleiben ein zentrales Instrument zur Begrenzung des administrativen Aufwands. Eine Verlängerung und Weiterentwicklung des CbCR-Safe-Harbours nach 2026 sowie die dauerhafte Verankerung eines klar definierten ETR-Safe-Harbours könnten eine nachhaltige Entlastung bieten.

Auf nationaler Ebene sollte **Deutschland** seinen begrenzten Spielraum nutzen, um den **Vollzug effizienter zu gestalten**. Dazu zählen die breite Anerkennung von Reporting-Packages, die zielgerichtete Entschärfung der Recapture-Regeln für passive latente Steuern, die konsistente Umsetzung der Safe-Harbour-Mechanismen im Einklang mit der OECD-Leitlinie sowie die kritische Überprüfung des Zusammenspiels von Mindeststeuer und Hinzurechnungsbesteuerung.

Die globale Mindeststeuer steht damit vor einer **grundlegenden Weichenstellung**. Ob sie sich langfristig als tragfähiges Element der internationalen Steuerordnung etabliert, hängt entscheidend davon ab, ob die Komplexität reduziert, die internationale Kompatibilität gewährleistet und die Belastungswirkungen für in der Realwirtschaft tätige Unternehmensgruppen auf ein vertretbares Maß begrenzt werden.

F. EU-Steuerpolitik

I. Tax Decluttering und Steuervereinfachung

1. Arbeitsprogramm der EU-Kommission im Bereich direkte Unternehmensbesteuerung

Die internationale Unternehmensbesteuerung ist in den vergangenen Jahren durch **61**
immer neue, teils **übereifrige Regulierungsinitiativen** aus Europa zu einem kaum noch handhabbaren System angewachsen. Für international tätige deutsche Unternehmen bedeutet das: wachsende Bürokratie, zunehmende Rechtsunsicherheit und – zusätzlich verschärft durch nationales Goldplating – eine sinkende Standortattraktivität.

Das Potenzial für eine grundlegende Entschlackung („Decluttering") und Vereinfachung („Simplification") ist entsprechend groß. Die EU-Kommission setzt in ihrem Arbeitsprogramm 2026 („Europe's Independence Moment") zwar auf Entlastung – doch je näher konkrete Vorhaben rücken, desto deutlicher drohen politische Blockaden die dringend notwendigen Korrekturen auszubremsen. Die Chance auf substanzielle Vereinfachung ist da – jetzt braucht es politischen Gestaltungswillen. Die Bundesregierung muss diesen Willen in Brüssel klar und entschlossen vertreten, um zur Attraktivität des Unternehmensstandorts beizutragen.

Für das zweite Quartal 2026 wird die EU-Kommission einen sog. „**Steuer-Omnibus**" vorlegen, der zentrale Regelwerke – darunter die Anti-Steuervermeidungsrichtlinie (ATAD), die Mutter-Tochter-Richtlinie, sowie die Zins- und Lizenzgebühren-Richtlinie – vereinfachen soll. Im Sinne der Idee des Binnenmarkts sollten missbrauchsarme grenzüberschreitende Tätigkeiten als Teil des betriebswirtschaftlichen Handelns multinationaler Unternehmen mit global integrierten Wertschöpfungsketten nicht unnötig beeinträchtigt werden. Die ATAD soll sicherstellen, dass Mindeststandards bei der Steuerplanung eingehalten werden. Mit der globalen Mindeststeuer (Pillar 2) existiert nunmehr ein weiteres enorm komplexes Regelwerk. Solange dieses nicht – wie in der G7-Verständigung vom Juni 2026 vereinbart – grundlegend vereinfacht wird, wäre eine Aussetzung angemessen. Sollte sich politisch keine Mehrheit finden, muss wenigstens die ATAD deutlich entschlackt werden.

2. Hinzurechnungsbesteuerung (CFC Rules)

62 Die Hinzurechnungsbesteuerung ist ein Mechanismus, mit dem der Ansässigkeitsstaat des Mutterunternehmens bestimmte in einem Niedrigsteuerland erzielten Gewinne einer ausländischen Tochtergesellschaft besteuert. Sie muss so ausgestaltet sein, dass legitime grenzüberschreitende Geschäftstätigkeit und Investitionen nicht unangemessen beeinträchtigt werden und nicht zu doppelten Berichtspflichten führt.

a) Auf EU-Ebene: Deaktivierung für Unternehmen unter globaler Mindeststeuer

63 Derzeit müssen Konzerne mit einem Umsatz von mindestens 750 Mio. Euro parallel zur globalen Mindeststeuer die Hinzurechnungsbesteuerung anwenden, trotz gleicher Zielsetzung der Regelungen. Ein Nebeneinander beider Regelsysteme bringt keinen zusätzlichen Nutzen, birgt für die betroffenen Unternehmen aber doppelten bürokratischen Aufwand und das Risiko der Doppelbesteuerung.[1)]

Petitum: Unternehmen, die bereits der Pillar-2-Mindestbesteuerung unterliegen, müssen von der Anwendung der Hinzurechnungsbesteuerung ausgenommen werden. Die Lösung einer möglichen Anrechnung der Qualified Domestic Minimum Top-up Tax (QDMTT) auf die Hinzurechnungs-Steuerschuld ist dagegen keine Vereinfachung, da beide Bemessungsgrundlagen weiterhin aufwändig ermittelt werden müssen, nur um in einem zweiten Schritt miteinander verrechnet zu werden.

b) Vereinfachungen für von der Hinzurechnungsbesteuerung erfassten Unternehmen in der ATAD

64 Für von der Hinzurechnungsbesteuerung erfasste Unternehmen in der ATAD sollen Vereinfachungsregelungen implementiert werden. Dazu werden folgende Vorschläge gemacht.

- **Anrechnung auch auf kommunale Steuern:** Art. 8 Abs. 7 ATAD sollte klarstellen, dass gezahlte Steuern im Rahmen der Hinzurechnung auch auf kommunale Steuern angerechnet werden können.
- **Beschränkung auf unbeschränkt Steuerpflichtige:** Es wird nicht ausdrücklich klargestellt, ob die Regelungen in den Art. 7 und 8 der ATAD nur für unbeschränkt Steuerpflichtige im jeweiligen Mitgliedstaat gelten oder ob sie auch Steuerpflichtige mit beschränkter Steuerpflicht aufgrund einer Betriebsstätte im betreffenden Mitgliedstaat erfassen. Sollte Letzteres der Fall sein, müsste die Richtlinie zusätzlich Regeln enthalten, wann eine Beteiligung einer Betriebsstätte zugerechnet wird (rechtliche versus funktionale Zuordnungskriterien). Aus unserer Sicht sollten jedoch ausschließlich unbeschränkt Steuerpflichtige der Hinzurechnungsbesteuerung unterliegen, da nur sie eine hinreichende Verbindung zum jeweiligen Mitgliedstaat haben.
- **Keine Behandlung von Umstrukturierungen als passive Einkünfte:** Umstrukturierungen sollten nicht zu passiven Einkünften führen, insbesondere nicht, wenn diese nach dem Buchwert unter dem Steuerrecht des ausländischen Sitzstaates durchgeführt werden.
- **Vereinheitlichung des Substanztests:** Einfügen einer Grundannahme, dass der Steuerpflichtige keiner Hinzurechnungsbesteuerung unterliegt, wenn er entweder ein Substanz-„Carve-out" nach der Rechtsprechung des EuGH in Cadbury Schweppes nachweisen kann oder wenn der Hauptzweck einer Struktur nicht auf einen Steuerbenefit (Freizügigkeit von Kapital) abzielt, und dies sowohl für EU- als auch für Nicht-EU-Länder gilt.
- **Praktikable Fassung der Beteiligungszurechnung:** Bei der Ermittlung der Kontrollschwelle von 50 % sollten Beteiligungen über assoziierte Unternehmen nur durch

1) Expertenkommission des Bundesministeriums der Finanzen, Vereinfachte Unternehmensteuer, S. 136.

Multiplikation berücksichtigt werden. Dies stellt sicher, dass die Hinzurechnungsregeln nur auf ausländische Gesellschaften Anwendung finden, die tatsächlich direkt oder indirekt vom Steuerpflichtigen selbst (oder im Falle von nach Deutschland einbezogenen Konzernstrukturen von der letztendlichen ausländischen Muttergesellschaft) effektiv kontrolliert werden können.

- **Eindämmung des nationalen Goldplating bei der Hinzurechnungsbesteuerung:** Die ATAD wurde mit erheblichen Unterschieden zwischen den Mitgliedstaaten umgesetzt, z.B. bei der Zinsschrankenregelung, Wegzugsbesteuerung und Hinzurechnungsbesteuerung. Deutschland hat hier oft kompliziertere Regelungen eingeführt, mit erhöhten administrativen Belastungen und Standortnachteilen.[1] Beispielhaft listet die ATAD gemäß Art. 7 Abs. 2 Buchst. a) nur Kategorien passiver Einkünfte auf, die als „keine echten" wirtschaftlichen Einkünfte eingestuft werden. Im Gegensatz zum (begrenzten) Katalog passiver Einkünfte definiert Deutschland in § 8 Abs. 1 AStG Einkünfte, die als aktiv gelten. Dies hat zur Folge, dass auch produktive Tätigkeiten wie Handel oder Dienstleistungen als passiv eingestuft werden. Deutschland geht somit deutlich über den in der ATAD definierten Mindeststandard hinaus.

Petitum: Auf nationaler Ebene könnte die Bundesregierung das **Gold-Plating der EU-Richtlinie bei der Hinzurechnungsbesteuerung reduzieren.** Anstelle eines Aktivkatalogs könnte Deutschland der ATAD folgen und in § 8 Abs. 1 AStG passive Einkünfte definieren, jedenfalls aber den Katalog weiterentwickeln und einen großzügigeren Substanztest einführen.

Anmerkung:

Beispielhaft sollten Einkünfte aus Handel und Dienstleistungen nach § 8 Abs. 1 Nr. 4 und 5 AStG generell als aktive Einkünfte eingeordnet und in § 8 Abs. 1 Nr. 2 AStG auch die Herstellung immaterieller Wirtschaftsgüter, z.B. Software, einbezogen werden. Weitere Vorschläge:

- Abschaffung des Korrespondenzprinzips in § 8 Abs. 1 Nr. 7 Buchst. a AStG, zumindest soweit verhinderte Vermögensmehrungen betroffen sind.
- Abschaffung der Besteuerung von Portfoliodividenden in § 8 Abs. 1 Nr. 7 Buchst. a AStG.
- Abschaffung der Anforderungen an den Gegenbeweis nach § 8 Abs. 2 AStG an die Vorgaben der ATAD. Derzeit ermöglicht § 8 Abs. 2 AStG einen sog. Substanztest, mit dem nachgewiesen werden kann, dass die Gesellschaft, die passive Einkünfte erzielt, einer wesentlichen wirtschaftlichen Tätigkeit nachgeht. Mit den in § 8 Abs. 2 AStG vorgenommenen Konkretisierungen des Gegenbeweises (z.B., dass Outsourcing keine wesentliche wirtschaftliche Tätigkeit vermitteln kann), geht der Gesetzgeber über Art. 7 Abs. 2 ATAD und die Anforderungen des EuGH hinaus. Zudem fordert die ATAD für den Substanztest keine nach einzelnen Einkünften differenzierende Betrachtungsweise.
- Der Substanztest ist gemäß § 8 Abs. 3 AStG auf in EU-/EWR-Staaten ansässige Gesellschaften beschränkt. Die ATAD erlaubt den Substanznachweis auch für Drittländer. Eine wäre auch unionsrechtlich geboten (Stichwort Kapitalverkehrsfreiheit).
- Zudem sollte § 9 AStG (Ein-Drittel-Test) an die Regelungen der ATAD (Art. 7 Abs. 3 ATAD) angepasst werden. Die neben der Drittel-Grenze zusätzliche absolute Grenze von 100.000 Euro nach § 9 AStG wird durch die ATAD nicht vorgegeben.
- § 13 AStG ist eine Erweiterung des Anwendungsbereichs der Hinzurechnungsbesteuerung und lässt diese auch dann durchgreifen, wenn eine Beherrschung der ausländischen Gesellschaft nicht gegeben ist. Aus der ATAD-Richtlinie lassen sich diese Vorgaben nicht ableiten. Sie ist daher abzuschaffen.

3. Zinsschrankenregelung

Bei der Einführung der Zinsschranke ging es darum, durch Einschränkung des Grund- 65
satzes der Finanzierungsfreiheit die Aushöhlung der steuerlichen Bemessungsgrund-

1) Expertenkommission des Bundesministeriums der Finanzen, Vereinfachte Unternehmensteuer, S. 134.

lage im jeweiligen Sitzstaat zu verhindern. Nunmehr ist die Zinsschranke aber zu einem generellen Finanzierungshemmnis geworden: Sie ist zu weit gefasst und sollte stärker auf Missbrauchsabwehr zurückgenommen werden.

– **Herausnahme missbrauchsfreier Fälle:** In Fällen, bei denen Missbrauch offensichtlich ausgeschlossen ist, sollte eine Herausrechnung des maßgeblichen Zinsaufwandes aus dem gesamten Zinsaufwand zulässig sein. Rechtfertigen lässt sich die Verletzung des objektiven Nettoprinzips durch das Zinsabzugsverbot der Zinsschranke, in dessen Folge es beim Empfänger der Zinseinnahmen zu einer wirtschaftlichen Doppelbelastung kommt, grundsätzlich nur als Maßnahme zur Missbrauchsabwehr zwischen verbundenen Unternehmen.

Petitum: Die Zinsschranke sollte auf konzerninterne Darlehen beschränkt werden; externe Fremdfinanzierung z.B. von Start-ups darf nicht beeinträchtigt werden. Entsprechend müsste die Regelung eingeschränkt werden, dass nur der 30 % des EBITDA übersteigende Zinsaufwand auf Gesellschafterdarlehen vom Abzug ausgeschlossen wird, nicht dagegen der gesamte Finanzierungsaufwand (wie bspw. externe Finanzierungsaufwendungen). Dies vermeidet auch Doppelbesteuerung. Überdies sollten Zinsen, für die in einer Jurisdiktion (Deutschland) ein Betriebsausgabenabzug begehrt wird, nicht von der ATAD erfasst werden, wenn diesen Betriebsausgaben in derselben Jurisdiktion (Deutschland) steuerpflichtige Betriebseinnahmen gegenüberstehen.

Darüber hinaus könnte die Zinsschrankenregelung **stärker an politischen Zielen der Wettbewerbsförderung** ausgerichtet werden:

– **Investitionsfreundliche Anpassung:** Unternehmen, die in EU-Prioritätssektoren wie erneuerbare Energien, Digitalisierung oder Verteidigung investieren, sollten nicht durch restriktive Zinsabzugsbeschränkungen belastet werden.

– **Schonfrist für Neugründungen:** Neu gegründete Unternehmen und neu etablierte Konzerngesellschaften sollten für 3 bis 5 Jahre von der Zinsschranke ausgenommen werden, insbesondere wenn sie der Entwicklung neuer Geschäftsfelder oder immaterieller Werte dienen.

Zudem kann bereits auf nationaler Ebene das **Gold-Plating der EU-Richtlinie bei der Zinsschranke revidiert** werden. Ein Ansatz wäre, optionale Vereinfachungen wie ein jährlicher Freibetrag für Zinsaufwendungen (z.B. bis 3 Mio. Euro) EU-weit einzuführen.

4. Anti-Hybrid-Regelungen

66 Diese Regelung vereinheitlicht die steuerliche Behandlung von hybriden Modellen, also falls zwei Staaten denselben Vorgang unterschiedlich steuerlich einordnen würden. Da die globale Mindeststeuer auch in diesen Fällen mindestens eine Steuerbelastung von 15 % sicherstellt, wäre es sinnvoll, auf spezielle Anti-Hybrid-Regeln zu verzichten. Mindestens sollte die Regelung importierter Besteuerungsinkongruenzen[1)] gestrichen werden. Da die Vorschrift praktisch nur in Bezug auf Drittstaaten relevant ist, die keine ATAD-äquivalenten Regelungen haben, sollte sie aufgehoben werden, da die Beurteilung der Situation dennoch in mehrstufigen Lieferketten sowohl für die (deutschen) Finanzbehörden als auch für den Steuerpflichtigen an ihre Grenzen stößt. Im Interesse der **Reduzierung übermäßiger Komplexität** und zur **Vermeidung potenzieller Ungleichbehandlungen in der Rechtsdurchsetzung** ist eine entsprechende Änderung der ATAD dringend erforderlich.

1) Art. 9 Abs. 3 der ATAD sieht ein Betriebsausgabenabzugsverbot im Fall sog. importierter Besteuerungsinkongruenzen (*imported hybrid mismatch*) vor. Diese liegen vor, wenn abzugsfähige Aufwendungen und die entsprechenden Erträge zu einer Besteuerungsinkongruenz in anderen Staaten führen, die diese Inkongruenz nicht beseitigen, und die Folgen dieser Inkongruenz über eine oder mehrere Transaktionen ins Inland „importiert“ werden. Damit werden nur Fälle erfasst, in denen die Besteuerungsinkongruenz nicht bereits unmittelbar im Verhältnis zum inländischen Steuerpflichtigen bestehen und mangels der ATAD entsprechenden Anti-Hybrid-Regelungen im Drittland auch nicht beseitigt werden.

5. Wegzugsbesteuerung

Mit der Wegzugsbesteuerung soll inländisches Besteuerungsrecht an stillen Reserven der Beteiligungen bzw. Investmentanteile im Falle eines Wegzugs ins Ausland gesichert werden. Diesbezüglich gibt es Verbesserungsbedarf: 67

- **Klarstellung des Anwendungsbereichs:** Art. 5 ATAD sollte explizit auf intra-group Transfers von Funktionen und Vermögenswerten eingegrenzt werden.
- **Einheitliche Marktwertermittlung:** Einführung eines gemeinsamen Standards zur Bewertung von Vermögenswerten bei grenzüberschreitenden Transfers zur Schaffung von Rechtssicherheit und Vereinfachung der Umsetzung.

II. DAC: Prioritäten für Vereinfachung und Entlastung

Auch die Richtlinie über die Zusammenarbeit der Verwaltungsbehörden (DAC) wird überprüft – dies erfolgt aber im Rahmen des regulären Evaluierungsprozesses, so dass es hier nicht nur um Vereinfachung gehen wird. Die DAC-Reformen der vergangenen Jahre haben enorme Kosten verursacht, ohne dass Steuerverwaltungen die gemeldeten Daten systematisch nutzen konnten. Die Zusammenführung aller DAC-Richtlinien darf nicht weiter auf dem Rücken der Steuerpflichtigen ausgetragen werden. 68

1. DAC 6-Hallmarks: Relevanz und Proportionalität prüfen

DAC 6 wurde eingeführt, um Steuerverwaltungen mehr Transparenz in die internationale Steuerplanung zu geben. Obschon nicht unmittelbarer Teil von ATAD, aber aufgrund ihrer inhaltlichen Nähe sollten auch die **Pflichten zur Mitteilung von grenzüberschreitenden Steuergestaltungen neu bewertet** werden. Die Regelungen zu DAC 6 stellen aufgrund ihres überbordenden Umfangs ein Musterbeispiel für völlig aus dem Ruder gelaufene Bürokratie dar. Der Erfüllungsaufwand für die Steuerpflichtigen ist sehr hoch und den Finanzverwaltungen stehen keine (nennenswerten) Vorteile gegenüber. Prioritäten der Deutschen Industrie: 69

- **Hallmarks konsolidieren – Meldepflichten ohne Mehrwert streichen:** Viele Hallmarks erfassen Routinegeschäfte, die überhaupt keinen Bezug zu aggressiver Steuerplanung haben und führen so zu unnötigen Compliance-Kosten. Hallmarks und Meldepflichten ohne klaren Zweck sollten gestrichen werden. Die Überprüfung sollte sicherstellen, dass nur relevante Informationen gemeldet werden, die tatsächlich zur Bekämpfung von ungewünschter Steuervermeidung beitragen.
- **Doppelmeldungen eliminieren:** Informationen, die bereits über andere Kanäle verfügbar sind, sollten nicht erneut gemeldet werden müssen.
- **IT-Realitäten berücksichtigen:** Änderungen an DAC müssen die bestehende IT- und Compliance-Infrastruktur der Unternehmen berücksichtigen. Eine bloße Anpassung oder eine Erweiterung der Hallmarks ohne klaren Nutzen erhöht lediglich die Kosten.

2. EU-Steueridentifikationsnummer

Daneben prüft die EU-Kommission aktuell, ob und wie eine EU-weite Steueridentifikationsnummer (EU-TIN) und/oder ein EU-Tool zur TIN-Validierung eingeführt werden könnten. 70

Aus Sicht der Deutschen Industrie muss beachtet werden, dass Deutschland, wie viele andere Mitgliedstaaten auch, bereits über eine Vielzahl von steuerlichen Identifikationsmerkmalen verfügt, darunter die neue Wirtschafts-Identifikationsnummer, die nationale Steuer-ID, die Umsatzsteuer-Identifikationsnummer (USt-IdNr.) sowie Handels- und Unternehmensregisternummern. Vor diesem Hintergrund lehnen wir die Einführung einer zusätzlichen EU-weiten Steueridentifikationsnummer ab. Eine neue Nummer würde erhebliche administrative und technische Anpassungen erfordern – insbesondere im Bereich der Stammdatenpflege, der Schnittstellen und der IT-Prozesse. Selbst wenn das Ziel lediglich darin bestünde, bestehende nationale Identifikatoren miteinander abzugleichen, wäre die Umsetzung keineswegs trivial. Etwaige Harmonisierungsschritte sollten daher auf den bestehenden Identifikatoren aufbauen, anstatt diese zu ersetzen. Dies könnte über technische Schnittstellen erfolgen, die keine zusätzlichen Meldepflichten oder administrativen Belastungen für Unternehmen mit sich bringen. Angesichts der derzeit angespannten wirtschaftlichen Lage steht die deutsche Industrie ohnehin unter erheblichem Druck: Unternehmen sehen sich mit Personalabbau, steigenden Kosten und begrenzten Wachstumsperspektiven konfrontiert. Vor diesem Hintergrund wird jede zusätzliche bürokratische Belastung als besonders kritisch bewertet.

3. Wirtschaftliches Eigentum

71 Mit dem **Unshell-Vorschlag der EU-Kommission** sollte ein gemeinsamer Mindeststandard für Kriterien zur Versagung von Abkommens- oder EU-Richtlinienvorteilen für Unternehmen eingeführt werden, die über keine wirtschaftliche Substanz verfügen und die Gefahr bergen, zum Zweck der Erlangung steuerlicher Vorteile missbraucht zu werden. Der ursprüngliche Vorschlag enthielt eine Liste von Indikatoren zur Identifizierung von Einheiten mit Missbrauchsrisiko. Hochrisiko-Einheiten sollten dann im Rahmen ihrer jährlichen Steuererklärung über eine Reihe von Substanzindikatoren berichten. Unternehmen, die diese Substanzerfordernisse nicht erfüllten, sollten als „Briefkastenfirmen" („shell entities") gelten, was potenziell steuerliche Konsequenzen auslösen würde. Im Juni entschieden die EU-Wirtschafts- und Finanzminister, den Vorschlag nicht weiter zu verfolgen und die Ziele stattdessen durch Klarstellungen oder Änderungen der Kennzeichen in der DAC6 zu erreichen.

Für die deutsche Industrie ist klar: Nach dem Scheitern des Unshell-Vorschlags darf keine Neuauflage über DAC6 oder andere Kanäle erfolgen. Die genaue Charakterisierung und Abgrenzung einer Briefkastengesellschaft könnte ein schwieriges Unterfangen werden – beginnend mit der Frage, welche wirtschaftliche Substanz einer solchen zwischengeschalteten Holdinggesellschaft überhaupt zugerechnet werden sollte. Grundsätzlich wäre eine präzise Abgrenzung gegenüber Fällen sehr wichtig, in denen Briefkastengesellschaften für legitime geschäftliche Zwecke verwendet werden. Daher können Substanzanforderungen als solche keine allgemeingültige Lösung sein, die in jeder Situation anwendbar wäre, da die erforderliche Substanz je nach Sektor oder Geschäftstätigkeit variieren kann. Für die deutsche Industrie ist es daher auch wichtig, dass sie ihre geschäftlichen Gründe leicht darlegen kann.

III. Neues Unternehmensregime für Innovation (28. Regime)

72 Überdies plant die Europäische Kommission für das **erste Quartal 2026** die Einführung eines „28. Unternehmensregimes", das **gezielt innovative Unternehmen fördern** soll. Ziel ist es, die Wettbewerbsfähigkeit Europas zu stärken und Investitionen in Forschung, Entwicklung und zukunftsorientierte Geschäftsmodelle zu unterstützen.

In diesem Zusammenhang könnten **Vorschläge zur Besteuerung von mobilem Arbeiten** aufgegriffen werden, die zudem eng mit der EU-Strategie Start-Ups und Scale-Ups verbunden sind. Wichtig ist, dass diese Thematik alle Unternehmen – von klein bis groß – betrifft: Mobiles Arbeiten im Ausland anzubieten, wird von Arbeitnehmern erfragt und steigert die Arbeitgeberattraktivität. Um Rechtssicherheit für Unternehmen, Beschäftigte und Finanzverwaltungen zu schaffen, schlägt der BDI konkrete Änderungen der Doppelbesteuerungsabkommen bzw. des OECD-Musterabkommens vor. Dabei geht es um zwei Aspekte, die gelöst werden müssen:

- **Keine ungewollte Begründung von Betriebsstätten im Ausland**[1]. Die OECD hat nunmehr im November 2025 den Kommentar zu Art. 5 des OECD-Musterabkommens erweitert und einige Fallbeispiele aufgegriffen. Dies ist ein erster wichtiger Schritt. Überdies könnten weitere Maßnahmen durch Anpassung des Art. 5 ergriffen werden.
- **Verfahrensvereinfachung bei der Lohnsteuer.**[2]

Für beide Aspekte gilt: Gemeinsames verbindliches Verständnis der beteiligten Staaten, zumindest in der EU – besser noch auf Ebene der OECD ist erforderlich.

Weiterhin im Arbeitsprogramm der EU-Kommission vertreten ist die Idee einer **gemeinsamen Körperschaftsteuerbemessungsgrundlage: BEFIT** ((Business in Europe: Framework for Income Taxation). Aktuell sieht es aber nicht danach aus, als ob das 28. Regime mit bestehenden Vorschlägen verknüpft wird, vermutlich auch, da die Beratungen im Rat zu diesem Vorschlag seit Monaten keine wesentlichen Fortschritte erzielen. Eine kurzfristige Einigung der Mitgliedstaaten ist zwar nicht zu erwarten, mittelfristig ist eine Intensivierung der Verhandlungen aber durchaus möglich, zumal das EU-Parlament im November 2025 seine Position dazu verabschiedet hat. Es bleibt abzuwarten, ob die kommende Ratspräsidentschaft Zypern dies auf seine Prioritätenliste setzen wird. Für die europäischen Industrieverbände – darunter auch den BDI – bleibt entscheidend: Bevor neue steuerliche Vorgaben geschaffen werden, braucht es belastbare Erfahrungen aus der praktischen Umsetzung der globalen Mindeststeuer. Zusätzliche EU-Regelungen wie BEFIT würden derzeit zu mehr Komplexität als zu Vereinfachungen führen – und damit den eigenen Zielen der EU-Kommission widersprechen. Der BEFIT-Vorschlag aus dem Jahr 2023 wurde zu Recht kritisiert: So hätte er u.a. verschiedene Methoden der Gewinnermittlung nebeneinander gestellt, was insbesondere im Vergleich zur globalen Mindeststeuer zu zusätzlichem Aufwand geführt hätte. Eine echte Vereinheitlichung wäre außerdem nur unter Berücksichtigung einer Konsolidierung möglich – hierzu gab es im Rat jedoch keine Einigung. Darüber hinaus konnte das ursprüngliche BEFIT-Modell nicht ausreichend sicherstellen, dass Unternehmensgewinne nicht mehrfach besteuert werden, weder innerhalb der EU noch im Verhältnis zu Drittstaaten. Unklar blieb auch, wie Änderungen steuerlicher Rahmenbedingungen in Nicht-EU-Staaten ohne unverhältnismäßigen Anpassungsaufwand bei BEFIT erfolgen könnten.

1) Einfache Grundregel für kurze Tätigkeiten im Ausland: Keine Betriebsstätte im Ausland bei bis zu 120 Tätigkeitstagen bzw. 183 Aufenthaltstagen im Ausland. International abgestimmte Kriterien für langfristige Tätigkeiten: Festlegung nachvollziehbarer Kriterien zur Entscheidung über die Betriebsstättenbegründung anhand der Dauer der Tätigkeit im Ausland, der Verfügungsmacht des Unternehmens an den Räumlichkeiten im Ausland und der Art der Tätigkeit bzw. der Umfang einer Vertretungsbefugnis des jeweiligen Mitarbeiters.

2) Keine Lohnsteuerverpflichtungen des Arbeitgebers im anderen Staat, solange eine bestimmte Anzahl an mobilen Arbeitstagen nicht überschritten wird. // Bei Ansässigkeit des Arbeitnehmers und des Arbeitgebers im Inland hilft bereits die 183-Tage-Regelung in den DBA (wenn keine Betriebsstätte im Ausland begründet wird). // Bei Ansässigkeit des Arbeitnehmers im Ausland hilft der Ansatz einer „Bagatellregelung", der im DBA mit Luxemburg bereits realisiert ist (vgl. BDI-Foliensatz): Der Ansässigkeitsstaat des Arbeitnehmers verzichtet auf sein Besteuerungsrecht, solange eine festgelegte Zahl an Homeoffice-Tagen nicht überschritten wird. Konkret anhand des DBA mit Luxemburg: Ein grenzüberschreitend Beschäftigter kann an bis zu 34 Tagen im Jahr im Homeoffice tätig werden, ohne dass es zu einer Aufteilung der Besteuerungsrechte zwischen Deutschland und Luxemburg kommt. Eine vergleichbare Regelung ist mit den Niederlanden vereinbart. Aus BDI-Sicht sind 34 Tage allerdings zu wenig.

IV. Digitalsteuer

73 Um die Herausforderungen der Besteuerung digitaler Dienstleistungen[1] zu adressieren, haben sich rund 140 Staaten im OECD-Inclusive-Framework 2021 politisch auf eine Reform verständigt: Säule 1 sieht eine partielle Neuverteilung von Besteuerungsrechten an den Gewinnen der größten Konzerne vor („Amount A" und „Amount B"). Die Reform sollte zugleich nationale Digitalsteuern überflüssig machen, da damit die Besteuerung der digitalen Wirtschaft sichergestellt wäre.[2] Während Amount B auf die Vereinfachung der Anwendung des Fremdvergleichsgrundsatzes auf innerstaatliche grundlegende Marketing- und Vertriebstätigkeiten abzielt und optional bereits von mehreren Staaten angewandt wird, soll nach Amount A – neben der physischen Präsenz – auch das **Ausmaß der Marktpräsenz** berücksichtigt werden und damit ein Teil der Gewinne in den Ländern besteuert werden, in denen die Produkte der Unternehmen konsumiert werden (sog. **„Marktjurisdiktionen"**), unabhängig davon, ob das Unternehmen dort physisch präsent ist. Nach mehreren Jahren technischer Verhandlungen hatte die OECD den aktualisierten Text hierzu 2024 vorgelegt. Trotz dieser Fortschritte ist die globale Einigung auf Amount A ungelöst.[3] Die OECD möchte die Verhandlungen nach der Implementierung der G7-Verständigung zu Säule 2 wieder aufgreifen.

In der Zwischenzeit haben **zahlreiche Länder** – darunter Frankreich, Italien, Spanien, Österreich, Großbritannien oder die Türkei – **eigene Digitalsteuern** eingeführt oder angekündigt. Die Ausgestaltungen unterscheiden sich erheblich, reichen von Werbung (Österreich, Ungarn) bis zu einer breiten Anwendung über digitale Schnittstellen und Datenübermittlung (Frankreich, Italien) und die Steuersätze variieren zwischen 1,5 % und 7,5 %. Diese Maßnahmen gelten als Übergangslösungen bis zu einer Einigung auf OECD-Ebene. Gleichzeitig werden gelegentlich Stimmen einer europäischen DST wieder laut, und auch die UN haben Sonderregeln für automatisierte digitale Dienstleistungen in ihre Verhandlungen eines Musterabkommens aufgenommen.

Aus Sicht der deutschen Industrie ist klar: **Nur eine globale Lösung ist tragfähig.** Befürworter einer EU-weiten oder nationalen Digitalsteuer argumentieren oft mit dem Narrativ, dass die großen digitalen Plattformen endlich ihren fairen Beitrag leisten sollen. Tatsächlich aber würde dieses Ziel verfehlt: Studien zeigen eindeutig, dass die Steuer überwälzt wird – auf die Programme nutzenden Unternehmen, Verwaltungen und Bürger.[4] Digitale Werbung, Marktplatzdienste oder Cloud-Angebote verteuern sich unmittelbar. Besonders KMU, die digitale Kanäle zur Skalierung benötigen, werden geschwächt. Eine trennscharfe Abgrenzung der „digitalen Wirtschaft" ist nicht möglich. Auch traditionelle Industrieunternehmen nutzen digitale Plattformen, Embedded Software und datenbasierte Services. Eine Umsatzsteuer auf diese zentralen Inputs

1) Nach den aktuellen internationalen Steuerregeln zahlen multinationale Unternehmen ihre Körperschaftsteuer im Allgemeinen dort, wo die Produktion stattfindet, und nicht dort, wo sich die Verbraucher oder – speziell im digitalen Sektor – die Nutzer befinden. Einige argumentieren jedoch, dass Unternehmen in der digitalen Wirtschaft (implizit) Einkünfte von Nutzern im Ausland erzielen, aber ohne physische Präsenz in diesem ausländischen Staat nicht der Körperschaftsteuer unterliegen.

2) Am 21.10.2021 legte eine gemeinsame Erklärung von Österreich, Frankreich, Italien, Spanien, dem Vereinigten Königreich und den Vereinigten Staaten einen Plan dar, um DSTs und drohende Vergeltungstarife zurückzufahren, sobald die Pillar-One-Regeln umgesetzt würden. Die Türkei stimmte anschließend denselben Bedingungen zu. Dieses Abkommen ist jedoch ausgelaufen.

3) Voraussetzung für die Umsetzung ist eine Zeichnung des Vertrags durch eine hinreichende Anzahl von Staaten, die zugleich ein bestimmtes Mindestmaß der unter die neuen Regeln fallenden Konzerne repräsentieren müssen.

4) Langenmayr/Muddasani, Navigating the Amazon: The Incidence of Digital Service Taxes, 2025. Bei bezahlfreien Angeboten belastet die Abgabe zwar die Endnutzer nicht. In der Konsequenz trägt das Digitalunternehmen grundsätzlich die Abgabe und reduziert lediglich die Marge des Digitalunternehmens (und wirkt damit näherungsweise wie eine Gewinnsteuer). Allerdings kann die Steuer vom Digitalunternehmen an Anbieter, die Werbung schalten (oder Nutzerdaten kaufen), abgewälzt werden. Es kann aber auch nicht ausgeschlossen werden, dass die Abgabe auf andere Geschäftsmodelle eines Unternehmens abgewälzt wird, so dass die Abgabe doch wieder den Endverbraucher in Deutschland trifft.

würde Digitalisierung künstlich verteuern und Transformationsprozesse bremsen. Eine Umsatzsteuer trifft niedrigmargige oder spezialisierte Anbieter besonders hart, während Marktführer Überwälzungsspielräume und Skalenvorteile besitzen. Das erhöht Marktkonzentration, schwächt Wettbewerb und reduziert Investitionen – das Gegenteil des beabsichtigten Ziels. Digitalsteuern verteuern Schlüsseltechnologien, ohne europäische Alternativen zu schaffen. Da 87 % der deutschen Unternehmen digitale Technologien aus den USA beziehen[1], träfen DSTs genau die Bereiche, in denen Europa am abhängigsten ist. Technologische Souveränität erreicht man durch Investitionen, Innovation und digitale Infrastrukturen – nicht durch Digitalsteuern oder fiskalische Sonderabgaben. Zudem würde eine europäische oder deutsche DST absehbar Gegenmaßnahmen provozieren: Die USA haben bereits Zölle und steuerliche Strafmaßnahmen in Aussicht gestellt. Für die exportorientierte deutsche Industrie wären zusätzliche Belastungen in Milliardenhöhe zu befürchten. Anstelle nationaler oder EU-weiter Digitalsteuern sollte Deutschland aus Sicht der Deutschen Industrie folgendes umsetzen:

- **Stärkung globaler Verhandlungen und Verhinderung unilateraler Digitalsteuern:** Europa muss auf die OECD-Lösung setzen, um ein kohärentes internationales Steuerregime zu erreichen und Doppelbesteuerung zu vermeiden. Nationale oder EU-DSTs würden Digitalisierung bremsen, Standortkosten erhöhen und Handelskonflikte verschärfen.
- **Förderung technologischer Souveränität durch Investitionen:** Fokus auf Innovation, strategische Technologien, digitale Infrastrukturen und attraktive Standortbedingungen statt neuer Belastungen.
- **Vermeidung internationaler Konflikte:** Vergeltungsmaßnahmen treffen insbesondere international (und damit auch in den USA) tätige Unternehmen. Eine enge transatlantische Abstimmung ist essenziell.

V. Rückzug stockender Steuerinitiativen

Die angekündigte Rücknahme überalterter oder fehlerhafter Initiativen – z.B. Finanztransaktionssteuer, DEBRA – ist zu begrüßen, reicht aber als Signal nicht aus. Vereinfachung, Rechtssicherheit und Investitionsfreundlichkeit müssen im Mittelpunkt aller steuerpolitischen Entscheidungen stehen, um die europäische Wirtschaft langfristig zu stärken. Einige – auch neue – Initiativen senden weiterhin **falsche Signale für Investitionen**, z.B. die zuletzt vorgeschlagene Unternehmensabgabe Corporate Resource for Europe (CORE) für Unternehmen mit einem Nettojahresumsatz von mindestens 100 Mio. Euro, mit der eine neue Eigenmittelquelle für den EU-Haushalt geschaffen werden soll. 74

Kritische Stellungnahme:

Die EU steht an einem steuerpolitischen Wendepunkt. Die Chance, Europa als wettbewerbsfähigen und investitionsfreundlichen Standort auch im steuerpolitischen Bereich zu stärken, ist greifbar – aber sie wird nur Realität, wenn die Mitgliedstaaten die Spirale aus Komplexität, Doppelregulierung und nationalem Goldplating durchbrechen. Die Deutsche Industrie erwartet von der Bundesregierung, dass sie sich für Vereinfachungen in Brüssel entschlossen einsetzt.

G. Nachhaltigkeitsberichterstattung

I. Corporate Sustainability Reporting Directive: Omnibus der EU-Kommission

1. Ausgangslage

Die neuen EU-Vorschriften zur Nachhaltigkeitsberichterstattung nach der Corporate Sustainability Reporting Directive (CSRD) im Rahmen des Green Deals der Europäi- 75

1) Bitkom, Digitale Souveränität – wie abhängig ist unsere Wirtschaft, 2025.

schen Kommission zielen darauf ab, dass bestimmte Unternehmen über die sozialen und ökologischen Auswirkungen, Risiken und Chancen ihrer Geschäftstätigkeit berichten. Damit soll einerseits die grüne Transformation innerhalb der Unternehmen strukturiert und beschleunigt sowie andererseits Finanzunternehmen und anderen Stakeholdern relevante und vergleichbare Daten aus der Realwirtschaft zur Förderung nachhaltiger Investitionen zur Verfügung gestellt werden.

Die Umsetzung der CSRD bedeutet für viele deutsche Unternehmen tiefgreifende Veränderungen und vielfältige bürokratische Herausforderungen. Künftig müssen betroffene Unternehmen **mit dem Lagebericht einen umfangreichen Nachhaltigkeitsbericht** in den Bereichen Umwelt, Soziales und Governance vorlegen. Es wurde eine deutliche Ausweitung sowohl des Kreises der berichtspflichtigen Unternehmen als auch der Berichtsinhalte in Form verpflichtender Standards („European Sustainability Reporting Standards", ESRS) vorgesehen.

Nach der Vorgängerregelung der CSRD, der Non-Financial Reporting Directive (NFRD), waren bereits seit 2017 ca. 500 Unternehmen in Deutschland dazu verpflichtet, eine nichtfinanzielle (Konzern-)Erklärung über ihre Nachhaltigkeitsaspekte zu veröffentlichen. Mit der Ausweitung der Nachhaltigkeitsberichterstattung nach der CSRD wären nach aktuellem europäischem Recht sogar rund 13.200 Unternehmen in Deutschland (EU-weit ca. 49.000 Unternehmen)[1)] schrittweise von der Berichterstattung betroffen – nicht nur große, sondern auch viele mittelständische Unternehmen.

Darüber hinaus wurde mit der CSRD und den ESRS auch **die Art und der Umfang der inhaltlichen Berichterstattung erweitert**. Es müssen bis zu 1.100 Datenpunkte berichtet werden. Bis zu 70 % der gesamten ESRS-Datenpunkte sind narrative Angaben, welche aufwändiger zu erstellen und weniger vergleichbar sind. Die Berichtspflichten stehen allerdings unter dem **Vorbehalt der Wesentlichkeitsbetrachtung**. Die Risko- und Chancenanalyse der Nachhaltigkeitsaspekte kann damit auf die wesentlichen Nachhaltigkeitsthemen fokussiert werden. Zusätzlich werden eine externe Prüfpflicht des Nachhaltigkeitsberichts (zunächst nur mit begrenzter Sicherheit bzw. „limited assurance") und die Aufstellung des Lageberichts in einem elektronischen Berichtsformat vorgegeben.

Außerdem stellt der Einbezug der **gesamte Wertschöpfungskette** eine große Herausforderung für die Unternehmen dar. Eine Vielzahl von Unternehmen und insbesondere der Mittelstand sind aufgrund steigender Informationsbedarfe direkt berichtspflichtiger Unternehmen über ihre Wertschöpfungskette und Geschäftspartner indirekt von der CSRD betroffen „(Trickle-down"-/ Kaskadeneffekt).

Es wurden insgesamt sehr hohe Kosten sowohl bei großen, weltweit tätigen Unternehmen als auch dem Mittelstand erwartet und in dem letzten Jahr von vielen Seiten daher in Frage gestellt, dass der Umfang, das Detailniveau der abgefragten Informationen und die Kosten in einem ausgewogenen Verhältnis zum Nutzen stehen. Unklar war besonders der Nutzen für die Entscheidungsfindung der Akteure aus der Real- und Finanzwirtschaft. Nachdem im Rahmen des ersten Berichterstattungszyklus bestätigt worden ist, dass die ursprüngliche Ausgestaltung der CSRD und der dazugehörigen Berichtsstandards ESRS tatsächlich deutlich zu weitgehend war und aufgrund der Zielsetzung der EU-Kommission, den Verwaltungsaufwand bis zum Ende dieser Amtszeit um mindestens 25 % und für KMU um mindestens 35 % zu verringern, war es dringend geboten, dass die **CSRD praxistauglich überarbeitet** werden musste.

2. Omnibus der EU-Kommission

76 Am 26.2.2025 startete die EU-Kommission daher mit dem EU-Omnibus I eine Initiative, um Unternehmen bei der Art sowie des Umfangs der Berichtspflichten zu entlasten. Im Mittelpunkt stehen eine **deutliche Vereinfachung** der zentralen Elemente der **EU-**

1) Europäische Kommission, CSRD-Entwurf (COM/2021/189 final), Abschnitt „Folgenabschätzung".

Nachhaltigkeitsgesetzgebung und die **Reduktion doppelter Inhalte**, um bürokratische Hürden abzubauen und die europäische Wettbewerbsfähigkeit zu stärken (→ Rz. 167).

Das Paket umfasst nicht nur Änderungen an der CSRD, sondern auch an drei weiteren zentralen Rechtsakten:

- der Corporate Sustainability Due Diligence Directive (CSDDD) (→ Rz. 170),
- der Taxonomie-Verordnung sowie
- dem CO_2-Grenzausgleichssystem (CBAM) (→ Rz. 168).

Die beiden Richtlinienvorschläge aus dem Paket, die die CSRD betreffen, bestehen aus einem Vorschlag zur Verschiebung der Umsetzung und Anwendung der Richtlinie (sog. **Stop-the-clock-Richtlinie**), COM (2025) 80 final, sowie einem zweiten Richtlinienvorschlag zur inhaltlichen Änderung des Rechtstextes der CSRD, COM (2025) 81 final.

Die „Stop-the-clock"-Fristverlängerung für neu berichtspflichtige Unternehmen um zwei Jahre ist im Juni 2025 in Kraft getreten und muss bis zum 31.12.2025 von den Mitgliedstaaten in nationales Recht umgesetzt werden.

Es wurden folgende inhaltlichen Änderungen der CSRD von der Kommission vorgeschlagen:

- **Anhebung der Mitarbeiterschwellen** berichtspflichtiger Unternehmen auf die der CSDDD (statt ab 250 nun ab 1.000 Mitarbeiter). Der BDI hat sich an vielen Stellen für diesen Punkt eingesetzt. Damit würde sich die Zahl betroffener Unternehmen um ca. 80 % auf nur 3.900 betroffene deutsche Unternehmen[1] verringern.
- Die **finanziellen Schwellenwerte** bleiben dagegen unverändert (weiterhin ab 50 Mio. Euro Umsatz oder eine Bilanzsumme von über 25 Mio. Euro) mit Ausnahme für Nicht-EU-Muttergesellschaften.[2] Der BDI hat sich für eine Erhöhung auf 450 Mio. Euro Umsatz eingesetzt.
- Keine Befugnis der EU-Kommission zur Einführung weiterer sektorspezifischer Standards. Der BDI hat sich an vielen Stellen für diesen Punkt eingesetzt. Damit wird in einem ersten Schritt eine Ausweitung der Datenpunkte verhindert.
- Zudem kündigte die Kommission einen delegierten Rechtsakt an, der die Anzahl der **verpflichtenden ESRS-Datenpunkte erheblich reduzieren** soll. Der BDI hat sich an vielen Stellen für die Reduktion der geforderten Datenpunkte eingesetzt.
- Einführung einer **neuen Kategorie von „small mid-caps"** (neue Kategorie von Unternehmen, die kleiner als große Unternehmen, aber größer als KMU sind).
- **Einschränkung des Wertschöpfungskettenansatzes** („Trickle-down"-Effekt) u.a. durch Stärkung der Value-Chain Cap. Der BDI hat sich an vielen Stellen für diesen Punkt eingesetzt. Die Begrenzung würde durch einen freiwilligen Standard festgelegt, den die Kommission als delegierten Rechtsakt auf Grundlage des von EFRAG entwickelten VSME-Standards verabschieden würde.

Mit dem Omnibus-I-Vorschlag zur CSRD hat die EU-Kommission einen wichtigen Schritt zur **Entschärfung der ursprünglich geplanten Nachhaltigkeitsberichterstattung** unternommen. Der BDI begrüßt diesen Kurs ausdrücklich und drängt darauf, dass im weiteren Gesetzgebungsprozess keine Verwässerung der Entlastungsvorschläge erfolgen darf. Vielmehr sind darüber hinaus noch weitere substanzielle Erleichterungen notwendig, um den Regulierungs-, Verwaltungs- und Berichterstattungsaufwand für

---

1) Regierungsentwurf zur deutschen Umsetzung der CSRD. Entwurf eines Gesetzes zur Umsetzung der Richtlinie (EU) 2022/2464 hinsichtlich der Nachhaltigkeitsberichterstattung von Unternehmen in der durch die Richtlinie (EU) 2025/794 geänderten Fassung.

2) Diese sollen der CSRD nur noch dann unterliegen, wenn sie einen in der EU erzielten Umsatz von 450 Mio. Euro (statt bisher 150 Mio. Euro) generieren – und entweder eine große EU-Gesellschaft haben, die die genannten revidierten Schwellenwerte i.H.v. 50 Mio. Euro Umsatz oder Bilanzsumme 25 Mio. Euro erfüllt, oder eine EU-Niederlassung mit einem Umsatz von 50 Mio. Euro haben.

Unternehmen deutlich zu reduzieren und die Wettbewerbsfähigkeit der europäischen Industrie zu sichern.

3. Position des Rats der Europäischen Union zum Omnibus I

77 Am 23.6.2025 hat der Rat für Allgemeine Angelegenheiten seine Position zum Omnibus I-Vorschlag festgelegt. Die polnische Ratspräsidentschaft trieb die Verhandlungen unter hohem Zeitdruck voran, um ihr Ziel einer Einigung der Mitgliedstaaten innerhalb ihres Mandats zu erreichen. Die Ratsposition greift viele Forderungen des BDI auf. Wichtige Elemente der Ratsposition:

- Angleichung des Anwendungsbereichs der CSRD an den der EU-Taxonomie (**Erhöhung des Schwellenwerts des Nettoumsatzes auf 450 Mio. Euro** neben der bereits von der EU-Kommission vorgeschlagenen Erhöhung des Schwellenwerts der Mitarbeiterzahl auf 1.000 Mitarbeiter).
- Einführung einer **Überprüfungsklausel**, die die Kommission ermächtigt, eine mögliche Ausweitung des Anwendungsbereichs der CSRD zu prüfen, um eine angemessene Verfügbarkeit von Nachhaltigkeitsinformationen für Unternehmen zu gewährleisten.
- Ausweitung des Schutzes nicht berichtspflichtiger Unternehmen in der Wertschöpfungskette („Trickle-down"-Effekt) durch eine **Nachschärfung des „Value-chain-caps"**.
- **Befreiung der Berichterstattung über geschäftskritische Informationen**, die Unternehmen in ihrer Wettbewerbsfähigkeit beeinträchtigen könnten (z.B. Know-how, Geschäftsgeheimnisse, geistiges Eigentum etc.).
- **Ausnahme** von der **Berichtspflicht für börsennotierte Tochtergesellschaften**, die in den konsolidierten Nachhaltigkeitsbericht eines Mutterunternehmens einbezogen werden.
- Übertragung der Befugnis an die EU-Kommission, delegierte Rechtsakte zu erlassen, um bis Oktober 2026 Standards für begrenzte Sicherheit zu schaffen.

4. Position des Europäischen Parlaments

78 In der Sitzung am 13.11.2025 hat dann auch das Plenum des Europäischen Parlaments (EP) seinen Verhandlungsstandpunkt zur vereinfachten Nachhaltigkeitsberichterstattung und zu Sorgfaltspflichten für Unternehmen im Rahmen des EU-Omnibus-I-Verfahrens angenommen. Mit 382 Ja-Stimmen, 249 Nein-Stimmen und 13 Enthaltungen nahmen Abgeordnete der EVP gemeinsam mit Abgeordneten rechter und extrem rechter Fraktionen und Gruppen den aktualisierten Bericht an. Mit einer noch größeren Mehrheit (426 Ja, 202 Nein, 8 Enthaltungen) wurde der Bericht, auch mit Stimmen von S&D und Renew, zur Durchführung der Trilog Verhandlungen an den JURI-Ausschuss zurücküberwiesen und dem EP somit das Mandat für Trilog-Verhandlungen mit der EU-Kommission und dem Rat erteilt.

Wichtigste Ergebnisse bei der CSRD:

- Die Abgeordneten sind der Ansicht, dass nur Unternehmen mit durchschnittlich **mehr als 1.750 Beschäftigten** und einem **Jahresnettoumsatz von über 450 Mio. Euro** unter die Berichtspflicht fallen sollten.[1)]
- Die **Berichterstattungsstandards ESRS sollen ebenfalls weiter vereinfacht** und reduziert werden. Es sollten weniger qualitative Angaben erforderlich und die sektorspezifische Berichterstattung freiwillig sein.

---

1) Nur Unternehmen, die unter diesen Anwendungsbereich fallen, wären auch verpflichtet, eine Nachhaltigkeitsberichterstattung nach den Taxonomie-Regeln (d.h. einer Klassifizierung nachhaltiger Investitionen) vorzulegen.

- Kleinere Unternehmen sollen vor den Berichterstattungsanforderungen ihrer großen Geschäftspartner geschützt werden, um den „Trickle-down"-Effekt einzuschränken. Diese sollen nicht mehr Informationen anfordern dürfen, als in den freiwilligen Standards festgelegt sind **(„Value-chain-cap")**.
- Die Abgeordneten schlagen außerdem vor, dass die EU-Kommission ein **neues, digitales Portal für Unternehmen** einrichtet, welches freien Zugang zu Vorlagen, Leitlinien und Informationen zu allen EU-Berichtspflichten bietet und die europäische zentrale Anlaufstelle ergänzt.

Kritische Stellungnahme:

Der BDI begrüßte die Einigung als ein erstes Signal zum Abbau von Regulierungen, die die europäische Wettbewerbsfähigkeit einschränken. Dennoch bedauerte der BDI, dass im Europäischen Parlament keine Mehrheit mit den pro-europäischen Parteien der Mitte erzielt werden konnte. Nun appelliert der BDI an die Verhandlungspartner im Trilog, die verbleibenden Spielräume zu nutzen, um die Lieferkettenrichtlinie CSDDD und die Nachhaltigkeitsberichterstattung CSRD weiter zu vereinfachen, bürokratische Belastungen im europäischen Binnenmarkt, wo immer es geht, zu minimieren und zügig Rechtssicherheit sicherzustellen.

5. Start der Trilog Verhandlungen

Die Trilog Verhandlungen zwischen EU-Kommission, Rat und Parlament, in dem die Verhandlungsmandate zu einem gemeinsamen Kompromiss geführt werden, haben am 18.11.2025 begonnen. Der zweite Termin war für den 8.12.2025 angesetzt. Die Verhandlungen sollten bis Ende des Jahres 2025 abgeschlossen sein. Das Trilog-Ergebnis ist sodann von EP und Rat gemäß dem ordentlichen Gesetzgebungsverfahren zu bestätigen. Im Anschluss werden die neuen EU-Vorschriften im EU-Amtsblatt veröffentlicht und sind durch die EU-Mitgliedstaaten in nationales Recht umzusetzen. **79**

Die Trilog Verhandlungen bieten somit eine einmalige Chance, praxisnahe Regelungen zu finden, ohne dabei die Ziele des Green Deal zu untergraben. Der BDI wird sich weiterhin dafür einsetzen, dass die Interessen der Industrie gehört und berücksichtigt werden. Es müssen wichtige Erleichterungen des bestehenden Regelwerks, vor allem für den Mittelstand, geschaffen werden. Insgesamt muss der Aufwand der Unternehmen höchstmöglich begrenzt werden und verhältnismäßig sein.

Wichtigste BDI-Forderungen zur Überarbeitung der CSRD im Rahmen des EU-Omnibus I[1)]:

- Verschiebung der Berichtspflichten für neu berichtspflichtige Unternehmen um zwei Jahre (bereits erfolgt im Rahmen des „Stop-the-clock").
- Beschränkung des Anwendungsbereichs auf Unternehmen mit mindestens mehr als 1.000 Mitarbeitenden und 450 Mio. Euro Nettoumsatz.
- Deutliche inhaltliche Vereinfachung des Nachhaltigkeitsstandards ESRS (insbesondere der qualitativen Datenpunkte).
- Deutliche Einschränkung der Berichtspflichten von Unternehmen in der Wertschöpfungskette berichtspflichtiger Unternehmen (Begrenzung „Trickle-down"-Effekt).
- Vereinheitlichung der Berichtsgrenzen von Finanz- und Nachhaltigkeitsberichterstattung.
- Ausweitung des Konzernprivilegs auf alle konzernweiten Tochtergesellschaften.
- Keine Entwicklung zusätzlicher Sektorstandards.

---

1) Siehe auch BDI-Positionspapier (https://bdi.eu/artikel/news/bdi-positionierung-zur-ueberarbeitung-der-csrd-im-rahmen-des-omnibuspakets-der-europaeischen-kommission).

- Zusammenführung und Reduzierung verschiedener nachhaltigkeitsbezogener Berichtspflichten im Sinne eines „Once-Only"-Prinzips und Interoperabilität mit den internationalen ISSB-Standards.
- Einschränkung von Verfolgungs- und Sanktionsmöglichkeiten in den ersten Jahren der Berichterstattung, um den Bericht erstattenden Unternehmen eine „Trial-and-Error Phase" zu gewähren. Die nachhaltigkeitsbezogene Berichterstattung stellt für viele Unternehmen und Wirtschaftsprüfer eine komplett neue Herausforderung dar und viele Anforderungen der Berichtsstandards sind nicht eindeutig.

II. Praxistaugliche Ausgestaltung der Nachhaltigkeitsberichtsstandards ESRS

80 Die konkreten Berichtsstandards finden sich in den Nachhaltigkeitsberichtsstandards ESRS. Diese wurden von der EU-Kommission erlassen und sind – anders als die ins nationale Recht umzusetzende CSRD – direkt anzuwenden.

Das ESRS Set 1 umfasst zwölf sektorübergreifende Standards mit einer Vielzahl an Berichtspflichten aus den Bereichen Umwelt, Soziales und Governance. Aktuell umfassen die ESRS quantitative und qualitative Angaben zu mehr als 1.100 Datenpunkten. Die Berichterstattung unterliegt grundsätzlich einem Wesentlichkeitsvorbehalt, so dass nur als wesentlich eingestufte Angaben berichtet werden müssen. Aufgrund der Vielzahl und Komplexität der zu berichtenden Datenpunkte sowie den Erfahrungen aus der praktischen Anwendung wurde beschlossen, auch die **ESRS inhaltlich zu überarbeiten**.

Daher wurde die Europäische Beratungsgruppe für Rechnungslegung (EFRAG) von der EU-Kommission damit beauftragt, bis zum 30.11.2025 eine fachliche Empfehlung zur Überarbeitung des ESRS Set 1 vorzuschlagen. In diesem Zuge wurden am 31.7.2025 die Entwürfe des überarbeiteten ESRS Set 1 zur Konsultation veröffentlicht. Dazu gehört bspw. der Vorschlag, das **Konzept der Fair Presentation** einzuführen oder die Vorgaben zur **Wesentlichkeitsanalyse** noch einmal **nachzuschärfen**, um eine stärkere Fokussierung auf tatsächlich wesentliche Nachhaltigkeitsinformationen zu ermöglichen und eine checklistenähnliche Abarbeitung der Anforderungen zu vermeiden.

Der BDI hat sich an der Diskussion beteiligt und das Ziel einer Reduzierung des geforderten Berichtsumfangs grundsätzlich begrüßt. Allerdings gehen in dem aktuellen Entwurf der ESRS der EFRAG weder die vorgeschlagene konzeptionelle Vereinfachung der Standards noch die konkrete Streichung von Datenpunkten bisher weit genug. Die **tatsächliche Entlastung** für Unternehmen bleibt **weit hinter den politischen Erwartungen** und den Erfordernissen der EU als wettbewerbsfähiger Wirtschaftsstandort **zurück**. Deutsche Unternehmen sind daher zutiefst besorgt, dass keine ausreichende Vereinfachung der Standards erfolgt.

Der BDI forderte die EU-Kommission daher dringend auf, die EFRAG an ihr Mandat zu erinnern und die technischen Empfehlungen der EFRAG mit besonderer Kritik und Sorgfalt zu prüfen, um sicherzustellen, dass der endgültige delegierte Rechtsakt eine echte Erleichterung darstellt. Eine erhebliche Vereinfachung, eine spürbare Verringerung des Aufwands und eine Fokussierung auf steuerungsrelevante Kennziffern sind unerlässlich, um die Wettbewerbsfähigkeit der EU als Wirtschaftsstandort zu sichern.

III. Deutsche Umsetzung der CSRD

81 Eigentlich sollte die Berichterstattung für die ersten betroffenen Unternehmen laut Richtlinie bereits für ab dem 1.1.2024 beginnende Geschäftsjahre (Berichterstattung in 2025) gelten. Aufgrund des Bruchs der Ampelkoalition konnte das Gesetzgebungsverfahren zur deutschen Umsetzung der CSRD im Jahr 2024 allerdings nicht abgeschlossen werden. Mit der Überschreitung der offiziellen Umsetzungsfrist bis Anfang Juli 2024 wurde ein Vertragsverletzungsverfahren gegen Deutschland eröffnet.

Im Jahr 2025 erfolgt ein zweiter Umsetzungsversuch. Das Bundesministerium der Justiz und für Verbraucherschutz (BMJV) hat am 10.7.2025 einen neuen Referentenentwurf veröffentlicht und am 27.7.2025 wurde der neue Regierungsentwurf verabschiedet.

- Der Regierungsentwurf zielt erneut grundsätzlich auf eine **1:1-Umsetzung** ab, so dass keine Vorgaben über den europäischen Entwurf hinaus für die Unternehmen beschlossen werden sollen. Dies wird jedoch nicht an allen Stellen immer eingehalten – u.a. die „Aufstellungslösung" bei der elektronischen Berichterstattung ist erneut ab dem Jahr 2026 vorgesehen.
- Die **Berichterstattung der 1. Welle**[1] muss erstmals über das Geschäftsjahr 2025 (Berichterstattung in 2026) erfolgen. Es wurde eine Übergangslösung für Unternehmen zwischen 501 und 1.000 Mitarbeitern[2] integriert. Allerdings wurde das Gesetzgebungsverfahren erneut nicht im Jahr 2025 abgeschlossen. Unklar ist zum aktuellen Zeitpunkt, ob eine Rückwirkung der Berichtspflicht rechtlich möglich ist.[3] Somit dürfte eine CSRD-Berichtspflicht in Deutschland für Geschäftsjahre, die in 2025 beginnen, weiter nicht bestehen. Die Unternehmen benötigen allerdings zügig **Rechtssicherheit**.
- Die **Verschiebung der Berichtspflicht für neu berichtspflichtige Unternehmen** um zwei Jahre im Rahmen des „Stop-the-clock" ist bereits enthalten. Unternehmen der zweiten[4] und dritten Welle[5] sind also erst einmal nicht direkt von der CSRD betroffen.
- Die Bundesregierung setzt sich dafür ein, dass der Omnibus auf EU-Ebene zügig beschlossen wird, um die Ergebnisse noch im laufenden nationalen Gesetzgebungsverfahren umzusetzen.
- Es ist eine **Übergangsregelung für die Bestellung des Prüfers** enthalten, wonach für den Fall, dass ein Unternehmen keinen vorsorglichen Hauptversammlungsbeschluss über die Bestellung eines CSRD-Nachhaltigkeitsprüfers eingeholt hat, der Abschlussprüfer auch als Prüfer des CSRD-Nachhaltigkeitsbericht gilt. Prüfer soll immer ein Wirtschaftsprüfer oder eine Wirtschaftsprüfungsgesellschaft, nicht zwingend aber der Abschlussprüfer des Jahresabschlusses sein.

Der BDI hat sich bereits mehrfach für eine möglichst praxistaugliche 1:1-Umsetzung der Richtlinie ausgesprochen. Die parallel zum Omnibus I stattfindende Umsetzung der CSRD bietet die Gelegenheit, wichtige Änderungen durch den Omnibus I direkt aufzunehmen, „Goldplating" zu verhindern und höchstmögliche Vereinfachungen zu schaffen, um die deutschen Unternehmen nicht unverhältnismäßig zu belasten. Die Berichtsanforderungen müssen mit einem verhältnismäßigen Aufwand der Unternehmen – insbesondere des Mittelstands – verbunden und je nach Unternehmensgröße

1) Große kapitalmarktorientierte Unternehmen, die bereits unter der NFRD berichtspflichtig waren.
2) Diese Unternehmen werden durch die im Rahmen der aktuell verhandelten Omnibusinitiative vorgeschlagene Schwellenwertanhebung voraussichtlich aus dem Anwendungskreis der CSRD herausfallen. Daher sieht der Entwurf vor, diese Unternehmen von der Berichterstattung über die Geschäftsjahre 2025 und 2026 auszunehmen, um zu verhindern, dass sie nur für einen sehr kurzen Übergangszeitraum berichtspflichtig würden.
3) Das Institut der Wirtschaftsprüfer (IDW) schreibt in einem Gutachten vom 15.11.2024, dass es keine unmittelbare Wirkung und auch keine rückwirkende Geltung der CSRD auf bereits abgeschlossene Geschäftsjahre gäbe, da die CSRD nur auf laufende Geschäftsjahre angewendet werden könne. Somit bliebe bis zur Verabschiedung der nationalen CSRD-Umsetzung der derzeit gültige Rechtsrahmen der Non-Financial Reporting Directive (NFRD) in Deutschland bestehen und es wäre für betroffene Unternehmen für das Geschäftsjahr 2025 weiterhin nur die Abgabe einer nichtfinanziellen Erklärung (NFE) entweder als Teil des Lageberichts oder als gesonderter Bericht (vgl. § 289b HGB) erforderlich. Diese Berichterstattung würde keiner externen (materiellen) Pflichtprüfung unterliegen, der Abschlussprüfer müsste nur (formell) prüfen, ob die nichtfinanzielle Berichterstattung vorgelegt wurde (§ 317 Abs. 2 Satz 4 HGB). Die ESRS wären somit aufgrund ihrer Übernahme in EU-Recht als allgemein anerkannte Rahmenwerke von den Unternehmen ebenso wie andere Rahmenwerke ganz oder teilweise anwendbar.
4) Große Unternehmen ab 250 Mitarbeitern, unabhängig von der Kapitalmarktorientierung.
5) Kapitalmarktorientierte KMU (ausgenommen Kleinstunternehmen).

angemessen sein. Andernfalls werden knappe und dringend benötigte Ressourcen für die Transformation in einer ausufernden Berichterstattung gebunden und nur so können Wettbewerbsnachteile deutscher Unternehmen gegenüber EU-Mitgliedsländern oder Drittstaaten verhindert werden.

BDI-Forderungen zur Umsetzung der Nachhaltigkeitsberichterstattung in Deutschland[1)]:

- Der BDI regt dazu an, erneut abzuwägen, ob eine deutsche Umsetzung der CSRD vor Abschluss der Omnibusverhandlungen tatsächlich erforderlich ist.
- Es muss dringend eine **Abkehr von der „Aufstellungslösung"** bei der elektronischen Berichterstattung erfolgen. Diese Lösung würde eine Vielzahl technischer Risiken im Prozess der internen Aufstellung des Lageberichts verursachen und keinen Mehrwert für die Nutzer der Berichte bieten. Das Ziel eines vorlegbaren Berichts im elektronischen Berichtsformat würde genauso mit der viel praxistauglicheren „Offenlegungslösung" erreicht werden und gleichzeitig Wettbewerbsnachteile gegenüber dem europäischen Ausland verhindern.
- Zur Vereinfachung der Nachhaltigkeitsberichterstattung in Konzernkreisen sollte es ermöglicht werden, dass für den Nachhaltigkeitsbericht nach Vorschriften, die für den Konsolidierungskreis des Finanzberichts gelten, verfahren werden darf. Bei der Nachhaltigkeitsberichterstattung sollte **derselbe Berichtskreis wie in der Finanzberichterstattung** gelten. Unwesentliche Tochterunternehmen (bspw. Vertriebsgesellschaften) sollten außen vor bleiben dürfen. Andererseits würden praktische Herausforderungen bei der Berechnung von Kennzahlen ergeben, da sich verschiedene Kennzahlen auf unterschiedliche Konzernstrukturen beziehen würden. Diejenigen Tochterunternehmen, die aus Wesentlichkeitsgründen nicht in den Konzernabschluss einbezogen wurden, sollten auch aus der Konzernnachhaltigkeitsberichterstattung ausgeschlossen werden können, um einen zusätzlichen Bürokratieaufwand der Unternehmen zu vermeiden.
- **Alle Tochterunternehmen** sollten **von einer eigenen Berichtspflicht ausgenommen** sein, wenn sie in den konsolidierten Nachhaltigkeitsbericht eines Mutterunternehmens aufgenommen worden sind.
- Ebenfalls muss eine **Einschränkung des „Trickle-down"-Effekts** erreicht werden und die Berichtspflichten für mittelbar über die Wertschöpfungskette betroffene Unternehmen verhältnismäßig sein. Nicht direkt berichtspflichtige Unternehmen (insbesondere KMU) erhalten viele und verschiedene Fragebögen ihrer Geschäftspartner aus der Wertschöpfungskette, welche dringend vereinheitlicht werden müssen. U.a. ist ein **deutlich enger definierter „Value Chain Cap"** erforderlich und es sollten nur Abfragen direkter Geschäftspartner („Tier-1") notwendig sein.
- Der **Schutz des Wesentlichkeitsprinzips** muss unbedingt gewährleistet werden.
- Außerdem könnte aus Sicht der Wirtschaft der Wettbewerb gestärkt und Kosten für berichtspflichtige Unternehmen gesenkt werden, wenn neben Wirtschaftsprüfern auch technische Sachverständige den Nachhaltigkeitsbericht prüfen dürften. Die Erweiterung des Prüferkreises auf diese unabhängigen Dritten würde gerade mittelständischen Unternehmen Entscheidungsfreiheit über die Wahl des Prüfdienstleisters verschaffen. Eine Vereinfachung der Bestellung des Prüfers des Nachhaltigkeitsberichts muss dauerhaft erfolgen.
- Es muss eine Ermöglichung einer freien Wahl der Sprache des Lageberichts erfolgen.

1) Siehe auch BDI-Stellungnahme (https://bdi.eu/publikation/news/bdi-stellungnahme-zur-deutschen-umsetzung-der-csrd).

Zweiter Teil: Neuregelungen ab 2026 und weitere geplante Rechtsänderungen

A. Unternehmensbesteuerung

I. Bilanzierung

1. Taxonomien – Version 6.9

Mit Schreiben vom 10.6.2025[1)] veröffentlichte das BMF das aktualisierte Datenschema der Taxonomien (Version 6.9) für den amtlich vorgeschriebenen Datensatz der E-Bilanz nach § 5b EStG. **82**

Die Taxonomien sind grundsätzlich für die Bilanzen der **nach dem 31.12.2025 beginnenden Wirtschaftsjahre** zu verwenden und kommen somit für das kalenderjahrgleiche Wirtschaftsjahr 2026 oder für ein abweichendes Wirtschaftsjahr 2026/2027 erstmals zur Anwendung (zu den Taxonomien für das Wirtschaftsjahr 2025 → Rz. 253).

2. Eigenbetrieblich genutzte Grundstücksteile von untergeordnetem Wert

Grundstücksteile müssen trotz ihrer eigenbetrieblichen Nutzung nicht zwingend als Betriebsvermögen behandelt werden, wenn sie einen untergeordneten Wert haben. Bislang war von einem solchen untergeordnetem Wert auszugehen, wenn der Wert der eigenbetrieblichen genutzten Grundstücksteils nicht mehr als ein Fünftel des gemeinen Werts des gesamten Grundstücks und nicht mehr als 20.500 Euro beträgt. **83**

Mit der Siebten Verordnung zur Änderung steuerlicher Verordnungen[2)] wurde § 8 Satz 1 EStDV mit Wirkung in allen offenen Fällen dahingehend geändert, dass von einem eigenbetrieblich genutzten Grundstücksteil von untergeordnetem Wert dann auszugehen ist, wenn dessen Größe **nicht mehr als 30 Quadratmeter** oder der Wert **nicht mehr als 40.000 Euro** beträgt.

Für Wirtschaftsjahre, die nach dem 31.12.2025 beginnen, gilt zudem, dass die mit dem Grundstücksteil, der nicht als Betriebsvermögen behandelt wird, im Zusammenhang stehenden Aufwendungen **nicht als Betriebsausgaben abgezogen** werden dürfen (§ 8 Satz 2 EStDV).

Beratungshinweis:

Bislang sind Aufwendungen des Grundstücksteils, auch wenn dieses nicht als Betriebsvermögen behandelt wird, als Betriebsausgaben zu berücksichtigen (R 4.7 Abs. 2 Satz 4 EStR). So war bislang u.a. auf diesen Grundstücksteil entfallende Gebäude-AfA zu ermitteln, auch wenn der Gebäudeteil nicht im Anlagevermögen ausgewiesen wurde. Künftig ist ein solcher Betriebsausgabeabzug nicht mehr möglich. Weiterhin berücksichtigt werden können aber betriebsbezogene Aufwendungen, wie z.B. Strom- und Heizkosten.

II. Gewinnermittlung

1. Übertragung stiller Reserven

Erzielen Steuerpflichtige, die keine Körperschaften, Personenvereinigungen oder Vermögensmassen sind, Gewinne aus der Veräußerung von Kapitalgesellschaftsanteilen, können diese Gewinne innerhalb eines Reinvestitionszeitraums auf bestimmte angeschaffte Wirtschaftsgüter übertragen werden. **84**

Der dabei bislang vorgesehene **Höchstbetrag** von 500.000 Euro soll mit dem Standortfördergesetz, das noch der Zustimmung des Bundesrats bedarf, auf **2 Mio. Euro** erhöht werden (§ 6b Abs. 10 Satz 1 EStG-E), um dadurch – so die Begründung des Gesetzentwurfs – größere Spielräume für betriebliche Reinvestitionen zu schaffen.

---

1) BMF v. 10.6.2025, IV C 6 – S 2133-b/00064/002/006, BStBl I 2025, 1450. Vgl. hierzu Schiffers, DStZ 2025, 546.
2) Verordnung v. 19.12.2025, BGBl. I 2025 Nr. 372.

Anmerkung:

Die Regelung soll erstmals auf Gewinne aus der Veräußerung von Kapitalgesellschaftsanteilen anzuwenden sein, die in nach dem Folgetag der Gesetzesverkündung beginnenden Wirtschaftsjahren entstehen (§ 52 Abs. 14 Satz 7 EStG-E).

2. Wegfall der hälftigen Steuerbefreiung für REIT-AGs

85 Betriebsvermögensmehrungen und Einnahmen aus der Veräußerung von Immobilien und der Übertragung auf eine REIT-AG sind zur Hälfte steuerbefreit, wenn der obligatorische Vertrag vor dem 1.1.2010 abgeschlossen bzw. die erforderliche Schlussbilanz auf einen Zeitpunkt vor dem 1.1.2010 aufzustellen war (§ 3 Nr. 70 Satz 1 EStG).

Mit dieser Regelung sollten temporäre Anreize für eine Übertragung von Immobilienvermögen auf einen REIT geschaffen und die Entstehung neuer REIT-AGs erleichtert werden. Da die Regelungen für Sachverhalte **ab dem Jahr 2010 nicht anzuwenden** sind, soll die Regelung mit dem Standortfördergesetz, das noch den Bundesrat passieren muss, mit Inkrafttreten des Gesetzes ersatzlos **gestrichen** werden.

III. Kapitalgesellschaften

1. Senkung des Körperschaftsteuersatzes

86 Mit dem Gesetz für ein steuerliches Investitionssofortproramm zur Stärkung des Wirtschaftsstandorts Deutschland[1] wurde neben der Einführung des sog. Investitions-Boosters (→ Rz. 256) zugleich eine Senkung des Körperschaftsteuersatzes beschlossen (§ 23 Abs. 1 KStG). Diese greift **nach Auslaufen des Investitions-Boosters in fünf Schritten**. Konkret wird der Körperschaftsteuersatz von derzeit noch 15 % gesenkt und beträgt im

- Veranlagungszeitraum 2028 14 %
- Veranlagungszeitraum 2029 13 %
- Veranlagungszeitraum 2030 12 %
- Veranlagungszeitraum 2031 11 %
- Veranlagungszeiträume ab 2032 10 %.

Anmerkung:

Durch die Kombination des Investitions-Boosters und der darauffolgenden Körperschaftsteuersatzsenkung erhofft sich der Gesetzgeber deutliche Standortsignale.

Anpassungen weiterer gesetzlicher Regelungen, die durch die Körperschaftsteuersatzsenkung erforderlich werden, sollen laut der Begründung des Gesetzentwurfs[2] in einem späteren Gesetzgebungsverfahren nachvollzogen werden, z.B. Anpassungen im Kapitalertragsteuerverfahren und beim Steuerabzug bei beschränkt Steuerpflichtigen.

Zu den handelsbilanziellen Auswirkungen der Körperschaftsteuersatzsenkung → Rz. 138.

2. Anpassung von Kapitalertragssteuerbescheinigungen

87 Mit der sog. FASTER-Richtlinie[3], die der Rat der Europäischen Union am 14.5.2024 beschloss, soll das Quellensteuerverfahren innerhalb der EU für grenzüberschreitend tätige Anleger, Steuerbehörden der EU-Mitgliedstaaten und Finanzintermediäre, wie z.B. Kreditinstitute oder Investitionsplattformen, sicherer und effizienter werden.

1) Gesetz v. 14.7.2025, BGBl. I 2025 Nr. 161 = BStBl I 2025, 1486.
2) BT-Drucks. 21/323 v. 3.6.2025, 23.
3) Richtlinie des Rates über schnellere und sichere Verfahren für die Entlastung von überschüssigen Quellensteuern.

In Deutschland wurde in Reaktion hierauf mit dem JStG 2024[1] in § 45b Abs. 2 EStG der **Inhalt und die Struktur** der in einer Kapitalertragsteuerbescheinigung zu meldenden Daten bei Sammelverwahrung von Anteilen an den vorgesehenen Meldestandard der Richtlinie angepasst.

Der Meldestandard gilt für **nach dem 31.12.2026 zufließende Kapitalerträge** und ist dann von den auszahlenden Stellen von Kapitalerträgen aus Aktien oder Genussrechten in Sammelverwahrung zu berücksichtigen. Dies gilt auch für den Anwendungszeitpunkt des Melderegimes nach § 45b EStG sowie für die korrespondierenden Vorschriften zur Anpassung der Haftungsregelungen nach § 45a Abs. 7 EStG und zum digitalen Meldeverfahren nach § 45a Abs. 2a EStG (§§ 52 Abs. 44a Satz 3, 44b EStG). Entsprechend wurde die erstmalige Anwendung der zusammengefassten Mitteilung zur Bescheinigung und Abführung von Kapitalertragsteuern nach § 45c EStG zu nach dem 31.12.2026 zufließende Kapitalerträge geregelt (§ 52 Abs. 44c EStG).

IV. Personengesellschaften – Thesaurierungssteuersatz

Mit dem Gesetz für ein steuerliches Investitionssofortproramm zur Stärkung des Wirt- **88**
schaftsstandorts Deutschland[2] wird neben dem Körperschaftsteuersatz (→ Rz. 86) auch der Steuersatz, mit dem einkommensteuerpflichtige Einzelunternehmer und Mitunternehmer auf Antrag thesaurierte Gewinne besteuern können (derzeit 28,25 %), ab dem Veranlagungszeitraum 2028 **schrittweise gesenkt**. Konkret gilt folgender Steuersatz:

- 27 % für die Veranlagungszeiträume 2028 und 2029
- 26 % für die Veranlagungszeiträume 2030 und 2031
- 25 % für die Veranlagungszeiträume ab 2032.

V. Investmentfonds

1. Unternehmerische Tätigkeit des Investmentfonds

Liegt ein Investmentfonds i.S.d. § 1 Abs. 2 Satz 1 InvStG vor, soll nach einem neu mit **89**
dem Standortfördergesetz, das noch der Zustimmung des Bundesrats bedarf, eingefügt wird, dass dieser Qualifikation nicht entgegensteht, wenn die vom Fonds gehaltenen **Vermögensgegenstände aktiv unternehmerisch bewirtschaftet** werden. Die Regelung soll ab dem Tag nach der Gesetzesverkündung anzuwenden sein (§ 57 Abs. 11 Nr. 1 InvStG-E).

Anmerkung:

Laut der Begründung des Gesetzentwurfs[3] soll damit Rechtssicherheit geschaffen werden, dass im aufsichtsrechtlich zulässigen Rahmen eine Beteiligung als Mitunternehmer an gewerblich tätigen Personengesellschaften oder eine eigene gewerbliche Tätigkeit (z.B. der Betrieb einer PV-Anlage auf einem vermieteten Gebäude) grundsätzlich zulässig ist.

Folgeänderungen sollen Wettbewerbsverzerrungen durch eine etwaige Steuerbefreiung auf Fondsebene vermeiden. So sollen Steuerbefreiungsmöglichkeiten in §§ 8, 10 InvStG für sonstige inländische Einkünfte (→ Rz. 93) abgeschafft werden, weshalb künftig die Differenzierung zwischen nach § 6 Abs. 2 Satz 2 InvStG nicht steuerbefreiten inländischen Betriebseinnahmen, inländischen Immobilienerträgen und sonstigen inländischen Einkünfte an Relevanz gewinnt.

1) Gesetz v. 2.12.2024, BGBl. I 2024 Nr. 387 = BStBl I 2024, 1484.
2) Gesetz v. 14.7.2025, BGBl. I 2025 Nr. 161 = BStBl I 2025, 1486.
3) BT-Drucks. 21/2507 v. 3.11.2025, 182.

2. Beteiligung von Immobilienfonds an REIT-AGs

90 Im Rahmen der Definition eines Immobilienfonds in § 2 Abs. 9 InvStG soll mit dem Standortfördergesetz, das noch den Bundesrat passieren muss, die Anerkennung insb. einer **REIT-AG** als Immobilie und deren Berücksichtigung modifiziert werden. Bislang ist eine Investition von mindestens 75 % des Betriebsvermögens in unbewegliches Vermögen erforderlich, damit die REIT-AG im Rahmen der Immobilienfondsquote berücksichtigt werden darf. Diese **Mindestquote** soll **auf 65 % gesenkt** und entsprechend 65 % des Werts der Anteile als Immobilien berücksichtigt werden können (§ 2 Abs. 9 Satz 6 InvStG-E). Die Modifizierung soll ab dem Tag nach der Gesetzesverkündung zu berücksichtigen sein (§ 57 Abs. 11 Nr. 1 InvStG-E).

3. Ergänzung inländischer Beteiligungseinahmen

91 Zu den inländischen Beteiligungseinnahmen, die nach § 6 Abs. 2 Satz 2 InvStG auf Fondsebene der Körperschaftsteuer unterliegen, sollen auch Einkünfte nach § 6 Abs. 3 Satz 1 Nr. 1 und 2 InvStG gehören, die **über eine Personengesellschaft erzielt** werden (§ 6 Abs. 3 Satz 1 Nr. 3 InvStG-E). Die Änderung soll nach Maßgabe des Standortfördergesetzes auf Einkünfte anzuwenden sein, die einem Investmentfonds in einem Geschäftsjahr zufließen, das nach dem Tag der Gesetzesverkündung beginnt (§ 57 Abs. 11 Nr. 2 InvStG-E).

4. Ergänzung inländischer Immobilienerträge

92 Die **bereits bislang** von § 6 Abs. 5 Satz 1 Nr. 1 InvStG erfassten sonstigen inländischen Einkünften, die nach § 6 Abs. 2 Satz 2 InvStG der Steuerpflicht auf Fondsebene unterliegen, sollen nach Maßgabe des Standortfördergesetzes künftig in § 6 Abs. 4 Satz 1 Nr. 4 InvStG-E geregelt werden und folglich den inländischen Immobilienerträgen zuzuordnen sein.

Ergänzt werden sollen inländische Immobilienerträge zudem um Einkünfte nach § 6 Abs. 4 Satz 1 Nr. 1 bis 4 InvStG-E, die **über eine Personengesellschaft** erzielt werden (§ 6 Abs. 4 Satz 1 Nr. 5 InvStG-E).

Die Änderungen sollen auf Einkünfte anzuwenden sein, die einem Investmentfonds in einem Geschäftsjahr zufließen, das nach dem Tag der Gesetzesverkündung beginnt, soweit die Gewinne aus einer nach dem 27.3.2024 erfolgten Veräußerung von Anteilen stammen, begrenzt auf Wertveränderungen nach dem 27.3.2024 (§ 57 Abs. 11 Nr. 3 InvStG-E).

5. Ergänzung sonstiger inländischer Einkünfte

93 Die Definition der sonstigen inländischen Einkünfte soll durch das Standortfördergesetz, das noch dem Bundesrat zur Abstimmung vorliegt, **neugefasst** werden. Dazu sollen insb. Einkünfte aus einem inländischen Gewerbebetrieb nach § 49 Abs. 1 Nr. 2 EStG gehören (mit Ausnahme der Einkünfte nach § 49 Abs. 1 Nr. 2 Buchst. e EStG), soweit der Investmentfonds seine Vermögensgegenstände **aktiv unternehmerisch bewirtschaftet** (§ 6 Abs. 5 Satz 1 Nr. 2 InvStG-E). Die Qualifizierung dieser Einkünfte als sonstige inländische Einkünfte soll der Qualifizierung als inländische Beteiligungseinnahmen oder inländische Immobilienerträge vorgehen (§ 6 Abs. 5 Satz 2 InvStG-E).

In welchen Fällen keine aktive unternehmerische Bewirtschaftung vorliegt, soll in § 6 Abs. 5a InvStG-E geregelt werden. Bei der Beteiligung an einer Mitunternehmerschaft soll aber grundsätzlich von einer aktiven unternehmerischen Bewirtschaftung auszugehen sein (§ 6 Abs. 5 Satz 3 InvStG-E), so dass in diesen Fällen inländische Einkünfte aus einer gewerblichen Tätigkeit als sonstige inländische Einkünfte gelten.

Die Änderungen sollen auf Einkünfte anzuwenden sein, die einem Investmentfonds in einem Geschäftsjahr zufließen, das nach dem Tag der Gesetzesverkündung beginnt (§ 57 Abs. 11 Nr. 2 InvStG-E).

6. Ausnahmen von den Körperschaftsteuerbefreiungen auf Fondsebene

Die vollständige Steuerbefreiung der Einkünfte des Investmentfonds aufgrund steuerbegünstigter Anleger soll auf Grund des Standortfördergesetzes, das noch der Zustimmung des Bundesrats bedarf, dahingehend eingeschränkt werden, dass die Steuerbefreiung **nicht für sonstige inländische Einkünfte** insb. aus einer (mit-)unternehmerischen Tätigkeit des Fonds gilt (§ 8 Abs. 1 InvStG-E). 94

Auch eine Steuerbefreiung nach § 10 Abs. 1 Satz 1 InvStG soll ausgeschlossen werden, indem durch Ergänzung des § 10 Abs. 1 Satz 3 InvStG-E sonstige inländische Einkünfte nach § 6 Abs. 5 Satz 1 Nr. 2 und 3 InvStG-E nicht steuerbefreit werden.

Die Änderungen sollen auf Einkünfte anzuwenden sein, die einem Investmentfonds in einem Geschäftsjahr zufließen, das nach dem Tag der Gesetzesverkündung beginnt (§ 57 Abs. 11 Nr. 2 InvStG-E).

7. Ausnahmen von den Gewerbesteuerbefreiungen auf Fondsebene

Die bisherige Ausnahmeregelung von der Gewerbesteuerbefreiung eines Investmentfonds soll mit dem Standortfördergesetz, das noch den Bundesrat passieren muss, **neu geregelt** werden. 95

Nach geltender Rechtslage ist eine Gewerbesteuerbefreiung vorgesehen, wenn der Investmentfonds seinen objektiven Geschäftszweck auf die Anlage und Verwaltung seiner Mittel für gemeinschaftliche Rechnung der Anleger beschränkt (§ 15 Abs. 2 Satz 1 Nr. 1 InvStG) und seine Vermögensgegenstände nicht in wesentlichem Umfang aktiv unternehmerisch bewirtschaftet (§ 15 Abs. 2 Satz 1 Nr. 2 InvStG).

Die Voraussetzung, dass die Vermögensgegenstände **nicht in wesentlichem Umfang aktiv unternehmerisch bewirtschaftet** werden, soll neben den bereits bislang aufgeführten Immobilien-Gesellschaften ebenso nicht für Gesellschaften, deren Unternehmensgegenstand auf die Bewirtschaftung von erneuerbaren Energien gerichtet ist, oder für Infrastruktur- oder ÖPP-Projektgesellschaften gelten (§ 15 Abs. 2 Satz 2 InvStG-E).

In diesem Zusammenhang soll die bereits bislang geregelte **Bagatellgrenze** ergänzt werden. Die Voraussetzungen der Gewerbesteuerbefreiung gelten bereits bislang als erfüllt, wenn die Einnahmen aus einer aktiv unternehmerischen Bewirtschaftung in einem Geschäftsjahr weniger als 5 % der gesamten Einnahmen des Investmentfonds betragen. Künftig sollen dabei die Einnahmen aus den Beteiligungen nach § 15 Abs. 2 Satz 2 InvStG-E explizit nicht als Einnahmen aus einer aktiven unternehmerischen Bewirtschaftung zu berücksichtigen sein (§ 15 Abs. 3 InvStG-E).

Die Änderungen sollen auf Einkünfte anzuwenden sein, die einem Investmentfonds in einem Geschäftsjahr zufließen, das nach dem Tag der Gesetzesverkündung beginnt (§ 57 Abs. 11 Nr. 2 InvStG-E).

VI. Forschungszulagen

1. Erhöhung des Stundensatzes für Eigenleistungen

Mit dem Gesetz für ein steuerliches Investitionssofortproramm zur Stärkung des Wirtschaftsstandorts Deutschland[1)] wurde der Stundensatz für **Eigenleistungen eines Einzelunternehmers** in einem begünstigten Forschungs- und Entwicklungsvorhaben von bislang 70 Euro pro Arbeitsstunde für maximal 40 Arbeitsstunden pro Woche auf **100 Euro mit Wirkung ab 1.1.2026** erhöht (§ 3 Abs. 3 Satz 2 FZulG). 96

Sind ein oder mehrere **Mitunternehmer** in einem begünstigten Forschungs- und Entwicklungsvorhaben tätig und erhalten hierfür Tätigkeitsvergütungen, können diese für

1) Gesetz v. 14.7.2025, BGBl. I 2025 Nr. 161 = BStBl I 2025, 1486.

maximal 40 Arbeitsstunden in der Woche bislang mit maximal 70 Euro als förderfähige Aufwendungen berücksichtigt werden. Auch diese Deckelung der **Tätigkeitsvergütung** wird mit Wirkung **ab 1.1.2026 auf 100 Euro** angehoben (§ 3 Abs. 3 Satz 3 FZulG).

2. Ausweitung der förderfähigen Aufwendungen

97 Bislang zählen zu den förderfähigen Aufwendungen für ein begünstigten Forschungs- und Entwicklungsvorhaben

- dem Lohnsteuerabzug unterliegende Arbeitslöhne von im Forschungs- und Entwicklungsvorhaben beschäftigten Arbeitnehmern,
- die Eigenleistung eines Einzelunternehmers in pauschalierter Höhe,
- das anteilige Entgelt für Auftragsforschung und
- seit 2024 auch investive Aufwendungen für bewegliche Wirtschaftsgüter, die bei Forschungs- und Entwicklungsvorhaben eingesetzt werden.

Bei **nach dem 31.12.2025 beginnenden Vorhaben** wird gemäß einer Modifizierung durch das Gesetz für ein steuerliches Investitionssofortproramm zur Stärkung des Wirtschaftsstandorts Deutschland[1)] zudem ein **pauschalierter Betrag für zusätzliche Gemeinkosten und sonstige Betriebskosten** als förderfähige Aufwendungen berücksichtigt. Die zu berücksichtigenden Gemein- und Betriebskosten betragen pauschal 20 % der im Wirtschaftsjahr anfallenden vorgenannten Aufwendungen (§ 3 Abs. 3b FZulG).

3. Erhöhung der Höchstgrenze der förderfähigen Aufwendungen

98 Schließlich erhöht sich mit dem Gesetz für ein steuerliches Investitionssofortproramm zur Stärkung des Wirtschaftsstandorts Deutschland[2)] die Höchstgrenze, bis zu der förderfähige Aufwendungen in die Bemessungsgrundlage der Forschungszulage einfließen. Zuletzt betrug diese 10 Mio. Euro.

Für **nach dem 31.12.2025 entstandene förderfähige Aufwendungen** beläuft sich die Höchstgrenze im Wirtschaftsjahr nun auf **12 Mio. Euro** (§ 3 Abs. 5 FZulG).

VII. Gemeinnützigkeit

1. Modifizierungen bei der Übungsleiterpauschale

99 Mit Wirkung für alle offenen Fälle wurden die **Voraussetzungen** der Anwendung der Übungsleiterpauschale von derzeit 3.000 Euro mit dem Steueränderungsgesetz 2025[3)] dahingehend geändert, dass die Förderung gemeinnütziger, mildtätiger oder kirchlicher Zwecke sowohl im Fall der Tätigkeit für eine juristische Person des öffentlichen Rechts als auch für nach § 5 Abs. 1 Nr. 9 KStG steuerbefreite Körperschaften erforderlich ist (§ 3 Nr. 26 Satz 1 EStG i.d.F. Art. 1 Steueränderungsgesetz 2025).

Zudem wird die Übungsleiterpauschale angehoben und beträgt **ab 1.1.2026 jährlich 3.300 Euro** (§ 3 Nr. 26 Satz 1 EStG i.d.F. Art. 2 Steueränderungsgesetz 2025).

2. Modifizierungen bei der Ehrenamtspauschale

100 Ebenso wurden mit dem Steueränderungsgesetz 2025[4)] mit Wirkung für alle offenen Fälle die **Voraussetzungen** der Anwendung der Ehrenamtspauschale von derzeit 840 Euro dahingehend geändert, dass die Förderung gemeinnütziger, mildtätiger oder

1) Gesetz v. 14.7.2025, BGBl. I 2025 Nr. 161 = BStBl I 2025, 1486.
2) Gesetz v. 14.7.2025, BGBl. I 2025 Nr. 161 = BStBl I 2025, 1486.
3) Gesetz v. 22.12.2025, BGBl. I 2025 Nr. 363.
4) Gesetz v. 22.12.2025, BGBl. I 2025 Nr. 363.

kirchlicher Zwecke sowohl im Fall der Tätigkeit für eine juristische Person des öffentlichen Rechts als auch für nach § 5 Abs. 1 Nr. 9 KStG steuerbefreite Körperschaften erforderlich ist (§ 3 Nr. 26a Satz 1 EStG i.d.F. Art. 1 Steueränderungsgesetz 2025).

Anmerkung:

Damit wird auf die anderslautende Rechtsauffassung des BFH[1] reagiert, wonach die Voraussetzung der Förderung steuerbegünstigter Zwecke nach der bisherigen Formulierung nur im Falle der Tätigkeit für eine nach § 5 Abs. 1 Nr. 9 KStG steuerbefreite Körperschaft anzuwenden ist. Die Finanzverwaltung vertritt hingegen bereits bislang, dass dies auch für Tätigkeiten im Dienst oder im Auftrag einer juristischen Person des öffentlichen Rechts gilt (R 3.26a Abs. 1 EStR).

Geändert wird aber zudem die Höhe der Ehrenamtspauschale. **Ab 1.1.2026** beläuft sie sich auf **jährlich 960 Euro** (§ 3 Nr. 26a Satz 1 EStG i.d.F. Art. 2 Steueränderungsgesetz 2025).

3. Ausweitung gemeinnütziger Zwecke auf die Förderung des E-Sports

Im Gemeinnützigkeitsrecht wurde durch eine Änderung in § 52 Abs. 2 Satz Nr. 21 AO **101**
durch das Steueränderungsgesetz 2025[2] **Sport und E-Sport rechtlich gleichgestellt**. Damit wird ab 1.1.2026 auch die Förderung des E-Sports als gemeinnütziger Zweck anerkannt.

4. Anhebung der Freigrenze bei der Pflicht zur zeitnahen Mittelverwendung

Bislang sind steuerbegünstigte Körperschaften von der Pflicht zur zeitnahen Mittelver- **102**
wendung ausgenommen, wenn sie jährliche Einnahmen von nicht mehr als 45.000 Euro haben. Diese Freigrenze wurde mit dem Steueränderungsgesetz 2025[3] mit Wirkung **ab 1.1.2026 auf 100.000 Euro angehoben** (§ 55 Abs. 1 Nr. 5 Satz 4 AO).

Anmerkung:

Laut Begründung des Gesetzentwurfs[4] entfällt damit die Pflicht zur zeitnahen Mittelverwendung künftig für rund 90 % der steuerbegünstigten Körperschaften.

5. Photovoltaikanlagen als gemeinnützigkeitsrechtlich unschädliche Betätigung

Der Katalog der gemeinnützigkeitsrechtlich unschädlichen Betätigungen wurde durch **103**
das Steueränderungsgesetz 2025[5] **mit Wirkung ab 1.1.2026** dahingehend ergänzt, dass eine steuerbegünstigte Körperschaft Mittel für die Errichtung und den Betrieb von Photovoltaikanlagen und andere Anlagen nach dem EEG verwenden darf, soweit es sich dabei **nicht** um den **Hauptzweck** der Körperschaft handelt (§ 58 Nr. 11 AO).

6. Anhebung der Freigrenze für wirtschaftliche Geschäftsbetriebe

Werden aus wirtschaftlichen Geschäftsbetrieben, die nicht Zweckbetriebe sind, Ein- **104**
nahmen einschließlich Umsatzsteuer von bislang nicht mehr als 45.000 Euro erzielt, wird keine Körperschaftsteuer und Gewerbesteuer erhoben. Diese Freigrenze beläuft sich mit Wirkung **ab dem VZ 2026 auf 50.000 Euro** (§ 64 Abs. 3 Satz 1 AO, Art. 97 § 1b Abs. 2 EGAO). Eine entsprechende Änderung findet sich im Steueränderungsgesetz 2025[6].

1) BFH v. 8.5.2024, VIII R 9/21, HFR 2024, 839.
2) Gesetz v. 22.12.2025, BGBl. I 2025 Nr. 363.
3) Gesetz v. 22.12.2025, BGBl. I 2025 Nr. 363.
4) BT-Drucks. 21/1974 v. 6.10.2025, 37.
5) Gesetz v. 22.12.2025, BGBl. I 2025 Nr. 363.
6) Gesetz v. 22.12.2025, BGBl. I 2025 Nr. 363.

Zudem wurde klargestellt, dass bei Einnahmen, die diese Freigrenze nicht übersteigen, aber insgesamt ein Gewinn erzielt wird, eine **Sphärenaufteilung** und eine Zuordnung zum steuerpflichtigen wirtschaftlichen Geschäftsbetrieb oder dem steuerbegünstigten Zweckbetrieb **nicht erforderlich** ist (§ 64 Abs. 3 Satz 2 AO).

Anmerkung:

Bei gemeinnützig tätigen Körperschaften kommt umsatzsteuerlich eine Vereinfachungsregelung zur Anwendung. Sie können die abziehbaren **Vorsteuerbeträge mit einem Durchschnittsatz von 7 %** auf Basis des steuerpflichtigen Umsatzes geltend machen (§ 23a Abs. 1 UStG). Allerdings gilt dies nur, wenn der steuerpflichtige Umsatz im vorangegangenen Kalenderjahr eine Betragsgrenze nicht übersteigt. Diese betrug bislang 45.000 Euro und wird mit dem Steueränderungsgesetz 2025[1)] mit Wirkung ab 1.1.2026 ebenso auf **50.000 Euro** erhöht (§ 23a Abs. 2 UStG).

7. Sportliche Veranstaltungen

105 Sportliche Veranstaltungen eines Sportvereins werden als **steuerbegünstigter Zweckbetrieb** behandelt, wenn die Einnahmen einschließlich Umsatzsteuer im Jahr einen Grenzwert nicht überschreiten. Bislang betrug dieser 45.000 Euro und wurde mit dem Steueränderungsgesetz 2025[2)] mit Wirkung ab 1.1.2026 auf **50.000 Euro** angehoben.

VIII. Verfahrensrecht

1. Bereitstellung von Steuerbescheiden zum Datenabruf

106 Bis einschließlich 2025 war noch vorgesehen, dass Verwaltungsakte und damit auch Steuerbescheide dem Beteiligten oder einer von ihm bevollmächtigten Person zum Datenabruf durch Datenfernübertragung bereitgestellt werden können, wenn eine **Einwilligung** des Beteiligten vorliegt.

Nach dem 31.12.2025 erlassene Verwaltungsakte können **ungeachtet einer expliziten Einwilligung** zum Datenabruf bereitgestellt werden (§ 122a Abs. 1 Satz 1 AO, Art. 97 § 28 Abs. 2 Satz 1 EGAO, geändert zuletzt durch das Mindeststeueranpassungsgesetz[3)]), wobei ein sicheres Verfahren zu verwenden ist, in dem sich die Finanzverwaltung zu authentifizieren und die abrufberechtigte Person zu authentisieren hat (§ 87a Abs. 8 AO).

Bei **Steuerbescheiden, Steuermessbescheiden und Feststellungsbescheiden** erfolgt die Bekanntgabe durch Bereitstellung zum Datenabruf, wenn die zugrunde liegende Steuer- oder Feststellungserklärung nach § 87a Abs. 6 AO elektronisch übermittelt wurde (§ 122a Abs. 1 Satz 2 AO). Diese Änderung wurde bereits mit dem BEG IV[4)] eingefügt und soll künftig Medienbrüche im Steuerfestsetzungs- und Steuerfeststellungsverfahren vermeiden. Mit dem Mindeststeueranpassungsgesetz[5)] wurde hier allerdings ein zeitlicher Anwendungsaufschub geregelt. Die Bekanntgabe mittels Bereitstellung zum Datenabruf u.a. von Steuerbescheiden nach § 122a Abs. 1 Satz 2 AO gilt erst für solche, die **nach dem 31.12.2026** erlassen werden (Art. 97 § 28 Abs. 2 Satz 2 EGAO).

Beratungshinweis:

Ein zum Abruf bereitgestellter Verwaltungsakt gilt ab 1.1.2026 am vierten Tag nach der Bereitstellung zum Datenabruf als bekanntgegeben (§ 122a Abs. 4 Satz 1 AO i.d.F. des BEG IV[6)]). Bis

1) Gesetz v. 22.12.2025, BGBl. I 2025 Nr. 363.
2) Gesetz v. 22.12.2025, BGBl. I 2025 Nr. 363.
3) Gesetz v. 22.12.2025, BGBl. I 2025 Nr. 353.
4) Gesetz v. 23.10.2024, BGBl. I 2024 Nr. 323 = BStBl I 2025, 1421.
5) Gesetz v. 22.12.2025, BGBl. I 2025 Nr. 353.
6) Gesetz v. 23.10.2024, BGBl. I 2024 Nr. 323 = BStBl I 2025, 1421.

31.12.2025 galt der Verwaltungsakt am vierten Tag nach Absendung der elektronischen Benachrichtigung über die Bereitstellung zum Datenabruf als bekanntgegeben (§ 122a Abs. 4 AO a.F.).[1)]

2. Bekanntgabe von Verwaltungsakten gegenüber Ehegatten oder Lebenspartnern

Bislang ist in § 122 Abs. 7 Satz 1 AO a.F. die Übermittlung eines Ehegatten oder Lebenspartner betreffenden Verwaltungsakt an die gemeinsame Anschrift geregelt. 107

Infolge der künftig regelmäßig durch **Bereitstellung zum Datenabruf** erfolgenden Bekanntgabe nach § 122a AO wurde § 122 Abs. 7 Satz 2 AO durch das Mindeststeueranpassungsgesetz[2)] eingefügt und trat am Tag nach der Gesetzesverkündung, somit am 24.12.2025, in Kraft. Betreffen Verwaltungsakte Ehegatten oder Lebenspartner mit gemeinsamer Anschrift, genügt künftig für die Bekanntgabe durch Bereitstellung zum Datenabruf an alle Beteiligten, wenn **einem Beteiligten eine Ausfertigung zum Datenabruf bereitgestellt wird** und dieser entsprechend **benachrichtigt** wurde. Hat allerdings einer der Beteiligten einen Antrag auf postalische Bekanntgabe nach § 122a Abs. 2 AO gestellt, gilt die vorgenannte Bekanntgaberegelung nicht.

3. Aufbewahrungsfrist von Buchungsbelegen

Mit dem BEG IV[3)] wurde die Aufbewahrungsfrist für Buchungsbelege von bislang 10 Jahre **auf 8 Jahre** für solche Buchungsbelege **verkürzt**, deren Aufbewahrungsfrist zum 1.1.2025 noch nicht abgelaufen ist (Art. 97 § 19a Abs. 2 EGAO; → Rz. 336). Für Kreditinstitute, der Versicherungsaufsicht unterliegende Institute und Wertpapierinstitute sollte die Verkürzung der Aufbewahrungsfrist von Buchungsbelegen dann greifen, wenn die bisherige Aufbewahrungsfrist am 1.1.2026 noch nicht abgelaufen ist (Art. 97 § 19a Abs. 3 EGAO a.F.). 108

Die Verkürzung der Aufbewahrungsfrist von Buchungsbelegen wurde nun mit dem Gesetz zur Modernisierung und Digitalisierung der Schwarzarbeitsbekämpfung[4)] **für Kreditinstitute, der Versicherungsaufsicht unterliegende Institute und Wertpapierinstitute** wieder **zurückgenommen**. Für diese gilt unverändert nach Art. 97 § 19a Abs. 3 EGAO die frühere 10-jährige Aufbewahrungsfrist für Buchungsbelege fort. Geändert wurde zudem die entsprechende Fristenregelung in § 257 Abs. 4 HGB.

4. Sorgfalts- und Meldepflichten zu Kryptowerten und digitalen Finanzprodukten

Mit dem Gesetz zur Umsetzung der Richtlinie (EU) 2023/2226 (kurz **DAC8-Umsetzungsgesetz**)[5)] wurde namensgebend die Richtlinie (EU) 2023/2226 vom 17.10.2023[6)] umgesetzt, bei der es sich um die siebte Änderung der EU-Amtshilferichtlinie, auch als DAC8-Richtlinie bezeichnet, handelt. 109

Kernstück des Gesetzes ist das **Kryptowerte-Steuertransparenz-Gesetz** (KStTG), mit dem Sorgfalts-, Melde-, Informations-, Aufzeichnungs- und Aufbewahrungspflichten für Kryptowerte-Dienstleister und Kryptowerte-Betreiber, die als Anbieter von Kryptowerte-Dienstleistungen (§ 1 Abs. 2 KStTG) handeln und einen gesetzlich definierten Inlandsbezug aufweisen (§ 2 Abs. 1 KStTG).

Die von einem Anbieter zu erfüllenden **Sorgfaltspflichten** umfassen die Identifizierung von Kryptowerte-Nutzern (§ 1 Abs. 12 KStTG), die grundsätzlich durch das Einholen einer Selbstauskunft sowohl bei natürlichen Personen (§ 4 KStTG) als auch Rechtsträ-

1) Vgl. Wargowske in Gosch, § 122a AO Rz. 49 ff., 57.
2) Gesetz v. 22.12.2025, BGBl. I 2025 Nr. 353.
3) Gesetz v. 23.10.2024, BGBl. I 2024 Nr. 323 = BStBl I 2024, 1421.
4) Gesetz v. 22.12.2025, BGBl. I 2025 Nr. 369.
5) Gesetz v. 22.12.2025, BGBl. I 2025 Nr. 352.
6) Richtlinie v. 17.10.2023, ABl. L, 2023/2226.

gern (§ 5 KStTG) erzielt werden kann. Als zu meldende Nutzer zu erfassen sind dabei Personen und Unternehmen, die im Inland, in einem anderen EU-Mitgliedstaat oder in einem Drittstaat, das mit Deutschland eine qualifizierende Vereinbarung getroffen hat, steuerlich ansässig sind (§ 1 Abs. 21 KStTG).

Anbieter unterliegen weiter einer **Meldepflicht**, die sie gegenüber dem BZSt jährlich bis zum 31.7. des Folgejahres zu erfüllen haben (§ 9 Abs. 1, § 10 KStTG). Die zu meldenden Informationen umfassen neben Angaben zum Anbieter und Identifikationskriterien zum Nutzer auch Angaben zu den zu meldenden Kryptowerten (§ 1 Abs. 23 KStTG) sowie zu Transaktionen mit diesen Werten (§ 1 Abs. 22, § 11 Abs. 1 KStTG).

Die Meldung an das BZSt hat als elektronisch nach amtlich vorgeschriebenem Datensatz zu erfolgen (§ 12 KStTG), was den **automatischen Informationsaustausch** mit den zuständigen Behörden anderer EU-Mitgliedstaaten ermöglicht (§ 7 Abs. 24b EU-Amtshilfe-Gesetz).

Der Anbieter muss zudem zu meldende Nutzer vor der erstmaligen Meldung der vorgenannten Informationen über die Erhebung und Weiterleitung dieser Daten an das BZSt informieren (§ 13 KStTG). Zudem sind Aufzeichnungs- und Aufbewahrungspflichten zu beachten (§ 14 KStTG).

Die Pflichten sind erstmals für das Kalenderjahr 2026 zu erfüllen (§ 21 KStTG). Verletzungen der Pflichten sind als Ordnungswidrigkeiten bußgeldbewehrt (§ 18, § 19 KStTG).

B. Arbeitnehmerbesteuerung

I. Einnahmen

1. Aktivrente

110 Mit dem Aktivrentengesetz[1] wird mit Wirkung ab 1.1.2026 in § 3 Nr. 21 EStG ein **Steuerfreibetrag** für Arbeitsentgelt eingeführt, wenn ein Steuerpflichtiger **trotz Erreichens der Regelaltersgrenze weiterarbeitet**.

Der Freibetrag von **jährlich 24.000 Euro** wird für laufendes Arbeitsentgelt gewährt, vorausgesetzt das Arbeitsentgelt wird für eine Tätigkeit ab dem Folgemonat nach Erreichen der Regelaltersgrenze gezahlt und für das Arbeitsentgelt werden vom Arbeitgeber Beiträge zur gesetzlichen Rentenversicherung oder Zuschüsse an eine berufsständische Versorgungseinrichtung entrichtet.

Beratungshinweis:

Die nach § 3 Nr. 21 EStG steuerfreien Beträge sind allerdings nicht sozialversicherungsfrei (§ 1 Abs. 1 Satz 1 Nr. 1 SvEV), wobei wegen Erreichens der Regelaltersgrenze der Arbeitnehmer nicht zu Beiträgen zur Renten- und Arbeitslosenversicherung herangezogen wird (§ 28 Abs. 1 Nr. 1 SGB III, § 5 Abs. 4 SGB VI), sondern nur der Arbeitgeber den Arbeitgeberbeitrag zu entrichten hat.

Einnahmen, die nach § 3 Nr. 21 EStG steuerfrei belassen werden, sind in dem vom Arbeitgeber geführten Lohnkonto aufzuzeichnen (§ 41 Abs. 1 Satz 4 EStG) und in der elektronischen Lohnsteuerbescheinigung auszuweisen (§ 41b Abs. 1 Satz 2 Nr. 5 EStG). Schließlich wird im Fall von steuerfreien Einnahmen nach § 3 Nr. 21 EStG die Durchführung des arbeitgeberseitigen Lohnsteuer-Jahresausgleichs ausgeschlossen (§ 42b Abs. 1 Satz 3 Nr. 4 EStG).

1) Gesetz v. 22.12.2025, BGBl. I 2025 Nr. 361.

2. Prämienzahlungen Spitzensport

Zur Förderung des Spitzensports wird mit dem Steueränderungsgesetz 2025[1] mit Wirkung ab 1.1.2026 eine Steuerfreiheit für Prämienzahlungen der Stiftung Deutsche Sporthilfe eingeführt, die für **Platzierungen bei Olympischen oder Paralympischen Spielen** gewährt wird (§ 3 Nr. 73 EStG). 111

3. Betriebsveranstaltungen

Der Arbeitslohn anlässlich einer Betriebsveranstaltung kann, insbesondere soweit eine Nichterfassung nach § 19 Abs. 1 Satz 1 Nr. 1a EStG nicht in Betracht kommt, mit **25 % pauschal lohnversteuert** werden. Der BFH entschied dazu, dass die Pauschalierung auch dann möglich ist, wenn die Betriebsveranstaltung nicht allen Angehörigen eines Betriebs oder eines Betriebsteils offensteht.[2] 112

Dem tritt der Gesetzgeber mit dem Steueränderungsgesetz 2025[3] entgegen und gibt mit Wirkung ab 1.1.2026 explizit vor, dass die Anwendung der Pauschalierung eine Betriebsveranstaltung voraussetzt, bei der **allen Angehörigen des Betriebs oder eines Betriebsteils** die Teilnahme offensteht (§ 40 Abs. 2 Satz 1 Nr. 2 EStG).

II. Werbungskosten

1. Entfernungspauschale

Mit dem Steueränderungsgesetz 2025[4] wurde **mit Wirkung zum 1.1.2026** die Entfernungspauschale von bislang 30 Cent auf **38 Cent ab dem ersten Kilometer** erhöht (§ 9 Abs. 1 Satz 3 Nr. 4 Satz 2 EStG). Die bislang vorgesehene Differenzierung für Fernpendler, die ab dem 21. Entfernungskilometer den erhöhten Kilometersatz von 38 Cent beanspruchen konnten, entfällt (Streichung von § 9 Abs. 1 Satz 3 Nr. 4 Satz 8 EStG a.F.). 113

Im Fall einer **doppelten Haushaltsführung** ist ebenso ab 1.1.2026 für Familienheimfahrten die erhöhte Entfernungspauschale von 38 Cent ab dem ersten Kilometer heranzuziehen (§ 9 Abs. 1 Satz 3 Nr. 5 Satz 6 EStG). Auch hier entfällt die bisherige Differenzierung ab dem 21. Entfernungskilometer (Streichung des § 9 Abs. 1 Satz 3 Nr. 5 Satz 9 EStG a.F.).

Beratungshinweis:

Ebenso entfällt ab 1.1.2026 der Verweis auf die differenzierten Entfernungskilometersätze im Bereich der Betriebsausgaben (Streichung des § 4 Abs. 5 Satz 1 Nr. 6 Satz 4 EStG a.F.).

2. Unterkunftskosten bei doppelter Haushaltsführung

Bereits bislang ist eine Deckelung der Anerkennung als Aufwendungen der doppelten Haushaltsführung bei Kosten für eine **Unterkunft im Inland** vorgesehen. So werden die tatsächlichen Aufwendungen, maximal aber **1.000 Euro** im Monat berücksichtigt. 114

Mit dem Steueränderungsgesetz 2025[5] wird diese Regelung inhaltlich beibehalten, aber mit Wirkung ab 1.1.2026 um eine Regelung bei einer **Unterkunft im Ausland** ergänzt. Tatsächliche Aufwendungen einer Unterkunft im Ausland werden höchstens mit 2.000 Euro im Monat als Werbungskosten berücksichtigt. Diese Deckelung gilt lediglich dann nicht, wenn im Ausland eine Dienst- oder Werkswohnung verpflichtend und zweckgebunden genutzt werden muss oder deren Kosten für Zwecke des Mietzu-

1) Gesetz v. 22.12.2025, BGBl. I 2025 Nr. 363.
2) BFH v. 27.3.2024, VI R 5/22, BStBl II 2024, 748.
3) Gesetz v. 22.12.2025, BGBl. I 2025 Nr. 363.
4) Gesetz v. 22.12.2025, BGBl. I 2025 Nr. 363.
5) Gesetz v. 22.12.2025, BGBl. I 2025 Nr. 363.

schusses nach § 54 Bundesbesoldungsgesetz als notwendig anerkannt worden sind (§ 9 Abs. 1 Satz 3 Nr. 5 Satz 4 EStG).

Anmerkung:

Der Gesetzgeber reagiert mit dieser Regelung im Fall der Unterkunft im Ausland auf die Rechtsprechung des BFH[1], wonach bei einer doppelten Haushaltsführung im Ausland im Einzelfall zu prüfen ist, welche Unterkunftskosten notwendig sind. Durch die Deckelung wird die Einzelfallprüfung obsolet, so die Begründung der Gesetzesänderung.[2]

3. Gewerkschaftsbeiträge

115 Beitragszahlungen an Gewerkschaften können laut einer mit dem Steueränderungsgesetz 2025[3] eingefügten Regelung ab 1.1.2026 **neben den Pauschbeträgen i.S.d. § 9a Satz 1 EStG geltend gemacht** werden (§ 9a Satz 3 EStG).

Beratungshinweis:

Damit können Arbeitnehmer in einem aktiven Arbeitsverhältnis neben dem Arbeitnehmer-Pauschbetrag von 1.230 Euro oder Steuerpflichtige mit Versorgungs- oder Rentenbezügen bzw. Leistungen einer betrieblichen Altersversorgung neben dem Pauschbetrag von 102 Euro Gewerkschaftsbeiträge als Werbungskosten geltend machen.

4. Reisekosten bei betrieblich und beruflich veranlassten Auslandsreisen ab 1.1.2026

116 Mit Schreiben vom 5.12.2025[4] aktualisiert das BMF die Pauschbeträge für Verpflegungsmehraufwendungen und Übernachtungskosten bei Auslandsreisen, die ab 1.1.2026 zu berücksichtigen sind. Im Vergleich zu den seit 1.1.2025 geltenden Werten (→ Rz. 363) haben sich u.a. Änderungen bei Werten für Albanien, Bulgarien, Teile von China, die baltischen Staaten, Irland und die Schweiz ergeben.

III. Mobilitätsprämie

117 Durch die Neufassung des § 101 Satz 1 EStG im Rahmen des Steueränderungsgesetzes 2025[5] wurde klargestellt, dass die **zeitliche Befristung der Mobilitätsprämie**, die Steuerpflichtigen mit Einkünften unterhalb des Grundfreibetrags gewährt wird, **aufgehoben** ist.

Die Mobilitätsprämie in Höhe von 14 % der Bemessungsgrundlage (Entfernungspauschale ab dem 21. vollen Entfernungskilometer, begrenzt auf den Betrag, um den das zu versteuernde Einkommen den Grundfreibetrag unterschreitet) kann damit auch nach 2026 beansprucht werden.

C. Umsatzsteuer

I. Steuersatz auf Restaurant- und Verpflegungsleistungen

118 Das Steueränderungsgesetz 2025[6] beinhaltet eine Änderung des Umsatzsteuersatzes, der auf Restaurant- und Verpflegungsdienstleistungen anzuwenden ist. Mit Ausnahme von Getränken unterliegen diese Leistungen **ab 1.1.2026** dem ermäßigten Umsatzsteu-

1) BFH v. 9.8.2024, VI R 20/21, BStBl II 2025, 891.
2) BT-Drucks. 21/3104 v. 3.12.2025, 36.
3) Gesetz v. 22.12.2025, BGBl. I 2025 Nr. 363.
4) BMF v. 5.12.2025, IV C 5 – S 2353/00094/007/012, BStBl I 2025, 2078.
5) Gesetz v. 22.12.2025, BGBl. I 2025 Nr. 363.
6) Gesetz v. 22.12.2025, BGBl. I 2025 Nr. 363.

ersatz von **7 %**. Die Abgabe von Getränken ist hingegen unverändert mit dem Regelsteuersatz von 19 % zu versteuern (§ 12 Abs. 2 Nr. 15 UStG).

II. Abschaffung des Umsatzsteuerlagers

Die bislang in § 4 Nr. 4a UStG geregelte Steuerbefreiung für Lieferungen im Zusam- 119
menhang mit der Einlagerung in ein Umsatzsteuerlager sowie für bestimmte Leistungen in Bezug auf die eingelagerten Gegenstände wurde durch das JStG 2024[1] aufgehoben (Art. 56 Abs. 10 JStG 2024). Ebenso wurde die Anlage 1 zu § 4 Nr. 4a UStG aufgehoben.

Mit dem JStG 2024[2] war eine Aufhebung der Regelung zum 1.1.2026 vorgesehen. Mit dem Gesetz zur Modernisierung und Digitalisierung der Schwarzarbeitsbekämpfung[3] wird hier klargestellt, dass für **vor dem 1.1.2026 nach § 4 Nr. 4a Satz 1 steuerbefreite Umsätze** die auf diese Regelung bezugnehmenden oder im Zusammenhang stehenden Regelungen bis zur Auslagerung der Gegenstände weiterhin anzuwenden sind. **Erst mit Ablauf des 30.12.2029** gelten alle zu diesem Zeitpunkt noch nicht ausgelagerten Gegenstände als ausgelagert (§ 27 Abs. 40a UStG).

Beratungshinweis:

Aufgrund der wirtschaftlichen Bedeutung der Regelung für nur wenige Wirtschaftsbeteiligte und angesichts des erheblichen Verwaltungsaufwands sieht der Gesetzgeber die Umsatzsteuerlagerregelung für hinfällig an. Mit der Streichung entsteht die Umsatzsteuer künftig bereits mit bzw. während der Einlagerung des Gegenstandes. Das BMF geht mit Schreiben vom 29.12.2025[4] ausführlich auf die ab 1.1.2026 geltende Regelung ein.

III. Vorsteuer und Rechnungsanforderungen

1. Aufteilung der Vorsteuer bei gemischt genutztem Grundstück

In § 15 Abs. 4 Satz 1 UStG ist bereits bislang regelt, inwieweit Vorsteuerbeträge abzieh- 120
bar sind, wenn ein für das Unternehmen gelieferter, eingeführter oder innergemeinschaftlich erworbener Gegenstand oder eine sonstige Leistung teilweise zur Ausführung von den Vorsteuerabzug ausschließenden Umsätzen verwendet wird. In § 15 Abs. 4 Satz 2 und 3 UStG werden Methoden zur Ermittlung des nicht abziehbaren Teils der Vorsteuerbeträge genannt, wobei die Aufteilung der Vorsteuerbeträge nach dem Umsatzschlüssel nur in Betracht kommt, wenn keine andere, präzisere wirtschaftliche Zuordnung möglich ist.

Mit dem Gesetz zur Modernisierung und Digitalisierung der Schwarzarbeitsbekämpfung[5] wird nun explizit für Grundstücke vorgegeben, dass eine Aufteilung **nach dem Verhältnis der Nutzflächen** vorzunehmen ist. Etwas anderes gilt nur, wenn eine andere Methode zu einer präziseren wirtschaftlichen Zuordnung führt (§ 15 Abs. 4 Satz 4 UStG). Die Änderung trat am Tag nach der Gesetzesverkündung, und somit am 30.12.2025, in Kraft.

2. Zeitpunkt des Vorsteuerabzugs bei Leistung eines Ist-Versteuerers

Mit dem JStG 2024[6] wurde eine Differenzierung beim Zeitpunkt des Vorsteuerabzugs 121
eingefügt, die für **nach dem 31.12.2027 ausgestellte Rechnungen** gilt (§ 27 Abs. 41 UStG). Nach § 15 Abs. 1 Satz 1 Nr. 1 Satz 2 UStG hängt dann der Zeitpunkt des Vor-

1) Gesetz v. 2.12.2024, BGBl. I 2024 Nr. 387 = BStBl I 2024, 1484.
2) Gesetz v. 2.12.2024, BGBl. I 2024 Nr. 387 = BStBl I 2024, 1484.
3) Gesetz v. 22.12.2025, BGBl. I 2025 Nr. 369.
4) BMF v. 29.12.2025, III C 3 – S 7157/00010/002/077.
5) Gesetz v. 22.12.2025, BGBl. I 2025 Nr. 369.
6) Gesetz v. 2.12.2024, BGBl. I 2024 Nr. 387 = BStBl I 2024, 1484.

steuerabzugs davon ab, ob der Vorsteuerabzug aus der Rechnung eines Soll-Versteuerers, eines Ist-Versteuerers oder aus einer Anzahlungsrechnung begehrt wird:

- Berechnet der leistende Unternehmer die Umsatzsteuer nach vereinbarten Entgelten (Soll-Versteuerung), besteht das Recht auf Vorsteuerabzug unverändert, sobald die Leistung ausgeführt wurde.
- Bei einem leistenden Unternehmer, der die Steuer nach vereinnahmten Entgelten berechnet (**Ist-Versteuerung**), ist die Vorsteuer hingegen erst dann abziehbar, wenn eine **Zahlung** auf eine ausgeführte Leistung getätigt wurde.
- Soweit eine Anzahlung geleistet wurde, können die jeweiligen Vorsteuerbeträge ungeachtet der Soll- oder Ist-Versteuerung beim leistenden Unternehmen abgezogen werden.

3. Rechnungspflichtangaben bei Versteuerung nach vereinnahmten Entgelten

122 Berechnet der leistende Unternehmer die Umsatzsteuer nach vereinnahmten Entgelten (sog. **Ist-Versteuerung**), ist nach § 14 Abs. 4 Satz 1 Nr. 6a UStG, der mit dem JStG 2024[1] eingefügt wurde, der Hinweis „**Versteuerung nach vereinnahmten Entgelten**" auf der Rechnung anzugeben. Diese Angabepflicht besteht **ab 1.1.2028** (Art. 56 Abs. 12 JStG 2024) und ist im Zusammenhang mit der Differenzierung des Zeitpunkts des Vorsteuerabzugs zu sehen.

IV. Vorsteuer-Vergütungsverfahren: Bescheidbekanntgabe

123 Ab 1.1.2026 werden Bescheide grundsätzlich mittels elektronischer Bereitstellung bekanntgegeben, wenn die zugrundeliegende Steuererklärung elektronisch übermittelt wurde (§ 122a Abs. 1 AO, → Rz. 106). Der Bescheidempfänger kann jedoch nach § 122a Abs. 2 AO eine einmalige oder dauerhafte postalische Bekanntgabe beantragen.

Im Vorsteuer-Vergütungsverfahren ist hingegen bislang in § 18g Satz 5 UStG eine ausdrückliche Zustimmung des Bescheidempfängers vorgesehen, um den Bescheid per Bereitstellung bekanntgeben zu können.

Mit Wirkung ab 1.1.2026 wird nun aber auch im Vorsteuer-Vergütungsverfahren der Bescheid grundsätzlich durch Bereitstellung zum Datenabruf bekanntgegeben. Abweichend von § 122a Abs. 2 AO kann das **BZSt in Härtefällen** dem Antrag auf einmalige **postalische Bekanntgabe entsprechen** (§ 18g Satz 5 UStG, eingefügt durch das Steueränderungsgesetz 2025[2]).

D. Internationales Steuerrecht

I. Doppelbesteuerungsabkommen

1. DBA Niederlande

124 Die Änderungen des zwischen den Niederlanden und Deutschland vereinbarten DBA laut Protokoll vom 14.4.2025 wurden mit dem „Gesetz zu dem Protokoll vom 14. April 2025 zur Änderung des Abkommens vom 12. April 2012 zwischen der Bundesrepublik Deutschland und dem Königreich der Niederlande zur Vermeidung der Doppelbesteuerung und zur Verhinderung der Steuerverkürzung auf dem Gebiet der Steuern vom Einkommen in der durch das Protokoll vom 11.1.2016 sowie das Protokoll vom 24.3.2021 geänderten Fassung" vom 20.10.2025[3] in nationales Recht umgesetzt.

1) Gesetz v. 2.12.2024, BGBl. I 2024 Nr. 387 = BStBl I 2024, 1484.
2) Gesetz v. 22.12.2025, BGBl. I 2025 Nr. 363.
3) Gesetz v. 20.10.2025, BGBl. II 2025 Nr. 270.

Von besonderer praktischer Relevanz ist eine Änderung bei der Zuweisung des Besteuerungsrechts von Einkünften aus unselbständiger Arbeit. Hier wird eine **Bagatellgrenze für grenzüberschreitend tätige Mitarbeiter** eingeführt, die insbesondere auf die gelegentliche Arbeitsausübung im Homeoffice abzielen dürfte. Demnach wird dem Tätigkeitsstaat das Besteuerungsrecht zugewiesen, wenn die Arbeit an weniger als 35 Arbeitstagen im Kalenderjahr ganz oder teilweise im Wohnsitzstaat des Mitarbeiters oder in einem bzw. mehreren Drittstaaten ausgeübt wird (Art. 14 Abs. 1a DBA Niederlande neu). Eine entsprechende Regelung ist bei einer Tätigkeit im öffentlichen Dienst vorgesehen (Art. 18 Abs. 1 DBA Niederlande neu).

Anmerkung:

Die Ratifikationsurkunden wurden zwischen den Niederlanden und Deutschland am 28.11.2025 ausgetauscht. Damit sind die Änderungen des DBA mit den Niederlanden grundsätzlich **ab 1.1.2026** anwendbar.

2. DBA Schweiz

Mit dem „Gesetz zu dem Protokoll vom 21. August 2023 zur Änderung des Abkommens vom 11. August 1971 zwischen der Bundesrepublik Deutschland und der Schweizerischen Eidgenossenschaft zur Vermeidung der Doppelbesteuerung auf dem Gebiete der Steuern vom Einkommen und vom Vermögen in der Fassung des Änderungsprotokolls vom 27. Oktober 2010" vom 27.10.2025[1)] werden die zwischen Deutschland und der Schweiz getroffenen DBA-Regelungen modifiziert. **125**

Beratungshinweis:

Nachdem die Ratifikationsurkunden den beiden Staaten zwischenzeitlich ausgetauscht wurden, kommen die modifizierten Regelungen **ab dem VZ 2026** bzw. ab dem 1.1.2026 zur Anwendung. Änderungen zum Verständigungs- und Schiedsverfahren sind hingegen erst ab 1.1.2027 zu berücksichtigen (Art. 23 Abs. 2 DBA Schweiz neu).

Inhaltlich sind insbesondere folgende Änderungen zu beachten:

- Die Gewinnabgrenzung zwischen dem Stammhaus und Betriebsstätten erfolgt künftig explizit nach dem sog. Authorized OECD Approach (**AOA**, Art. 7 Abs. 2 DBA Schweiz neu).
- Führt die Anwendung des AOA zu einer Berichtigung der Gewinnabgrenzung, ist künftig explizit die Möglichkeit einer Gegenberichtigung vorgesehen. Eine Gegenberichtigung erfordert dabei stets die Zustimmung der zuständigen Behörde des anderen Staats (Art. 7 Abs. 3 DBA Schweiz neu).
- Auch im Bereich der Verrechnungspreisvereinbarungen zwischen verbundenen Unternehmen ist im Fall einer Gewinnkorrektur künftig eine Gegenberichtigung entsprechend der Vorgabe im OECD-Musterabkommen vorgesehen (Art. 9 Abs. 2 DBA Schweiz neu).
- Sowohl bei Zins- als auch bei Lizenzzahlungen wird das **Konzept des Nutzungsberechtigten** (beneficial owner) eingeführt, so dass es für die Zuweisung der Zins- oder Lizenzzahlungen zu einer Betriebsstätte und damit für die Anwendung des Art. 7 DBA Schweiz anstelle der Art. 11 und 12 DBA Schweiz nicht auf den Empfänger der Zahlungen sondern auf die zur Nutzung der Zahlungen berechtigte Person ankommt (Art. 11 Abs. 3 Satz 1 und Art. 12 Abs. 3 Satz 1 DBA Schweiz neu). Entsprechend ist auch bei Vereinbarung unangemessen hoher Zinsen oder Lizenzen im Fall besonderer Beziehungen nicht auf den Gläubiger, sondern die nutzungsbe-

1) Gesetz v. 27.10.2025, BGBl. II 2025 Nr. 275.

rechtigte Person abzustellen (Art. 11 Abs. 4 Satz 1 und Art. 12 Abs. 4 Satz 1 DBA Schweiz neu).

- Die Regelung zu selbständiger Tätigkeit in Art. 14 DBA Schweiz a.F. wurde aufgehoben.
- In der Regelung zur Verhinderung von Abkommensmissbräuchen wird nach dem Vorbild des OECD-Musterabkommens ein sog. **Principal Purpose Test** eingeführt. Ergibt sich aus den konkreten Umständen des Einzelfalls, dass der Erhalt der Abkommensvergünstigung Hauptzweck der Gestaltung oder Transaktion ist, wird die Vergünstigung nicht gewährt, es sei denn, es wird nachgewiesen, dass die Gewährung der Vergünstigung in dem konkreten Fall im Einklang mit den Abkommensbestimmungen steht (Art. 23 Abs. 3 DBA Schweiz neu).

II. Hinzurechnungsbesteuerung nach Außensteuergesetz

1. Freigrenze bei gemischten Einkünften

126 Bei Vorliegen von gemischten Einkünften führen Zwischeneinkünfte einer ausländischen Gesellschaft nicht zur Hinzurechnungsbesteuerung, wenn zum einen die **relative Freigrenze** auf Ebene der ausländischen Gesellschaft von 10 % ihrer gesamten Einkünfte und zum anderen die **absolute Freigrenze** auf Ebene des inländischen Steuerpflichtigen nicht überstiegen wird, weil die Zwischeneinkünfte bei diesem 80.000 Euro nicht übersteigen.

Durch eine Änderung des § 9 AStG im Rahmen des Mindeststeueranpassungsgesetzes[1)] werden diese Grenzen modifiziert. Für VZ oder EZ, für die Zwischeneinkünfte aus einem nach dem 31.12.2025 beginnenden Wirtschaftsjahr der Zwischengesellschaft oder der Betriebsstätte zuzurechnen wären, gilt eine relative gesellschaftsbezogene Freigrenze von **einem Drittel der gesamten Einkünfte** sowie eine absolute Freigrenze von **100.000 Euro** seitens des Gesellschafters (§ 9, § 21 Abs. 9 AStG).

Beratungshinweis:

Parallel dazu werden auch die entsprechenden Freigrenzen erhöht, die nach § 13 Abs. 1 Satz 3 AStG dazu führen, dass keine Hinzurechnung von Einkünften mit Kapitalanlagecharakter zu erfolgen hat.

2. Hinzurechnungsbeträge bei Spezial-Investmentfonds

127 Liegt ein Spezial-Investmentfonds vor, ermittelt dieser auf Fondsebene nach § 37 Abs. 1 Satz 1 InvStG die gesamten Einkünfte und gliedert sie nach den steuerlichen Wirkungen beim Anleger, damit sie bei den Anlegern der Besteuerung zugrunde gelegt werden können. Bislang gehören zu den für die **Anlegerbesteuerung** relevanten Einkünften auch Hinzurechnungsbeträge nach § 10 AStG.

Mit § 37 Abs. 1 Satz 3 InvStG, der mit dem Mindeststeueranpassungsgesetz[2)] eingefügt wurde, wird die **Einbeziehung von Hinzurechnungsbeträgen explizit ausgeschlossen**. Damit soll laut Begründung des Gesetzentwurfs die Gleichstellung mit der Direktanlage erreicht werden, der administrative Aufwand von Spezial-Investmentfonds reduziert und deren Schlechterstellung gegenüber ausländischen Spezial-Investmentfonds vermieden werden.[3)]

1) Gesetz v. 22.12.2025, BGBl. I 2025 Nr. 353.
2) Gesetz v. 22.12.2025, BGBl. I 2025 Nr. 353.
3) BT-Drucks. 21/1865 v. 29.9.2025, 70.

Anmerkung:

Die Neuregelung greift für Geschäftsjahre, die nach dem Tag der Gesetzesverkündung, somit nach dem 24.12.2025, beginnen (§ 57 Abs. 11 InvStG).

III. Anpassungen des Mindeststeuergesetzes

Basierend auf der sog. globalen Mindeststeuer, die auf OECD-Ebene beschlossen und in der EU mit der Richtlinie (EU) 2022/2523 vom 14.12.2022 konkretisiert wurde, wurde in Deutschland das Mindeststeuergesetz vom 21.12.2023[1] (MinStG) eingeführt. **128**

Für Besteuerungszeiträume **seit grundsätzlich 2024** haben Unternehmensgruppen mit einem Gesamtjahresumsatz von mindestens 750 Mio. Euro in mindestens zwei der vier vorangegangenen Geschäftsjahre (§ 1 Abs. 1 MinStG) zu prüfen, ob der Gewinn aller in einer Jurisdiktion ansässigen Gruppenmitglieder einer effektiven Besteuerung (§ 53 Abs. 1 MinStG) von 15 % unterliegt (§ 54 Abs. 1 MinStG). Im Fall einer niedrigeren effektiven Steuerbelastung ist ein entsprechender Steuererhöhungsbetrag zu ermitteln und abzuführen, um die Steuerbelastung auf das **Mindestniveau von 15 %** hochzuschleusen (§ 54 Abs. 2 MinStG).

Mit dem **Mindeststeueranpassungsgesetz**[2] wurden einige punktuelle, teilweise nur redaktionelle Änderungen vorgenommen. Wesentliche Änderungen ergaben sich in den nachfolgenden Bereichen.

Anmerkung:

Die Änderungen durch das Mindeststeueranpassungsgesetz treten am Tag nach der Gesetzesverkündung, und somit zum 24.12.2025, in Kraft.

1. CbCR-basierter Safe-Harbour

Treibendes Element des Mindeststeueranpassungsgesetzes[3] ist die Überführung der von der OECD am 15.12.2023, am 24.5.2024 und am 13.1.2025 veröffentlichten ergänzenden Verwaltungsleitlinien, welche im Schwerpunkt den sog. CbCR-basierten Safe Harbour betreffen, in das MinStG. Dabei handelt es sich um Regelungen, die **zeitlich begrenzt Erleichterungen unter Verwendung der länderbezogenen Berichte** (CbCR) einräumen (§§ 84 ff. MinStG). Dies bringt zudem u.a. Einschränkungen für die Inanspruchnahme des Safe-Harbours bei anerkannter nationaler Ergänzungssteuer (QDMTT-Safe-Harbour, § 81 MinStG) mit sich. **129**

2. Berücksichtigung latenter Steuern

Im Fall einer erforderlichen Vollberechnung eines etwaig anfallenden Steuererhöhungsbetrags nach § 54 MinStG ist zudem eine wesentliche Änderung durch das Mindeststeueranpassungsgesetz[4] bei der Berücksichtigung von **latenten Steuern** zu beachten, die aufgrund eines Wahlrechts oder aufgrund der Verrechnung im Mindeststeuer-Jahresüberschuss oder Mindeststeuer-Jahresfehlbetrag nicht ausgewiesen sind. **130**

Künftig sind latente Steuern bei der Ermittlung der effektiven Steuerbelastung (GloBE ETR) auch dann zu berücksichtigen, wenn ein Überhang latenter Steuern infolge der Inanspruchnahme des Wahlrechts nach § 274 Abs. 1 Satz 2 HGB in der Bilanz nicht angesetzt wird bzw. wenn aktive und passive latente Steuern miteinander verrechnet werden (§ 50 Abs. 1 Satz 2 Nr. 3 MinStG).

1) Als Art. 1 des Gesetzes v. 21.12.2023, BGBl. I 2023 Nr. 397 = BStBl I 2024, 99.
2) Gesetz v. 22.12.2025, BGBl. I 2025 Nr. 353.
3) Gesetz v. 22.12.2025, BGBl. I 2025 Nr. 353.
4) Gesetz v. 22.12.2025, BGBl. I 2025 Nr. 353.

3. Austausch von Angaben aus den Mindeststeuer-Berichten

131 Weiteres Ziel des Mindeststeueranpassungsgesetzes[1] ist die Umsetzung von Teilen der bis Ende 2025 verpflichtend einzuführenden DAC9-Richtlinie in nationales Recht.[2]

So wird der in der Richtlinie enthaltene verpflichtende Austausch von Angaben aus den Mindeststeuer-Berichten (GloBE Information Return, GIR) zwischen den EU-Mitgliedstaaten in § 75 Abs. 4 Sätze 4 ff. MinStG sowie in § 7 Abs. 14c EUAHiG verankert. Die erstmalige **Übermittlung** von Informationen ist frühestens am 1.12.2026 durchzuführen (§ 75 Abs. 4 Satz 4 MinStG), wobei der automatische Informationsaustausch zwischen den beteiligten Staaten grundsätzlich bereits ab 1.1.2026 vorgesehen ist (§ 21 Abs. 8 EUAHiG).

E. Besteuerung von Privatpersonen

I. Parteispenden

132 Zuwendungen an politische Parteien sind bis zu einem Höchstbetrag als Sonderausgaben abzugsfähig, sofern die jeweilige Partei nicht nach den Regelungen des Parteiengesetzes von der staatlichen Teilfinanzierung ausgeschlossen ist. Die Höchstbeträge belaufen sich bislang auf 1.650 Euro bzw. im Fall der Zusammenveranlagung von Ehegatten auf 3.300 Euro im Kalenderjahr.

Ab 1.1.2026 gelten **Höchstbeträge in doppelter Höhe**. Mit dem Steueränderungsgesetz 2025[3] wurden sie auf 3.300 Euro bzw. 6.600 Euro angehoben (§ 10b Abs. 2 Satz 1 EStG).

Anmerkung:

Der Sonderausgabenabzug von Parteispenden ist nur insoweit möglich, als für Parteispenden nicht eine **Steuerermäßigung nach § 34g EStG** gewährt wird. Auch dort wurde mit dem Steueränderungsgesetz 2025[4] eine Änderung der Höchstbeträge der Steuerermäßigung vorgenommen. Diese verdoppeln sich parallel zu der Regelung zum Sonderausgabenabzug und betragen statt 825 Euro bzw. 1.650 Euro ab 1.1.2026 1.650 Euro bzw. 3.300 Euro (§ 34g Satz 2 EStG).

II. Private Altersvorsorge

133 Mit dem Altersvorsorgereformgesetz, dessen Entwurf die Bundesregierung am 15.12.2025 beschloss und in das Gesetzgebungsverfahren einbrachte, sollen **teils mit Wirkung ab 1.1.2027, teils ab 1.1.2028** die steuerlichen Regelungen zur Zulagengewährung für zertifizierte Altersvorsorgeverträge sowie die Zertifizierungsanforderungen für geförderte Altersvorsorgeverträge modifiziert werden. Neben zahlreichen Detailänderungen sind insbesondere die nachfolgenden Maßnahmen vorgesehen.

1. Altersvorsorgezulage

134 Die Altersvorsorgezulage in der Form der **Grundzulage** soll ab 1.1.2027 nicht mehr in Form eines einheitlich vorgegebenen Betrags, sondern vielmehr als **Anteil der geleisteten Altersvorsorgebeiträge** ermittelt werden. Konkret ist vorgesehen, dass die Grundzulage

- 30 % der bis zu einer Höhe von 1.200 Euro bzw.
- 20 % der in einer Höhe von 1.201 Euro bis 1.800 Euro

---

1) Gesetz v. 22.12.2025, BGBl. I 2025 Nr. 353.
2) Richtlinie (EU) 2025/872 des Rates v. 14.4.2025 zur Änderung der Richtlinie 2011/16/EU über die Zusammenarbeit der Verwaltungsbehörden im Bereich der Besteuerung.
3) Gesetz v. 22.12.2025, BGBl. I 2025 Nr. 363.
4) Gesetz v. 22.12.2025, BGBl. I 2025 Nr. 363.

geleisteten Altersvorsorgebeiträge im Beitragsjahr betragen soll (§ 84 Satz 1 EStG-E). Der Zulagensatz von 30 % soll ab 2029 zudem auf 35 % ansteigen. Unverändert sollen Zulageberechtigte unter 25 einmalig eine Erhöhung der Grundzulage von 200 Euro erhalten. Die Grundzulage von nach § 79 Satz 2 EStG-E zulageberechtigten Ehegatten soll zwar ebenso beitragsproportional ermittelt, aber auf 175 Euro gedeckelt werden (§ 84 Satz 3 EStG-E).

Auch die **Kinderzulage** soll ab 1.1.2027 **beitragsproportional** ermittelt werden und sich auf 25 % der bis zu einer Höhe von 1.800 Euro geleitsteten Altersvorsorgebeiträge, maximal aber 300 Euro, belaufen (§ 85 Abs. 1 EStG-E).

Anmerkung:

Der neben der Zulagenförderung und im Rahmen einer Günstigerprüfung zu beachtende Sonderausgabenabzug von Altersvorsorgebeiträgen soll ab 1.1.2027 dahingehend geändert werden, dass anstelle von bis zu 2.100 Euro dann nur noch bis zu 1.800 Euro der Altersvorsorgebeiträge für den Sonderausgabenabzug herangezogen werden können (§ 10a Abs. 1 Satz 1 EStG-E). Damit geht allerdings eine Modifizierung der dabei heranzuziehenden Beträge einher. Konkret soll der individuelle Zulageanspruch künftig den Höchstbetrag nicht mehr mindern.

Die Ermittlung eines Mindesteigenbeitrags als Voraussetzung für die Gewährung der **135**
Grund- und Kinderzulage soll ab dem Beitragsjahr 2027 deutlich vereinfacht werden. Anstelle der bisherigen einkommensabhängigen Berechnung ist hier ein **Mindesteigenbeitrag von 120 Euro** vorgesehen (§ 86 EStG-E).

Die für die Zulagengewährung **unschädliche Verwendung** des in einem Altersvorsor- **136**
gevertrag gebildeten Kapitals in vollem Umfang oder teilweise sollen ab 1.1.2028 für eine **selbst genutzte Wohnung** vereinfacht werden, indem u. a. bei einer teilweisen Verwendung kein verbleibendes Restkapital gefordert wird (§ 92a Abs. 1 EStG-E).

2. Zertifizierungsanforderungen an einen Altersvorsorgevertrag

Mit Wirkung zum 1.1.2027 soll die Definition des Altersvorsorgevertrags überarbeitet **137**
und mit dem sog. **Altersvorsorgedepot-Vertrag** eine zusätzliche Anlageform eingeführt werden, die anders als die bisherige Form des Altersvorsorgevertrags nicht mit einer garantierten Leistung in der Auszahlungsphase ausgestattet ist (§ 1 Abs. 1b AltZertG-E). Handelt es sich bei dem Altersvorsorgedepot-Vertrag um einen **Standarddepot-Vertrag Altersvorsorge** (§ 1 Abs. 1c AltZertG-E), der in Form eines einfachen Sparplans ausgestaltet ist und beschränkte Entscheidungsoptionen vorsieht, ist zudem vorgegeben, dass die **Effektivkosten des Vertrags höchstens 1,5 %** betragen dürfen (§ 2a Abs. 2 AltZertG-E).

Zudem soll zur Vereinfachung ab 1.1.2027 vorgegeben werden, dass Altersvorsorgeverträge grundsätzlich **nicht mehr mit ergänzenden Absicherungen**, wie z.B. der Absicherung der Berufsunfähigkeit, verknüpft sein dürfen (§ 1 Abs. 1 Satz 1 Nr. 2 Buchst. b AltZertG-E).

Anmerkung:

Zielsetzung der Modifizierungen ist es, die private Altersvorsorge zu revitalisieren, indem verschiedene Anlageformen angeboten werden, die auch höhere Renditemöglichkeiten bei Inkaufnahme eines höheren Risikos, aber geringeren Vertragskosten ermöglichen. Entbürokratisierung und Vereinfachungen sollen dazu dienen, die Vorsorgemöglichkeiten verständlicher und damit möglichst auch attraktiver zu machen.

F. Wirtschaftsprüfung

I. Jahres- und Konzernabschlussprüfung

1. Auswirkungen der Senkung des Körperschaftsteuersatzes ab 2028 auf die Bilanzierung latenter Steuern in der Handelsbilanz

138 Nach § 23 Abs. 1 KStG kommt es ab dem 1.1.2028 zu einer **schrittweisen Senkung des Körperschaftsteuersatzes** von jährlich jeweils einem Prozentpunkt, der sich dadurch von 15 % (bis einschließlich Veranlagungszeitraum 2027) auf 10 % im Jahr 2032 reduziert (→ Rz. 86).

Veranlagungszeitraum	Körperschaftsteuersatz
Bis einschließlich 2027	15 %
2028	14 %
2029	13 %
2030	12 %
2031	11 %
2032	10 %

In der **Handelsbilanz** sind **latente Steuern** unter Zugrundelegung des im Zeitpunkt des Abbaus der Differenz gültigen unternehmensindividuellen Steuersatzes zu ermitteln (§ 274 Abs. 2 Satz 1 HGB). Erfolgte Gesetzesänderungen sind hierbei zu berücksichtigen. Relevant ist eine Änderung von Steuersätzen bereits ab dem Zeitpunkt, ab dem der Bundesrat (die maßgebliche gesetzgebende Körperschaft) einer Gesetzesänderung zugestimmt hat (DRS 18.46, 18.48). Die Zustimmung des Bundesrates zu dem Gesetz für ein steuerliches Investitionssofortprogramm zur Stärkung des Wirtschaftsstandorts Deutschlands erfolgte am 11.7.2025. Die Verkündung des Gesetzes vom 14.7.2025[1] im Bundesgesetzblatt erfolgte am 18.7.2025.

Anmerkung:

Das steuerliche Investitionssofortprogramm erfordert eine **Neubewertung der latenten Steuern für Abschlussstichtage am oder nach dem 11.7.2025**. In vergangenen Geschäftsjahren gebildete latente Steuern sind entsprechend (erfolgswirksam) anzupassen (DRS 18.46). Insbesondere bei umfangreichen Differenzen im Anlagevermögen und bei langfristigen Rückstellungen (z.B. Pensionsrückstellungen) sowie steuerlichen Verlustvorträgen wird die Bewertung der latenten Steuern komplexer.

Hierbei ergibt sich das Erfordernis einer zeitlichen Aufteilung bzw. jahrgenauen Planung / Betrachtung. Im (Konzern-)Anhang sind die Bewertungsänderungen zudem in die Angaben nach § 285 Nr. 30 HGB bzw. § 314 Abs. 1 Nr. 22 HGB einzubeziehen und – sofern sie nicht von untergeordneter Bedeutung sind – gemäß § 285 Nr. 31 HGB bzw. § 314 Abs. 1 Nr. 23 HGB als außergewöhnliche Aufwands- und Ertragsposten anzugeben.

Die Steuersatzänderung wirkt sich nicht allein auf die Bilanzierung latenter Steuern in der Handelsbilanz aus. Sie spielt beispielsweise auch bei der Beteiligungsbewertung eine Rolle.

2. Ertragsteuerinformationsbericht: Public Country by Country Reporting

a) Entwicklung

139 Die Richtlinie des Europäischen Parlaments und des Rates im Hinblick auf die **Offenlegung von Ertragsteuerinformationen** durch bestimmte Unternehmen und Zweigniederlassungen wurde Ende des Jahres 2021 amtlich veröffentlicht. Die Bundesregierung beschloss am 7.12.2022 den Entwurf eines Gesetzes zur Umsetzung der Richtlinie (EU) 2021/2101 im Hinblick auf die Offenlegung von Ertragsteuerinformationen durch

1) Gesetz v. 14.7.2025, BGBl. I 2025 Nr. 161 = BStBl I 2025, 1486.

bestimmte Unternehmen und Zweigniederlassungen sowie zur Änderung des Verbraucherstreitbeilegungsgesetzes und des Pflichtversicherungsgesetzes. Konkret ging es im Wesentlichen um die Einführung eines sog. Public Country by Country Reporting (kurz: Public CbCR). Mit dem Gesetz sollte in erster Linie die Richtlinie (EU) 2021/2101 zur Änderung der Richtlinie 2013/34/EU im Hinblick auf die Offenlegung von Ertragsteuerinformationen durch bestimmte Unternehmen und Zweigniederlassungen umgesetzt werden. Die Richtlinie musste bis 22.6.2023 in deutsches Recht umgesetzt werden. Durch das Umsetzungsgesetz vom 19.6.2023[1)] wurde der Vierte Abschnitt des Dritten Buchs des HGB um einen neuen Unterabschnitt ergänzt, in dem die Pflichten zur Erstellung (§§ 342b bis 342f HGB) und zur Offenlegung (§§ 342m bis 342n HGB), die Vorgaben zu Inhalt und Form (§§ 342g bis 342l HGB) und die Sanktionsvorschriften (§§ 342o bis 342p HGB) für das Public Country by Country Reporting enthalten sind. Die Änderungen sind am Tag nach deren Verkündung – und damit am 22.6.2023 – in Kraft getreten.

Am 29.11.2024 hat die Europäische Kommission einen Durchführungsrechtsakt zur länderbezogenen Ertragsteuerinformationsberichterstattung veröffentlicht. Dieser besteht aus einer Durchführungsverordnung (DVO (EU) 2024/2952 vom 29.11.2024) mit vier Anhängen und konkretisiert die Form (Formblatt: Artikel 3 DVO (EU) und Anhang I) und das Format der Berichterstattung (XHTML-Format und iXBRL-Auszeichnung der im Ertragsteuerinformationsbericht enthaltenen Informationen: Artikel 4 DVO (EU) i.V.m. Anhängen II – IV). Die Vorschriften zur Konkretisierung gelten für **Geschäftsjahre, die am oder nach dem 1.1.2025 beginnen** (Artikel 5 DVO (EU)).

Anmerkung:

Das Public Country by Country Reporting soll Ertragsteuerinformationen multinationaler umsatzstarker Unternehmen und Konzerne, die in der EU entweder ansässig sind oder aber Tochterunternehmen oder Zweigniederlassungen einer bestimmten Größe haben, transparent machen. Die Offenlegung der Ertragsteuerinformationen ermöglicht daneben eine öffentliche Debatte, ob Unternehmen ihren Beitrag zum Gemeinwohl auch dort leisten, wo sie tätig sind.

In Deutschland kommen die Vorgaben für die Ertragsteuerinformationsberichterstattung (EIB) für alle **nach dem 21.6.2024 beginnende Geschäftsjahre** zur Anwendung. Das erste Anwendungsjahr ist damit bei kalenderjahrgleichem Geschäftsjahr das am 1.1.2025 beginnende Geschäftsjahr, bei abweichendem Geschäftsjahr erfolgt die Anwendung ab dem Geschäftsjahr 2024/2025 (falls nach dem 21.6.2024 beginnend) bzw. ab dem Geschäftsjahr 2025/2026.

Anmerkung:

Bei kalendergleichem Geschäftsjahr bedeutet dies, dass **erstmals 2026** für das Geschäftsjahr 2025 ein Ertragsteuerinformationsbericht (EIB) zu erstellen und offenzulegen ist. Der Abschlussprüfer muss über das Ergebnis der formellen Prüfung in einem besonderen Abschnitt im Bestätigungsvermerk zum Jahresabschluss für das Geschäftsjahr 2025 berichten.

b) Betroffene Unternehmen

Im Inland ansässige konzernunverbundene Unternehmen mit Auslandsbezug und **140**
oberste Mutterunternehmen im Inland mit Auslandsbezug sind verpflichtet, einen Ertragsteuerinformationsbericht zu erstellen und offenzulegen, wenn die Umsatzerlöse bzw. Konzernumsatzerlöse in zwei aufeinander folgenden Geschäftsjahren weltweit jeweils 750 Mio. Euro übersteigen (§ 342b Abs. 1 HGB, § 342c Abs. 1 HGB). Dem Public CbCR unterliegen nur Kapitalgesellschaften und Personenhandelsgesellschaften i.S.d. § 264a Abs. 1 HGB (§ 342 Abs. 1 HGB).

1) BGBl. I 2023 Nr. 154 vom 21.6.2023.

Bei **außerhalb der EU ansässigen konzernunverbundenen Unternehmen** und **außerhalb der EU ansässigen obersten Mutterunternehmen**, die vergleichbar umsatzstark sind und die im Inland über ein mittelgroßes oder großes Tochterunternehmen bzw. eine hinreichend große Zweigniederlassung tätig sind (Umsatzerlöse in zwei aufeinanderfolgenden Geschäftsjahren von mindestens 12 Mio. Euro), soll das Public CbCR von jenem Tochterunternehmen bzw. jener Zweigniederlassung beschafft und lokal offengelegt werden (§ 342d Abs. 1 HGB, § 342e Abs. 1 HGB, § 342f Abs. 1 HGB). Wird dem Tochterunternehmen kein Ertragsteuerinformationsbericht zur Verfügung gestellt, muss das Tochterunternehmen selbst eine entsprechende Erklärung abgeben (§ 342d Abs. 2 Nr. 1 HGB) und soweit möglich einen konzernweiten (Ersatz-)Ertragsteuerinformationsbericht erstellen (§ 342d Abs. 2 Nr. 2).

Für die Erstellung eines Ertragsteuerinformationsberichts sind die vertretungsberechtigten Organe eines obersten Mutterunternehmens, verbundenen Unternehmens oder eines Tochterunternehmens verantwortlich (vgl. § 342 bis § 342d, § 342m und § 342n HGB).

Anmerkung:

Schätzungsweise rund 500 inländische Mutterunternehmen, rund 50 inländische Tochterunternehmen und rund 50 inländische Zweigniederlassungen verbundener Unternehmen unterliegen den Ertragsteuerinformationsberichtspflichten, unverbundene Unternehmen bzw. deren Zweigniederlassungen dagegen nur selten.

c) Inhalt des Ertragsteuerinformationsberichts

141 Die im Ertragsteuerinformationsbericht einer breiten Öffentlichkeit zugänglich zu machenden Informationen umfassen (§ 342h Abs. 2 HGB):

- Name des unverbundenen Unternehmens bzw. des obersten Mutterunternehmens sowie Namen der in den Konzernabschluss einbezogenen Tochterunternehmen mit Sitz in einem EU-Mitgliedstaat oder einer Steueroase
- Berichtszeitraum
- verwendete Währung
- je EU-Mitgliedstaat bzw. Steueroase laut EU-Blacklist bzw. EU-Greylist:
  - kurze Beschreibung der Art der Geschäftstätigkeiten
  - Zahl der Arbeitnehmer
  - Erträge
  - Gewinn / Verlust vor Ertragsteuern
  - für den Berichtszeitraum zu zahlende und die in diesem Zeitraum gezahlte Ertragsteuer
  - Betrag der einbehaltenen Gewinne.

Die vorgenannten Angaben sind jeweils getrennt für jeden EU-Mitgliedstaat, für jedes Steuerhoheitsgebiet, das nach der EU-Liste als nicht kooperativ eingestuft wurde, sowie für die anderen Steuerhoheitsgebiete zusammengefasst auszuweisen (§ 342i Abs. 1 HGB).

Anmerkung:

Folgende bilanzrechtliche Vorgaben sind einzuhalten:

- Die Zahl der Arbeitnehmer ist in Vollzeitäquivalenten auf Basis des Durchschnitts der im Berichtszeitraum beschäftigten Personen zu bestimmen.
- Erträge umfassen alle Ertragsposten bzw. Erträge nach den Rechnungslegungsgrundsätzen, nach denen der Jahresabschluss aufgestellt wurde, mit Ausnahme der Posten „Bestandsverän-

derung" und „andere aktivierte Eigenleistungen" bei der Anwendung des Gesamtkostenverfahrens sowie der von verbundenen Unternehmen erhaltenen Dividenden.
- Gewinn / Verlust vor Ertragsteuern ist in Anwendung der Rechnungslegungsgrundätze zu bestimmen, auf deren Grundlage der Jahresabschluss für den Berichtszeitraum aufgestellt wird.
- Die zu zahlende Ertragsteuer entspricht dem laufenden Steueraufwand auf zu versteuernde Gewinne im Berichtszeitraum ohne den latenten Steueraufwand.
- Die gezahlte Ertragsteuer umfasst alle im Berichtszeitraum entrichteten Ertragsteuern und schließt Quellensteuern ein, die von verbundenen Unternehmen in Bezug auf Zahlungen an das einzubeziehende Unternehmen entrichtet wurden.
- Die einbehaltenen Gewinne umfassen die Gewinne vergangener Geschäftsjahre, für die noch keine Gewinnausschüttung beschlossen wurde, und den laufenden Gewinn.

Betroffene Unternehmen müssen nach § 342k Abs. 1 HGB ausnahmsweise bestimmte Angaben bei entsprechender Begründung nicht in den Ertragsteuerinformationsbericht aufnehmen, wenn ihre Offenlegung der Marktstellung des Unternehmens einen erheblichen Nachteil zufügen würde (**Safeguard-Klausel**). Die nicht aufgenommenen Angaben sind allerdings spätestens in den Ertragsteuerinformationsbericht aufzunehmen, der für das vierte Geschäftsjahr nach dem Berichtszeitraum erstellt wird (§ 342k Abs. 2 HGB). Die Ausnahmeregelung gilt nicht für Angaben, die sich auf Steueroasen beziehen.

d) Berichtszeitraum und Offenlegung

Der Ertragsteuerinformationsbericht ist **jährlich für das vergangene Geschäftsjahr** zu erstellen, **erstmals 2026** für das kalenderjahrgleiche Geschäftsjahr 2025. **142**

Die Offenlegung des Ertragsteuerinformationsberichts hat **im Unternehmensregister** zu erfolgen. Dazu ist der Bericht spätestens ein Jahr nach dem Ende des Berichtszeitraums in deutscher Sprache an das Unternehmensregister zu übermitteln (§ 342m Abs. 1 HGB).

Zudem muss mit entsprechender Frist der Bericht für mindestens fünf Jahre auf der **Internetseite der Gesellschaft** in deutscher Sprache kostenlos veröffentlicht werden. Die Pflicht zur Veröffentlichung auf der Internetseite der Gesellschaft entfällt allerdings, wenn die Offenlegung über das Unternehmensregister erfolgt und auf der Internetseite der Gesellschaft auf die Zugänglichkeit des Berichts über die Internetseite des Unternehmensregisters für einen Zeitraum von mindestens fünf Jahren hingewiesen wird (§ 342n Abs. 1 HGB).

e) Prüfung

Die inhaltliche Prüfungspflicht des **Aufsichtsrats** erstreckt sich nun auch auf den Ertragsteuerinformationsbericht (§ 171 Abs. 1 Satz 4 AktG). **143**

Der **Abschlussprüfer** hat im Rahmen der Prüfung auch zu beurteilen, ob die zu prüfende Gesellschaft zur Offenlegung eines Ertragsteuerinformationsberichts verpflichtet war und ob die Gesellschaft die Verpflichtung zur Offenlegung erfüllt hat (§ 317 Abs. 3b HGB). Über das Ergebnis der formellen Prüfung durch den Abschlussprüfer ist im Bestätigungsvermerk jeweils in einem gesonderten Abschnitt zu berichten (§ 322 Abs. 1 Satz 4 HGB).

Anmerkung:

Eine **Pflicht zur inhaltlichen Prüfung** des Ertragsteuerinformationsberichts durch den Abschlussprüfer **besteht nicht**, kann aber freiwillig beauftragt werden.

ten zu können, kann aber ein **Zeitraum von 24 Monaten zweckmäßig** sein. Der Detaillierungsgrad der Planung ist abhängig von der Komplexität des Geschäftsmodells, dessen Krisenfälligkeit sowie dem Krisenstadium, in dem sich das Unternehmen befindet.

Eine **detaillierte Dokumentation** der Krisenfrüherkennung und des Krisenmanagementprozesses ist unerlässlich, auch wenn das Gesetz keine explizite Dokumentationspflicht vorschreibt. Für **Exkulpationsgründe** und eine spätere Würdigung, ob die Geschäftsleiter ihren Verpflichtungen nach § 1 StaRUG nachgekommen sind, ist eine Dokumentation notwendig.

c) Krisenmanagement

148 Werden fortbestandsgefährdende Entwicklungen erkannt, ist ein Krisenmanagement erforderlich. Zur Überwindung der fortgeschrittenen Krise sind dann geeignete Maßnahmen zu definieren, um **wieder ein tragfähiges Geschäftsmodell** zu erreichen. Dazu bedarf es der Erfüllung der folgenden Kernanforderungen, die den Kernbestandteilen eines Sanierungskonzepts nach IDW S 6 entsprechen und damit eine gute Orientierung für die Überwindung der Krise und der Wiederherstellung der Wettbewerbsfähigkeit des Unternehmens liefern:

- **Analyse der wirtschaftlichen und rechtlichen Ausgangslage** des Unternehmens in seinem Umfeld (samt Vermögens-, Finanz- und Ertragslage)
- **Analyse von Krisenstadium und -ursachen** sowie Prüfung, ob Insolvenzgefährdung besteht
- Entwicklung eines **Leitbilds** mit dem Geschäftsmodell des sanierten Unternehmens
- **Identifikation von Maßnahmen** zur Abwendung einer Insolvenzgefahr und Bewältigung der Krise sowie zur Herstellung o.g. Leitbilds
- Erstellung eines **integrierten Unternehmensplans**, um festzustellen, ob die Maßnahmen ausreichen, um die Krise zu überwinden.

Die gesetzlichen Vorgaben des § 1 StaRUG richten sich an alle Geschäftsleiter haftungsbeschränkter Unternehmensträger, unabhängig von ihrer Größe. Die Ausgestaltung der Krisenfrüherkennung und des Krisenmanagements ist an die Größe und Komplexität anzupassen und betrifft damit die Ausgestaltung der Unternehmensplanung, des Planungsprozesses, des Krisenmanagements und der Dokumentation. Dies erlaubt insb. kleineren Unternehmen, die Anforderungen des § 1 StaRUG auch ohne größere überbordende organisatorische Vorkehrungen zu erfüllen.

Kritische Stellungnahme:
Der IDW Standard S 16 zeigt vor dem Hintergrund der in § 1 StaRUG gesetzlich verankerten Pflichten die Anforderungen an die Ausgestaltung der Krisenfrüherkennung und des Krisenmanagements auf. Um fortbestandsgefährdende Entwicklungen erkennen zu können, ist eine Unternehmensplanung unerlässlich. Zudem bedarf es eines wirksamen, in die Unternehmensorganisation eingebundenen Prozesses, um in herausfordernden Zeiten mögliche nachteilige Entwicklungen fortlaufend zu beobachten, damit – bei Bedarf – rechtzeitig geeignete Gegenmaßnahmen ergriffen werden können. Für Geschäftsleiter ist es daher **essenziell, den Prozess zu Krisenfrüherkennung und -management festzulegen**, in die Unternehmenskultur zu integrieren und zu dokumentieren.

4. Entwurf einer IDW-Stellungnahme zur Rechnungslegung: Bilanzierung von Anteilen an Personenhandelsgesellschaften im handelsrechtlichen Jahresabschluss (IDW ERS FAB 18)

149 Der Fachausschuss Unternehmensberichterstattung (FAB) des IDW hat am 22.11.2024 den Entwurf einer Stellungnahme zur Rechnungslegung: Bilanzierung von Beteiligungen an Personenhandelsgesellschaften im handelsrechtlichen Jahresabschluss (IDW ERS FAB 18) verabschiedet. Die finale Fassung von IDW RS FAB 18 gilt voraussichtlich verpflichtend für die **Aufstellung von Abschlüssen für Zeiträume, die nach dem**

30.6.2025 beginnen und wird die derzeit gültige Fassung des IDW RS HFA 18 vom 4.6.2024 ersetzen. Das Erfordernis einer Überarbeitung der bisher geltenden Fassung resultiert vor allem aus der Neufassung des Körperschaftsteuergesetzes durch das Gesetz zur Modernisierung des Körperschaftsteuerrechts (sog. KöMoG)[1], sowie des Personengesellschaftsrechts durch das Gesetz zur Modernisierung des Personengesellschaftsrechts (Personengesellschaftsrechtsmodernisierungsgesetz – MoPeG)[2]. Daneben wurden auch weitere und davon unabhängige Änderungen und Klarstellungen aufgenommen. IDW ERS FAB 18 betrifft alle nach Handelsrecht bilanzierenden Gesellschafter inländischer Personenhandelsgesellschaften und somit eine Vielzahl von Unternehmen.

IDW ERS HFA 18 befasst sich mit dem Ansatz, der Bewertung und dem Ausweis von Beteiligungen an Personenhandelsgesellschaften mit (Vertrags-)Sitz im Inland, der Bilanzierung von aus diesen Beteiligungen resultierenden Erträgen und Aufwendungen sowie der Behandlung von Haftungsrisiken im handelsrechtlichen Jahresabschluss von bilanzierenden Gesellschaftern. Zudem werden Sonderfragen geregelt.

Neuerungen ergeben sich insbesondere in den folgenden Bereichen:

- Zugangsbewertung von Beteiligungen an Personenhandelsgesellschaften (→ Rz. 150)
- Vereinnahmung von Gewinnanteilen (→ Rz. 151)
- Kapitalrückzahlungen der Gesellschaft (→ Rz. 152)
- Behandlung latenter Steuern (→ Rz. 153).

a) Zugangsbewertung von Beteiligungen an Personenhandelsgesellschaften

Beteiligungen an Personenhandelsgesellschaften sind bei Zugang mit den **Anschaffungskosten** i.S.d. § 255 Abs. 1 HGB zu bewerten. Anschaffungskosten können neben dem Kaufpreis bei einem Erwerb von Dritten oder gesellschaftsvertraglich begründeten (Geld-)Einlageverpflichtungen auch Folge einer in die Gesellschaft geleisteten Sacheinlage oder Sachzuzahlung sein. 150

Der Entwurf konkretisiert die Behandlung von Sacheinlagen und Sachzuzahlungen im Zusammenhang mit der Zugangsbewertung. Bei einem **Beteiligungserwerb durch Sacheinlage** gelten die Grundsätze für den Tausch von Vermögensgegenständen. Als Anschaffungskosten der Beteiligung an der Personenhandelsgesellschaft darf der Gesellschafter wahlweise den Buchwert oder den höheren, vorsichtig geschätzten Zeitwert der Sacheinlage ansetzen. Der Ansatz zu einem unter dem Zeitwert liegenden Zwischenwert ist hingegen unzulässig. Der vorsichtig geschätzte Zeitwert der erworbenen Beteiligung bildet die Obergrenze für die Zugangsbewertung. Die Zugangsbewertung der Beteiligung beim Gesellschafter ist unabhängig von der Bewertung der Sacheinlage bei der Personenhandelsgesellschaft. Im Falle einer **Sachzuzahlung**, die bei der Personenhandelsgesellschaft zu einer Eigenkapitalerhöhung führt, nicht jedoch zu einer Erhöhung des Kapitalanteils des Gesellschafters, sind beim Gesellschafter nachträgliche Anschaffungskosten auf die Beteiligung zu aktivieren, soweit sich durch die Sachzuzahlung der innere (Zeit-)Wert der Beteiligung erhöht. Zur Ermittlung der nachträglichen Anschaffungskosten finden wiederum die Tauschgrundsätze Anwendung.

b) Vereinnahmung von Gewinnanteilen

Das MoPeG wirkt sich auch auf die handelsrechtliche Bilanzierung von Gewinnanteilen aus. Sofern der Gesellschaftsvertrag keine abweichenden Regelungen enthält (gesetzliches Regelstatut), entsteht der individuelle Anspruch auf den Gewinnanteil 151

1) Gesetz v. 25.6.2021, BGBl. I 2021, 2050 = BStBl I 2021, 889.
2) Gesetz v. 10.8.2021, BGBl. I 2021, 3436.

bereits zum Abschlussstichtag. Der Gewinnanteil steht dem Gesellschafter ohne Gewinnverwendungsbeschluss unmittelbar zu (**Prinzip der Vollausschüttung**). Die handelsbilanziellen Grundsätze zur phasengleichen Gewinnvereinnahmung bleiben also nach Inkrafttreten des MoPeG gleich. Die Realisierung des Gewinnanteils setzt neben der Änderungsfestigkeit des Jahresabschlusses der Personenhandelsgesellschaft voraus, dass das Geschäftsjahr der Personenhandelsgesellschaft spätestens mit dem des Gesellschafters endet. Der Entwurf stellt klar, dass dies für Mehrheits- und Minderheitsgesellschafter der Personenhandelsgesellschaft gleichermaßen gilt.

Eine Abweichung vom gesetzlichen Regelstatut ist auch nach Inkrafttreten des MoPeG durch Gesellschaftsvertrag oder Gesellschafterbeschluss möglich (§ 108 HGB n.F.). In einem solchen Fall braucht es zur Verteilung des Gewinns einen Gewinnverwendungsbeschluss (Vertragsstatut). Bestehende Regelungen in – vor Inkrafttreten des MoPeG – beschlossenen Gesellschaftsverträgen oder Gesellschafterbeschlüssen behalten ihre Gültigkeit.

c) Kapitalrückzahlungen der Gesellschaft

152 Der Entwurf konkretisiert ferner die bilanzielle Abbildung von Vermögensauskehrungen der Gesellschaft auf Gesellschafterebene. Kapitalrückzahlungen können entweder als **Beteiligungsertrag (erfolgswirksam)** oder als **nachträgliche Minderung der Anschaffungskosten**, also des Buchwerts der Beteiligung, (**erfolgsneutral**) oder als eine Kombination aus den beiden Varianten zu erfassen sein.

Kapitalrückzahlungen sind laut dem Entwurf erfolgswirksam als Beteiligungsertrag zu erfassen, wenn und soweit in der Zeit zwischen dem Erwerb der Beteiligung und dem Zeitpunkt der Beschlussfassung über die Vermögensauskehrung nachweisbar mindestens in Höhe der Auskehrung Gewinne thesauriert wurden.

Kann ein entsprechender Nachweis nicht geführt werden, ist davon auszugehen, dass die Personenhandelsgesellschaft Vermögen an den Gesellschafter zurückzahlt, welches durch die Anschaffungskosten der Beteiligung mittelbar abgegolten wurde. Der Gesellschafter hat die Kapitalrückzahlung dementsprechend als ergebnisneutrale Minderung des Beteiligungsbuchwerts zu erfassen. Darüber hinaus ist der Beteiligungsabgang im Anlagespiegel auszuweisen.

Liegt der Beteiligungserwerb zum Zeitpunkt der Beschlussfassung über die Vermögensauskehrung bereits mehrere Jahre zurück, ist es bei wirtschaftlicher Betrachtungsweise sachgerecht, die Vermögensauskehrung in einen erfolgsneutral (Kapitalrückzahlung) und in einen erfolgswirksam zu erfassenden Anteil („Rendite") aufzuteilen.

d) Behandlung latenter Steuern

153 Infolge der Einfügung des § 1a KStG in das Körperschaftsteuergesetz durch das KöMoG haben Personenhandelsgesellschaften die Möglichkeit, auf Antrag wie eine Kapitalgesellschaft behandelt zu werden (sog. **Optionsmodell**). Hierdurch ergeben sich bilanzielle Konsequenzen auf Gesellschafterebene. Die Beteiligung an einer nach § 1a KStG zur Körperschaftsbesteuerung optierten Personenhandelsgesellschaft gilt in der Steuerbilanz als Beteiligung an einer Kapitalgesellschaft und die Grundsätze für Anteile an Kapitalgesellschaften finden entsprechend Anwendung. Der Gesellschafter hat im Jahresabschluss des Geschäftsjahres, in dem der Antrag nach § 1a KStG gestellt wurde, die bislang erfassten aktiven und / oder passiven latenten Körperschaftsteuern aus der Beteiligung an der Personenhandelsgesellschaft erfolgsneutral zulasten bzw. zugunsten des Beteiligungsbuchwerts auszubuchen. Das Gleiche gilt umgekehrt für den Fall der Rückkehr der Personenhandelsgesellschaft zur transparenten Besteuerung.

5. Handelsrechtliche Bilanzierung von Emissionsberechtigungen und von THG-Quoten (IDW RS FAB 15)

a) Überblick

Der Fachausschuss Unternehmensberichterstattung (FAB) des IDW hat am 25.9.2025 die neu gefasste IDW Stellungnahme zur Rechnungslegung „Handelsrechtliche Bilanzierung von Emissionsberechtigungen und von THG-Quoten (IDW RS FAB 15)" verabschiedet. Die Neufassung wurde vom IDW im November 2025 veröffentlicht und ersetzt die IDW Stellungnahme zur Rechnungslegung: Bilanzierung von Emissionsberechtigungen nach HGB (IDW RS HFA 15) vom 1.3.2006. 154

Die Neufassung ist erstmals anzuwenden auf Abschlüsse für Geschäftsjahre, die nach dem 31.12.2025 beginnen. Eine frühere Anwendung ist zulässig, sofern die enthaltenen Regelungen vollumfänglich beachtet werden. Änderungen der regulatorischen Rahmenbedingungen sowie die Einführung neuer Instrumente zur Erreichung der nationalen Klimaziele machten eine Überarbeitung der IDW Stellungnahme erforderlich.

IDW RS FAB 15 regelt die Bilanzierung von:

- Emissionsberechtigungen nach dem Treibhausgas-Emissionshandelsgesetz (TEHG)
- Emissionszertifikaten nach dem Brennstoffemissionshandelsgesetz (BEHG)
- Treibhausgasminderungsquoten (THG-Quoten) nach § 37a Bundes-Immissionsschutzgesetz (BImSchG).

Der bisherige IDW RS HFA 15 befasste sich ausschließlich mit den Emissionsberechtigungen nach dem Treibhausgas-Emissionshandelsgesetz (TEHG).

Es werden jeweils Fragen zu Ansatz, Ausweis und Zugangs-/Folgebewertung in der Bilanz und Gewinn- und Verlustrechnung behandelt. IDW RS FAB 15 geht einerseits auf die Vermögensgegenstände und andererseits auf bestehende Verpflichtungen ein.

b) Emissionsberechtigungen nach dem TEHG

Neben rein redaktionellen Änderungen und Klarstellungen zur Bilanzierung von TEHG-Emissionsberechtigungen enthält IDW RS FAB 15 insbesondere Konkretisierungen für den Ausweis in der Bilanz und der Gewinn- und Verlustrechnung. 155

- Emissionsberechtigungen nach dem TEHG sind nicht dazu bestimmt, dauernd dem Geschäftsbetrieb zu dienen, sondern stiften nur einen einmaligen Nutzen, daher sind sie unverändert als Vermögensgegenstände des Umlaufvermögens zu qualifizieren und dem Vorratsvermögen zuzuordnen. Für den Fall, dass TEHG-Emissionsberechtigungen für die Nutzung im Rahmen des Leistungserbringungsprozesses des Bilanzierenden bestimmt sind, konkretisiert die Neufassung nunmehr den Ausweis unter den **Roh-, Hilfs- und Betriebsstoffen**. TEHG-Emissionsberechtigungen, die zu Handelszwecken erworben bzw. gehalten werden, sind als **Waren** auszuweisen. Bei wesentlichen Beträgen wird unverändert ein gesonderter Ausweis nach § 266 Abs. 5 Satz 2 HGB innerhalb der Vorräte empfohlen.
- Erlöse aus dem regelmäßigen Verkauf von Emissionsberechtigungen sind in der Gewinn- und Verlustrechnung als **Umsatzerlöse** auszuweisen. Die korrespondierende Ausbuchung des Buchwerts der veräußerten Emissionsberechtigungen führt künftig zu **Aufwendungen für Roh-, Hilfs- und Betriebsstoffe und für bezogene Waren** (§ 275 Abs. 2 Nr. 5 Buchst. a HGB, Gesamtkostenverfahren) bzw. zu **Herstellungskosten der zur Erzielung der Umsatzerlöse erbrachten Leistungen** (§ 275 Abs. 3 Nr. 2 HGB, Umsatzkostenverfahren).

c) Emissionszertifikate nach dem BEHG

Die Grundsätze für die Bilanzierung von TEHG-Emissionsberechtigungen wurden in der Praxis bereits analog für die Bilanzierung von BEHG-Emissionszertifikaten ange- 156 wendet. IDW RS FAB 15 stellt klar, dass für die Bilanzierung von BEHG-Emissionszertifikaten die gleichen Grundsätze wie für die Bilanzierung von TEHG-Emissionsberechtigungen gelten. In einem gesonderten Abschnitt wird auf die (geringfügigen) Besonderheiten bzw. Abweichungen für die Bilanzierung der Emissionszertifikate nach dem BEHG eingegangen.

d) Treibhausgasminderungsquote (THG-Quote)

157 Die IDW Stellungnahme wurde um Ausführungen zum THG-Quotenhandel ergänzt. Die THG-Quote entsteht direkt beim Quotenberechtigten durch eine begünstigende Gesetzgebung aufgrund eines bestimmten Handelns (z.B. Inverkehrbringen von Biokraftstoffen, Halten eines Elektrofahrzeugs oder Betreiben von öffentlich-zugänglichen Ladepunkten), so dass es sich aus Sicht des Quotenberechtigten um einen unentgeltlichen Erwerb handelt. THG-Quoten stellen immaterielle Vermögensgegenstände dar und sind im Zugangszeitpunkt mit null (bzw. einem Erinnerungswert) oder mit vorsichtig geschätzten Zeitwerten zu bewerten. Neben Ausführungen zum Ausweis und zur Zugangs-/Folgebewertung sowohl beim Quotenberechtigten als auch beim Quotenverpflichteten enthält die Stellungnahme ferner Regelungen zur Bilanzierung der Treibhausgasminderungspflicht beim Quotenverpflichteten.

II. Nachhaltigkeitsberichterstattung

1. CSRD-Umsetzungsgesetz

a) Gesetzgebungsverfahren

158 Nach den Vorgaben der sog. Corporate Sustainability Reporting Directive (kurz CSRD) sollen Unternehmen – zeitlich gestaffelt – zusammen mit ihrem Jahresabschluss detailliert über ihren Umgang mit sozialen und ökologischen Herausforderungen berichten. Dazu hatte das Bundeskabinett in der 19. Legislaturperiode am 24.7.2024 den **Entwurf eines Gesetzes zur Umsetzung der sog. Corporate Sustainability Reporting Directive** (EU-Richtlinie 2022/2464), kurz CSRD-Umsetzungsgesetz, beschlossen, nachdem das Bundesministerium der Justiz am 22.3.2024 einen entsprechenden Referentenentwurf veröffentlicht hatte. Die erste Lesung im Bundestag erfolgte am 27.9.2024. Eine Verabschiedung des Gesetzes im Bundestag konnte jedoch angesichts des Bruchs der Regierungskoalition nicht herbeigeführt werden. Damit ist das Gesetz aufgrund des sog. Diskontinuitätsgrundsatzes gescheitert und musste in der 21. Legislaturperiode erneut in das Gesetzgebungsverfahren eingebracht werden.

So hat das Bundesministerium der Justiz und für Verbraucherschutz am 10.7.2025 den Referentenentwurf eines Gesetzes zur Umsetzung der Richtlinie (EU) 2022/2464 hinsichtlich der Nachhaltigkeitsberichterstattung von Unternehmen in der durch die Richtlinie (EU) 2025/794 geänderten Fassung (im folgenden CSRD-Umsetzungsgesetz) veröffentlicht,[1] den die Bundesregierung am 3.9.2025 in das Gesetzgebungsverfahren eingebracht hat.[2] Der Bundestag hat am 9.10.2025 den Regierungsentwurf an seine Ausschüsse gegeben. Am 17.10.2025 hat der Bundesrat seine Stellungnahme zu dem Gesetzentwurf abgegeben.[3] Die Gegenäußerung der Bundesregierung erfolgte am 29.10.2025.[4]

Der Regierungsentwurf berücksichtigt auch die **Umsetzung der Stop-the-Clock-Richtlinie**[5] in deutsches Recht (→ Rz. 169). Diese Richtlinie wurde bereits im April 2025 in geltendes EU-Recht überführt und hat eine Verschiebung des Erstanwendungszeit-

1) Zum Referentenentwurf vgl. Wulf, DStZ 2025, 681.
2) Vgl. Regierungsentwurf, BT-Drucks. 21/1857 v. 29.9.2025.
3) Vgl. BR-Drucks. 435/25 (Beschluss) v. 17.10.2025.
4) Vgl. BT-Drucks. 21/2465 v. 29.10.2025, 10 ff.
5) https://eur-lex.europa.eu/legal-content/DE/TXT/PDF/?uri=OJ:L_202500794. Zuletzt abgerufen am 25.11.2025.

punkts für berichtspflichtige Unternehmen um zwei Jahre zur Folge. Sie war bis zum 31.12.2025 durch die Mitgliedstaaten in nationales Recht zu überführen. Dadurch sollen Unternehmen, die ursprünglich erstmalig für das Geschäftsjahr 2025 unter den Anwendungskreis der CSRD gefallen wären (sog. „Wave 2"), nun erstmals über das Geschäftsjahr 2027 berichten.

Die Bundesregierung hatte angekündigt, die Änderungen der CSRD, die im Rahmen der Reform der EU-Nachhaltigkeitsberichterstattung auf europäischer Ebene beschlossen werden (→ Rz. 167 ff.), noch in das laufende nationale Gesetzgebungsverfahren einzubringen. Angesichts dessen stand die Verabschiedung des CSRD-Umsetzungsgesetzes zum Jahresende 2025 weiterhin aus.

In dem Entwurf des CSRD-Umsetzungsgesetzes werden die Vorgaben der CSRD, die generell wenig Mitgliedstaatenwahlrechte vorsieht, weitestgehend 1:1 umgesetzt.

Aufgrund der Änderungen, die sich durch das Ergebnis des Trilogs zum Omnibus-Paket der EU-Kommission ergeben (→Rz. 169) und die unter anderem die zukünftigen Größenklassen und die Prüfungstiefe betreffen, ist davon auszugehen, dass eine umfassende Überarbeitung des Gesetzentwurfs erfolgen wird. Im Folgenden wird der Stand des Gesetzentwurfs auf der Grundlage des Regierungsentwurfs vom 3.9.2025 dargestellt.

b) Wesentlicher Inhalt des CSRD-Umsetzungsgesetzes

aa) Betroffene Unternehmen

Die Pflicht zur Erstellung eines Nachhaltigkeitsberichts erfasst auf **Einzelabschlussebene** zum einen **große Kapitalgesellschaften** i.S.d. § 267 Abs. 3, 4 bis 5 HGB und zum anderen **kapitalmarktorientierte Kapitalgesellschaften** i.S.d. § 264d HGB, soweit keine Kleinstkapitalgesellschaft gemäß § 267a HGB vorliegt; diese Unternehmen haben den **Lagebericht** um einen Nachhaltigkeitsbericht zu erweitern, §§ 289b bis 289d HGB-E. 159

Anmerkung:

Große Kapitalgesellschaften liegen vor, wenn zwei der nachfolgenden Merkmale vorliegen bzw. überschritten werden:

- 25 Mio. Euro Bilanzsumme
- 50 Mio. Euro Umsatzerlöse in den zwölf Monaten vor dem Abschlussstichtag
- im Jahresdurchschnitt 250 Arbeitnehmer.

Kleinstkapitalgesellschaften sind kleine Kapitalgesellschaften, die mindestens zwei der drei nachstehenden Merkmale nicht überschreiten:

- 450.000 Euro Bilanzsumme;
- 900.000 Euro Umsatzerlöse in den zwölf Monaten vor dem Abschlussstichtag;
- im Jahresdurchschnitt zehn Arbeitnehmer.

Auf **Konzernebene** trifft die Berichtspflicht Mutterunternehmen ohne größenabhängige Befreiung; ihr Konzernlagebericht ist um einen **Konzernnachhaltigkeitsbericht** zu erweitern, §§ 315b, 315c HGB-E.

Für **Kreditinstitute und Versicherungsunternehmen** gelten angepasste Anwendungsregeln, die grundsätzlich große bzw. kapitalmarktorientierte Institute erfassen, wobei spezifische Ausnahmen und Erleichterungen vorgesehen sind.

Eine Neuerung stellen die Berichtspflichten für inländische Tochterunternehmen und Zweigniederlassungen von Drittstaatskonzernen bei Überschreitung bestimmter EU-Umsatzschwellen dar, §§ 315h bis 315j HGB-E.

bb) Anwendungszeiträume

160 Die Anwendung der neuen Vorschriften gemäß Regierungsentwurf des CSRD-Umsetzungsgesetzes sollte gestaffelt erfolgen: Diese Regelungen dürften angesichts der nicht erfolgten Verabschiedung des Gesetzes in 2025 und der Stop-the-clock-Richtlinie im weiteren Gesetzgebungsverfahren nochmals angepasst werden.

Zu den Folgen der Nichtumsetzung des CSRD-Umsetzungsgesetzes in 2025 für die Geschäftsjahre 2024 und 2025 siehe → Rz. 166.

- Berichtspflicht für Einzelabschlüsse:
  - In der **ersten Welle** sollte die Berichtspflicht für Einzelabschlüsse ab Geschäftsjahren gelten, die nach dem 31.12.2024 beginnen, für große Unternehmen von öffentlichem Interesse mit mehr als 500 Beschäftigten, wobei Ausnahmen für kleine und nicht komplexe Institute sowie Captives bestehen, Art. 96 Abs. 1 EGHGB-E.
  - Die **zweite Welle** sollte ab Geschäftsjahren, die nach dem 31.12.2026 beginnen, die übrigen großen Unternehmen Art. 96 Abs. 3 EGHGB-E erfassen.
  - In der **dritten Welle** sollten ab **Geschäftsjahren, die nach dem 31.12.2027** beginnen, die **übrigen berichtspflichtigen Unternehmen** erfasst werden, ausgenommen Kleinstkapitalgesellschaften; kleine und mittlere Kapitalmarktemittenten sollten ein Wahlrecht zur Nichtanwendung des § 289b HGB für vor dem 1.1.2028 beginnende Geschäftsjahre haben, Art. 96 Abs. 4 EGHGB-E.
  - Zusätzlich sollten **Unternehmen mit bis zu 1.000 Beschäftigten** für vor dem 1.1.2027 beginnende Geschäftsjahre ausgenommen werden, Art. 96 Abs. 8 EGHGB-E. Bis zum 6.1.2030 bestehen Befreiungen für EU-Tochterunternehmen von Drittstaatenkonzernen bei konsolidierter EU-Berichterstattung eines anderen EU-Tochterunternehmens unter spezifischen Voraussetzungen, Art. 96 Abs. 6 EGHGB-E.
- Berichtspflicht für Konzernabschlüsse
  Auf Konzernebene sollte die erstmalige Anwendung für große Gruppen mit Unternehmen von öffentlichem Interesse ab Geschäftsjahren erfolgen, die nach dem 31.12.2024 beginnen, Art. 97 Abs. 1 EGHGB-E, während für übrige große Gruppen die Anwendung ab Geschäftsjahren nach dem 31.12.2026 gelten sollte, Art. 97 Abs. 3 EGHGB-E. Konzerne mit bis zu 1.000 Beschäftigten sollen für vor dem 1.1.2027 beginnende Geschäftsjahre ausgenommen sein, Art. 97 Abs. 7 EGHGB-E.
- Die Berichtspflichten für Drittstaaten-Tochterunternehmen und Zweigniederlassungen gemäß §§ 315h–315k, 328b HGB-E sollten ab nach dem 31.12.2027 beginnenden Geschäftsjahren greifen, Art. 98 Abs. 2 EGHGB-E.

Die **ESEF-Auszeichnungspflicht** des Nachhaltigkeitsberichts im Lagebericht sollte erstmals für nach dem 31.12.2025 beginnende Geschäftsjahre, Art. 96 Abs. 7 EGHGB-E, gelten, während die ESEF-Auszeichnung des Konzernnachhaltigkeitsberichts ab Geschäftsjahren nach dem 31.12.2025 anzuwenden sein sollte, § 315e HGB-E, Art. 97 Abs. 6 EGHGB-E.

cc) Inhaltliche Anforderungen an den Nachhaltigkeitsbericht

161 Die inhaltlichen Anforderungen orientieren sich am Konzept der **doppelten Wesentlichkeit**: Berichtsrelevant sind **Angaben zu den Auswirkungen des Unternehmens auf Nachhaltigkeitsaspekte und umgekehrt**, einschließlich Informationen zum Geschäftsmodell und zur Strategie, zu Übergangs- und Investitionsplänen (1,5-Grad-Pfad/Netto-Null 2050), zu Zielen (inklusive Treibhausgasziele für 2030 und 2050), zu Governance-Rollen, Policies, Anreizsystemen, Due-Diligence-Prozessen und negativen Auswirkungen in der Wertschöpfungskette sowie zu Risiken und relevanten Indikatoren, § 289c HGB-E. Zudem sind der Erhebungsprozess, Verweise und Erläu-

terungen sowie – soweit erforderlich – Wertschöpfungsketteninformationen zu berichten, § 289c Abs. 3 bis 5 HGB-E.

Alle Angaben haben gemäß den **European Sustainability Reporting Standards (ESRS)**[1)] nach Artikel 29b der Richtlinie 2013/34/EU zu erfolgen, § 289c Abs. 6 HGB-E. Die ESRS befinden sich derzeit in Überarbeitung (→ Rz. 169).

Kleine und mittelgroße kapitalmarktorientierte Unternehmen dürfen den Umfang nach § 289d HGB-E auf Kernangaben beschränken, wobei die Standards gemäß Artikel 29c der Richtlinie 2013/34/EU anzuwenden sind.

Anmerkung:

Kleine und mittelgroße kapitalmarktorientierte Unternehmen können sich auf folgende Angaben beschränken:

- Kurze Beschreibung von Geschäftsmodell und Strategie der Kapitalgesellschaft
- Beschreibung der Unternehmenspolitik hinsichtlich Nachhaltigkeit
- Wichtigste tatsächliche oder potenzielle negative Auswirkungen der Kapitalgesellschaft in Bezug auf Nachhaltigkeitsaspekte sowie jegliche Maßnahmen zur Ermittlung, Überwachung, Verhinderung, Minderung oder Behebung solcher tatsächlichen oder potenziellen negativen Auswirkungen
- Wichtigste Risiken, denen die Kapitalgesellschaft im Zusammenhang mit Nachhaltigkeitsaspekten ausgesetzt ist und die Handhabung dieser Risiken durch die Kapitalgesellschaft
- Schlüsselindikatoren die für die vorgenannten Angaben erforderlich sind.

Flankierend ist die **Beteiligung der Arbeitnehmervertreter** auf geeigneter Ebene bei der Erstellung von (Konzern-)Nachhaltigkeitsberichten vorgeschrieben, § 289b Abs. 6, § 315b Abs.5 HGB-E.

dd) Bestandteil des (Konzern-)Lageberichts

Der Nachhaltigkeitsbericht bildet einen **klar erkennbaren Abschnitt des Lage- beziehungsweise Konzernlageberichts,** § 289b Abs. 1 Satz 2; § 315b Abs. 1 Satz 2 HGB-E. Für Tochterunternehmen bestehen Befreiungen bei Einbeziehung in befreiende (Konzern-)Nachhaltigkeitsberichte des (EU- oder Drittstaaten-)Mutterunternehmens unter engen Voraussetzungen; in diesen Fällen sind Informationspflichten im eigenen Lagebericht zu erfüllen, § 289b Abs. 4 HGB-E. 162

In formaler Hinsicht ist der Lagebericht im **European Single Electronic Format (ESEF)** zu erstellen, wobei der Nachhaltigkeitsbericht elektronisch auszuzeichnen ist, § 289g HGB-E. Zusätzlich sind die wichtigsten immateriellen Ressourcen in den (Konzern-)Lageberichten anzugeben, § 298 Abs. 3a, § 315 Abs. 3a HGB-E.

ee) Prüfung der Nachhaltigkeitsberichterstattung

Nachhaltigkeitsberichte und Konzernnachhaltigkeitsberichte sind verpflichtend zu prüfen, § 324b HGB-E. Gegenstand und Umfang der Prüfung umfassen auch die Einhaltung der ESRS und des Artikels 8 der Taxonomie-Verordnung sowie formale Vorgaben; anzuwenden sind die EU-Prüfungsstandards nach Artikel 26a der Richtlinie 2006/43/EG, § 324c HGB-E. 163

Anmerkung:

Bis zum Inkrafttreten von EU-Standards gilt die **Prüfung mit begrenzter Sicherheit**; der Prüfungsvermerk ist als Negativaussage auszugestalten, Art. 99 EGHGB-E.

1) Zu den Financial Effects in der Nachhaltigkeitsberichterstattung vgl. Reinke/Müller, DB 2025, 2517.

Der Prüfer erteilt einen Prüfungsvermerk, der uneingeschränkt, eingeschränkt oder versagt sein oder zum Ausdruck bringen kann, dass keine Beurteilung möglich ist; der Vermerk enthält eine Beschreibung von Gegenstand, Umfang, angewandten Standards und Ergebnis der Prüfung, § 324 Abs. 3 bis 7 HGB-E. Offenzulegen sind u.a. der Prüfungsvermerk über den Nachhaltigkeitsbericht, § 325 Abs. 1 Satz 1 Nr. 1 HGB-E.

ff) Prüfungsberechtigung

164 Zur Prüfung des Nachhaltigkeitsberichts berechtigt ist ein Wirtschaftsprüfer oder eine Wirtschaftsprüfungsgesellschaft, der bzw. die **im Berufsregister** ausdrücklich als „Prüfer für Nachhaltigkeitsberichte" registriert ist, § 324e HGB-E i.V.m. § 38 Nr. 1 Buchst. g bzw. Nr. 2 Buchst. k WPO-E. Voraussetzung für die Registrierung ist eine zusätzliche **Prüfung zum Prüfer für Nachhaltigkeitsberichte,** § 13c WPO-E und in der Regel eine **mindestens achtmonatige einschlägige praktische Ausbildung**; anschließend erfolgt die Registrierung, § 13d WPO-E.

Für die Übergangszeit gilt, dass vor dem 1.1.2026 bestellte Berufsangehörige sich zunächst ohne Zusatzprüfung registrieren lassen können, jedoch binnen 18 Monaten eine einschlägige Fortbildung nachweisen müssen, andernfalls erfolgt die Löschung der Eintragung, § 140 WPO-E. Es gelten **Unabhängigkeits-, Abkühlungs- und Nichtprüfungsleistungsverbote** analog zur Abschlussprüfung; die Abschlussprüferaufsichtsstelle (APAS) überwacht auch Nachhaltigkeitsprüfer, § 43 WPO-E. In Drittstaatenkonstellationen wird ein Bestätigungsurteil von nach dem jeweiligen Recht befugten Personen oder Gesellschaften akzeptiert, § 315h Abs. 1 Nr. 2 HGB-E.

gg) Sanktionen

165 Verstöße gegen inhaltliche und formale Pflichten der Nachhaltigkeitsberichterstattung sind als Ordnungswidrigkeit bewehrt, § 334 HGB-E.

c) Folgen der Nichtumsetzung des CSRD-Umsetzungsgesetzes in 2025 für das Geschäftsjahr 2025

166 Wie für das **Geschäftsjahr 2024** gelten auch für das Geschäftsjahr 2025 die **bestehenden Berichtspflichten** nach den §§ 289b bis 289e bzw. §§ 315b, 315c HGB für bestimmte große kapitalmarktorientierte Unternehmen und Kreditinstitute und Versicherungen mit mehr als 500 Mitarbeitenden. Dies bedeutet, dass der durch das CSR-Richtlinie-Umsetzungsgesetz[1] im Jahr 2017 geschaffene Rechtsrahmen für die **Pflicht zur nichtfinanziellen (Konzern-)Berichterstattung**, basierend auf der Non-Financial Reporting Directive (NFRD 2014), weiterhin Anwendung findet.

Gemäß § 289d HGB steht es Unternehmen frei, **europäische Rahmenwerke** wie die **European Sustainability Reporting Standards (ESRS)** für ihre nichtfinanzielle Berichterstattung heranzuziehen. Nach Auffassung des IDW vom 14.11.2024[2] und aktualisierter Einschätzung des IDW vom 20.12.2024[3] sowie für 2025 aktualisierter Auffassung des IDW vom 19.12.2025[4] sind die ESRS aufgrund ihrer Integration in das europäische Recht als anerkanntes Berichtsrahmenwerk zu betrachten und können somit auch für die Berichtspflichten des Geschäftsjahres 2024 eingesetzt werden. Dies schließt eine **Teilanwendung einzelner Standards** ein, sofern die verwendeten ESRS und deren spezifische Inhalte gemäß den Anforderungen des § 289d HGB klar und nachvollziehbar ausgewiesen werden.

1) CSR-RUG v. 11.4.2017, BGBl. I 2017, 802 ff.
2) IDW v. 14.11.2024, https://www.idw.de/IDW/Medien/Arbeitshilfen-oeffentlich/Support-Dokumente-oeffentlich/IDW-Mitgliederrundschreiben-CSRD-241114b.pdf.
3) IDW v. 20.12.2024, https://www.idw.de/idw/medien/presseinformationen/idw-veroeffentlicht-fragen-und-antworten-papier-zu-den-folgen-der-nicht-umsetzung-der-csrd-bis-ende-2024.html.
4) https://www.idw.de/idw/idw-aktuell/idw-aktualisiert-fragen-und-antworten-zur-verspaeteten-umsetzung-der-csrd.html.

Das DRSC (Deutsches Rechnungslegungs Standards Committee) empfiehlt Unternehmen in seinem Briefing Paper vom 18.12.2024[1], die **ESRS als Rahmenwerk für die NFE** zu nutzen. Nach Auffassung des DRSC können die ESRS eine gesetzeskonforme und umfassende Berichterstattung gewährleisten. Besonders hervorzuheben sind dabei die Erweiterung des Wesentlichkeitsprinzips durch die doppelte Wesentlichkeit, die klare Vorgabe, eine ESRS-konforme NFE als eigenständigen Abschnitt im Lagebericht darzustellen, sowie die Möglichkeit, bestehende Daten und sektorspezifische Standards im Rahmen der Übergangsregelungen zu nutzen. Zudem adressiert das Briefing Paper den Konflikt zwischen ESRS- und HGB-Anforderungen und schlägt vor, bei Widersprüchen den ESRS-Vorgaben Vorrang zu gewähren.

Für **Unternehmen mit weniger als 750 Mitarbeitern** bieten die ESRS zusätzliche Erleichterungen durch Übergangsbestimmungen bei der Berichterstattung. Diese wurden durch den sog. Quick Fix Delegierten Rechtsakt auf alle Unternehmen ausgeweitet (→ Rz. 169). Das Briefing Paper gibt detaillierte Hinweise, wie die ESRS mit den bestehenden Anforderungen des HGB vereinbar sind und welche Übergangsregelungen genutzt werden können.

Für eine detaillierte Betrachtung und konkrete Anwendungshinweise wird auf das vollständige Dokument Briefing Paper des DRSC verwiesen.

Auswirkungen für den Berufsstand der Wirtschaftsprüfer:

Für Wirtschaftsprüfer bringt die Verzögerung der CSRD-Umsetzung spezifische Herausforderungen mit sich. Aktuell unterliegt die nichtfinanzielle Berichterstattung keiner externen materiellen Prüfungspflicht. Abschlussprüfer prüfen lediglich die Vorlage gemäß § 317 Abs. 2 Satz 4 HGB.

Artikel 4 Abs. 2 Unterabsatz 2 der geänderten EU-Abschlussprüfer-Verordnung stellt klar, dass Honorare für die Bestätigung von Nachhaltigkeitsberichten vom „Fee Cap" ausgenommen sind. Diese Freistellung gilt für alle Geschäftsjahre, die ab dem 1.1.2024 beginnen, unabhängig davon, ob die CSRD bereits in nationales Recht umgesetzt wurde. Somit werden auch Honorare für Prüfungen von Nachhaltigkeitsberichten für die Geschäftsjahre 2024 und 2025 nicht vom Fee Cap erfasst, selbst wenn die Berichterstattung über die bisherigen Anforderungen der Bilanzrichtlinie hinausgeht und die CSRD nicht rechtzeitig umgesetzt wurde.

Honorare für Beratungs- und Unterstützungsleistungen im Zusammenhang mit der Einführung der CSRD-Berichterstattung fallen nicht unter die Regelung des Art. 4 Abs. 2 Unterabsatz 2 der Abschlussprüfer-Verordnung (APrVO). Sie gelten weiterhin als Nichtprüfungsleistungen und sind daher bei der Berechnung des Fee Cap uneingeschränkt zu berücksichtigen.

Es bleibt unklar, ob eine **freiwillige konsolidierte Nachhaltigkeitsberichterstattung eines deutschen Mutterunternehmens** im Jahr 2025 die Anforderungen der CSRD erfüllt und eine **Befreiung von Tochterunternehmen aus anderen EU-Mitgliedstaaten** der Berichtspflicht bewirken kann. Zwar setzt dies die vollständige Anwendung der ESRS voraus, jedoch stellt die verpflichtende Prüfung durch einen registrierten Nachhaltigkeitsprüfer eine wesentliche Hürde dar. Aufgrund der fehlenden Umsetzung der CSRD können in Deutschland entsprechende Befugnisse bislang nicht ins Berufsregister eingetragen werden. Offen ist, ob eine Prüfung durch nicht registrierte Wirtschaftsprüfer dennoch als befreiend anerkannt werden könnte.

Die **rückwirkende Anwendung des CSRD-Umsetzungsgesetzes** (CSRD-UmsG) auf das Geschäftsjahr 2024 wurde vom IDW wegen Verletzung des Rückwirkungsverbots nach Art. 20 GG als verfassungsrechtlich unzulässig eingestuft. Dies ist auf das Jahr 2025 entsprechend anzuwenden. Eine Umsetzung des Gesetzes im Jahr 2026 würde hingegen als verfassungskonform gelten, sofern die Vorgaben erstmals für das Geschäftsjahr 2026 Anwendung finden. Unternehmen wären somit verpflichtet, ab 2026 einen Nachhaltigkeitsbericht nach den Vorgaben der CSRD zu erstellen. Für Unternehmen mit abweichenden Geschäftsjahren bleibt der Anwendungszeitpunkt

1) DRSC v. 18.12.2024, https://www.drsc.de/app/uploads/2024/12/241218_DRSC_Briefing_Paper_ESRS-NFRD.pdf.

Anmerkung:
Die Stop-the-Clock-Richtlinie (EU) 2025/794 zur Verschiebung der zeitlichen Erstanwendung der Nachhaltigkeitsberichterstattung gemäß CSRD ist nach ihrer Veröffentlichung im EU-Amtsblatt am 16.4.2025 in Kraft getreten, nachdem sowohl der Rat der Europäischen Union als auch das EU-Parlament ihre Zustimmung zum Kommissionsvorschlag gegeben hatten.

- Insbesondere auch zur Entlastung derjenigen Unternehmen, die gemäß CSRD bereits für das Geschäftsjahr 2024 erstmalig unter den Anwendungskreis gefallen sind, hat die EU-Kommission zusätzlich kurzfristig Erleichterungen per delegierten Rechtsakten auf den Weg gebracht, die anders als die oben genannten Anpassungen der CSRD unmittelbar Rechtswirksamkeit entfalten:

Am 13.11.2025 trat die Delegierte Verordnung (EU) 2025/1416 mit Änderungen des ESRS Set 1 in Kraft (sog. „Quick Fix"), die in erster Linie Anpassungen der Übergangsbestimmungen in Anlage C des ESRS 1 vorsieht. Konkret sieht der delegierte Rechtsakt vor, die Übergangsbestimmungen, die bisher nur für Unternehmen mit bis zu 750 Mitarbeitenden galten, auf alle berichtspflichtigen Unternehmen auszuweiten und den Anwendungszeitraum zu verlängern. Somit haben Unternehmen insbesondere die Möglichkeit, in den ersten drei Berichtsjahren auf die Angaben in Bezug auf die Standards

- E4 Biodiversität,
- S2 Arbeitskräfte in der Wertschöpfungskette,
- S3 Betroffene Gemeinschaften und
- S4 Verbraucher und Endnutzer

zu verzichten, auch wenn diese Themen als wesentlich identifiziert wurden. Gleiches gilt auch für einzelne Angabepflichten in Bezug auf den Standard S1 Eigene Belegschaft.

Anmerkung:
Die Änderungen sollen bereits für das Geschäftsjahr 2025 gelten, eine Nutzung der Übergangsbestimmungen ist für Unternehmen aber freiwillig.

d) Corporate Sustainability Due Diligence Directive

170 Die am 13.6.2024 verabschiedete Corporate Sustainability Due Diligence Directive (CSDDD) soll weiter vereinfacht werden (siehe auch → Rz. 233). Folgende Änderungen sind vorgesehen:

- Unternehmen können die Ermittlung und Bewertung negativer Auswirkungen auf die Bereiche ihrer eigenen Geschäftstätigkeit oder ihrer Geschäftspartner fokussieren, in denen tatsächliche und potenzielle Auswirkungen am ehesten auftreten.
- Zur Vermeidung der Unterbrechung produktionskritischer Lieferketten soll die Pflicht zur Beendigung der Vertragsbeziehungen bei schwerwiegenden negativen Auswirkungen entfallen. Stattdessen sollen die Vertragsbeziehungen nur vorübergehend ausgesetzt werden.
- Die Einbeziehung von Stakeholdern soll auf direkt Betroffene und deren Vertreter begrenzt werden. Auch sollen die Teilbereiche der Sorgfaltspflichten reduziert werden, bei denen eine Beteiligung der Stakeholder erfolgen soll.
- Weiter ist eine Reduzierung des Überwachungsaufwandes vorgesehen. Die Angemessenheit und Wirksamkeit der Maßnahmen im Rahmen der CSDDD ist nur

noch alle fünf Jahre statt wie bisher jährlich zu überprüfen. Weiterhin sind jedoch bei konkretem Anlass Überwachungsmaßnahmen zu ergreifen.

- Die bisherige CSDDD sieht neben Sorgfaltspflichten auch die Erstellung von Klimaplänen vor. Diese Pflicht soll abgeschwächt werden. Zwar müssen Klimapläne Umsetzungsmaßnahmen enthalten, deren tatsächliche Umsetzung ist aber nicht mehr verpflichtend.
- In Bezug auf Sanktionen und Haftung wird es kein EU-weites Regime geben. Sanktionen werden auf 3 % des globalen Nettoumsatzes des Unternehmens beschränkt.
- Last but not least soll der Start der CSDDD verschoben werden. Die nationale Umsetzung soll bis zum 26.7.2028 erfolgen mit einer Verpflichtung zur Erfüllung der Vorgaben durch die betroffenen Unternehmen bis Juli 2029.

Anmerkung:

Im Rahmen der inoffiziellen Trilogverhandlungen erzielten Vertreter von Ministerrat und EU-Parlament am 9.12.2025 eine vorläufige Einigung zu den o.g. Inhalten. Diese müssen von beiden Institutionen noch offiziell bestätigt werden. Anschließend werden die neuen EU-Vorschriften im EU-Amtsblatt veröffentlicht. Daraufhin ist eine Umsetzung in nationales Recht durch die EU-Mitgliedstaaten erforderlich.

3. EFRAG Exposure Drafts: Überarbeitungen des ESRS Set 1

Die EU-Kommission schlug im Rahmen des am 26.2.2025 veröffentlichten Omnibus-Pakets (→ Rz. 169), das eine Reihe von Erleichterungen im Zusammenhang mit dem EU Green Deal und insbesondere der Nachhaltigkeitsberichterstattung gemäß Corporate Sustainability Reporting Directive (CSRD) vorsieht, u.a. eine **umfangreiche inhaltliche Überarbeitung der European Sustainability Reporting Standards** (ESRS) vor. Die EU-Kommission forderte insbesondere eine Reduzierung der Datenpunkte, eine Umwandlung verpflichtender Datenpunkte in freiwillige Angaben sowie eine Priorisierung quantitativer vor qualitativen Informationen. Am 31.7.2025 hat die EFRAG ihre überarbeiteten Exposure Drafts (Delegierte Verordnung (EU) 2023/2772) veröffentlicht und diese bis Ende September zur öffentlichen Konsultation gestellt. Auf Grundlage der im Laufe der öffentlichen Konsultation eingegangenen Rückmeldungen hat die EFRAG die ESRS erneut überarbeitet (sog. Simplified ESRS) und anschließend als „Technical Advice" an die EU-Kommission übergeben. Der Öffentlichkeit wurden sie am 3.12.2025 zugänglich gemacht. Die Überarbeitungen haben insbesondere die **Reduktion des administrativen Aufwands** für die berichtenden Unternehmen sowie die gleichzeitige Erreichung der Kernziele des europäischen Green Deals zum Ziel. Im Wesentlichen beinhalten die Entwürfe die folgenden Erleichterungen: 171

Reduzierung der Anzahl zu berichtender Datenpunkte

Gegenüber den ursprünglichen Standards wurden die **freiwilligen Angaben** gestrichen und auch weitere Datenpunkte angepasst, mit einem Fokus auf qualitativen Angaben. Die quantitativen Angaben bleiben im Wesentlichen unverändert.

Erleichterungen im Zusammenhang mit der Wesentlichkeitsanalyse

Die Simplified ESRS beinhalten verschiedene Änderungen, die die Bestimmung der doppelten Wesentlichkeit vereinfachen sollen. Dabei sollen insbesondere die Komplexität des Verfahrens sowie Unklarheiten reduziert werden. Zur Verringerung der Komplexität wurde die Liste der in der Wesentlichkeitsanalyse zu betrachtenden Nachhaltigkeitsthemen (ehemals ESRS 1 AR 16) gestrafft. Im Rahmen eines sog. „Top down" Ansatzes soll es darüber hinaus zukünftig möglich sein, bereits auf Themenebene über die (Nicht-)Wesentlichkeit zu entscheiden. Dies erfolgt auf Basis von Strategie und Geschäftsmodell und soll aufwendige granulare Bewertungsprozesse anhand aller Bewertungskriterien vermeiden. Zusätzlich wird es in bestimmten Fällen möglich sein, Maßnahmen bereits im Rahmen der Wesentlichkeitsanalyse zu bewerten.

Verbesserung der Lesbarkeit und Integration in die Unternehmensberichterstattung

Um die Lesbarkeit zu verbessern, den Aufwand der Berichtserstattung zu minimieren und den Fokus auf die wesentlichen Informationen zu legen, wurden auch strategische Anpassungen vorgenommen. So sollen Unternehmen fortan die Möglichkeit haben, eine zusammenfassende Einleitung zu Beginn ihrer Nachhaltigkeitsberichterstattung zu erstellen. Darüber hinaus sehen die Simplified ESRS die Möglichkeit vor, dass Unternehmen besonders detaillierte Informationen, Angaben zu nicht wesentlichen Themen und die Offenlegungen in Bezug auf die EU-Taxonomie in Anhängen darstellen können. Zudem soll Unternehmen bei der Angabe zu Konzepten, Maßnahmen und Zielen mehr Flexibilität ermöglicht werden. Darunter fällt beispielsweise auch die Option, Konzepte, die mehrere wesentliche Themen abdecken, nur noch im Rahmen eines Themas zu berichten und an den anderen Stellen darauf zu verweisen. Auf diese Weise sollen Wiederholungen vermieden werden.

Überarbeitung und Umbenennung der Mindestangabepflichten

Um Überschneidungen zwischen Inhalten, die in den Mindestangabepflichten zu Konzepten, Maßnahmen und Zielen im Rahmen des ESRS 2 gefordert wurden, und Angaben im Rahmen der themenspezifischen Standards zu minimieren, hat die EFRAG sowohl die Datenpunkte der Mindestangabepflichten als auch die themenspezifischen Datenpunkte zu Konzepten, Maßnahmen und Zielen reduziert. Die EFRAG schlägt zudem eine Umbenennung der Mindestangabepflichten in „General Disclosure Requirements" vor und stellt klar, dass keine doppelten Angabepflichten – sowohl zum ESRS 2 als auch im Rahmen des jeweiligen themenspezifischen Standards – entstehen.

Bessere Verständlichkeit und Zugänglichkeit der Standards

Um Unklarheiten zu reduzieren, wurden die freiwilligen „Kann"-Angaben sowie nicht obligatorische Inhalte aus den Simplified ESRS gestrichen. Darüber hinaus werden die Anwendungsanforderungen in den Simplified ESRS direkt unter den dazugehörigen Datenpunkten dargestellt.

Erleichterungen für die Ermittlung von Angaben

In Bezug auf die Beschaffung von Informationen, insbesondere für die Berechnung von Kennzahlen, enthalten die Simplified ESRS einige Änderungen, die vielen Unternehmen in der Praxis deutliche Erleichterungen bringen dürften: Zukünftig kann die Berechnung von Kennzahlen ohne Berücksichtigung nicht wesentlicher Einheiten oder Aktivitäten erfolgen. Darüber hinaus sind Erleichterungen bei unterjährigen Veränderungen im Konsolidierungskreis vorgesehen. Akquisitionen müssen erst im Folgejahr berücksichtigt werden. Unterjährig veräußerte Gesellschaften können hingegen für die gesamte Berichtsperiode aus der Berichterstattung ausgespart werden. Schließlich betonen die Simplified ESRS für die Erhebung von Informationen das Prinzip der Verhältnismäßigkeit: Eine Erhebung muss dann nicht erfolgen, wenn sie zu „undue cost on effort" führen würde. Sofern Daten – auch für die eigene Geschäftstätigkeit – noch nicht vollständig vorliegen, kann das Unternehmen eine partielle Berichterstattung nutzen, muss dann aber darstellen, wie Datenlücken geschlossen und die Datenqualität erhöht werden sollen. Die EFRAG stellt dabei klar, dass die Erwartung ist, dass die Datenabdeckung über die Zeit zunimmt.

ESRS als Fair Presentation Framework

Die Simplified ESRS enthalten eine Klarstellung, dass es sich bei den ESRS um ein Fair Presentation Framework handelt und nicht um ein Compliance Framework, bei dem entsprechend wie bei einer Checkliste alle Angabepflichten abgearbeitet werden müssen. Stattdessen sollen mit der Berichterstattung die tatsächlich wesentlichen Informationen über die Auswirkungen, Chancen und Risiken des berichtenden Unternehmens korrekt und wahrheitsgetreu dargestellt werden. Dieses Prinzip ist auch als True and Fair View aus der Finanzberichterstattung der IFRS bekannt und wird von den IFRS Sustainability Reporting Standards angewendet. In diesem Zusammenhang wirkt auch die Betonung der Wesentlichkeit von Informationen („Materiality of information"), dass nur Dinge berichtet werden müssen, die für Nutzer relevant sind.

Weitere Erleichterungen

Die EFRAG hat in ihren Überarbeitungen versucht, sowohl die Begrifflichkeiten als auch die Berichtslogiken näher an internationale Standards, wie den IFRS, anzupassen. Auch die Datenpunkte, die mit anderen EU-Richtlinien in Verbindung stehen, hat die EFRAG auf Relevanz für die Nachhaltigkeitsberichterstattung geprüft und Anpassungen vorgenommen.

Offene Punkte

Die EFRAG hat in den Simplified ESRS keine abschließende Entscheidung zur Anwendung der Übergangsbestimmungen getroffen, sondern die EU-Kommission aufgefordert, diese im Rahmen der Gesetzgebung zu fällen. Sie soll entscheiden, ob auch Unternehmen, die nach Abschluss der Trilog-Verhandlungen ab dem Geschäftsjahr 2027 gemäß ESRS berichten müssen, bestimmte **Übergangsbestimmungen** nutzen können. Für sog. Wave 1-Unternehmen, die gemäß CSRD bereits seit 2024 unter den Anwendungskreis fallen, legen die Simplified ESRS 2026 als letztes Jahr für die Nutzung der Erleichterungen aus dem sog. „Quick Fix" fest. Dabei ist unerheblich, zu welchem Zeitpunkt die jeweilige Umsetzung in nationales Recht erfolgt ist.

Kritische Stellungnahme:

Die in den Simplified ESRS enthaltenen Vorschläge führen insbesondere zu einer verbesserten Anwendbarkeit und erhöhten Nutzerfreundlichkeit der Berichtsstandards. Wirkliches Potenzial für Erleichterungen bieten insbesondere der pragmatische Umgang mit offensichtlich (nicht) wesentlichen Themen im Rahmen der Wesentlichkeitsanalyse, Erleichterungen für die Ermittlung von Angaben und die Nutzung der ESRS als Fair Presentation Framework.

Die EU-Kommission muss die Vorschläge der EFRAG nach Erhalt der Vorschläge per Delegierter Verordnung erlassen. Zuvor müssen verschiedene europäische Aufsichtsbehörden und die Mitgliedstaaten konsultiert werden. Es wurde außerdem seitens der EU-Kommission angekündigt, eine einmonatige Zeit für öffentliche Stellungnahmen vorzusehen. Die offizielle Annahme der Delegierten Verordnung ist für Mitte 2026 angekündigt. Sie tritt dann standardmäßig nach einer Einspruchsfrist für EU-Parlament und Rat der Europäischen Union nach Veröffentlichung im Amtsblatt der Europäischen Union automatisch in Kraft. Die Simplified ESRS werden voraussichtlich erstmals auf das Geschäftsjahr 2027 anzuwenden sein. Darüber hinaus hat die EU-Kommission angekündigt, eine mögliche frühzeitige freiwillige Anwendung bereits für das Geschäftsjahr 2026 zu prüfen, um Unternehmen der Wave 1 zu entlasten.

Kritische Stellungnahme:

Einzelne zentrale Punkte wurden nicht bereits in den Simplified ESRS geregelt, sondern werden im Rahmen der weiteren Gesetzgebung durch die EU-Kommission entschieden. Dies betrifft für Wave 1 Unternehmen die Frage der Anwendung der neuen Standards bereits für das Geschäftsjahr 2026 sowie für alle anderen zukünftig unter den Anwendungskreis der CSRD fallenden Unternehmen die Frage der Anwendbarkeit von Übergangsbestimmungen. Mit Blick auf den Zeitplan des weiteren Gesetzgebungsprozesses wird so in Bezug auf zentrale Fragen mit Auswirkung auf Berichtsprozesse noch für einige Zeit regulatorische Unsicherheit bestehen bleiben.

4. Voluntary Sustainability Reporting Standards for non listed SMEs

172 Am 30.7.2025 hat die EU-Kommission eine Empfehlung[1] für den Standard für die freiwillige Nachhaltigkeitsberichterstattung kleiner und mittlerer Unternehmen (C(2025) 4984 final) verabschiedet. Dabei spricht die Kommission nicht börsennotierten kleinen und mittleren Unternehmen (KMU) und Kleinstunternehmen, die einen freiwilligen Nachhaltigkeitsbericht erstellen, die Empfehlung aus, die von der EFRAG entwickelten Voluntary Sustainability Reporting Standards for non-listed SMEs (VSME) zu nutzen.

Der VSME-Standard gilt für nicht börsennotierte Unternehmen, die nicht unter die CSRD fallen. Den Unternehmen wird empfohlen, den VSME-Standard zu verwenden, der dieselben Nachhaltigkeitsaspekte abdeckt wie die ESRS, dabei jedoch die grundlegenden Merkmale von Kleinstunternehmen sowie KMU berücksichtigt. Im Gegensatz zu den ESRS für große Unternehmen ist der **VSME-Standard nicht verpflichtend** anzuwenden.

Der Standard umfasst zwei Module, die das Unternehmen zur Erstellung des Nachhaltigkeitsberichts verwenden kann. Es gibt ein Basismodul, das Basiskennzahlen sowie Mindestangaben für KMU abdeckt, sowie ein Zusatzmodul, das zusätzlich Datenpunkte umfasst, die von Banken, Anlegern und Firmenkunden verlangt werden dürfen. Finanz- und Versicherungsunternehmen, die Nachhaltigkeitsinformationen von KMU anfordern, wird von der EU-Kommission empfohlen, sich dabei auf die Informationen der im VSME definierten Inhalte zu beschränken. Kleinstunternehmen müssen das Basismodul nicht in Gänze anwenden, sondern können sich auf bestimmte Teile beschränken.

Die freiwillige Nachhaltigkeitsberichterstattung gemäß VSME soll helfen, den Zugang zu nachhaltigen Finanzierungen zu erleichtern. Sie unterstützt KMU dabei, die eigene Nachhaltigkeitsleistung besser einzuschätzen und zu überwachen, um so ihre Resilienz und Wettbewerbsfähigkeit zu verbessern.

Anmerkung:

Der VSME mit den Vorgaben für die Nachhaltigkeitsberichterstattung von KMU sowie die dazu gehörenden Leitlinien[2] wurden auf englischer, deutscher und französischer Sprache veröffentlicht. Ein delegierter Rechtsakt zu den VSME-Standards steht noch aus. Eine Überarbeitung des freiwilligen Standards auf Grundlage der noch ausstehenden Konsultationsphase sowie der finalen Ausgestaltung in Bezug auf den CSRD-Anwendungskreis ist nicht auszuschließen. Durch die im Rahmen der Trilog-Verhandlungen diskutierten Größenklassen rücken die VSME für einen größeren Teil zukünftig nicht mehr berichtspflichtiger Unternehmen in den Fokus.

III. Internationale Rechnungslegung

1. Prüfungsschwerpunkte 2025 der ESMA

173 Die Europäische Wertpapier- und Marktaufsichtsbehörde (European Securities and Markets Authority, ESMA) hat am 14.10.2025 die gemeinsamen europäischen Prüfungsschwerpunkte (European Common Enforcement Priorities, ECEP) für die Unternehmensberichterstattung 2025 veröffentlicht. Diese beziehen sich auf **IFRS-Abschlüsse**, die **Nachhaltigkeitsberichte** und auf das **europäische einheitliche elektronische Berichtsformat** (European Single Electronic Format, ESEF).

Die ESMA veröffentlicht jährlich Prüfungsschwerpunkte, die die europäischen nationalen Enforcer bei der Prüfung der Unternehmensberichterstattung besonders im Fokus haben werden.

1) https://ec.europa.eu/finance/docs/law/250730-recommendation-vsme_de.pdf. Zuletzt abgerufen am 25.11.2025.
2) https://ec.europa.eu/finance/docs/law/250730-recommendation-vsme-annex-2_de.pdf. Zuletzt abgerufen am 25.11.2025.

Anmerkung:

Anders als die nicht-finanzielle Erklärung unterliegt der Nachhaltigkeitsbericht künftig auch dem Enforcement durch die Bundesanstalt für Finanzdienstleistungsaufsicht (BaFin).

Die **BaFin** übernimmt die von der ESMA veröffentlichten Prüfungsschwerpunkte und ergänzt diese um weitere nationale Prüfungsschwerpunkte (→ Rz. 177). Daher sollten insbesondere kapitalmarktorientierte Unternehmen und deren Abschlussprüfer diese Themen besonders sorgfältig bei der Erstellung der Konzern- und Jahresabschlüsse sowie der Nachhaltigkeitsberichte und bei deren Prüfung beachten.

a) Abschlüsse nach International Financial Reporting Standards (IFRS)

Die Prüfungsschwerpunkte für IFRS-Abschlüsse betreffen: **174**

- Geopolitische Risiken und Unsicherheiten
- Segmentberichterstattung.

Aus Sicht der ESMA haben **geopolitische Risiken und Unsicherheiten** aufgrund ihrer weitreichenden und vielfältigen Auswirkungen auf die Geschäftsentwicklung, die Finanzlage und die Offenlegungspflichten eine hohe Relevanz für die Abschlüsse 2025. So führten beispielsweise der anhaltende Krieg in der Ukraine, der Konflikt im Nahen Osten sowie Handelsstreitigkeiten zu anhaltenden Schwankungen der Energie- und Rohstoffpreise, zu Störungen in den Lieferketten und zu Verschiebungen im globalen Handelsgefüge. Diese Entwicklungen können direkte Auswirkungen auf die finanzielle Berichterstattung haben, z.B. in Form von **Wertminderungen und Abschreibungen auf Vermögenswerte**, Änderungen bei der **Umsatzrealisierung** und der Werthaltigkeit von **aktiven latenten Steuern**. Darüber hinaus könnten Neueinschätzungen bei Rückstellungen, Liquiditätsrisiken, wesentlichen Bewertungsannahmen (z.B. für erwartete Kreditausfälle oder Fair-Value-Bewertungen), Einhaltung von Covenants, Annahmen zur Unternehmensfortführung und Sensitivitätsanalysen erforderlich sein. Die ESMA erwartet von den Unternehmen klare, detaillierte und unternehmensspezifische Angaben.

Bei der **Segmentberichterstattung** legt die ESMA den Fokus zunächst auf die **Identifizierung und Aggregation von Geschäftssegmenten**. Die Unternehmen müssen eine Konsistenz zwischen den intern vom Management genutzten segmentbezogenen Informationen und der externen Segmentberichterstattung sicherstellen. Darüber hinaus sind die Kriterien des IFRS 8 für eine zulässige Aggregation von Geschäftssegmenten (insbesondere vergleichbare wirtschaftliche Merkmale) zu beachten. Auch auf die Bedeutung der Abgrenzung der Geschäftssegmente für den Impairment Test wird hingewiesen, da zahlungsmittelgenerierende Einheiten nie größer als ein Geschäftssegment sein dürfen. Die ESMA gibt zu bedenken, dass geopolitische Unsicherheiten und Umweltaspekte zu Änderungen der berichteten Segmente führen können. Ein weiteres Augenmerk der ESMA liegt auf den **Angaben zu wesentlichen Ertrags- und Aufwandsposten** berichtspflichtiger Segmente unter Berücksichtigung der Agendaentscheidung des IFRS IC aus dem Monat Juli 2024. So sind einerseits bestimmte in IFRS 8 aufgeführte Ertrags- und Aufwandspositionen selbst dann anzugeben, wenn sie nicht separat an den Hauptentscheidungsträger berichtet werden, soweit sie in das jeweilige berichtete Segmentergebnis einfließen; andererseits sind auch nicht in das Segmentergebnis einfließende Ertrags- und Aufwandsposten separat anzugeben, wenn sie an den Hauptentscheidungsträger separat berichtet werden. Daneben wird die besondere Bedeutung **konzernweiter Angaben** zu geografischen Gebieten und wichtigen Kunden angesichts zunehmender Handelsbarrieren und geopolitischer Unsicherheiten hervorgehoben.

b) Nachhaltigkeitsberichte nach den European Sustainability Reporting Standards (ESRS)

175 Die Prüfungsschwerpunkte im Bereich der Nachhaltigkeit werden gelegt auf:

- Wesentlichkeitsbeurteilungen bei der Berichterstattung nach ESRS
- Umfang und Struktur des Nachhaltigkeitsberichts.

Angesichts der aktuell herrschenden regulatorischen Unsicherheiten (CSRD-Omnibus-Paket) (→ Rz. 158 ff. und → Rz. 169) hat die ESMA im Bereich der Nachhaltigkeit zwei der bereits im Vorjahr definierten Prüfungsschwerpunkte auf die Prüfungssaison 2026 vorgetragen. Der dritte Vorjahres-Schwerpunkt zur EU-Taxonomie wurde nicht übernommen. Hier wird auf den im Juli 2025 veröffentlichten, delegierten Rechtsakt zur Vereinfachung der Berichterstattung der EU-Taxonomie-Verordnung hingewiesen, der – soweit kein Widerspruch erhoben wird – nach Ablauf einer viermonatigen Frist in Kraft tritt und dann bereits für das Geschäftsjahr 2025 angewendet werden kann, aber nicht muss.

Das **Konzept der doppelten Wesentlichkeit** spielt eine zentrale Rolle für die Bestimmung der unternehmensspezifischen IROs (Impacts, Risks and Opportunities – Auswirkungen, Risiken und Chancen) sowie der wesentlichen Informationen und damit für die Entscheidungsnützlichkeit von Nachhaltigkeitsberichten. Die ESMA erinnert an die zentralen Schritte der **Wesentlichkeitsanalyse** und verweist auf die damit verbundenen Angabepflichten.

Die ESMA geht auf wesentliche Anforderungen an **Umfang und Struktur des Nachhaltigkeitsberichts** ein, wie etwa Berichtsgrenzen, Gliederung und Verweistechniken. Der Umfang des Nachhaltigkeitsberichts soll sich am Konsolidierungskreis für den Konzernabschluss des Mutterunternehmens orientieren und grundsätzlich Informationen über die gesamte Wertschöpfungskette umfassen. Auf die Konnektivität zwischen der Nachhaltigkeitsberichterstattung und anderen Bereichen der Unternehmensberichterstattung wird explizit hingewiesen.

c) ESEF (European Single Electronic Format)

176 Im Hinblick auf die ESEF-Berichterstattung legt die ESMA den Schwerpunkt auf Prüffelder, in denen häufig Fehler festgestellt wurden.

Der Prüfungsschwerpunkt liegt dieses Jahr auf häufigen Fehlern bei der Auszeichnung der **Kapitalflussrechnung.**

Darüber hinaus verweist die ESMA neben den Prüfungsschwerpunkten **auf weitere relevante Themengebiete und Veröffentlichungen:**

- Konnektivität von Finanz- und Nachhaltigkeitsberichterstattung hinsichtlich klimabezogener Angaben
- aktuelle IFRS-Entwicklungen (IFRS 7, 9 und 18)
- das aktualisierte ESEF Reporting Manual
- konsistente Nutzung von alternativen Leistungskennzahlen (Alternativ Performance Measures, APMs) im Zeitablauf.

2. Prüfungsschwerpunkte der BaFin

177 Die Bundesanstalt für Finanzdienstleistungsaufsicht (BaFin) hat am 27.11.2025 ihren nationalen Prüfungsschwerpunkt für die Bilanzkontrolle 2026 bekannt gegeben. Schwerpunktmäßig soll die **Lageberichterstattung in dem sich ändernden makroökonomischen Umfeld** geprüft werden. Dieser nationale Prüfungsschwerpunkt ergänzt die von der ESMA am 14.10.2025 veröffentlichten gemeinsamen europäischen Prüfungsschwerpunkte (→ Rz. 173 ff.).

Die BaFin betont, dass die gegenwärtige Wirtschaftslage durch Handelsbeschränkungen, schwankende Rohstoff- und Energiepreise, strukturelle Anpassungsprozesse und technologische Veränderungen geprägt ist. Hingewiesen wird zudem auf Unsicherheiten durch den zunehmenden Einsatz künstlicher Intelligenz, globalisierte Wertschöpfungsketten und neue regulatorische Anforderungen.

Der Lagebericht soll die **gegenwärtige Lage** und die **voraussichtliche künftige Entwicklung** des Unternehmens sowie den Umgang mit diesen Herausforderungen nachvollziehbar darstellen. Die BaFin wird im Rahmen der Bilanzkontrollverfahren überprüfen, ob die Unternehmensleitung die **makroökonomischen Einflussfaktoren ausgewogen und umfassend analysiert** hat.

Unzureichende Datengrundlagen, zu optimistische Prognoseannahmen oder negative Entwicklungen, welche relativiert oder nicht deutlich genug herausgestellt werden, sind aus Sicht der BaFin potenzielle Fehlerquellen. Zudem sind Widersprüche zwischen interner Steuerungslogik und externer Berichterstattung zu vermeiden. Um der gesetzlich geforderten Klarheit und Vollständigkeit zu entsprechen, müssen die Unternehmen die verwendeten Annahmen und Parameter sorgfältig prüfen. Die BaFin verlangt im Interesse einer umfassenden Information des Kapitalmarkts, einen objektivierten Maßstab für die Berichterstattung zu verwenden und eine alleinige Beschränkung auf die subjektive Einschätzung der Unternehmensleitung oder die internen Steuerungsgrößen zu vermeiden.

Die BaFin weist darauf hin, dass eine transparente und sachgerechte Darstellung Vertrauen in die unternehmerische Steuerungsfähigkeit schafft und der Lagebericht nicht nur ein gesetzlich vorgeschriebenes Berichtselement, sondern ein wesentliches Kommunikationsinstrument im Spannungsumfeld von Rechenschaft und Perspektive darstellt.

3. Noch nicht angewendete neue bzw. geänderte Standards und Interpretationen (IAS 8.30)

a) Überblick

Nach IAS 8.30 ist über bereits verabschiedete Standards oder Interpretationen des IASB **zu berichten, sofern** diese in dem Berichtszeitraum **noch nicht verpflichtend anzuwenden** sind und auch nicht vorzeitig angewandt werden. **178**

Folgende **Angaben im Anhang** sind bspw. erforderlich:

- Titel des neuen Standards oder der neuen Interpretation,
- Art der bevorstehenden Änderung der Rechnungslegungsmethode,
- Zeitpunkt, ab dem die Anwendung des Standards bzw. der Interpretation verpflichtend ist,
- Zeitpunkt, ab dem das Unternehmen die Anwendung des Standards bzw. der Interpretation beabsichtigt,
- erwartete Auswirkungen auf den Abschluss oder wenn diese Auswirkungen unbekannt oder nicht verlässlich abzuschätzen sind, eine Erklärung mit diesem Inhalt.

Die folgende Tabelle gibt einen Überblick über die potenziell angabepflichtigen Vorschriften nach IAS 8.30 in einem **EU-IFRS Konzernabschluss zum 31.12.2025**.

Für einige tabellarisch dargestellte Standards und Interpretationen ist noch keine Übernahme in EU-Recht (EU-Endorsement) erfolgt, so dass diese noch nicht verpflichtend in der EU anzuwenden sind (ggf. vorzeitige freiwillige Anwendung möglich).

Bei den dargestellten potenziell angabepflichtigen Vorschriften wird eine allgemeine Einschätzung hinsichtlich der Auswirkung auf die Bilanzierungspraxis vorgenommen.

Auf Standards und Interpretationen mit grundsätzlicher Bedeutung sowie solche, bei denen eine Auswirkung erwartet wird, sollte im Anhang eingegangen werden. Eine vollständige Darstellung der nicht angewendeten neuen bzw. geänderten Standards und Interpretationen ist nicht erforderlich.

Sofern sich bei mehreren neuen Standards oder Interpretationen keine wesentlichen Auswirkungen auf das Unternehmen ergeben, kann eine Formulierung verwendet werden, in der die betreffenden Standards und Interpretationen ohne wesentliche Auswirkung weder beschrieben noch aufgelistet werden. Dies könnte bspw. in Form einer Sammelaussage erfolgen, dass außer den ausführlich beschriebenen Standards und Interpretationen die übrigen vom IASB verabschiedeten Standards und Interpretationen erwartungsgemäß keinen wesentlichen Einfluss auf den Konzernabschluss haben werden.

Ferner kann zum Zeitpunkt der Anwendung der Standards oder der Interpretationen durch das Unternehmen auch eine **Sammelaussage** getroffen werden, dass eine frühzeitige Anwendung der neuen Standards bzw. Interpretationen nicht geplant ist.

Standard	Titel	IASB Effective date*	Vorauss. Erstanwendungszeitpunkt in der EU*	Auswirkung**
EU-Endorsement noch ausstehend (Stand 18.12.2025)				
IFRS 18 (April 2024) (ersetzt IAS 1)	Darstellung und Offenlegung in Abschlüssen	1.1.2027	Ausstehend	Grundsätzliche Bedeutung
IFRS 19 (Mai 2024) und Amend. IFRS 19 (August 2025)	Tochtergesellschaften ohne öffentliche Rechenschaftspflicht	1.1.2027	Ausstehend	Branchen- bzw. unternehmensspezifische Bedeutung
Annual Improvements (Juli 2024)	Annual Improvements Volume 11	1.1.2026	1.1.2026	Branchen- bzw. unternehmensspezifische Bedeutung
Amend. IFRS 9 und IFRS 7 (Dezember 2024)	Verträge über naturabhängige Stromversorgung	1.1.2026	1.1.2026	Branchen- bzw. unternehmensspezifische Bedeutung
Amend. IFRS 9 und IFRS 7 (Mai 2024)	Änderungen an der Klassifizierung und Bewertung von Finanzinstrumenten	1.1.2026	1.1.2026	Branchen- bzw. unternehmensspezifische Bedeutung
Amend. IAS 21	Umrechnung in eine hochinflationäre Berichtswährung	1.7.2027	1.7.2027	Branchen- bzw. unternehmensspezifische Bedeutung

* Für Jahresabschlüsse, die am oder nach diesem Datum beginnen.
** Die allgemeine Einschätzung hinsichtlich der Auswirkung auf die Bilanzierungspraxis dient als Orientierung – die individuellen Auswirkungen auf das einzelne Unternehmen sind davon unabhängig zu erläutern.

b) Änderungen im Einzelnen

aa) Neuer Standard IFRS 18 betreffend „Darstellung und Offenlegung in Abschlüssen" ersetzt IAS 1

179 IFRS 18 wurde am 9.4.2024 vom International Accounting Standards Board (IASB) veröffentlicht und regelt die **Darstellung und Offenlegung von Informationen** in Abschlüssen. **IFRS 18 ersetzt den bisherigen IAS 1** und tritt für am oder nach dem **1.1.2027 beginnende Geschäftsjahre** in Kraft.

Der neue IFRS 18 wird die **Struktur der Gewinn- und Verlustrechnung**, insbesondere den Ausweis von Erträgen und Aufwendungen innerhalb der Gewinn- und Verlustrechnung (GuV), verändern. Bezweckt wird, die Darstellung finanzieller Informationen zu verbessern sowie Abschlüsse transparenter und besser vergleichbar zu machen. Folgende Ziele werden durch IFRS 18 umgesetzt:

- Neue Regelungen zur Struktur bzw. Klassifizierung der Gewinn- und Verlustrechnung, einschließlich einer neuen obligatorischen Zwischensumme „operativer Gewinn".
- Neue Anforderung zur Offenlegung von vom Management definierten Leistungskennzahlen und zur Überleitung aller Non-IFRS-Kennzahlen auf IFRS.
- Neue Prinzipien zur Aggregation und Disaggregation, die für alle Primärbestandteile des Abschlusses und die Anhangangaben gelten.

IFRS 18 enthält einige der **bedeutendsten Änderungen in der Darstellung von Finanzberichten** seit der verpflichtenden Einführung der IFRS für Konzernabschlüsse in Deutschland vor über zwanzig Jahren. Diese Änderungen betreffen sowohl Halbjahresfinanzberichte als auch Jahresfinanzberichte. Unternehmen müssen nicht nur die Struktur ihrer Gewinn- und Verlustrechnung überarbeiten, sondern auch die Grundlage und Angemessenheit der Leistungskennzahlen überprüfen, die sie in den Konzernlageberichten und der externen Kommunikation mit Investoren und anderen Stakeholdern verwenden.

IFRS 18 (Darstellung und Angaben im Abschluss) konzentriert sich auf neue Anforderungen für die Gewinn- und Verlustrechnung und gilt für Berichtsperioden, die am oder nach dem **1.1.2027** beginnen, wobei eine frühere Anwendung zulässig ist. Unternehmen mit Sitz in Deutschland müssen jedoch **auf das Endorsement von IFRS 18 durch die EU warten**, bevor sie eine vorzeitige Anwendung vornehmen können.

Die Vergleichsinformationen in den Abschlüssen müssen im Jahr der erstmaligen Anwendung retrospektiv angepasst werden.

Anmerkung:

Wenngleich IFRS 18 nicht die Ansatz- und Bewertungsvorschriften für Vermögenswerte und Schulden verändert; wird der Standard die Art und Weise beeinflussen, wie Unternehmen Informationen in ihren Abschlüssen präsentieren und offenlegen.

Zusätzlich zu den bestehenden Anforderungen, die aus IAS 1 übernommen wurden, enthält IFRS 18 einige wichtige neue Anforderungen, die sich auf die Gewinn- und Verlustrechnung und die Anhangangaben zur finanziellen Leistung konzentrieren.

Erträge und Aufwendungen müssen jeweils in folgende **drei Kategorien** eingeteilt werden: operative Kategorie, Investitions- oder Finanzierungskategorie. Ziel ist es, die Vergleichbarkeit der Abschlüsse zu erhöhen, indem eine konsistente Darstellung und Klassifizierung innerhalb der Gewinn- und Verlustrechnung sichergestellt werden.

Operative Kategorie	Investitionskategorie	Finanzierungskategorie
• Alle Aufwendungen und Erträge, wenn diese nicht einer anderen Kategorie zugeordnet warden müssen = Geschäftstätigkeit • Bestimmung der Hauptgeschäftstätigkeit.	Aufwendungen und Erträge aus • Investitionen in assoziierte Unternehmen, Joint Ventures und nicht konsolidierten Tochtergesellschaften • Zahlungsmitteln und -äquivalenten • anderen Vermögenswerten, die einzeln und weitgehend unabhängig von den anderen Ressourcen des Unternehmens eine Rendite erzielen (z. B. Anlagenimmobilien, Anleihen, Aktien).	Aufwendungen und Erträge aus • Verbindlichkeiten, die aus Transaktionen entstehen, die nur die Beschaffung von Finanzmitteln betreffen • Verbindlichkeiten, die aus Transaktionen resultieren, die nicht nur die Aufnahme von Finanzmitteln betreffen.

Anmerkung:

Die Klassifizierung kann je nach Hauptgeschäftstätigkeit des Unternehmens unterschiedlich sein. Beispielsweise würde eine Bank Zinserträge als operative Erträge klassifizieren. Ebenso würde ein Immobilienunternehmen Mieteinnahmen als operative Erträge klassifizieren.

Ertragsteuern und die **Ergebnisse aus aufgegebenen Geschäftsbereichen** werden **separat** von den oben genannten drei Kategorien ausgewiesen.

Alle Unternehmen sind verpflichtet, zwei neue definierte Zwischensummen in der Gewinn- und Verlustrechnung auszuweisen:

- operativer Gewinn oder Verlust und
- Gewinn oder Verlust vor Finanzierung und Ertragsteuern.

Vom Management definierte Leistungskennzahlen (**Management-defined Performance Measures** (MPM)) sind ein neues Konzept, das mit IFRS 18 eingeführt wird. Hier geht es um Zwischensummen aus Aufwendungen und Erträgen der GuV, wie z.B. bereinigter operativer Gewinn, die nicht in den IFRS definiert sind, aber vom Unternehmen in öffentlichen Mitteilungen außerhalb des IFRS-Jahres- oder Konzernabschlusses verwendet werden, um die Sichtweise des Managements auf einen Aspekt der Ertragskraft des Unternehmens zu vermitteln.

IFRS 18 verlangt umfassende Anhangangaben, um den Lesern Informationen zu MPMs bereitzustellen, insbesondere:

- warum die einzelne MPM berichtet wird und warum sie nützliche Informationen zur Ertragskraft und zur Leistung des Unternehmens liefert;
- wie jede MPM berechnet wird;
- Details zu Änderungen der MPM und den Gründen für die Änderung und
- eine Überleitungsrechnung zu einer direkt vergleichbaren IFRS-definierten Zwischensumme.

Da die o.g. Anhangangaben Teil des IFRS-Abschlusses sein werden, unterliegt die Information auch der **Prüfung.** Die Anhangangabe wird eine Erklärung enthalten, dass die MPMs die Sichtweise des Managements auf einen Aspekt der finanziellen Leistung des gesamten Unternehmens darstellen und nicht notwendigerweise mit Kennzahlen anderer Unternehmen vergleichbar sind, die ähnliche Bezeichnungen oder Beschreibungen verwenden.

IFRS 18 enthält neue Leitlinien dazu, ob und in welcher Detailtiefe Informationen in den primären Abschlussbestandteilen oder im Anhang dargestellt werden sollen. Der Standard enthält Anforderungen, die Unternehmen helfen sollen, sinnvolle Bezeichnungen oder Beschreibungen für aggregierte Posten zu definieren. IFRS 18 verlangt gleichzeitig eine möglichst präzise Bezeichnung der Posten in der Gewinn- und Verlustrechnung und insofern eine Vermeidung einer Bezeichnung als „Sonstige Aufwendungen".

Auch werden **erweiterte Anforderungen zur Zusammenfassung und Aufgliederung von Informationen in den Abschlüssen** eingeführt. Dazu gehört die Anforderung, dass Unternehmen ihre operativen Aufwendungen direkt in der Gewinn- und Verlustrechnung entweder nach Art, Funktion oder mit einer gemischten Darstellung angeben. Diese Darstellung sollte eine „nützliche strukturierte Zusammenfassung" dieser Aufwendungen sein. Wenn Aufwendungen nach ihrer Funktion in der Gewinn- und Verlustrechnung dargestellt werden (z.B. Vertriebskosten), muss das Unternehmen im Anhang detailliertere Angaben zu den darin enthaltenen Kostenarten machen.

Beispiel für eine Gewinn- und Verlustrechnung nach IFRS 18:

Gesamtkostenverfahren

Operative Kategorie	Umsatzerlöse Veränderung des Bestands an fertigen und unfertigen Erzeugnissen Sonstige betriebliche Erträge Betriebliche Aufwendungen (nach Wesentlichkeit aufgegliedert) **Operatives Ergebnis**
Investitionskategorie	Gewinn- oder Verlustanteile sowie Gewinne oder Verluste aus dem Abgang von assoziierten Unternehmen und Gemeinschaftsunternehmen Erträge und Aufwendungen aus Zahlungsmitteln und Zahlungsmitteläquivalenten Erträge und Aufwendungen aus sonstigen Investitionen
	Ergebnis vor Finanzierung und Ertragsteuern
Finanzierungskategorie	Zinsaufwand aus Krediten, Anleihen und Leasingverbindlichkeiten Zinsaufwand aus der Aufzinsung von Pensionsrückstellungen Andere Finanzaufwendungen und -erträge
	Ergebnis vor Ertragsteuern Ertragsteuern **Jahresüberschuss oder -fehlbetrag**

Umsatzkostenverfahren

Operative Kategorie	Umsatzerlöse Herstellungskosten der zur Erzielung der Umsatzerlöse erbrachten Leistungen **Bruttoergebnis vom Umsatz** Sonstige betriebliche Erträge Vertriebskosten Forschungs- und Entwicklungskosten Verwaltungskosten Sonstige betriebliche Aufwendungen **Operatives Ergebnis**
Investitionskategorie	Gewinn- oder Verlustanteile sowie Gewinne oder Verluste aus dem Abgang von assoziierten Unternehmen und Gemeinschaftsunternehmen Erträge und Aufwendungen aus Zahlungsmitteln und Zahlungsmitteläquivalenten Erträge und Aufwendungen aus sonstigen Investitionen
	Ergebnis vor Finanzierung und Ertragsteuern
Finanzierungskategorie	Zinsaufwand aus Krediten, Anleihen und Leasingverbindlichkeiten Zinsaufwand aus der Aufzinsung von Pensionsrückstellungen Andere Finanzaufwendungen und -erträge
	Ergebnis vor Ertragsteuern Ertragsteuern **Jahresüberschuss oder -fehlbetrag**

Auswirkungen von IFRS 18

IFRS 18 wurde mit den beiden Zielen entwickelt, eine **größere Vergleichbarkeit** durch eine stärker **standardisierte Darstellung der Gewinn- und Verlustrechnung** zu gewährleisten und den Abschlussadressaten mit den **vom Management definierten** und genutzten unternehmensindividuellen **Leistungskennzahlen** einen besseren Einblick in die Vermögens-, Finanz- und Ertragslage des Unternehmens zu vermitteln und den Abschluss „mit den Augen des Managements" zu analysieren.

Das IASB reagiert damit auf die zunehmende Verwendung alternativer Leistungskennzahlen durch börsennotierte Unternehmen, um ihre finanzielle Leistung zu erläutern. Der Mangel an Informationen, wie diese Kennzahlen bestimmt oder berechnet werden, wurde schon lange von Investoren und Regulatoren kritisiert. So hat die europäische Wertpapieraufsicht ESMA bereits 2015 mit den Leitlinien für

Alternative Leistungskennzahlen für Veröffentlichungen außerhalb der Abschlüsse gefordert, dass alle dort verwendeten alternativen Leistungskennzahlen zu IFRS-Zahlen übergeleitet und definiert werden müssen. In Deutschland ist für die Verwendung von finanziellen Leistungsindikatoren im Konzernlagebericht durch den Deutschen Rechnungslegungs Standard Nr. 20 schon lange eine Überleitungsrechnung auf die Zahlen des Konzernabschlusses gefordert. Bei IFRS-Konzernabschlüssen wird hier zukünftig teilweise auf die Informationen im Anhang verwiesen werden können.

Anmerkung:

IFRS 18 wird Unternehmen dazu zwingen, sorgfältig zu prüfen, welche Leistungskennzahlen sie zukünftig in der Kommunikation mit externen Interessengruppen verwenden. Unternehmen müssen aufgrund der neuen Anforderungen des IFRS 18 sicherstellen, dass die Berechnungsmethode der Kennzahlen klar, konsistent und angemessen ist. Die Erstanwendung des IFRS 18 sollte insgesamt dazu genutzt werden, die internen Reporting-Prozesse und Systeme des Unternehmens anzupassen und einer kritischen Analyse zu unterziehen.

bb) Veröffentlichung und Änderungen von IFRS 19 „Tochterunternehmen ohne öffentliche Rechenschaftspflicht: Angaben“

180 Das IASB hat am 9.5.2024 den neuen Rechnungslegungsstandard IFRS 19 „Tochterunternehmen ohne öffentliche Rechenschaftspflicht: Angaben“ veröffentlicht, in dem die Rechnungslegung für zutreffende Tochtergesellschaften vereinfacht werden soll.

Infolgedessen können **qualifizierte Tochterunternehmen** die IFRS-Standards mit **reduzierten Angaben** anwenden. Qualifiziert i.S.d. IFRS 19.7 sind Tochterunternehmen, die **keiner öffentlichen Rechenschaftspflicht unterliegen** – somit weder börsennotiert sind noch als Finanzinstitute agieren – **und** ein **Mutterunternehmen** haben, das einen **der Öffentlichkeit zugänglichen Konzernabschluss** erstellt, der im Einklang mit den IFRS-Rechnungslegungsstandards erstellt wird.

Dies betrifft Tochterunternehmen, die, obwohl sie im Konzernabschluss des Mutterunternehmens gemäß IFRS-Regelungen berichten, für ihre eigenen Abschlüsse andere Standards verwenden dürfen, wie zum Beispiel den IFRS-Standard für KMU oder nationale Standards. Jene Tochterunternehmen, die für ihre eigenen Abschlüsse die IFRS-Normen nutzen, werden dabei mit der Herausforderung konfrontiert, dass die umfassenden Angabepflichten oft nicht den tatsächlichen Informationsbedürfnissen ihrer Adressaten entsprechen.

Durch den neuen Standard IFRS 19 erhalten diese Unternehmen die Möglichkeit, eine **einzelne Buchhaltung beizubehalten**, die sowohl den internen Anforderungen als auch denen ihrer Konzernmütter entspricht, was die Buchführungsarbeit vereinfacht. Darüber hinaus ermöglicht IFRS 19 eine **Reduzierung der Offenlegungserfordernisse**, die von anderen Standards vorgegeben werden, was zu einer besseren Anpassung an die Bedürfnisse der Nutzer der Abschlüsse führt.

Da in dem ursprünglich veröffentlichten IFRS 19 die reduzierten Offenlegungserfordernisse nur die bis Ende Februar 2021 veröffentlichten IFRS-Standards betreffen, hat das IASB am 21.8.2025 **Änderungen** an IFRS 19 „Tochterunternehmen ohne öffentliche Rechenschaftspflicht“ veröffentlicht. Mit diesen Änderungen wurden die reduzierten Angabepflichten aktualisiert, so dass sie auch die neuen bzw. geänderten IFRS-Standards, die zwischen dem 28.2.2021 und dem 1.5.2024 herausgegeben wurden, berücksichtigen. Dies betrifft insbesondere folgende neue oder geänderte Standards:

- IFRS 18 – Darstellung und Offenlegung in Abschlüssen
- Änderungen an IAS 7 und IFRS 7 – Lieferantenfinanzierungsvereinbarungen
- Änderungen an IAS 12 – Internationale Steuerreform – Säule-2-Modellregeln

- Änderungen an IAS 21 – Mangel an Umtauschbarkeit
- Änderungen an IFRS 9 und IFRS 7 – Klassifizierung und Bewertung von Finanzinstrumenten.

IFRS 19 ist verpflichtend für **Berichtsperioden** anzuwenden, **die am oder nach dem 1.1.2027 beginnen.** Eine frühere Anwendung ist, unter entsprechender Angabe, zulässig.

Anmerkung:

Mit diesen Änderungen spiegelt IFRS 19 die Änderungen der IFRS wider, die bis zum 1.1.2027 in Kraft treten, also zu dem Zeitpunkt, zu dem IFRS 19 erstmalig anwendbar ist.

cc) Veröffentlichung Sammel-Änderungsstandard „Annual Improvements to IFRS Accounting Standards – Volume 11"

Am 18.7.2024 veröffentlichte das IASB den **Sammel-Änderungsstandard** „Annual Improvements to IFRS Accounting Standards – Volume 11", welcher **partielle Änderungen** an IFRS 1, IFRS 7, IFRS 9, IFRS 10 sowie IAS 7 vorsieht. **181**

Diese Anpassungen umfassen **Klarstellungen, Vereinfachungen, Korrekturen und Modifikationen**, die die Konsistenz verschiedener IFRS-Rechnungslegungsstandards erhöhen sollen.

Die betroffenen Standards sind:

- IFRS 1 Erstmalige Anwendung der International Financial Reporting Standards: Bilanzierung von Sicherungsgeschäften durch Erstanwender;
- IFRS 7 Finanzinstrumente: Angaben zu:
  - Gewinn oder Verlust aus Ausbuchung
  - Abweichungen zwischen dem beizulegenden Zeitwert und dem Transaktionspreis
  - Angaben zum Kreditrisiko;
- IFRS 9 Finanzinstrumente
  - Ausbuchung von Leasingverbindlichkeiten
  - Transaktionspreis;
- IFRS 10 Konzernabschlüsse
  - Bestimmung eines De-Facto Agenten;
- IAS 7 Kapitalflussrechnungen
  - Streichung der Anschaffungskostenmethode.

Die Anpassungen treten für **Geschäftsjahre, die am oder nach dem 1.1.2026 beginnen**, in Kraft, wobei eine frühere Anwendung möglich war.

dd) Änderungen an IFRS 9 und IFRS 7 betreffend „Verträge über naturabhängige Stromversorgung"

Das IASB hat am 18.12.2024 gezielte Änderungen an IFRS 9 und IFRS 7 zu „Verträgen über naturabhängige Stromversorgung" veröffentlicht. **182**

Damit reagiert das IASB auf die Herausforderungen bei der Anwendung dieser Standards auf die **Bilanzierung von Verträgen über den Kauf oder Verkauf von erneuerbarer, naturabhängiger Energie**. Solche Verträge werden häufig als **Stromabnahmeverträge** (Power Purchase Agreements) strukturiert. Danach wird ein Abnehmer berechtigt, Strom direkt oder indirekt auf langfristiger Basis zu einem zuvor vereinbarten Preisniveau von einem Stromerzeuger aus erneuerbaren Energien zu beziehen. Die Verträge können eine **physische oder virtuelle Lieferung** vorsehen. Bei virtuellen Stromverträgen erfolgt ein Nettoausgleich als Differenz zwischen dem aktuellen Marktpreis und dem vertraglich vereinbarten Preis für das Volumen des aus einer referenzierten Produktionsanlage erzeugten Stroms. Für diese Verträge über nichtfinanzielle Posten gilt IFRS 9 (inklusive der Regelungen zur Derivatebilanzierung), wenn sie wie Finanzinstrumente – z.B. durch Barausgleich oder Tausch gegen Finanzinstrumente – erfüllt werden können. Nicht betroffen sind Verträge, mit denen ein Unternehmen wirklich Waren oder Dienstleistungen für seinen eigenen Bedarf kaufen oder verkaufen will (sog. „Eigenbedarfsausnahme").

In Bezug auf die Bilanzierung solcher Verträge hat das IASB **folgende Änderungen** an IFRS 9 bzw. IFRS 7 vorgenommen:

- **Hinweise zur Anwendung der Eigenbedarfsausnahme (own use exemption)**: Die Eigenbedarfsausnahme greift, wenn die **Verträge** zum Zweck des Empfangs oder der Lieferung eines nicht finanziellen Postens (Strom) **gemäß dem eigenen erwarteten Einkaufs-, Verkaufs- oder Nutzungsbedarfs** des Unternehmens geschlossen werden. In diesem Fall sind diese Verträge **von den Regelungen des IFRS 9 auszunehmen**. Sind die Anforderungen dieser **Ausnahme nicht erfüllt**, sind die **Verträge als Derivate** zu klassifizieren und gemäß IFRS 9 erfolgswirksam zum beizulegenden Zeitwert zu bewerten. Die **vorgenommenen Änderungen** erleichtern die Anwendung der Eigenbedarfsausnahme. Sie greift bereits, wenn das Unternehmen während der gesamten Vertragslaufzeit Nettoabnehmer von Strom war und dies auch in Zukunft erwartet wird.
- **Erleichterungen bei der Bilanzierung von Sicherungsgeschäften**, wenn Verträge mit virtueller Lieferung über Strom aus naturabhängigen erneuerbaren Energiequellen als Sicherungsinstrumente im Rahmen von Cashflow-Hedges verwendet werden: Die Änderungen erleichtern die Bilanzierung, indem sie ein variables Nominalvolumen bei erwarteten Stromtransaktionen als Grundgeschäft zulassen.
- **Einführung neuer Offenlegungsvorschriften** in Bezug auf die Auswirkungen dieser Verträge auf die **finanzielle Leistungsfähigkeit und den Cashflow** eines Unternehmens: Die Offenlegung betrifft u.a. die Vertragsbedingungen wie beispielsweise die verbleibende Vertragsdauer, die Art der Preisgestaltung (einschließlich des Referenzmarktes), Preisanpassungsklauseln, Mindest- oder Höchstvolumen sowie Kündigungsklauseln.

Anmerkung:

Die Änderungen sind auf **Geschäftsjahre** anzuwenden, welche **am oder nach dem 1.1.2026 beginnen**. Eine vorzeitige Anwendung der Änderungen war zulässig.

ee) Änderungen an IFRS 9 und IFRS 7 zur Klarstellung der Klassifizierungs- und Bewertungsvorschriften von IFRS 9

183 Das IASB hat am 30.5.2024 Änderungen an der Klassifizierung und Bewertung von Finanzinstrumenten (IFRS 9 „Finanzinstrumente" und IFRS 7 „Finanzinstrumente: Angaben") veröffentlicht. Damit wird Klarheit über Anwendungsfragen geschaffen, welche durch die Einführung der Klassifizierungs- und Bewertungsvorschriften von IFRS 9 aufgekommen sind.

Die vom IASB verabschiedeten Änderungen umfassen insbesondere die Einführung folgender Regelungen:

- **Ausbuchung elektronischer Zahlungsverpflichtungen**: Bei bestimmten Kriterien kann nun eine finanzielle Verbindlichkeit, die über ein elektronisches Zahlungssystem beglichen wird, als erfüllt angesehen werden, bevor der Zahlungsvorgang tatsächlich abgeschlossen ist.

- **Leitlinien für finanzielle Vermögenswerte**, um zu beurteilen, ob deren vertragliche Zahlungsströme mit einer grundlegenden Kreditvereinbarung übereinstimmen. Die Änderungen betreffen auch die Definition von „nicht rückgriffsberechtigten" finanziellen Vermögenswerten. Demnach gelten finanzielle Vermögenswerte als nicht rückgriffsberechtigt, wenn sich der Erhalt von Zahlungsströmen eines Unternehmens vertraglich auf die Generierung der Zahlungsströme von bestimmten Vermögenswerten beschränkt.
- **Angaben zu Investitionen in Eigenkapitalinstrumenten**, aus der Bewertung zum beizulegenden Zeitwert und Berücksichtigung der Änderungen im sonstigen Ergebnis. Dabei ist auf einen separaten Ausweis des Gewinns bzw. Verlustes aus der Bewertung zum beizulegenden Zeitwert zu achten, der sich zum einen auf die in der Periode ausgebuchten und zum anderen auf die am Ende der Periode gehaltenen Anteile bezieht.
- Angaben zu Vertragsbedingungen, die den Zeitpunkt oder die Höhe von Zahlungsströmen beeinflussen können. Anzuwenden ist diese Änderung für finanzielle Vermögenswerte und finanzielle Verbindlichkeiten, die zu fortgeführten Anschaffungskosten bewertet werden, sowie für finanzielle Vermögenswerte, die zum beizulegenden Zeitwert über das sonstige Gesamtergebnis bewertet werden.

Anmerkung:

Die Änderungen sind für **Geschäftsjahre** anzuwenden, **die am oder nach dem 1.1.2026 beginnen,** wobei eine frühere Anwendung zulässig war. Die Änderungen müssen rückwirkend angewendet werden, allerdings ist keine Anpassung früherer Perioden erforderlich, es sei denn, diese lässt sich ohne spätere Erkenntnisse durchführen.

ff) Änderungen an IAS 21 bezüglich der Umrechnung in eine hochinflationäre Berichtswährung

Das International Accounting Standards Board (IASB) hat am 13.11.2025 Änderungen an IAS 21 zur Umrechnung von Finanzinformationen in Währungen mit Hyperinflation veröffentlicht. **184**

Der International Accounting Standards Board (IASB) hat Änderungen an IAS 21 beschlossen, um in der Praxis bestehende Unklarheiten bei der Umrechnung in eine hochinflationäre Darstellungswährung zu beseitigen. Hintergrund waren unterschiedliche Vorgehensweisen von Unternehmen, wenn Tochterunternehmen mit nicht-hochinflationärer funktionaler Währung in einen Konzernabschluss mit hochinflationärer Darstellungswährung einbezogen wurden. Insbesondere war unklar, ob nach der Umrechnung gemäß IAS 21 zusätzlich eine Anpassung nach IAS 29 „Rechnungslegung in Hochinflationsländern" auf die am Abschlussstichtag geltende Maßeinheit erforderlich ist.

Nach IAS 29 sind die von der Hochinflationswährung nicht betroffenen Positionen, wie z.B. Eigenkapitalbestandteile oder Vorräte, mit einem allgemeinen Preisindex zu aktualisieren. Monetäre Posten sowie Positionen, die mit dem Nettoveräußerungswert oder zum beizulegenden Zeitwert angesetzt werden, werden hingegen nicht angepasst, da sie bereits mit den zum Abschlussstichtag geltenden Beträgen bewertet werden.

Mit der neuen Regelung ist bei der Umrechnung der Vermögens-, Finanz- und Ertragslage einer nicht-hochinflationären funktionalen Währung in eine hochinflationäre Darstellungswährung künftig immer **der zum Abschlussstichtag geltende Wechselkurs** zu verwenden; dies gilt auch für alle Vorjahreszahlen. Für ausländische Geschäftsbetriebe, die bereits gemäß IAS 29 angepasst wurden, dürfen die Vergleichszahlen mittels eines allgemeinen Preisindex aktualisiert werden, anstatt sämtliche Werte neu umzurechnen.

Die Änderungen an IAS 21 treten für Berichtsperioden in Kraft, die nach dem 1.1.2027 beginnen. Eine frühere Anwendung ist zulässig.

G. Wirtschaftsrecht

I. Allgemeines Zivil- und Prozessrecht

1. Gesetz zur Umsetzung der Richtlinie (EU) 2023/2225 über Verbraucherkreditverträge

a) Überblick

185 Die Richtlinie (EU) 2023/2225 über Verbraucherkreditverträge und zur Aufhebung der Richtlinie 2008/48/EG hätte bis 20.11.2025 in deutsches Recht transformiert werden müssen und muss ab 20.11.2026 angewendet werden. Dazu legte das BMJV am 23.6.2025 den Referentenentwurf eines Gesetzes zur Umsetzung der Richtlinie (EU) 2023/2225 über Verbraucherkreditverträge vor, den die Bundesregierung am 3.9.2025 in das Gesetzgebungsverfahren einbrachte.[1] Im Zuge des Gesetzes wird der Anwendungsbereich des deutschen Verbraucherdarlehensrechts deutlich erweitert.

Künftig werden auch Kleinkredite bis 200 Euro, zins- und gebührenfreie Kredite sowie „Buy Now Pay Later"-Modelle in den Regelungsbereich einbezogen, um das das **Schutzniveau der Verbraucher** beim Abschluss von Allgemein-Verbraucherdarlehen weiter zu **erhöhen**. Vorgesehen sind insb. Änderungen im Bürgerlichen Gesetzbuch und im Einführungsgesetz zum BGB. Dort werden etwa die Vorgaben für die Kreditwürdigkeitsprüfung an die für Immobiliardarlehen geltenden Maßstäbe angeglichen, der Kündigungsschutz bei Dispositionskrediten verbessert und vorvertragliche Informationspflichten erweitert.

b) Regelungen für Verbraucherverträge im Überblick

aa) Anwendungsbereich

186 Der Anwendungsbereich des Gesetzes wird ausgeweitet. Es wird zwischen Allgemein-Verbraucherdarlehen und Immobiliar-Verbraucherdarlehen unterschieden. **Allgemein-Verbraucherdarlehen** umfassen demnach auch unentgeltliche Darlehen, Darlehen unter 200 Euro und kurzfristige Darlehen mit geringen Kosten, § 491 BGB-E.

Allgemeine Verbraucherdarlehen können künftig auch in **Textform** nach § 126b BGB (statt in Schriftform nach § 126 BGB) geschlossen werden, während für Immobiliar-Verbraucherdarlehen weiterhin das Schriftformerfordernis gilt, § 492 Abs. 1 BGB-E. **Voreingestellte Optionen** sind bei Allgemein-Verbraucherdarlehensverträgen verboten, § 492 Abs. 1a BGB-E. Auch darf ein Unternehmer nicht ohne vorherige Anforderung und ausdrückliche Zustimmung des Verbrauchers Mittel bereitstellten. Sofern dennoch eine solche Gewährung erfolgt, wird kein Anspruch gegen den Verbraucher als Leistungsempfänger begründet, § 482 Abs. 8 BGB-E. Ein Allgemein-Verbraucherdarlehen ist im Falle eines auffälligen Missverhältnisses zwischen dem vertraglichen effektiven Jahreszinssatz und dem für vergleichbare Darlehen marktüblichen effektiven Jahreszinssatz nichtig (**Wucher- bzw. Zinsmissbrauchsschutz**), § 492 Abs. 9 BGB-E. Von der Nichtigkeitsfolge erfasst sind in diesen Fällen auch für das Darlehen bestellte Sicherheiten.

bb) Kreditwürdigkeitsprüfung

187 Bei der Kreditwürdigkeitsprüfung werden **Transparenz und Nachvollziehbarkeit** für Verbraucher durch § 30 BDSG bei Datenverarbeitungen im Zusammenhang mit der

1) Vgl. Regierungsentwurf, BT-Drucks. 21/1851 v. 29.9.2025. Zur Stellungnahme des Bundesrates und der Gegenäußerung der Bundesregierung vgl. BT-Drucks. 21/2459 v. 29.10.2025.

Entscheidung über Allgemein-Verbraucherdarlehensverträgen verbessert. So wird Darlehensnehmern u.a. in § 30 Abs. 6 BDSG-E ein Recht auf eine menschliche Überprüfung bei einer rein automatisierten Datenverarbeitung bei der Kreditwürdigkeitsprüfung eingeräumt und im Kontext mit hierfür konsultierten Datenbanken ein verstärkter Schutz von personenbezogenen Daten u.a. aus sozialen Netzwerken zugesprochen.

Im Falle der Ablehnung eines Vertragsabschlusses infolge der Auskunft einer Stelle nach § 30 Abs. 1 BDSG muss der Verbraucher auch über Einzelheiten der konsultierten Datenbank (etwa über deren Bezeichnung) sowie über die berücksichtigten Datenkategorien unterrichtet werden. Bei Zahlungsrückständen hat der Darlehensgeber den Darlehensnehmer eines Allgemein-Verbraucherdarlehensvertrags an Schuldnerberatungsdienste zu verweisen, § 479a BGB-E.

c) Widerruf

Der Widerruf eines **Allgemein-Verbraucherdarlehensvertrags** kann auf Papier oder **188**
auf einem anderen im Darlehensvertrag benannten dauerhaften Datenträger nach Wahl des Darlehensnehmers erklärt werden, §§ 495, 356b Abs. 1a BGB-E. Das **Widerrufsrecht erlischt** spätestens zwölf Monate und 14 Tage nach dem Vertragsschluss, § 356b Abs. 2 Satz 5 BGB-E.

Bei **Immobiliar-Verbraucherdarlehensverträgen** steht dem Darlehensnehmer eine Bedenkzeit von mindestens sieben Tagen zu, während der der Darlehensgeber an sein Angebot gebunden ist, § 495 Abs. 3 BGB-E.

d) Überziehung und Rückzahlung

Bei der Überziehung bzw. der geduldeten Überziehung werden in §§ 504, 504a und **189**
505 BGB neue Pflichten festgeschrieben.

Bei vorzeitiger Rückzahlung gelten die Neuregelungen in §§ 500 bis 502 BGB-E. Das Sonderkündigungsrecht nach § 490 Abs. 2 BGB ist ausgeschlossen, wenn die Voraussetzungen der vorzeitigen Rückzahlung vorliegen. Bei vorzeitiger Rückzahlung ermäßigen sich die Gesamtkosten des Darlehens entsprechend der verbleibenden Laufzeit des Vertrages. Neben den Zinsen werden nur Kosten berücksichtigt, die dem Darlehensnehmer vom Darlehensgeber ohne Drittkosten auferlegt werden.

Die vorvertraglichen Erläuterungspflichten werden ausgeweitet (§ 491a BGB-E): u.a. ist über die Folgen von Zahlungsverzug/Zahlungsausfall zu informieren. Auch besteht eine Informationspflicht, wenn Angebot/Bedingungen auf Basis automatisierter Datenverarbeitung personalisiert wurden (§ 491a Abs. 5 BGB).

Die vorvertraglichen Informationen wurden in Art. 257 § 2 bis 3 EGBGB-E u.a. durch ein neues zweigeteiltes Standardformular neu geregelt.

Neu geregelt wird auch der Zugang zu Kreditdatenbanken in § 30 BSDG-E. Auskunftsverlangen darf nur gegenüber beaufsichtigten Kreditgebern entsprochen werden. Datenbank-Betreiber müssen den Verbraucher von Allgemein-Verbraucherdarlehensverträgen über die Eintragung von Zahlungsrückständen unterrichten, § 30 Abs. 3 BSDG-E. Die Nutzung besonderer Datenkategorien und Social-Media Daten ist den Betreibern von Kreditdatenbanken untersagt. Im UWG wird irreführende Werbung für Kreditprodukte untersagt, § 23d UWG-E. So ist der Werbung für Kreditprodukte der Hinweis beizufügen „Achtung! Kreditaufnahme kostet Geld". Bestimmte irreführende Aussagen, wie bspw. die suggerierte Verbesserung der finanziellen Situation, sind verboten. In § 34k GewO-E wird ein neuer Erlaubnistatbestand für Vermittler von Allgemein Verbraucherdarlehen und Finanzierungshilfen geschaffen.

Das Gesetz zur Umsetzung der Richtlinie (EU) 2023/2225 über Verbraucherkreditverträge tritt am Tag nach seiner Verkündung in Kraft und soll grundsätzlich ab dem 20.11.2026 Anwendung finden.

Bestehende Rechtsverhältnisse vor dem 20.11.2026 bleiben grundsätzlich altem Recht unterworfen; für unbefristete Allgemeine Verbraucherdarlehen und entsprechende Finanzierungshilfen gelten bestimmte neue Informations und Kommunikationspflichten sowie §§ 496, 504, 504a, 505 Abs. 1, 2 BGB-E und einschlägige Verweisungen ab 20.11.2026.

2. Gesetz zur Änderung des Verbrauchervertrags- und des Versicherungsvertragsrechts

190 Am 9.7.2025 hat das Bundesministerium für Justiz und Verbraucherschutz den Referentenentwurf eines Gesetzes zur Änderung des Verbrauchervertrags- und des Versicherungsvertragsrechts veröffentlicht,[1] der von der Bundesregierung am 3.9.2025 in das Gesetzgebungsverfahren eingebracht wurde.[2] Der Bundestag beschloss das Gesetz am 19.12.2025. Eine Zustimmung des Bundesrates ist nicht erforderlich. Zum Redaktionsschluss ist noch keine Veröffentlichung im Bundesgesetzblatt erfolgt.[3]

Das Gesetz dient der Umsetzung zweier EU-Richtlinien: der RL (EU) 2023/2673 vom 22.11.2023 (im Fernabsatz geschlossene Finanzdienstleistungsverträge) und der RL (EU) 2024/825 vom 28.2.2024 (Stärkung nachhaltigen Konsums, bessere Informationen und Schutz gegen unlautere Praktiken). Die Umsetzung dieser EU-Vorgaben ist verpflichtend, weswegen sie in nationales Recht übertragen werden müssen, um ein durchgehend hohes Verbraucherschutzniveau und einen funktionierenden Binnenmarkt sicherzustellen. Sie hat gemäß den EU-Vorgaben bis zum 19.12.2025 (RL (EU) 2023/2673) bzw. bis 27.3.2026 (RL (EU) 2024/825) zu erfolgen. Grundsätzlich tritt das Gesetz – von einigen Ausnahmen abgesehen – zum **19.6.2026** in Kraft.

Das Gesetz enthält insbesondere folgende Regelungen für Verbraucher- und Versicherungsverträge:

- Bei **Fernabsatzverträgen**, die über eine Online-Benutzeroberfläche abgeschlossen werden, müssen Unternehmer eine **elektronische Widerrufsmöglichkeit** zur Verfügung stellen, die gut sichtbar, ständig verfügbar und einfach zugänglich ist, § 356a BGB. Dies gilt nicht nur für Finanzdienstleistungen, sondern auch für andere Waren und Dienstleistungen, für die ein Widerrufsrecht nach Verbraucherrechte-Richtlinie vorgesehen ist. Für **Versicherungsverträge** gelten künftig die gleichen Regelungen zur Widerrufsfunktion, zur Einschränkung des „ewigen Widerrufsrechts", zu Informations- und Beratungspflichten sowie zu Widerrufsfolgen wie für sonstige Finanzdienstleistungsverträge, auch in Bezug auf Lebensversicherungen und digitale Vertragsprozesse, § 9 VVG.
- Bei **Finanzdienstleistungen** kann künftig ein Vertrag nicht mehr „endlos" widerrufen werden, nur weil die Widerrufsbelehrung fehlerhaft war. Die **maximale Widerrufsfrist** beträgt zwölf Monate und 14 Tage nach Vertragsschluss, es sei denn, über das Widerrufsrecht wurde gar nicht belehrt, § 356 BGB.
- Die **vorvertraglichen Informationspflichten für Fernabsatzverträge** werden erweitert und insbesondere für Finanzdienstleistungen umfassender geregelt, Art. 246b EGBGB. Neu ist z.B., dass Unternehmer über die Konsequenzen ausbleibender oder verspäteter Zahlungen informieren bzw. darauf hinzuweisen haben, wenn der Preis auf Grundlage einer automatisierten Entscheidungsfindung personalisiert worden ist. Auch muss künftig über ökologische oder soziale Aspekte der Finanzdienstleistung informiert werden.

---

1) Zum Referentenentwurf vgl. auch Halder, jurisPR-ITR 18/2025 Anm. 2.
2) Vgl. hierzu BT-Drucks. 21/1856 v. 29.9.2025 (Regierungsentwurf).
3) Zur Stellungnahme des Bundesrates vgl. BR-Drucks. 433/2025 (Beschluss) v. 17.10.2025 und BT-Drucks. 21/2463 v. 6.11.2025 mit der Gegenäußerung der Bundesregierung.

- Bei **telefonischer Beratung** müssen bestimmte Kerninformationen vor Vertragsschluss mitgeteilt werden, Art. 246b § 1 Abs. 3 EGBGB.
- Verbraucher mit **Behinderungen** haben einen Anspruch auf Informationen im barrierefreien Format, Art. 246b § 2 Abs. 1 EGBGB.
- Werden **vorvertragliche Informationen** weniger als einen Tag vor Vertragsschluss bereitgestellt, muss der Unternehmer den Verbraucher nach Vertragsschluss an das Widerrufsrecht erinnern, Art. 246b § 2 Abs. 2 EGBGB.
- Verstöße gegen die neuen Informationspflichten und die Pflicht zur Bereitstellung der elektronischen Widerrufsfunktion können mit **Bußgeldern** belegt werden. Die Bußgeldobergrenze beträgt bei Unternehmen mit mehr als 1,25 Mio. Euro Jahresumsatz bis zu 4 % des Jahresumsatzes, Art. 246e § 2 EGBGB.

3. Gesetz zur Änderung des Zuständigkeitsstreitwerts der Amtsgerichte

Am 24.6.2025 veröffentlichte das Bundesministerium der Justiz und für Verbraucherschutz den Referentenentwurf eines Gesetzes zur Änderung des Zuständigkeitsstreitwerts der Amtsgerichte, zum Ausbau der Spezialisierung der Justiz in Zivilsachen sowie zur Änderung weiterer prozessualer Regelungen. Dadurch sollen die **Amtsgerichte mehr Zuständigkeiten** erhalten. Die Bundesregierung hat den Gesetzentwurf am 27.8.2025 in das Gesetzgebungsverfahren eingebracht.[1)] Der Bundestag hat das Gesetz in der geänderten Fassung der Beschlussempfehlung des Ausschusses für Recht und Verbraucherschutz[2)] am 13.11.2025 in 2. und 3. Lesung beschlossen.[3)] Einer Zustimmung des Bundesrates bedarf es nicht. Der Bundesrat hat das Gesetz gebilligt.[4)] Das Gesetz vom 8.12.2025 wurde am 11.12.2025 im Bundesgesetzblatt verkündet und ist am 12.12.2025 in Kraft getreten.[5)] **191**

Vorgesehen ist darin u.a. eine **Anhebung der Streitwertgrenze** von derzeit 5.000 Euro auf 10.000 Euro. Danach sind Landgerichte ab dem 1.1.2026 erst ab einer Streitwertgrenze von 10.000 Euro zuständig.

Anmerkung:

Für Verfahren, die vor dem 1.1.2026 anhängig geworden sind, gilt die bis 31.12.2025 geltende Fassung mit einer Streitwertgrenze von 5.000 Euro. Somit sind bereits laufende Zivilgerichtsverfahren nicht von der Zuständigkeitsänderung betroffen.

Zur Förderung der Spezialisierung werden weitere streitwertunabhängige Zuständigkeiten der Amts- und Landgerichte geschaffen. Danach unterliegen Streitigkeiten im Bereich des Nachbarrechts generell der Zuständigkeit von Amtsgerichten, während die Landgerichte für Streitigkeiten um die Themen Arzthaftungsrecht, Vergaberecht, Presserecht zuständig sein sollen.

Schließlich ist vorgesehen, ab 1.7.2026 eine Regelung in der Zivilprozessordnung (ZPO) zu schaffen, die eine Änderung der vom Gericht im Urteil oder Beschluss getroffenen Kostenentscheidung nach einer nachträglichen Änderung der Festsetzung des Streit- oder des Verfahrenswertes ermöglicht, § 107 Abs. 2 ZPO.

Anmerkung:

Ein Gesetzentwurf mit ähnlicher Zielsetzung wurde bereits in der vergangenen Legislaturperiode veröffentlicht. Das Gesetzgebungsverfahren ist seinerzeit am sog. Diskontinuitätsgrundsatz gescheitert.

---

1) BT-Drucks. 1849 v. 29.9.2025 (Regierungsentwurf)
2) BT-Drucks. 21/2777 v. 12.11.2025.
3) BR-Drucks. 661/25 v. 14.11.2025 (Gesetzesbeschluss des Deutschen Bundestages).
4) Vgl. BR-Drucks. 661/25 (Beschluss) v. 21.11.2025.
5) BGBl. I 2025 Nr. 318.

4. Gesetz zur Änderung der Vorschriften über die Einführung der elektronischen Akte in der Justiz

192 Nach derzeit geltendem Recht hätte die elektronische Akte, E-Akte, in Gerichtsverfahren zum 1.1.2026 eingeführt werden sollen. Diese Einführung wird nunmehr gemäß Referentenentwurf der Bundesregierung eines Gesetzes zur Änderung der Vorschriften über die Einführung der elektronischen Akte in der Justiz und die allgemeine Beeidigung von Gerichtsdolmetschern sowie zur Änderung des Stiftungsregisterrechts vom 8.7.2025 verschoben. Der entsprechende Regierungsentwurf wurde am 3.9.2025 veröffentlicht.[1] Der Bundestag hat das Gesetz am 13.11.2025 in 2. und 3. Lesung beschlossen.[2] Das Gesetz bedarf keiner Zustimmung des Bundesrats. Dieser hat das Gesetz am 21.11.2025 gebilligt.[3] Das Gesetz vom 8.12.2025 wurde am 11.12.2025 im Bundesgesetzblatt verkündet.[4]

Danach wird zur Sicherung einer störungsfreien flächendeckenden Einführung der E-Akte für den Bereich der ordentlichen Gerichtsbarkeit eine bis zum 1.1.2027 befristete Rechtsgrundlage (sog. „Opt-out"-Regelung) geschaffen, die es Bund und Ländern ermöglichen soll, im Verordnungswege ausnahmsweise auch nach dem 1.1.2026 die Anlage und Führung von Straf-, Bußgeld- und Zivilakten, Akten in Verfahren in Familiensachen und in den Angelegenheiten der freiwilligen Gerichtsbarkeit sowie gerichtlichen Akten im Strafvollzugsverfahren in Papierform zu gestatten.

In dem Gesetz ist zudem eine Änderung des § 20 Stiftungsregistergesetz enthalten. Danach müssen bestehende Stiftungen, die vor dem 1.1.2028 entstanden sind, spätestens bis zum 31.12.2028 zur Eintragung in das Stiftungsregister entsprechend § 82b Abs. 2 BGB angemeldet werden. Dies gilt nicht für bestehende Stiftungen, die bis zum 1.1.2028 aufgelöst oder aufgehoben wurden, § 20 Abs. 1 Stiftungsregistergesetz. Außerdem müssen Stiftungen Satzungsänderungen, die vor dem 1.1.2028 wirksam geworden sind, nicht nach § 85b zum Stiftungsregister anmelden, § 20 Abs. 2 Satz 1 Stiftungsregistergesetz.

Die Änderungen sind Folge des späteren Inkrafttretens des Stiftungsregistergesetzes erst zum 1.1.2028 anstatt zum 1.1.2026.

5. Gesetz zur Einführung eines Online-Verfahrens in der Zivilgerichtsbarkeit

193 Mit einem Gesetz zur Entwicklung und Erprobung eines Online-Verfahrens in der Zivilgerichtsbarkeit, dessen Referentenentwurf seit 13.7.2025 vorliegt und den die Bundesregierung am 8.9.2025 in das Gesetzgebungsverfahren eingebracht hat,[5] soll ein digitales Verfahren zur Klageeinreichung bei Geldforderungen ermöglicht werden. Die Erprobung des neuen Online-Verfahrens soll dabei zunächst an ausgewählten Amtsgerichten beginnen. Der Deutsche Bundestag hat das Gesetz am 13.11.2025 in 2. und 3. Lesung beschlossen.[6] Das Gesetz bedarf keiner Zustimmung des Bundesrats. Das Gesetz vom 22.12.2025 ist am 22.12.2025 im Bundesgesetzblatt verkündet worden und soll überwiegend am Tag nach seiner Verkündung, also am 23.12.2025, in Kraft treten.[7]

So soll eine Klageeinreichung mittels **digitaler Eingabesysteme** ermöglicht werden, indem die Rechtsuchenden bei der Erstellung einer Klage durch Informationsangebote und Abfragedialoge unterstützt werden. Erfasst werden sollen **bürgerliche Rechtsstreitigkeiten** vor den Amtsgerichten, die auf **Zahlung einer Geldsumme** gerichtet sind.

---

1) Vgl. BR-Drucks. 437/25 v. 5.9.2025 (Regierungsentwurf).
2) Vgl. BR-Drucks. 662/25 v. 14.11.2025 (Gesetzesbeschluss des Deutschen Bundestages).
3) BR-Drucks. 662/25 (Beschluss) v. 21.11.2025.
4) BGBl. I 2025 Nr. 319.
5) BT-Drucks. 21/1509 v. 8.9.2025 (Regierungsentwurf).
6) Vgl. BR-Drucks. 699/25 v. 28.11.2025 (Gesetzesbeschluss des Deutschen Bundestages).
7) BGBl. I 2025 Nr. 349.

Die zivilprozessualen allgemeinen Verfahrensregeln sollen durch **Erprobungsregelungen** ergänzt werden, insbesondere durch erweiterte Möglichkeiten eines Verfahrens ohne mündliche Verhandlung, eine Ausweitung von Videoverhandlungen und durch Erleichterungen im Beweisverfahren. Auch soll die Verkündung eines Urteils im Online-Verfahren durch dessen rechtswirksame digitale Zustellung ersetzt werden können.

Der **Prozessstoff** soll unter Nutzung von elektronischen Dokumenten, Datensätzen und Eingabesystemen digital strukturiert werden können. Dazu sollen insbesondere für sog. Massenverfahren (z.B. im Bereich der Fluggastrechte) technische Standards und Dateiformate für die Datenübermittlung und eine ressourcenschonende Bearbeitung festgelegt werden. Die rechtlichen Grundlagen für eine neue Form der verfahrensbezogenen Kommunikation zwischen Gericht und Verfahrensbeteiligten sollen dadurch geschaffen werden, dass Anträge und Erklärungen unmittelbar über eine Kommunikationsplattform abgegeben werden können. Weiter sollen die Bereitstellung und gemeinsame Bearbeitung von Dokumenten durch die Parteien und das Gericht sowie die Zustellung von Dokumenten über die Plattform ermöglicht werden, wobei die **Erprobung im ersten Schritt** auf die **Kommunikation zwischen Gericht und Anwaltschaft** beschränkt werden soll.

Die **Gerichtsgebühren** für das Online-Verfahren sollen gegenüber herkömmlichen Zivilverfahren abgesenkt werden, um einen wirtschaftlich attraktiven Zugang zum Recht für niedrigschwellige Forderungen zu schaffen.

Anmerkung:
Der Gesetzesentwurf wurde bereits in der letzten Legislaturperiode eingebracht. Er wurde in kleinen Teilen ergänzt.

6. Gesetz zur Einführung einer elektronischen Präsenzbeurkundung

194 Die Bundesregierung beschloss am 16.7.2025, den Entwurf eines Gesetzes zur Einführung einer elektronischen Präsenzbeurkundung, dessen Referentenentwurf am 13.6.2025 veröffentlicht wurde, in das Gesetzgebungsverfahren einzubringen, um das gegenwärtig grundsätzlich noch papiergebunden ausgestaltete **Beurkundungsverfahren** zu **modernisieren**. Der Bundestag beschloss den Gesetzentwurf am 13.11.2025 in 2. und 3. Lesung[1] einer Zustimmung des Bundesrates bedarf es nicht. Dieser hat das Gesetz am 21.11.2025 gebilligt.[2] Das Gesetz vom 10.12.2025 wurde am 12.12.2025 im Bundesgesetzblatt verkündet.[3] Es enthält insbesondere folgende Neuregelungen:

- **Elektronische Niederschrift im Präsenzverfahren**
  Anstatt wie bisher zwingend auf Papier, kann die Niederschrift bei der Beurkundung von Willenserklärungen auch als elektronisches Dokument aufgenommen werden, wenn die Beteiligten körperlich anwesend sind, § 8 Abs. 2 BeurkG. Die Entscheidung, ob ein Papierdokument oder eine elektronische Niederschrift gefertigt wird, obliegt allein der Urkundsperson. Ein Wahlrecht der Beteiligten besteht nicht, kann sich aber im Einzelfall aus Verwendungszwecken ergeben, etwa im Fall von Vollmachten oder bei zur Verwendung im Ausland bestimmten Erklärungen.
- **Qualifizierte elektronische Signatur und elektronische Unterschrift**
  Die elektronische Niederschrift ist in Anwesenheit des Notars entweder von allen Beteiligten mit einer qualifizierten elektronischen Signatur oder durch eigenhän-

1) BR-Drucks. 660/25 v. 14.11.2025 (Gesetzesbeschluss des Deutschen Bundestages).
2) BR-Drucks. (Beschluss) v. 21.11.2025.
3) BGBl. I 2025 Nr. 320.

Anmerkung:

Zwar folgt daraus keine generelle Updatepflicht für Hersteller, doch das Unterlassen nötiger Sicherheitsmaßnahmen wird ausdrücklich als haftungsrelevant eingeordnet. Speziell bei KI-Systemen kann ein Produkt sogar nachträglich fehlerhaft werden, wenn es durch Lernen ein gefährliches Verhalten entwickelt, das bei Inverkehrbringen noch nicht bestand. Maßgeblich ist, wann das Produkt die Kontrolle des Herstellers verlässt.

c) Geplante erweiterte Haftungsregelungen

197 Die Produkthaftung bleibt **verschuldensunabhängig**. Anspruchsvoraussetzungen sind lediglich

- das Vorliegen eines Produktfehlers,
- ein Schaden und
- die Kausalität zwischen Produktfehler und Schaden.

Neben den bisher bereits zu ersetzenden Körper- und Gesundheitsschäden sowie Eigentumsschäden (außer dem fehlerhaften Produkt selbst) sind künftig auch **Schäden** ersatzfähig, die **aus der Beschädigung oder Vernichtung privat genutzter Daten** resultieren.

Um den weltweiten Lieferketten Rechnung zu tragen und sicherzustellen, dass Geschädigte stets einen in der EU adressierbaren Anspruchsgegner haben, wird der **Kreis der Haftenden ausgeweitet**. Neben dem Hersteller haften – je nach Konstellation –

- **Importeure und Beauftragte** des Herstellers (sofern der Hersteller keinen Sitz in der EU hat),
- **Fulfilment-Dienstleister** – also Unternehmen, die gewerblich mindestens zwei der Leistungen Lagern, Verpacken, Adressieren, Versenden für fremde Produkte erbringen (subsidiär, wenn es weder Importeur noch Beauftragten in der EU gibt),
- Lieferanten (subsidiär, wenn er nicht binnen eines Monats den Hersteller oder Vorlieferanten benennt) sowie
- unter bestimmten Voraussetzungen **Anbieter von Online-Plattformen** (falls sie ein Produkt wie ein eigenes anbieten oder bei Fremdprodukten den tatsächlichen Hersteller bzw. Lieferanten nicht binnen eines Monats offenlegen).

Reine Fracht- oder Postdienste sind ausgenommen.

Die Haftung greift parallel für den **„End"-Hersteller** des Produkts und den **Komponenten-Hersteller**. Als Komponenten gelten ausdrücklich auch verbundene digitale Dienste, ohne die Kernfunktionen des Produkts nicht (sicher) nutzbar wären (z.B. Verkehrsdaten für ein autonomes Navigationssystem). Dementsprechend haftet der Anbieter des Dienstes unter Umständen neben dem Hersteller des Endprodukts, falls ein Sicherheitsmangel des Dienstes zu einem Produktfehler führt.

Anmerkung:

Diese Ausweitung ist neu, da bislang nur eine Haftung für Teilprodukte vorgesehen war, nicht aber für in Produkte integrierte Dienstleistungen.

Klassische **Haftungsausschlüsse** werden **deutlich eingeschränkt**. Ein Ausschluss greift grundsätzlich dann, wenn der Hersteller darlegen kann, dass das Produkt den Fehler im zugrunde zu legenden Zeitpunkt wahrscheinlich noch nicht hatte, d.h. dass der Mangel erst nach Inverkehrbringen oder nach Aufgabe der Kontrolle über das Produkt entstanden ist. Auch wenn der Hersteller i.R.d. Entlastung keinen „Vollbeweis" führen muss, bleibt abzuwarten, welche Anforderungen die Gerichte an das Darlegen der „Wahrscheinlichkeit" knüpfen.

Bei **digitalen Produkten** wird der **Entlastungsbeweis noch stärker eingeschränkt**. Liegt die Ursache des Fehlers in der Einfluss- und Kontrollsphäre des Herstellers, scheidet ein Haftungsausschluss aus (z.B. Softwarefehler, sicherheitsrelevante Updates/Upgrades), selbst wenn das Produkt (z.B. lernfähiges KI-System) nachträglich wesentlich verändert oder erweitert wird. Auch dies entbindet den Anbieter nicht von der Haftung, sofern er das Lernverhalten ermöglicht oder autorisiert hat.

Anmerkung:

Anbieter haften also für post-market auftretende Fehler, wenn sie die lernende Software bereitstellen, genehmigen oder ihr zustimmen. Somit kann ein KI-Software-Anbieter sich nicht darauf berufen, das System habe sich eigenständig geändert – entscheidend ist, dass er diese Änderungen in seinem Verantwortungsbereich zugelassen hat.

Generell kann die **Haftung fortbestehen**, solange der Hersteller die Kontrolle über das Produkt behält, etwa durch Verbindung mit eigenen Updates oder Diensten.

Das neue Produkthaftungsrecht enthält Mechanismen für den **Haftungsübergang in komplexen Lieferketten**. Wenn der ursprüngliche Hersteller keine Kontrolle mehr über wesentliche Änderungen seines Produkts hat oder das Produkt faktisch von einem anderen Akteur bereitgestellt wird (etwa bei White-Label-Konstellationen), kann dessen Haftung vollständig auf den Importeur, Bevollmächtigten oder Fulfilment-Dienstleister übergehen. Subsidiär greift die Lieferantenhaftung.

Wer ein Produkt **nachträglich wesentlich verändert**, etwa durch Upcycling, Re-Manufacturing oder sonstige Modifikationen, und erneut in Verkehr bringt, gilt zukünftig selbst als Hersteller mit entsprechender Haftung. Unternehmen, die gebrauchte Produkte aufbereiten oder technisch umbauen, müssen für dabei entstehende Risiken haften.

Anmerkung:

Interessant ist in diesem Zusammenhang eine im Referentenentwurf enthaltene Beweislastregel: Der „Zweit-Hersteller" kann sich von der Haftung befreien, wenn er nachweist, dass der Fehler, der den Schaden verursacht hat, nicht auf seiner Veränderung beruht, sondern auf einem unveränderten Teil des ursprünglichen Produkts. In der Praxis dürfte dieser Entlastungsbeweis aber schwierig zu führen sein, sofern die Änderung Einfluss auf die Produktsicherheit hatte.

Die Haftung ist künftig **finanziell unbegrenzt**. Der bisherige Haftungshöchstbetrag von 85 Mio. Euro bei Personenschäden entfällt, ebenso wie der Selbstbehalt von 500 Euro bei Sachschäden.

Kritische Stellungnahme:

Insbesondere der Wegfall der Selbstbehaltsgrenze dürfte die Bündelung von Klagen im Produkthaftungsbereich und sog. Massenklagen begünstigen.

Die **Verjährung** bleibt grundsätzlich bei drei Jahren ab dem Zeitpunkt, zu dem der Geschädigte von Schaden, Fehler und Identität des Verantwortlichen Kenntnis erlangt hat. Unabhängig davon erlischt der Anspruch zehn Jahre nach Inverkehrbringen des Produkts, während er sich bei Latenzschäden auf bis zu 25 Jahre verlängern kann.

d) Verbesserte Durchsetzungsmöglichkeiten für Geschädigte

198 Mit der Reform des Produkthaftungsrechts werden auch die Durchsetzungsmöglichkeiten für Geschädigte verbessert. Geschädigte Kläger erhalten einen **Anspruch auf Offenlegung relevanter Beweismittel** des Beklagten, wenn sie Tatsachen und Indizien vortragen, die den Anspruch hinreichend plausibel erscheinen lassen. Hierfür wird regelmäßig bereits eine gewisse Wahrscheinlichkeit genügen, eine überwiegende Wahrscheinlichkeit ist nicht erforderlich.[1)]

Anmerkung:

Diese Neuerung ist bemerkenswert. Sie weicht den im deutschen Zivilprozessrecht geltenden Beibringungsgrundsatz auf und ähnelt im Ansatz dem Prinzip des US-amerikanischen **Discovery-Verfahrens** (Ausforschungsgrundsatz). Der Unterschied besteht darin, dass die Offenlegung nach Klageerhebung im Rahmen des Prozesses erfolgt und keine vorprozessuale Offenlegung vergleichbar mit der in den USA existierenden pre-trial discovery stattfindet.

Der Beklagte muss auf richterliche Anordnung hin nur solche Informationen herausgeben, die relevant sind und in seiner Verfügungsgewalt stehen. Darunter fallen explizit auch Auswertungen oder Zusammenstellungen, die erst aus vorhandenen Daten neu erstellt werden müssen.

Geschäftsgeheimnisse sind bei alledem besonders zu schützen. Das Gericht hat die Offenlegung auf das erforderliche und verhältnismäßige Maß zu beschränken. Im Übrigen verweist der Gesetzesentwurf auf §§ 16 ff. des Geschäftsgeheimnisgesetzes. Danach kann beispielsweise auf Antrag einer Partei der Zugang zu den Dokumenten, die Geschäftsgeheimnisse enthalten, ganz oder teilweise auf eine bestimmte Anzahl von zuverlässigen Personen beschränkt werden. Auch Einschränkungen i.R.d. mündlichen Verhandlung, bei der Geschäftsgeheimnisse offengelegt werden könnten, und zu deren Aufzeichnung oder dem Protokoll der mündlichen Verhandlung sind nach freiem Ermessen des Gerichts möglich, sofern nach Abwägung aller Umstände das Geheimhaltungsinteresse des Beklagten das Recht der Beteiligten auf rechtliches Gehör auch unter Beachtung ihres Rechts auf effektiven Rechtsschutz und ein faires Verfahren übersteigt.

Steht ein Produktfehler fest und ist die Verletzung typischerweise darauf zurückzuführen, wird die **Kausalität vermutet**.

Ein Produktfehler wird außerdem vermutet, wenn

- der Beklagte einer gerichtlichen Offenlegungsanordnung nicht nachkommt,
- gegen Produktsicherheitsvorschriften verstoßen wurde oder
- eine offensichtliche Funktionsstörung des Produkts vorliegt.

Darüber hinaus – für die Praxis besonders relevant – werden Fehler und Kausalität vermutet, wenn die **Beweisführung** trotz angeordneter Offenlegung wegen technischer oder wissenschaftlicher Komplexität **„übermäßig schwierig"** bleibt, sofern der Kläger eine Wahrscheinlichkeit für Fehler und Kausalität darlegt.

Kritische Stellungnahme:

Die Offenlegungspflichten sind im deutschen Zivilprozess bislang fremd und ähneln funktional einem eingeschränkten Discovery-Prinzip. Parallel verlangt die Richtlinie von den Herstellern, ihre Dokumentation und Daten zugänglich und verständlich aufzubereiten. Dies löst bei digitalen und KI-basierten Produkten zusätzliche Dokumentationslasten aus.

In der Praxis kann das zu einer **faktischen Beweislastverschiebung** führen, wenn der Anspruchsgegner den Gegenbeweis (Fehlerfreiheit/keine Kausalität) nicht führen kann.

---

1) BGH v. 4.4.2023, KZR 20/21, WM 2023, 1926.

e) Voraussichtliches Inkrafttreten

Das neue Produkthaftungsgesetz soll voraussichtlich am **9.12.2026** in Kraft treten und auf in Verkehr gebrachte Produkte nach Inkrafttreten Anwendung finden. 199

Software-Updates oder Upgrades für ein Produkt, das vor dem 9.12.2026 in Verkehr gebracht wurde, fallen nicht unter das neue Haftungsregime, es sei denn, das Update verändert das Produkt wesentlich und schafft damit faktisch ein neues Produkt.

Anmerkung:

Mit dieser Übergangsregelung soll verhindert werden, dass Hersteller, die Software vor Inkrafttreten des neuen ProdHaftG in Verkehr gebracht haben, allein durch Updates plötzlich der neuen Haftung unterliegen, solange es sich um bloße Verbesserungen im Rahmen des ursprünglichen Produkts handelt.

Parallel zur Produkthaftungsrichtlinie hatte die EU-Kommission 2022 auch eine **Richtlinie über KI-Haftung** vorgeschlagen, die einen verschuldensabhängigen (also fehlerbasierten) Ansatz verfolgen sollte. Diese wäre insbesondere für Schäden relevant, die nicht unter die Produkthaftung fallen – etwa reine Vermögensschäden oder Diskriminierung durch KI – und würde auch juristischen Personen Ansprüche geben. Während die KI-Verordnung (AI-Act) und die Produkthaftungsrichtlinie mittlerweile verabschiedet wurden, ist der Gesetzgebungsprozess für die KI-Haftungsrichtlinie ins Stocken geraten. Im Arbeitsprogramm 2025 der EU-Kommission wurde das Vorhaben **zurückgestellt**. Ob und wann diese KI-spezifische Haftungsrichtlinie kommt, ist derzeit ungewiss. Sollte sie jedoch verabschiedet werden, würde sie zusammen mit der EU-Produkthaftungsrichtlinie ein umfassendes zivilrechtliches Haftungssystem bilden, das Hersteller und Anbieter von KI-Systemen voll zur Verantwortung zieht.

Beratungshinweis:

Angesichts der neuen Haftungsdimensionen empfiehlt es sich für Unternehmen, die verbleibende Übergangszeit bis Dezember 2026 insbesondere zur **Risikoanalyse** und zur **Anpassung** von Verträgen, internen Prozessen und Dokumentationspflichten zu nutzen:

- Bestehende **Lieferanten-, Fulfilment- und Plattformverträge** sollten **überprüft** und an das neue Haftungsregime angepasst werden (Informationspflichten, Rückrufprozessen und Freistellungsklauseln).
- Unternehmen sollten ihre **Rollen innerhalb der Lieferkette klar abgrenzen** (Hersteller, Importeur, Fulfilment-Dienstleister) und sicherstellen, dass produktsicherheitsrechtliche Anforderungen (z.B. KI-VO, Cyber Resilience Act) eingehalten und dokumentiert werden.
- Mit Blick auf die neuen **Offenlegungspflichten** und gesetzlichen Vermutungsregeln ist eine saubere und verständliche **Dokumentation von Entwicklungs-, Update- und Produktüberwachungsprozessen** unabdingbar. Gleichzeitig sollten unternehmensintern Richtlinien festgelegt und Mitarbeiter entsprechend geschult werden, welche Informationen im Hinblick auf Entwicklungs- und Testverfahren sowie Produktionsprozesse künftig in welcher Form dokumentiert werden, da sie u.U. Gegenstand einer gerichtlichen Auseinandersetzung werden können.
- Die **Deckungssummen und Versicherungsbedingungen** sollten an die entfallenden Haftungsobergrenzen und die neuen Schadenskategorien angepasst werden.

II. Gesellschaftsrecht

1. Gesetz zur Ausweitung der notariellen Online-Verfahren im Gesellschafts- und Registerrecht

Das Bundesministerium der Justiz und für Verbraucherschutz hat am 12.9.2025 den Referentenentwurf eines Gesetzes zur Ausweitung der notariellen Online-Verfahren 200 im Gesellschafts- und Registerrecht veröffentlicht.[1] Danach sollen folgende Rechtshandlungen i notariellen Online-Verfahren vorgenommen werden können:

- **Gründung von Aktiengesellschaften und Kommanditgesellschaften auf Aktien**, § 23 Abs. 1 Satz 2, Abs. 1a, § 280 Abs. 1 Satz 2, Abs. 1a AktG-E
- Beschlüsse der Gründer zur **Bestellung des ersten Aufsichtsrats und des Abschlussprüfers** für das erste Voll- und Rumpfgeschäftsjahr, § 30 Abs. 1 Satz 3 und 4 AktG-E
- Anmeldungen zur **Eintragung in das Stiftungsregister**, § 3 Abs. 2 Satz 3 StiftRG-E
- **Vollmachten zur Anmeldung beim Handels-, Gesellschafts- und Partnerschaftsregister**, § 12 Abs. 1 Satz 4 HGB-E. Durch Verweisung in § 5 Abs. 2 PartGG und § 707b BGB soll dies auch für **Partnerschafts- und Gesellschaftsregister** gelten
- **Vollmachten zur Stimmabgabe in GmbH-Gesellschafterversammlungen**, § 47 Abs. 3 Satz 2 GmbHG-E
- **Vollmachten** zur Abgabe der Erklärung zur **Übernahme eines GmbH-Geschäftsanteils**, § 55 Abs. 1 Satz 3 GmbHG-E
- **Anmeldungen zum Vereinsregister,** § 77 Abs. 2 BGB-E.

Anmerkung:

Das Gesetzgebungsverfahren wurde in 2025 noch nicht weiter vorangetrieben. Das Gesetz soll grundsätzlich **am 1.8.2026 in Kraft** treten. Die Änderung des Stiftungsregistergesetzes soll abweichend davon am 1.1.2028 in Kraft treten, Art. 6 des Regierungsentwurfs eines Gesetzes zur Ausweitung der notariellen Online-Verfahren im Gesellschafts- und Registerrecht.

2. Gesetz zur Stärkung der genossenschaftlichen Rechtsform

201 Das Bundesministerium der Justiz und für Verbraucherschutz hat am 25.6.2025 den Referentenentwurf eines Gesetzes zur Stärkung der genossenschaftlichen Rechtsform veröffentlicht.[2] Bereits in der vergangenen Legislaturperiode lag ein Gesetzentwurf mit gleicher Bezeichnung vor. Dieses Gesetzgebungsverfahren scheiterte am Diskontinuitätsprinzip. Der nun vorliegende Entwurf wurde punktuell modifiziert. Ziel ist es, die Digitalisierung bei Genossenschaften zu fördern, die genossenschaftliche Rechtsform attraktiver zu gestalten und deren missbräuchliche Verwendung zu verhindern.

Förderung der Digitalisierung bei Genossenschaften

Zur Förderung der Digitalisierung soll über die bereits verabschiedeten Regelungen des Vierten Bürokratieentlastungsgesetzes[3] hinaus weitestgehend die **Textform** statt der Schriftform verankert werden. Darüber hinaus sind Regelungen bzw. Klarstellungen und Erleichterungen betreffend die **digitalen Sitzungen und Beschlussfassungen** sowie die **digitale Informationsversorgung** der Genossenschaftsmitglieder vorgesehen:

- **Digitale Vorstands- und Aufsichtsratssitzungen:** Sitzungen des Vorstands und des Aufsichtsrats einschließlich gemeinsamer Sitzungen können als Präsenzsitzung, virtuelle Sitzung, hybride Sitzung oder Sitzung im gestreckten Verfahren i.S.d. § 43b Abs. 1 Nr. 1 bis 4 GenG stattfinden, und zwar nach § 9 Abs. 5 GenG-E nun auch,

1) Abrufbar unter https://www.bmjv.de/SharedDocs/Downloads/DE/Gesetzgebung/RefE/RefE_Ausweitung_OnlineVerfahren.pdf?__blob=publicationFile&v=2. Zuletzt abgerufen am 27.11.2025. Zu den geplanten Änderungen vgl. auch Heckschen, GmbHR 2025, R340.

2) Abrufbar unter https://www.bmjv.de/SharedDocs/Downloads/DE/Gesetzgebung/RefE/RefE_Genossenschaftsrecht.pdf?__blob=publicationFile&v=2. Zuletzt abgerufen am 27.11.2025. Zu den geplanten Änderungen vgl. auch Hippeli, jurisPR-BRK 10/2025 Anm. 1 und Reif, GmbHR 2025, R228.

3) Vierten Bürokratieentlastungsgesetzes v. 23.10.2024, BGBl. I 2024 Nr. 323 = BStBl I 2024, 1421 (Auszug).

wenn die Satzung oder ergänzende Geschäftsordnungen ausdrücklich eine Präsenzsitzung vorsehen oder die Form der Sitzung nicht regeln.

- Für **digitale Gründungsversammlung** soll klargestellt werden, dass auch die Gründungsversammlung einer Genossenschaft als virtuelle Versammlung, hybride Versammlung oder als Versammlung im gestreckten Verfahren durchgeführt werden kann, § 4a Abs. 2 GenG-E.
- **Elektronische Abstimmung bei hybriden Versammlungen**: Die Satzung kann vorsehen, dass die an einer hybriden Versammlung in Präsenz teilnehmenden Mitglieder ebenfalls elektronisch abstimmen, § 43b Abs. 4 Satz 3 GenG-E.
- **Elektronische Vertreterwahlen**: Die Satzung oder die Wahlordnung kann eine elektronische Wahl der Vertreter vorsehen oder zulassen, dass der Vorstand mit Zustimmung des Aufsichtsrats beschließen kann, die Wahl elektronisch durchzuführen, § 43a Abs. 5 GenG-E.
- **Livestream-Übertragung von Vertreterversammlungen**: Die Satzung kann vorsehen, dass die Vertreterversammlungen für alle Mitglieder durch Bild- und Tonübertragung zugänglich gemacht werden, oder regeln, welches Organ im Einzelfall über die Bild- und Tonübertragung entscheidet. Regelt die Satzung die Bild- und Tonübertragung nicht, so entscheidet derjenige, der die Vertreterversammlung einberuft, über die Bild- und Tonübertragung, § 43a Abs. 9 GenG-E.
- **Nachweise über Organbestellungen** sollen künftig in Textform möglich sein, § 11 Abs. 2 Nr. 2, § 28 Satz 2 GenG-E.
- Das **Protokoll der Generalversammlung** ist vom Vorsitzenden und mindestens einem erschienenen Mitglied des Vorstands zu unterschreiben oder in der in § 126a BGB bezeichneten Weise elektronisch zu signieren. Das Protokoll kann mit einer Erklärung des Vorsitzenden und mindestens eines erschienenen Mitglieds des Vorstands in Textform, dass sie für dieses Protokoll die Verantwortung übernehmen, verbunden werden, § 47 Abs. 2 GenG-E.

Steigerung der Attraktivität der genossenschaftlichen Rechtsform

Um die Attraktivität der genossenschaftlichen Rechtsform weiter zu steigern, soll insb. die **Gründung** einer Genossenschaft **beschleunigt** werden. Darüber hinaus ist vorgesehen, Regelungs- und Klarstellungswünsche aus der genossenschaftlichen Praxis zu berücksichtigen.

Maßnahmen gegen unseriöse Genossenschaften

Auch sind weitere Maßnahmen geplant, um eine **missbräuchliche Verwendung** der Rechtsform der Genossenschaft zu verhindern. Vorgesehen ist u.a. eine Ausweitung der Rechte und Pflichten der genossenschaftlichen Prüfungsverbände.

Inkrafttreten

Das Gesetz soll grundsätzlich unmittelbar nach seiner Verkündung in Kraft treten, Art. 7 des Gesetzes zur Stärkung der genossenschaftlichen Rechtsform.

3. Digitalisierungsrichtlinie II

Die sog. Änderungsrichtlinie (EU) 2025/25 zur Ausweitung und Optimierung des Einsatzes digitaler Werkzeuge und Verfahren im Gesellschaftsrecht vom 19.12.2024[1] (sog. Digitalisierungsrichtlinie II), wurde am 10.1.2025 im Amtsblatt der EU veröffentlicht. Sie trat am 30.1.2025 in Kraft (vgl. Art. 5 der Digitalisierungsrichtlinie II). Die EU-Mitgliedstaaten haben nun bis zum 31.7.2027 Zeit (vgl. Art. 4 Abs. 1 der Digitalisierungsrichtlinie II), die erforderlichen Vorschriften umzusetzen, die dann **ab dem 31.7.2028 zur Anwendung** kommen sollen (vgl. Art. 4 Abs. 2 der Digitalisierungsrichtlinie II). **202**

1) ABl.EU 2025 Nr. L 1/28 v. 10.1.2025.

Die Digitalisierungsrichtlinie II zielt darauf ab, **grenzüberschreitende Unternehmenstätigkeiten** durch Entbürokratisierung, Vernetzung und Vereinheitlichung von Unternehmensregistern zu **erleichtern**. Durch eine Reduzierung von Formalitäten und Harmonisierung unternehmensbezogener Prozesse sollen Transaktionskosten gesenkt sowie Geldwäsche und Terrorismusfinanzierung erschwert werden.

Europaweite öffentliche Präventivkontrolle

In Deutschland lassen sich Informationen über deutsche Unternehmen dem Handelsregister entnehmen. Registergerichte und Notare überprüfen die Daten und gewährleisten im Rahmen dieser öffentlichen Präventivkontrolle deren Verlässlichkeit. Eine zentrale Neuerung durch die Digitalisierungsrichtlinie II ist die verstärkte EU-weite öffentliche Präventivkontrolle. Hierdurch stellen die Notare, Gerichte und Behörden verlässliche Daten bereit und überwachen diese. So nehmen künftig auch Notare eine zentrale Rolle in der Bekämpfung von Geldwäsche und Terrorismusfinanzierung ein.

Weiter sind künftig bei Gesellschaften zwingend der Gründungsakt, Satzungsänderungen und Einlagenleistungen anhand einer **detaillierten Rechtmäßigkeitskontrolle** und nicht mehr nur durch Evidenzkontrolle zu prüfen. Bisher waren lediglich Kapitalgesellschaften der Gesellschaftsrechtsrichtlinie erfasst. Die Digitalisierungsrichtlinie II bezieht nun erstmals auch Personenhandelsgesellschaften in den Anwendungsbereich ein. Auch sie sollen künftig der öffentlichen Präventivkontrolle unterliegen. Allerdings ist eine Öffnungsklausel zugunsten des nationalen Rechts der Mitgliedstaaten vorgesehen, wonach bei Personenhandelsgesellschaften nur die Gründungsdokumente kontrolliert werden sollen, die nach nationalem Recht beim Handelsregister einzureichen sind.

Anmerkung:

In Deutschland müssen Gesellschaftsverträge einer OHG oder KG nicht schriftlich abgeschlossen und auch nicht beim Handelsregister eingereicht werden. Insofern ist die Präventivkontrolle bei diesen Gesellschaftsformen eingeschränkt. Die EU-Kommission möchte jedoch langfristig prüfen, ob sich diese Öffnungsklausel bewährt oder ob hierdurch die Ziele der öffentlichen Präventivkontrolle, insb. die Bekämpfung von Geldwäsche und Terrorismusfinanzierung, gefährdet werden.

Die Digitalisierungsrichtlinie I hat die Präventivkontrolle mit Blick auf Online-Verfahren harmonisiert. Nunmehr werden diese Regelungen mit der Digitalisierungsrichtlinie II auch auf analoge Präsenzverfahren der Registrierung übertragen, so dass dann eine umfassende, mindestharmonisierte Präventivkontrolle des europäischen Gesellschaftsrechts besteht.

Once-Only-Prinzip

Indem die Präventivkontrolle von Unternehmensdaten europaweit vereinheitlicht wird, können künftig Registerinformationen und Urkunden aus anderen Mitgliedstaaten einfacher verwendet werden. Dazu sind die Register der Mitgliedstaaten zu verbinden, um die darin enthaltenen **Informationen unionsweit zugänglich** zu machen. Zwar bestehen bereits Systeme zur Vernetzung der nationalen Handels-, Transparenz- und Insolvenzregister. Durch die Digitalisierungsrichtlinie II sollen nun aber alle Register mit unternehmensbezogenen Informationen an einem Ort abrufbar sein. Es erfolgt somit nicht nur eine länderübergreifende Verknüpfung von Gesellschaftsinformationen, sondern auch eine Bündelung relevanter Fakten in einem Register. Einzelheiten werden in einem Durchführungsrechtsakt geregelt.

Diese Registervernetzung wird durch das sog. Once-Only-Prinzip ergänzt. Wer in einem anderen Mitgliedstaat eine Tochtergesellschaft oder eine Zweigniederlassung gründet, muss nach diesem Once-Only-Prinzip keine Unterlagen mehr vorlegen, die bereits im Register des Heimatstaates vorhanden sind. Vielmehr soll künftig die jeweilige Stelle die Information unmittelbar über das System der Registervernetzung oder durch unmittelbaren Zugriff auf das ausländische Register abrufen können.

Verfahrensvereinfachungen

Der für ausländische Dokumente erforderliche Echtheitsnachweis wird durch die Digitalisierungsrichtlinie II vereinfacht. So sollen Dokumente aus einem anderen Mitgliedstaat nicht erst nach der Legalisation oder dem Anbringen einer Apostille verwendet werden können. Künftig soll ein **vereinfachter Echtheitsnachweis** genügen, wonach bei elektronischen Dokumenten eine Authentifizierung nach der eIDAS-Verordnung ausreicht. Bei Dokumenten in Papierform ist das Ausstellungsdatum, ein Siegel oder Stempel und eine Protokoll- oder Kennnummer erforderlich, die die elektronische Überprüfung ermöglicht.

Auch wird das Übersetzungserfordernis für Unternehmensinformationen auf ein Mindestmaß beschränkt. Sofern sich der Bedeutungsgehalt aus einem standardisierten Nachrichtenformat ergibt, wie das regelmäßig bei über das System der Registervernetzung abrufbaren Registerinformationen der Fall ist, dürfen Behörden im Normalfall keine Übersetzung mehr verlangen. Letztlich sollen dadurch Registerinformationen und Urkunden aus einem anderen Mitgliedstaat nach Möglichkeit wie inländische Urkunden behandelt werden können.

EU-Gesellschaftsbescheinigung

Künftig wird eine EU-Gesellschaftsbescheinigung von dem Register des Mitgliedstaates ausgestellt, in dem die Gesellschaft gegründet wurde. Darin enthalten sind die wichtigsten Informationen über ein Unternehmen. Sie ist kostenlos, in allen EU-Sprachen sowie digital verfügbar und ersetzt nationale Registerauszüge (sowie die damit verbundenen Übersetzungen und Beglaubigungen). Die EU-Gesellschaftsbescheinigung muss in allen anderen Mitgliedstaaten als „**ausreichender Nachweis**" (sufficient evidence) akzeptiert werden. In der Regel dürfen für die darin enthaltenen Informationen keine weiteren Nachweise verlangt werden. Die Richtigkeit der in der EU-Gesellschaftsbescheinigung enthaltenen Informationen wird – vorbehaltlich deren Widerlegung – vermutet.

Digitale EU-Vollmacht

Zusätzlich ist in der Digitalisierungsrichtlinie II die digitale EU-Vollmacht vorgesehen. Die EU-Vollmacht dient als in allen grenzüberschreitenden, gesellschaftsrechtlichen Angelegenheiten geltender **Nachweis der Vertretungsmacht**. Die EU-Mitgliedstaaten müssen bei der Ausstellung der Vollmacht zumindest die Identität, Rechts- und Geschäftsfähigkeit des Vollmachtgebers sowie dessen Vertretungsbefugnis überprüfen. Zudem muss die Vollmacht im Handels- und Unternehmensregister hinterlegt werden.

III. Arbeitsrecht

1. Gesetz zur Modernisierung und Digitalisierung der Schwarzarbeitsbekämpfung

Am 7.7.2025 hat das BMF einen Referentenentwurf eines Gesetzes zur Modernisierung **203**
und Digitalisierung der Schwarzarbeitsbekämpfung bekanntgegeben, den das Bundeskabinett am 6.8.2025 beschossen hat.[1] Der Deutsche Bundestag hat das Gesetz am 13.11.2025 in 2. und 3. Lesung beschlossen.[2] Der Bundesrat hat das Gesetz am 19.12.2025 gebilligt. Das Gesetz vom 22.12.2025 ist am 29.12.2025 im Bundesgesetzblatt verkündet worden.[3]

Mit dem Gesetz wird bezweckt, die der Zollverwaltung unterliegende **Finanzkontrolle Schwarzarbeit** (FKS) **zukunftsadäquat** aufzustellen, um deren Effizienz zu steigern. Es wurde die gesetzliche Grundlage für einen risikoorientierten Prüfansatz der FKS

1) Vgl. BT-Drucks. 21/1930 v. 1.10.2025 (Regierungsentwurf mit Stellungnahme des Bundesrates und Gegenäußerung der Bundesregierung). Zu den geplanten Inhalten vgl. auch Mader, B+P 2025, 584.
2) Vgl. BR-Drucks. 601/25 v. 28.11.2025 (Gesetzesbeschluss des Deutschen Bundestages).
3) BGBl. I 2025 Nr. 369.

geschaffen. Prüfungen können durch einen automatisierten Datenabgleich effektiver vorbereitet werden. Auch wird die FKS in die Lage versetzt, große Datenmengen systematisch auf bestehende Risiken für das Auftreten von Schwarzarbeit und illegaler Beschäftigung auszuwerten und eine entsprechende Risikobewertung abzuleiten.

Auch wurde der **Katalog** der für **Schwarzarbeit und illegale Beschäftigung** besonders anfälligen Branchen um das Friseur- und Kosmetikgewerbe erweitert.

Darüber hinaus besteht vermehrt die Möglichkeit der Prüfung an Amtsstelle. Ebenso wurde die Handhabbarkeit des Straf- und Bußgeldrechts im Bereich der Bekämpfung von Schwarzarbeit und illegaler Beschäftigung verbessert. Die Ermittlungsverfahren werden in einem größeren Anwendungsbereich direkt durch die Hauptzollämter bearbeitet und die Beteiligungsrechte der FKS erweitert.

Anmerkung:

Bereits in der 20. Wahlperiode wurde ein vergleichbares Gesetzgebungsverfahren angestoßen, das jedoch der Diskontinuität unterlag. Diese Gesetzesfassung wurde nunmehr entsprechend des Koalitionsvertrages aktualisiert, ist aber in seinen wesentlichen Grundzügen erhalten geblieben.

2. EU-Entgelttransparenzrichtlinie

a) Gesetzgebungsverfahren

204 Die am 6.6.2023 in Kraft getretene Entgelttransparenzrichtlinie (RL (EU) 2023/970, kurz auch EntgTransp-RL) soll die Lohntransparenz innerhalb der EU-Mitgliedstaaten fördern und Diskriminierungen bei der Entgeltzahlung aufgrund des Geschlechts beseitigen. Bis zum **7.6.2026** muss der deutsche Gesetzgeber die Richtline umsetzen. Das Bundesministerium für Bildung, Familie, Senioren, Frauen und Jugend hat am 17.7.2025 verlautbart, dass eine **Kommission zur bürokratiearmen Umsetzung** der Entgelttransparenzrichtlinie ins Leben gerufen wurde, deren Vorschläge bis Ende Oktober 2025 an die Bundesgleichstellungsministerin übergeben werden sollten. Im Anschluss soll das Gesetzgebungsverfahren zur Umsetzung zügig eingeleitet werden. Es ist derzeit davon auszugehen, dass das bestehende Entgelttransparenzgesetz (EntgTranspG) novelliert wird.

b) Regelungen der EU-Entgelttransparenzrichtlinie

aa) Pflichten im Bewerbungsprozess

205 Arbeitgeber müssen zum **7.6.2026** ihre Bewerbungsprozesse an die in Art. 5 EntgTransp-RL enthaltenen Vorgaben anpassen. Demnach haben Bewerber einen Anspruch auf **Informationen über das Einstiegsgehalt** für die betreffende Stelle oder dessen Spanne bzw. ggf. über die einschlägigen Bestimmungen des maßgeblichen Tarifvertrags.

Arbeitgeber sollten deshalb bereits vor Beginn des Bewerbungsprozesses die **objektiven, geschlechtsneutralen Kriterien für das Gehalt** bzw. die Gehaltsspanne und deren Gewichtung zueinander festlegen. Hierdurch sollen fundierte und transparente Verhandlungen über das Gehalt möglich sein. Das kann etwa in der Stellenausschreibung bzw. vor dem Vorstellungsgespräch bereitgestellt werden. Um die Informationen Konkurrenzunternehmen nicht zugänglich zu machen, empfiehlt sich die Mitteilung des Gehalts bspw. in der Einladung zum Bewerbungsgespräch.

Anmerkung:

Mit diesen Vorgaben wird die **Verhandlungsfreiheit** der Parteien **nicht eingeschränkt**, so dass auch ein Gehalt außerhalb dieser Spanne ausgehandelt werden kann. Arbeitgeber sollten jedoch dokumentieren, welche objektiven Gründe die Zahlung eines höheren Gehalts rechtfertigen. Derartige

Gründe können im Ausbildungsniveau, akuten Personalmangel oder einer fehlenden Vergleichbarkeit der Aufgaben liegen.

Bewerber dürfen nicht nach der Entwicklung ihres Gehalts in früheren oder aktuellen Arbeitsverhältnissen gefragt werden.

bb) Informationspflichten der Arbeitgeber

Arbeitgeber mit mehr als 50 Beschäftigten sind **ab 7.6.2026** verpflichtet, ihren Mitarbeitern in leicht zugänglicher Weise Informationen über ihre individuelle Bezahlung sowie das Gehaltsgefüge und die Entgeltkriterien zur Verfügung zu stellen, Art. 6 EntgTransp-RL. Dies schließt sowohl die **Durchschnittsgehälter für bestimmte Positionen** als auch die **Kriterien** ein, die **zur Gehaltsfestlegung** herangezogen werden. Diese Kriterien müssen objektiv und geschlechtsneutral sein. Die Richtlinie enthält keine Vorgaben dazu, wie und in welchen zeitlichen Abständen die Informationen bereitzustellen sind. Hier bleibt die Umsetzung durch den deutschen Gesetzgeber abzuwarten. 206

Anmerkung:

Unternehmen mit **weniger als 50 Beschäftigten** sind nach derzeitigem Stand nicht dazu verpflichtet, über Kriterien für die Gehaltsfestlegung zu informieren.

cc) Individuelles Auskunftsrecht eines Arbeitnehmers

Schon im EntgTranspG ist ein Auskunftsrecht des Arbeitnehmers in Unternehmen mit mehr als 200 Beschäftigten verankert, das die Einhaltung des Entgeltgleichheitsgebots gewährleisten soll. Nach der EntgTransp-RL besteht dieses Auskunftsrecht ab 7.6.2026 in erheblich erweitertem Umfang – zumindest für **Unternehmen mit mehr als 50 Beschäftigten**. 207

So haben Arbeitnehmer das Recht, Auskünfte über ihre individuelle Entgelthöhe und über die **durchschnittlichen Entgelthöhen** zu verlangen und in schriftlicher Form zu erhalten, und zwar aufgeschlüsselt nach Geschlecht und für die Gruppen von Arbeitnehmern, die gleiche oder gleichwertige Arbeit verrichten.

Anmerkung:

Während das EntgTranspG auf den statistischen Median als Bezugsgröße für die Entgeltermittlung abstellt, ist nach der EntgTransp-RL die **durchschnittliche Entgelthöhe** maßgeblich: es wird also die Summe aller Einzelwerte durch die Anzahl der Einzelwerte dividiert. Hierfür müssen alle vergleichbaren Arbeitnehmer – und damit eine breitere Gruppe – einbezogen werden. Somit erhalten die Arbeitnehmer nicht nur Informationen über die Entgelthöhe vergleichbarer Arbeitnehmer des anderen, sondern auch des eigenen Geschlechts. Auch dürfte eine Aufschlüsselung nach Entgeltbestandteilen erforderlich sein.

Zudem schreibt das EntgTranspG vor, dass die Vergleichsgruppen sechs oder mehr Personen umfassen müssen, die jeweils dem anderen Geschlecht angehören und eine gleiche oder gleichwertige Tätigkeit ausüben. Eine derartige Bestimmung sieht die EntgTransp-RL nicht vor, so dass auch **kleinere Vergleichsgruppen** gebildet werden müssten.

Arbeitnehmern soll **leichterer Zugang zu den Informationen** gewährt werden, indem diese auch über die zuständige Arbeitnehmervertretung oder Gleichbehandlungsstelle angefordert werden können sollen. Dabei muss für das formlose Informationsbegehren keine gleiche oder gleichwertige Tätigkeit mehr benannt werden.

Arbeitgeber müssen ihre Mitarbeiter **jährlich** über ihr Auskunftsrecht **informieren**. Entsprechende Auskünfte sind innerhalb von zwei Monaten nach Anfrage zur Verfügung zu stellen.

Anmerkung:

Dieser Auskunftsanspruch wird flankiert durch das **Verbot von Verschwiegenheitsklauseln** in Arbeitsverträgen, deren Wirksamkeit bereits heute von einigen Gerichten in Frage gestellt wird. Arbeitgeber dürfen also ihre Arbeitnehmer nicht mehr vertraglich zur Geheimhaltung der Höhe ihres Gehalts verpflichten.

dd) Berichtspflichten des Arbeitgebers

208 Anders als bisher, wonach nur Arbeitgeber mit in der Regel mehr als 500 Beschäftigten zur Erstellung eines Lageberichts verpflichtet waren, unterliegen nach der EntgTransp-RL **Arbeitgeber, die mindestens 100 Arbeitnehmer beschäftigen**, einer Berichtspflicht.

Dabei verlangt die EntgTranspRL deutlich umfassendere Informationen. Während bisher lediglich die Verpflichtung bestand, Maßnahmen zur Förderung der Gleichstellung und zur Sicherstellung der Entgeltgleichheit darzulegen und Angaben zur durchschnittlichen Gesamtzahl der Beschäftigten sowie zu Vollzeit- und Teilzeitbeschäftigten zu machen waren, sind künftig folgende Informationen zur Verfügung zu stellen:

- das geschlechtsspezifische Entgeltgefälle
- das geschlechtsspezifische Entgeltgefälle bei ergänzenden oder variablen Entgeltbestandteilen
- das mittlere geschlechtsspezifische Entgeltgefälle
- das mittlere geschlechtsspezifische Entgeltgefälle bei ergänzenden oder variablen Entgeltbestandteilen
- der Anteil der Arbeitnehmer, die ergänzende oder variable Entgeltbestandteile erhalten
- der Anteil der Arbeitnehmer in jedem Entgeltquartil
- das geschlechtsspezifische Entgeltgefälle zwischen Arbeitnehmern, aufgeschlüsselt nach Grundlohn oder -gehalt sowie nach ergänzenden oder variablen Entgeltbestandteilen.

Die Richtigkeit der Angaben ist von der Leitungsebene des Arbeitgebers nach Anhörung der Arbeitnehmervertreter zu bestätigen, Art. 9 Abs. 6 EntgTransp-RL.

Die Fristen und Intervalle der Berichterstattung richten sich nach der Größe des Unternehmens:

Mitarbeiter	Erstmalige Berichterstattung	Intervalle der Berichterstattung
> 250	7.6.2026	Jährlich für das vorangegangene Kalenderjahr, Art. 9 Abs. 2 EntgTransp-RL
150 bis 249	7.6.2026	Alle drei Jahre, Art. 9 Abs. 3 EntgTransp-RL
100 bis 149	7.6.2031	Alle drei Jahre, Art. 9 Abs. 4 EntgTransp-RL

Unternehmen mit **weniger als 100 Beschäftigten** können von den Mitgliedstaaten verpflichtet werden, ebenfalls Informationen über das Entgelt vorzulegen, Art. 9 Abs. 5 EntgTransp-RL.

Anmerkung:

Es kann zu Überschneidungen mit den ESG-Berichtspflichten nach der Corporate Sustainability Reporting Directive („CSRD") (→ Rz. 158 ff.) und den European Sustainability Reporting Standards („ESRS") (→ Rz. 161) kommen, wonach Unternehmen das prozentuale Gehaltsgefälle zwischen weiblichen und männlichen Beschäftigten offenlegen müssen. Arbeitgeber sollten die Prozesse zur Datenerfassung und Berichterstattung zur Entgelttransparenz vereinheitlichen.

ee) Gemeinsame Entgeltbewertung

Arbeitgeber mit 100 und mehr Arbeitnehmern müssen im Nachgang zu ihrem Bericht mit der Arbeitnehmervertretung eine gemeinsame Entgeltbewertung vornehmen, sofern sich dabei ein **Entgeltgefälle von mindestens 5 %** in einer Arbeitnehmergruppe ergibt und das Gefälle nicht gerechtfertigt ist bzw. innerhalb von sechs Monaten beseitigt wird, Art. 10 EntgTransp-RL. Dies dürfte zu einer Ausweitung der Mitbestimmungsrechte des Betriebsrates führen. Damit geht die Richtlinie über § 17 Abs. 1 EntgTranspG hinaus, wonach eine betriebliche Überprüfung bisher nur für Betriebe mit mehr als 500 Beschäftigten vorgesehen ist. **209**

Nach Abschluss einer gemeinsamen Entgeltbewertung sind Arbeitgeber gemeinsam mit Arbeitnehmervertretungen bei ungerechtfertigten Entgeltunterschieden verpflichtet, Abhilfe zu schaffen. Dies kann durch eine Entgeltangleichung nach oben wie auch durch eine Angleichung nach unten erfolgen, soweit dies mit den Rechten der bisher bevorzugten Arbeitnehmern vereinbar ist.

Anmerkung:

Um einer gemeinsamen Entgeltbewertung vorzubeugen, sollten Arbeitgeber schon jetzt prüfen, ob Unterschiede in Höhe von mindestens 5 % der durchschnittlichen Entgelthöhe zwischen den Geschlechtern innerhalb mindestens einer Arbeitnehmergruppe mit gleichwertiger Arbeit bestehen und diese Unterschiede dann schnellstmöglich reduzieren.

ff) Sanktionen

Die Nichteinhaltung der EntgTransp-RL kann erhebliche rechtliche Konsequenzen nach sich ziehen. Arbeitgeber können mit **Geldbußen** belegt werden oder sich vermehrter **Schadenersatzklagen** aufgrund von ungleicher Bezahlung gegenübersehen. **210**

Dabei stellt die **Verlagerung der Beweislast** auf den Arbeitgeber, der zukünftig nachweisen muss, dass keine unmittelbare oder mittelbare Entgeltdiskriminierung besteht (Art. 18 EntgTransp-RL), eine weitere Hürde in gerichtlichen Auseinandersetzungen dar. Verjährungsfristen für das Geltendmachen von Ansprüchen auf gleiches Entgelt dürfen nicht kürzer als drei Jahre sein (Art. 21 EntgTransp-RL). Damit würden diese Ansprüche nicht von eventuellen vertraglichen oder tariflichen Verfallklauseln erfasst werden. In Arbeitsverträgen enthaltene Verfallklauseln sollten vor diesem Hintergrund entsprechend angepasst werden, um eine Unwirksamkeit zu vermeiden.

Beratungshinweis:

Um den neuen Vorgaben gerecht zu werden, müssen Arbeitgeber ihre **internen Prozesse** überprüfen und ggf. anpassen. Wo bisher noch keine Entgeltstrukturen bestehen, müssen **standardisierte Kriterien für die Gehaltsentwicklung** festgelegt werden. Dazu sind zunächst die **Vergütungsstrukturen zu analysieren**. Aufgrund der weiten Auslegung des Entgeltbegriffs sind zahlreiche Vergütungskomponenten zu berücksichtigen, die häufig nicht strukturiert abrufbar, sondern historisch gewachsen sind. Auch tarifliche oder betriebliche Vergütungssysteme müssen an die Anforderungen der Richtlinie angepasst werden und die Vorgaben einer diskriminierungsfreien Entgeltstruktur einhalten. Sofern vorhanden, ist der **Betriebsrat** bei der Festlegung dieser Kriterien einzubeziehen, da bei Fragen der betrieblichen Lohngestaltung, insb. der Aufstellung von Entlohnungsgrundsätzen, ein Mitbestimmungsrecht besteht.

Zudem müssen Führungskräfte und HR-Verantwortliche in Bezug auf faire und **diskriminierungsfreie Entgeltstrukturen geschult** werden.

3. Tariftreuegesetz

211 Das Bundeskabinett hat am 6.8.2025 den vom Bundesministerium für Arbeit und Soziales am 23.7.2025 erneut vorgelegten Regierungsentwurf eines Gesetzes zur Stärkung der Tarifautonomie durch die Sicherung von Tariftreue bei der Vergabe öffentlicher Aufträge des Bundes (Tariftreuegesetz), beschlossen.[1] Das Gesetz stammt aus der letzten Legislaturperiode, in der es nicht verabschiedet werden konnte. Die erste Lesung im Bundestag fand am 10.10.2025 statt. Eine Verabschiedung in 2025 ist nicht erfolgt.

Mit dem Tariftreuegesetz sollen die Nachteile tarifgebundener Unternehmen im **Wettbewerb um öffentliche Aufträge und Konzessionen** des Bundes beseitigt werden. So soll der Verdrängungswettbewerb über die Lohn- und Personalkosten eingeschränkt werden. Danach sollen Unternehmen ihren Arbeitnehmern künftig, wenn sie öffentliche Aufträge und Konzessionen des Bundes ausführen, tarifvertragliche Arbeitsbedingungen gewähren müssen und sicherstellen, dass dies auch etwaige Nachunternehmen tun. Die Arbeitsbedingungen für eine Branche wird das Bundesministerium für Arbeit und Soziales verbindlich durch Rechtsverordnung festsetzen können. Sie betreffen die Entlohnung, den bezahlten Erholungsurlaub, Höchstarbeitszeiten, Mindestruhezeiten und Ruhepausenzeiten. Um zu kontrollieren, ob Auftragnehmer ihr Tariftreueversprechen einhalten, soll eine Prüfstelle Bundestariftreue bei der Deutschen Rentenversicherung Knappschaft-Bahn-See eingerichtet werden. Das Gesetz soll für öffentliche **Aufträge ab** einem geschätzten Auftrags- oder Vertragswert i.H.v. **50.000 Euro** gelten.

> **Anmerkung:**
> Das Tariftreuegesetz soll im Grundsatz am Tag nach seiner Verkündung in Kraft treten.

4. Zweites Betriebsrentenstärkungsgesetz

212 Am 3.9.2025 hat das Bundeskabinett den Entwurf eines Zweiten Betriebsrentenstärkungsgesetzes beschlossen,[2] um die betriebliche Altersversorgung als zweite Säule neben der gesetzlichen Rente zu festigen und breiter zu etablieren. Ein inhaltsgleicher Gesetzentwurf wurde bereits in der 20. Legislaturperiode eingebracht. Die erste Beratung im Bundestag erfolgte am 16.10.2025. Die 2. und 3. Beratung im Bundestag erfolgte am 5.12.2025 und das Gesetz in der geänderten Fassung der Beschlussempfehlung des Ausschusses für Arbeit und Soziales beschlossen.[3] Die Zustimmung des Bundesrates erfolgte am 19.12.2025. Das Gesetz wurde bis zum Redaktionsschluss noch nicht im Bundesgesetzblatt verkündet.

Bereits 2018 wurden durch das Betriebsrentenstärkungsgesetz neue steuerliche Anreize für Geringverdiener sowie mit dem Sozialpartnermodell eine neue tarifliche Form der Betriebsrente eingeführt. Diese Maßnahmen sollen weiter ausgebaut werden, um die Betriebsrente zu einem selbstverständlichen Bestandteil der Altersvorsorge zu machen.

Die Hürden für eine Beteiligung an einem bestehenden Sozialpartnermodell wurden herabgesetzt, indem Sozialpartnermodelle allen Beschäftigten im Zuständigkeitsbereich der entsprechenden Gewerkschaft offenstehen, sofern die Sozialpartner zustimmen. Damit soll die Verbreitung von Betriebsrenten, insb. bei kleinen und mittleren Unternehmen, erhöht werden. Darüber hinaus wurde die Einkommensgrenze beim

---

1) Vgl. BT-Drucks. 21/1941 v. 1.10.2025 (Regierungsentwurf mit Stellungnahme des Bundesrates und Gegenäußerung der Bundesregierung).

2) Vgl. BT-Drucks. 21/1859 v. 29.9.2025 (Regierungsentwurf). Vgl. auch BT-Drucks. 21/2455 v. 29.10.2025 (Stellungnahme des Bundesrates und Gegenäußerung der Bundesregierung).

3) BT-Drucks. 21/3085 v. 3.12.2025. Zum Gesetzesbeschluss des Deutschen Bundestages vgl. BR-Drucks. 724/25 v. 5.12.2025.

sog. „BAV-Förderbetrag" für Beschäftigte mit geringen Einkommen moderat erhöht und soll künftig regelmäßig angepasst werden. Ebenso wurde der jährliche BAV-Förderhöchstbetrag angehoben. Auf diese Weise soll der Zugang zu Betriebsrenten für Beschäftigte mit geringen Einkommen verbessert werden. Durch regulatorische Anpassungen bei der Kapitalanlage sollen außerdem Renditechancen für die Betriebsrenten erhöht werden.

Anmerkung:

Das Zweite Betriebsrentenstärkungsgesetz tritt am Tag nach seiner Verkündung in Kraft, wobei bestimmte Regelungen, etwa die Teilrente, erst am 1.7.2026 sowie die Verbesserungen zur Geringverdienerförderung ab 1.1.2027 zur Anwendung kommen.

5. Sozialversicherungsrechengrößen-Verordnung 2026

Das Bundesministerium für Arbeit und Soziales hat am 9.9.2025 den Entwurf einer Sozialversicherungsrechengrößen-Verordnung 2026 vorgelegt, der am 8.10.2025 von der Bundesregierung beschlossen wurde.[1] Die Zustimmung des Bundesrates erfolgte am 21.11.2025[2] und die Verkündung der Verordnung vom 24.11.2025 im Bundesgesetzblatt am 26.11.2025.[3] 213

Mit der Sozialversicherungsrechengrößen-Verordnung werden die maßgeblichen Rechengrößen der Sozialversicherung gemäß der Einkommensentwicklung des vergangenen Jahres turnusgemäß angepasst.

Sozialversicherungsrechengröße	2026 Monat Euro	2025 Monat Euro	2026 Jahr Euro	2025 Jahr Euro
Beitragsbemessungsgrenze: allgemeine Rentenversicherung	8.450,00	8.050,00	101.400,00	96.600,00
Beitragsbemessungsgrenze: Arbeitslosenversicherung	8.450,00	8.050,00	101.400,00	96.600,00
Beitragsbemessungsgrenze: Kranken- und Pflegeversicherung	5.812,50	5.512,50	69.750,00	66.150,00
Versicherungspflichtgrenze: Kranken- und Pflegeversicherung	6.450,00	6.150,00	77.400,00	73.800,00
Bezugsgröße in der Sozialversicherung	3.955,00	3.745,00	47.460,00	44.940,00

Die Sozialversicherungsrechengrößen-Verordnung 2026 tritt zum 1.1.2026 in Kraft.

6. Künstlersozialabgabe-Verordnung 2026

Die Künstlersozialabgabe-Verordnung 2026 vom 22.9.2025 wurde am 25.9.2025 im Bundesgesetzblatt[4] verkündet. Danach beträgt der Prozentsatz der Künstlersozialabgabe im Jahr 2026 **4,9 %**. 214

1) Vgl. BR-Drucks. 567/25 v. 10.10.2025.
2) BR-Drucks. 567/25 (Beschluss) v. 21.11.2025.
3) Verordnung v. 24.11.2025, BGBl. I 2025 Nr. 278.
4) BGBl. I 2025 Nr. 220.

Anmerkung:
2025 betrug die Künstlersozialabgabe noch 5,0 % der abgabenpflichtigen Entgelte. Unternehmen müssen die Meldung der entsprechenden Entgelte bis zum 31.3.2026 bei der Künstlersozialkasse abgeben.

IV. IT-Recht und Datenschutz

1. AI-Act

a) Verfahren und Übergangsfristen

215 Bereits im April 2021 hat die EU-Kommission einen Vorschlag unterbreitet, wie Künstliche Intelligenz in Europa genutzt werden soll. Mit der vorgeschlagenen KI-Verordnung wollte die EU einerseits das Vertrauen der Bürger in eine wohl wegweisende neue Technologie stärken und einen rechtlichen Rahmen für den wettbewerbsfähigen Einsatz in der EU schaffen.

Die Verhandlungen des AI-Act wurden durch die Veröffentlichung des Chatbots ChatGPT überholt. Ende 2023 brachte das Trilog-Verfahren zwischen EU-Kommission, EU-Parlament und Europäischem Rat eine Einigung hervor. Der finale Text wurde am 13.6.2024 im Amtsblatt der EU[1)] veröffentlicht. Der EU AI-Act ist am 2.8.2024 in Kraft getreten. Es sind allerdings gestaffelte Übergangsfristen enthalten, so dass die meisten Vorschriften erst 2026 verbindlich werden.

Anwendung ab	Regelung	Rechtsgrundlage
2.8.2024	Inkrafttreten EU AI-Act	Art. 112 Abs. 1 AI-Act
2.2.2025	Verbotene KI-Praktiken	Art. 112 Abs. 2 Buchst. a; Art. 5 AI-Act
2.8.2025	Vorschriften für KI-Governance-Behörden (Benennung/Einsetzung)	Art. 112 Abs. 2 Buchst. b; Art. 64 AI-Act
2.8.2026	Verpflichtungen für Hochrisiko-KI-Systeme (Kapitel 2, 3 und 4)	Art. 112 Abs. 2 Buchst. c; Art. 6–29, Art. 112 AI-Act
2.2.2026	Transparenzanforderungen für bestimmte KI-Systeme (z.B. Deepfakes)	Art. 112 Abs. 2 Buchst. d; Art. 50 AI-Act
2.8.2025	Verpflichtungen für allgemeine KI-Modelle (inkl. Hochleistungs-KI)	Art. 112 Abs. 2 Buchst. b; Art. 52a–52g AI-Act
2.8.2026	Registrierungspflichten in der EU-Datenbank für Hochrisiko-KI-Systeme	Art. 112 Abs. 2 Buchst c; Art. 60, Art. 71–72 AI-Act
2.8.2026	Sanktionen und Durchsetzungsmaßnahmen	Art. 99, Art. 100, Art. 112 AI-Act

b) Risikobasierter Ansatz bei der Einstufung von KI-Systemen

216 Mit dem AI-Act wird zunächst ein einheitlicher Rahmen geschaffen, der KI-Systeme anhand des Risikos klassifiziert. Das Gesetz unterscheidet dabei zwischen KI-Systemen mit unannehmbarem, hohem, geringem oder minimalem Risiko. Die Auswirkung lässt sich knapp zusammenfassen: Je höher das Risiko, desto höher die Anforderungen an das jeweilige KI-System. Diese gehen bis hin zu einem generellen Verbot von KI-Systemen mit einem unannehmbaren Risiko.

Ein **unannehmbares Risiko** sieht die EU dabei bei allen KI-Anwendungen, bei denen KI genutzt wird, um das Verhalten von Personen so zu beeinflussen, dass der Person oder einem Dritten ein Schaden zugefügt wird. Derartige Praktiken sind bereits seit 2.2.2025 verboten, Art. 112 Abs. 2 Buchst. a, Art. 5 AI-Act. Ebenfalls verboten sind

1) https://eur-lex.europa.eu/legal-content/DE/TXT/PDF/?uri=OJ:L_202401689.

Praktiken, die auf die Ausnutzung oder Beeinflussung von schutzbedürftigen Gruppen (Alter, Behinderung, soziale Situation) abzielen oder ein Social Scoring durchführen und damit die betroffenen Personen schlechterstellen. Der Einsatz von biometrischen Echtzeit-Fernidentifizierungssystemen im öffentlichen Raum zur Strafverfolgung ist mit wenigen speziellen Ausnahmen grundsätzlich verboten.

Den zentralen Regelungsbereich stellen KI-Anwendungen mit einem **hohen Risiko** dar. Hochrisikosysteme sind solche, die ein erhebliches Risiko für die Gesundheit, Sicherheit oder Grundrechte darstellen. Sie unterliegen ab 2.8.2026 strengen Anforderungen bezüglich Transparenz, Datengenauigkeit und Überwachung durch Menschen, Art. 112 Abs. 2 Buchst. c, Art. 6 bis 29 AI-Act. Zu den **Hochrisikosystemen** gehören insb. KI-Anwendungen im Bereich des autonomen Fahrens oder der Medizintechnik, doch fallen eine Vielzahl weiterer Systeme in diese Kategorie. Dazu zählen KI-Systeme in kritischen Infrastrukturen, Bildung, Beschäftigung und Strafverfolgung (→ Rz. 218).

Für Systeme, die nur ein **niedriges Risiko** aufweisen, sieht der AI-Act im Gegenzug einen erleichterten Katalog an Pflichten vor. Hier stehen die Transparenzpflichten im Mittelpunkt. Hierdurch soll sichergestellt werden, dass der Endnutzer weiß, dass er ein System mit KI einsetzt. Diese Transparenzanforderungen müssen ab 2.2.2026 erfüllt werden, Art. 112 Abs. 2 Buchst. d, Art. 50 AI-Act (→ Rz. 219).

KI-Systeme mit einem **minimalen Risiko** fallen hingegen nicht unter den AI-Act. Diese können daher uneingeschränkt genutzt werden. Die EU hatte hier einfache KI-Systeme im Blick, wie etwa automatisierte Elemente von Firewalls oder SPAM-Filter. Durch die zunehmende Verbreitung von generativer KI werden künftig wohl zunehmend KI-Systeme in den Anwendungsbereich des AI-Act fallen.

c) Verbotene KI-Praktiken

Die EU AI-Act legt in Art. 5 fest, welche Praktiken im KI-Bereich verboten sind. Diese **217**
Verbote betreffen Praktiken, die als inakzeptabel gelten. Bereits seit 2.2.2025 sind folgende Praktiken verboten:

- **Manipulative und täuschende Systeme,** Art. 5 Abs. 1 Buchst. b AI-Act
  Verboten ist das Inverkehrbringen, die Inbetriebnahme oder die Verwendung eines KI-Systems, das Techniken der unterschwelligen Beeinflussung außerhalb des Bewusstseins einer Person oder absichtlich manipulative oder täuschende Techniken einsetzt, um das Verhalten einer Person wesentlich zu verändern und ihr erheblichen Schaden zuzufügen.

  KI-gestützte manipulative Techniken können dazu verwendet werden, Personen zu unerwünschten Verhaltensweisen zu bewegen oder sie zu täuschen, indem sie in einer Weise zu Entscheidungen angeregt werden, die ihre Autonomie, Entscheidungsfindung und freie Auswahl untergräbt.
- **Ausnutzung von Vulnerabilitäten**, Art. 5 Abs. 1 Buchst. c AI-Act
  Verboten ist das Inverkehrbringen, die Inbetriebnahme oder die Verwendung eines KI-Systems, das eine Vulnerabilität oder Schutzbedürftigkeit einer natürlichen Person oder einer bestimmten Gruppe von Personen aufgrund ihres Alters, einer Behinderung oder einer bestimmten sozialen oder wirtschaftlichen Situation ausnutzt, um das Verhalten dieser Person wesentlich zu verändern und ihr erheblichen Schaden zuzufügen.
- **Soziale Bewertungssysteme (Social Scoring),** Art. 5 Abs. 1 Buchst. d AI-Act
  Verboten ist das Inverkehrbringen, die Inbetriebnahme oder die Verwendung von KI-Systemen zur Bewertung oder Einstufung von natürlichen Personen oder Gruppen von Personen über einen bestimmten Zeitraum auf der Grundlage ihres sozialen Verhaltens oder bekannter, abgeleiteter oder vorhergesagter persönlicher Eigenschaften, wobei die soziale Bewertung zu einer Schlechterstellung oder Benachteiligung in sozialen Zusammenhängen führt, die in keinem Zusammenhang

zu den Umständen stehen, unter denen die Daten ursprünglich erzeugt oder erhoben wurden, oder die im Hinblick auf ihr soziales Verhalten ungerechtfertigt oder unverhältnismäßig ist.

- **Predictive Policing auf Basis von Profiling,** Art. 5 Abs. 1 Buchst. e AI-Act
  Verboten ist das Inverkehrbringen, die Inbetriebnahme für diesen spezifischen Zweck oder die Verwendung eines KI-Systems zur Durchführung von Risikobewertungen in Bezug auf natürliche Personen, um das Risiko, dass eine natürliche Person eine Straftat begeht, ausschließlich auf der Grundlage des Profiling einer natürlichen Person oder der Bewertung ihrer persönlichen Merkmale und Eigenschaften zu bewerten oder vorherzusagen.
- **Ungezieltes Auslesen für Gesichtserkennungsdatenbanken,**
  Art. 5 Abs. 1 Buchst f AI-Act
  Verboten ist das Inverkehrbringen, die Inbetriebnahme für diesen spezifischen Zweck oder die Verwendung von KI-Systemen, die Datenbanken zur Gesichtserkennung durch das ungezielte Auslesen von Gesichtsbildern aus dem Internet oder von Überwachungsaufnahmen erstellen oder erweitern.
- **Emotionserkennung am Arbeitsplatz und in Bildungseinrichtungen,**
  Art. 5 Abs. 1 Buchst. g AI-Act
  Verboten ist das Inverkehrbringen, die Inbetriebnahme für diesen spezifischen Zweck oder die Verwendung von KI-Systemen zur Ableitung von Emotionen einer natürlichen Person am Arbeitsplatz und in Bildungseinrichtungen, es sei denn, die Verwendung des KI-Systems soll aus medizinischen Gründen oder Sicherheitsgründen eingeführt oder auf den Markt gebracht werden.
- **Biometrische Kategorisierung sensibler Merkmale,**
  Art. 5 Abs. 1 Buchst. h AI-Act
  Verboten ist das Inverkehrbringen, die Inbetriebnahme für diesen spezifischen Zweck oder die Verwendung von Systemen zur biometrischen Kategorisierung, mit denen natürliche Personen individuell auf der Grundlage ihrer biometrischen Daten kategorisiert werden, um ihre Rasse, ihre politischen Einstellungen, ihre Gewerkschaftszugehörigkeit, ihre religiösen oder weltanschaulichen Überzeugungen, ihr Sexualleben oder ihre sexuelle Ausrichtung zu erschließen oder abzuleiten.
- **Biometrische Echtzeit-Fernidentifizierung in öffentlich zugänglichen Räumen,**
  Art. 5 Abs. 1 Buchst. i i.V.m. Abs. 2 AI-Act
  Verboten ist die Verwendung biometrischer Echtzeit-Fernidentifizierungssysteme in öffentlich zugänglichen Räumen zu Strafverfolgungszwecken, außer wenn und insoweit dies im Hinblick auf bestimmte Ziele unbedingt erforderlich ist.

  Zu den Ausnahmen gehören: die gezielte Suche nach bestimmten Opfern von Entführung, Menschenhandel oder sexueller Ausbeutung sowie die Suche nach vermissten Personen; die Abwehr einer konkreten, erheblichen und unmittelbaren Gefahr für das Leben oder die körperliche Unversehrtheit natürlicher Personen oder einer tatsächlichen Gefahr eines Terroranschlags; sowie das Aufspüren oder Identifizieren einer Person, die der Begehung einer schweren Straftat verdächtigt wird.

d) Anforderungen bei Hochrisikosystemen

218 Unternehmen, die KI-Systeme mit einem hohen Risiko im Sinne von Art. 6 AI-Act entwickeln, vertreiben oder einsetzen wollen, müssen **ab 2.8.2026** eine Vielzahl von Anforderungen beachten. Diese sind in Art. 9 ff. AI-Act verankert. Neben den allgemeinen Transparenzpflichten, die mit dem AI-Act für die regulierten Klassen eingeführt werden, müssen zahlreche weitere Pflichten umgesetzt werden. Zunächst muss eine umfassende Risikoanalyse durchgeführt und vergleichbar einer Datenschutz-Folgenabschätzung Maßnahmen getroffen werden, um die Risiken zu minimieren. Darüber hinaus muss sichergestellt werden, dass die KI, die in dem System zum Einsatz kommt, nur mit zuverlässigen und hochwertigen Daten trainiert wurde.

So sollen Verzerrungen und ungenaue Ergebnisse vermieden werden. Ebenso müssen die Systeme besonders sicher vor manipulativen Eingriffen, etwa durch Cyberangriffe sein. Zusätzlich müssen Anbieter gewährleisten, dass eine menschliche Kontrolle der KI möglich ist Art. 14 AI-Act. So muss etwa sichergestellt sein, dass eine menschliche Interaktion in die Aktivität des Hochrisikosystems korrigierend eingreifen oder diese stoppen kann. Typischer Anwendungsfall wäre etwa der Lenkeingriff des Fahrers bei einem teilautonomen Fahrzeug.

Verarbeitet das System personenbezogene Daten, sind zusätzliche Datenschutzanforderungen zu beachten und Anbieter müssen detaillierte Aufzeichnungen über die Entwicklung, das Training, die Bereitstellung und den Einsatz von Hochrisiko-KI-Systemen führen, um die Nachvollziehbarkeit und Rechenschaftspflicht zu gewährleisten.

Durch diese hohen Anforderungen soll nach dem Willen der EU ein Rahmen geschaffen werden, der die Vorteile der KI nutzt, während gleichzeitig Risiken minimiert und grundlegende Werte und Rechte geschützt werden. Unternehmen, die solche Systeme entwickeln, anbieten oder einsetzen, müssen die Anforderungen umfassend einhalten. Ansonsten drohen hohe Bußgelder von bis zu 35 Mio. Euro oder 7 % des weltweiten Konzernjahresumsatzes.

e) Risikounabhängige Anforderungen bei „General Purpose AI“

Da die Verbreitung von Sprachmodellen wie ChatGPT erst nach dem ersten Entwurf **219**
des AI-Act erfolgte, sah sich der EU-Gesetzgeber gezwungen, auch für solche KI-Systeme, die einen **breiten allgemeinen Anwendungsbereich** oder Verwendungszweck (auf Englisch: General Purpose) haben, zusätzliche Regelungen zu treffen, die unabhängig von der zuvor geschilderten Risikoeinstufung (also auch für Systeme mit minimalem Risiko) anzuwenden sind. Die diesbezüglichen Regelungen sind in Art. 50 ff. AI-Act enthalten.

Alle Anbieter von „General Purpose AI“ müssen **umfassende Transparenzpflichten** umsetzen. Dies gilt insb. in Hinblick auf den Einsatz von solchen Sprachmodellen zur Generierung oder Manipulation von Texten und Bildern.

Weitere Anforderungen bestehen, wenn es sich um besonders leistungsstarke Systeme handelt, die systemische Risiken bergen können. Hier müssen die Anbieter zusätzlichen Pflichten, wie der Überwachung schwerwiegender Vorfälle oder der Modellbewertung, nachkommen. Auch werden die Rechte von Urhebern gestärkt, die sich leichter gegen das Trainieren oder Verarbeiten von urheberrechtlich geschützten Werken wehren können.

Da die derzeit am häufigsten eingesetzten großen Sprachmodelle wie ChatGPT oder Gemini nicht von Anbietern in der EU stammen, hat die EU auch deren Anbieter mit dem AI Act im Blick gehabt und legt die zahlreichen Pflichten nicht nur deutschen Anbietern auf, sondern allen, die ihre Produkte in der EU vertreiben oder Daten aus der EU verwenden.

2. NIS2-Umsetzungsgesetz

Mit der NIS2-Richtlinie (EU) 2022/2555 soll ein hohes gemeinsames **Cybersicherheits-** **220**
niveau in der Europäischen Union gewährleistet und die ab 2016 gültige NIS-Richtlinie (Richtlinie (EU) 2016/1148) signifikant erweitert und verschärft werden, Erwägungsgründe 1–7, Art. 1 NIS2. Sie wurde am 27.12.2022 veröffentlicht und musste bis 17.10.2024 in nationales Recht umgesetzt werden, Art. 41 Abs. 1 NIS2.

Die NIS2-Richtlinie wird mit dem **NIS2-Umsetzungsgesetz**, ausführlich dem Gesetz zur Umsetzung der NIS-2-Richtlinie und zur Regelung wesentlicher Grundzüge des Informationssicherheitsmanagements in der Bundesverwaltung, in nationales Recht trans-

steller einen Abschlussbericht vorlegen, der eine detaillierte Beschreibung der Schwachstelle, der Abhilfemaßnahmen und der ergriffenen oder geplanten Maßnahmen zur Behebung der Schwachstelle enthält, Art. 14 Abs. 2 Buchst c CRA.

Hersteller müssen der ENISA und der nationalen Cybersicherheitsbehörde zudem **jeden schwerwiegenden Sicherheitsvorfall** unverzüglich und in jedem Fall innerhalb von 24 Stunden, nachdem sie davon Kenntnis erlangt haben, melden, Art. 14 Abs. 3 CRA. Ein Sicherheitsvorfall gilt als schwerwiegend, wenn er tatsächlich negative Auswirkungen auf die Sicherheit der Netze und Informationssysteme, der Nutzer des Produkts mit digitalen Elementen oder anderer Personen hatte oder haben könnte, insbesondere durch Beeinträchtigung des Schutzes sensibler oder wichtiger Daten oder Funktionen oder durch Einbringung oder Ausführung von Schadprogrammen.

Innerhalb von 72 Stunden nach der Frühwarnung müssen Hersteller eine Meldung über den schwerwiegenden Sicherheitsvorfall übermitteln. Spätestens einen Monat nach der Übermittlung der Meldung müssen Hersteller einen Abschlussbericht vorlegen.

e) Informationspflicht gegenüber Nutzern

225 Hersteller müssen die Nutzer ohne unangemessene Verzögerung über Schwachstellen und Sicherheitsvorfälle sowie über verfügbare Maßnahmen zur Minderung oder Behebung informieren, Art. 14 Abs. 8 CRA. Diese Pflicht stellt sicher, dass Nutzer zeitnah über Risiken informiert werden und entsprechende Schutzmaßnahmen ergreifen können.

f) Konformitätsbewertung und Dokumentation

226 Hersteller müssen vor dem Inverkehrbringen eines Produkts mit digitalen Elementen eine technische Dokumentation erstellen, die es ermöglicht, die Konformität des Produkts mit den Anforderungen dieser Verordnung zu bewerten, Art. 28 Abs. 1 CRA und das in Art. 32 CRA genannte Konformitätsbewertungsverfahren durchführen. Wurde mit dem Konformitätsbewertungsverfahren nachgewiesen, dass das Produkt mit digitalen Elementen die geltenden Anforderungen erfüllt, müssen Hersteller eine EU-Konformitätserklärung ausstellen und die CE-Kennzeichnung anbringen.

Sie müssen die technische Dokumentation und die EU-Konformitätserklärung mindestens zehn Jahre lang ab dem Zeitpunkt der Bereitstellung des Produkts auf dem Markt oder für die Dauer des vom Hersteller festgelegten Unterstützungszeitraums aufbewahren, je nachdem, welcher Zeitraum länger ist. Hersteller müssen sicherstellen, dass Verfahren vorhanden sind, mit denen die Konformität bei Serienfertigung gewährleistet bleibt, Art. 13 Abs. 13 CRA.

Art. 7 CRA regelt wichtige Produkte mit digitalen Elementen, die in Anhang III aufgeführt sind und in die Klassen I und II eingeteilt werden. Für Produkte der Klasse II ist stets eine Konformitätsbewertung unter Einbeziehung einer notifizierten Stelle erforderlich. Für Produkte der Klasse I kann eine Konformitätsbewertung unter Einbeziehung einer notifizierten Stelle erforderlich sein, wenn der Hersteller keine einschlägigen harmonisierten Normen, gemeinsamen Spezifikationen oder europäischen Cybersicherheitszertifizierungsschemata angewendet hat.

Für die in Art. 8 CRA enthaltenen kritische Produkte mit digitalen Elementen, die in Anhang IV aufgeführt sind, kann eine verpflichtende EU-Cybersicherheitszertifizierung mindestens der Stufe „mittel" erforderlich sein. Ist kein geeignetes Zertifizierungsschema verfügbar, gelten die Verfahren gemäß Art. 32 Abs. 3 CRA für wichtige Produkte entsprechend.

g) Sanktionen

Die Mitgliedstaaten müssen sicherstellen, dass bei Verstößen gegen die grundlegenden Anforderungen an die Cybersicherheit gemäß Anhang I sowie gegen Art. 13 und 14 Geldbußen von bis zu 15 Mio. Euro oder, im Fall eines Unternehmens, von bis zu 2,5 Prozent seines gesamten weltweiten Jahresumsatzes im vorangegangenen Geschäftsjahr verhängt werden können, je nachdem, welcher Betrag höher ist, Art. 64 Abs. 4 CRA. 227

Für Verstöße gegen andere Pflichten der Verordnung sehen die Art. 64 Abs. 5 und 6 CRA gestaffelte Bußgeldrahmen vor, die je nach Art und Schwere des Verstoßes variieren.

Anmerkung:

Die Umsetzung des Cyber-Resilience-Acts erfolgt verschiedenen Etappen von Ende 2024 bis 2027.

- **11.6.2026:** Die Konformitätsbewertungsstellen (KBS) sind ermächtigt, die Konformität von Produkten mit den Anforderungen des CRA zu bewerten.
- **11.9.2026:** Die Hersteller von vernetzten Produkten unterliegen der Meldepflicht für Schwachstellen und Vorfälle.
- **11.12.2027:** Alle CRA-Anforderungen gelten, einschließlich der Einhaltung der grundlegenden Cybersicherheitsanforderungen vor dem Inverkehrbringen eines Produkts, der Behandlung von Schwachstellen während des gesamten Lebenszyklus des Produkts und der Transparenz gegenüber den Nutzern.

V. Immobilienrecht

1. Gesetz zur Digitalisierung des Vollzugs von Immobilienverträgen

Das Bundesministerium der Justiz und für Verbraucherschutz (BMJV) hat am 9.7.2025 den Referentenentwurf eines Gesetzes zur Digitalisierung des Vollzugs von Immobilienverträgen, der gerichtlichen Genehmigungen von notariellen Rechtsgeschäften und der steuerlichen Anzeigen der Notare veröffentlicht. Am 7.11.2025 wurde hierzu der Gesetzentwurf der Bundesregierung dem Bundesrat mit Fristablauf 19.12.2025 zugeleitet.[1] Eine Beratung des Gesetzentwurfs im Bundestag ist bisher nicht erfolgt. 228

Danach sollen **Grundstückskaufverträge** künftig **vollständig digital abgewickelt** werden. Ziel ist es, den Austausch von Dokumenten und Informationen zwischen Notaren, Gerichten, Behörden und der Finanzverwaltung im Nachgang der Beurkundung eines Immobilienvertrags effizienter zu gestalten. Gleiches soll für die gerichtliche Genehmigung eines notariellen Rechtsgeschäfts und für die Erfüllung steuerlicher Anzeigepflichten der Notare gelten.

Dies soll über elektronische Kommunikationssysteme wie ELSTER und das elektronische Gerichts- und Verwaltungspostfach (EGVP) erfolgen. Die Zeitpunkte, ab denen die elektronische Kommunikation möglich oder verpflichtend ist, sollen teilweise durch Rechtsverordnung bestimmt werden können. Dabei sollen die Verordnungen keinen Zeitpunkt nach dem 1.1.2027 vorsehen dürfen. Die elektronische Kommunikation zwischen Notaren und den Gerichten soll mit dem Zeitpunkt des Inkrafttretens des Gesetzes verpflichtend werden, die Kommunikation zwischen Notaren und der Finanzverwaltung soll stufenweise eingeführt werden, beginnend mit der Veräußerungsanzeige der Notare zum Zeitpunkt des Inkrafttretens. Unbedenklichkeitsbescheinigungen sollen spätestens zum 1.1.2028 einbezogen werden.

Das Gesetz soll am Tag nach seiner Verkündung im Bundesgesetzblatt in Kraft treten.

1) Vgl. BR-Drucks. 644/25 v. 7.11.2025.

Anmerkung:

Bereits in der vergangenen Legislaturperiode war ein Gesetzentwurf mit ähnlicher Zielsetzung veröffentlicht worden, der seinerzeit letztlich wegen des Bruchs der Ampelkoalition nicht verabschiedet wurde.

2. Gesetz zur Verlängerung der Mietpreisbremse

229 Mit dem Gesetz zur Änderung der Regelungen über die zulässige Miethöhe bei Mietbeginn, das die Bundesregierung bereits am 28.5.2025 beschlossen hat, wird die **Mietpreisbremse bis 31.12.2029 verlängert.** Das Gesetz vom 17.5.2025 wurde bereits am 22.7.2025 im Bundesgesetzblatt[1] verkündet.

Findet die Mietpreisbremse Anwendung, darf die Miete bei der **Neuvermietung** einer Wohnung zu Mietbeginn höchstens um 10 % über der ortsüblichen Vergleichsmiete liegen. Lag die Vormiete bereits über diesem Betrag, ist grundsätzlich die Höhe der Vormiete für die Mietpreisbremse maßgeblich. Die **ortsübliche Vergleichsmiete** ist die Durchschnittsmiete für vergleichbare Wohnungen und wird anhand der tatsächlichen Marktlage ermittelt oder an dieser orientiert. Vielerorts geben Mietspiegel Auskunft über die ortsübliche Vergleichsmiete.

Anmerkung:

Die Mietpreisbremse gilt in angespannten Wohnungsmärkten. In welchen Gebieten die Wohnungsmärkte angespannt sind, wird durch die Landesregierungen festgelegt. Die Mietpreisbremse gilt nicht für Wohnungen, die erstmals (oder nach umfassender Modernisierung) nach dem 1.10.2014 genutzt oder vermietet werden.

VI. Environmental Social Governance

1. Lieferkettensorgfaltspflichtengesetz

a) Änderung des Lieferkettensorgfaltspflichtengesetzes

aa) Gesetzgebungsverfahren

230 Das Bundeskabinett hat am 3.9.2025 den Regierungsentwurf zur Änderung des Lieferkettensorgfaltspflichtengesetzes (LkSG) – Entlastung der Unternehmen durch anwendungs- und vollzugsfreundliche Umsetzung beschlossen und in das Gesetzgebungsverfahren eingebracht. Die erste Lesung im Bundestag fand am 28.10.2025 statt.[2] Mit der Novelle sollen Unternehmen mit mindestens 1.000 Arbeitnehmern in der Übergangsphase bis zur vollständigen Umsetzung der europäischen CSDDD entlastet werden. Die geplanten Änderungen betreffen die Berichtspflichten und Bußgeldtatbestände und zielen darauf ab, Unternehmen von administrativen Belastungen zu entlasten und die Anwendungsfreundlichkeit des Gesetzes zu erhöhen.

Anmerkung:

Mit dem am 1.1.2023 in Kraft getretenen sog. Lieferkettensorgfaltspflichtengesetz (LkSG) wurde in Deutschland erstmals die unternehmerische Verantwortung für die Einhaltung von Menschenrechten und den Schutz der Umwelt in der Lieferkette geregelt – und für Unternehmen ein **erheblicher bürokratischer Mehraufwand** ausgelöst. Auf europäischer Ebene ist am 25.7.2024 die sog. Corporate Sustainability Due Diligence Directive, kurz CSDDD, in Kraft getreten, deren Frist zur Umsetzung in nationales Recht durch die sog. Stop-the-clock-Richtlinie der EU um ein Jahr bis 26.7.2027 verlängert wurde (→ Rz. 170).

---

1) BGBl. I 2025 Nr. 163.
2) Vgl. BT-Drucks. 21/2474 v. 29.10.2025 (mit Stellungnahme des Bundesrates und Gegenäußerung der Bundesregierung).

Die Koalitionspartner CDU/CSU und SPD hatten sich in ihrem Koalitionsvertrag auf die **bürokratiearme und vollzugsfreundliche Umsetzung** der an das deutsche LkSG angelehnten CSDDD verständigt. Zu diesem Zweck soll das LkSG perspektivisch durch ein **Gesetz über die internationale Unternehmensverantwortung** nahtlos ersetzt werden. Für die Übergangszeit hatten sich die Koalitionspartner darauf geeinigt, das LkSG anzupassen, um administrative Lasten für Unternehmen zu begrenzen und die Anwendungs- und Vollzugsfreundlichkeit zu erhöhen.

bb) Abmilderung der Berichtspflichten und Sanktionen

Das Änderungsgesetz sieht vor, die bestehende **externe Berichtspflicht** (§ 10 Abs. 2 bis 4 LkSG) rückwirkend zum 1.1.2023 ersatzlos zu streichen. Unternehmen müssten somit keine jährlichen Berichte über menschenrechtliche und umweltbezogene Sorgfaltspflichten erstellen und diese weder auf ihrer Internetseite veröffentlichen noch bei der Aufsichtsbehörde BAFA einreichen. **231**

Die **Pflicht zur fortlaufenden unternehmensinternen Dokumentation** der Erfüllung der Sorgfaltspflichten gemäß § 10 Abs. 1 LkSG und die Aufbewahrung der Dokumentation für mindestens sieben Jahre ab ihrer Erstellung **bleibt jedoch bestehen**. Damit soll die Einhaltung der Sorgfaltspflichten (§ 3 LkSG) weiterhin nachgewiesen werden können.

Auch die **Bußgeldregelungen** (§ 24 LkSG) werden **deutlich reduziert**. Vorgesehen ist, dass Sanktionen nur noch bei schwerwiegenden Verstößen gegen menschenrechtliche Sorgfaltspflichten verhängt werden sollen, in der Verwaltungspraxis sollen Sanktionen nur die ultima ratio sein.

Das Gesetz tritt vorbehaltlich der rückwirkenden Aufhebung der externen Berichtspflichten zum 1.1.2023 am Tag nach seiner Verkündung in Kraft, Art. 2 Gesetz über die Änderung des Lieferkettensorgfaltspflichtengesetzes.

cc) Fortbestand der Sorgfaltspflichten

Alle weiteren im LkSG geregelten Sorgfaltspflichten gelten unverändert fort. So bleiben Unternehmen mit mindestens 1.000 Arbeitnehmern weiterhin verpflichtet, menschenrechtliche und umweltbezogene Risiken in ihren Lieferketten zu identifizieren, zu dokumentieren und entsprechende Präventions- sowie Abhilfemaßnahmen zu ergreifen. **232**

Auch sollten Unternehmen beachten, dass die Aufsichtsbehörde BAFA weiterhin aktiv die Umsetzung der Sorgfaltspflichten in Form von Auskunftsersuchen prüft.

Anmerkung:

Mittelständische Unternehmen, deren Mitarbeiterzahl unterhalb des Schwellenwerts liegt, können weiterhin als Zulieferer indirekt von den Vorgaben des LkSG betroffen sein, indem sie ggf. weiterhin ihren Vertragspartnern Nachweise über ihre Sorgfaltspflichten zur Verfügung stellen müssen.

b) Entwicklungen auf europäischer Ebene

aa) Omnibus-Paket der EU-Kommission

Am 26.2.2025 hat die EU-Kommission den Entwurf für das erste sog. Omnibus-Paket zur Nachhaltigkeitsberichterstattung veröffentlicht (→ Rz. 167 ff., insb. → Rz. 170). Dieses sieht **weitreichende Anpassungen** der regulatorischen Anforderungen der Corporate Sustainability Reporting Directive (CSRD), der EU-Taxonomie und **der Corporate Sustainability Due Dilligence Directive (CSDDD)** vor. Die betroffenen EU-Vorschriften sollen vereinfacht werden und zur Steigerung der Wettbewerbsfähigkeit beitragen. Die EU strebt eine Senkung der allgemeinen Berichtspflichten an und erwartet eine Reduktion des damit verbundenen bürokratischen Aufwands um mindestens 35 % für KMU. **233**

Anmerkung:

Das Europäische Parlament und der Rat müssen über den Entwurf für das erste Omnibus-Paket beraten und entscheiden. Die vorgesehenen Änderungen treten in Kraft, sobald die beiden gesetzgebenden Organe eine Einigung über den Vorschlag erzielt haben und nachdem sie im Amtsblatt der EU veröffentlicht wurden.

Das EU-Parlament hat sich am 13.11.2025 mit dem Richtlinienentwurf befasst und weitere Lockerungen vorgeschlagen. So sollen nur noch Firmen mit mindestens 5.000 Beschäftigten und einem Nettojahresumsatz von mindestens 1,5 Mrd. Euro der Richtlinie unterliegen. Auch soll die geplante Pflicht zur Aufstellung von Klimaschutzplänen sowie die zivilrechtliche Haftung entfallen.

Das vorgelegte erste Omnibus-Paket der EU-Kommission enthält Querschnittsvorschläge zu mehreren Rechtsgebieten; vorgesehen sind bezüglich der CSDDD u.a. die folgenden Anpassungen:

bb) Beschränkung der Sorgfaltspflichten

234 Unternehmen sollen von der Verpflichtung entlastet werden, in der gesamten Wertschöpfungskette systematisch eingehende Bewertungen der negativen Auswirkungen durchzuführen, die in häufig komplexen Wertschöpfungsketten auf der Ebene indirekter Geschäftspartner auftreten. Demzufolge sollen die Sorgfaltspflichten grundsätzlich beschränkt werden auf die **direkten Geschäftspartner**. Eine erweiterte Sorgfaltspflicht gegenüber den indirekten Geschäftspartnern soll es nur dann geben, wenn es konkrete Hinweise auf Risiken bzw. negative Auswirkungen gibt.

Zur Vermeidung der Unterbrechung produktionskritischer Lieferketten soll die Pflicht zur Beendigung der Vertragsbeziehungen bei schwerwiegenden negativen Auswirkungen entfallen. Stattdessen sollen die **Vertragsbeziehungen nur vorübergehend ausgesetzt** werden.

Die **Einbeziehung von Stakeholdern** soll auf direkt Betroffene und deren Vertreter begrenzt werden, Konsumenten oder Gruppierungen sollen aus der Liste der Stakeholder gestrichen werden. Auch sollen die Teilbereiche der Sorgfaltspflichten reduziert werden, bei denen eine Beteiligung der Stakeholder erfolgen soll.

Die Omnibus-Verordnung sieht zudem vor, den Gestaltungsspielraum der EU-Mitgliedsstaaten bei der Umsetzung der CSDDD zu verkleinern, um EU-weit die Wettbewerbsbedingungen zu harmonisieren. In der CSDDD ist bereits in Art. 1 Abs. 2 ein Verschlechterungsverbot enthalten, wonach das Schutzniveau in nationalem Recht, wie etwa dem LkSG, nicht unter Berufung auf die CSDDD abgesenkt werden darf.

cc) Längere Überwachungszeiträume

235 Die Häufigkeit der verpflichtenden Prüfung von Wirksamkeit und Angemessenheit der Maßnahmen im Rahmen der Sorgfaltspflichten soll statt jährlich nur noch **alle fünf Jahre** erfolgen, erforderlichenfalls ergänzt um ad-hoc Bewertungen. Dadurch sollen die betroffenen Unternehmen von unnötiger Komplexität und von Kosten entlastet werden. Allerdings bleiben Unternehmen weiterhin verpflichtet, die Umsetzung ihrer Sorgfaltspflichtmaßnahmen zu bewerten und zu aktualisieren, sofern die Annahme berechtigt ist, dass die bisherigen Maßnahmen nicht mehr angemessen oder wirksam sind.

dd) Aufhebung der zivilrechtlichen Haftung

236 Der Omnibus-Entwurf der EU-Kommission sieht zudem eine **Streichung der EU-weiten zivilrechtlichen Haftung** aus der CSDDD vor. Diesbezüglich möchte die EU-Kommission den Mitgliedstaaten nur noch Leitlinien vorgeben. Allerdings soll das Recht der Opfer auf vollständige Entschädigung für Schäden, die durch Verstöße verursacht wurden, beibehalten werden.

Auch sollen die Unternehmen vor einer Überkompensation im Rahmen der zivilrechtlichen Haftungsregelungen der Mitgliedstaaten geschützt werden.

ee) Reduzierung des Trickle-Down-Effekts

Die Omnibus-Verordnung sieht weiterhin vor, den sog. Trickle-Down-Effekt weiter zu reduzieren. Dazu soll die **Menge an Informationen begrenzt werden**, die große Unternehmen innerhalb der Wertschöpfungskette von kleineren Unternehmen, d.h. Unternehmen mit nicht mehr als 500 Mitarbeitenden, einfordern können. Dadurch soll sich der **Aufwand und der Dominoeffekt für mittelständische Unternehmen verringern**, die sich sonst entlang der Wertschöpfungskette immer weitergehenden Berichtspflichten ausgesetzt sehen. 237

ff) Abschwächung der Pflicht zur Erstellung von Klimaplänen

Die bisherige CSDDD sieht neben Sorgfaltspflichten auch die Erstellung eines Klimaplanes vor. Diese Pflicht soll abgeschwächt werden. Zwar müssen **Klimapläne weiterhin Umsetzungsmaßnahmen** enthalten, deren tatsächliche Umsetzung ist aber nicht mehr verpflichtend. 238

gg) Längere Übergangsfristen

Bisher war vorgesehen, dass die Mitgliedstaaten die CSDDD bis 26.7.2026 in nationales Recht transferieren müssen. Die Regelungen der CSDDD wären dann im ersten Schritt ab 26.7.2027 zunächst für die größten EU-Unternehmen anwendbar (mehr als 5.000 Mitarbeitende und einem weltweiten Nettojahresumsatz von mehr als 1,5 Mrd. Euro) gewesen. 239

Mit dem Omnibus-Gesetz soll den betroffenen Unternehmen mehr Zeit eingeräumt werden, um sich auf die Erfüllung der neuen Anforderungen vorzubereiten. Dazu wird die Frist für die **Umsetzung der CSDDD in nationales Recht um ein Jahr ab Inkrafttreten der jetzt vorgeschlagenen Änderungen verschoben**. Die Anwendung der Nachhaltigkeitsanforderungen für die größten EU-Unternehmen soll um ein Jahr auf den **26.7.2028** verschoben werden. In der Zwischenzeit werden die erforderlichen Leitlinien der EU-Kommission zur Erfüllung der Sorgfaltspflichten auf eine Vorlage zum 26.7.2026 um sechs Monate vorgezogen.

Kritische Stellungnahme:

Die im Rahmen der aktuell geltenden CSDDD vorgesehenen Sorgfaltspflichten führen zu einer erheblichen Belastung der betroffenen Unternehmen mit zusätzlichem Verwaltungsaufwand. Die vorgesehene Reduzierung entsprechender Verpflichtungen auf ein praktikables Maß und die Begrenzung auf direkte Geschäftspartner ist daher aus Sicht des Mittelstandes ebenso zu begrüßen wie die Reduzierung des Trickle-Down-Effekts. Dies gilt auch für den seitens der EU-Kommission gewünschten Verzicht auf eine direkte zivilrechtliche Haftung nach der CSDDD. Das Nebeneinander von LkSG und CSDDD wird ein zentrales Thema der rechtlichen Auslegung und Praxisanwendung für deutsche Unternehmen werden.

2. Entwaldungsverordnung

a) EU-Verordnung für entwaldungsfreie Lieferketten

Mitte 2023 ist die „EU Deforestation Regulation" (EUDR), die sog. EU-Entwaldungsverordnung in Kraft getreten. Sie ist die **ab dem 30.12.2025** anzuwenden. Mit der EUDR werden umfassende Sorgfaltspflichten zum Schutz globaler Wälder gegen Rodung und Ausbeutung in Zusammenhang mit der Produktion verschiedener Agrarerzeugnisse eingeführt. Für die relevanten Rohstoffe und Erzeugnisse muss sichergestellt werden, dass diese **nicht zu Entwaldung und Waldschädigung** beitragen. Hiervon sind eine 240

Vielzahl von Unternehmen betroffen, denn schon, wenn etwa Werbemittel aus Papier in den Verkehr gebracht werden, können Unternehmen in den Anwendungskreis der EUDR fallen und müssen sicherstellen, dass nicht zur Entwaldung beigetragen wird.

Die EU-Entwaldungsverordnung gilt grundsätzlich für **alle Marktteilnehmer**, die von der EUDR erfasste Waren aus Drittstaaten in die EU importieren, diese in der EU handeln oder aus der EU exportieren. Die Unternehmen müssen dabei eigenständig analysieren, ob sie durch den Umgang mit definierten Rohstoffen oder Erzeugnissen tatsächlich in den Anwendungsbereich der EUDR fallen. Bei Betroffenheit sind spezielle Sorgfaltspflichten umzusetzen, wie beispielsweise eine **Datensammlung in Bezug auf die erfassten Rohstoffe und Erzeugnisse** sowie eine **Risikobewertung**.

Bei Import, Export oder Inverkehrbringung der folgenden Rohstoffe und damit verbundenen Erzeugnisse sollte zwingend eine vertiefte Analyse angestoßen werden:

- **Holz und Papier**
  Bei Import, Export oder Inverkehrbringung von verschiedensten Holzprodukten, u.a. auch Span- und Faserplatten, Rahmen, Kisten und Verpackungsmaterial, Möbel, Bücher, Zeitungen und maschinengeschriebene Schriftstücke und Pläne.
- **Kaffee und Kaffeemittel**
  Bei Import, Export oder Inverkehrbringung von Kaffee, auch geröstet, entkoffeiniert oder von Kaffeeersatzmitteln.
- **Kakao und Schokolade**
  Bei Import, Export oder Inverkehrbringen von Kakaobohnen und -bruch, Kakaomasse (auch entfettet), Kakaobutter, -fett oder -öl, Kakaopulver ohne Zuckerzusatz sowie Schokolade und anderen kakaohaltigen Zubereitungen. Dies gilt auch für Nebenprodukte wie Kakaoschalen und -häutchen.
- **Rinder, Fleisch und Leder**
  Bei Import, Export oder Inverkehrbringung von lebenden Tieren, Fleisch- oder Schlachterzeugnissen, rohen bzw. gegerbten oder getrockneten Häuten, Fellen oder Leder.
- **Kautschuk**
  Bei Import, Export oder Inverkehrbringen von Naturkautschuk, Kautschukreifen, -schläuchen, Kleidung oder Bekleidungszubehör (z.B. Handschuhen) aus Weichkautschuk sowie Waren aus Hartkautschuk.
- **Ölpalme und Palmöl**
  Bei Import, Export oder Inverkehrbringen von Palmnüssen und Palmkernen, Palmöl, Palmkernöl oder deren Fraktionen, auch in raffinierter Form, sofern keine chemische Modifikation vorliegt. Ebenfalls erfasst sind Ölkuchen aus Palmnüssen oder -kernen, hochreines Glycerin, Palmitinsäure, Stearinsäure sowie weitere technische Fettsäuren und Fettalkohole pflanzlichen Ursprungs, die aus Ölpalmen gewonnen wurden.
- **Soja**
  Bei Import, Export oder Inverkehrbringen von Sojabohnen – auch geschrotet –, Sojamehl, Sojaöl oder Ölkuchen aus der Sojaverarbeitung.

Betroffene Unternehmen müssen konkret **Informationen, Unterlagen und Daten über die Herkunft ihrer Produkte sammeln**. Dazu müssen sie u.a. in einem komplexen Verfahren Angaben zur Geolokalisierung ermitteln. Abhängig davon, ob die EU das Erzeugerland in einem aktuellen Benchmarking als hoch, normal oder niedrig einstuft, ist eine mehr oder weniger umfangreiche Risikobewertungen vorzunehmen. Unter Umständen muss das betroffene Unternehmen Maßnahmen zu Risikominderung treffen, indem etwa Satellitenüberwachungsinstrumente eingesetzt, Vor-Ort-Prüfungen durchgeführt oder Kapazitäten beim Lieferanten aufgebaut werden.

Besteht aus Sicht des Unternehmens kein nennenswertes Risiko, muss es seine Sorgfaltserklärung digital in einem EU-Informationssystem abgeben. Es erhält dann eine **Referenznummer**, ohne die das jeweilige Produkt nicht in Verkehr gebracht, bereitgestellt oder exportiert werden darf.

KMU-Händler, d.h. Kleinst-, kleine und mittlere Unternehmen mit einer Bilanzsumme von maximal 25 Mio. Euro, einem Umsatzerlös von maximal 50 Mio. Euro und einer durchschnittlichen Beschäftigtenzahl während des Geschäftsjahres vom maximal 250 Mitarbeitenden, müssen keine eigene Sorgfaltserklärung erstellen, allerdings bestimmte Informationen – etwa zu Handelsmarke, Adresse des Lieferanten und gegebenenfalls des gewerblichen Abnehmers sowie die Referenznummer – sammeln und fünf Jahre aufbewahren.

Sollten Unternehmen den gesetzlich vorgeschriebenen Sorgfaltspflichten nicht nachkommen, drohen u.a. **Zwangs- und Bußgelder** von über 4 % des Jahresumsatzes sowie vorübergehende **Handelsverbote**.

b) Verordnung zur Änderung der EU-Verordnung für entwaldungsfreie Lieferketten

aa) Verfahren

Die EU-Kommission hat am 21.10.2025 einen Vorschlag für eine Verordnung zur Änderung der EU-Verordnung für entwaldungsfreie Lieferketten [VO (EU) 2023/1115] hinsichtlich bestimmter Verpflichtungen von Marktteilnehmern und Händlern [2025/0329 (COD)] veröffentlicht. Ziel der Verordnung ist es, den Unternehmen und Wirtschaftsakteuren eine vereinfachte Umsetzung der EUDR zu ermöglichen und die Funktionsfähigkeit der EUDR-Plattform sicherzustellen. **241**

Mit der Initiative der EU-Kommission sollen die Berichtspflichten der nachgelagerten Marktteilnehmer und Händler und die Anzahl der erforderlichen Interaktionen mit der EUDR-Plattform unter besonderer Berücksichtigung von Kleinst- und Kleinunternehmen wieder erheblich reduziert und vereinfacht werden.

bb) Einführung von zwei neuen Kategorien Kleinst- und Kleinunternehmen in der Primärerzeugung und nachgelagerte Marktteilnehmer

Zunächst werden durch einen neuen Art. 4a EUDR-E vereinfachte Regelungen für Kleinst- und Kleinunternehmen in der Primärerzeugung („Micro and small primary operators") eingeführt. Marktteilnehmer, die als natürliche Personen oder Kleinst- bzw. Kleinunternehmen in Länder mit geringem Risiko ansässig sind und **von ihnen selbst produzierte relevante Erzeugnisse oder Rohstoffe** auf den Markt bringen oder exportieren (siehe auch die neue vorgeschlagene Definition in Art. 2 Nr. 15a EUDR-E), müssen statt einer Sorgfaltserklärung lediglich eine **einmalige vereinfachte Erklärung** (simplified declaration) mit den Angaben in Anhang III der EUDR einreichen und erhalten daraufhin eine **Deklarationskennung** von der EUDR-Plattform. Eine Ausnahme hiervon besteht wiederum, wenn die Informationen bereits verfügbar sind, z.B. in einer Datenbank eines Mitgliedstaats. **242**

Die Angaben in der vereinfachten Erklärung müssen regelmäßig aktualisiert werden. Zudem kann die in Art. 9 Abs. 1 Buchst. d EUDR genannte Geolokalisierung durch die Postanschrift aller Parzellen ersetzt werden.

Durch die Änderung von Art. 5 EUDR-E **entfällt** darüber hinaus **die Verpflichtung von nachgelagerten Marktteilnehmern und Händlern („Downstream Operator") zur Erfüllung der Sorgfaltspflicht und zur Abgabe der Sorgfaltserklärung**, wenn sie relevante Erzeugnisse und Rohstoffe, die bereits auf dem EU-Markt in Verkehr gebracht wurden, vermarkten. Nachgelagerte Nicht-KMU-Marktteilnehmer und Händler müssen sich lediglich im Informationssystem registrieren. Gleichzeitig sollen alle nachgelagerten Marktteilnehmer oder Händler, unabhängig davon, ob sie KMU sind oder nicht, weiterhin die vollständige Rückverfolgbarkeit sicherstellen, indem sie die **Referenznummern von vorherigen Sorgfaltspflichterklärungen und Deklarationskennungen von Marktteilnehmern und Händlern sammeln und weitergeben**.

Nur im Falle **begründeter Bedenken** sollen nachgelagerte Nicht-KMU-Marktteilnehmer und Händler gemäß Art. 5 Abs. 7 EUDR-E überprüfen, ob die Sorgfaltspflicht angewandt und kein oder nur ein vernachlässigbares Risiko festgestellt wurde, bevor sie Erzeugnisse und/oder Rohstoffe in Verkehr bringen.

Anmerkung:

Mit den vorgeschlagenen Änderungen würden sich die Berichterstattungspflichten und die Verantwortung für die EUDR-Konformität auf die Marktteilnehmer konzentrieren, die die Produkte zuerst in Verkehr bringen, was auch durch die Streichung von Art. 4 Abs. 8 bis 10 EUDR zum Ausdruck kommt. Die Überprüfung der nachgelagerten Marktteilnehmer und Händler nach Art. 19 durch die zuständigen Behörden würde sich lediglich auf die Prüfung der Dokumente und Aufzeichnungen, die die Einhaltung der Bestimmungen nach Art. 5 Abs. 1 bis 4 EUDR nachweisen, erstrecken.

cc) Anwendungsbeginn und Übergangsfristen, Art. 38

243 Zudem schlägt die EU-Kommission Übergangsfristen vor, damit das EUDR-Informationssystem das erwartete Volumen an Sorgfaltserklärungen bewältigen kann und den Unternehmen ausreichend Zeit für die Anpassung bleibt. Konkret sollen die Bestimmungen der Verordnung für **Kleinst- und Kleinunternehmen** statt ab dem 30.6.2025 erst ab dem **30.12.2026** angewendet werden.

Für **große und mittlere Unternehmen** soll die EUDR wie ursprünglich vorgesehen am **30.12.2025** in Kraft treten. Allerdings werden sie sechs Monate lang nicht mit Sanktionen belegt, falls sie bei einer Kontrolle nicht die Vorgaben der EUDR erfüllen sollten.

Schließlich sollen die Vorschriften für **Kleinst- und Kleinunternehmen der Primärerzeugung** ebenfalls erst am **30.12.2026** in Kraft treten.

Kritische Stellungnahme:

Auch wenn die vorgeschlagene Verordnung ein wichtiger Schritt zur Reduzierung der Berichtspflichten und des Bürokratieaufwands sowie zur fristgerechten Umsetzung der EUDR für die Wirtschaftsakteure ist, sind **viele grundlegende Probleme und Forderungen** der Unternehmen und Interessenverbände, insbesondere nach einer vierten „Null-Risiko-Kategorie", **weiterhin unberücksichtigt** geblieben.

Zudem haben bereits viele Unternehmen IT-Dienstleister damit beauftragt, die Erfüllung der Sorgfaltspflicht und die Abgabe der Sorgfaltserklärungen abzuwickeln und entsprechende Verträge über bestimmte Laufzeiten abgeschlossen. Beim Wegfall der Sorgfaltspflicht bleiben die Unternehmen der nachgelagerten Lieferkette regelmäßig auf den daraus entstehenden Kosten sitzen.

Fraglich ist außerdem, wie die EU-Kommission beim Länder-Benchmarking nach Art. 29 EUDR vorgeht, nachdem das EU-Parlament die vorgenommene Einstufung der Länder in Risikokategorien im Juli 2025 abgelehnt hatte. Dies gilt nun insbesondere vor dem Hintergrund, dass die vereinfachte Erklärung nach Art. 4a EUDR-E nur für Kleinst- und Kleinunternehmen der Primärerzeugung aus Ländern mit geringem Risiko gelten soll.

Es bleibt abzuwarten, ob und wann das Europäische Parlament und der EU-Rat der vorgeschlagenen Änderungsverordnung zustimmen.

3. CO_2-Grenzausgleichssystem CBAM

244 Im Rahmen der sog. **Omnibus-Initiative** hat die EU-Kommission am 26.2.2025 erste Pakete von Vorschlägen zur Vereinfachung der EU-Vorschriften und zur Steigerung der Wettbewerbsfähigkeit angenommen (→ Rz. 168). Davon umfasst sind auch Änderungen des CO_2-Grenzausgleichssystems (CBAM), das vereinfacht und wirksamer gestaltet werden soll. Das EU-Parlament stimmte den Vereinfachungen am 10.9.2025 zu. die Verordnung ist am 17.10.2025 mit Veröffentlichung im EU-Amtsblatt in Kraft getreten.

Mit den Vereinfachungen des CBAM werden die bisher bestehenden **Verpflichtungen für 90 % der betroffenen Unternehmen**, hauptsächlich KMU, **abgeschafft.** Zugleich fallen immer noch mehr als 99 % der Emissionen weiterhin unter die CBAM. Die wesentlichen Änderungen sind:

- **De-minimis-Grenzwertbefreiung:** Kleine Einführer, vor allem KMU und Einzelpersonen, werden von den Verpflichtungen befreit, indem eine neue De-minimis Grenzwertbefreiung von 50 Tonnen Masse eingeführt wird.
- **Bürokratische Entlastung:** Unternehmen, die weiterhin in den Anwendungsbereich der Vorschriften fallen, werden entlastet. Dazu werden die Zulassung von Anmeldern sowie die Vorschriften im Zusammenhang mit einschlägigen Verpflichtungen vereinfacht. Dies umfasst auch die Berechnung der grauen Emissionen und Berichtspflichten.
- **Verbesserung der CBAM-Wirksamkeit:** Durch die Verschärfung der Vorschriften zur Missbrauchsbekämpfung wird zudem die langfristige Effizienz des CBAM gewährleistet.

Anmerkung:

Zudem beabsichtigt die EU-Kommission noch im Laufe des Jahres 2025 eine vollständige Überprüfung des CBAM und dessen **Ausweitung auf andere unter den Emissionshandel fallende Branchen und nachgelagerte Waren**. In diesem Rahmen wird auch analysiert werden, wie Exporteure von CBAM-Produkten, die von der Verlagerung von CO_2-Emmissionen bedroht sind, unterstützt werden können. Ein Gesetzgebungsvorschlag hierzu soll Anfang des Jahres 2026 folgen.

4. Drittes Gesetz zur Änderung des Gesetzes gegen den unlauteren Wettbewerb

Am 7.7.2025 veröffentlichte das Bundesministerium der Justiz und für Verbraucher- 245
schutz den Referentenentwurf eines Dritten Gesetzes zur Änderung des Gesetzes gegen den unlauteren Wettbewerb, den die Bundesregierung am 3.9.2025 in das Gesetzgebungsverfahren eingebracht hat.[1] Der Bundestag hat das Gesetz am 19.12.2025 beschlossen. Es bedarf keiner Zustimmung des Bundesrates. Bis zum Redaktionsschluss wurde das Gesetz noch nicht im Bundesgesetzblatt verkündet. Das Gesetz soll gemäß Art. 2 Abs. 1, 2 des Regierungsentwurfs überwiegend am 27.9.2026 in Kraft treten.

Mit der Gesetzesinitiative kommt Deutschland seiner Verpflichtung zur Umsetzung der Vorgaben der **Richtlinie zur Stärkung der Verbraucher für den ökologischen Wandel** (2024/825/EU, im Folgenden: EmpCO-RL) nach. Mit der am 27.3.2024 in Kraft getretenen EmpCO-RL wurden die Richtlinie über unlautere Geschäftspraktiken (2005/29/EG) („UGP-Richtlinie") und die Richtlinie über Rechte der Verbraucher (2011/83/EU) („VR-Richtlinie") angepasst, um Verbraucher durch einen besseren Schutz vor unlauteren Praktiken und eine bessere Information für den grünen Wandel zu stärken und zu einem nachhaltigen Konsumverhalten beizutragen. Die Zielsetzung der EmpCO-RL besteht insbesondere darin, falsche umweltbezogene Angaben, irreführende soziale Informationen und unklare Nachhaltigkeitskennzeichnungen zu verbieten (sog. **Greenwashing**). Sie beinhaltet vor allem eine Ergänzung von Art. 6 Abs. 1 und 2 der UGP-Richtlinie um irreführende Handlungen und Geschäftspraktiken. Zudem wird der Vergleich von Produkten anhand von ökologischen oder sozialen Eigenschaften in Art. 7 der UGP-Richtlinie neu geregelt.

Konkret werden im Rahmen des Dritten Gesetze zur Änderung des Gesetzes gegen unlauteren Wettbewerb **die Begriffsbestimmungen des § 2 UWG** ergänzt und angepasst. So wird klargestellt, dass die **Verwendung einer allgemeinen Umweltaussage**

1) Vgl. BT-Drucks. 21/1855 v. 29.9.2025 (Regierungsentwurf) und BT-Drucks. 21/2464 v. 29.10.2025 (Stellungnahme des Bundesrates und Gegenäußerung der Bundesregierung).

wie „umweltfreundlich" „umweltschonend", „ökologisch", „umweltgerecht" oder „klimafreundlich" durch ein Unternehmen entweder klar und in hervorgehobener Weise auf demselben Medium erläutert werden, auf einer anerkannten hervorragenden Umweltleistung beruhen, § 2 Abs. 2 Nr. 1, 2, 5 UWG oder durch ein Nachhaltigkeitssiegel unterlegt werden muss. **Nachhaltigkeitssiegel** müssen künftig entweder staatlich anerkannt sein oder auf einem unabhängigen Zertifizierungssystem basieren, § 2 Abs. 2 Nr. 4, 6 UWG; Anhang zu § 3 Abs. 3 Nr. 2a UWG.

Außerdem wurde die bestehende **Generalklausel des § 5 Abs. 1 UWG zum Verbot irreführender geschäftlicher Handlungen** konkretisiert. Danach soll eine geschäftliche Handlung insbesondere irreführend sein, wenn

- sie unwahre Angaben oder sonstige zur Täuschung geeignete Angaben über **ökologische oder soziale Merkmale** oder über **Zirkularitätsaspekte wie Haltbarkeit, Reparierbarkeit oder Recyclingfähigkeit** enthält, § 5 Abs. 2 Nr. 1 UWG;
- mit Vorteilen für Verbraucher geworben wird, die **irrelevant** sind und sich nicht aus einem Merkmal der Ware, der Dienstleistung oder der Geschäftstätigkeit ergeben, § 5 Abs. 3 Nr. 3 UWG;
- mit ihr gegenüber Verbrauchern eine Umweltaussage über die künftige Umweltleistung getroffen wird (z.B. „bis 2030 sind alle unsere Verpackungen vollständig recyclingfähig"), ohne dass **klare, objektive, öffentlich einsehbare und überprüfbare Verpflichtungen** in einem **detaillierten und realistischen Umsetzungsplan** festgelegt sind, § 5 Abs. 3 Nr. 4 UWG.

Bietet ein Unternehmer einen **Dienst zum Vergleich von Produkten** an, sind vor dem Hintergrund der gestiegenen Verbrauchererwartungen an Detailtiefe und Qualität eines Produktvergleichs die dem Verbraucher bereitgestellten Informationen (etwa über ökologische oder soziale Merkmale, Zirkularitätsaspekte, die Vergleichsmethode und die betreffenden Produkte) nach § 5b Abs. 3a UWG außerdem als wesentliche Informationen anzusehen.

Die nach § 3 Abs. 3 UWG im Anhang aufgelisteten stets **unzulässigen Praktiken** wurden u.a. um folgende Praktiken ergänzt:

- Verwendung von Nachhaltigkeitssiegeln, die **weder auf einem Zertifizierungssystem beruhen noch von staatlichen Stellen festgesetzt** wurden, Anhang zu § 3 Abs. 3 Nr. 2a UWG (dies soll vor allem die Branchen zur Herstellung von chemischen Mitteln [Drogerieerzeugnisse], Lebensmitteln, Kleidung und Papier betreffen);
- das Treffen einer Umweltaussage zum gesamten Produkt oder zu der gesamten Geschäftstätigkeit des Unternehmers, wenn sich die Umweltaussage nur auf einen **bestimmten Aspekt des Produkts** oder nur auf eine **bestimmte Aktivität der Geschäftstätigkeit des Unternehmers** bezieht, Anhang zu § 3 Abs. 3 Nr. 4a und 4b UWG;
- das Treffen einer Umweltaussage über die **Kompensation von Treibhausgasemissionen**; die Bewerbung eines Produktes mit einer CO_2-Kompensationaussage wie „klimaneutral" soll insbesondere unzulässig sein, wenn die „Klimaneutralität" des Produktes durch den Erwerb von CO_2-Zertifikaten erreicht wird, Anhang zu § 3 Abs. 3 Nr. 4c UWG;
- die Präsentation von Anforderungen, die **kraft Gesetzes** für alle Produkte in der betreffenden Produktkategorie auf dem Unionsmarkt gelten, als Besonderheit des Angebots des Unternehmers, Anhang zu § 3 Abs. 3 Nr. 10a UWG;
- **Irreführung über die Reparierbarkeit** eines Produkts, wenn es nicht reparierbar ist oder über **die Haltbarkeit** eines Produkts, wenn dieses so gestaltet wurde, dass es nur begrenzt haltbar ist (z.B. absichtlicher Einbau von Bauteilen mit schlechter Qualität in ein Elektrogerät) und der Unternehmer Kenntnis hiervon hat (geplante Obsoleszenz), Anhang zu § 3 Abs. 3 Nr. 23d UWG.

Anmerkung:

Das Gesetz enthält zudem Regelungen zu sog. **Dark Patterns bei Online-Abschlüssen von Finanzdienstleistungsverträgen**. Gemäß Anhang zu § 3 Abs. 3 Nr. 33 UWG wird die stärkere Hervorhebung bestimmter Auswahlmöglichkeiten, wenn ein Verbraucher, der Empfänger von Dienstleistungen ist, aufgefordert wird, eine Entscheidung zu treffen, verboten. Dazu können insbesondere Gestaltungen durch Farbe, Größe, Beschriftung oder sonstige Umstände im Web-Design zählen, die die Auswahlmöglichkeit graphisch gestalten. Ebenso gehören hierzu Fälle, in denen für Verbraucher vorteilhafte Entscheidungen durch das Design des Entscheidungsbuttons erschwert oder behindert werden, etwa wenn die für den Verbraucher vorteilhafte Entscheidung mehr Aufwand oder mehr Schritte im Web-Design erfordert, insbesondere durch lange Klick-Pfade. Diese Regelung tritt bereits am 19.6.2026 in Kraft.

5. Einwegkunststofffondsgesetz

a) Prüfpflicht

Bereits zum 1.1.2024 ist das sog. Einwegkunststofffondsgesetz (EWKFondsG)[1)] in Kraft **246**
getreten. Danach haben Hersteller **jährlich bis zum 15.5.** dem Umweltbundesamt die Menge der von ihnen im vorangegangenen Kalenderjahr auf dem Markt bereitgestellten oder verkauften Einwegkunststoffprodukte zu melden. Diese **Mengenmeldung** ist durch registrierte Sachverständige, Wirtschaftsprüfer, Steuerberater oder vereidigte Buchprüfer **zu prüfen und zu bestätigen** (§ 11 Abs. 1 Satz 2 EWKFondsG), wenn im Jahr mehr als 100 kg Einwegkunststoffprodukte in den Verkehr gebracht wurden.

Bisher konnten die verantwortlichen Prüfer wegen des unklaren Anwendungsbereichs des EWKFondsG sowie vieler auslegungsbedürftiger Begriffe im EWKFondsG ohne Prüfleitlinien keine verbindlichen Aussagen zur korrekten Zuordnung der Produkte und zur Mengenmeldung treffen. Verstoßen sie allerdings gegen die Vorgaben, drohte ihnen ein Berufsverbot (§ 11 Abs. 5 EWKFondsG, § 27 Abs. 4 VerpackG). Erst Mitte Februar 2025 legte das Umweltbundesamt einen konkretisierenden Entwurf für Prüfleitlinien für die registrierten Prüfer vor.

Da die Prüfleitlinien unverändert noch nicht verabschiedet wurden, sah das Umweltbundesamt für das **Kalenderjahr 2024** von einer Prüfung und Bestätigung durch registrierte Sachverständige, Wirtschaftsprüfer, Steuerberater oder vereidigte Buchprüfer ab.

Die vom Umweltbundesamt bereits für das Kalenderjahr 2024 avisierte finale Prüfleitlinie für registrierte Prüfer im Zusammenhang mit dem EWKFondsG liegt unverändert nicht vor. Bislang hat sich das Umweltbundesamt nicht geäußert, ob die Prüfpflicht durch die registrierten Sachverständigen auch für das Kalenderjahr 2025 entfällt. Insofern ist aktuell von den Herstellern für das Kalenderjahr 2025 von einer **Prüfpflicht** durch registrierte Prüfer auszugehen.

Bei rechtlichen Unklarheiten im Hinblick auf eine Registrierungspflicht oder zu Produkteigenschaften besteht die Möglichkeit über die Plattform DIVID verbindliche Einordnungsentscheidungen zu beantragen. Dieser Service des Umweltbundesamtes ist kostenpflichtig.

Seit dem Go-Live der Plattform DIVID hat das Umweltbundesamt bereits zahlreiche Allgemeinverfügungen zu Einwegkunststoffprodukten und Produktarten getroffen, die den Herstellern als Orientierungshilfe dienen können.

---

1) Als Art. 1 des Gesetzes zur Umsetzung von Artikel 8 Absatz 1 bis 7 der Richtlinie (EU) 2019/904 des Europäischen Parlaments und des Rates vom 5. Juni 2019 über die Verringerung der Auswirkungen bestimmter Kunststoffprodukte auf die Umwelt v. 11.5.2023, BGBl. I 2023 Nr. 124 v. 15.5.2023.

Anmerkung:

Für das **Kalenderjahr 2025** besteht eine Prüfpflicht für Mengenmeldungen nach dem EWKFondsG für Hersteller, die mehr als 100 kg Einwegkunststoffprodukte in den Verkehr gebracht haben, auch wenn derzeit eine finale Prüfleitlinie des Umweltbundesamtes noch nicht vorliegt.

b) Registrierungspflicht für Hersteller von Feuerwerkskörpern

247 Bereits seit dem 1.1.2024 treffen Hersteller bestimmter Einwegkunststoffprodukte Pflichten, die darauf abzielen, dass sie einen finanziellen Beitrag leisten, der sich an der jährlich in Verkehr gebrachten Menge an bestimmten Einwegkunststoffprodukten bemisst und mit dem über einen Fonds Sammlungs-, Reinigungs- und Sensibilisierungsaktivitäten finanziert werden sollen. So gilt seit 1.1.2024 eine Registrierungspflicht und seit 2025 sind die betreffenden Hersteller zur Leistung einer Sonderabgabe verpflichtet.

Hersteller von Feuerwerkskörpern waren bisher von diesen Verpflichtungen ausgenommen. Für sie gilt nun, wenn sie ihre Tätigkeit bereits vor dem 1.1.2026 aufgenommen haben, dass sie sich bis zum **31.12.2026** im Register DIVID des Umweltbundesamtes registrieren müssen, ansonsten grundsätzlich vor Aufnahme ihrer Tätigkeit, jedoch frühestens ab dem 1.1.2026. Ab 2027 sind sie dann auch zur Entrichtung einer entsprechenden Abgabe verpflichtet, deren Höhe bis 31.12.2026 festgelegt werden soll.

6. EU-Verpackungsverordnung

248 Mit Inkrafttreten der neuen EU-Verpackungsverordnung (European Packaging and Packaging Waste Regulation, kurz: PPWR) am **11.2.2025** werden in Deutschland und allen Mitgliedstaaten der EU grundlegende Regelungen umgesetzt, die eine signifikante Steigerung der Recyclingfähigkeit und Kreislaufwirtschaft zum Ziel haben. Die PPWR umfasst 71 Artikel und 13 Anhänge und bildet einen umfangreichen, aber in Teilen noch nicht ausformulierten Rechtsrahmen.

Die EU-Verpackungsverordnung findet als delegierter Rechtsakt ab dem **12.8.2026** in allen EU-Staaten Anwendung. Es handelt sich um ein Gesetzgebungsverfahren, das in den folgenden Jahren zu weiteren Änderungen führen wird. Der Regelungszeitraum der PPWR umfasst den Zeitraum bis zum Jahr 2040.

Die PPWR sieht u.a. vor, dass Hersteller:

- einen bestimmten Anteil an Recyclingmaterial in Kunststoffverpackungen verwenden müssen,
- den maximalen Leerraumanteil von Verpackungen begrenzen,
- und schrittweise bestimmte Einwegkunststoffverpackungen (z.B. für Obst und Gemüse) ab 2030 verbieten, um nachhaltige Alternativen zu fördern.

Hersteller ist gemäß Art. 3 Abs. 1 Nr. 15 Buchst. a bis e VO (EU) 2025/40 jede in der EU oder einem Drittland ansässige Person (Erzeuger, Importeur oder Vertreiber), die Verpackungen oder verpackte Produkte erstmals im jeweiligen EU-Mitgliedstaat in Verkehr bringt – unabhängig von der Verpackungsart (z.B. Transport-, Service- oder Primärproduktionsverpackungen), davon ob es sich um Einweg- oder Mehrwegverpackungen handelt, und unabhängig vom Vertriebsweg (auch Fernabsatz). Auch wer verpackte Produkte auspackt, ohne Endabnehmer zu sein, kann als Hersteller gelten – sofern keine andere Person bereits als solcher eingestuft wird.

Mit der Einführung der neuen EU-Verpackungsverordnung (PPWR) im Jahr 2026 werden umfassende Regelungen zur Recyclingfähigkeit und Nachhaltigkeit von Verpackungen eingeführt. Unternehmen sind verpflichtet, vollständig recyclingfähige Verpackungen zu verwenden, wobei Kunststoffverpackungen einen Mindestanteil an recyceltem Material aufweisen müssen. Schadstoffgrenzen für Substanzen wie Blei, Cadmium oder Quecksilber werden deutlich verschärft. Ziel dieser Regelungen ist die drastische Reduzierung der Umweltbelastung durch Verpackungsabfälle.

Beratungshinweis:

Diese Änderungen verpflichten Unternehmen, bereits in der Verpackungsentwicklung Recyclingstrategien zu integrieren und sich auf erweiterte Dokumentations- und Berichterstattungspflichten vorzubereiten.

Für Hersteller und Inverkehrbringer von Verpackungen gilt eine erweiterte Verantwortung hinsichtlich der Rücknahme, Entsorgung und Wiederverwertung ihrer Verpackungen. Die EU-Vorgaben fordern darüber hinaus den verstärkten Einsatz wiederverwendbarer Verpackungen und setzen hierfür konkrete **Recyclingquoten** fest, die sich stufenweise bis 2030 erhöhen, und die Unternehmen zu Innovationen im Bereich der Kreislaufwirtschaft (Optimierung von Verpackungsdesigns) drängen, um die Umweltbelastung zu minimieren.

Anmerkung:

Durch die Umsetzung der PPWR in deutsches Recht werden auch umfangreiche Harmonisierungen des **VerpackG** erwartet. Voraussichtlich wird es zu Anpassungen bei dem Herstellerbegriff, einem Entfall der Sonderregelungen für Handelseigenmarken und neuen Pflichten im Bereich nicht-systembeteiligungspflichtiger Verpackungen kommen.

Aufgrund zahlreicher Initiativen auf EU-Ebene wird derzeit, u.a. auch durch die Bundesregierung, versucht, die Anwendung der EU-Verordnung auf den **1.1.2027** zu verschieben.

7. EU-Batterieverordnung

Batterien nehmen bereits eine Schlüsselrolle für eine nachhaltige Entwicklung, grüne Mobilität – insbesondere für die Verwendung zum Antrieb von Elektrofahrzeugen im Straßenverkehr – und bei der Erreichung von Klimaneutralität bis zum Jahr 2050 ein. Um der strategischen Bedeutung sowie der steigenden Nachfrage nach Batterien Rechnung zu tragen und Rechtssicherheit für alle beteiligten Akteure zu schaffen, ist die Verordnung (EU) 2023/1542 über Batterien und Altbatterien (im Folgenden: EU-BatterieVO) am 17.8.2023 in Kraft getreten und seit dem 18.2.2024 in weiten Teilen rechtlich bindend. Sie legt als erste europäische Rechtsvorschrift einen **harmonisierten Rechtsrahmen für den gesamten Lebenszyklus von Batterien** fest. **249**

Die EU-BatterieVO ersetzt die bisherige Batterie-Richtlinie 2006/66/EG und soll zu einem effizienten Funktionieren des Binnenmarkts beitragen, während gleichzeitig die negativen Umweltauswirkungen von Batterien und bei der Bewirtschaftung von Altbatterien zum Schutz der menschlichen Gesundheit und der Umwelt verhindert und verringert werden sollen.

Zu diesem Zweck legt die EU-BatterieVO Anforderungen an die Nachhaltigkeit, Sicherheit, Kennzeichnung und Information fest, die das Inverkehrbringen und die Inbetriebnahme von Batterien in der EU ermöglichen. Darüber hinaus enthält sie Mindestvorschriften für die erweiterte Herstellerverantwortung, die Sammlung und Behandlung von Altbatterien und für die Berichterstattung.

Ein wichtiges Element der EU-BatterieVO sind zudem die in Art. 47 ff. eingeführten **Sorgfaltspflichten** der europäischen Wirtschaftsakteure sowie die **verbindlichen Sammelquoten von Altbatterien** durch die Hersteller. Schließlich enthält sie Anforderungen für die umweltorientierte Vergabe öffentlicher Aufträge bei der Beschaffung von Batterien oder von Produkten, in die Batterien eingebaut sind.

Die EU-BatterieVO gilt für **alle Kategorien von Batterien**, namentlich

- Gerätebatterien, Starterbatterien, Batterien für leichte Verkehrsmittel (im Folgenden: „LV-Batterien"), Elektrofahrzeugbatterien und Industriebatterien, unabhängig von Form, Volumen, Gewicht, Gestaltung, stofflicher Zusammensetzung, Typ, chemischer Zusammensetzung, Verwendung oder Zweck und auch unabhängig davon, ob sie in andere Produkte eingebaut sind oder ihnen beigefügt werden oder dafür ausgelegt sind,
- Batterien, die in Produkte eingebaut oder Produkten beigefügt sind oder speziell dafür ausgelegt sind, in Produkte eingebaut oder Produkten beigefügt zu werden.

Konkret sieht die EU-BatterieVO u.a. folgende Anforderungen und Pflichten vor:

- Nachhaltigkeits- und Sicherheitsanforderungen
  - Batterien dürfen grundsätzlich keine Stoffe enthalten, für die Anhang I der EU-BatterieVO eine Beschränkung enthält (Art. 6 EU-BatterieVO)
  - Für bestimmte Batteriearten muss eine Erklärung zum **CO_2-Fußabdruck** erstellt werden, der auf einer gut sichtbaren, lesbaren und unverwischbaren Kennzeichnung zum CO_2-Fußabdruck angezeigt wird (Art. 7 EU-BatterieVO)
  - **Ab dem 18.8.2031** müssen bestimmte Industriebatterien, Elektrofahrzeugbatterien und Starterbatterien in ihren Aktivmaterialien jeweils einen **bestimmten Rezyklatanteil** enthalten (Art. 8 EU-BatterieVO)
  - Allzweck-Gerätebatterien, wiederaufladbare Industriebatterien, LV-Batterien und Elektrofahrzeugbatterien müssen zudem bestimmte Mindestwerte in Bezug auf die elektrochemische **Leistung und Haltbarkeit** erreichen, die in einem delegierten Rechtsakt der EU-Kommission festgelegt werden (Art. 9, 10 EU-BatterieVO)
  - Natürliche und juristische Personen, die in Produkte eingebaute Gerätebatterien in Verkehr bringen, müssen dafür sorgen, dass diese vom Endnutzer jederzeit während der Lebensdauer des Produkts **leicht entfernt und ausgetauscht** werden können; in Produkte eingebaute LV-Batterien müssen von unabhängigen Fachleuten ebenfalls jederzeit während der Lebensdauer des Produkts leicht entfernt und ausgetauscht werden können (Art. 11 EU-BatterieVO).
- Kennzeichnungs- und Informationsanforderungen
  - Batterien müssen **ab dem 18.8.2026** eine **Kennzeichnung** tragen, die allgemeine Informationen über Batterien, bei wiederaufladbaren Gerätebatterien, LV-batterien und Starterbatterien Angaben zu ihrer Kapazität sowie bei nicht wiederaufladbaren Gerätebatterien Angaben zu ihrer durchschnittlichen Mindestbetriebsdauer enthält (Art. 13 EU-BatterieVO)
  - Ebenfalls bereits **ab dem 18.8.2025** müssen alle Batterien mit dem **Symbol „getrennte Sammlung"** gekennzeichnet werden (Art. 13 Abs. 4 EU-BatterieVO):

  - Darüber hinaus müssen **ab dem 18.2.2027** alle Batterien mit einem **QR-Code** gekennzeichnet werden, der z.B. den Zugriff auf den Batteriepass, Informationen über die Abfallvermeidung oder die Bewirtschaftung von Altbatterien enthält (Art. 13 Abs. 6 EU-BatterieVO). Die Kennzeichnungen und der QR-Code müssen sichtbar, lesbar und dauerhaft auf der Batterie aufgedruckt bzw. eingraviert werden oder auf der Verpackung und den Begleitunterlagen der Batterie angebracht werden (Art. 13 Abs. 7 EU-BatterieVO).

  - Schließlich muss bei stationären Batterie-Energiespeichersystemen, LV-Batterien und Elektrofahrzeugbatterien der Alterungszustand und die voraussichtliche Lebensdauer der Batterien jederzeit anhand der im Batteriemanagementsystem gespeicherten Daten bestimmt werden können (Art. 14 EU-BatterieVO).
- Pflichten der Erzeuger, Einführer und Händler
  - **Erzeuger** sind verpflichtet, vor dem Inverkehrbringen und der Inbetriebnahme zunächst ein sog. **Konformitätsbewertungsverfahren** durchzuführen und im Anschluss daran eine Konformitätserklärung abzugeben, mit der sie die Konformität der Batterien mit den Anforderungen der EU-BatterieVO nachweisen, sowie eine entsprechende CE-Kennzeichnung anzubringen (Art. 38 Abs. 2, 3 EU-BatterieVO). Beim Inverkehrbringen und bei der Inbetriebnahme einer Batterie achten die Erzeuger darauf, dass die Batterie gemäß den in Art. 6 bis 10, 12 und 14 genannten Anforderungen gestaltet und erzeugt wurde sowie ordnungsgemäß gekennzeichnet ist (Art. 38 Abs. 1 EU-BatterieVO). Die Erzeuger müssen gewährleisten, dass die von ihnen in Verkehr gebrachten Batterien oder die Verpackung bzw. ein der Batterie beigefügtes Dokument eine Modellkennung und eine Chargen- oder Seriennummer oder eine Produktnummer oder ein anderes Kennzeichen zu ihrer Identifikation tragen (Art. 38 Abs. 6 EU-BatterieVO).
  - **Einführer** müssen vor dem Inverkehrbringen u.a. sicherstellen, dass die Batterie den oben erwähnten Anforderungen entspricht und der Erzeuger seinen jeweiligen Pflichten nachgekommen ist, also insbesondere die Konformitätserklärung durchgeführt wurde und die Batterie ordnungsgemäß gekennzeichnet ist (Art. 41 Abs. 1, 2 EU-BatterieVO). Unter gewissen Umständen gilt auch der Einführer als Erzeuger und unterliegt den Pflichten nach Art. 38 EU-BatterieVO, wenn er z.B. eine Batterie unter seinem eigenen Namen oder seiner eigenen Handelsmarke in Verkehr bringt oder in Betrieb nimmt (Art. 44 EU-BatterieVO).
  - **Händler** müssen sich u.a. vergewissern, dass der Hersteller im Herstellerregister gemäß Art. 55 EU-BatterieVO eingetragen und die Batterie i.S.v. Art. 13 und Art. 19 EU-BatterieVO gekennzeichnet ist sowie, dass der Erzeuger bzw. der Einführer seine jeweiligen Pflichten erfüllt hat (Art. 42 Abs. 2 EU-BatterieVO). Zudem sind sie verpflichtet, Altbatterien vom Endnutzer **unentgeltlich zurücknehmen**, ohne gleichzeitig den Endnutzer zu verpflichten, eine neue Batterie zu kaufen und diese den Herstellern zum Zweck der Sammlung von Altbatterien zu übergeben (Art. 62 Abs. 1, 3 EU-BatterieVO). Auch der Händler gilt unter gewissen Umständen als Erzeuger und unterliegt den Pflichten nach Art. 38 EU-BatterieVO, wenn er z.B. eine Batterie unter seinem eigenen Namen oder seiner eigenen Handelsmarke in Verkehr bringt oder in Betrieb nimmt (Art. 44 EU-BatterieVO).
- Sorgfaltspflichten der Wirtschaftsakteure
  - Wirtschaftsakteure, die im vorletzten Geschäftsjahr einen Nettoumsatz von 40 Mio. Euro erzielt haben, sind dazu verpflichtet, anhand von gesammelten Informationen eine Strategie zur Erfüllung der für Batterien geltenden Sorgfaltspflichten zu entwickeln und in ihrem internen Managementsystem zu strukturieren (Art. 48 Abs. 1 EU-BatterieVO).
  - Die Unternehmensstrategie muss u.a. die Rohstoffe für Batterien und die damit verbundenen Kategorien der Sozial- und Umweltrisiken berücksichtigen und Standards aufnehmen, die international anerkannten Sorgfaltspflichteninstrumenten (wie z.B. die Internationale Charta der Menschenrechte oder die OECD-Leitsätze für multinationale Unternehmen) entsprechen (Art. 49 Abs. 1 EU-BatterieVO).
  - Außerdem muss ein Kontroll- und Transparenzsystem hinsichtlich der Lieferkette, einschließlich eines Systems zur Überwachung der Lieferkette oder zur

Rückverfolgbarkeit errichtet und betrieben werden, das die Identifizierung vorgelagerter Akteure in der Lieferkette ermöglicht (Art. 49 Abs. 1 EU-BatterieVO). Daran anschließend ist der Wirtschaftsakteur verpflichtet, im Rahmen seines Managementsystems das Risiko negativer Auswirkungen im Zusammenhang mit den Kategorien der Sozial- und Umweltrisiken in seiner Lieferkette zu ermitteln und zu bewerten sowie in Bezug auf die ermittelten Risiken eine Strategie zu entwickeln, um negative Auswirkungen zu verhindern, zu mindern oder anderweitig anzugehen (Präventions- und Abhilfemaßnahmen) (Art. 50 Abs. 1 EU-BatterieVO). Über eine notifizierte Stelle lässt der Wirtschaftsakteur im Einklang mit Art. 51 EU-BatterieVO die Erfüllung seiner Sorgfaltspflichten in seinen Lieferketten unabhängig überprüfen (Art. 50 Abs. 3 EU-BatterieVO).

Anmerkung:

Der ursprüngliche Geltungsbeginn der für Batterien geltenden Sorgfaltspflichten nach Art. 48 Abs. 1 EU-BatterieVO vom 18.8.2025 wurde um zwei Jahre, mithin auf den **18.8.2027** verschoben. Der Rat beschloss am 18.7.2025 einen entsprechenden Verordnungsentwurf, der Teil des sogenannten Omnibus-IV-Pakets ist und darauf abzielt, die Wettbewerbsfähigkeit der EU in diesem Bereich zu steigern und die Komplexität verschiedener Rechtsvorschriften zu verringern.

Gleichzeitig wurde die Frist zur Veröffentlichung von Leitlinien zur Erfüllung der Sorgfaltspflicht durch die EU-Kommission auf den **26.7.2026** verschoben, um den Unternehmen rechtzeitig Orientierungshilfen an die Hand zu geben und zu einer reibungsloseren Umsetzung der neuen Vorschriften beizutragen.

- Pflichten der Hersteller und erweiterte Herstellerverantwortung
  - Hersteller sind verpflichtet, sich in einem **Herstellerregister zu registrieren**, um Batterien auf dem Markt eines Mitgliedstaats bereitstellen zu können (Art. 55 Abs. 1 EU-BatterieVO). Stellen Hersteller oder die nach Art. 57, 58 EU-BatterieVO benannten Organisationen für Herstellerverantwortung erstmalig Batterien auf dem Markt eines Mitgliedstaates bereit, treffen sie die Pflichten der **erweiterten Herstellerverantwortung** (Art. 56, 57 EU-BatterieVO).
  - Darüber hinaus müssen die Hersteller bzw. die Organisationen für Herstellerverantwortung für Gerätealtbatterien, LV-Altbatterien, Starteraltbatterien, Industrialtbatterien und Elektrofahrzeugaltbatterien **Rücknahme- und Sammelsysteme** einrichten, die zum Teil die kostenlose Abholung der Altbatterien an Sammelstellen für Altbatterien umfassen (Art. 59 Abs. 1, 60 Abs. 1 EU-BatterieVO). Schließlich müssen sie stufenweise bestimmte **Zielvorgaben für die Sammlung von Altbatterien** erreichen, die von den Mitgliedstaaten regelmäßig überprüft werden (Art. 69 Abs. 2 EU-BatterieVO).

Kritische Stellungnahme:

Die EU-BatterieVO ist ein zentrales Element, um den sozialen und umweltbezogenen Problemen, die mit dem zukünftigen Anstieg der Nutzung von Batterien einhergehen, entgegenzuwirken. Aufgrund der **unübersichtlichen Systematik** und der **hohen Komplexität** der Verordnung werden die Unternehmen bei der Umsetzung der Vorschriften jedoch vor hohe Herausforderungen gestellt.

Zu begrüßen ist jedenfalls, dass die vom Rat am 18.7.2025 beschlossene Verschiebung der für Batterien geltenden Sorgfaltspflichten den Batterieherstellern und -exporteuren mehr Zeit einräumt, um sich auf die kommenden Pflichten vorzubereiten und diese einzuhalten. Außerdem bietet sie den Mitgliedstaaten mehr Zeit für die Einrichtung von unabhängigen Überprüfungsstellen, da bei ihren Zulassungsverfahren Probleme festgestellt wurden.

8. Anpassung der EU-Abfallrahmenrichtlinie

250 Das EU-Parlament hat am 9.9.2025 neue Vorschriften in Bezug auf Maßnahmen zur Reduzierung und Vermeidung von Lebensmittel- und Textilabfällen beschlossen, zuvor hatte der EU-Rat bereits am 2.7.2025 die geänderte Fassung angenommen. Der geänderte EU-Abfallrahmenrichtlinie wurde am 26.9.2025 im Amtsblatt der EU veröffentlicht.[1] Die Mitgliedstaaten haben nun 20 Monate Zeit, um die Vorschriften in nationales Recht umzusetzen.

Mit der Richtlinie (EU) 2025/1892 wird die bestehende Richtlinie (EU) 2008/98/EG (im Folgenden: EU-Abfallrahmenrichtlinie) angepasst und erweitert. Durch die Änderungen sollen die ökologische und soziale Nachhaltigkeit des ressourcenintensiven Textil- und Lebensmittelsektors sichergestellt werden. Hersteller von Textilien sollen dafür künftig die Kosten für die Sammlung, Sortierung und das Recycling der betroffenen Textilerzeugnisse und Textilabfälle tragen.

Nach Angaben der EU-Umweltagentur fallen jedes Jahr schätzungsweise 12,6 Mio. Tonnen Textilabfälle und 60 Mio. Tonnen Lebensmittelabfall (132 kg pro Person) an. Ziel der Richtlinie ist es, die negativen Auswirkungen von Lebensmittel- und Textilabfällen auf die Umwelt und die menschliche Gesundheit zu verringern und zu vermeiden sowie Ressourcen einzusparen.

Zu diesem Zweck werden vor allem **Hersteller von** in Anhang IVc **aufgeführten Textilerzeugnissen** (z.B. Kleidung, Decken, Vorhänge, Kopfbedeckungen oder Schuhe) für die aufgrund ihrer Erzeugnisse anfallenden Textilabfälle verantwortlich gemacht und harmonisierte Vorschriften für die erweiterte Herstellerverantwortung für Textilien festgelegt.

Dafür soll ein **Wirtschaftssystem** für die Sammlung, Sortierung, Wiederverwendung, Vorbereitung zur Wiederverwendung und das Recycling von Textilien eingerichtet werden, das für Hersteller Anreize schafft, bei der Gestaltung ihrer Textilerzeugnisse die Grundsätze der Kreislaufwirtschaft zu beachten.

Darüber hinaus werden Interventionsbereiche festgelegt, in denen die Mitgliedstaaten Maßnahmen für jede Stufe der Lebensmittelversorgungskette erlassen sollen und verbindliche Ziele für die Verringerung von Lebensmittelabfällen bis 2030 vorgegeben.

Die wichtigsten Vorschriften betreffen u.a.:

Vermeidung der Erzeugung von Lebensmittelabfällen,
Art. 9a EU-Abfallrahmenrichtlinie

- Nach einem neuen Art. 9a Abs. 1 der EU-Abfallrahmenrichtlinie sorgen die Mitgliedstaaten für geeignete Maßnahmen zur Vermeidung von Lebensmittelabfällen in der Erzeugung, in der Verarbeitung und Herstellung, im Einzelhandel sowie in Restaurants und in Haushalten. Dies können z.B. **Maßnahmen zur Verhaltensänderung** im Hinblick auf die Verringerung von Lebensmittelabfällen, **Informationskampagnen** zur Sensibilisierung für die Vermeidung von Lebensmittelabfällen oder die **Förderung von Lebensmittelspenden** sein.
- In Abs. 5 der EU-Abfallrahmenrichtlinie sind zudem folgende **Zielvorgaben zur Verringerung von Lebensmittelabfällen bis 2030** bestimmt:
  - im Bereich Verarbeitung und Herstellung muss eine Verringerung um 10 % gegenüber der zwischen 2021 und 2023 im Jahresdurchschnitt erzeugten Menge an Lebensmittelabfällen erfolgen;
  - im Einzelhandel und anderen Formen des Vertriebs von Lebensmitteln, in Gaststätten und Verpflegungsdienstleistungen sowie in Haushalten ist eine Verringerung um 30 % gegenüber der zwischen 2021 und 2023 im Jahresdurchschnitt erzeugten Menge an Lebensmittelabfällen vorgesehen.

Regime der erweiterten Herstellerverantwortung für Textilien,
Art. 22a EU-Abfallrahmenrichtlinie

Daneben sind die Mitgliedstaaten angehalten, bis zum 17.4.2028 ein Regime der erweiterten Herstellerverantwortung für Textilien gemäß Art. 8 und 8a der EU-Abfallrah-

1) https://eur-lex.europa.eu/legal-content/DE/TXT/PDF/?uri=OJ:L_202501892.

menrichtlinie einzurichten. Hersteller sind nach Art. 22a Abs. 8 EU-Abfallrahmenrichtlinie insbesondere verpflichtet, bestimmte Kosten zu übernehmen, insbesondere für:

- die **Sammlung** von gebrauchten Textilerzeugnissen und von Textilabfällen und für die anschließende **Abfallbewirtschaftung** (dies umfasst u.a. die getrennte Sammlung und Sortierung zur Wiederverwendung und für das Recycling)
- die **Durchführung einer Erhebung** über die Zusammensetzung der gesammelten gemischten Siedlungsabfälle
- die **Bereitstellung von Informationen** zu nachhaltigem Konsum, Abfallvermeidung, Wiederverwendung, einschließlich Reparatur, Recycling und Beseitigung von Textilerzeugnissen
- die Datenerhebung und Berichterstattung an die zuständigen Behörden
- die **Förderung von Forschung und Entwicklung** zur Verbesserung der Produktgestaltung im Sinne von Art. 5 der Ökodesignverordnung (VO [EU] 2024/1781).

Register der Hersteller von Textilerzeugnissen, mit Textilien zusammenhängenden Erzeugnissen oder Schuhen,
Art. 22b EU-Abfallrahmenrichtlinie

Hersteller müssen sich zudem vor dem erstmaligen Bereitstellen von Textilerzeugnissen in dem von dem jeweiligen Mitgliedstaat eingerichteten Herstellerregister registrieren.

Zu diesem Zweck muss der Hersteller, oder, sofern eine Organisation für Herstellerverantwortung beauftragt wurde, diese bei der Registrierung bestimmte Angaben machen, wie z.B. Name, Handelsmarke, Anschrift des Herstellers oder der Organisation, Telefonnummer, E-Mail-Adresse, nationale Kennnummer und die KN-Codes zur Bezeichnung der Textilerzeugnisse, die der Hersteller erstmals auf dem Markt bereitstellen möchte.

Organisationen für Herstellerverantwortung für Textilien,
Art. 22c EU-Abfallrahmenrichtlinie

Des Weiteren stellen die Mitgliedstaaten sicher, dass Hersteller von Textilerzeugnissen eine Organisation für Herstellerverantwortung damit beauftragen, ihre Verpflichtungen im Bereich der erweiterten Herstellerverantwortung gemäß Art. 22a EU-Abfallrahmenrichtlinie in ihrem Namen zu erfüllen. Zu diesem Zweck achten die Organisationen für Herstellerverantwortung, die zuvor von der zuständigen Behörde zugelassen wurden, u.a. darauf, dass die finanziellen Beiträge, die von den Herstellern gezahlt werden, sich nach dem **Gewicht** und gegebenenfalls der **Menge** der betreffenden Erzeugnisse richten.

Darüber hinaus können die Mitgliedstaaten den finanziellen Beitrag auf der Grundlage der Praktiken der Hersteller gemäß Art. 22c Abs. 6 EU-Abfallrahmenrichtlinie erhöhen, um „Fast Fashion" und der damit verbundenen übermäßigen Erzeugung von Textilabfällen entgegenzuwirken.

Ferner sind die Organisationen für Herstellerverantwortung nach Art. 22c Abs. 8 EU-Abfallrahmenrichtlinie verpflichtet, ein System der getrennten Sammlung von gebrauchten Textilerzeugnissen und Textilabfällen einzurichten. Dieses System umfasst

- die Sammlung und die Beförderung, einschließlich der unentgeltlichen Bereitstellung geeigneter Sammel- und Transportbehälter für die Sammelstellen;
- die **unentgeltliche Abholung** der gesammelten gebrauchten Textilerzeugnisse, in zeitlichen Abständen;
- die unentgeltliche Sammlung von Textilabfällen, die von sozialwirtschaftlichen Einrichtungen und anderen Akteuren über die Sammelstellen gesammelt werden.

Zudem müssen die Organisationen für Herstellerverantwortung den Endnutzern nach Art. 22c Abs. 14 EU-Abfallrahmenrichtlinie bestimmte Informationen in Bezug auf nachhaltigen Konsum von Textilerzeugnissen zur Verfügung stellen. Dies betrifft z.B. die Rolle der Endnutzer im Hinblick auf den Beitrag zur Abfallvermeidung und zur getrennten Sammlung von Textilerzeugnissen, die Standorte der Sammelstellen und die Auswirkungen der falschen Entsorgung von Textilabfällen.

Schließlich müssen sie auf ihren Websites nach Art. 22c Abs. 18 EU-Abfallrahmenrichtlinie mindestens einmal jährlich Informationen u.a. über die Menge an Textilerzeugnissen, die erstmals auf dem Markt bereitgestellt werden und die Menge der getrennt gesammelten Textilerzeugnisse und Textilabfälle zur Verfügung stellen.

Kritische Stellungnahme:

Für die Hersteller bedeutet die aktualisierte EU-Gesetzgebung neben den bürokratischen Verpflichtungen vor allem einen **erheblichen finanziellen Mehraufwand**. Hersteller und andere Wirtschaftsteilnehmer der Lebensmittel- und Textilbranche sollten sich daher auf die neuen Pflichten vorbereiten.

VII. Energierecht

1. Drittes Gesetz zur Änderung des Energiesteuer- und Stromsteuergesetzes

Das Bundesministerium der Finanzen hat am 23.7.2025 den Referentenentwurf eines Dritten Gesetzes zur Änderung des Energiesteuer- und des Stromsteuergesetzes auf den Weg gebracht.[1)] Am 13.11.2025 hat der Bundestag das Gesetzgebungsvorhaben in der geänderten Fassung der Beschlussempfehlung des Finanzausschusses final beschlossen.[2)] Die Zustimmung des Bundesrates erfolgte am 19.12.2025. Das Gesetz vom 22.12.2025 wurde noch am selben Tag im Bundesgesetzblatt verkündet und ist am 1.1.2026 in Kraft getreten.[3)] 251

Bereits im Jahr 2024 war die Änderung des Energiesteuer- und des Stromsteuergesetzes ein Thema. Ein Entwurf der Bundesregierung für ein Gesetz zur Modernisierung und zum Bürokratieabbau im Strom- und Energiesteuerrecht lag bereits in der letzten Legislaturperiode vor; das Gesetz wurde jedoch nach dem Bruch der Ampelkoalition nicht mehr vom Bundestag beschlossen.

Viele Themen des Gesetzentwurfes aus 2024 wurden in dem neuen Gesetz erneut aufgegriffen. Das Ziel des Gesetzes ist es vor allem, die Steuerlast für Strom und Energie für Unternehmen des Produzierenden Gewerbes sowie der Land- und Forstwirtschaft langfristig auf den EU-Mindeststeuersatz zu senken. Zusätzlich soll das Gesetz an neue technologische Entwicklungen wie die Elektromobilität und die dezentrale Energieerzeugung angepasst sowie an EU-rechtliche Vorgaben angeglichen werden. Auch Bürokratie soll abgebaut werden.

Die Novelle enthält u.a. die folgenden Änderungen:

- **Steuerentlastung für Unternehmen**
  Die Steuerlast für Unternehmen des Produzierenden Gewerbes und der Land- und Forstwirtschaft wird auf den EU-Mindeststeuersatz vom 0,05 ct/kWh verstetigt.
- **Vorschriften für Ladepunkte und Elektromobilität**
  Es wird eine neue Regelung zur steuerlichen Behandlung von Ladepunkten geschaffen, vergleichbar mit der Letztverbraucherfiktion des Energiewirtschaftsrechts. So sollen komplexe Prüfungen hinsichtlich Steuerentstehung und Steuerschuldner „innerhalb der Ladesäule“ entfallen und die Systematik vereinfacht wer-

1) Zu den geplanten Änderungen im Steuerrecht vgl. Korn, kösdi 2025, 24374 f. (Report Nr. 392).
2) Vgl. BT-Drucks. 21/2753 v. 12.11.2025 (Beschlussempfehlung des Finanzausschusses).
3) BGBl. I 2025 Nr. 340.

den. Zudem wurden Regelungen zum bidirektionalen Laden geschaffen, so dass verhindert wird, dass Nutzer von E-Fahrzeugen zum Versorger und damit Steuerschuldner werden.

- **Stromspeicher**
  Stromspeicher werden künftig technologieoffen als Teil des Versorgungsnetzes eingestuft, so dass es erst zu einer Steuerentstehung bei Entnahme von Strom aus einem Speicher kommt. So wird die doppelte Besteuerung des in Stromspeicher ein- und wieder ausgespeisten Stroms vermieden. Strom, der bereits steuerfrei in den Speicher eingespeist wurde, bleibt steuerfrei.
- **Schaffung eines einheitlichen Anlagenbegriffes**
  Im Stromsteuerrecht wird die sog. Anlagenverklammerung bei dezentralen Stromerzeugungsanlagen aufgehoben. Nunmehr werden Steuerbefreiungen anhand eines einheitlichen Anlagenbegriffs bewertet, wobei die Verhältnisse der jeweiligen Stromerzeugungsanlage vor Ort entscheidend sind. Dadurch soll die Nutzung von dezentral erzeugtem und steuerbefreitem Strom vereinfacht werden.
- **Bürokratieabbau und Vereinheitlichung von Steuerbefreiungen**
  Regelungen zur Anmeldung und Überprüfung der Steuerpflicht werden vereinfacht, beispielsweise Anzeige- und Berichtspflichten in Mieterstromkonstellationen verringert.
- **Anpassungen an EU-Recht**
  Das Strom- und Energiesteuerrecht wurde um ausgelaufene EU-Beihilfen bereinigt und die Regelungen wurden in diesem Zuge vereinfacht sowie vereinheitlicht.

2. Geothermie-Beschleunigungsgesetz

252 Mit dem Geothermie-Beschleunigungsgesetz ist nach langem Anlauf ein weiterer Baustein für die beschleunigte Realisierung von Energie- und Infrastrukturprojekten in Kraft getreten. Die Bundesregierung hat den Gesetzentwurf am 6.8.2025 beschlossen.[1] Der Bundestag hat das Gesetz am 4.12.2025 in der geänderten Fassung des Ausschusses für Wirtschaft und Energie abschließend beschlossen.[2] Das Gesetz vom 22.12.2025 ist am selben Tag im Bundesgesetzblatt verkündet worden.[3]

Der Wärmebedarf ist in Deutschland nach wie vor gewaltig. Bei einer Analyse der Potentiale für eine dekarbonisierte Wärmeversorgung („**Wärmewende**") rückt auch die Tiefengeothermie wieder verstärkt in den Fokus, die in Deutschland bislang nur sehr punktuell zum Einsatz gekommen ist.

Die Gesetzesnovelle („Geothermie-Turbo") ist Teil des Sofortprogramms der Bundesregierung und greift den in der vergangenen Legislaturperiode nicht mehr zustande gekommenen Gesetzentwurf auf, modifiziert diesen an verschiedenen Stellen und setzt zudem die Erneuerbare-Energien-Richtlinie (RED III) in deutsches Recht um.

Zweck des Gesetzes ist die Schaffung von **rechtlichen Rahmenbedingungen** für den vereinfachten und beschleunigten Ausbau einer Infrastruktur für die Aufsuchung, die Gewinnung sowie die Nutzung von Geothermie sowie für den Ausbau von Wärmepumpen und Wärmespeichern.

Deshalb enthält das Gesetz insbesondere zur Beschleunigung der Genehmigungsverfahren eine Reihe von Elementen, die sich auch in der sonstigen „Beschleunigungsge-

1) Vgl. hierzu BT-Drucks. 21/1928 v. 1.10.2025 (mit Stellungnahme des Bundesrates und Gegenäußerung der Bundesregierung).
2) BT-Drucks. 21/3101 v. 3.12.2025. Vgl. Gesetzesbeschluss des Deutschen Bundestages, BR-Drucks. 732/25 v. 5.12.2025.
3) BGBl. I 2025 Nr. 348.

setzgebung" (z.B. zu LNG, BImSchG oder Wasserstoff) der jüngsten Zeit wiederfinden. Wesentliche Eckpunkte sind dabei u.a.:

- Die Errichtung, der Betrieb und die Änderung von Anlagen zur Gewinnung von oberflächennaher Geothermie und Tiefengeothermie ebenso wie damit zusammenhängender Leitungen, Wärmepumpen, Wärmespeicher und Wärmeleitungen liegen bis zum Erreichen der Netto-Treibhausgasneutralität im Jahr 2045 im **überragenden öffentlichen Interesse** und dienen der öffentlichen Gesundheit und Sicherheit. Somit können diese Anlagen in Genehmigungsverfahren Vorrang gegenüber anderen Schutzgütern beanspruchen.
- Der **vorzeitige Maßnahmenbeginn** von Projekten wird **erleichtert**.
- **Anpassungen naturschutzrechtlicher Regelungen** sowie **Duldungspflichten von Grundstückseigentümern** erleichtern die Durchführung seismischer Explorationen durch Vibrotrucks.
- **Verschlankungen des Rechtsschutzes** sowie die Schaffung einer erstinstanzlichen Zuständigkeit der Oberverwaltungsgerichte für Streitigkeiten betreffend Anlagen der Tiefengeothermie und Wärmepumpen mit einer Leistung von mind. 500 kW sollen zu schnellerer Rechtssicherheit für die Projektverwirklichung führen.
- Bemerkenswert sind auch die **Anpassungen im BBergG**, die eine Möglichkeit zur Verlängerung der Laufzeiten der für den Betrieb von Geothermie-Anlagen erforderlichen Hauptbetriebspläne vorsehen. Ebenfalls wurde das bergrechtliche Zulassungsverfahren durch kürzere Prüf- und Genehmigungsfristen sowie Erleichterungen bei Behördenbeteiligungen gestrafft.
- Ferner fördern **Ergänzungen im Wasserhaushaltsgesetz** (WHG) die Synchronisierung von berg- und wasserrechtlichen Zulassungsverfahren. Auch findet sich im WHG nun das Instrument des Projektmanagers als Verwaltungshelfer. Behörden mit angespannter Personalsituation können sich dadurch entlasten und unter Rückgriff auf einen Dritten eine Beschleunigung und Effizienzsteigerung im Genehmigungsverfahren erzielen.

Dritter Teil: Entwicklungen in Gesetzgebung, Rechtsprechung und Verwaltung 2025

A. Unternehmensbesteuerung

I. Bilanzierung

1. E-Bilanz

a) Taxonomien (Version 6.8)

Mit Schreiben vom 27.5.2024[1] veröffentlichte das BMF das aktualisierte Datenschema für Taxonomien (Version 6.8), die für Bilanzen der **Wirtschaftsjahre** zu verwenden sind, die **nach dem 31.12.2024 beginnen**. **253**

Wie bereits in diesem Schreiben angekündigt, definierte das BMF mit weiterem Schreiben vom 28.10.2024[2] die **Mussfeldeigenschaft** in den Taxonomien. Damit werden Positionen gekennzeichnet, die für die jeweilige Rechtsform zulässig und zwingend zu befüllen sind. Sofern die Mussfelder für die jeweilige Rechtsform nicht mit Werten gefüllt werden können, ist zur erfolgreichen Übermittlung des Datensatzes die entsprechende Position ohne Wert zu übermitteln.

Anmerkung:

Die Mussfelddefinition ist erst ab der Taxonomie-Version 6.9 anzuwenden (mehr dazu → Rz. 82).

b) Ausweitung der elektronischen Übermittlungspflicht

Mit dem JStG 2024[3] wurde **zeitlich gestaffelt** die Pflicht zur Übermittlung der E-Bilanz um zusätzliche Dokumente ausgeweitet. Konkret wird die Pflicht zur elektronischen Übermittlung für **Wirtschaftsjahre, die nach dem 31.12.2024 beginnen**, um die der E-Bilanz zu Grunde liegenden Kontennachweise erweitert. **254**

Für Wirtschaftsjahre, die nach dem 31.12.2027 beginnen, sind zudem das Anlageverzeichnis, der Anlagespiegel, ein vorhandener Anhang, Lage- und Prüfungsbericht sowie die Verzeichnisse nach § 5 Abs. 1 Satz 2 und § 5a Abs. 4 EStG zu übermitteln (§ 5b Abs. 1 Satz 1 und 2, § 52 Abs. 11 Satz 2 und 3 EStG).

Anmerkung:

Der neue Übermittlungsumfang gilt ungeachtet dessen, ob eine Steuerbilanz übermittelt wird (§ 5b Abs. 1 Satz 3 Halbs. 2 EStG).

2. Abgrenzung von Anlagevermögen und Umlaufvermögen

Der BFH beschäftigt sich mit Urteil vom 16.12.2024[4] detailliert mit der Frage, wann Wirtschaftsgüter dem Anlage- oder dem Umlaufvermögen zuzuordnen sind. Dies entscheide sich im Wesentlichen anhand der **Zweckbestimmung des Wirtschaftsguts**. So sind Wirtschaftsgüter dann als Anlagevermögen zu qualifizieren, wenn sie dazu bestimmt sind, dem Betrieb **dauerhaft zu dienen**. Ob dies der Fall ist, sei sowohl anhand des subjektiven Willens des Steuerpflichtigen als auch anhand objektiver Merkmale, wie der Art des Wirtschaftsguts oder der Art und Dauer seiner Nutzung im Betrieb, festzustellen. **255**

1) BMF v. 27.5.2024, IV C 6 – S 2133-b/24/10001 :002, BStBl I 2024, 928, vgl. hierzu auch Günther, AO-StB 2024, 196.
2) BMF v. 28.10.2024, IV C 6 – S 2133-b/24/10002 :001, BStBl I 2024, 1334.
3) Gesetz v. 2.12.2024, BGBl. I 2024 Nr. 387 = BStBl I 2024, 1484.
4) BFH v. 16.12.2024, III R 35/22, HFR 2025, 139 mit Anm. Adam, vgl. hierzu auch Steinhauff, jurisPR-SteuerR 7/2025 Anm. 2.

Laut BFH ist es dabei ausreichend, wenn das Wirtschaftsgut längerfristig im Betrieb genutzt wird. Eine dauerhafte, im Sinne „für alle Zeiten" beabsichtigte Nutzung sei für die Zuordnung zum Anlagevermögen hingegen nicht erforderlich. Demzufolge stelle das Wirtschaftsgut auch nicht allein deshalb Umlaufvermögen dar, weil von vorneherein beabsichtigt war, dieses noch vor Ablauf seiner technischen Nutzungsdauer **zu veräußern**.

Beratungshinweis:

Ebenso stellt der BFH fest, dass die **Vermietung** eines Wirtschaftsguts, auch wenn diese nicht der Absatzförderung dient, eine dauerhafte Nutzung sein kann und dieses Wirtschaftsgut somit dem Anlagevermögen zugeordnet werden könne.

3. Degressive AfA für bewegliche Wirtschaftsgüter

256 Für bewegliche Wirtschaftsgüter des Anlagevermögens, die **nach dem 30.6.2025 und vor dem 1.1.2028 angeschafft oder hergestellt** werden, kann anstelle der linearen Abschreibungsmethode eine degressive Abschreibung genutzt werden.

Diese Wiedereinführung der degressiven AfA durch das Gesetz für ein steuerliches Investitionssofortprogramm zur Stärkung des Wirtschaftsstandorts Deutschland[1] ermöglicht eine Abschreibung mit höchstens dem Dreifachen des linearen AfA-Satzes, aber nicht mehr als 30 % (§ 7 Abs. 2 Satz 1 und 2 EStG; sog. Investitions-Booster).[2]

Beratungshinweis:

Wie schon bei vorgehenden Anwendungen der degressiven AfA ist auch hier die sog. **pro rata temporis-Regelung** anzuwenden, so dass bei unterjähriger Anschaffung oder Herstellung nur der anteilige Ansatz der Jahres-AfA in Betracht kommt.

4. Sonderabschreibung für E-Fahrzeuge

257 Anschaffungskosten von zum Anlagevermögen gehörenden Elektrofahrzeuge, die **nach dem 30.6.2025 und vor dem 1.1.2028 angeschafft** werden, können anstelle der linearen Abschreibungsmethode arithmetisch-degressiv abgeschrieben werden (§ 7 Abs. 2a EStG).[3] Diese mit dem Gesetz für ein steuerliches Investitionssofortprogramm zur Stärkung des Wirtschaftsstandorts Deutschlands[4] eingeführte **arithmetisch-degressive AfA** sieht Abschreibungssätze von im Jahr der Anschaffung 75 % und in den Folgejahren 10 %, 5 %, 5 %, 3 % und 2 % vor.

Im **Erstjahr der Nutzung** kann auch bei unterjährigem Erwerb der **gesamte Jahres-AfA-Betrag** berücksichtigt werden; die pro rata temporis-Regelung kommt explizit nicht zur Anwendung. Somit sind bei Nutzung der Sonder-AfA Elektrofahrzeuge am Ende des fünften Jahres nach dem Erwerbsjahr vollständig abgeschrieben.

Beratungshinweis:

Für die Definition von Elektrofahrzeugen wird auf § 9 Abs. 2 KraftStG zurückgegriffen. Folglich fallen hierunter alle rein elektrisch betriebenen Fahrzeuge, unabhängig von ihrer Fahrzeugklasse. Erfasst werden somit neben Personenkraftwagen insb. auch Elektronutzfahrzeuge, Lastkraftwagen und Busse.

---

1) Gesetz v. 14.7.2025, BGBl. I 2025 Nr. 161= BStBl I 2025, 1426.
2) Zum Stichtag 1.7.2025 vgl. Korn, kösdi 2025, 24370.
3) Zum Stichtag 1.7.2025 vgl. Korn, kösdi 2025, 24370.
4) Gesetz v. 14.7.2025, BGBl. I 2025 Nr. 161 = BStBl I 2025, 1486.

5. Rücklage nach § 6b EStG

a) Gewinnzuschlag nach § 6b Abs. 7 EStG verfassungskonform

Durch die sog. § 6b-Rücklage haben Steuerpflichtige die Möglichkeit, stille Reserven, die durch den Verkauf bestimmter Anlagegüter (u.a. Grund und Boden, Gebäude) entstanden sind, steuerneutral auf ein neu erworbenes Reinvestitionsobjekt zu übertragen. Wird jedoch innerhalb von vier bzw. sechs Wirtschaftsjahren nach Bildung der Rücklage kein neues Wirtschaftsgut angeschafft, ist die Rücklage gewinnerhöhend aufzulösen. Ungeachtet dessen haben Steuerpflichtige die Möglichkeit, die Rücklage bereits vor Ablauf der Reinvestitionsfrist freiwillig gewinnerhöhend aufzulösen, ohne in dieser Höhe die Anschaffungs- oder Herstellungskosten eines Reinvestitionsgutes zu kürzen. In beiden Fällen ist der **Gewinn des Wirtschaftsjahres, in dem die Rücklage aufgelöst wird**, für jedes volle Wirtschaftsjahr, in dem die Rücklage bestanden hat, **um 6 % des aufgelösten Rücklagenbetrags zu erhöhen** (§ 6b Abs. 7 EStG). 258

Mit Urteil vom 20.3.2025[1] hat der **BFH** entschieden, dass der Gewinnzuschlag gemäß § 6b Abs. 7 EStG **weder gegen den allgemeinen Gleichheitsgrundsatz** (Art. 3 Abs. 1 GG) **noch gegen das Übermaßverbot verstößt**. Zur Sicherstellung des Subventionszwecks der Reinvestitionsbegünstigung und zur Vermeidung einer missbräuchlichen Inanspruchnahme der § 6b-Rücklage sei es nicht zu beanstanden, dass der Gesetzgeber einen typisierten Gewinnzuschlag festgesetzt hat.

Anmerkung:

Mit Blick auf den wirtschaftspolitischen Lenkungszweck müsse sich – so der BFH – der Gewinnzuschlag der Höhe nach nicht an der Höhe des (Stundungs-)Vorteils, den der Steuerpflichtige durch die Bildung der Rücklage erzielt, orientieren. Zwar habe das BVerfG entschieden, dass Nachzahlungszinsen von monatlich 0,5 % angesichts der Niedrigzinsphase seit dem Jahr 2014 verfassungswidrig sind.[2] Allerdings seien die in diesem Beschluss genannten Grundsätze nicht auf den Gewinnzuschlag zu übertragen, da Gewinnzuschlag und Nachzahlungszinsen nicht miteinander vergleichbar wären. Bei dem Gewinnzuschlag handele es sich nicht um eine für den Steuerpflichtigen unausweichliche Zinssatztypisierung. Vielmehr habe der Steuerpflichtige selbst die Wahl, ob er eine Gewinnrücklage bildet (und damit den einhergehenden Stundungsvorteil in Anspruch nimmt) und inwiefern er in ein Ersatzwirtschaftsgut reinvestiert, so dass das Entstehen des Gewinnzuschlags allein im Verhalten des Steuerpflichtigen gründe.

b) Zurechnung von Anschaffungen bei Verschmelzung

Die C-GmbH erwarb im Jahr 2018 ein bebautes Grundstück. Im Jahr 2019 erwarb die C-GmbH sodann sämtliche Anteile an der D-GmbH, die eine Rücklage nach § 6b Abs. 3 EStG aus einer in 2015 erfolgten Veräußerung von Grundbesitz passiviert hatte. Mit Verschmelzungsvertrag vom gleichen Tag wurde die C-GmbH (downstream) auf die D-GmbH als übernehmenden Rechtsträger verschmolzen. Als steuerlicher Übertragungsstichtag wurde der 30.12.2018 bestimmt. Streitig war, ob die D-GmbH ihre § 6b-Rücklage auf das von der C-GmbH erworbene Grundstück übertragen kann. 259

Mit Urteil vom 11.3.2025[3] hat das FG Berlin-Brandenburg dies abgelehnt. Nach Auffassung des Gerichts führt die Verschmelzung der C-GmbH auf die D-GmbH nicht dazu, dass die D-GmbH ein Reinvestitionsgut i.S.d. § 6b Abs. 1 Satz 2 EStG angeschafft hat bzw. ihr die Anschaffung der C-GmbH als eigene zugerechnet werden kann. Die **Verschmelzung** selbst stelle **keine Anschaffung** dar, da es an einer Gegenleistung sowie an einer eigenen Entscheidung der übernehmenden Gesellschaft fehle.[4]

1) BFH v. 20.3.2025, VI R 20/23, HFR 2025, 735 mit Anm. Ringler. Vgl. hierzu auch Geserich, jurisPR-SteuerR 35/2025 Anm. 3.
2) BVerfG v. 8.7.2021, 1 BvR 2237/14, 1 BvR 2422/17, HFR 2021, 922.
3) FG Berlin-Brandenburg v. 11.3.2025, 8 K 8162/23, EFG 2025, 940 (anhängig beim BFH unter Az. IX R 9/25).
4) So auch BMF v. 2.1.2025, IV C 2 – S 1978/00035/020/040, BStBl I 2025, 92 (UmwStE 2025) Rn. 04.14.

Darüber hinaus sei der D-GmbH die Anschaffung der C-GmbH auch **nicht nach der Rechtsnachfolgeregelung** des § 12 Abs. 3 i.V.m. § 4 Abs. 2 UmwStG **als eigene zuzurechnen**. Zwar wird in der Literatur aus der Norm teilweise gefolgert, dass die Übertragung der Rücklage auch auf Wirtschaftsgüter möglich sei, die der übertragende Rechtsträger in dem Wirtschaftsjahr des übernehmenden Rechtsträgers angeschafft hat, in dem die Übertragung erfolgt. Das FG hat diese Auffassung jedoch abgelehnt und sich der Ansicht angeschlossen, dass sich die Gesamtrechtsnachfolge nicht auf – wie im Streitfall – bereits vor dem Übertragungsstichtag abgeschlossene Anschaffungsvorgänge erstreckt. Nur Rechtsgeschäfte, die innerhalb des steuerlichen Rückwirkungszeitraums, d.h. zwischen Übertragungsstichtag und dinglichem Vollzug, abgeschlossen werden, gelten laut FG als vom übernehmenden Rechtsträger vorgenommen.

Folglich konnte die D-GmbH ihre § 6b-Rücklage nicht auf das Grundstück übertragen. Die Finanzverwaltung hat nach Auffassung des FG daher zu Recht die Verzinsung nach § 6b Abs. 7 EStG wegen Auflösung der Rücklage nach Ablauf der Reinvestitionsfrist vorgenommen (→ Rz. 258).

c) Korrektur einer zu Unrecht gebildeten Rücklage

260 Laut Urteil vom 2.7.2025[1)] des BFH ist eine zu Unrecht gebildete Rücklage nach § 6b Abs. 3 EStG nach den Grundsätzen des formellen Bilanzenzusammenhangs **in der ersten Schlussbilanz richtigzustellen**, in der dies **verfahrensrechtlich möglich** ist.

Die Grundsätze des formellen Bilanzenzusammenhangs kommen – so der BFH – deshalb zur Anwendung, weil eine zu Unrecht angesetzte Rücklage nach § 6b Abs. 3 EStG nicht nur Ausdruck einer falschen bilanziellen Behandlung ist. Entgegen der Auffassung des FG werde nicht nur ein Saldoposten im steuerlichen Eigenkapital ohne Auswirkung auf den Gesamtausweis des Eigenkapitals angesprochen. Der BFH bejaht vielmehr, wie bereits mit Urteil vom 7.7.1992[2)] entschieden, einen fehlerhaften Bilanzposten und damit einen Bilanzfehler, denn auch wenn die stillen Reserven, die in der Rücklage steuerlich verhaftet bleiben, in der Sache Eigenkapital darstellen, ist in der Steuerbilanz dazu ein **eigenständiger Passivposten auszuweisen**.

Die Entscheidung des IV. Senats des BFH im Hinblick auf eine zu Unrecht gebildete Ansparrücklage nach § 7g EStG a.F.[3)] führt nach Ansicht des XI. Senats nicht zu einem verallgemeinerungswürdigen Rechtsgedanken, dass § 6b Abs. 3 EStG wie § 7g Abs. 4 Satz 2 EStG a.F. den Grundsatz des formellen Bilanzzusammenhangs verdrängt. Denn das Urteil des IV. Senats betraf einen Einnahmen-Überschuss-Rechner und gerade keinen Steuerpflichtigen, der seinen Gewinn durch Vermögensvergleich ermittelte.

Beratungshinweis:

Aufgrund der Anwendung des Bilanzenzusammenhangs sollte eine zu Unrecht gebildete Rücklage nach § 6b EStG nicht von § 6b Abs. 7 EStG erfasst sein (→ Rz. 258), so dass eine Verzinsung mit 6 % p.a. nicht in Betracht käme. Hierzu hat sich der BH allerdings nicht geäußert.

6. Rückstellung für Steuernachforderungen: Bildungszeitpunkt

261 Laut Urteil des FG Münster vom 15.11.2024[4)] ist eine Rückstellung für Umsatzsteuernachzahlungen aufgrund einer Außenprüfung nicht bereits im Jahr der Steuerentstehung, sondern **frühestens in dem Jahr zu bilden, in dem der Außenprüfer** eine bestimmte Sachbehandlung **beanstandet**. Zur Begründung verweist das FG Münster

1) BFH v. 2.7.2025, XI R 27/22, BStBl II 2025, 970 = DB 2025, 2883.
2) BFH v. 7.7.1992, VIII R 24/91, BFH/NV 1993, 461.
3) BFH v. 28.4.2005, IV R 30/04, BStBl II 2005, 704.
4) FG Münster v. 15.11.2024, 12 K 817/19 G, F, EFG 2025, 622 mit Anm. Kaufhold (Revision beim BFH anhängig unter Az. IV R 1/25).

auf § 249 Abs. 1 Satz 1 HGB, wonach Rückstellungen für ungewisse Verbindlichkeiten dann zu bilden sind, wenn Verbindlichkeiten entweder dem Grunde nach bestehen, dem Betrag nach aber ungewiss sind, oder eine hinreichende Wahrscheinlichkeit für das künftige Entstehen der ggf. auch der Höhe nach noch ungewissen Verbindlichkeiten besteht. Als Teil der handelsrechtlichen Grundsätze ordnungsgemäßer Buchführung (GoB) ist diese Regelung auch für den steuerbilanziellen Ausweis maßgeblich.

Nicht ausreichend für die Rückstellungsbildung ist dabei, dass nach allgemeiner Erfahrung im Anschluss an Außenprüfungen häufig Mehrsteuern festgesetzt werden. Laut FG Münster ist eine Rückstellung **erst** zu dem Bilanzstichtag zu bilden, zu dem der Steuerpflichtige aufgrund eines **hinreichend konkreten Sachverhalts** ernsthaft mit einer quantifizierbaren Steuernachforderung rechnen muss. Davon sei frühestens auszugehen, wenn der Prüfer eine bestimmte Sachbehandlung beanstandet.[1)]

Damit lehnt das FG Münster im Streitfall eine Rückstellungsbildung im Jahr der Steuerentstehung ab.[2)]

7. Pensionsrückstellungen

a) Bildung der Rückstellung

Mit Beschluss vom 4.9.2024[3)] widersprach der BFH der Auffassung der Finanzverwaltung, die die Bildung von Pensionsrückstellungen mit dem Argument versagte, es fehle hierfür, insb. mangels einer garantierten Mindestzusage, an einem Rechtsanspruch der Höhe nach. **262**

Nach Auffassung des BFH sind Pensionsrückstellungen grundsätzlich auch für Versorgungszusagen zu bilden, wenn der Anspruch der Versorgungsleistung unter der **aufschiebenden Bedingung** eingeräumt wird, dass sich die **Höhe der zugesagten Leistung** an dem Wert einer in Fondsanteile investierenden Rückdeckungslebensversicherung orientiert. Denn auch Zusagen, die sich ihrer Höhe nach an der Wertentwicklung der zugrunde liegenden Wertpapiere orientieren, haben einen Versorgungszweck und dienen nicht der bloßen Vermögensbildung.

Anmerkung:

Zur Höhe der Pensionsrückstellungen entschied der BFH, dass auch eine beitragsorientierte Leistungszusage ohne garantierte Mindestleistung grundsätzlich mit dem Teilwert (§ 6a Abs. 3 Satz 2 Nr. 1 EStG) zu bewerten sei.

b) Verzinsung nun doch vor dem BFH?

Nach Abweisung ihrer Klage vor dem FG Düsseldorf[4)] machte die Beschwerdeführerin im Wege der Nichtzulassungsbeschwerde wegen der vom Finanzgericht nicht zugelassene Revision geltend, dass die Anwendung des „starren" Rechnungszinsfußes von 6 % nach § 6a Abs. 3 Satz 3 EStG bei der Bewertung der Pensionsrückstellung verfassungswidrig sei. **263**

Der **BFH** wies allerdings die Nichtzulassungsbeschwerde mit Beschluss vom 30.12.2022[5)] zurück und begründete dies mit dem **Fehlen hinreichender Substantiierung** eines etwaigen Verfassungsverstoßes. Nach Auffassung des BFH hätte die Beschwerdeführerin darlegen müssen, dass eine die Norm des § 6a Abs. 3 Satz 3 EStG

1) So bereits BFH v. 16.12.2009, I R 43/08, BStBl II 2012, 688.
2) A.A. FinVerw laut H 4.9 EStH, zumindest in den Fällen, in denen es nicht um hinterzogene Steuern geht.
3) BFH v. 4.9.2024, XI R 25/21, HFR 2025, 312 mit Anm. Rauch.
4) FG Düsseldorf v. 30.11.2021, 6 K 2321/17 K,G, EFG 2025, 847 mit Anm. Falk (Nichtzulassungsbeschwerde nun beim BFH wieder anhängig unter Az. XI B 19/25).
5) BFH v. 30.12.2022, XI B 104/21, BFH/NV 2025, 518.

verwerfende Entscheidung entweder zu einer rückwirkenden gesetzlichen Neuregelung oder zumindest zu einer auf alle offenen Fälle anzuwendenden Übergangsregelung führen würde.

In der gegen die Beschwerdeentscheidung des BFH eingelegten Verfassungsbeschwerde kommt das **BVerfG** mit Beschluss vom 21.2.2025[1] zu dem Ergebnis, dass die Beschwerdeführerin durch diese **überzogenen Darlegungsforderungen** in ihrem Grundrecht aus Art. 19 Abs. 4 GG (Gebot des effektiven Rechtsschutzes) verletzt wird. Von der Beschwerdeführerin könnten weder Darlegungen zu einer in der Zukunft liegenden Entscheidung des BVerfG noch zu einer etwaigen Reaktion des Gesetzgebers verlangt werden. Das BVerfG kann ein verfassungswidriges Gesetz für nichtig oder für unvereinbar mit dem Grundgesetz erklären. Die hierbei vom BVerfG anzustellenden unterschiedlichen Erwägungen können nicht vorhergesehen und damit auch nicht von der Beschwerdeführerin verlangt werden. Eine derartige Substantiierung wird nach Art. 100 Abs. 1 GG nicht einmal von den Gerichten gefordert, so das BVerfG.

Beratungshinweis:

Der **BFH** hat **nochmals zu entscheiden**, ob er die Revision zulässt. Falls er nun zu einem anderen Ergebnis kommt, könnte sich der BFH erneut mit der Verzinsungsreglung bei der Bewertung von Pensionsrückstellungen befassen und ggf. das BVerfG anrufen.

8. Übertragung eines Gewerbebetriebs unter Vorbehaltsnießbrauch

264 Der BFH bestätigt mit Urteil vom 29.1.2025[2] seine bisherige Rechtsprechung[3], dass die unentgeltliche Übertragung eines Gewerbebetriebs unter Vorbehaltsnießbrauch **keine Übertragung zu Buchwerten** gemäß § 6 Abs. 3 Satz 1 EStG darstellt, wenn der **Übertragende und Nießbraucher seine gewerbliche Tätigkeit fortführt**. Aufgrund des Vorbehaltsnießbrauchs nutzt der Übertragende die übertragenen Wirtschaftsgüter unverändert weiter. Dies gilt nach Ansicht des BFH sowohl für verpachtete Gewerbebetriebe als auch wie im zugrundeliegenden Streitfall für aktive Gewerbebetriebe.

Ein ruhender Gewerbebetrieb beim Erwerber kann nicht angenommen werden. Die übertragenen Wirtschaftsgüter werden daher aus steuerlicher Sicht in das Privatvermögen des Übertragenden und anschließend in das Privatvermögen des Erwerbers überführt. Gemäß BFH unterliegen die dabei ggf. vorhandenen stillen Reserven entsprechend der Besteuerung durch den Übertragenden.

Erst mit Wegfall des Vorbehaltsnießbrauchs geht nach Auffassung des BFH der gewerbliche Betrieb auf den Erwerber über. Die zu diesem Zeitpunkt im Privatvermögen des Erwerbers gehaltenen Wirtschaftsgüter seien dann zum Teilwert in das Betriebsvermögen einzulegen, vorausgesetzt, der Erwerber führt den Betrieb des Übertragenden fort.

Beratungshinweis:

Mit Schreiben vom 28.10.2025[4] erklärt das BMF die Entscheidung des BFH für allgemein anzuwenden, differenziert allerdings zeitlich. So ordnet das BMF zum Fall der Übertragung eines aktiven Gewerbebetriebs die Anwendung der Urteilsgrundsätze **für alle Übertragungen ab 17.4.2025** (Tag der Veröffentlichung des BFH-Urteils vom 29.1.2025) an. Demnach ist seitdem eine Buchwertfortführung auch bei einem durch den Nießbraucher weitergeführten aktiven Gewerbebetrieb nicht mehr möglich.

---

1) BVerfG v. 21.2.2025, 1 BvR 2267/23, NVwZ 2025, 757, vgl. hierzu Geserich, jurisPR-SteuerR 19/2025 Anm. 4.
2) BFH v. 29.1.2025, X R 35/19, BStBl II 2025, 768 = HFR 2025, 528 mit Anm. Nöcker; ebenso kurz zuvor BFH v. 8.8.2024, IV R 1/20, BStBl II 2025, 122, vgl. hierzu Paschmanns, BeSt 2025, 1, Zapf, jurisPR-SteuerR 1/2025 Anm. 3.
3) BFH v. 25.1.2017, X R 59/14, BStBl II 2019, 730.
4) BMF v. 28.10.2025, IV C 6 – S 2240/00044/019/033, BStBl I 2025, 1834.

Bei **Übertragungen vor dem 17.4.2025** sind die Urteilsgrundsätze ebenso grundsätzlich anwendbar, wenn die Steuerveranlagung für den Veranlagungszeitraum der Übertragung noch nicht bestandskräftig ist. Allerdings können hier der Nießbrauchsnehmer und der Nießbrauchsgeber **gemeinsam und unwiderruflich beantragen**, dass aus Vertrauensschutzgründen die Buchwerte fortgeführt werden, wobei dann zum Buchwert übertragene Wirtschaftsgüter beim Nießbrauchsnehmer weiterhin nach § 15 EStG steuerverstrickt bleiben.

II. Gewinnermittlung

1. Betriebsausgabenabzug trotz steuerbefreiter Photovoltaikanlage

Eine GbR betrieb seit 2014 eine Photovoltaikanlage und ermittelte ihren Gewinn durch Einnahmenüberschussrechnung. Im Jahr 2022 kam es zu einer Rückzahlung von Einspeisevergütungen aus den Vorjahren. Aufgrund dessen stellt sich die Frage, ob diese Rückzahlung steuermindernd als Betriebsausgabe abziehbar ist, obwohl die Betriebseinnahmen aus der Photovoltaikanlage durch die Einführung des § 3 Nr. 72 Satz 1 EStG mit Wirkung ab dem 1.1.2022 steuerfrei gestellt sind. 265

Nach Auffassung des Niedersächsischen FG[1] ist dies zu bejahen. § 3c Abs. 1 EStG, wonach Ausgaben, soweit sie mit steuerfreien Einnahmen in unmittelbarem wirtschaftlichem Zusammenhang stehen, nicht als Betriebsausgaben abgezogen werden dürfen, stehe einer Abzugsfähigkeit der Rückzahlung nicht entgegen. Ein unmittelbarer wirtschaftlicher Zusammenhang der geleisteten Rückzahlung der Einspeisevergütungen mit den nach § 3 Nr. 72 Satz 1 EStG steuerfreien Einnahmen des Streitjahres bestehe nicht. Vielmehr stünden die „nachlaufenden" Betriebsausgaben in einem unmittelbaren wirtschaftlichen Zusammenhang mit den in den Vorjahren steuerpflichtig vereinnahmten überhöhten Einspeisevergütungen.

Auch stehe § 3 Nr. 72 Satz 2 EStG einer Berücksichtigung der zurückgezahlten Einspeisevergütung als Betriebsausgabe nicht entgegen, da die Vorschrift kein generelles Gewinnermittlungsverbot enthalte, sondern den Betreiber lediglich von der Erstellung einer Gewinnermittlung befreie.

Beratungshinweis:

Die Entscheidung des Niedersächsischen FG steht im Widerspruch zum Urteil des FG Nürnberg vom 19.9.2024[2], das einen Betriebsausgabenabzug in 2022 bezüglich gezahlter Umsatzsteuer für 2021 ablehnt und dies damit begründet, dass § 3 Nr. 72 Satz 2 EStG ein Gewinnermittlungsverbot enthalte.

2. Keine Versagung des Betriebsausgabenabzugs mangels schriftlicher Verträge

Das **BVerfG** stellt mit Beschluss vom 27.5.2025[3] klar, dass die Versagung des Betriebsausgabenabzugs wegen eines angeblichen Schriftformerfordernisses des § 4 Abs. 4 EStG **verfassungswidrig** ist. 266

In dem zugrundeliegenden Fall plante und errichtete eine GmbH & Co. KG ein Sägewerk für ihre Schwesterpersonengesellschaft. Durch Fehlplanungen und mangelhafte Umsetzung entstanden außergewöhnliche Zusatzkosten, infolgedessen sich die Parteien darauf einigten, dass die GmbH & Co. KG an die Schwesterpersonengesellschaft eine „Schadensausgleichsforderung" i.H.v. 4 Mio. Euro zahlt. Diese Zahlung wurde in den Steuererklärungen der GmbH & Co. KG als Betriebsausgabe geltend gemacht. Das

1) Niedersächsisches FG v. 11.12.2024, 9 K 83/24, EFG 2025, 478 mit Anm. Siesenop (Revision beim BFH anhängig unter X R 2/25).
2) FG Nürnberg v. 19.9.2024, 4 K 1440/23, EFG 2024, 2035 mit Anm. Köhler (Revision beim BFH anhängig unter III R 35/24); vgl. hierzu Durst, BeSt 2025, 5.
3) BVerfG v. 27.5.2025, 2 BvR 172/24, DStR 2025, 1569; vgl. hierzu Schiffers, DStZ 2025, 657.

FG Thüringen lehnte jedoch mit Urteil vom 30.3.2022[1] den Abzug der Betriebsausgaben ab, da schriftliche Vereinbarungen über die Errichtung des Sägewerks fehlten.

Das BVerfG hat diese Entscheidung aufgehoben und den Rechtsstreit zurückverwiesen. Das FG habe im Rahmen des durchzuführenden Fremdvergleichs die Einhaltung der Schriftform als Voraussetzung für den Betriebsausgabenabzug gefordert und damit zu einem Tatbestandsmerkmal des § 4 Abs. 4 EStG verselbständigt. Dies widerspreche jedoch der Rechtsprechung des BVerfG und auch des BFH[2] und verstoße damit gegen Art. 3 Abs. 1 GG in seiner Ausprägung als **Willkürverbot**. Laut dem BVerfG hätte das Thüringer FG eine Gesamtbetrachtung aller maßgeblichen Umstände (inkl. etwaiger konkludenter Vereinbarungen) durchführen müssen, anstatt sich ausschließlich auf das Fehlen schriftlicher Vereinbarungen zu stützen.

3. Betriebsausgabenabzug von Ausgleichszahlungen im Rahmen eines Zinsswaps

267 Zinsswaps können Unternehmen helfen, sich gegen steigende Zinsen abzusichern, etwa bei geplanten Investitionen. Mit Urteil vom 10.4.2025[3] hat der BFH entschieden, dass Ausgleichszahlungen im Rahmen eines Zinsswaps grundsätzlich als Betriebsausgaben abzugsfähig sein können, **soweit** mit diesem ein **betriebliches Zinsänderungsrisiko abgesichert** werden soll. Dies setzt voraus, dass das betriebliche Darlehen und das zinssichernde Swap-Geschäft inhaltlich **hinreichend eng miteinander verknüpft** sind. Eine solche Verknüpfung liegt insb. vor, wenn beide Verträge zeitgleich abgeschlossen werden, inhaltlich aufeinander abgestimmt sind oder auf einem einheitlichen Finanzierungskonzept beruhen.

Neben der objektiven Verknüpfung des Darlehens mit dem Swap-Geschäft ist erforderlich, dass das Swap-Geschäft von vornherein als betriebliches Geschäft behandelt wird. Entscheidend hierfür ist, dass die Ausgleichszahlungen zeitnah in der laufenden Buchhaltung als betrieblichen Aufwand abgebildet werden.

Anmerkung:

In dem Urteilsfall wurden die Zahlungen zunächst vom Privatkonto des Unternehmers getätigt, nicht in der laufenden Buchhaltung erfasst und erst im Zuge der Jahresabschlussarbeiten als Einlage gebucht. Bereits aus diesem Grund hat der BFH den Vorgang als spekulatives Termingeschäft eingestuft und den Betriebsausgabenabzug versagt, ohne die Verknüpfung zwischen Darlehen und Swap-Geschäft abschließend zu würdigen.

4. Zinsabzugsbeschränkung bei Überentnahme verfassungsgemäß

268 In seinem Urteil vom 27.3.2024[4] verneint das **FG Düsseldorf** verfassungsrechtliche Bedenken gegenüber der Anwendung des für die Ermittlung von betrieblich veranlassten, nicht abziehbaren Schuldzinsen im Fall von Überentnahmen (§ 4 Abs. 4a EStG) geltenden Zinssatzes i.H.v. 6 %. Die Vorschrift diene dem Vereinfachungszweck und sei vom Gestaltungsspielraum des Gesetzgebers erfasst.

Nichts anderes ergebe sich aus der **Rechtsprechung des BVerfG**. Die Zinsabzugsbeschränkung bei Überentnahmen könne **nicht direkt** mit dem Fall der Nachzahlungszinsen gemäß §§ 233a, 238 AO **verglichen** werden, bei denen die Zinssatzhöhe infolge

1) FG Thüringen v. 30.3.2022, 1 K 68/17, nachgehend Nichtzulassungsbeschwerde als unbegründet zurückgewiesen durch BFH v. 8.3.2023, IV B 35/22, BFH/NV 2025, 1179 und BFH v. 25.5.2023, IV S 10/23, BFH/NV 2025, 1180.

2) Vgl. BFH v. 24.1.1990, I R 157/86, BStBl II 1990, 645.

3) BFH v. 10.4.2025, VI R 11/22, BStBl II 2025, 730 = BFH/NV 2025, 1108; vgl. hierzu Geserich, jurisPR-SteuerR 33/2025 Anm. 1.

4) FG Düsseldorf v. 27.3.2024, 15 K 1131/19 G,F, EFG 2024, 1688 mit Anm. Lutter (Revision beim BFH anhängig unter Az. IV R 8/24).

der Entscheidung des BVerfG vom 8.7.2021[1] von 6 % p.a. auf 1,8 % p.a. herabgesetzt wurde. Denn anders als die Verzinsung von Steuernachzahlungen und Steuererstattungen sei der Zinssatz nur bei der Ermittlung von Besteuerungsgrundlagen heranzuziehen und führe somit nicht direkt zu einer Zahllast.

Anmerkung:

Neben dem FG Düsseldorf verwarf bereits zuvor das Niedersächsische FG verfassungsrechtliche Bedenken.[2] Abzuwarten bleibt, ob der BFH in den beiden anhängigen Revisionsverfahren ebenso keine Veranlassung für eine Überprüfung durch das BVerfG sieht.

5. Zinsschranke: Verlautbarung des BMF

Für **Wirtschaftsjahre, die nach dem 14.12.2023 beginnen, aber nicht vor dem 1.1.2024 enden**, bzw. für Veranlagungszeiträume ab 2024 gelten **Änderungen** bei den Regelungen zur Zinsschranke nach § 4h EStG und § 8a KStG. Das **BMF** äußert sich dazu mit einem überarbeiteten Anwendungsschreiben vom 24.3.2025[3] , das ab der Anwendung der modifizierten Regelungen heranzuziehen ist. Für Altjahre sollen hingegen weiterhin die Ausführungen des BMF-Schreibens vom 4.7.2008[4] gelten. 269

Ausführlich äußert sich das BMF zu den Begriffen **Zinsaufwendungen und Zinserträge** i.S.d. Zinsschranke und wendet diese trotz unterschiedlichen gesetzlichen Wortlauts deckungsgleich an (Rn. 11, 19). Unter Zinsaufwendungen fasst das BMF z.B. auch kapitalisierte Zinsen, die als Herstellungskosten angesetzt werden, sobald sich diese im Rahmen der Abschreibung gewinnmindernd auswirken. Allerdings soll dies nur für Zinsaufwendungen gelten, die in Wirtschaftsjahren aktiviert werden, die nach dem 14.12.2023 beginnen und nicht vor dem 1.1.2024 enden (Rn. 16). Ebenso als Zinsaufwendungen zu erfassen sind Wechselkursgewinne und -verluste auf Fremdkapital und Instrumente im Zusammenhang mit der Beschaffung von Kapital, soweit es sich nicht um Wertänderungen der Verbindlichkeiten aufgrund von Wechselkursschwankungen handelt (Rn. 17, 28) sowie Gebühren für die Aufnahme von Konsortialkrediten. Die nicht abschließende Aufzählung macht deutlich, dass nunmehr so gut wie alle Entgelte aus der Überlassung von Geldwerten umfasst werden.

Mit einem Beispiel wird des Weiteren die Neuregelung erläutert, wonach ein **EBITDA-Vortrag** in Wirtschaftsjahren **nicht entstehen** kann, in denen die Zinsaufwendungen geringer sind als die Zinserträge oder eine der Ausnahmeregelungen nach § 4h Abs. 2 EStG zur Anwendung kommt (§ 4h Abs. 1 Satz 3 2. Halbs. EStG; Rn. 54 des BMF-Schreibens vom 24.3.2025). Zum anderen wird ebenso mit einem Beispiel erläutert, inwieweit die Ausnahmeregelungen nach § 4h Abs. 2 EStG anzuwenden sind, wenn neben laufenden Zinsaufwendungen ein Zinsvortrag besteht (§ 4h Abs. 1 Satz 7 EStG, Rn. 55).

Ausführlich geht das BMF weiter auf die neu gefasste **Ausnahmeregelung der Stand-alone-Klausel** ein, die dann greift, wenn dem Steuerpflichtigen keine Person i.S.v. § 1 Abs. 2 AStG nahesteht und er über keine ausländische Betriebsstätte verfügt (§ 4h Abs. 2 Satz 1 Buchst. b EStG; Rn. 75 f). Gesetzlich modifiziert wurde zudem der Konzernbegriff, der dem Eigenkapital-Escape nach § 4h Abs. 2 Satz 1 Buchst. c EStG zugrunde liegt, worauf das BMF in Rn. 78 ff. eingeht.

1) BVerfG v. 8.7.2021, 1 BvR 2237/14, 1 BvR 2422/17, HFR 2021, 922 mit Anm. Bopp; vgl. hierzu Fischer, jurisPR-SteuerR 39/2021 Anm. 1.

2) Niedersächsisches FG v. 17.8.2023, 9 K 10136/21, EFG 2024, 1666 (mit Anm. Büchter-Hole) = BB 2024, 1839 (Revision beim BFH anhängig unter Az. VIII R 27/23).

3) BMF v. 24.3.2025, IV C 2 – S 2742-a/00028/012/001, BStBl I 2025, 683; vgl. hierzu Förster, GmbHR 2025, 741.

4) BMF v. 4.7.2008, IV C 7 –S 2742-a/07/10001, BStBl I 2008, 718.

Ausgenommen von der Zinsschranke sind Fremdfinanzierungen langfristiger öffentlicher Infrastrukturprojekte nach § 4h Abs. 6 EStG, die aufgrund allgemeiner Förderbedingungen vergeben werden (Rn. 112 ff.).

6. Rücklage bei Übernahme von Pensionsverpflichtungen

270 Gemäß § 5 Abs. 7 Satz 1 EStG gelten Passivierungsbeschränkungen, die beim ursprünglichen Schuldner Anwendung gefunden haben, beim Übernehmer der Schuld grundsätzlich fort. Dies gilt nach Satz 2 bzw. Satz 3 des § 5 Abs. 7 EStG auch für Fälle des Schuldbeitritts und der Erfüllungsübernahme mit interner Schuldfreistellungsabrede sowie für den Erwerb eines Mitunternehmeranteils. Für einen Gewinn, der sich aus der Anwendung der Sätze 1 bis 3 ergibt, besteht grundsätzlich die Möglichkeit i.H.v. 14/15 eine gewinnmindernde Rücklage zu bilden, sodass die Gewinnauswirkung im Ergebnis auf bis zu 15 Wirtschaftsjahre verteilt werden kann (§ 5 Abs. 7 Satz 5 EStG).

Mit Urteil vom 23.10.2024[1)] hatte der BFH zu entscheiden, ob eine solche Rücklage auch für den Gewinn aus der Übernahme einer Pensionsverpflichtung, die nach den besonderen Ermittlungsvorgaben des § 5 Abs. 7 Satz 4 EStG zu bewerten ist, nach § 5 Abs. 7 Satz 5 EStG gebildet werden kann. Das Finanzamt vertrat die Auffassung, dass eine Rücklagenbildung bei Pensionsübernahme nicht zulässig sei. Nach Ansicht des dem Verfahren beigetretenen BMF ergäbe sich dies ausdrücklich aus dem Wortlaut, der nur auf die Fälle der Sätze 1 bis 3 verweist. Die Übertragung einer Pensionsverpflichtung werde hingegen abschließend spezialgesetzlich in § 5 Abs. 7 Satz 4 EStG geregelt und sei daher nicht von der Möglichkeit der Rücklagenbildung erfasst.

Dieser Argumentation folgt der BFH nicht. Nach Auffassung des erkennenden Senats spricht der Wortlaut des Gesetzes nicht gegen, sondern gerade für die Rücklagenbildung. § 5 Abs. 7 Satz 4 EStG regele keinen eigenen von § 5 Abs. 7 Satz 1 EStG abweichenden Tatbestand, sondern sei lediglich im Hinblick auf die Bewertung der übernommenen Verpflichtung i.S.v. § 5 Abs. 7 Satz 1 EStG **lex specialis**. Der Gewinn aus einer Übernahme einer Pensionsverpflichtung sei somit **von der Bezugnahme des § 5 Abs. 7 Satz 5 EStG erfasst**. Auch der Zweck der Vorschrift rechtfertige keine andere Auslegung. Vielmehr soll die Vorschrift u.a. die Portabilität von Versorgungszusagen begünstigen, sodass es demnach zweckwidrig wäre, übernommene Pensionsverpflichtungen teilweise schlechter zu stellen als übernommene andere Verpflichtungen.

Beratungshinweis:

Mit dem BFH-Urteil ist die in der Literatur bislang sehr umstrittene Rechtsfrage nunmehr höchstrichterlich geklärt. Durch die Veröffentlichung des Urteils im BStBl II wird deutlich, dass auch die FinVerw. die Grundsätze des Urteils anerkennt.

7. Privatnutzung eines Firmenwagens: Erschütterung des Anscheinsbeweis

271 Der BFH hatte in einem Streitfall zu entscheiden, in dem es um die Frage ging, ob der Gewinn aus Gewerbebetrieb des Steuerpflichtigen aus seinem Einzelunternehmen um den Wert der privaten Nutzung eines im Betriebsvermögen bilanzierten Fahrzeugs (hier: Ford Ranger Pickup) nach der sog. 1 %-Methode erhöht werden muss. Nach Auffassung der Finanzverwaltung spreche der Beweis des ersten Anscheins für eine private Mitbenutzung des Fahrzeugs, da kein Fahrtenbuch geführt wurde.

Mit Urteil vom 16.1.2025[2)] stellt der BFH klar, dass dieser **Anscheinsbeweis nur durch substantiierten Vortrag und Nachweis** von Umständen, die eine ernsthafte Möglichkeit

1) BFH v. 23.10.2024, XI R 24/21, BStBl II 2025, 281 = HFR 2025, 309 mit Anm. Textor. Vgl. hierzu auch Lutter, jurisPR-SteuerR 18/2025 Anm. 1.
2) BFH v. 16.1.2025, III R 34/22, BStBl II 2025, 386 = HFR 2025, 839 mit Anm. Köhler. Vgl. hierzu auch Bleschick, jurisPR-SteuerR 25/2025 Anm. 2.

eines anderen Geschehensablaufs ergeben, **erschüttert werden kann**. Die bloße Behauptung, dass keine Privatnutzung stattgefunden habe, weil der Familie der Pickup zu groß war, reiche nicht aus. Auch seien auf dem Fahrzeug angebrachte Werbefolien nicht geeignet, den Anscheinsbeweis einer Privatnutzung zu widerlegen. Der Anscheinsbeweis werde ebenso nicht dadurch erschüttert, dass das Fahrzeug nicht für Fahrten zum Arbeitsplatz erforderlich war, es während der Arbeitszeit keine Privatnutzungsmöglichkeit geben konnte und in bestimmten Fällen auf alternative Transportmittel zurückgegriffen wurde, da vorliegend der Wagen vor dem Wohnhaus des Steuerpflichtigen stand und er somit jederzeitigen Zugriff hatte.

Nur wenn ein in Status und Gebrauchswert dem betrieblichen Kfz **vergleichbares Privatfahrzeug** ständig und uneingeschränkt zur Privatnutzung zur Verfügung steht, könne der Anscheinsbeweis entkräftet werden.[1] Im Streitfall war zwar ein weiteres Fahrzeug (BMW X3) vorhanden, das im Status und Gebrauchswert mit dem Pickup vergleichbar war. Allerdings war der BMW ebenso dem Betriebsvermögen zugeordnet und damit laut BFH nicht zur Erschütterung des Anscheinsbeweises geeignet, weil ein Betriebsfahrzeug nicht zur „uneingeschränkten Privatnutzung" zur Verfügung stehe. Die im Privatvermögen des Steuerpflichtigen vorhandenen und den Kindern überlassenen Fahrzeuge (VW Golf Cabrio, VW Polo und Ford Fiesta) waren laut BFH im Hinblick auf Status und Gebrauchswert nicht mit dem Pickup vergleichbar.

Demnach kam der BFH – entgegen der Auffassung des FG Münster – zum Ergebnis, dass kein ausreichender Gegenbeweis durch den Steuerpflichtigen erbracht wurde und mithin zu Recht eine private Nutzung des Pickups angenommen und nach der 1 %-Regelung bewertet wurde.

8. Steuerbefreiung von Sanierungserträgen in Altfällen

Nachdem der BFH in 2017 entschieden hat, dass der Sanierungserlass des BMF aufgrund fehlender Rechtsgrundlage nicht mehr anzuwenden ist,[2] wurden die Regelungen zur Steuerfreiheit von unternehmensbezogenen Sanierungserträgen in § 3a EStG, § 7b GewStG gesetzlich normiert. Die Neuregelungen gelten grundsätzlich nur für nach dem 8.2.2017 ausgesprochene Schuldenerlasse. Für davor erfolgte Schuldenerlasse (**Altfälle**) kann jedoch **auf Antrag des Steuerpflichtigen** ebenso von den Steuerbefreiungsvorschriften Gebrauch gemacht werden (§ 52 Abs. 4a Satz 3 EStG, § 36 Abs. 2c Satz 3 GewStG). 272

Mit Urteil vom 10.10.2024[3] hat der BFH nunmehr entschieden, dass dieser Antrag ein **rückwirkendes Ereignis** i.S.v. § 175 Abs. 1 Satz 1 Nr. 2 AO darstellt, sodass bei Altfällen die Steuerbefreiungsvorschriften des § 3a EStG, § 7b GewStG trotz bereits eingetretener Bestandskraft der Steuerfestsetzung des Sanierungsjahres zu berücksichtigen sind. Der BFH begründet seine Entscheidung damit, dass der Antrag keine rein formelle Voraussetzung darstellt, sondern selbst Tatbestandsmerkmal für die Steuerfreiheit ist. Andernfalls liefen die Vorschriften zur Steuerbefreiung von Sanierungserträgen für Altfälle weitestgehend ins Leere.

Anmerkung:

Zum gleichen Ergebnis kommt auch das FG Münster mit Urteil vom 4.9.2023[4]. In dem hierzu anhängigen Revisionsverfahren (Az. IV R 23/23) wird der BFH darüber zu entscheiden haben, ob eine Antragstellung auf Steuerbefreiung von Sanierungserträgen in Altfällen nur bis zum Ablauf der Festsetzungs- bzw. Feststellungsfrist der Bescheide möglich ist, in denen eine solche Steuerbefreiung noch nicht berücksichtigt worden ist.

---

1) BFH v. 22.10.2024, VIII R 12/21, BStBl II 2025, 150; vgl. hierzu Bleschick, jurisPR-SteuerR 8/2025 Anm. 4.
2) BFH v. 23.8.2017, I R 52/14, BStBl II 2018, 232.
3) BFH v. 10.10.2024, IV R 1/22, BStBl II 2025, 294 = HFR 2025, 411 mit Anm. Geissler. Vgl. hierzu auch Carlé, BeSt 2025, 24.
4) FG Münster v. 4.9.2023, 9 K 3511/20 F, EFG 2024, 210 mit Anm. Wackerbeck.

9. Rückwirkende Anwendung von § 6e EStG

273 § 6e EStG bestimmt, dass Aufwendungen in Zusammenhang mit der Etablierung eines geschlossenen Fonds **unter bestimmten Voraussetzungen keine sofort abzugsfähigen Betriebsausgaben** oder Werbungskosten darstellen, sondern zu den aktivierungspflichtigen Anschaffungsnebenkosten der zu erwerbenden Wirtschaftsgütern gehören.

Die Vorschrift des § 6e EStG wurde durch das Gesetz zur weiteren steuerlichen Förderung der Elektromobilität und zur Änderung weiterer steuerlicher Vorschriften mit Wirkung zum 18.12.2019 eingefügt. Nach § 52 Abs. 14a EStG ist § 6e EStG jedoch **auch auf Wirtschaftsjahre anzuwenden, die vor diesem Datum enden**. Damit handelt es sich um eine **„echte" Rückwirkung**, die verfassungsrechtlich grundsätzlich nur unter strengen Voraussetzungen zulässig ist.

Mit Urteil vom 15.7.2024[1] hat der **BFH** entschieden, dass die rückwirkende Anwendung des § 6e EStG im konkreten Fall **verfassungsrechtlich gerechtfertigt** ist. Ein schutzwürdiges Vertrauen darauf, dass Fondsetablierungskosten sofort steuerlich abziehbar sind, habe nicht bestanden. Bereits nach der früheren gefestigten und langjährigen Rechtsprechung sowie einheitlichen Rechtspraxis seien solche Aufwendungen als Anschaffungskosten zu qualifizieren gewesen.

Anmerkung:

Zu einem ähnlich gelagerten Fall, in dem es um die rückwirkende Anwendung des § 6e EStG auf Gründungskosten eines geschlossenen Schiffsfonds geht, ist derzeit unter dem Az. IV R 6/24 die Revision beim BFH anhängig.

III. Personengesellschaften

1. Teilabzugsverbot nach § 3c Abs. 2 EStG

a) Allgemeine Verwaltungskosten einer Holdingpersonengesellschaft

274 Für die steuerliche Behandlung von Gewinnausschüttungen einer Kapitalgesellschaft an eine Personengesellschaft ist nach dem sog. Transparenzprinzip die Rechtsform der Gesellschafter der Personengesellschaft entscheidend. Sind die Gesellschafter, denen der Gewinn entsprechend ihrer Beteiligung zugerechnet wird, natürliche Personen, sind die Dividendeneinkünfte nach dem sog. Teileinkünfteverfahren zu 40 % steuerfrei. Korrespondierend sind 40 % der **mit den Gewinnausschüttungen im wirtschaftlichen Zusammenhang stehenden Aufwendungen nicht abziehbar** (Teilabzugsverbot des § 3c Abs. 2 EStG). Für das Teilabzugsverbot kommt es mithin maßgeblich darauf an, wie der Begriff des „wirtschaftlichen Zusammenhangs" zu verstehen ist.

Zum Begriff des „wirtschaftlichen Zusammenhangs" hat sich der BFH mit Urteil vom 27.11.2024[2] erstmalig geäußert und entschieden, dass sämtliche allgemeine Verwaltungs- und Konzernabschlusskosten einer Holdingpersonengesellschaft (hier: GmbH & Co. KG), deren **Tätigkeit ausschließlich** darin besteht, einen **Anteil an einer Kapitalgesellschaft zu halten**, mit ihren zu 40 % steuerbefreiten Dividendenerträgen in einem wirtschaftlichen Zusammenhang stehen und somit anteilig i.H.v. 40 % vom Betriebsausgabenabzug ausgeschlossen sind. Im Streitfall waren nur die Kommanditisten am Vermögen und damit auch am Gewinn der GmbH & Co. KG beteiligt. Die Komplementär-GmbH hielt hingegen keine Vermögensbeteiligung.

Ob und inwieweit Aufwendungen **in wirtschaftlichem Zusammenhang** mit einer Einkunftsart stehen, hängt laut BFH von den Gründen oder dem „auslösenden Moment", ab, weshalb der Steuerpflichtige die Aufwendungen vornimmt. Zu prüfen sei danach,

---

1) BFH v. 15.7.2025, IX R 13/24, BFH/NV 2025, 1369 = HFR 2025, 1027 mit Anm. Hamacher. Vgl. hierzu auch Reddig, jurisPR-SteuerR 43/2025 Anm. 1.

2) BFH v. 27.11.2024, IV R 25/22, BStBl II 2025, 184 = HFR 2025, 359 mit Anm. Wiesch.

ob Aufwendungen von einem Steuerpflichtigen aus Gründen der teilweise steuerfreien Einnahmenerzielung, der Erzielung von voll steuerpflichtigen Einnahmen oder aus anderen, außerhalb der Einkünfteerzielung liegenden Gründen getragen worden sind. Ein mittelbarer wirtschaftlicher Zusammenhang sei dabei ausreichend. Die Anwendung des § 3c Abs. 2 EStG bezweckt damit, so der BFH, die Doppelbegünstigung durch einerseits (teilweise) steuerfreie Einnahmen und gleichwohl (voll) abzugsfähige Aufwendungen auszuschließen.

Besteht ein wirtschaftlicher Zusammenhang **mit mehreren**, zum Teil voll steuerpflichtigen und zum Teil teilweise steuerbefreiten **Einnahmen**, sind die Aufwendungen nach Ansicht des BFH „anteilig und im Rahmen einer wertenden Betrachtung entsprechend dem rechtlichen und wirtschaftlichen Gehalt des Gesamtvorgangs **aufzuteilen**". Sind die Aufwendungen aber vorrangig durch voll steuerpflichtige Einnahmen veranlasst, bleibt es beim Vollabzug, auch wenn die Personengesellschaft daneben auch (teilweise) steuerbefreite Einnahmen erzielt.

Im Streitfall ergab sich der wirtschaftliche Zusammenhang der Aufwendungen mit den teilweise steuerbefreiten Dividendeneinnahmen laut BFH bereits daraus, dass die Holdingpersonengesellschaft **ausschließlich Dividendeneinnahmen** erzielt hat.

Dies gelte auch für Aufwendungen zur Erfüllung einer gesetzlichen Verpflichtung (hier: Abschluss- und Prüfungskosten und IHK-Beiträge) oder aufgrund einer privatrechtlichen (vertraglichen) Verpflichtung (hier: Rechts- und Beratungskosten und Kosten des Geldverkehrs). Der wirtschaftliche Zusammenhang werde durch eine etwaige Rechtspflicht – entgegen der in Teilen von der Literatur vertretenen Auffassung – nicht durchbrochen. Vielmehr seien auch diese Verpflichtungen und die damit verbundenen Aufwendungen Folge der Absicht, als Holdingpersonengesellschaft Anteile an anderen Gesellschaften zur Erzielung von Dividendeneinnahmen zu halten.

Gestaltungshinweis:

Bei Holdinggesellschaften, die neben dem Halten von Beteiligungen **zudem einem eigenen Geschäftszweck nachkommen**, wird zu prüfen sein, inwieweit Aufwendungen vorrangig mit voll steuerpflichtigen oder steuerbefreiten Einnahmen in wirtschaftlichem Zusammenhang stehen. Ist ein solcher vorrangiger wirtschaftlicher Zusammenhang nicht ersichtlich, kommt die Anwendung des Teilabzugsverbots auf einen geschätzten Teil der Aufwendungen in Betracht.

b) Innerorganschaftliche Zinsaufwendungen

Zwischen einer GmbH als Organgesellschaft und einer gewerblich tätigen KG als **275**
Organträgerin bestand eine ertragsteuerliche Organschaft. Die Organträgerin gewährte der Organgesellschaft ein verzinsliches Darlehen zum Erwerb von Anteilen an einer ausländischen Kapitalgesellschaft. Die Darlehenszinsen wurden bei der Organträgerin als Einnahmen erfasst. Strittig war, ob die Zinsaufwendungen der Organgesellschaft, die der Organträgerin zugerechnet wurden, dem Teilabzugsverbot des § 3c Abs. 2 Satz 1 EStG (→ Rz. 274) unterliegen und somit nur zu 60 % berücksichtigt werden können.

Dabei sind die in § 15 KStG geregelten Einkommensermittlungsvorgaben zu beachten: Eine Organschaft führt grundsätzlich zur Zuweisung des auf Ebene der Organgesellschaft ermittelten Einkommens zum Organträger. Allerdings gilt bei der Ermittlung des Einkommens der Organgesellschaft eine Besonderheit: Die Steuerbefreiung von Erträgen aus Beteiligungen an anderen Kapitalgesellschaften nach § 8b KStG ist auf Ebene der Organgesellschaft selbst nicht anzuwenden (§ 15 Satz 1 Nr. 2 Satz 1 KStG). Die Beteiligungserträge werden daher zunächst voll im abzuführenden Einkommen der Organgesellschaft erfasst und erst auf Ebene des Organträgers entsprechend der Rechtsform des Organträgers besteuert (§ 15 Satz 1 Nr. 2 Satz 2 KStG). Ist der Organträger wie hier eine Personengesellschaft, deren Gesellschafter natürliche Personen sind, sind die Beteiligungserträge nach dem sog. Teileinkünfteverfahren zu 40 % steuerfrei.

Mit Urteil vom 20.11.2024[1] hat das FG Münster entschieden, dass korrespondierend 40 % der Zinsaufwendungen steuerlich nicht abzugsfähig sind (Teilabzugsverbot des § 3c Abs. 2 EStG). Das Gericht begründet seine Entscheidung damit, dass die Zinsaufwendungen im **wirtschaftlichen Zusammenhang** mit den teilweise steuerbefreiten Beteiligungserträgen stehen, da das Darlehen von der Organgesellschaft zum Erwerb der ausländischen Kapitalgesellschaft verwendet wurde. Der Auffassung der Organgesellschaft, dass ihre Zinsaufwendungen und der Zinsertrag der Organträgerin vor einer Anwendung des § 15 Satz 1 Nr. 2 Satz 2 KStG wegen der eintretenden Konfusion **zu saldieren** seien und damit kein Zinsaufwand verbleiben würde, auf den das Teilabzugsverbot des § 3c Abs. 2 EStG angewendet werden könne, **folgte das FG Münster nicht**. Weder § 14 KStG noch § 15 KStG sei eine solche Konsolidierung zu entnehmen. Laut dem FG Münster werden Transaktionen zwischen Organträger und Organgesellschaft nicht ausgeglichen oder auf andere Weise für steuerliche Zwecke eliminiert.

Gestaltungshinweis:

Wäre die **Organträgerin** im Streitfall eine **Kapitalgesellschaft**, würden die Beteiligungserträge dem Regime des § 8b KStG unterliegen. Das Abzugsverbot des § 3c EStG ist in diesem Fall nicht anzuwenden, d.h. der tatsächliche Betriebsausgabenabzug wird durch die Steuerfreistellung von 95 % der Beteiligungserträge bei einer Kapitalgesellschaft als Organträger nicht beschränkt.

c) Teilwertabschreibung eines Gesellschafterdarlehens

276 Eine KG nahm eine Teilwertabschreibung bei einem Darlehen vor, das sie ihrer Tochterkapitalgesellschaft, an der sie zu 100 % beteiligt war, gewährt hatte. Eine der Kommanditistinnen der KG war die zu 90 % beteiligte KG1, an der vier natürliche Personen als Kommanditisten zu jeweils 25 % beteiligt waren. Die verbleibenden 10 % wurden von der KG2 gehalten, an der zwei natürliche Personen zu jeweils 50 % beteiligt waren.

Laut Urteil des FG Münster vom 28.1.2025[2] unterliegt die Teilwertabschreibung im Streitfall nicht dem Teilabzugsverbot nach § 3c Abs. 2 Satz 2 EStG. Nach dieser Regelung könnte die Teilwertabschreibung nur zu 60 % einkünftemindernd berücksichtigt werden, wenn die zugrundeliegende Darlehensforderung gegenüber einer Kapitalgesellschaft besteht und die das **Darlehen gewährenden Steuerpflichtigen zu mehr als 25 %** unmittelbar oder mittelbar am Grund- oder Stammkapital der Kapitalgesellschaft **beteiligt** sind.

Nach dem Wortlaut des § 3c Abs. 2 Satz 2 EStG komme es somit auf den beteiligten Steuerpflichtigen und **nicht** – wie in anderen Regelungen explizit vorgegeben – auf den **Gesellschafter** der darlehensnehmenden Kapitalgesellschaft an. **Steuerpflichtiger könne aber nur eine natürliche Person sein**, der die Einkünfte im Zusammenhang mit der Darlehensforderung zugerechnet werden. Sowohl die KG, die zivilrechtlich das Darlehen mit der Tochterkapitalgesellschaft vereinbart hat, als auch die zwischengeschalteten KGs seien nur sog. Gewinnermittlungssubjekte (zur Parallelregelung in § 8b Abs. 3 Satz 4 KStG → Rz. 292).

Anmerkung:

Da weder die Beteiligungen der vier an der KG1 beteiligten Personen (jeweils 25 % von 90 % = 22,5 %) noch die der zwei an der KG2 beteiligten Personen (jeweils 50 % von 10 % = 5 %) durchgerechnet mehr als 25 % betragen, scheide die Anwendung des Teilabzugsverbots jedenfalls aus.

---

1) FG Münster v. 20.11.2024, 9 K 1908/21 F, EFG 2025, 264 mit Anm. Haversath (Revision beim BFH anhängig unter I R 27/24).

2) FG Münster v. 28.1.2025, 2 K 3123/21 F, EFG 2025, 615 mit Anm. Pichler (rkr., durch Rücknahme der Revision, vgl. BFH v. 5.3.2025, IV R 6/25, nicht dokumentiert).

Wegen des geringen Beteiligungsumfangs der einzelnen Personen lässt es das FG Münster dahinstehen, ob eine Gewährung des Darlehens durch diese Personen als Steuerpflichtige i.S.v. § 3c Abs. 2 Satz 2 EStG trotz der zivilrechtlichen Darlehensvereinbarung zwischen der KG und der Tochterkapitalgesellschaft gegeben war.

2. Verstoß gegen die Körperschaftsteuerklausel

Wird ein Wirtschaftsgut unentgeltlich oder gegen Gewährung von Gesellschaftsrechten u.a. aus dem Betriebsvermögen eines Gesellschafters in das Gesamthandsvermögen einer Personengesellschaft übertragen, erfolgt dies zum Buchwert (§ 6 Abs. 5 Satz 3 EStG). **Begründet oder erhöht** sich allerdings innerhalb einer **Sperrfrist von sieben Jahren** der **Anteil einer Körperschaft** an dem zum Buchwert übertragenen Wirtschaftsgut, ist rückwirkend der Teilwert anzusetzen (§ 6 Abs. 5 Satz 6 EStG, sog. Körperschaftsteuerklausel). 277

Mit Urteil vom 15.7.2021[1] hatte der **BFH** eine **teleologische Reduktion** dieser Körperschaftsteuerklausel vorgenommen und entschieden, dass ein schädlicher Statuswechsel bei Begründung oder Erhöhung des Anteils einer Körperschaft nur vorliegt, wenn die stillen Reserven des übertragenen Wirtschaftsguts erstmals einem Körperschaftsteuersubjekt zuzurechnen sind. Mit dieser Entscheidung widersprach der BFH der bisherigen Verwaltungsauffassung.

Als Reaktion hierauf wurde § 6 Abs. 5 EStG mit dem **JStG 2024**[2] um einen neuen Satz 7 ergänzt.[3] Danach kommt es zur rückwirkenden Realisierung der stillen Reserven eines übertragenen Wirtschaftsguts auch dann, wenn eine unmittelbare oder mittelbare Begründung oder Erhöhung eines Anteils einer Körperschaft aus der Verminderung der Beteiligung einer anderen Körperschaft resultiert. Die Verschärfung gilt entsprechend auch für die Körperschaftsteuerklausel bei der Realteilung (§ 16 Abs. 3 Satz 5 EStG).

Mit Verfügung vom 31.3.2025[4] stellt das LfSt Niedersachsen klar, dass die **Neuregelungen erstmals auf Übertragungen von Wirtschaftsgütern anzuwenden** sind, die **nach dem 18.10.2024** (Tag des Gesetzesbeschlusses) stattfinden (§ 52 Abs. 12 Satz 18 EStG). Für Übertragungen vor dem 19.10.2024 ist hingegen das o.g. BFH-Urteil allgemein anzuwenden.

Anmerkung:

Zumindest die Finanzverwaltung in Niedersachsen wendet damit in Altfällen die BFH-Rechtsprechung an.

3. § 6b-Rücklage bei Personengesellschaften

a) Ausübung des Wahlrechts

Werden bestimmte Wirtschaftsgüter aus dem Betriebsvermögen veräußert, kann der daraus resultierende Gewinn in eine Rücklage eingestellt und bei Reinvestitionen aufgelöst werden (§ 6b Abs. 3 EStG). Bei Personengesellschaften ist laut **BFH**[5] die § 6b-Rücklage **gesellschafterbezogen anzuwenden**. Üben demnach die Gesellschafter das Wahlrecht der Rücklagenauflösung unterschiedlich aus, ist dies bilanziell in den sog. Ergänzungsbilanzen abzubilden. 278

1) BFH v. 15.7.2021, IV R 36/18, BStBl II 2025, 111.
2) Gesetz v. 2.12.2024, BGBl. I 2024 Nr. 387 = BStBl I 2024, 1484.
3) Vgl. hierzu Korn/Strahl in Korn, § 6 EStG Rz. 503.1.3.
4) LfSt Niedersachsen v. 31.3.2025, S 2241-St 222/St 221-3035/2022, EStB 2025, 211.
5) BFH v. 16.12.2021, IV R 7/19, BStBl II 2023, 378.

Das FG Schleswig-Holstein entschied dazu mit Urteil vom 10.7.2024[1], dass das Wahlrecht **erkennbar in der Steuerbilanz ausgeübt** werden muss. Ein Ausweis der Rücklage in einzelnen Buchführungskonten oder anderen Unterlagen reiche hingegen nicht aus. Wenn die § 6b-Rücklage nach diesen Grundsätzen in der Gesamthandsbilanz einer Personengesellschaft gebildet wurde, können die Gesellschafter ihr Wahlrecht zur Auflösung oder Übertragung der Rücklage gemäß der gesellschafterbezogenen Betrachtungsweise individuell in ihrer Ergänzungsbilanz ausüben.

Des Weiteren entschied das FG, dass bei einheitlicher Ausübung der Übertragung der Rücklage auf ein Reinvestitionsobjekt in der Gesamthandsbilanz der Gesellschaft der Gewinn aus der späteren Veräußerung des Reinvestitionsobjekt den Gesellschaftern entsprechend ihrer Beteiligung im Veräußerungszeitpunkt zuzurechnen ist. Ein wegen ehemals höherer Beteiligung entsprechend höherer Veräußerungsgewinn, auch ggf. für die Bildung einer weiteren § 6b-Rücklage, sei dem einzelnen Gesellschafter nur dann zuzurechnen, wenn Korrekturwerte in seiner Ergänzungsbilanz gebildet wurden.

b) Auswirkung auf Kapitalkonto nach § 15a EStG

279 Mit Urteil vom 12.12.2024[2] kommt der BFH zu dem Ergebnis, dass bei der Ermittlung des **Kapitalkontos des Kommanditisten** nach § 15a EStG (→ Rz. 281) die Übertragung stiller Reserven nach § 6b EStG bei der reinvestierenden Gesellschaft **mindernd zu berücksichtigen** ist. Dabei erfolge die Übertragung der stillen Reserven nach § 6b EStG gesellschafterbezogen und werde von einem Rechtsträger zum anderen Rechtsträger dadurch sichergestellt, dass sich das Kapitalkonto des Veräußerers erhöht und das des Reinvestierenden entsprechend vermindert. Gehen stille Reserven bei der übernehmenden Personengesellschaft auf das Reinvestitionswirtschaftsgut über, führe dies somit neben der Minderung der Anschaffungskosten des Reinvestitionswirtschaftsguts zu einer entsprechenden Minderung des Kapitalkontos des Kommanditisten, gegen das die Minderanschaffungskosten gebucht werden. Folglich bewirken die übertragenen stillen Reserven eine Minderung des steuerlichen Kapitalkontos des Kommanditisten.

Im Streitfall hatte dies zur Folge, dass die vom Kommanditisten begehrte Verrechnung des ihm zugewiesenen Anteils am Verlust der KG mit seinen anderen Einkünften nicht möglich war.

Anmerkung:

Mit Verweis auf das BFH-Urteil vom 9.5.1996[3] stellte der BFH zudem klar, dass seine Wertung, wonach das Vorhandensein stiller Reserven nicht das Kapitalkonto des Kommanditisten erhöhen, weil dieses nur an die in der Buchführung der Gesellschaft verzeichneten Werte knüpfe, auch für noch nicht auf ein Reinvestitionswirtschaftsgut übertragene stillen Reserven nach § 6b EStG gelte.

4. Verluste bei Vorbehaltsnießbrauch an Kommanditanteil

280 Die Zurechnung von Verlusten, die auf einen nießbrauchsbelasteten Gesellschaftsanteil entfallen, **zum Gesellschafter oder zum Nießbraucher** hängt nach ständiger Rechtsprechung des BFH grundlegend davon ab, **wer die Verluste wirtschaftlich zu tragen hat**.

Mit Urteil vom 20.3.2025[4] stellt der BFH dazu klar, dass bei einem Nießbrauchsvertrag, der nicht ausdrücklich von der gesetzlichen Grundregel des § 1030 Abs. 1 i.V.m. § 1069 Abs. 2 BGB abweicht, der **Kommanditist** die Verluste wirtschaftlich zu tragen hat.

1) FG Schleswig-Holstein v. 10.7.2024, 2 K 14/23, rkr., EFG 2025, 180 mit Anm. Bork.
2) BFH v. 12.12.2024, IV R 24/22, BStBl II 2025, 188 = HFR 2025, 420 mit Anm. Wiesch. Vgl. hierzu auch Schiffers, DStZ 2025, 240.
3) BFH v. 9.5.1996, IV R 75/93, BStBl II 1996, 474.
4) BFH v. 20.3.2025, IV R 12/21, BFH/NV 2025, 1013, vgl. hierzu Carlé, BeSt 2025, 28.

Zudem setzt die Zurechnung von Verlusten im Rahmen der gesonderten und einheitlichen Feststellung der gewerblichen Einkünfte bei einer originär gewerblich tätigen oder – wie im vorliegenden Fall – gewerblich geprägten Personengesellschaft voraus, dass der Verlusttragende die Stellung eines Mitunternehmers innehat. Der BFH stellt diesbezüglich fest, dass ein Nießbrauch, der nach dem gesetzlichen Leitbild gestaltet ist, weder die Mitunternehmerinitiative noch das Mitunternehmerrisiko des Gesellschafters beseitigt. Daher bleibe die Mitunternehmerstellung des Kommanditisten trotz Nießbrauchs bestehen. Folglich seien die Verluste bei einem typischen Nießbrauchsvertrag nicht – wie vom Finanzamt vertreten – dem Nießbraucher, sondern dem Kommanditisten zuzurechnen.

Anmerkung:

Offenlassen konnte der BFH die Frage, ob ein entsprechend ausgestalteter Nießbrauch eine Verdopplung der Mitunternehmerstellung (Nießbracher und Gesellschafter) begründen kann.

5. Verrechenbare Verluste nach § 15a EStG

a) Maßgeblichen Kapitalkonto

Nach § 15a Abs. 1 Satz 1 EStG darf der einem Kommanditisten zuzurechnende Anteil am Verlust der KG weder mit anderen Einkünften aus Gewerbebetrieb noch mit Einkünften aus anderen Einkunftsarten ausgeglichen werden, soweit ein negatives Kapitalkonto entsteht oder sich erhöht. Auch ein Abzug nach § 10d EStG, also im Wege des Verlustrücktrags und Verlustvortrags, ist insoweit nicht möglich. Der Begriff des Kapitalkontos ist dabei gesetzlich nicht definiert. 281

In seinem Urteil vom 16.1.2025[1] hatte der BFH u.a. darüber zu entscheiden, ob eine (Sach-)Einlage, die auf das sog. „Kapitalkonto III" verbucht wurde, das Kapitalkonto i.S.d. § 15a EStG erhöht hat.

Seiner bisherigen Rechtsprechung folgend stellte der BFH zunächst fest, dass **nur Eigenkapitalkonten** zum Kapitalkonto i.S.d. § 15a EStG gehören. Die Qualifizierung, ob Konten Eigen- oder Fremdkapital ausweisen, erfolge nach dem Zivilrecht und sei daher **anhand des Gesellschaftsvertrags zu ermitteln**. Ein Kapitalkonto i.S.d. § 15a EStG liege laut BFH i.d.R. vor, wenn auf dem Konto auch Verluste verbucht werden, die auf diese Weise stehen gebliebene Gewinne aufzehren können. Für die Abgrenzung der Konten komme zudem auch der Frage nach der **Verfügbarkeit von Guthaben** erhebliche Bedeutung zu. Verfügungsbeschränkungen würden für das Vorliegen eines Eigenkapitalkontos sprechen, so dass folglich eine freie Verfügbarkeit des Guthabens und damit ein unbeschränkter Auszahlungsanspruch des Kommanditisten der Einordnung als Kapitalkonto i.S.d. § 15a EStG entgegen stehe.[2] Ein weiteres Indiz für das Vorliegen eines Eigenkapitalkontos könne darin gesehen werden, wenn das Guthaben **zusätzliche Stimm- und Mitwirkungsrechte** verschafft. Auch könne es für die Einordnung als Kapitalkonto von Bedeutung sein, ob für die Kapitalüberlassung Höchstbeträge festgelegt, Sicherheiten gestellt und Tilgungsvereinbarungen getroffen worden sind. Der Bezeichnung des fraglichen Kontos sowie der Zuordnung durch die Gesellschafter könne hingegen kein entscheidungserheblicher Aussagewert beigemessen werden.

Nach Maßgabe dieser Grundsätze kommt der BFH unter Auslegung des Gesellschaftsvertrags und des zugrundliegenden Gesellschafterbeschlusses im vorliegenden Fall zu dem Ergebnis, dass das Kapitalkonto III kein Kapitalkonto i.S.d. § 15a EStG darstelle, da Verluste nicht auf diesem Konto, sondern auf dem sog. Rücklagen- und Verlustvor-

1) BFH v. 16.1.2025, IV R 28/23, BStBl II 2025, 389 = HFR 2025, 630 mit Anm. Haunhorst. Vgl. hierzu auch Bodden, BeSt 2025, 29.
2) OFD Niedersachsen v. 21.2.2017, S 2241a-96-St 222/St 221, DB 2017, 579.

tragskonto zu erfassen waren. Zudem habe das Kapitalkonto III auch keiner Verfügungsbeschränkung unterlegen, da darauf angesammeltes Guthaben ohne weiteres auf das sog. Darlehenskonto umgebucht und von dort jederzeit ausgezahlt werden konnte. Folglich sei die auf dem Kapitalkonto III gebuchte Einlage nicht in der Kapitalkontenentwicklung des § 15a EStG zu berücksichtigen.

Anmerkung:

Auch stellte der BFH fest, dass sich der außerbilanzielle Hinzurechnungsbetrag gemäß § 7g Abs. 2 Satz 1 EStG nicht auf das Kapitalkonto i.S.d. § 15a EStG auswirkt. Dieser stelle keine Bilanzposition dar und sei somit nicht in die Ermittlung des verrechenbaren Verlustes gemäß § 15a EStG einzubeziehen. Die Hinzurechnung gemäß § 7g Abs. 2 Satz 1 EStG erfolge somit erst nach der Anwendung der Verlustausgleichsbeschränkungen des § 15a EStG. Entsprechendes gelte bzgl. des Investitionsabzugsbetrags nach § 7g Abs. 1 EStG.

b) Verlustausgleichsvolumen bei „rückgeführten Mehrentnahmen"

282 Ein Kommanditist tätigte in 2016 Einlagen, um den im Wirtschaftsjahr entstandenen Verlust auszugleichen. Das Finanzamt korrigierte die Einlagen um die „rückgeführten Mehrentnahmen". Hierbei handelte es sich um den Betrag, um den in den Jahren 2014 und 2015 getätigten Entnahmen die Einlagen des Kommanditisten überstiegen, da diese mangels zuvor angefallener Verluste nicht zu einer Gewinnzurechnung nach § 15a Abs. 3 Satz 1 EStG geführt hatten. Die für die Ermittlung des verrechenbaren Verlusts erforderliche Kapitalkontenentwicklung im Streitjahr 2016 wurde mittels eines die Einlagen mindernden (außerbilanziellen) Korrekturpostens „Rückführung Mehrentnahmen" angepasst, so dass sich der verrechenbare Verlust des Kommanditisten entsprechend erhöhte.

Mit Urteil vom 10.10.2024[1)] verweist der BFH hingegen auf den eindeutigen Wortlaut des § 15a Abs. 4 Satz 1 i.V.m. Abs. 1 EStG. Demnach seien die im Verlustentstehungsjahr geleisteten Einlagen zu berücksichtigen. Die **wortlautgetreue Auslegung** schließe die Berücksichtigung eines Korrekturbetrags „Rückführung Mehrentnahmen" aus. Einer **teleologischen Reduktion des Einlagebegriffs** erteilt der BFH eine **Absage**. Ebenso lehnt er auch eine teleologische Extension des § 15a Abs. 3 EStG ab. Die Regelung sei – so der BFH – „in Bezug auf die Fälle der Rückführung sog. Mehrentnahmen gemessen an Sinn und Zweck nicht lückenhaft". Folglich mindern die Einlagen in vollem Umfang den Betrag des verrechenbaren Verlusts.

c) Gewinnhinzurechnung nach § 15a Abs. 3 EStG

283 Soweit bei einem Kommanditisten durch dessen Entnahmen aus der KG ein negatives Kapitalkonto entsteht oder sich erhöht (Einlageminderung) und auf Grund der Entnahmen eine Außenhaftung des Kommanditisten gegenüber Gläubigern der Gesellschaft nach § 15a Abs. 1 Satz 2 EStG nicht begründet wird, ist die Einlageminderung dem Kommanditisten als Gewinn zuzurechnen (§ 15a Abs. 3 Satz 1 EStG).

Im Streitfall tätigte die Kommanditistin einerseits eine solche Einlageminderung. Dies führte teilweise zu einem Wiederaufleben der Haftung gemäß § 15a Abs. 1 Satz 2 EStG. Andererseits bestand für die Kommanditistin eine hiervon unabhängige Außenhaftung, da das in das Handelsregister eingetragene Haftkapital noch nicht vollständig eingezahlt worden war (§ 15a Abs. 1 Satz 2 EStG i.V.m. § 171 Abs. 1 HGB). Letztere berücksichtigte das Finanzamt im Rahmen des § 15a Abs. 3 Satz 1 EStG nicht und nahm lediglich in Höhe des Wiederauflebens der Haftung keine Gewinnhinzurechnung vor.

---

1) BFH v. 10.10.2024, IV R 10/22, HFR 2025, 16 mit Anm. Haunhorst. Vgl. hierzu auch Thum, jurisPR-SteuerR 10/2025 Anm. 2.

Mit Urteil vom 16.1.2025[1] widersprach dem der BFH und stellte klar, dass eine **Gewinnhinzurechnung auch ausgeschlossen** ist, **wenn** – unabhängig von einer Entnahme – eine **Außenhaftung des Kommanditisten besteht**. Dies ergebe sich aus dem Zweck der Vorschrift: § 15a Abs. 3 EStG soll eine Umgehung des Verlustausgleichsverbots für Kommanditisten des § 15a Abs. 1 EStG verhindern. Demnach können auf den Kommanditisten entfallende Verluste nur bis zur Höhe seiner Haftung steuerlich berücksichtigt werden. Die Verlustverrechnungsmöglichkeit soll nicht durch etwaig nur kurzfristig getätigte Einlagen erhöht werden können. Die Regelungen für die Gewinnhinzurechnung nach § 15a Abs. 3 EStG stünden damit in einem unmittelbaren Bezug zu den Regeln des Verlustausgleichs nach § 15a Abs. 1 EStG. Gemäß § 15a Abs. 1 Satz 2 EStG führt explizit eine überschießende Außenhaftung gemäß § 171 Abs. 1 HGB zur Ausgleichsfähigkeit von Verlusten, da der Kommanditist durch diesen Verlust wirtschaftlich belastet ist. Diese Wertung sei auf § 15a Abs. 3 EStG zu übertragen, und zwar auch dann, wenn die Außenhaftung nicht durch Entnahmen begründet wurde, sondern eine Einlage nie erbracht wurde und die Haftung damit (durchgehend) gemäß § 171 Abs. 1 HGB bestanden hat.

Beratungshinweis:

Laut BFH kann somit grundsätzlich auch durch eine Erhöhung der Haftsumme erst im Jahr der Einlageminderung eine Gewinnhinzurechnung nach § 15a Abs. 3 EStG vermieden werden.

d) Verlustnutzung nach Beendigung einer zweigliedrigen KG durch Anwachsung

Wächst eine KG auf die einzig verbleibende Kommanditistin in der Rechtsform einer GmbH an, ist der zum Beendigungszeitpunkt festgestellte verrechenbare Verlust für körperschaftsteuerliche Zwecke mit künftigen Gewinnen der GmbH verrechenbar. Auch ein bei der KG festgestellter Gewerbeverlust ist infolge der Anwachsung von der GmbH künftig nutzbar. Zu diesem Ergebnis kam der BFH mit Urteil vom 19.3.2025[2] im Fall einer GmbH, die alleinige Kommanditistin einer KG war. 284

Mit Gesellschafterbeschluss der KG vom 21.12.2011 trat die bisherige nicht am Gesellschaftskapital beteiligte Komplementärin „zum Stichtag 30.12.2011" aus der KG aus, so dass das Vermögen der KG im Wege der Anwachsung auf die GmbH überging. Das Finanzamt stellte einen verrechenbaren Verlust nach § 15a Abs. 4 EStG der GmbH als Kommanditistin der KG auf den 31.12.2011 und einen vortragsfähigen Gewerbeverlust der GmbH auf den 31.12.2011 nach § 10a GewStG entsprechend dem durch die KG erzielten Verlust fest. Die GmbH begehrte die Berücksichtigung der Verlustbeträge bereits bei der Körperschaftsteuer und Gewerbesteuer in 2011.

Der BFH bestätigt, dass der auf den 31.12.2011 festgestellte **verrechenbare Verlust** nach § 15a Abs. 4 EStG **nicht untergegangen**, sondern der **GmbH zuzurechnen ist**. Allerdings werde der Verlust aufgrund der Anwachsung nicht zu einem ausgleichsfähigen Verlust, sondern könne entsprechend § 15a Abs. 2 EStG **nur von künftigen Gewinnen abgesetzt** werden.

Auch der zum 31.12.2011 festgestellte **Gewerbeverlust** kann – so der BFH weiter – von der GmbH bei der Ermittlung des Gewerbesteuermessbetrags 2012 genutzt werden. Wie schon vom III. Senat des BFH entschieden[3], vertritt nun auch der XI. BFH-Senat die Auffassung, dass die für die Verlustnutzung erforderliche Unternehmensidentität vorliege. Dafür sei die Fortführung der Tätigkeit der bisherigen KG durch die GmbH

1) BFH v. 16.1.2025, IV R 11/22, HFR 2025, 324 mit Anm. Haunhorst. Vgl. hierzu auch Steinhauff, jurisPR-SteuerR 17/2025 Anm. 2.

2) BFH v. 19.3.2025, XI R 2/23, BStBl II 2025, 862 = HFR 2025, 1056 mit Anm. Textor. Vgl. hierzu auch Schiffers, DStZ 2025, 742.

3) BFH v. 25.4.2024, III R 30/21, BStBl II 2025, 56 = HFR 2025, 1007 mit Anm. Adam.

jedenfalls dann nicht erforderlich, wenn die Tätigkeit der KG zum Zeitpunkt der Anwachsung nicht vollständig eingestellt war.

6. Verlustausgleichsbeschränkung bei Steuerstundungsmodellen verfassungsgemäß

285 Verluste, die im Zusammenhang mit einem Steuerstundungsmodell entstehen, dürfen weder mit Einkünften aus Gewerbebetrieb oder Einkünften aus anderen Einkunftsarten ausgeglichen noch im Rahmen eines Verlustvor- oder -rücktrags abgezogen werden (§ 15b Abs. 1 EStG). Ein Steuerstundungsmodell liegt vor, wenn auf Grund einer modellhaften Gestaltung steuerliche Vorteile in Form von negativen Einkünften erzielt werden sollen (§ 15b Abs. 2 Satz 1 EStG).

Laut Urteil des BFH vom 21.11.2024[1)] ist ein solches Modell auch dann anzunehmen, wenn sich dies als betriebswirtschaftlich nicht oder nur wenig sinnvoll erweist. Zudem stehe der Anwendung der Verlustausgleichsbeschränkung auch nicht entgegen, dass die Verluste aufgrund der Insolvenz und späteren Betriebsaufgabe der Klägerin faktisch nicht mit späteren Einkünften aus derselben Einkunftsquelle verrechnet werden können (sog. **definitive Verluste**). Nach Auffassung des BFH stehen diesem Ergebnis **auch in diesem Fall keine verfassungsrechtlichen Bedenken** i.S.e. Verstoßes gegen den Gleichheitssatz (Art. 3 Abs. 1 GG) entgegen.

Anmerkung:

Handelt es sich bei dem Steuerstundungsmodell um eine Personengesellschaft, erfasst die Verlustausgleichs- und -abzugsbeschränkung laut dem Urteil des BFH auch den Verlust im **Sonderbetriebsvermögen** des Gesellschafters.

7. Thesaurierungsbegünstigung

286 Bei Personenunternehmen können nicht entnommene Gewinne auf Antrag anstelle der Besteuerung mit dem individuellen Einkommensteuersatz mit dem **Thesaurierungssteuersatz von 28,25 %** belastet werden (§ 34a Abs. 1 Satz 1 EStG). Werden die thesaurierten Gewinne zu einem späteren Zeitpunkt entnommen oder einer der gesetzlich geregelten Nachversteuerungstatbestände erfüllt, unterliegt der sog. Nachversteuerungsbetrag einem Einkommensteuersatz von 25 % (§ 34a Abs. 4 und 6 EStG; zum künftigen Steuersatz → Rz. 88).

Mit Schreiben vom 12.3.2025[2)] aktualisiert das BMF mit grundsätzlicher **Wirkung ab dem VZ 2024** seine bisherigen Ausführungen zur Anwendung der Thesaurierungsbegünstigung. Dabei geht das BMF insb. auf die seit dem VZ 2024 geltenden Modifizierungen des § 34a EStG ein.

So sind nun bei der **Ermittlung des nicht entnommenen Gewinns** der Gewerbesteueraufwand, anders als sonstige außerbilanzielle Korrekturen, sowie Entnahmen für die Zahlung der Einkommensteuer und des Solidaritätszuschlags auf den thesaurierten Gewinn hinzuzurechnen (Rn. 14 ff. des BMF-Schreibens).

Auch wird auf die eingefügte Regelung zur **anteiligen Nachversteuerung** des nachversteuerungspflichtigen Betrags eingegangen, z.B. bei Einbringung eines Teilbetriebs oder eines Teils eines Mitunternehmeranteils in eine Kapitalgesellschaft (Rn. 53). Gesetzlich hinzugefügt wurde auch die Regelung, dass bei Übertragung eines Teils eines Betriebs oder eines Teils eines Mitunternehmeranteils auf eine natürliche Person oder Einbringung eines Teils eines Mitunternehmeranteils in eine Personengesellschaft der **nachversteuerungspflichtige Betrag anteilig auf den neuen Mitunternehmer über-**

1) BFH v. 21.11.2024, IV R 6/22, BStBl II 2025, 283 = HFR 2025, 436 mit Anm. Graw.
2) BMF v. 12.3.2025, IV C 6 – S 2290-a/00012/001/037, BStBl I 2025, 671. Hierzu kritisch Scheffold/Stiegler, DStR 2025, 1433.

geht, worauf das BMF in Rn. 57 f. eingeht. Diese Regelungen und die Ausführungen des BMF dazu sind erstmals für Übertragungen und Einbringungen anzuwenden, die nach dem 31.12.2023 stattgefunden haben. Erfolgten anteilige Übertragungen und Einbringungen vor dem 1.1.2024, ist keine anteilige Übertragung des nachversteuerungspflichtigen Betrags vorzunehmen (Rn. 61).

8. Sonderbetriebseinnahmen: Steuerfreiheit einer Aufwandsentschädigung für Ehrenamt

Der BFH hatte zu entscheiden, ob die Aufwandsentschädigung, die ein Mitunterneh- **287**
mer einer Freiberufler-GbR für seine **Tätigkeit als Präsident einer Berufskammer** erhielt, steuerfrei ist. Nach § 3 Nr. 12 Satz 2 EStG ist dies dann der Fall, wenn die Aufwandsentschädigung aus einer öffentlichen Kasse gezahlt wird, **soweit nicht** festgestellt wird, dass sie für Verdienstausfall oder Zeitverlust gewährt wird oder den **Aufwand**, der dem Empfänger erwächst, **offenbar übersteigt**.

Laut Auffassung des BFH[1] waren diese Voraussetzungen im konkreten Fall erfüllt. Geprüft wurde insb., ob die Aufwandsentschädigung den Aufwand offenbar übersteigt. In seiner Begründung betonte das Gericht, dass als solcher Aufwand **auch Betriebsausgaben im Gesamthandsvermögen der GbR** zu berücksichtigen sind, da diese durch die ehrenamtliche Tätigkeit des Mitunternehmers mitveranlasst sind. Dies ergebe sich daraus, dass auch die Einnahmen aus der ehrenamtlichen Tätigkeit Bestandteil der betrieblichen Tätigkeit der Mitunternehmerschaft seien und bei direkter Auszahlung an den Mitunternehmer als Sonderbetriebseinnahmen erfasst werden müssen. Im Umkehrschluss seien die laufenden Aufwendungen im Gesamthandsvermögen bei der Beurteilung der Frage, ob die Aufwandsentschädigung den tatsächlich entstandenen Aufwand des Empfängers übersteigt, einzubeziehen.

9. Wertlose Darlehensforderung des Gesellschafters bei Betriebsaufgabe

Eine bislang gewerblich tätige GmbH & Co. KG stellte zum 31.8.2012 ihren Betrieb ein **288**
und bestand bis zu ihrer Anwachsung zum 31.12.2024 auf die alleinige und zu 100 % am Betriebsvermögen beteiligte Kommanditistin als gewerblich geprägte Personengesellschaft fort. Die Kommanditistin machte zum 31.8.2012 eine Teilwertabschreibung ihrer wertlosen Darlehensforderung gegenüber der KG geltend.

Laut Urteil des BFH vom 12.6.2025[2] ist eine solche **Teilwertabschreibung nicht ausgeschlossen**. Die **Grundsätze der korrespondierenden Bilanzierung** der Darlehensforderung in der Sonderbilanz des Gesellschafters und der entsprechenden Verbindlichkeit in der Gesamthandsbilanz stehen dem **nicht entgegen**. Da der Betrieb zum 31.8.2012 aufgegeben wurde, führte dies zur Realisation des Verlustes im Sonderbetriebsvermögen. In der auf den Aufgabezeitpunkt aufzustellenden Schlussbilanz ist der Gewinn oder Verlust der Betriebsaufgabe zu ermitteln, was grundsätzlich das Ergebnis der gewerblichen Betätigung des Gesellschafters umfasst.

Dass die Gesellschaft ab dem Zeitpunkt der Betriebsaufgabe noch als gewerblich geprägte Personengesellschaft fortbesteht, ist insoweit nicht relevant. Für die Betriebsaufgabe ist **nicht der Vollbeendigungszeitpunkt entscheidend**. Allein die gewerbliche Prägung reicht laut BFH nicht für ein Fortwirken der korrespondierenden Bilanzierung. Die gewerbliche Prägung fingiert nicht ein Fortbestehen des Betriebs, sondern stellt lediglich sicher, dass eine solche Personengesellschaft gewerbesteuerlich wie eine Kapitalgesellschaft stets als gewerblich gilt.

---

1) BFH v. 19.11.2024, VIII R 29/23, HFR 2025, 643 mit Anm. Gerg. Vgl. hierzu auch Jachmann-Michel, jurisPR-SteuerR 21/2025 Anm. 1.
2) BFH v. 12.6.2025, IV R 28/22, DStR 2025, 1915, vgl. hierzu Bodden, BeSt 2025, 37.

Anmerkung:

Hinsichtlich des infolge der Betriebsaufgabe zu ermittelnden Aufgabegewinns führt der BFH in dem vorliegenden Urteil aus, dass die Betriebsaufgabe durch Auflösung des bestehenden negativen Kapitalkontos der Kommanditistin zu einem entsprechend hohen Gewinn führt, dem bei der Kommanditistin verrechenbare Verluste nach § 15a Abs. 4 EStG gegenüber standen. Verluste, die die Gesellschaft ab dem 1.9.2012 bis zu deren Anwachsung erlitt, waren – so der BFH – dann ausschließlich der Komplementärin zuzurechnen.

10. Freiberufler-Personengesellschaft mit kaufmännischer Leitung durch Berufsträger

289 Eine Personengesellschaft erzielt grundsätzlich nur dann Einkünfte aus freiberuflicher Tätigkeit (§ 18 EStG), wenn **alle Gesellschafter die Voraussetzungen einer freiberuflichen Tätigkeit erfüllen**, d.h. jeder Gesellschafter muss über die persönliche Berufsqualifikation verfügen und eine freiberufliche Tätigkeit tatsächlich ausüben. Erfüllt nur einer der Gesellschafter diese Voraussetzungen nicht, so erzielen alle Gesellschafter Einkünfte aus Gewerbebetrieb (§ 15 Abs. 1 Satz 1 Nr. 2 EStG).

Mit Urteil vom 4.2.2025[1)] hat der BFH entschieden, dass eine als Partnerschaftsgesellschaft geführte **Zahnarztpraxis** bestehend aus sieben approbierten Zahnärzten auch dann Einkünfte aus freiberuflicher Tätigkeit erzielt, wenn ein Gesellschafter neben seiner ganz geringfügig behandelnden Tätigkeit überwiegend die kaufmännische Leitung der Praxis übernimmt.

Zwar sei eine freiberufliche Tätigkeit durch die unmittelbare, persönliche und individuelle Arbeitsleistung des Berufsträgers, bei einem Zahnarzt also durch den persönlichen individuellen Dienst am Patienten, geprägt. Gerade aber **bei größeren Zusammenschlüssen** von Berufsträgern sei eine **Arbeitsteilung unschädlich** und die eigene freiberufliche Betätigung könne auch in Form der Mit- und Zusammenarbeit stattfinden. Es genüge, wenn der einzelne Gesellschafter die **berufstypische freiberufliche Tätigkeit zumindest in geringem Umfang** leitend und eigenverantwortlich **ausübt**.

Anmerkung:

So war im vorliegenden Fall laut BFH die konsiliarische Beratung von fünf Patienten im Jahr für die Erbringung von berufstypischen Tätigkeiten und für die Begründung einer freiberuflichen Tätigkeit ausreichend. Denn einen **Mindestumfang** für die nach außen gerichtete, qualifizierte Tätigkeit sehe das Gesetz **nicht vor**.

IV. Körperschaften

1. Dividendenbesteuerung bei zur Sicherheit übereigneten Aktien

290 Der BFH hatte zu entscheiden, wem ein Paket zur Sicherheit übereigneter, börsennotierter, britischer Aktien **steuerlich zuzurechnen** war und ob die daraus zugeflossenen Dividenden § 8b KStG unterfielen. Die Klägerin, eine Aktiengesellschaft (AG), hatte mit ihrer Bank Wertpapierpensionsgeschäfte mit zeitgleichen gegenläufigen Wertpapierdarlehensverträgen über festverzinsliche Wertpapiere geschlossen. Zur Sicherheit übereignete die Bank britische Aktien an die AG. Die an sie ausgeschütteten Brutto-Dividenden sollten an die Bank weitergeleitet werden. Die bezogenen Dividenden wurden bei der Klägerin als nach § 8b Abs. 1 KStG steuerfrei behandelt. Die Kompensationszahlung an die Bank wurde als voll abzugsfähige Betriebsausgabe berücksichtigt. Das Finanzamt lehnte die Steuerfreiheit der Dividenden wegen Gestaltungsmissbrauchs i.S.v. § 42 AO ab. Das FG München dagegen verneinte bereits das wirtschaftli-

1) BFH v. 4.2.2025, VIII R 4/22, BStBl II 2025, 450. Vgl. hierzu Neuffer, BeSt 2025, 31; Küsters, jurisPR-SteuerR 22/2025 Anm. 2.

che Eigentum der AG an den Aktien und damit eine der AG zu gewährende Steuerbefreiung der Dividenden nach § 8b Abs. 1 KStG.

Die Steuerbefreiung nach § 8b Abs. 1 KStG setzt grundsätzlich voraus, dass die Anteile an der ausschüttenden Gesellschaft dem Dividendenempfänger als Anteilseigner im Zeitpunkt des Gewinnverteilungsbeschlusses gemäß § 39 AO steuerlich zuzurechnen sind (§ 20 Abs. 5 EStG). Für den Fall des Sicherungseigentums bestimmt § 39 Abs. 2 Nr. 1 Satz 1 AO, dass das Sicherungsgut dem Sicherungsgeber als wirtschaftlichem Eigentümer – und nicht dem Sicherungsnehmer als zivilrechtlichen Eigentümer – zuzuordnen ist.

Mit Urteil vom 13.11.2024[1)] hat der **BFH** jedoch entschieden, dass die **zur Sicherheit übereigneten Aktien der Sicherungsnehmerin (AG) steuerlich zuzurechnen** sind, **wenn** – anders als beim typischen Sicherungseigentum – die Sicherungsnehmerin rechtlich und tatsächlich jederzeit, auch ohne Eintritt des Sicherungsfalls, die Aktien veräußern und die mit den Aktien verbundenen Stimmrechte ausüben kann. Unerheblich sei, ob die Sicherungsnehmerin diese Rechte subjektiv ausüben wollte oder tatsächlich ausgeübt hat.

Vorliegend seien die britischen **Aktien der AG steuerlich deswegen zuzurechnen**, weil sie uneingeschränktes (Voll-)Eigentum an den britischen Aktien erworben hatte. Dies zeige sich u.a. daran, dass sie nach Beendigung der besicherten Geschäfte lediglich gattungsgleiche Aktien zurückübertragen musste (nicht jedoch die nämlichen Aktien). Auch ergäben sich keine faktischen Veräußerungsbeschränkungen, da der Austausch von Sicherheiten nicht einseitig von der Bank erfolgen konnte, das ordentliche Kündigungsrecht der Bank ausgeschlossen war und auch eine Haltedauer von wenigen Tagen (hier: zwischen wenigen Tagen bis zu drei Wochen) ausreiche, um Kursschwankungen von börsennotierten Aktien zu realisieren. Die AG hatte während der Zeit ihres zivilrechtlichen Eigentums auch die Möglichkeit, die mit den Aktien verbundenen Stimmrechte auszuüben.

2. Beratungskosten bei Veräußerung einer Enkelgesellschaft

Von der Muttergesellschaft getragene Rechts- und Beratungskosten für den Verkauf 291
einer Enkelgesellschaft durch die Tochtergesellschaft sind laut Urteil des FG Düsseldorf vom 26.2.2025[2)] **steuerlich voll abzugsfähig**. Zu diesem Ergebnis kam das Gericht in dem Fall einer Mutterkapitalgesellschaft, die im eigenen Namen und auf eigene Rechnung Rechts- und Beratungsleistungen (u.a. für eine Due Diligence-Prüfung und den Entwurf des Kaufvertrags) im Zusammenhang mit der Veräußerung einer Enkelgesellschaft durch ihre Tochtergesellschaft beauftragt hatte. Zwischen der Mutter- und der Tochtergesellschaft bestand eine körperschaftsteuerliche Organschaft (§§ 14 ff. KStG). Das Finanzamt wertete die Rechts- und Beratungskosten, die nach wirtschaftlichen Maßstäben der Tochtergesellschaft als Veräußerin zuzuordnen seien, auf Ebene der Muttergesellschaft als Organträgerin als Veräußerungskosten i.S.d. § 8b Abs. 2 KStG mit der Folge, dass diese den im Ergebnis nur zu 5 % steuerpflichtigen Veräußerungsgewinn minderten und sich somit ebenso nur zu 5 % steuermindernd auswirkten. Dem widersprach das FG Düsseldorf und ließ den vollen Abzug der Aufwendungen zu.

Nach Auffassung des FG Düsseldorf sind die Kosten nicht der Tochtergesellschaft, sondern **allein der Muttergesellschaft** als Auftraggeberin und wirtschaftlich Belasteten **zuzurechnen**. Eine verdeckte Einlage in die Tochtergesellschaft hinsichtlich der Beratungsleistungen liegt mangels Vorliegens eines einlagefähigen Wirtschaftsguts ebenfalls nicht vor.

---

1) BFH v. 13.11.2024, I R 3/21, HFR 2025, 505 mit Anm. Einsfelder. Vgl. hierzu auch Fischer, jurisPR-SteuerR 29/2025 Anm. 1.

2) FG Düsseldorf v. 26.2.2025, 7 K 1811/21 K, EFG 2025, 728 mit Anm. Dörnhaus (Revision beim BFH anhängig unter Az. I R 7/25).

Weiter stellt das FG klar, dass § 8b Abs. 2 KStG nicht anwendbar sei, da die Muttergesellschaft keine eigene Beteiligung veräußert und somit auch keine Veräußerungskosten getragen habe. Daran ändere auch nichts, dass infolge des bestehenden Organschaftsverhältnisses unter Berücksichtigung des § 15 Satz 1 Nr. 2 Satz 1 KStG die Steuerfreistellung des durch die Tochtergesellschaft erzielten Veräußerungsgewinns nach § 8b KStG erst auf Ebene des Organträgers zu erfolgen hat. Die Beratungskosten waren nicht in dem der Klägerin von der Tochtergesellschaft zuzurechnenden Einkommen enthalten, so dass die Anwendung des § 8b Abs. 2 KStG i.V.m. § 15 Abs. 1 Nr. 2 KStG ausscheide. Die Zurechnung der Aufwendungen im Wege eines sog. abgekürzten Zahlungswegs scheide aus, da die Tochtergesellschaft weder vertraglich noch gesetzlich verpflichtet gewesen sei, der Muttergesellschaft die Beratungsaufwendungen zu ersetzen. Insbesondere bestehe kein Aufwendungsersatzanspruch der Muttergesellschaft aus Geschäftsführung ohne Auftrag (§ 683 BGB). Auch die im Bereich der Überschusseinkünfte bekannten Grundsätze des sog. abgekürzten Vertragsweges seien vorliegend mangels einer gesetzlichen Anordnung nicht anzuwenden.

Beratungshinweis:

Im Ergebnis waren für die Entscheidung des FG die tatsächlichen zivilrechtlichen Rechtsverhältnisse (Beauftragung der Beratungsleistung durch die Muttergesellschaft im eigenen Namen und auf eigene Rechnung) tragend. In vergleichbaren Fällen ist daher von Beginn an auf eine entsprechende Sachverhaltsgestaltung zu achten, um – vorbehaltlich der Entscheidung des BFH – vom vorliegenden Urteil profitieren zu können.

3. Abzugsverbot bei Gesellschafterdarlehen

a) Abzugsverbot in Personengesellschaftsstrukturen

292 Nach § 8b Abs. 3 Satz 4 KStG sind Gewinnminderungen einer Körperschaft nicht abzugsfähig, die im Zusammenhang mit Gesellschafterdarlehen stehen, wenn der Gesellschafter **zu mehr als einem Viertel unmittelbar oder mittelbar** am Grund- oder Stammkapital der Körperschaft beteiligt ist. Bei der Bestimmung dieser Beteiligungsquote ist im Fall einer darlehensgewährenden vermögensverwaltenden Personengesellschaft nicht deren Beteiligungshöhe entscheidend, sondern auf die **dahinterstehenden Gesellschafter abzustellen**. Dies hat der BFH mit Urteil vom 27.11.2024[1)] entschieden.

Im zugrunde liegenden Fall nahm eine vermögensverwaltende, nicht gewerblich geprägte GmbH & Co. KG (KG) Teilwertabschreibungen auf Darlehen vor, die sie ihren Tochterkapitalgesellschaften, an denen sie jeweils zu 100 % beteiligt war, gewährt hatte. Am Kapital der KG war u.a. eine GmbH als Kommanditistin mit 2,02 % beteiligt. In dem von der GmbH erklärten Jahresfehlbetrag war der Forderungsverlust der KG anteilig enthalten. Das Finanzamt versagte den Abzug des Forderungsverlusts mit Verweis auf § 8b Abs. 3 Satz 4 KStG und stellte für die Prüfung der maßgeblichen Beteiligungsquote von 25 % auf die Beteiligung der darlehensgewährenden KG als zivilrechtliche Gesellschafterin ab.

Dem ist der BFH entgegengetreten. Zwar greife das Abzugsverbot des § 8b Abs. 3 Satz 4 KStG nach seinem Wortlaut. Der Begriff des darlehensgewährenden Gesellschafters sei insoweit grundsätzlich primär zivilrechtlich zu verstehen. Dies gelte aber nicht – wie es das Finanzamt und das beigetretene BMF vertreten – bei Zwischenschaltung einer vermögensverwaltenden, nicht gewerblich geprägten Personengesellschaft. Aufgrund der in diesem Fall vorzunehmenden **Bruchteilsbetrachtung** gemäß § 39 Abs. 2 Nr. 2 AO sei die Beteiligung der GmbH als „unmittelbar" anzusehen. Denn Wirtschaftsgüter, die mehreren Personen zur gesamten Hand zustehen, sind nach dieser Regelung den Beteiligten anteilig zuzurechnen, soweit eine getrennte Zurechnung für die

1) BFH v. 27.11.2024, I R 21/22, BStBl II 2025, 531. Vgl. hierzu auch Schiffers, DStZ 2025, 477.

Besteuerung erforderlich ist. Dieses Erfordernis sei für Zwecke der Einkommen- und Körperschaftsteuer bei rein vermögensverwaltenden, nicht gewerblich geprägten Personengesellschaften wie im Urteilsfall erfüllt, so dass es auf die **durchgerechnete Beteiligungsquote der jeweiligen Gesellschafter der KG** ankomme.

Beratungshinweis:

Zu einem vergleichbaren Ergebnis kam das FG Münster mit Urteil vom 28.1.2025[1] in Bezug auf die **Parallelregelung in § 3c Abs. 2 Satz 2 EStG**, wonach für die ebenso maßgebliche Beteiligungsquote von 25 % nicht auf die Beteiligung der (dort gewerblich tätigen) Personengesellschaft, sondern vielmehr auf die Beteiligung der dahinterstehenden natürlichen Personen abzustellen sei (→ Rz. 276).

b) Währungskursverluste aus Gesellschafterdarlehen in Altfällen

Währungskursverluste bei Gesellschafterdarlehen i.S.v. § 8b Abs 3 Satz 4 KStG, die nach dem 1.1.2022 anfallen, sind nach § 8b Abs. 3 Satz 6 KStG explizit aus dem Anwendungsbereich des Abzugsverbots ausgenommen. Für Währungskursverluste aus Gesellschafterdarlehen, die **vor dem 1.1.2022 angefallen** sind (Altfälle), besteht eine solche Ausnahmeregelung nicht.[2] Diese können laut Urteil des FG Münster vom 20.2.2025[3] dennoch als Betriebsausgaben zu berücksichtigen sein, wenn der **„Escape" durch Fremdvergleich** gelingt, an den **keine überhöhten Anforderungen** zu stellen sind. 293

Das Gericht entschied in einem Fall von Darlehensgewährungen einer in Deutschland ansässigen Kapitalgesellschaft an ihre 100 %ige Tochtergesellschaft, einer in der Schweiz ansässigen AG. Die jeweils für den Zeitraum eines Jahres vereinbarten Darlehen wurden in Schweizer Franken ausgereicht und mit einem 1,5 Prozentpunkte über CHF-LIBOR verzinst. Sicherheiten wurden nicht vereinbart. Die deutsche Muttergesellschaft refinanzierte die Darlehen betrags- und konditionsgleich durch zwei Darlehen bei einer Schwestergesellschaft, womit Währungskursänderungsrisiken durch einen sog. „Micro Hedge" abgesichert wurden. Die Darlehen und Refinanzierungsgeschäfte wurden jeweils als Bewertungseinheit bilanziert. Nachgewiesen wurde zudem, dass die darlehensnehmende AG in der Schweiz im Jahr zuvor zwei externe kurzfristige Darlehen aufgenommen hatte, die zwar teils besichert, aber mit einem geringeren Zinssatz zu verzinsen waren.

Laut FG Münster gelingt hier der Nachweis des „Escape" durch Fremdvergleich nach § 8b Abs. 3 Satz 6 KStG a.F. Wie schon vom BFH in seiner Entscheidung vom 24.4.2024[4] ausgeführt, seien dabei generell keine überhöhten Anforderungen zu stellen. So vertrat der BFH die Auffassung, dass der geforderte Fremdvergleich unabhängig vom Abschluss eines Währungskurssicherungsgeschäfts erbracht werden könne. Im Streitfall lag ein solches Währungskurssicherungsgeschäft aber sogar vor, was laut FG Münster für die Fremdüblichkeit der Gesellschafterdarlehen spreche. Allerdings reiche allein der Nachweis des Abschlusses des Währungskurssicherungsgeschäfts nicht für einen Gegenbeweis aus. Zu berücksichtigen sei u.a. die fehlende Besicherung. Die Muttergesellschaft habe aber nachgewiesen, dass ein entsprechender Markt für unbesicherte Darlehen bestehe und ein fremder Dritter bereit gewesen wäre, durch Vereinbarung eines Zinszuschlags das durch die Nichtbesicherung erhöhte Ausfallrisiko zu kompensieren.[5]

1) FG Münster v. 28.1.2025, 2 K 3123/21 F, rkr., EFG 2025, 615 mit Anm. Pichler.
2) BFH v. 24.4.2024, I R 11/23, BStBl II 2024, 790.
3) FG Münster v. 20.2.2025, 10 K 764/22 K, EFG 2025, 876 mit Anm. Tiedchen (Revision anhängig beim BFH unter Az. I R 6/25). Vgl. hierzu auch Zapf, jurisPR-SteuerR 41/2025.
4) BFH v. 24.4.2024, I R 11/23, BStBl II 2024, 790.
5) BFH v. 13.1.2022, I R 15/21, BStBl II 2023, 675. Vgl. hierzu auch Märtens, jurisPR-SteuerR 34/2022 Anm. 2.

Anmerkung:

Das LfSt Niedersachsen äußert sich mit Verfügung vom 2.5.2025[1] zur „Escape-Regelung" in § 8b Abs. 3 Satz 6 KStG a.F. und präzisiert im Einklang mit der vorgehend genannten Entscheidung, dass der Gegenbeweis für Altfälle nur möglich ist, wenn nicht allein das Währungskursrisiko, sondern das gesamte Darlehen fremdüblich abgesichert wurde.

4. Keine AdV bei schädlichen Beteiligungserwerb nach dem 31.12.2015

294 Gehen **innerhalb von fünf Jahren mehr als 50 % der Anteile** an einer Kapitalgesellschaft auf einen Erwerber oder diesem nahestehende Personen über, gehen bis zum schädlichen Beteiligungserwerb nicht genutzte **Verluste vollständig unter** (§ 8c Abs. 1 Satz 1 KStG). Wegen des beim BVerfG unter dem Az. 2 BvL 19/17 anhängigen Normenkontrollverfahrens wird gegen auf § 8c Abs. 1 Satz 1 KStG gestützte Bescheide regelmäßig Einspruch eingelegt.

Der **BFH** gewährte mit Beschluss vom 12.4.2023[2] zudem in einem Streitfall das Jahr 2016 betreffend eine **AdV**.

Mit Schreiben vom 20.11.2024[3] erklärt das **BMF** den vorgenannten Beschluss des BFH über den Einzelfall hinaus in Rechtsbehelfsverfahren für **nicht anwendbar**, die Veranlagungs- bzw. Erhebungszeiträume betreffen, in denen wegen eines **nach dem 31.12.2015 erfolgten schädlichen Beteiligungserwerbs** von mehr als 50 % nicht genutzte Verluste als nicht abziehbar qualifiziert wurden. Wegen des mit Wirkung zum 1.1.2016 eingeführten fortführungsgebundenen Verlustvortrags nach § 8d KStG bestehen aus Sicht des BMF keine ernstlichen Zweifel an der Verfassungsmäßigkeit des § 8c Abs. 1 Satz 1 KStG.

Beratungshinweis:

Lediglich in Fällen, in denen ein schädlicher Beteiligungserwerb von mehr als 50 % **vor dem 1.1.2016** erfolgte, ist laut BMF auf Antrag AdV zu gewähren, wenn der Antragsteller ein **besonderes berechtigtes Interesse** darlegt und glaubhaft macht, dass Vorrang vor dem öffentlichen Interesse einzuräumen ist.

5. Verfassungskonformität der Mindestgewinnbesteuerung

295 Mit Beschluss vom 23.7.2025[4] kommt das BVerfG im Rahmen eines Normenkontrollverfahrens zu dem Ergebnis, dass die Regelungen der **Mindestgewinnbesteuerung nach § 8 Abs. 1 KStG i.V.m. § 10d Abs. 2 EStG und § 10a Sätze 1 und 2 GewStG, soweit sie Körperschaftsteuersubjekte** bzw. Gesellschaften i.S.v. § 2 Abs. 2 Satz 1 GewStG betreffen, verfassungskonform sind. Sie verstoßen insb. nicht gegen den allgemeinen Gleichheitssatz nach Art. 3 Abs. 1 GG.

Zwar bewirken die Regelungen, dass Steuerpflichtige bei Überschreiten des Sockelbetrags von 1 Mio. Euro abhängig von der Höhe des Gesamtbetrags der Einkünfte bzw. des Gewerbeertrags einer prozentualen Verlustabzugsbeschränkung von 60 % des den Sockelbetrag übersteigenden Gesamtbetrags der Einkünfte unterliegen, was zu einer Ungleichbehandlung führt. Diese führt bei Beendigung der Steuerpflicht ggf. auch zum Wegfall erhöhter Verlustvorträge. So resultierte im zugrundeliegenden Streitfall aus einem „bilanzsteuerrechtlichen Umkehreffekt" von Wertberichtigungen von Forderun-

---

1) LfSt Niedersachsen v. 2.5.2025, S 2750-a-St 241–980/2023–2066/2023, DStR 2025, 1345.
2) BFH v. 12.4.2023, I B 74/22 (AdV), BStBl II 2024, 912; vgl. hierzu Köster, DStZ 2023, 598.
3) BMF v. 20.11.2024, IV C 2 – S 2745-a/19/10002 :009, BStBl I 2024, 1640. Vgl. hierzu Suchanek/Rüsch, FR 2025, 117.
4) BVerfG v. 23.7.2025, 2 BvL 19/14, DB 2025, 2254 = HFR 2025, 980 mit Anm. Bopp. Vgl. hierzu auch Schober, DB 2025, 2195, und Bleschick, EStB 2025, 349.

gen und der späteren Wertaufholung dieser Forderungen im Rahmen der Liquidation der Kapitalgesellschaft eine nur beschränkte Nutzung des Verlustvortrags und der Untergang des ungenutzten Verlustvortrags. Ob darin eine Gleichbehandlung allerdings von wesentlich Ungleichem zu sehen ist, lässt das BVerfG offen, da **jedenfalls rechtfertigende Gründe** vorliegen.

So erkennt das BVerfG als Ziel der Mindestgewinnbesteuerung die **Verstetigung des Steueraufkommens** durch eine kontinuierliche und gegenwartsnahe Besteuerung an. Die bei der „Grundkonzeption" der Mindestgewinnbesteuerung gewählte Typisierung genügt laut BVerfG den verfassungsmäßigen Anforderungen, da sie verhältnismäßig und praxisnah geregelt worden ist. Härten, die durch die Typisierung der Regelung entstehen, insb. bei einem Verlustvortrag, der – wie im Streitfall – aufgrund eines „bilanzsteuerrechtlichen Umkehreffekts" wegfällt, überschreiten nicht die Grenzen der Typisierungsbefugnis des Gesetzgebers. Aus verfassungsrechtlicher Sicht musste der Gesetzgeber hierzu keine Härteklausel vorsehen, zumal eine solche Sonderkonstellation nur eine verhältnismäßig kleine Zahl von Steuerpflichtigen betrifft.

Beratungshinweis:

Zwar ist der Beschluss des BVerfG explizit zur Anwendung der Mindestgewinnbesteuerung im Fall von Körperschaftsteuerpflichtigen ergangen. Da die Verfassungsrichter aber auch im Fall des drohenden oder ggf. sogar bereits evidenten Untergangs ungenutzter Verlustvorträge keine verfassungsrechtlichen Bedenken äußern, dürften auch etwaige verfassungsrechtliche Zweifel an der Anwendung der Mindestgewinnbesteuerung bei Einkommensteuerpflichtigen zu verwerfen sein.

6. Organschaft

a) Atypisch stille Beteiligung an der Organgesellschaft

Zwischen einer Kapitalgesellschaft als Organgesellschaft und einem Organträger kann **296**
eine Organschaft gebildet werden, wenn sich die Organgesellschaft durch einen Gewinnabführungsvertrag i.S.d. § 291 Abs. 1 AktG verpflichtet, ihren ganzen Gewinn an den Organträger abzuführen. Der BFH hatte nun darüber zu entscheiden, ob die Kapitalgesellschaft trotz der an ihr bestehenden atypisch stillen Beteiligung in der Lage war, dieser Gewinnabführungsverpflichtung nachzukommen (§ 14 Abs. 1 Satz 1 KStG).

Dies bejaht der BFH in zwei Urteilen vom 11.12.2024[1] mit der Begründung, dass die Organgesellschaft – unter Berücksichtigung der Gewinnbeteiligung des stillen Gesellschafters – **ihren ganzen Gewinn** i.S.v. § 14 Abs. 1 Satz 1 KStG an den Organträger **abführen kann**. Damit widerspricht der BFH der Auffassung der Finanzverwaltung.[2]

Zur Begründung seiner Rechtsauffassung verweist der BFH auf die **zivilrechtliche Betrachtungsweise**, wie sich aus der Bezugnahme in § 14 Abs. 1 Satz 1 KStG auf einen Gewinnabführungsvertrag i.S.d. § 291 Abs. 1 AktG ergebe. Gegenstand der Abführungsverpflichtung sei nicht der steuerrechtlich ermittelte Gewinn, sondern vielmehr der Jahresüberschuss i.S.d. § 301 Satz 1 AktG bzw. der handelsrechtliche Jahresüberschuss. Handelsrechtlich sei der Gewinnanteil des – typisch oder atypisch – still Beteiligten als Aufwand zu erfassen und mindere damit den abzuführenden Jahresüberschuss. Das so geminderte Jahresergebnis stelle dann den „ganzen Gewinn" i.S.d. § 291 Abs. 1 Satz 1 AktG dar, der sowohl handels- als auch steuerrechtlich abzuführen sei. Dem stehe auch nicht entgegen, dass eine – typisch oder atypisch – stille Beteiligung zivilrechtlich als Teilgewinnabführungsvertrag i.S.d. § 292 Abs. 1 Nr. 2 AktG zu qualifizieren sei. Aus der Bezugnahme in § 14 Abs. 1 Satz 1 KStG auf einen Gewinnabführungsvertrag i.S.d. § 291 Abs. 1 AktG könne entgegen der Auffassung der Finanz-

---

1) BFH v. 11.12.2024, I R 33/22, BStBl II 2025, 1005, und I R 17/21, BStBl II 2025, 1009 = HFR 2025, 460 mit Anm. Pfirrmann.
2) BMF v. 20.8.2015, IV C 2 – S 2770/12/10001, BStBl I 2015, 649.

verwaltung nicht geschlossen werden, dass neben diesem nicht auch ein Teilgewinnabführungsvertrag bestehen könne.

b) Geschäftsleitende Holding-Personengesellschaft als Organträgerin

297 Entgegen der von der Finanzverwaltung vertretenen Auffassung[1] urteilt der **BFH**[2], dass eine gewerbliche Tätigkeit der Holding-Personengesellschaft i.S.v. § 14 Abs. 1 Satz 1 Nr. 2 Satz 2 KStG **auch ohne die Erbringung entgeltlicher Dienstleistungen** an ihre Tochtergesellschaften oder anderer gewerblicher Aktivitäten, wie etwa die Beschäftigung eigener Arbeitnehmer, vorliegt und sie damit Organträgerin sein kann.

Wie bereits mehrfach durch den BFH zum Kriterium der **wirtschaftlichen Eingliederung** entschieden[3], ist es **ausreichend**, wenn die Personengesellschaft ausschließlich als geschäftsleitende Holding tätig ist, was nach außen hin durch eine einheitliche Leitung der Organgesellschaften erkennbar wird. Dies sei insb. dann gegeben, wenn die Organträger-Personengesellschaft Richtlinien über die Geschäftspolitik der beherrschten Unternehmen vorgibt und diesen schriftliche Weisungen erteilt. Auch gemeinsame Besprechungen oder Beratungen könnten genügen, sofern diese schriftlich dokumentiert würden. Hingegen reiche die bloße Ausübung von Gesellschaftsrechten ohne direkte Einflussnahme auf das operative Geschäft der Organgesellschaften nicht aus.

c) Ausschüttung einer EU-Kapitalgesellschaft an eine deutsche Organgesellschaft

298 An einer GmbH & Co. KG waren ausschließlich natürliche Personen als Kommanditisten mit einer Beteiligung am Gesellschaftsvermögen von 100 % und die Komplementär-GmbH ohne Anteile am Gesellschaftsvermögen beteiligt. An der Komplementär-GmbH war wiederum die GmbH & Co. KG zu 100 % beteiligt (sog. Einheits-GmbH & Co. KG). Die GmbH & Co. KG fungierte als Organträgerin der Komplementär-GmbH. Die Komplementär-GmbH war wiederum zu 50 % an einer dänischen Kapitalgesellschaft beteiligt, von der sie im Streitjahr 2009 eine Ausschüttung erhielt.

Nach einer Außenprüfung vertrat das Finanzamt die Auffassung, dass auf die Ausschüttung der dänischen Gesellschaft die sog. Bruttomethode des § 15 Satz 1 Nr. 2 KStG anzuwenden sei, weswegen die Ausschüttung in vollem Umfang in das Einkommen der Organgesellschaft einzubeziehen und erst auf Ebene der Organträgerin eine etwaige Steuerfreistellung zu prüfen sei. Da an der Organträgerin ausschließlich natürliche Personen beteiligt seien, komme nicht die Steuerbefreiung nach § 8b Abs. 1 KStG a.F. in Betracht, sondern vielmehr sei das Teileinkünfteverfahren anzuwenden. Folglich sei die Dividende zu 60 % zu versteuern (§ 3 Nr. 40, § 3c Abs. 2 EStG).

Diese Rechtsauffassung bestätigt der BFH mit Urteil vom 6.2.2025.[4] Die Anwendung der Bruttomethode verstoße nicht gegen die Mutter-Tochter-Richtlinie (MTR). Deren Zweck liege nicht darin, dass die hinter der (transparent besteuerten) Organträgerin stehenden natürlichen Personen die Ausschüttungen der Tochtergesellschaft – systemwidrig – steuerfrei vereinnahmen können. Genau dies würde jedoch passieren, wenn im Einkommen der Organgesellschaft enthaltene Gewinnausschüttungen unter Anwendung von § 8b Abs. 1 KStG steuerfrei gestellt würden und der Organträgerin nur das geminderte Einkommen zugerechnet werden würde.

d) Änderung des Wirtschaftsjahrs zur Nutzung organschaftlicher Verluste

299 Das FG Münster hatte in einem Fall zu entscheiden, in dem eine GmbH als Organgesellschaft die Umstellung ihres Wirtschaftsjahres von bislang 31.12. nun auf den 30.4.

1) BMF v. 10.11.2005, IV B 7 – S 2770 – 24/05, BStBl I 2005, 1038, Rdnr. 18 ff.
2) BFH v. 27.11.2024, I R 23/21, HFR 2025, 656 mit Anm. Witt. Vgl. hierzu auch Prinz, FR 2025, 509, 511.
3) Zuletzt BFH v. 18.1.2023, I R 16/19, BStBl II 2023, 1096.
4) BFH v. 6.2.2025, IV R 29/22, BStBl II 2025, 360 = HFR 2025, 451 mit Anm. Graw.

beabsichtigte, um ihren Gewinn, der in dem entstehenden **Rumpfwirtschaftsjahr** erzielt wird, **auf Ebene des Organträgers** noch mit dessen **Verlusten verrechnen** zu können. Zum Ende des Rumpfwirtschaftsjahres der Organgesellschaft war ein nach § 8c KStG schädlicher Beteiligungserwerb beim Organträger geplant, so dass bei einer späteren Gewinnzurechnung der Organgesellschaft ein Verlustausgleich nicht mehr möglich gewesen wäre. Die Finanzverwaltung verweigerte ihre Zustimmung zur Umstellung des Wirtschaftsjahres.

Laut Urteil des FG Münster vom 8.8.2024[1] hat die Finanzverwaltung damit das ihr grundsätzlich zustehende **Ermessen** über die Erteilung der Zustimmung **nicht ordnungsgemäß ausgeübt**. Zweck des Zustimmungserfordernisses der Finanzverwaltung (§ 7 Abs. 4 Satz 3 KStG) sei die Vermeidung von steuerlichem Missbrauch. In der Umstellung des Wirtschaftsjahres sei jedoch keine missbräuchliche Gestaltung anzunehmen, auch wenn das Steueraufkommen hierdurch erheblich verringert wird. Vielmehr entspreche die Absicht, noch nicht genutzte Verluste mit Gewinnen der Organgesellschaft auszugleichen, dem Sinn und Zweck des § 8c Abs. 1 KStG. Die Erlangung weiterer, gesetzlich nicht gewollter, steuerlicher Vorteile ist nach Ansicht des FG dagegen nicht ersichtlich. Unter Berücksichtigung der BFH-Rechtsprechung bezüglich der unterjährigen Verrechnung von Verlusten sei die Zustimmung des Finanzamts zur Umstellung des Wirtschaftsjahres daher zwingend gewesen (sog. Ermessensreduktion auf Null).

e) Verlustabzugsverbot bei unterjährigem schädlichem Wechsel der Anteilseigner des Organträgers

In 2017 wurden unterjährig in sämtliche Anteile an der alleinigen ausländischen Muttergesellschaft einer in Deutschland ansässigen GmbH 1 an nicht konzernangehörige Erwerber veräußert. Die GmbH 1 war zu 100 % an der GmbH 2 beteiligt. Zwischen den Gesellschaften bestand eine ertragsteuerliche Organschaft. Die GmbH 2 hielt wiederum 100 % der Anteile an einer GmbH 3 und bildete mit dieser eine weitere ertragsteuerliche Organschaft. **300**

Anders als die Finanzverwaltung[2], die bei unterjährigem schädlichem Erwerb eine zeitanteilige Kürzung der Verluste auf der Ebene der Organgesellschaften vor der Einkommenszurechnung vornahm und damit den Verlustanteil vor Anteilserwerb der Verlustabzugsbeschränkung nach § 8c KStG unterwarf, **bejaht** das **FG Düsseldorf** mit Urteil vom 9.12.2024[3] den **Abzug der anteiligen Verluste der Organgesellschaften vor schädlichem Erwerb** im Wege einer vertikalen Ergebnissaldierung im Organkreis.

Das Gericht verweist dazu auf das Urteil des BFH vom 30.11.2011[4], wonach bei einem unterjährigem schädlichen Anteilseignerwechsel einer Kapitalgesellschaft die Verlustabzugsbeschränkung nach § 8c KStG für das vor dem Anteilserwerb erzielte Ergebnis nicht greift, soweit ein Verlustausgleich möglich ist. Diesen Rechtsgedanken überträgt das FG auf Organschaftsfälle. Zudem wendet das FG Düsseldorf die Verlustabzugsbeschränkung nach § 10a Satz 10 GewStG i.V.m. § 8c KStG bei unterjährigem schädlichen Beteiligungserwerb mit Verweis auf den Wortlaut des § 10a Satz 10 GewStG nur auf vortragsfähige Fehlbeträge und nicht auf den unterjährig entstandenen laufenden Verlust an.

1) FG Münster v. 8.8.2024, 10 K 864/21 AO, EFG 2024, 2065 mit Anm. Zapf (Revision anhängig beim BFH unter Az. I R 20/24).
2) BMF v. 28.11.2017, IV C 2 – S 2745-a/09/10002 :004, BStBl I 2017, 1645, Rz. 37; laut OFD Frankfurt v. 5.8.2025, G 1427 A-00022-0357-St5-St 501, DStR 2025, 2206 ruhen Einspruchsverfahren, die sich auf die Entscheidung des FG Düsseldorf v. 9.12.2024 beziehen, bis zur Entscheidung des BFH.
3) FG Düsseldorf v. 9.12.2024, 6 K 1772/20 K,G,F, EFG 2025, 1102 mit Anm. Rode (Revision beim BFH anhängig unter Az. I R 11/25).
4) BFH v. 30.11.2011, I R 14/11, BStBl II 2012, 360.

Anmerkung:

Der Feststellung eines fortführungsgebundenen Verlustvortrags erteilt das FG Düsseldorf allerdings eine Absage, da der Ausschlussgrund nach § 8d Abs. 1 Satz 2 Nr. 2 KStG als Organträger auch dann greift, wenn die Gesellschaft zugleich Organgesellschaft ist.

7. Steuerliches Einlagekonto

a) Einlagen in die Kapitalrücklage bei wirtschaftlicher Neugründung

301 Nach § 27 Abs. 1 Satz 1 KStG hat eine unbeschränkt steuerpflichtige Kapitalgesellschaft die nicht in das Nennkapital geleisteten Einlagen ihrer Anteilseigner am Schluss jedes Wirtschaftsjahrs auf einem besonderen Konto (**steuerliches Einlagekonto**) auszuweisen. Davon ausgenommen sind in das Nennkapital geleistete Einlagen. Eine Leistung in das Nennkapital einer AG liegt allgemein vor, soweit der Aktionär mit seiner Zahlung an die Gesellschaft die durch die Übernahme der Aktien entstandene Einlageforderung der Gesellschaft erfüllt und dadurch zum Erlöschen bringt.

Dem BFH lag der Fall einer AG vor, bei der nach einer wirtschaftlichen Neugründung ein neuer Alleinaktionär 12.500 Euro einzahlte. Vom Nennkapital der AG waren zu diesem Zeitpunkt 37.700 Euro ausstehend. Das Finanzamt sah diese Einzahlung daher als in das Nennkapital geleistet an und berücksichtigte diese mithin nicht auf dem steuerlichen Einlagekonto.

Dem ist der BFH mit Urteil vom 25.2.2025[1] entgegengetreten und hat klargestellt, dass eine **Einlageforderung** der AG, die bei der Gründung durch eine geleistete Einzahlung erloschen ist, **durch die wirtschaftliche Neugründung nicht wieder auflebt**. Darüber hinaus war die Zahlung auch nicht auf das noch ausstehende Nennkapital erfolgt, da der Aktionär mit der Einzahlung erkennbar nur die Voraussetzungen für die Eintragung der wirtschaftlichen Neugründung erfüllen wollte. Eine im Zusammenhang mit einer wirtschaftlichen Neugründung erbrachte Einlage sei daher nicht im Nennkapital, sondern nach § 27 Abs. 1 Satz 1 KStG im steuerlichen Einlagekonto auszuweisen, sofern sie nicht eindeutig zur Erfüllung noch nicht eingeforderter ausstehender Einlagen erbracht worden ist.

Im Streitfall ist die Einzahlung nach Auffassung des BFH auch nicht (erneut) auf die bei Gründung der AG bereits eingezahlte Einlage (hier: ein Viertel des gezeichneten Kapitals gemäß § 36a Abs. 1 AktG) erfolgt. Eine erneute Zahlung auf diese bereits erloschene Forderung ist nicht möglich.

b) Nicht deklarierte Einlagen des Anteilseigners

302 In einem Streitfall leisteten die Anteilseigner einer GmbH in 2009 eine Einlage von 10 Mio. Euro, die nicht entsprechend steuerlich deklariert und somit nicht im steuerlichen Einlagekonto erfasst wurde. In 2017 wurde eine **Kapitalerhöhung** aus Gesellschaftsmitteln durch Umwandlung der Kapitalrücklage in Höhe von 10 Mio. Euro beschlossen. 2018 wurde das Stammkapital der GmbH wieder entsprechend **herabgesetzt** und der Betrag in die Kapitalrücklage umgebucht. Die GmbH erklärte zum 31.12.2017 einen **Endbestand des steuerlichen Einlagekontos** von 10 Mio. Euro. Fraglich war, ob damit die Erhöhung des Nennkapitals durch Umwandlung von Rücklagen aus dem Bestand des steuerlichen Einlagekontos zum Schluss des Wirtschaftsjahres der Umwandlung gespeist werden konnte oder ob ein Sonderausweis von sonstigen Rücklagen zu erfolgen hatte, was bei der Herabsetzung des Nennkapitals und Rückzahlung zu einer zu versteuernden Gewinnausschüttung führen würde.

---

1) BFH v. 25.2.2025, VIII R 22/22, BStBl II 2025, 575. Vgl. hierzu auch Jachmann-Michel, jurisPR-SteuerR 33/2025 Anm. 6.

Sonstige Rücklagen, also Rücklagen, die nicht aus Einlagen der Anteilseigner stammen, sind bei deren Umwandlung in Nennkapital **gesondert auszuweisen** und festzustellen (§ 28 Abs. 1 Satz 3 KStG). Als sonstige Rücklagen gelten dabei regelmäßig sämtliche Rücklagen, die nicht im steuerlichen Einlagekonto (§ 27 Abs. 1 KStG) erfasst sind. Wurden Einlagen der Anteilseigner jedoch, entgegen den gesetzlichen Vorgaben, nicht im steuerlichen Einlagekonto erfasst („**vergessene Einlagen**"), sind diese laut dem BFH[1] **dennoch vom Sonderausweis ausgenommen**.

Für diese Auffassung spreche der Wortlaut des § 28 Abs. 1 Satz 3 EStG, der ausdrücklich auf „Einlagen der Anteilseigner" abstelle und nicht auf das steuerliche Einlagekonto verweise. Demnach könne es für die Frage, ob die Einlagen im Sonderausweis aufzunehmen sind, nicht auf ihre Erfassung im Einlagekonto ankommen, so der BFH.

c) Detailänderungen zum steuerlichen Einlagekonto

Mit dem JStG 2024[2] wurden die Vorgaben zum steuerlichen Einlagekonto punktuell **303**
modifiziert. Grundsätzlich ist bei Eintritt in die unbeschränkte Steuerpflicht der Bestand der nicht in das Nennkapital geleisteten Einlagen, der als Bestand des steuerlichen Einlagekontos am Ende des vorangegangenen Wirtschaftsjahres gilt, **gesondert festzustellen**. Diese in § 27 Abs. 2 Satz 3 KStG enthaltene Regelung gilt allerdings **mit Wirkung ab dem VZ 2025 nicht** mehr, wenn ein **Umwandlungsfall** vorliegt und § 29 KStG zur Anwendung kommt (§ 34 Abs. 1 KStG).

> **Beratungshinweis:**
>
> Somit entfällt z.B. die Feststellung des Anfangsbestands des steuerlichen Einlagekontos, wenn die übernehmende Körperschaft durch die Umwandlung neu entsteht. Der übergehende Einlagekontobestand gilt folglich als während des Wirtschaftsjahres zugegangen und steht somit nicht bereits im ersten Wirtschaftsjahr, d.h. das Wirtschaftsjahr, in das der steuerliche Übertragungsstichtag fällt, zur Verwendung zur Verfügung.

In Fällen **grenzüberschreitender Umwandlungen**, bei denen bislang kein Einlagekonto festzustellen war (Hereinumwandlung), ist zwar unverändert der Bestand der nicht in das Nennkapital geleisteten Einlagen zum Zeitpunkt des Vermögensübergangs zu ermitteln (§ 29 Abs. 6 Satz 1 KStG). Durch die Aufhebung des § 29 Abs. 6 Satz 2 KStG **entfällt** allerdings ab dem VZ 2025 eine **gesonderte Feststellung** bei der übertragenden Körperschaft (§ 34 Abs. 1 KStG).

Mit § 27 Abs. 6 Satz 3 KStG wurde zudem ergänzt, dass im Fall einer **mittelbaren Organschaft** die Erhöhung oder Minderung des steuerlichen Einlagekontos der Organgesellschaft infolge von organschaftlich verursachten Minder- oder Mehrabführungen auch auf Ebene der Zwischengesellschaft nachzuvollziehen ist. Damit wurde bereits rückwirkend für nach dem 31.12.2021 erfolgte Minder- und Mehrabführungen (§ 34 Abs. 6e Satz 5 KStG) die Auffassung der Finanzverwaltung gesetzlich geregelt.[3]

8. Gesellschafterebene

a) Keine verdeckte Gewinnausschüttung bei Tantiemezahlungen an den Minderheitsaktionär

In der Rechtsprechung des BFH werden Umsatztantiemen und bestimmte Ausgestal- **304**
tungen von Gewinntantiemen in **GmbH-Strukturen** zugunsten von in der Gesellschaft tätigen Gesellschafter-Geschäftsführern in der Regel als nicht fremdüblich und damit als verdeckte Gewinnausschüttungen gewürdigt.[4]

1) BFH v. 25.2.2025, VIII R 41/23, HFR 2025, 1096 mit Anm. von Freeden.
2) Gesetz v. 2.12.2024, BGBl. I 2024 Nr. 387 = BStBl I 2024, 1484.
3) BMF v. 29.9.2022, IV C 2 – S 2770/19/10004 :007, BStBl I 2022, 1412, Rn. 27 bis 35.
4) BFH v. 19.2.1999, I R 105–107/97, BStBl II 1999, 321, und v. 18.9.2007, I R 73/06, BStBl II 2008, 314.

Diese Grundsätze seien **nicht uneingeschränkt auf** Vereinbarungen einer **AG** mit ihrem Vorstand, der zudem Aktionär ist, **übertragbar**, so der BFH in seinem Urteil vom 24.10.2024.[1] Denn bei Rechtsgeschäften mit Vorstandsmitgliedern werde die AG von ihrem Aufsichtsrat vertreten. Durch die grundsätzliche Unabhängigkeit des Aufsichtsrats nähere sich eine solche Vereinbarung den Verhältnissen zwischen fremden Dritten an, denn die Wahrung der Interessen der Gesellschaft werde eher gewährleistet als bei Verträgen zwischen einer GmbH und ihrem beherrschenden Gesellschafter.

Beratungshinweis:

Vor diesem Hintergrund genügt laut BFH eine Vergütungsvereinbarung zwischen einer AG und einem Vorstandsmitglied, das zugleich Minderheitsaktionär der AG ist, nur dann dem Fremdvergleich nicht, wenn **im Einzelfall Anhaltspunkte** dafür vorliegen, dass sich der Aufsichtsrat bei der Vergütungsvereinbarung **einseitig** an den Interessen des Vorstandsmitglieds ausgerichtet hat. Davon sei bei einem Aufsichtsrat, der mit Personen besetzt ist, die dem als Minderheitsaktionär beteiligten Vorstandsmitglied nicht nahestehen, nur auf der Grundlage besonderer Umstände auszugehen. Dies hat das FG nunmehr im zweiten Rechtsgang zu prüfen.

b) Forderungsverzicht eines GmbH-Gesellschafters gegen Besserungsschein

305 Ein Gesellschafter hielt eine Minderheitsbeteiligung (zuletzt 11,16 %) an einer GmbH, der er ein nachrangiges Darlehen gewährte. Zudem war der Gesellschafter als Geschäftsführer der GmbH tätig, woraus er Einnahmen aus nichtselbständiger Arbeit bezog. Im Streitjahr 2009 verzichtete er gegenüber der GmbH auf alle Ansprüche aus dem Darlehensvertrag, wobei der Verzicht unter der auflösenden Bedingung erklärt wurde, dass die GmbH wirtschaftlich und finanziell zur Rückzahlung des Darlehens in der Lage wäre (sog. Besserungsschein). Der Gesellschafter machte den Verlust aus dem Darlehensverzicht in voller Höhe als Werbungskosten bei den Einkünften aus nichtselbständiger Arbeit geltend. Das Finanzamt vertrat hingegen die Auffassung, dass insgesamt eine verdeckte Einlage gegeben sei.

Laut Urteil des BFH vom 19.11.2024[2] ist der Forderungsverzicht den **Einkünften aus Kapitalvermögen zuzuordnen** und im Streitjahr zu berücksichtigen. In Höhe des **werthaltigen Teils der Forderung** liegt eine **verdeckte Einlage** vor, die nach den einschlägigen Regelungen zur Bewertung dieser Einlage (§ 20 Abs. 2 Satz 2, Abs. 4 Satz 2 EStG) zu einem Einlagegewinn von 0 Euro führt. Der nicht werthaltige Teil ist als **Abtretungsverlust** bei den Einkünften des Gesellschafters aus Kapitalvermögen zu berücksichtigen (§ 20 Abs. 2 Satz 1 Nr. 1, Abs. 2 Satz 2, Abs. 4 EStG).

Wie der BFH bereits für die Ebene der Gesellschaft entschieden hat[3], ist dieser Verlust **bereits im Zeitpunkt des Verzichts zu berücksichtigen** und nicht erst dann, wenn feststeht, dass die Bedingung nicht mehr eintreten wird.

Weiter weist der BFH darauf hin, dass der verzichtende Gläubiger beim Verzicht unter Besserungsvorbehalt zivilrechtlich zwar eine **Besserungsanwartschaft** erwirbt. Laut BFH kommt jedoch eine Aufspaltung der auf den nicht werthaltigen Teil der Forderung entfallenden Anschaffungskosten auf diese Besserungsanwartschaft mit einer entsprechenden Kürzung des Verlusts nicht in Betracht. Die Anwartschaft ist vielmehr eigenständig zu bewerten, wobei der Wert mit Null anzusetzen ist.

---

1) BFH v. 24.10.2024, I R 36/22, BStBl II 2025, 332. Vgl. hierzu auch Mückl/Grajcarek, jurisPR-SteuerR 21/2025 Anm. 5.
2) BFH v. 19.11.2024, VIII R 8/22, HFR 2025, 425 mit Anm. von Freeden. Vgl. hierzu auch Neuffer, BeSt 2025, 15.
3) BFH v. 24.10.2017, VIII R 19/16, BStBl II 2019, 34, Rz. 29.

Anmerkung:

Die negativen Einkünfte werden im Streitfall nicht durch § 17 EStG in gewerbliche Einkünfte umqualifiziert, da die Regelung zu nachträglichen Anschaffungskosten nach § 17 Abs. 2a EStG noch nicht anwendbar war. Auch sind nach der bisherigen Rechtsprechung des BFH keine nachträglichen Anschaffungskosten wegen eines in der Krise der Gesellschaft gewährten Darlehens gegeben, weil im Streitjahr die GmbH-Beteiligung weder veräußert noch die GmbH aufgelöst wurde.

c) Ablösung eines Vorbehaltsnießbrauchs an GmbH-Anteilen

Ziel des Vorbehaltsnießbrauchs ist es häufig, GmbH-Anteile im Rahmen der vorweggenommenen Erbfolge zum Zwecke der Unternehmensnachfolge auf einen Dritten zu übertragen. Der Übergeber verliert dabei sein zivilrechtliches Eigentum an den GmbH-Anteilen und mithin seine Gesellschafterstellung, behält sich aber gleichzeitig die Nutzung der Anteile (insb. das Gewinnbezugsrecht) auf der Grundlage des Nießbrauchrechts vor. Das wirtschaftliche Eigentum (§ 39 Abs. 2 Nr. 1 AO) an den Anteilen kann je nach Ausgestaltung und tatsächlicher Durchführung des Nießbrauchs beim Übergeber und Nießbraucher verbleiben oder auf den (neuen) Gesellschafter übergehen. 306

Im Urteilsfall war streitig, wie die **Aufhebung eines solchen Nießbrauchrechts gegen Zahlung eines Entgelts** beim Nießbraucher steuerlich zu behandeln war. Während die Vorinstanz die Auffassung vertreten hat, dass der Ablösebetrag als Entschädigung für entgehende Einnahmen aus Kapitalvermögen (§ 20 Abs. 1 Nr. 1 i.V.m. § 24 Nr. 1 Buchst. a EStG) zu versteuern sei, kommt der **BFH** im Urteil vom 20.9.2024[1)] zum Ergebnis, dass der Vorgang **nicht steuerbar** ist, sofern das wirtschaftliche Eigentum an den Anteilen zum Zeitpunkt der Zahlung nicht beim Nießbraucher liegt.

Um das wirtschaftliche Eigentum dem Nießbraucher zuzurechnen, sei erforderlich, dass dieser eine Rechtsposition innehat, die ihm entscheidenden Einfluss auf die Gesellschaft verschafft und ihn insofern dem zivilrechtlichen Gesellschafter gleichstellt. Hier hatte das FG im Rahmen der tatrichterlichen Würdigung entschieden, dass das wirtschaftliche Eigentum bereits mit Übertragung des zivilrechtlichen Eigentums im Rahmen der vorweggenommenen Erbfolge auf den neuen Gesellschafter übergegangen sei. Diese Feststellung, an die der BFH gebunden ist, schließe es aus, dem Nießbraucher Einkünfte aus Kapitalvermögen zuzurechnen. Mangels wirtschaftlichen Eigentums liege auch keine Anteilsveräußerung i.S.d. § 17 EStG vor. Folglich fehle es an einem Besteuerungstatbestand, dem der Ablösebetrag für die Aufgabe des Nießbrauchrechts zugewiesen werden kann. Der Vorgang sei damit für den Nießbraucher insgesamt nicht steuerbar.

Anmerkung:

Beim BFH ist unter dem Az. IX R 14/24 ein weiteres Verfahren zur Frage der steuerlichen Behandlung von erhaltenen Ablösungszahlungen eines Nießbrauchs anhängig. Die Vorinstanz (FG Köln) hat in seinem Urteil vom 29.2.2024[2)] bereits festgestellt, dass keine steuerbaren Einkünfte vorliegen. Unter Berücksichtigung der bereits vorliegenden BFH-Entscheidung ist davon auszugehen, dass der BFH auch hier die Rechtsauffassung des FG bestätigen wird.

d) Veräußerung einer typisch stillen Beteiligung

Verluste aus einer typisch stillen Beteiligung an einer Kapitalgesellschaft dürfen weder mit Einkünften aus Gewerbebetrieb noch aus anderen Einkunftsarten des Gesellschafters ausgeglichen werden, sofern es sich bei dem Gesellschafter um eine Kapitalgesellschaft handelt. Die Verluste können vielmehr nur mit dem Vorjahresgewinn bzw. 307

1) BFH v. 20.9.2024, IX R 5/24, HFR 2025, 29 (mit Anm. Hamacher) = ZEV 2025, 56. Vgl. hierzu auch Bodden, BeSt 2025, 13.

2) FG Köln v. 29.2.2024, 7 K 95/23, EFG 2025, 100 mit Anm. Einsfelder.

zukünftigen Gewinnen aus der Beteiligung verrechnet werden (§ 20 Abs. 1 Nr. 4 Satz 2 i.V.m. § 15 Abs. 4 Satz 6 ff. EStG). Das FG München hatte zu klären, ob die im Zeitpunkt der Veräußerung der Beteiligung noch nicht verrechneten laufenden Verluste endgültig untergehen.

Mit Urteil vom 24.10.2024[1)] entschied das FG München, dass ein endgültiger Verlustuntergang verfassungsrechtlich nicht gerechtfertigt sei und **legte** die **Verlustverrechnungsbeschränkung verfassungskonform** aus. Demnach seien die im Veräußerungszeitpunkt noch nicht verrechneten laufenden Verluste zunächst mit dem Veräußerungsgewinn zu verrechnen. Ein darüberhinausgehender Verlust sei dann nicht mehr an die Verlustverrechnungsbeschränkung gebunden und könne mit den übrigen Einkünften des stillen Gesellschafters verrechnet werden. Das FG begründet seine Vorgehensweise damit, dass ein vollständiger Untergang eines Verlustes, der vorher einer Verlustverrechnungsbeschränkung unterlag, vor dem Hintergrund des Gleichheitssatzes (Art. 3 Abs. 1 GG) eines besonderen Rechtfertigungsgrundes bedarf, der vorliegend jedoch nicht ersichtlich sei.

Beratungshinweis:

Die Entscheidungsgrundsätze des FG München müssten in gleicher Weise bei Verlusten aus der atypisch stillen Beteiligung einer Kapitalgesellschaft an einer Kapitalgesellschaft zur Anwendung kommen.

e) Rückabwicklung einer Anteilsübertragung bei gemeinsamem Irrtum der Vertragsparteien

308 Wird eine Anteilsübertragung rückgängig gemacht, weil beide Vertragsparteien einem Irrtum unterlagen, der für sie so wesentlich ist, dass damit der Vollzug der Übertragung „steht und fällt", kann die Rückabwicklung steuerlich auf den Zeitpunkt der Veräußerung zurückwirken. Zu diesem Ergebnis kommt der BFH mit Urteil vom 9.5.2025.[2)]

Im Rahmen einer Güterstandsänderung vom gesetzlichen Güterstand der Zugewinngemeinschaft zur Gütertrennung wollte der Ehemann den Zugewinnausgleichsanspruch seiner Ehefrau durch die Übertragung einer Beteiligung von 50 % an einer GmbH erfüllen. Fälschlicherweise beriet der Steuerberater die Ehegatten dahingehend, dass durch die Anteilsübertragung keine Einkommensteuer ausgelöst werden würde. Das Finanzamt unterwarf den Vorgang hingegen der Einkommensteuer. In einer daraufhin notariell beurkundeten Änderungsvereinbarung hielten die Ehegatten zunächst ihre gemeinsame Vorstellung fest, dass sie von einer steuerneutralen Anteilsübertragung ausgegangen seien, und regelten, dass zur Erfüllung der Zugewinnausgleichsforderung nun eine Barzahlung zu leisten ist.

Laut BFH ist der zunächst entstandene **Veräußerungsgewinn** i.S.d. § 17 EStG aufgrund der Änderungsvereinbarung **rückwirkend entfallen** und somit die Einkommensteuerfestsetzung des Veranlagungszeitraums der Anteilsübertragung zu ändern. Der BFH sieht hier ein **Fehlen oder den Wegfall der Geschäftsgrundlage**, was als **steuerlich rückwirkendes Ereignis** anzuerkennen ist. Dazu muss der Grund für den Wegfall der Geschäftsgrundlage bereits „im Vertrag angelegt sein"[3)], wobei der BFH nun betont, dass sich dies nicht zwingend aus dem Wortlaut des ursprünglichen Vertrags, aber auch nicht aus der späteren Vereinbarung, ergeben muss.

Erforderlich sei aber der **Nachweis**, dass vor oder beim Abschluss des gestörten Rechtsgeschäfts ein Umstand erörtert wurde, dessen Eintritt nach der gemeinsamen Vorstellung der Vertragsparteien derart evident ist, dass damit der Vollzug des Rechtsge-

1) FG München v. 24.10.2024, 7 K 776/21, EFG 2025, 563 mit Anm. Mai (Revision beim BFH anhängig unter Az. XI R 28/24).
2) BFH v. 9.5.2025, IX R 4/23, BStBl II 2025, 733 = HFR 2025, 1040 mit Anm. Reddig.
3) So bereits BFH v. 28.10.2009, IX R 17/09, BStBl II 2010, 539.

schäfts „steht und fällt". Auch berücksichtigt der BFH, dass im Streitfall die durch die Anteilsübertragung ausgelöste hohe Einkommensteuerbelastung durch die zusammen veranlagten Ehegatten hätte getragen werden müssen.

V. Gewerbesteuer

1. Keine Gewerbesteuerpflicht der aufwärts abgefärbten Obergesellschaft

Erzielt eine **nicht gewerblich tätige Personengesellschaft auch gewerbliche Beteiligungseinkünfte** i.S.d. § 15 Abs. 1 Satz 1 Nr. 2 EStG gilt die Tätigkeit der Personengesellschaft im vollen Umfang als Gewerbebetrieb (sog. **Aufwärtsabfärbung** gemäß § 15 Abs. 3 Nr. 1 Satz 1 Alt. 2 EStG). Dies führt dazu, dass sämtliche Einkünfte der Gesellschaft für Zwecke der Einkommensteuer in gewerbliche Einkünfte umqualifiziert werden. Allerdings löst eine solche Aufwärtsabfärbung unter verfassungskonformer Auslegung des § 2 Abs. 1 Satz 1 GewStG **keine sachliche Gewerbesteuerpflicht** aus, wie der VIII. Senat des BFH mit Beschluss vom 4.2.2025[1] bestätigte. Andernfalls liege eine nicht zu rechtfertigende Schlechterstellung von Personengesellschaften gegenüber Einzelunternehmern vor. 309

Dies gelte sowohl – wie bisher durch den IV. Senat entschieden – bei Personengesellschaften, die neben Einkünften aus der Verwaltung eigenen Vermögens gewerbliche Beteiligungseinkünfte erzielen als auch bei Personengesellschaften, die – wie im Streitfall – neben Einkünften aus freiberuflicher Tätigkeit gewerbliche Beteiligungseinkünfte erzielen.

Beratungshinweis:

Auf das erste Urteil des IV. Senats vom 6.6.2019[2] reagierte die Finanzverwaltung mit einem Nichtanwendungserlass.[3] Davon unbeeindruckt hielt auch der IV. Senat an seiner Rechtsprechung fest.[4] Zwischenzeitlich haben die obersten Finanzbehörden der Länder mit gleich lautenden Erlassen vom 5.11.2025 den Nichtanwendungserlass aufgehoben.[5]

2. Anteilsveräußerungsgewinn bei doppelstöckiger Personengesellschaft

In dem vom BFH entschiedenen Streitfall wurde in 2010 die Beteiligung an der A KG durch eine Stiftung zu Buchwerten in eine GmbH eingebracht. Bei der A KG handelt es sich um eine Konzernobergesellschaft, die Kommandit-Beteiligungen an diversen Klinik-KGs hält. Infolge eines Sperrfristverstoßes in 2012 kam es rückwirkend zur Aufdeckung der stillen Reserven, die das Finanzamt als Einbringungsgewinn I im Rahmen der Festsetzung des Gewerbesteuermessbetrags der A KG berücksichtigte. 310

Dem stimmt der BFH mit Urteil vom 8.5.2025[6] zu und folgt damit der Rechtsauffassung der Finanzverwaltung, wonach die Veräußerung eines Mitunternehmeranteils an einer Mitunternehmerschaft, zu deren Betriebsvermögen die Beteiligung an einer weiteren Mitunternehmerschaft gehört, **als einheitlicher Veräußerungsvorgang zu behandeln** ist (R 7.1 Abs. 3 Satz 5 GewStR). Einer Aufteilung des Einbringungsgewinns I, wie von Teilen der Fachliteratur vertreten, nach dem Verhältnis der stillen Reserven auf die Ober- und die Unterpersonengesellschaften erteilt der BFH damit eine Absage.

1) BFH v. 4.2.2025, VIII R 1/22, BFH/NV 2025, 513; abermals bestätigend BFH v. 28.5.2025, IV B 13/24, BFH/NV 2025, 1023.
2) BFH v. 6.6.2019, IV R 30/16, BStBl II 2020, 649.
3) Oberste Finanzbehörden der Länder v. 1.10.2020, BStBl I 2020, 1032.
4) BFH v. 5.9.2023, IV R 24/20, BStBl II 2025, 778 = HFR 2024, 114 mit Anm. Haunhorst; zum Sachverhalt der vorgenannten BFH-Entscheidung ist eine Verfassungsbeschwerde beim BVerfG anhängig unter dem Az. 2 BvR 45/24; zudem BFH v. 28.5.2025, IV B 13/24, BFH/NV 2025, 1023.
5) Oberste Finanzbehörden der Länder v. 5.11.2025, BStBl I 2025, 1836.
6) BFH v. 8.5.2025, IV R 40/22, BStBl II 2025, 603 = HFR 2025, 865 mit Anm. Graw, sowie teilweise inhaltsgleiche BFH v. 8.5.2025, IV R 9/23, BStBl II 2025, 610 = HFR 2025, 871 mit Anm. Graw.

Für die Annahme eines einheitlichen Veräußerungsvorgangs spreche bereits der Wortlaut des § 7 Satz 2 GewStG, wonach ein Veräußerungsgewinn zum Gewerbeertrag des in § 7 Satz 1 GewStG genannten Gewerbebetriebs gehöre. Auch systematische Erwägungen stützen laut BFH diese Rechtsauffassung. So ist nach der Rechtsprechung des Großen Senats des BFH bei doppelstöckigen Personengesellschaften der **„Durchgriff" durch die Obergesellschaft ausgeschlossen**. Gesellschafter der Obergesellschaft seien nicht auch Mitunternehmer der Untergesellschaft.[1)] Folglich könne in der Veräußerung des Anteils der Obergesellschaft nicht zugleich die Veräußerung des Anteils an der Untergesellschaft gesehen werden.

Anmerkung:

Zudem wird darauf hingewiesen, dass der BFH bereits für Zwecke der Einkommen- bzw. der Körperschaftsteuer entschieden hat, dass bei der Veräußerung des Anteils an der Obergesellschaft nur auf deren Ebene der Veräußerungsgewinn festzustellen ist.[2)] Gründe, von dieser Rechtsprechung bei der gewerbesteuerrechtlichen Beurteilung abzuweichen, seien nicht ersichtlich.

Da der Einbringungsgewinn I damit nur auf Ebene der A KG entstanden ist und nicht im Gewerbeertrag der Klinik-KGs erfasst wird, scheidet laut BFH eine Kürzung nach § 9 Nr. 2 GewStG aus. Ebenso lehnt der BFH die Anwendung der Steuerbefreiung nach § 3 Nr. 20 Buchst. b GewStG ab, da die A KG selbst keine Krankenhäuser im Sinne dieser Vorschrift betreibt.

3. Veräußerung eines mit atypischer Unterbeteiligung belasteten Kommanditanteils

311 Nach § 7 Satz 2 Nr. 2 GewStG gehört zum Gewerbeertrag (auch) der Gewinn aus der Veräußerung des Anteils eines Mitunternehmers an einer Mitunternehmerschaft, **soweit der Gewinn nicht auf eine natürliche Person** als unmittelbar beteiligten Mitunternehmer **entfällt**. Für lediglich mittelbar beteiligte natürliche Personen ist hingegen keine Gewerbesteuerfreiheit vorgesehen.

Im Streitfall hat eine natürliche Person („W") den Kommanditanteil an einer gewerblich tätigen GmbH & Co. KG („Hauptgesellschaft") veräußert. Der veräußerte Kommanditanteil war zum Veräußerungszeitpunkt (teilweise) mit einer atypischen Unterbeteiligung belastet. Bei den Unterbeteiligten handelte es sich ebenso um natürliche Personen.

Der BFH folgerte aus diesen Beteiligungsverhältnissen mit Urteil vom 21.11.2024[3)], dass eine **doppelstöckige Personengesellschaft** (Mitunternehmerschaft) vorlag.

Zwar handele es sich bei W und den Unterbeteiligten um natürliche Personen, allerdings **fehle** es an einer nach § 7 Satz 2 Nr. 2 GewStG erforderlichen **unmittelbaren Beteiligung** an der Hauptgesellschaft. Vielmehr seien sowohl der Hauptbeteiligte als auch die Unterbeteiligten mittelbar über die Unterbeteiligungsgesellschaft an der Hauptgesellschaft beteiligt gewesen. Daran ändere sich auch nichts, wenn es sich – wie hier der Fall – bei der Unterbeteiligungsgesellschaft um eine reine Innengesellschaft handelt.

Beratungshinweis:

Der Kommanditanteil sei als zivilrechtlich unteilbarer Anteil an der Hauptgesellschaft in Gänze, d.h. entgegen der Auffassung der Vorinstanz, **auch der „unbelastete" Teil des Kommanditanteils**, der Unterbeteiligungsgesellschaft (fiktiv) als eigenes Betriebsvermögen zuzurechnen, sodass steuerlich die Unterbeteiligungsgesellschaft (und nicht der zivilrechtliche Anteilsinhaber) den Tatbestand der Beteiligungsveräußerung verwirklicht habe. Folglich entfalle der Gewinn aus der Veräu-

1) BFH v. 25.2.1991, GrS 7/89, BStBl II 1991, 691.
2) BFH v. 1.7.2004, IV R 67/00, BStBl II 2010, 157.
3) BFH v. 21.11.2024, IV R 26/22, BStBl II 2025, 246 = HFR 2025, 238 mit Anm. Graw.

ßerung des Kommanditanteils nicht unmittelbar auf eine natürliche Person und sei mithin gewerbesteuerpflichtig.

4. Bankenprivileg: Anwendung auf Konzernfinanzierungsgesellschaft in Altfällen

Der BFH hatte über die Anwendung des sog. Bankenprivilegs im Streitjahr 2012 zu entscheiden. Das Bankenprivileg bewirkt, dass nicht alle Fremdfinanzierungsaufwendungen der gewerbesteuerlichen Regelung zur Hinzurechnung von Finanzierungsentgelten unterliegen, sondern nur die Entgelte für Schulden, die der Fremdfinanzierung bestimmter Wirtschaftsgüter des Anlagevermögens dienen. 312

Im Streitfall war die einem Konzern angehörende **GmbH für die Konzernfinanzierung** und für Dienstleistungen im Bereich **des Finanz- und Cash-Managements** innerhalb des Konzerns **zuständig**. Zudem hielt sie als Zwischenholding Beteiligungen an Konzerngesellschaften. Die von ihr geltend gemachte Anwendung des Bankenprivilegs nach § 19 Abs. 1 GewStDV wurde ihr vom Finanzamt verwehrt. Dabei hatte die GmbH unstreitig die Voraussetzungen des Aktivpostenvergleichs nach § 19 Abs. 2 GewStDV erfüllt.[1] Als nicht erfüllt sah das Finanzamt jedoch die weitere Voraussetzung an, dass ein Unternehmen vorliegen muss, das bezogen auf die ausgeführten Bankgeschäfte gewerbsmäßig handle oder diese in einem Umfang betreibe, der einen in kaufmännischer Weise eingerichteten Geschäftsbetrieb erfordere (§ 1 Abs. 1 Satz 1 KWG).

Mit Urteil vom 21.5.2025[2] bestätigt der BFH seine Rechtsprechung, wonach Konzernfinanzierungsgesellschaften in Altfällen unter das Bankenprivileg fallen können, und bejaht zudem, dass die GmbH Bankgeschäfte gewerbsmäßig betrieb. Für die **Gewerbsmäßigkeit** genüge, dass der Betrieb von Bankgeschäften, die auch die Konzernfinanzierungstätigkeit umfassten, auf eine gewisse Dauer angelegt ist und mit der Absicht der Gewinnerzielung verfolgt wird. Dabei komme es auf das zivil- und aufsichtsrechtliche Verständnis des Merkmals „Gewerbsmäßigkeit" in § 1 Abs. 1 KWG und nicht auf das Vorliegen einer Gewinnerzielungsabsicht i.S.d. § 15 Abs. 2 EStG an.

Beratungshinweis:

Seit dem Erhebungszeitraum 2021 muss für die Anwendung des Bankenprivilegs ein Kreditinstitut i.S.d. § 1 Abs. 1 i.V.m. § 2 Abs. 1 KWG vorliegen, wodurch Konzernfinanzierungsgesellschaften von dessen Anwendung ausgeschlossen werden. In Altfällen ist jedoch nach der hier bestätigenden und fortgeführten Rechtsprechung des BFH eine Anwendung des Bankenprivilegs möglich.

5. Hinzurechnung von Werbeaufwendungen

a) Anmietung von Werbeträgern

Laut Urteil des BFH vom 16.9.2024[3] können die Kosten für die Anmietung von Werbeträgern der Hinzurechnung nach § 8 Nr. 1 Buchst. d und e GewStG unterliegen, wenn die Werbeträger als **fiktives Anlagevermögen** anzusehen sind und die der Anmietung zugrundeliegenden Verträge ihrem wesentlichen rechtlichen Gehalt nach als Miet- und Pachtverträge einzuordnen sind. 313

Zu diesem Ergebnis kommt der BFH in dem Fall eines **Dienstleistungsunternehmens**, das u.a. für Mobil- und Plakatwerbung **Flächen** an U-Bahnen, S-Bahnen, Straßenbahnen, in Bahnhöfen und im öffentlichen Raum überwiegend von Dienstleistern **anmietete**. Von Werbeunternehmen wurden in diesem Zusammenhang Beträge für die Produktion und Lagerung von Plakaten und Werbematerial, die Schaltung von Werbespots

1) Vgl. BFH v. 30.11.2023, III R 55/20, BStBl II 2024, 378 = HFR 2024, 913 mit Anm. Köhler. Vgl. hierzu Zapf, jurisPR-SteuerR 19/2024 Anm. 5.
2) BFH v. 21.5.2025, III R 6/24, BStBl II 2025, 746 = HFR 2025, 1079 mit Anm. Stahmann.
3) BFH v. 16.9.2024, III R 36/22, BStBl II 2025, 88 = HFR 2025, 163 mit Anm. Stahmann.

im Fahrgast-TV öffentlicher Verkehrsmittel und für die Zurverfügungstellung von Werbeflächen in Rechnung gestellt. Eine genaue Aufteilung zwischen den einzelnen Positionen war wegen insoweit unklarer Leistungsbeschreibung nicht in jedem Fall möglich.

Laut BFH liegt eine der Hinzurechnung unterliegende Anmietung von beweglichen oder unbeweglichen Wirtschaftsgütern vor, wenn der **konkrete Geschäftszweck** des Dienstleistungsunternehmens das **Vorhalten der Werbeträger erfordert** und somit bei unterstelltem Eigentum zu dessen Anlagevermögen gehören würde. Dabei könne es auch bei einem Dienstleistungsunternehmen, bei dem die Werbung nicht originärer Geschäftszweck ist, erforderlich sein, Werbeträger im Anlagevermögen vorzuhalten, um die Vermarktung der angebotenen Dienstleistung zu fördern. Solch fiktives Anlagevermögen sei anzunehmen, wenn bestimmte Werbeträger längerfristig oder gleichartige Werbeträger wiederholt kurzfristig genutzt werden.

Weiter sei für das Vorliegen von Miet- und Pachtzinsen i.S.d. § 8 Nr. 1 Buchst. d und e GewStG erforderlich, dass der zugrundeliegende Vertrag **seinem wesentlichen Gehalt nach einem Mietvertrag** entspricht. Enthalte der Vertrag hingegen wesentliche mietfremde Elemente, sei zu klären, ob der Vertrag in seine durch die Hauptpflichten bestimmten wesentlichen Elemente zerlegt und teilweise als Mietvertrag angesehen werden kann. Eine Trennbarkeit und damit auch die Hinzurechnung scheide hingegen aus, wenn die verschiedenen Leistungspflichten so miteinander verschmolzen seien, dass ein Vertragsgebilde ganz eigener Art entstehe.

Anmerkung:

Laut BFH hat dazu das FG, an das das Verfahren zurückverwiesen wurde, noch weitere Feststellungen zu treffen.

b) Durchführung von Außenwerbekampagnen

314 In einem weiteren Streitfall unterstützte eine **Spezialagentur** ihre Kunden bei der Konzeption und der praktischen Umsetzung von Außenwerbekampagnen („Out of Home-Werbung"). Als Teil ihrer Dienstleistung **buchte** die Spezialagentur bei verschiedenen Werbeträgeranbietern unterschiedliche **Werbeträgerflächen** (klassische Plakatwände, digitale Anzeigen sowie Werbung an individuellen Prämienstandorten) für einen entsprechenden Zeitraum. Sie selbst war nicht Eigentümerin der Werbeträger. Das Finanzamt vertrat die Auffassung, dass die Aufwendungen für die Leistung des Werbeträgeranbieters der gewerbesteuerlichen Hinzurechnung unterliegen.

Mit Urteil vom 17.10.2024[1)] hat der BFH nunmehr entschieden, dass weder der Hinzurechnungstatbestand für Lizenzen (§ 8 Nr. 1 Buchst. f GewStG) noch für Miet- und Pachtzinsen (§ 8 Nr. 1 Buchst. d GewStG) erfüllt ist.

Die gewerbesteuerrechtliche Hinzurechnung von Aufwendungen für die **zeitlich befristete Überlassung von Rechten** nach § 8 Nr. 1 Buchst. f GewStG setzt nach der Rechtsprechung des BFH subjektive Rechte an unkörperlichen Gütern mit selbständigem Vermögenswert voraus, die eine Nutzungsbefugnis enthalten und an denen ein Abwehrrecht besteht. Im Streitfall fehle es an einer solchen Rechteüberlassung, denn im Vertrag zwischen den Werbeträgeranbietern und der Spezialagentur sei weder eine Wunschplatzierung der Außenwerbung vereinbart worden noch sei geregelt worden, dass Werbung konkurrierender Produkte nicht unmittelbar nebeneinander angebracht werden dürfe, so dass den Kunden der Spezialagentur kein Exklusivrecht habe eingeräumt werden können. Eine Hinzurechnung nach § 8 Nr. 1 Buchst. f GewStG komme laut BFH daher nicht in Betracht.

---

1) BFH v. 17.10.2024, III R 33/22, BStBl II 2025, 318 = HFR 2025, 244 mit Anm. Stahmann. Vgl. hierzu auch Köster, DStZ 2025, 189.

Ebenfalls komme **keine Hinzurechnung der Aufwendungen als Miet- und Pachtzinsen** nach § 8 Nr. 1 Buchst. d GewStG in Betracht. Aus der vertraglichen Vereinbarung zwischen den Werbeträgeranbieter und der Spezialagentur ergebe sich, dass für die digitalen und analogen Werbeträger als **Hauptleistungspflicht** nicht die Benutzung der Fläche, sondern eine **zu erbringende Werbeleistung** im Vordergrund gestanden habe. Während bei digitalen Werbeträgern regelmäßig nicht die Benutzung der digitalen Fläche, sondern die Werbeleistung im Vordergrund stehe, könne auch bei analogen Werbeträgern (wie Plakatwänden) ein Werkvertrag vorliegen, wenn – wie hier – zusätzliche erfolgsbezogene Pflichten (z.B. Anbringung, Wartung, Ausbesserung) übernommen werden, so der BFH. Folglich seien die zugrundeliegenden Verträge nicht als Mietverträge, sondern als Werkverträge zu qualifizieren.

Unabhängig davon sei für die Werbeträger an sog. Premiumstandorten festzustellen, dass die für eine Hinzurechnung erforderliche Zuordnung der Werbeträger als fiktives Anlagevermögen nicht erfüllt sei, da diese nicht dauerhaft dem Betrieb der Spezialagentur gedient hätten.

Beratungshinweis:

Das Urteil verdeutlich erneut, dass es für die Beurteilung, ob Aufwendungen der gewerbesteuerlichen Hinzurechnung unterliegen, entscheidend ist, welchem zivilrechtlichen Vertragstyp die zugrundeliegenden Hauptleistungspflichten zuzuordnen sind. Vor diesem Hintergrund dürfte die wörtliche Anwendung der geäußerten Auffassung der Finanzverwaltung in Rn. 29 der gleich lautenden Erlasse der obersten Finanzbehörden der Länder vom 2.7.2012[1], wonach die im Zusammenhang mit der Anmietung von Fahrzeugflächen (z.B. Taxi- oder Busflächen) entrichteten Entgelte für Werbezwecke generell als Mietaufwendungen der gewerbesteuerlichen Hinzurechnung unterliegen, abzulehnen sein.

6. Einfache Grundbesitzkürzung

Bis einschließlich EZ 2024 knüpfte die einfache Grundbesitzkürzung nach § 9 Nr. 1 **315**
Satz 1 GewStG a.F. an den Einheitswert. Ab dem EZ 2025 sollte aufgrund der Grundsteuerreform der neue Grundsteuerwert maßgeblich für die Kürzung sein. Damit wäre aber ab dem EZ 2025 der Gewerbeertrag nur hinsichtlich eigenbetrieblicher Grundstücke gekürzt, für die ein Grundsteuerwert nach dem sog. Bundesmodell vorliegt bzw. für die nach dem Landesmodell ein Grundsteuerwert vorgesehen ist. Für Grundstücke in Ländern mit eigenem Landesmodell ohne Grundsteuerwert als Ausgangsgröße für die Grundsteuerermittlung wäre eine einfache Grundbesitzkürzung nicht möglich gewesen.

Um dies zu vermeiden, wurde § 9 Nr. 1 Satz 1 GewStG durch das JStG 2024[2] mit Wirkung **ab dem EZ 2025** dahingehend geändert, dass die gewerbesteuerliche Kürzung an die tatsächlich im EZ **als Betriebsausgabe erfasste Grundsteuer** für den zum Betriebsvermögen des Unternehmers gehörenden Grundbesitz anknüpft (§ 36 Abs. 4b Satz 1 GewStG).

Beratungshinweis:

Die Kürzung kommt für die Grundstücke in Betracht, die **zum Beginn des Kalenderjahres** zum Betriebsvermögen des Unternehmens gehört haben (§ 20 Abs. 1 GewStDV). Somit ist die Kürzung der tatsächlich gezahlten Grundsteuer erstmals im EZ 2025 für die Grundstücke vorzunehmen, die zum 1.1.2025 im Betriebsvermögen gewesen sind.

---

1) Gleich lautenden Erlasse der obersten Finanzbehörden der Länder vom 2.7.2012, BStBl I 2012, 654.
2) Gesetz v. 2.12.2024, BGBl. I 2024 Nr. 387 = BStBl I 2024, 1484.

7. Zerlegung des Gewerbesteuermessbetrags

a) Energiespeicheranlagen

316 Die bereits bislang vorgesehene Zerlegung des Gewerbesteuermessbetrags nach § 29 Abs. 1 Nr. 2 GewStG bei dem ausschließlichen Betrieb von Windkraft- und Solaranlagen, wenn sich der Betrieb über mehrere Gemeinden erstreckt, wurde mit dem JStG 2024[1)] in vergleichbarer Weise auf den **ausschließlichen Betrieb von Energiespeicheranlagen** übertragen (§ 29 Abs. 1 Nr. 3 GewStG). Die neue Zerlegungsregelung kommt erstmals im EZ 2025 zur Anwendung (§ 36 Abs. 5c GewStG).

b) Berücksichtigung von Arbeitslöhnen

317 § 31 Abs. 3 GewStG bestimmt, dass im Rahmen der Zerlegung des Gewerbesteuermessbetrags Arbeitslöhne nicht berücksichtigt werden, die auf Arbeitnehmer entfallen, die ganz oder überwiegend im gewerbesteuerfreien Teil des Betriebs tätig sind. Zunächst wurden in der Regelung nur bestimmte Befreiungsvorschriften abschließend aufgezählt, für die diese Regelung gilt. Mit dem JStG 2024[2)] wurde mit Wirkung seit dem EZ 2025 eine Modifizierung vorgenommen, wonach **sämtliche gewerbesteuerliche Befreiungsvorschriften** erfasst werden (§ 31 Abs. 3 i.V.m. § 36 Abs. 5c GewStG).

8. Hebeberechtigung bei gemeindefreien Betriebsstätten

318 Eine Gemeinde und das Land Niedersachsen stritten über die Zerlegung eines Gewerbesteuermessbetrags und damit letztlich die Zuweisung der Gewerbesteuer für einen Offshore-Windpark in der Zwölf-Seemeilen-Zone. Die Gemeinde, in der die Betreiberin des Windparks ihren Sitz hat, forderte, dass der gesamte Gewerbesteuermessbetrag ihr zugesprochen wird, da das Belegenheitsgebiet des Windparks gemeindefrei und die teilweise Zuweisung des Gewerbesteuermessbetrags an das Land im Rahmen der Gewerbesteuerzerlegung rechtswidrig sei.

Dazu führte der BFH in seinem Urteil vom 3.12.2024[3)] aus, dass das **deutsche Küstenmeer** dem Inland zuzuordnen ist und die dort gelegene **Betriebsstätte** somit auch der Besteuerung mit **Gewerbesteuer** unterliegt.

Entgegen der Ansicht der Vorinstanz dürfe die Landesregierung die Ertragshoheit für die Gewerbesteuer bei gemeindefreien Betriebsstätten nach § 4 Abs. 2 GewStG aber nicht an ein Bundesland übertragen. Aus der verfassungskonformen Auslegung des § 4 Abs. 2 GewStG ergebe sich, dass die Ertragshoheit **nur auf eine (oder mehrere) Gemeinde(n) übertragen** werden könne, da diesen das Gewerbesteueraufkommen zusteht (Art. 106 Abs. 6 Satz 1 1. Halbs. GG). Allenfalls in einem Land, in dem keine Gemeinden bestehen, stehe dem Land das Gewerbesteueraufkommen zu (Art. 106 Abs. 6 Satz 3 GG). Dies war im vorliegenden Fall nicht zutreffend, weshalb einer anderslautenden Verordnungsregelung in Niedersachsen keine Rechtswirkung zukomme. Im Ergebnis sei der Gewerbesteuermessbetrag damit vollständig der klagenden Gemeinde zuzuteilen.

9. Anrechnung der Gewerbesteuer auf die Einkommensteuer

a) Anrechnung bei Erlass festgesetzter Gewerbesteuer

319 Gemäß § 35 EStG kann die Gewerbesteuer auf die Einkommensteuer angerechnet werden, um eine Doppelbelastung abzumildern. Die Steuerermäßigung ist dabei **auf die tatsächlich zu zahlende Gewerbesteuer begrenzt** (Ermäßigungshöchstbetrag).

Bislang behandelte das **BMF** den Erlass von Gewerbesteuer im Rahmen einer Billigkeitsmaßnahme im Erhebungsverfahren als rückwirkendes Ereignis, sodass sich der

1) Gesetz v. 2.12.2024, BGBl. I 2024 Nr. 387 = BStBl I 2024, 1484.
2) Gesetz v. 2.12.2024, BGBl. I 2024 Nr. 387 = BStBl I 2024, 1484.
3) BFH v. 3.12.2024, IV R 5/22, BStBl II 2025, 603.

Ermäßigungshöchstbetrag der Anrechnung der Gewerbesteuer auf die Einkommensteuer entsprechend reduzierte.[1)]

Diese Aussage modifiziert das BMF nun mit Schreiben vom 24.2.2025[2)] dahingehend, dass der Erlass festgesetzter Gewerbesteuer sowie die Zahlungsverjährung von Gewerbesteuerbeträgen **nicht mehr bei der Ermittlung der tatsächlich zu zahlenden Gewerbesteuer** als Ermäßigungshöchstbetrag nach § 35 Abs. 1 Satz 5 EStG **zu berücksichtigen** ist.

Beratungshinweis:

Da das BMF-Schreiben vom 3.11.2016 nur hinsichtlich dieser Aussage geändert wurde, dürfte insoweit die Vorgabe der Anwendung „**in allen offenen Fällen**" maßgeblich sein.[3)]

b) Unterjähriger Gesellschafterwechsel und abweichendes Wirtschaftsjahr

Für die Ermittlung der Gewerbesteuerermäßigung ist der gegenüber der Mitunterneh- 320
merschaft festgestellte Gewerbesteuermessbetrag den Mitunternehmern entsprechend ihrem Anteil am Gewinn der Mitunternehmerschaft nach Maßgabe des allgemeinen Gewinnverteilungsschlüssels zuzuweisen (§ 35 Abs. 2 Satz 2 EStG). Bereits mit Urteilen vom 14.1.2016[4)] hat der BFH entschieden, dass hierfür der **allgemeine Gewinnverteilungsschlüssel zum Ende des gewerbesteuerlichen Erhebungszeitraums** maßgeblich ist. Dem folgt auch die Finanzverwaltung.[5)]

Diese Rechtsauffassung führt der BFH mit Urteil vom 10.4.2025[6)] **im Fall** eines vom Kalenderjahr **abweichenden Wirtschaftsjahres** nunmehr **modifiziert** fort. Demnach ist zeitlicher Bezugspunkt des allgemeinen Gewinnverteilungsschlüssels stets das **Ende des Wirtschaftsjahres**, was in den Urteilsfällen aus 2016 dem Ende des Erhebungszeitraums entsprach. Im Fall eines abweichenden Wirtschaftsjahres kommt es aber nicht auf das Ende des Erhebungszeitraums, sondern auf das Ende des Wirtschaftsjahres als typisierenden Stichtag an. Der BFH kommt damit zu dem Ergebnis, dass nur den zum Wirtschaftsjahresende an der Mitunternehmerschaft beteiligten Mitunternehmer Anteile am Gewerbesteuermessbetrag zuzuweisen sind. Sein Rechtsverständnis sieht der BFH durch das Abstellen auf den Gewinn der Mitunternehmerschaft im Wortlaut des § 35 Abs. 2 Satz 2 EStG bestätigt, der stets nach dem Wirtschaftsjahr ermittelt wird und im Fall eines abweichenden Wirtschaftsjahres als in dem Erhebungszeitraum erzielt fingiert wird, in dem das Wirtschaftsjahr endet.

VI. Umwandlungssteuer

1. Umwandlungssteuererlass in aktualisierter Fassung

In dem mit Schreiben des BMF vom 2.1.2025[7)] veröffentlichten neuen UmwStE 2025 321
werden die gesetzlichen Änderungen, zuletzt durch das Wachstumschancengesetz und das JStG 2024, und die zwischenzeitlich ergangene BFH-Rechtsprechung berücksichtigt. Daneben finden sich auch diverse gegenüber dem bisherigen UmwStE 2011 aus 2011[8)] als auch gegenüber dem Entwurf des neuen UmwStE aus 2023 geänderte Rechtsauffassungen der Finanzverwaltung.

---

1) BMF v. 3.11.2016, IV C 6 – S 2296-a/08/10002 :003, BStBl I 2016, 1187, Rn. 6.
2) BMF v. 24.2.2025, IV C 6 – S 2296-a/00031/001/005, BStBl I 2025, 649.
3) BMF v. 3.11.2016, IV C 6 – S 2296-a/08/10002 :003, BStBl I 2016, 1187, Rn. 34.
4) BFH v. 14.1.2016, IV R 5/14, BStBl II 2016, 875, und IV R 48/12; BFH/NV 2016, 1024.
5) BMF v. 3.11.2016, IV C 6 – S 2296-a/08/10002 :003, BStBl I 2016, 1187, Rn. 28.
6) BFH v. 10.4.2025, IV R 21/22, BStBl II 2025, 727 = HFR 2025, 1045 (mit Anm. Stutzmann) = DB 2025, 1595.
7) BMF v. 2.1.2025, IV C 2 – S 1978/00035/020/040, BStBl I 2025, 92, geändert durch BMF v. 1.8.2025, IV C 2 – S 1978/00051/004/026, BStBl II 2025, 1591 (neu gefasste Rn. 15.35a und Rn. Org.03).
8) BMF v. 11.11.2011, IV C 2 – S 1978-b/08/10001, BStBl I 2011, 1314 (UmwStE 2011).

Anmerkung:

Die Ausführungen des neuen UmwStE 2025 finden **in allen offenen Fällen** Anwendung. Auf Besteuerungstatbeständen, für die sich seit deren Verwirklichung die Rechtslage zum 2.1.2025 wesentlich geändert hat, gelten die Ausführungen nur soweit dadurch kein Widerspruch zur maßgeblichen Rechtslage ausgelöst wird.

Der neue UmwStE 2025 enthält u.a. folgende Ausführungen:

Das BMF nähert sich mit seinen Aussagen zum sachlichen Anwendungsbereich des UmwStG hinsichtlich **ausländischer Umwandlungen** der BFH-Rechtsprechung[1] und Forderungen in der Literatur an und verlangt bei ausländischen Abspaltungen nicht mehr zwingend eine Vermögensübertragung durch Gesamtrechtsnachfolge.

Anmerkung:

Ein der Rechtsprechung des BFH widersprechendes Schreiben vom 19.5.2022[2] hob das BMF zudem explizit mit Schreiben vom 2.1.2025[3] auf.

Weiter geht das BMF erstmals auf das **Verbot der Verlustverrechnung im Rückwirkungszeitraum** nach § 2 Abs. 4 Satz 3 ff. UmwStG ein und macht im Einklang mit der BFH-Rechtsprechung[4] deutlich, dass die Begrenzung des Verlustverrechnungsverbots auf Verluste im Rückwirkungszeitraum nur für den übertragenden Rechtsträger gilt. Für den übernehmenden Rechtsträger gilt wiederum eine Verlustbeschränkung mit den im Rückwirkungszeitraum erzielten positiven Einkünften der übertragenden Gesellschaft.

Beratungshinweis:

Dies gilt laut einem weiteren Urteil des BFH auch für einen Verlustrücktrag. So stellte der BFH mit Urteil vom 13.3.2024[5] klar, dass das Verrechnungsverbot des § 2 Abs. 4 Satz 3 UmwStG auch den **Verlust des übernehmenden Rechtsträgers aus dem Folgejahr umfasst**. Somit kann weder der Verlust im Rückwirkungszeitraum noch ein aus dem Folgejahr zurückgetragener Verlust des übernehmenden Rechtsträgers mit Gewinnen des übertragenden Rechtsträgers im Rückwirkungszeitraum ausgeglichen werden.

Hinsichtlich der Reichweite der Buchwertverknüpfung (bei entsprechender Antragstellung) hält das BMF zwar seine Auffassung aufrecht, dass der **Buchwertansatz** grundsätzlich **nur einheitlich** für alle übergehenden Wirtschaftsgüter erfolgen kann. Der Grundsatz wird nach der finalen Erlassfassung allerdings dahingehend aufgeweicht, als in Fällen der infolge der Umwandlung eintretenden erstmaligen Verstrickung von Wirtschaftsgütern ein Step-up auf den gemeinen Wert bzw. auf den im Ausland der Entstrickungsbesteuerung unterworfenen Wert erfolgen soll.

Bei der **Teilbetriebsübertragung** auf eine andere Körperschaft (§ 15 UmwStG) hält die Finanzverwaltung daran fest, dass eine steuerneutrale Spaltung nicht möglich ist, wenn funktional wesentliche Betriebsgrundlagen von mehreren **Teilbetrieben** genutzt werden. Wird ein nach wirtschaftlichen Zusammenhängen zuordenbares Wirtschaftsgut von mehreren Teilbetrieben genutzt, aber nicht aufgeteilt, ist es – so das BMF klärend – einheitlich dem Teilbetrieb zuzuordnen, in dem es überwiegend genutzt wird.

Neben der Einbringung eines ganzen Mitunternehmeranteils in eine Kapitalgesellschaft fällt auch die **Einbringung eines Teils eines Mitunternehmeranteils** unter § 20

1) BFH v. 1.7.2021, VIII R 9/19, BStBl II 2022, 359, und VIII R 15/20, BStBl II 2023, 363.
2) BMF v. 19.5.2022, IV C 2 – S 1978-b/20/10005 :004, BStBl I 2022, 844.
3) BMF v. 2.1.2025, IV C 2 – S 1978-b/00001/001/001, BStBl I 2025, 203.
4) BFH v. 12.4.2023, I R 48/20, BStBl I 2023, 888.
5) BFH v. 13.3.2024, X R 32/21, BFH/NV 2025, 249 = HFR 2025, 195 mit Anm. Kulosa.

Abs. 1 UmwStG. Hier wird klargestellt, dass neben dem Teilmitunternehmeranteil Wirtschaftsgüter des **Sonderbetriebsvermögens**, sofern es sich um funktional wesentliche Wirtschaftsgüter handelt, **zumindest quotal** mit übergehen müssen. In Bezug auf die Gewährung sonstiger Gegenleistungen, welche im Rahmen von § 20 UmwStG nur sehr eingeschränkt steuerunschädlich möglich ist, stellt das BMF klar, dass im Falle der Einbringung eines Mitunternehmeranteils die Zurückbehaltung bestehender Forderungen eines einbringenden Mitunternehmers gegen die Mitunternehmerschaft keine Gewährung sonstiger Gegenleistungen darstellt.

Hinsichtlich der umwandlungsbedingten Implikationen für **Organschaften** bleibt es bei der schon im Erlassentwurf aufgenommenen Anerkennung der BFH-Rechtsprechung, wonach für die Qualifikation von Mehr- oder Minderabführungen aufgrund von durch die Umwandlung erstmals begründeten Abweichungen zwischen Handels- und Steuerbilanz das Merkmal „vororganschaftlich" nur in zeitlicher, nicht aber in sachlicher Hinsicht zu verstehen ist. Neu gegenüber dem Erlassentwurf findet sich nunmehr aber die Aussage, dass, soweit solche Abweichungen bereits beim übertragenden Rechtsträger bestanden, sowohl der Unterschiedsbetrag zwischen dem handelsrechtlichen und dem steuerlichen Übernahmegewinn als auch die spätere Auflösung der Bewertungsunterschiede bei der Organgesellschaft zu vororganschaftlichen Mehr- bzw. Minderabführungen führt. Hingegen stellt das BMF klar, dass bei sich im Folgejahr wieder ausgleichenden Abweichungen des steuerlichen und handelsrechtlichen Übernahmeergebnisses infolge der Rückbeziehung des steuerlichen Übertragungsstichtags (zeitlich unterschiedliche Erfassung in Handels- und Steuerbilanz) keine Mehr- bzw. Minderabführungen anzunehmen sind.

2. Buchwertantrag: Form und Zeitpunkt

Ein Antrag auf Buchwertansatz im Rahmen eines Formwechsels einer Kapitalgesell- **322**
schaft in eine Personengesellschaft kann bei entsprechender Antragsklausel **wirksam mit** der notariellen Urkunde über die Umwandlung (**Umwandlungsbeschluss**) gestellt werden.

Damit bestätigt der BFH mit Urteil vom 10.7.2024[1], dass der Buchtwertantrag keinerlei Formvorschriften unterliegt. Entscheidend sei nur die rechtzeitige Antragstellung. Somit muss der Antrag nach den gesetzlichen Vorgaben **spätestens bis** zur erstmaligen Abgabe der steuerlichen Schlussbilanz der übertragenden Körperschaft bei dem zuständigen Finanzamt gestellt werden (§ 3 Abs. 2 Satz 2 UmwStG).

Ein solcher Antrag sei auch dann formell wirksam, wenn der notariell beurkundete Umwandlungsbeschluss eine Klausel beinhalte, in der ausdrücklich von dem Antragsrecht auf Buchwertfortführung Gebrauch gemacht werde (sog. Antragsklausel) und dieser Beschluss dem Finanzamt, hier aufgrund der Übersendung der Urkunde durch den Notar gemäß § 54 EStDV, zugehe.

Gestaltungshinweis:

Ist sich die übertragende Gesellschaft zum Zeitpunkt der Umwandlung noch nicht sicher, ob die Buchwertfortführung am vorteilhaftesten ist, sollte auf eine Antragsklausel im Umwandlungsvertrag verzichtet werden. Denn ein späterer Wechsel zum Ansatz eines Zwischenwerts oder des gemeinen Werts im Rahmen der Steuerdeklaration könnte sonst ausgeschlossen sein.

3. Einbringungsgewinn I

a) Sperrfristverletzung durch den Rechtsnachfolger

Umwandlungen bzw. **Einbringungen von Unternehmen** können unter den Vorausset- **323**
zungen des § 20 Abs. 2 Satz 2 UmwStG zum Buchwert und damit steuerneutral erfol-

1) BFH v. 10.7.2024, IV R 8/22, HFR 2025, 97 mit Anm. Graw. Vgl. hierzu auch Schiffers, DStZ 2025, 5.

gen. Die Buchwertübertragung löst dabei grundsätzlich eine **siebenjährige Sperrfrist** aus (§ 22 Abs. 1 UmwStG). In diesen Fällen kann es rückwirkend zu einer Besteuerung des Einbringungsvorgangs beim Einbringenden kommen, wenn der Einbringende die sperrfristbehafteten Anteile innerhalb eines Zeitraums von sieben Jahren veräußert bzw. einen sog. Ersatzrealisationstatbestand verwirklicht (**Einbringungsgewinn I**).

Werden sperrfristbehaftete Anteile während der siebenjährigen Sperrfrist durch Erbfall oder Schenkung übertragen und ist der Begünstigte weder eine Kapitalgesellschaft noch eine Genossenschaft, wird i.d.R. keine Besteuerung eines rückwirkenden Einbringungsgewinns ausgelöst. Vielmehr **gilt** nun der **unentgeltliche Rechtsnachfolger als Einbringender** (§ 22 Abs. 6 UmwStG) und tritt mithin in die siebenjährige Sperrfrist des Rechtsvorgängers ein.

Veräußert der unentgeltliche Rechtsnachfolger die sperrfristbehafteten Anteile innerhalb der siebenjährigen Sperrfrist oder tritt bei ihm ein Ersatzrealisationstatbestand ein, kommt es zu einer nachträglichen Besteuerung des Einbringungsvorgangs. Fraglich ist in diesem Fall, ob der rückwirkend zu versteuernde Einbringungsgewinn dem originär Einbringenden oder dem unentgeltlichen Rechtsnachfolger zuzurechnen ist. Mit dieser Frage hat sich jüngst sowohl das FG München als auch das FG Düsseldorf beschäftigt und kommt dabei zu konträren Urteilen:

Während das **FG München** in seinem Urteil vom 9.2.2024[1] entschied, dass der Einbringungsgewinn dem **originär Einbringenden zuzurechnen** sei, konstatierte das **FG Düsseldorf** in seinem Urteil vom 7.3.2024[2], dass der Einbringungsgewinn I beim **Rechtsnachfolger** zu besteuern sei. Das FG München bestätigt damit im Ergebnis die Auffassung der Finanzverwaltung[3], das FG Düsseldorf widerspricht dieser.

Anmerkung:

Das FG München begründet seine Entscheidung insb. mit der systematischen Auslegung: § 22 UmwStG stelle auf die Verhältnisse im Zeitpunkt der Einbringung ab. Zu diesem Zeitpunkt sei die unentgeltliche Rechtsnachfolge noch nicht erfolgt gewesen, so dass es systematisch nicht überzeuge, den rückwirkenden Einbringungsgewinn dem (späteren) Rechtsnachfolger zuzurechnen. Diesen systematischen Überlegungen folgt das FG Düsseldorf hingegen nicht. Vielmehr sei das rückwirkende Ereignis, der Sperrfristverstoß, zusammen mit der umfassenden gesetzlichen Fiktion des § 22 Abs. 6 UmwStG anzuwenden, so dass Besteuerungssubjekt nicht der originär Einbringende, sondern der Rechtsnachfolger sei.

b) Nachweisfrist nach Einbringung

324 Der Veräußerung der durch die Einbringung z.B. eines Mitunternehmeranteils erhaltenen Kapitalgesellschaftsanteile innerhalb der siebenjährigen Sperrfrist ist das Fehlen des Nachweises, die Anteile weiterhin zu halten, gleichgestellt. Um eine unentdeckte Veräußerung auszuschließen, muss der Einbringende innerhalb der Sperrfrist jährlich bis zum 31.5. nachweisen, wem die erhaltenen Anteile zuzurechnen sind (§ 22 Abs. 3 Satz 1 Nr. 1 UmwStG). Unterbleibt der Nachweis, wird eine Anteilsveräußerung fingiert (§ 22 Abs. 3 Satz 2 UmwStG), was zu einer rückwirkenden Besteuerung des Einbringungsgewinns sowie darüber hinaus eines Veräußerungsgewinns führt.

Im Urteilsfall brachte ein Arzt seinen Mitunternehmeranteil an einer Ärzte-GbR zum Buchwert in die MVZ GmbH ein. Als Gegenleistung erhielt er 24,5 % der Anteile an der MVZ GmbH, die übrigen 75,5 % wurden von der N-D GmbH gehalten. Zudem schlossen der Arzt und die N-D GmbH am Tag der Einbringung einen Vertrag über

1) FG München v. 9.2.2024, 8 K 602/23, EFG 2024, 982 mit Anm. Sandweg (Revision anhängig beim BFH unter Az. X R 8/24).
2) FG Düsseldorf v. 7.3.2024, 8 K 2849/17 E, rkr., EFG 2024, 1416 mit Anm. Hennigfeld.
3) BMF v. 11.11.2011, IV C 2 – S 1978-b/08/10001, BStBl I 2011, 1314, Rn. 22.41, sowie auch BMF v. 2.1.2025, IV C 2 – S 1978/00035/020/040, BStBl I 2025, 203, Rz. 22.41.

eine Put-Option, indem sich der Arzt verpflichtete, seine erhaltenen Anteile spätestens bis zum Ablauf seines 68. Lebensjahres an die N-D GmbH zu einem festen Kaufpreis zu veräußern (bis dahin waren es noch 17,5 Jahre). Der Arzt erbrachte in keinem Jahr den Nachweis nach § 22 Abs. 3 Satz 1 Nr. 1 UmwStG. Die Finanzverwaltung war der Ansicht, dass das wirtschaftliche Eigentum an den MVZ GmbH-Anteilen bereits mit dem Abschluss des Put-Option-Vertrags auf die N-D GmbH übergegangen sei und behandelte die Einbringung der GbR-Anteile aufgrund einer Verletzung der Sperrfrist daher als voll steuerpflichtig.

Dem ist das FG Rheinland-Pfalz nicht gefolgt und hat mit Urteil vom 17.12.2024[1] festgestellt, dass das **wirtschaftliche Eigentum nicht bereits** mit Vereinbarung der Put-Option übergegangen ist, da die N-D GmbH nicht die vom BFH geforderte gesicherte Rechtsposition erlangt hat. Die Frage, ob jemandem ein Wirtschaftsgut als wirtschaftlichem Eigentümer zuzurechnen ist (§ 39 Abs. 2 Nr. 1 Satz 1 AO), sei nach dem normalen Verlauf der Dinge unter Berücksichtigung des Gesamtbilds der Verhältnisse zu entscheiden. Angesichts des Zeitraums von 17,5 Jahren bis zur Verpflichtung des Arztes, die Put-Option auszuüben, lasse sich kein „normaler" Verlauf der Dinge prognostizieren.[2]

Zudem sei die **Nachweisfrist** in § 22 Abs. 3 Satz 1 UmwStG laut FG unter Verweis auf die Gesetzesbegründung **keine Ausschlussfrist**, sodass die erhaltenen Anteile nicht automatisch gemäß § 22 Abs. 3 Satz 2 UmwStG als verkauft gelten, wenn der entsprechende Nachweis nicht rechtzeitig erbracht wird. Vielmehr könnten die Nachweise **nachgeholt** werden und daher sei auch aus diesem Grund kein Veräußerungsgewinn nach § 22 UmwStG zu berücksichtigen.

4. Einbringungsgewinn II

a) Ausnahme bei vorheriger Veräußerung

Bringt eine natürliche Person **Anteile an einer Kapitalgesellschaft** in eine andere Kapi- 325
talgesellschaft (übernehmende Gesellschaft) zu Buch- oder Zwischenwerten, d.h. (teilweise) steuerneutral, ein, löst die **Veräußerung** der eingebrachten Anteile durch die übernehmende Gesellschaft **innerhalb von sieben Jahren** grundsätzlich eine rückwirkende Besteuerung des sog. **Einbringungsgewinns II** beim Einbringenden aus (§ 22 Abs. 2 Satz 1 bis 4 UmwStG). Eine rückwirkende Besteuerung des Einbringungsgewinns II scheidet jedoch aus, soweit der Einbringende die erhaltenen **Anteile zuvor bereits veräußert** hat (§ 22 Abs. 2 Satz 5 Halbs. 1 UmwStG a.F.).

Das Niedersächsische FG entschied mit Urteil vom 2.9.2024[3], dass eine Veräußerung i.S.d. § 22 Abs. 2 Satz 5 Halbs. 1 UmwStG a.F. **nur dann gegeben** sei, wenn die **stillen Reserven** im Rahmen des Veräußerungsvorgangs **aufgedeckt** werden. Im Streitfall hatte der Einbringende die erhaltenen Anteile steuerneutral in eine andere Kapitalgesellschaft eingebracht, so dass laut FG die Ausnahme des § 22 Abs. 2 Satz 5 Halbs. 1 UmwStG a.F. nicht in Anspruch genommen werden könne.

Beratungshinweis:

Die Auffassung des FG widerspricht der bisherigen herrschenden Literaturmeinung[4], die davon ausgeht, dass auch Einbringungs- und Umwandlungsvorgänge, die zu Buch- und Zwischenwerten vorgenommen werden, Veräußerungen i.S.d. § 22 Abs. 2 Satz 5 Halbs. 1 UmwStG a.F. darstellen.

---

1) FG Rheinland-Pfalz v. 17.12.2024, 5 K 1293/22, rkr., EFG 2025, 376 (mit Anm. Weiß) = BB 2025, 433.
2) Vgl. BFH v. 14.8.2019, I R 44/17, HFR 2020, 787 mit Anm. Pfirrmann, der eine solche Prognostizierbarkeit bereits für einen Zeitraum von zehn Jahren ablehnt.
3) Niedersächsisches FG v. 2.9.2024, 13 K 185/23, EFG 2025, 287 mit Anm. Wienbergen (Revision beim BFH anhängig unter Az. X R 26/24).
4) Oppel in Widmann/Mayer, § 22 UmwStG, Rz. 226 m.w.H.

Die Auffassung des FG spiegelt sich zwischenzeitlich allerdings in der gesetzlichen Regelung wider: Mit dem JStG 2024[1] wurde die Regelung dahingehend geändert, dass nun **explizit** die Veräußerung der erhaltenen Anteile unter **Aufdeckung der stillen Reserven** gefordert wird. Die Neuregelung ist seit 6.12.2024 zu berücksichtigen.

b) Formwechsel

326 In 2010 wurden sämtliche Anteile an der XA-GmbH in die X-GmbH eingebracht, die dadurch zur alleinigen Anteilseignerin wurde. An der X-GmbH waren ausschließlich natürliche Personen beteiligt. Die Einbringung erfolgte als qualifizierter Anteilstausch nach § 21 Abs. 1 Satz 2 UmwStG zum Buchwert. Im Anschluss an die Einbringung wurde **die XA-GmbH in eine KG formgewechselt**. Das Finanzamt wertete dies als Veräußerung der eingebrachten Anteile nach § 22 Abs. 2 Satz 1 UmwStG und ermittelte einen Einbringungsgewinn II, der den Anteilseignern der XA-GmbH zuzurechnen und nach dem Teileinkünfteverfahren zu versteuern war.

Dieser Rechtsauffassung folgt auch der **BFH** mit Urteil vom 27.11.2024[2] und verweist dazu auf seine bisherige Rechtsprechung zur vorgehenden Fassung des UmwStG. Der **Formwechsel** sei **als Veräußerung** i.S.v. § 22 Abs. 2 Satz 1 UmwStG zu werten. Eine **teleologische Reduktion** dieser Vorschrift **lehnt der BFH dabei ab**, sofern die eingebrachten Anteile durch den Formwechsel nicht wieder in denjenigen ertragsteuerlichen Status zurückfallen, den sie vor der Einbringung hatten. Dies sei vorliegend aber nicht der Fall, weil durch den Formwechsel der XA-GmbH in eine KG und damit der Anwendung des Transparenzprinzips die stillen Reserven der Wirtschaftsgüter der KG sich mit den stillen Reserven der X-GmbH vermischen und darüber hinaus ein Verkauf der KG-Anteile nun eine Versteuerung mit 15 % Körperschaftsteuer statt mit dem individuellen Einkommensteuertarif der Einbringenden unter Berücksichtigung des Teileinkünfteverfahrens unterfiele.

Anmerkung:

Bereits mit Urteil vom 18.11.2020[3] bejahte der BFH eine Veräußerung der eingebrachten Anteile i.S.v. § 22 Abs. 2 Satz 1 UmwStG, wenn innerhalb von sieben Jahren nach dem qualifizierten Anteilstausch ein Formwechsel der übernehmenden Kapitalgesellschaft in eine Personengesellschaft erfolgt.

c) Verstoß gegen Fusionsrichtlinie bei grenzüberschreitender Umwandlung

327 Mit Urteil vom 22.5.2025[4] entschied das Hessische FG im zweiten Rechtsgang, dass die **Besteuerung des Einbringungsgewinns II bei grenzüberschreitenden Umwandlungen nicht im Einklang mit der Fusionsrichtlinie** steht.

In dem Urteilsfall wurden Anteile an einer spanischen Kapitalgesellschaft durch einen qualifizierten Anteilstausch zu Buch- bzw. Zwischenwerten in eine GmbH eingebracht. Während der durch diese Einbringung ausgelösten siebenjährigen Sperrfrist wurde die GmbH durch einen Formwechsel zu Buchwerten in eine gewerblich tätige Personengesellschaft umgewandelt.

Streitig war, ob der Formwechsel der übernehmenden Gesellschaft einen Einbringungsgewinn II auslöst. Dies hat der BFH bereits in seinem Revisionsurteil vom 18.11.2020[5] (s. auch → Rz. 326) grundsätzlich bejaht, da der Formwechsel der überneh-

1) Gesetz v. 2.12.2024, BGBl. I 2024 Nr. 387 = BStBl I 2024, 1484.
2) BFH v. 27.11.2024, X R 26/22, HFR 2025, 803 (mit Anm. Kulosa) = BB 2025, 1392. Vgl. hierzu auch Zapf, jurisPR-SteuerR 32/2025 Anm. 4.
3) BFH v. 18.11.2020, I R 25/18, BStBl II 2021, 732.
4) Hessisches FG v. 22.5.2025, 3 K 778/21, Der Konzern 2025, 359.
5) BFH v 18.11.2020, I R 24/18, BFH/NV 2021, 951, sowie I R 25/18, BStBl II 2021, 732.

menden GmbH innerhalb der Sperrfrist als schädliche Veräußerung der GmbH-Anteile zu qualifizieren sei.

Das Hessische FG hatte im zweiten Rechtsgang darüber hinaus zu prüfen, ob die Besteuerung des Einbringungsgewinns II materiell die Vorgaben der Fusionsrichtlinie verletzt. Die Fusionsrichtlinie (Richtlinie 2009/133/EG) soll die steuerneutrale Umstrukturierung von Unternehmen auch in grenzüberschreitenden Fällen ermöglichen. Sie findet auf den Sachverhalt Anwendung, da an dem Anteilstausch Gesellschaften aus zwei Mitgliedsstaaten beteiligt sind.

Das Hessische **FG** kommt zu dem Ergebnis, dass die grundsätzliche Besteuerung eines Einbringungsgewinns II **gegen Art. 8 Abs. 1 der Fusionsrichtlinie verstößt**. Danach darf die Zuteilung von Anteilen am Gesellschaftskapital der übernehmenden oder erwerbenden Gesellschaft an einen Gesellschafter der einbringenden oder erworbenen Gesellschaft gegen Anteile an deren Gesellschaftskapital aufgrund einer Fusion, einer Spaltung oder des Austauschs von Anteilen für sich allein keine Besteuerung des Veräußerungsgewinns dieses Gesellschafters auslösen.

Im Ergebnis sei somit kein Einbringungsgewinn nachzuversteuern, da sich der Steuerpflichtige direkt auf die Fusionsrichtlinie berufen könne.

Beratungshinweis:

Die Revision wurde wegen grundsätzlicher Bedeutung der Rechtssache zugelassen, da es sich bei der Anwendung der Fusionsrichtlinie um bislang ungeklärte Rechtsfragen handelt. Sie ist zwischenzeitlich bereits unter dem Az. X R 18/25 beim BFH anhängig, der nun Gelegenheit hat, über die Anwendung der Fusionsrichtlinie in diesem Fall zu entscheiden.

5. Aufhebung der Sonderregelungen für einbringungsgeborene Anteile

Die Sonderregelungen für einbringungsgeborene Anteile wurden durch das JStG 2024[1] **mit Wirkung zum 1.1.2025 aufgehoben** (§ 27 Abs. 3 UmwStG). **328**

Ab dem VZ 2025 unterliegen die ehemals einbringungsgeborenen Anteile den Regelungen des § 17 EStG. Dazu wird der Anwendungsbereich in § 17 Abs. 6 Nr. 2 EStG dahingehend ausgeweitet, dass hierunter Anteile fallen, die auf einer Einbringung eines Betriebs, Teilbetriebs oder Mitunternehmeranteils i.S.v. § 20 Abs. 1 UmwStG beruhen.

Beratungshinweis:

Damit unterliegt nun der Gewinn aus der Veräußerung von ehemals einbringungsgeborenen Anteilen der Besteuerung nach § 17 Abs. 1 Satz 1 EStG.

VII. Sonstige Themen der Unternehmensbesteuerung

1. Unterstützung der vom Krieg in der Ukraine Geschädigten

Mit Schreiben vom 17.3.2022[2] gab das BMF im Sinne eines **Katastrophenerlasses** steu- **329**
erliche Maßnahmen zur Unterstützung der vom Krieg in der Ukraine Geschädigten bekannt. Demnach gilt u.a. für Zuwendungen ab dem 24.2.2022 der vereinfachte Spendennachweis, steuerbegünstigte Körperschaften können steuerunschädlich Spendenaktionen veranstalten oder Personal und Räumlichkeiten zur Unterstützung von Kriegsgeschädigten einsetzen. Zuwendungen aus dem Betriebsvermögen können als Sponsoring-Maßnahmen als Betriebsausgaben berücksichtigt werden. Arbeitslohnspenden

1) Gesetz v. 2.12.2024, BGBl. I 2024 Nr. 387 = BStBl I 2024, 1484.
2) BMF v. 17.3.2022, IV C 4 – S 2223/19/10003 :013, BStBl I 2022, 330.

unterliegen nicht der Lohnsteuer. Überlassungen von Sachmitteln, Räumen und Personal lösen keine Umsatzsteuer aus. Laut BMF-Schreiben vom 7.6.2022[1] können Unterstützungsleistungen des Arbeitgebers an seine vom Krieg betroffenen Arbeitnehmer in gewissem Rahmen lohnsteuerfrei gewährt werden. Mit Schreiben vom 13.3.2023[2] ergänzte das BMF zudem, dass unentgeltliche Leistungen zur Reparatur kriegsbeschädigter Infrastruktur nicht als unentgeltliche Wertabgabe der Umsatzsteuer unterliegen und der Vorsteuerabzug beim Bezug dazu verwendeter Leistungen nicht beschränkt wird.

Die Anwendung dieser Vorgaben wurde bereits mehrfach verlängert. Mit Schreiben vom 4.12.2024[3] erklärt das BMF diese nun für weiterhin anwendbar, sofern **unterstützende Maßnahmen bis 31.12.2025 durchgeführt** werden. Mit Schreiben vom 4.12.2025[4] wurde die Anwendung der Vorgaben nochmals bis 31.12.2026 verlängert.

2. Verfassungsrechtliche Zweifel am EU-Energiekrisenbeitrag

330 Basierend auf den Vorgaben der EU-Verordnung 2022/1854 vom 6.10.2022 wurde 2022 das EU-Energiekrisenbeitragsgesetz in nationales Recht eingeführt. **Unternehmen im Erdöl-, Erdgas-, Kohle- und Raffineriebereich** haben demnach für das nach dem 31.12.2021 beginnende volle Wirtschaftsjahr und das darauffolgende volle Wirtschaftsjahr einen **EU-Energiekrisenbeitrag auf sog. Übergewinne** zu leisten. Der EU-Energiekrisenbeitrag beträgt 33 % der positiven Differenz zwischen dem steuerlichen Gewinn der vorgenannten Wirtschaftsjahre und dem um 20 % erhöhten durchschnittlichen steuerlichen Gewinn der Wirtschaftsjahre 2018 bis 2021. Dadurch sollen durch die Energiekrise unerwartet hohe Gewinne, die in den vorgenannten Branchen erzielt werden konnten, abgeschöpft werden.

Das **FG Köln** gewährte wegen ernstlicher Zweifel an der Verfassungsmäßigkeit des EU-Energiekrisenbeitrags mit Beschluss vom 20.12.2024[5] einer im Energie- und Raffineriebereich tätigen Antragstellerin, die sich gegen die Festsetzung eines EU-Energiekrisenbeitrags wandte, **vorläufigen Rechtsschutz**. Zur Begründung verwies das Gericht auf Zweifel an der Vereinbarkeit des EU-Energiekrisenbeitrags mit dem Grundgesetz, namentlich mit der Gesetzgebungskompetenz des Bundes sowie der Vereinbarkeit mit dem Gleichheitssatz nach Art. 3 Abs. 1 GG und der Eigentumsgarantie nach Art. 14 Abs. 1 GG. Zudem äußerte das FG Köln Zweifel an der Vereinbarkeit der zugrundeliegenden EU-Verordnung mit den EU-rechtlichen Vorgaben, wobei hier bereits ein Vorabentscheidungsersuchen des belgischen Verfassungsgerichtshofs beim EuGH unter dem Az. C-358/24 anhängig ist.

3. Solidaritätszuschlag: Erfolglose Verfassungsbeschwerde

331 Der Solidaritätszuschlag wurde zum 1.1.1995 eingeführt und stellt eine Ergänzungsabgabe gemäß Art. 106 Abs. 1 Nr. 6 GG dar. In seinem Urteil vom 26.3.2025[6] stellt das BVerfG klar, dass eine solche Ergänzungsabgabe einen aufgabenbezogenen finanziellen Mehrbedarf des Bundes voraussetzt. Dieser ist allerdings durch den Gesetzgeber nur in seinen Grundzügen zu umreißen. Im Fall des Solidaritätszuschlags ist dies der wiedervereinigungsbedingte finanzielle Mehrbedarf des Bundes.

Ein evidenter Wegfall des Mehrbedarfs begründet laut BVerfG eine Verpflichtung des Gesetzgebers, die Abgabe aufzuheben oder ihre Voraussetzungen anzupassen. Den

1) BMF v. 7.6.2022, IV C 4 – S 2223/19/10003 :017, BStBl I 2022, 923.
2) BMF v. 13.3.2023, IV C 2 – S 7500/22/10005 :005, BStBl I 2023, 404.
3) BMF v. 4.12.2024, IV D 5 – S 2223/19/10003 :030, BStBl I 2024, 1545.
4) BMF v. 4.12.2025, IV D 5 – S 2223/00044/030/052.
5) FG Köln v. 20.12.2024, 2 V 1597/24, StB 2025, 103 (Beschwerde beim BFH anhängig unter Az. II B 5/25 [AdV]).
6) BVerfG v. 26.3.2025, 2 BvR 1505/20, HFR 2025, 474 mit Anm. Bopp. Vgl. hierzu auch Jachmann-Michel, jurisPR-SteuerR 24/2025 Anm. 1.

Bundesgesetzgeber treffe bei einer länger andauernden Erhebung einer solchen Ergänzungsabgabe eine Beobachtungsobliegenheit. Dabei könne ein **offensichtlicher Wegfall** des auf den Beitritt der damals neuen Länder zurückzuführenden Mehrbedarfs des Bundes auch **heute (noch) nicht festgestellt** werden.

> **Anmerkung:**
>
> Eine Verpflichtung des Gesetzgebers zur Aufhebung des Solidaritätszuschlags ab dem Veranlagungszeitraum 2020 bestand und besteht laut BVerfG folglich nicht.

4. Forschungszulage: Leistung an Anspruchsberechtigten

Mit dem Wachstumschancengesetz[1] wurden die Verrechnungs- bzw. Zahlungsmodalitäten der Forschungszulage mit Wirkung ab 1.1.2025 punktuell geändert. **332**

Um eine festgesetzte Forschungszulage möglichst zeitnah dem Steuerpflichtigen zukommen zu lassen, sind nach § 10 Abs. 2a FZulG **Vorauszahlungen zur Einkommen- oder Körperschaftsteuer** auf Antrag für den letzten noch nicht veranlagten Zeitraum entsprechend durch Abzug der festgesetzten Forschungszulage **anzupassen**, soweit eine Anpassung im Festsetzungszeitpunkt möglich ist.[2]

VIII. Verfahrensrecht

1. Ergänzung der gemeinnützigen Zwecke

Körperschaften, die ausschließlich und unmittelbar gemeinnützige Zwecke verfolgen, **333** können bei Vorliegen weiterer Voraussetzungen Steuervergünstigungen beanspruchen (§§ 51 ff. AO). In § 52 Abs. 2 AO findet sich ein abschließender Katalog der anerkannten gemeinnützigen Zwecke. Dieser Katalog wurde mit dem JStG 2024[3] mit Wirkung zum 1.1.2025 um § 52 Abs. 2 Satz 1 Nr. 27 AO ergänzt, wonach die Förderung wohngemeinnütziger Zwecke in Form der **vergünstigten Wohnraumüberlassung an hilfebedürftige Personen** anerkannt wird. Die darin definierte Hilfebedürftigkeit muss zu Beginn des jeweiligen Mietverhältnisses vorliegen.

2. Einheitlich erteilte verbindliche Auskunft

Der BFH hat in einem Streitfall entschieden, in dem acht an einer Holdinggesellschaft **334** beteiligte Kläger eine Umstrukturierung planten. Hierzu beantragten sie beim zuständigen Finanzamt eine verbindliche Auskunft (§ 89 AO), das daraufhin acht inhaltsgleiche Auskünfte erteilte und acht Gebührenbescheide in Höhe der gesetzlichen Höchstgebühr von je 109.736 Euro erließ.

Dem widersprach der BFH mit Urteil vom 3.7.2025.[4] Gemäß § 89 Abs. 3 Satz 2 AO ist **nur eine Gebühr zu erheben, wenn die verbindliche Auskunft gegenüber mehreren Antragstellern einheitlich erteilt** wird. In einem solchen Fall sind alle Antragsteller Gesamtschuldner der Gebühr. Laut BFH hat das Finanzamt dem gemeinsamen Antrag der Kläger, der auf die einheitliche Erteilung der verbindlichen Auskunft gerichtet gewesen war, uneingeschränkt entsprochen. Dass das Finanzamt jedem Kläger einen entsprechenden Bescheid übermittelt habe, ändere nichts daran, dass in der Sache nur eine verbindliche Auskunft vorliege.

Weiter stellte der BFH klar, dass der Anwendungsbereich des § 89 Abs. 3 Satz 2 AO nicht auf die in § 1 Abs. 2 StAuskV genannten Fälle, in denen eine verbindliche Aus-

1) Gesetz v. 27.3.2024, BGBl. I 2024 Nr. 108 = BStBl I 2024, 666.
2) Hierzu und zu den weiteren Änderungen des FZulG durch das Wachstumschancengesetz vgl. auch Korn, kösdi 2024, 24381, 23853 f.
3) Gesetz v. 2.12.2024, BGBl. I 2024 Nr. 387 = BStBl I 2024, 1484.
4) BFH v. 3.7.2025, IV R 6/23, HFR 2025, 1018 mit Anm. Haunhorst.

kunft von allen Beteiligten nur gemeinsam beantragt werden kann, beschränkt ist. Der Gesetzgeber habe mit der 2016 getroffenen Regelung des § 89 Abs. 3 Satz 2 AO auf die Rechtsprechung des BFH reagiert, der bis dahin angenommen hatte, dass im Grundsatz bei mehreren Antragstellern gegenüber jedem von ihnen eine Auskunftsgebühr festzusetzen war, selbst wenn sich deren Anträge auf denselben Sachverhalt bezogen.

3. Fiktion der Bekanntgabe von Steuerbescheiden

335 Bislang galt ein Steuerbescheid, der durch das zuständige Finanzamt per Post aufgegeben, elektronisch übermittelt oder zum Datenabruf bereitgestellt wurde, am dritten Tag nach der Absendung als bekanntgegeben.

Durch das Postrechtsmodernisierungsgesetz[1)] wurde diese Frist von drei Tagen mit Wirkung seit dem 1.1.2025 auf **vier Tage** verlängert (§ 122 Abs. 2 Nr. 1, Abs. 2a und § 122a Abs. 4 AO; zur Bekanntgabe durch Bereitstallung zum Datenabruf ab 1.1.2026 → Rz. 106).

Anmerkung:

Mit Urteil vom 20.2.2025[2)] wies der BFH eine Klage zurück, mit der vorgetragen wurde, die gesetzliche Zugangsvermutung (im Streitfall noch § 122 Abs. 2 Nr. 1 AO a.F.) greife nicht, weil das Wohngebiet, in dem der Kläger ansässig ist, nur an fünf Werktagen beliefert werde. Laut BFH ist für die Anwendung der Bekanntgabefiktion entscheidend, ob es realistisch erscheint, dass die Post innerhalb der – im Streitfall noch – Dreitagesfrist zugestellt wurde. Zweifel daran müssen die Steuerpflichtigen substantiiert vorbringen und belegen. Die **Nichtzustellung an einzelnen Werktagen** setzt die **gesetzliche Zugangsvermutung** hingegen **nicht bereits grundsätzlich außer Kraft**, so der BFH.

4. Verkürzung von Aufbewahrungsfristen

336 Sofern Aufbewahrungsfristen für Buchungsbelege im Steuer- und Handelsrecht am 31.12.2024 noch nicht abgelaufen waren, verkürzt sich die Aufbewahrungsfrist nach Änderungen durch das BEG IV[3)]. Konkret beträgt die Aufbewahrungsfrist nur noch **acht Jahre** statt bislang zehn Jahren in folgenden Fällen:

- Bücher und Aufzeichnungen, Inventare, Jahresabschlüsse, Lageberichte, die Eröffnungsbilanz sowie sonstige Organisationsunterlagen (§ 147 Abs. 3 Satz 1 i.V.m. § 147 Abs. 1 Nr. 1 AO), ebenso für handelsrechtliche Zwecke (§ 257 Abs. 4 i.V.m. Abs. 1 Nr. 1 HGB),
- Buchungsbelege (§ 147 Abs. 3 Satz 1 i.V.m. § 147 Abs. 1 Nr. 4 AO), ebenso für handelsrechtliche Zwecke (§ 257 Abs. 4 i.V.m. Abs. 1 Nr. 4 HGB),
- Zollbelege (§ 147 Abs. 3 Satz 1 i.V.m. § 147 Abs. 1 Nr. 4a AO),
- Rechnungen (§ 14b Abs. 1 Satz 1 UStG).

Anmerkung:

Unverändert geblieben ist allerdings die Aufbewahrungsfrist für empfangene sowie die Wiedergabe der abgesandten Handels- oder Geschäftsbriefe bei zehn Jahren (zur Verlängerung der Aufbewahrungsfrist von Buchungsbelegen für Kreditinstitute, der Versicherungsaufsicht unterliegende Institute und Wertpapierinstitute → Rz. 108).

1) Gesetz v. 15.7.2024, BGBl. I 2024 Nr. 236.
2) BFH v. 20.2.2025, VI R 18/22, HFR 2025, 601 mit Anm. Teller. Vgl. hierzu auch Geserich, jurisPR-SteuerR 24/2025 Anm. 2.
3) Gesetz v. 23.10.2024, BGBl. I 2024 Nr. 323 = BStBl I 2024, 1421.

5. Vorlagepflicht von E-Mails im Rahmen einer Betriebsprüfung

Laut BFH ist der Betriebsprüfer berechtigt, von dem zu prüfenden Unternehmen sämtliche E-Mails anzufordern, sofern diese **steuerlichen Bezug aufweisen** und von dem berechtigten Vorlageverlangen umfasst sind. Zu diesem Ergebnis kommt der BFH mit Beschluss vom 30.4.2025.[1) **337**

In dem zugrundeliegenden Streitfall forderte der Betriebsprüfer, sämtliche E-Mails vorzulegen, die die Vorbereitung, den Abschluss und die Durchführung von Vereinbarungen mit anderen Konzerngesellschaften (sog. Intercompany-Agreements) sowie Verrechnungspreisdokumentationen betreffen. Zudem wurde ein Gesamtjournal in digitaler Form angefordert, in dem Informationen zu jedweder E-Mail-Korrespondenz des Unternehmens und seiner Mitarbeiter enthalten sein sollten.

Der BFH sieht das **Vorlageverlangen** hinsichtlich der E-Mails als **hinreichend bestimmt** an und bejaht auch eine Vorlagepflicht. E-Mails zur Vorbereitung und Durchführung konzerninterner Vereinbarungen seien als eine Form von Handels- und Geschäftsbriefen sowohl im Fall von empfangenen als auch abgesandten E-Mails nach § 147 Abs. 1 Nr. 2 und 3 AO **aufbewahrungspflichtig**. Dies umfasse auch E-Mails, die lediglich Informationen zu Erfüllungshandlungen beinhalten. Aufbewahrungspflichtig seien zudem E-Mails zur Verrechnungspreisdokumentation, die als sonstige Unterlagen mit Bedeutung für die Besteuerung von § 147 Abs. 1 Nr. 5 AO erfasst werden. Die Auswertung oder Übertragung dieser Daten könne nach § 147 Abs. 6 AO verlangt werden.

Ausgenommen von der Aufbewahrungs- und Vorlagepflicht sind nach Auffassung des BFH **E-Mails ohne steuerlichen Bezug**. Damit sei das Aussortieren rein privater E-Mails durch das Unternehmen erlaubt.

Das Verlangen der Außenprüfer, ein **Gesamtjournal** vorzulegen, sieht der BFH dagegen bereits mangels Rechtsgrundlage für **nicht rechtmäßig** an. Zum einen könne ein solches Journal nicht eingefordert werden, da dieses erst noch zu erstellen wäre. Zum anderen verneint der BFH eine für das Vorlageverlangen erforderliche Aufbewahrungspflicht, da in einem Gesamtjournal auch Informationen zu E-Mails ohne steuerlichen Bezug enthalten wären.

Beratungshinweis:

Der Beschluss macht deutlich, dass im Rahmen einer Betriebsprüfung die Vorlage aller E-Mails im Unternehmen, die steuerlichen Bezug aufweisen und inhaltlich von einem zulässigen Vorlageverlangen umfasst sind, gefordert werden kann. Dabei bejaht der BFH auch die Möglichkeit einer Anforderung von Informationen en bloc.

6. Anzeige- und Berichtigungspflicht hinsichtlich Prüfungsfeststellungen

Mit dem DAC7-UmsG[2)] wurden die Anzeige- und Berichtigungspflicht nach § 153 Abs. 4 AO dahingehend erweitert, dass eine Berichtigungspflicht besteht, wenn **Prüfungsfeststellungen unanfechtbar** in einem Steuerbescheid, einem Feststellungsbescheid oder einem Teilabschlussbescheid (→ Rz. 340) umgesetzt worden sind. Zudem ist erforderlich, dass die den Prüfungsfeststellungen zugrunde liegenden Sachverhalte auch **in einer anderen Steuererklärung**, die nicht Gegenstand der Außenprüfung war, z.B. Steuererklärungen der Folgejahre, zu einer Änderung der Besteuerungsgrundlagen führen. **338**

1) BFH v. 30.4.2025, XI R 15/23, BStBl II 2025, 763 = HFR 2025, 1022 mit Anm. Textor.
2) Gesetz v. 20.12.2022, BGBl. I 2022, 2730 = BStBl I 2023, 82.

Beratungshinweis:

Anzuwenden ist die Erweiterung der Berichtigungspflicht erstmals auf Steuern, die nach dem 31.12.2024 entstehen. Zudem ist die neue Regelung aber auch für Steuern anzuwenden, die zwar bereits vor dem 1.1.2025 entstanden sind, für die aber nach dem 31.12.2024 eine Prüfungsanordnung bekanntgegeben wurde (Art. 97 § 37 Abs. 2 und 3 EGAO).

7. Ablaufhemmung der Festsetzungsfrist bei Außenprüfungen

339 Mit dem DAC7-UmsG[1] wurde § 171 Abs. 4 AO neugefasst und damit die Regelung der Ablaufhemmung modifiziert. Hintergrund der Regelung ist, dass Außenprüfungen hinsichtlich Steuern und Steuervergütungen, die nach dem 31.12.2024 entstehen (Art. 97 § 37 Abs. 2 EGAO), wesentlich beschleunigt werden sollen.

Wird nun vor Ablauf der Festsetzungsfrist mit einer Außenprüfung begonnen, endet die Festsetzungsfrist **spätestens fünf Jahre nach** Ablauf des Kalenderjahres, in dem die **Prüfungsanordnung bekanntgegeben** wurde (Ablaufhemmung nach § 171 Abs. 4 Satz 3 AO). Wird auf Antrag des Steuerpflichtigen der Beginn der Außenprüfung verschoben oder die Außenprüfung unterbrochen, verlängert sich die Frist um diese Dauer (§ 171 Abs. 4 Satz 4 AO). Nimmt die Finanzbehörde zwischenstaatliche Amtshilfe in Anspruch, verlängert sich die Festsetzungsfrist grundsätzlich um die Dauer der Amtshilfe, mindestens um ein Jahr (§ 171 Abs. 4 Satz 5 AO).

Beratungshinweis:

Um den Beschleunigungszweck zu erzielen, beginnt die Ablaufhemmung nach § 171 Abs. 4 Satz 3 AO bereits mit Ablauf des auf das Jahr des Wirksamwerdens des Steuerbescheids folgenden Kalenderjahres zu laufen, wenn **in beratenen Fällen** die Prüfungsanordnung aus Gründen, die die **Finanzbehörde zu vertreten** hat, zu einem späteren Zeitpunkt bekannt gegeben wird (§ 197 Abs. 5 Satz 2 AO, → Rz. 342).

8. Teilabschlussbescheid

a) Feststellungsbescheid

340 Mit dem DAC7-UmsG[2] wurde die Möglichkeit eines Teilabschlussbescheids eingeführt (§ 180 Abs. 1a AO). Der Erlass eines solchen Bescheids ist erstmals auf Steuern anwendbar, die nach dem 31.12.2024 entstehen, oder aber auf Steuern, die zwar vor dem 1.1.2025 entstanden sind, für die aber nach dem 31.12.2024 eine Prüfungsanordnung bekanntgegeben wurde (Art. 97 § 37 Abs. 2 und 3 EGAO).

Möglich ist damit, im Rahmen einer Außenprüfung für den Prüfungszeitraum ermittelte und **abgrenzbare Besteuerungsgrundlagen** bereits **während der Außenprüfung** gesondert in einem Bescheid festzustellen (Teilabschlussbescheid). Damit können Steuerpflichtige frühzeitig zu ausgewählten Besteuerungsgrundlagen Rechtssicherheit erlangen. Ein solcher Teilabschlussbescheid soll **auf Antrag** des Steuerpflichtigen ergehen, wenn ein erhebliches vom Steuerpflichtigen glaubhaft zu machendes Interesse besteht (§ 180 Abs. 1a Satz 2 AO).

Im Fall eines Teilabschlussbescheides ist keine gesonderte Feststellungserklärung abzugeben. Als Steuererklärung gilt vielmehr die Erklärung, für deren Besteuerungszeitraum der Teilabschlussbescheid unmittelbar Bindungswirkung entfaltet (§ 181 Abs. 1 Satz 4 AO). Teilabschlussbescheide können bis zum Ergehen des Prüfungsberichts erlassen werden. Auf den ergangenen Teilabschlussbescheid ist im Prüfungsbericht hinzuweisen (§ 202 Abs. 1 Satz 4 AO). Die Finanzverwaltung kann außerdem

1) Gesetz v. 20.12.2022, BGBl. I 2022, 2730 = BStBl I 2023, 82.
2) Gesetz v. 20.12.2022, BGBl. I 2022, 2730 = BStBl I 2023, 82.

bereits nach Erlass eines Teilabschlussbescheids verbindliche Zusagen, wie ein für die Vergangenheit geprüfter und im Teilabschlussbericht dargestellter Sachverhalt in Zukunft steuerlich behandelt wird, erteilen (§ 204 Abs. 2 AO, → Rz. 341).

b) Verbindliche Zusage

Die Regelung in § 204 AO zur Möglichkeit verbindlicher Zusagen im Anschluss an eine **341**
Außenprüfung wurde mit dem DAC7-UmsG[1] explizit um die verbindliche Zusage nach Erlass eines Teilabschlussbescheids in § 204 Abs. 2 AO ergänzt. Hinsichtlich der Anwendungsregelung gilt die für den Erlass eines Teilabschlussbescheids geltende Regelung (→ Rz. 340).

9. Prüfungsanordnung in beratenen Fällen

Bei Steuern, die nach dem 31.12.2024 entstehen (Art. 97 § 37 Abs. 2 EGAO), wurde mit **342**
dem DAC7-UmsG[2] eine nicht verpflichtende Frist zum Erlass der Prüfungsanordnung eingeführt. In beratenen Fällen zu den in § 149 Abs. 3 AO genannten Steuererklärungen soll die Prüfungsanordnung **bis zum Ablauf des Kalenderjahres** erlassen werden, das auf das Kalenderjahr folgt, in dem der Steuerbescheid wirksam geworden ist (§ 197 Abs. 5 Satz 1 AO). Durch die Verweisungsvorschriften in der AO gilt dies entsprechend für Steueranmeldungen, Feststellungserklärungen, Steuermessbescheide und Feststellungsbescheide.

Wird die Prüfungsanordnung aus Gründen, die die Finanzbehörde zu vertreten hat, **später** bekanntgegeben, beginnt die fünfjährige Ablaufhemmung der Festsetzungsfrist (→ Rz. 339) bereits mit Ablauf des Kalenderjahres, das auf das Kalenderjahr folgt, in dem der Steuerbescheid wirksam geworden ist (§ 197 Abs. 5 Satz 2 AO).

Beratungshinweis:

Finanzbehörden sind somit zwar nicht verpflichtet, in beratenen Fällen bis zum Ende des Folgejahres der Bekanntgabe des Steuerbescheids eine Prüfungsanordnung zu erlassen. Erfolgt allerdings eine Prüfungsanordnung zu einem späteren Zeitpunkt, kann die dann bereits zu einem früheren Zeitpunkt angelaufene fünfjährige Ablaufhemmung der Festsetzungsfristen der zu prüfenden Steuerbescheide den Druck erhöhen, die Prüfungshandlungen zügig abzuschließen.

10. Regelmäßige Gespräche

Im Fall von nach dem 31.12.2024 entstehenden Steuern oder im Fall von vor dem **343**
1.1.2025 bereits entstandenen Steuern, wenn für diese nach dem 31.12.2024 eine Prüfungsanordnung bekanntgegeben wird (Art 97 § Abs. 2 und 3 EGAO), kann gemäß einer Ergänzung durch das DAC7-UmsG[3] die Finanzbehörde mit dem Steuerpflichtigen vereinbaren, **in regelmäßigen Abständen** Gespräche über die festgestellten Sachverhalte und die möglichen steuerlichen Auswirkungen zu führen (§ 199 Abs. 2 Satz 2 AO).

Zudem kann die Finanzverwaltung **im Einvernehmen** mit dem Steuerpflichtigen **Rahmenbedingungen** für die Mitwirkung im Rahmen der Außenprüfung nach § 200 AO festlegen. Werden die Rahmenbedingungen vom Steuerpflichtigen erfüllt, unterbleibt nach § 199 Abs. 2 Satz 3 AO ein qualifiziertes Mitwirkungsverlangen nach § 200a AO (→ Rz. 344).

---

1) Gesetz v. 20.12.2022, BGBl. I 2022, 2730 = BStBl I 2023, 82.
2) Gesetz v. 20.12.2022, BGBl. I 2022, 2730 = BStBl I 2023, 82.
3) Gesetz v. 20.12.2022, BGBl. I 2022, 2730 = BStBl I 2023, 82.

11. Qualifiziertes Mitwirkungsverlangen

344 Durch das mit dem DAC7-UmsG[1] eingeführte sog. qualifizierte Mitwirkungsverlangen kann der Steuerpflichtige zur Mitwirkung nach § 200 AO in einem **vollstreckbaren Verwaltungsakt** aufgefordert werden. Die Regelung gilt für Steuern, die nach dem 31.12.2024 entstehen, sowie teilweise auch auf vor dem 1.1.2025 entstandenen Steuern, wenn hierfür nach dem 31.12.2024 eine Prüfungsanordnung bekanntgegeben wird (Art. 97 § 37 Abs. 2 und 3 EGAO).

Das qualifizierte Mitwirkungsverlangen kann nach Ablauf von sechs Monaten seit Bekanntgabe der Prüfungsanordnung an den Steuerpflichtigen gerichtet werden. Einer weitergehenden Begründung bedarf es nicht, wenn der Steuerpflichtige zuvor auf die Möglichkeit der Erteilung eines qualifizierten Mitwirkungsverlangens hingewiesen wurde und dennoch den Mitwirkungspflichten nicht oder nicht hinreichend nachgekommen ist. Das Verlangen ist innerhalb einer **Frist von einem Monat** nach Bekanntgabe zu erfüllen. In begründeten Einzelfällen kann die Frist verlängert werden (§ 200a Abs. 1 AO).

Kommt der Steuerpflichtige dem qualifizierten Mitwirkungsverlangen nicht oder nicht hinreichend nach (**Mitwirkungsverzögerung**), hat die Finanzbehörde ein Mitwirkungsverzögerungsgeld von 75 Euro je Kalendertag der Mitwirkungsverzögerung, maximal für 150 Kalendertage, festzusetzen. Die Mitwirkungsverzögerung endet mit Ablauf des Tages, an dem das qualifizierte Mitwirkungsverlangen vollständig erfüllt wurde, spätestens mit Ablauf des Tages der Schlussbesprechung (§ 200a Abs. 2 AO).

Zudem kann ein **Zuschlag zum Mitwirkungsverzögerungsgeld** von höchstens 25.000 Euro für jeden vollen Kalendertag der Mitwirkungsverzögerung und höchstens für 150 Kalendertage festgesetzt werden, wenn zu befürchten ist, dass der Steuerpflichtige ohne einen Zuschlag seiner Verpflichtung nicht nachkommt (§ 200a Abs. 3 AO).

Anmerkung:

Bei dem Mitwirkungsverzögerungsgeld handelt es sich um einen gebundenen Verwaltungsakt in Form einer steuerlichen Nebenleistung (§ 3 Abs. 4 Nr. 3a AO). Demgegenüber steht die Festsetzung des Zuschlags zum Mitwirkungsverzögerungsgeld im Ermessen der Finanzbehörde.

Von der Festsetzung eines Mitwirkungsverzögerungsgeldes bzw. eines Zuschlags ist abzusehen, wenn der Steuerpflichtige glaubhaft macht, dass die Mitwirkungsverzögerung **entschuldbar** ist (§ 200a Abs. 2 Satz 6, Abs. 3 Satz 3 AO).

Falls ein Mitwirkungsverzögerungsgeld festgesetzt wurde, verlängert sich die Festsetzungsfrist im Rahmen der Außenprüfung um die Dauer der Mitwirkungsverzögerung, mindestens aber um ein Jahr (§ 200a Abs. 4 AO).

12. Nachzahlungszinsen: Erlass bei freiwilliger Steuervorauszahlung

345 Mit Urteil vom 26.6.2024[2] nimmt das Niedersächsische FG zu den **Voraussetzungen des Zinserlasses** bei freiwilliger Leistung von Steuervorauszahlungen Stellung. Maßgeblich hierfür sei, dass die Finanzverwaltung die Leistung annimmt und diese mit dem Willen des Steuerpflichtigen auf die später wirksam gewordene Steuerfestsetzung anrechnet. Der Steuerpflichtige müsse also mit der Anrechnung einverstanden sein. Eine konkrete Tilgungsbestimmung ist, abweichend von § 225 Abs. 1 AO, nach Auffassung des FG hingegen nicht erforderlich. Ebenso unerheblich sei der Zeitpunkt der Anrechnung.

---

1) Gesetz v. 20.12.2022, BGBl. I 2022, 2730 = BStBl I 2023, 82.
2) Niedersächsisches FG v. 26.6.2024, 3 K 46/24, EFG 2024, 1812 mit Anm. Schmidt (Revision beim BFH anhängig unter dem Az. VIII R 20/24).

Beratungshinweis:

Sind die Tatbestandsmerkmale des § 233a Abs. 8 Satz 1 AO erfüllt, müsse die Finanzverwaltung die Nachzahlungszinsen **zwingend** erlassen. Ein Ermessensspielraum besteht anders als bei einem Erlass gemäß § 227 AO nicht.

13. Aussetzungszinsen: verfassungsrechtliche Zweifel gegenüber Zinssatzhöhe

Wegen verfassungsrechtlicher Zweifel hatte bereits der BFH mit Beschluss vom 8.5.2024[1] dem **BVerfG** die Frage zur **verfassungsmäßigen Prüfung vorgelegt**, ob ungeachtet der Herabsetzung des Zinssatzes für Steuernachzahlungen für Verzinsungszeiträume ab 1.1.2019 von 0,5 % auf 0,15 % pro Monat (§ 238 Abs. 1a AO) der Zinssatz bei der Aussetzung von Steuerbeträgen nach § 237 AO im Streitfall vom 1.1.2019 bis 15.4.2021 von 0,5 % pro Monat verfassungskonform ist. Das Verfahren ist unter dem Az. 1 BvL 8/24 anhängig. 346

In der Folge gewährte der **BFH** in einem Beschwerdeverfahren unter Bezugnahme auf das vorgenannte Verfahren die Aussetzung der Vollziehung (**AdV**) im Umfang der **Differenz** zwischen den Zinssätzen bei AdV-Zinsen und Nachzahlungszinsen in Höhe von 0,35 % pro Monat.[2]

Mit Verweis auf die vorgenannte BFH-Rechtsprechung bestätigt das **FG Köln** mit Beschluss vom 8.4.2025[3] die verfassungsrechtlichen Zweifel an der Zinssatzhöhe bei AdV auch für Verzinsungszeiträume ab dem 1.1.2023. Die gegenläufige Zinsentwicklung ab 2023 allein lasse nicht den Schluss zu, dass der Aussetzungszins wieder gänzlich frei von Zweifeln den verfassungsrechtlichen Vorgaben entspricht. Anders als z.B. bei Anspruch auf Prozesszinsen während eines Klageverfahrens kommt hier auch kein Ausgleich in Betracht.

14. Stundungszinsen auf Haftungsansprüchen

Mit dem JStG 2024[4] wurde § 234 Abs. 1 Satz 1 AO dahingehend geändert, dass Stundungszinsen auf Haftungsansprüche **nur noch zu erheben** sind, **soweit** sich die Haftung auf Steuern und zurückzuzahlende Steuervergütungen erstreckt. Damit wird die Verzinsung von Zinsen für nach dem 31.12.2024 entstehende Haftungsansprüche eindeutig ausgeschlossen (Art. 97 § 15 Abs. 18 EGAO).[5] 347

Anmerkung:

Eine vergleichbare Regelung existiert bereits für die Verzinsung bei Aussetzung der Vollziehung (§ 237 Abs. 6 AO), die zuvor durch das Wachstumschancengesetz[6] eingeführt worden ist.

15. Prozesszinsen auf erstattete Haftungsansprüche

Bislang ist vorgesehen, dass Steuererstattungen infolge einer gerichtlichen Entscheidung zu verzinsen sind (Prozesszinsen). Sofern Haftungsansprüche nach dem 31.12.2024 entstehen, werden laut einer Änderung durch das JStG 2024[7] auch erstat- 348

---

1) BFH v. 8.5.2024, VIII R 9/23, BFH/NV 2024, 1207. Vgl. hierzu Jachmann-Michel, jurisPR-SteuerR 48/2024 Anm. 3.
2) BFH v. 24.10.2024, VI B 35/24 (AdV), BStBl II 2025, 70 = HFR 2025, 6 mit Anm. Geserich. Vgl. hierzu auch Steinhauff, jurisPR-SteuerR 1/2025 Anm. 2.
3) FG Köln v. 8.4.2025, 4 V 444/25, rkr., EFG 2025, 1121 mit Anm. Berghoff.
4) Gesetz v. 2.12.2024, BGBl. I 2024 Nr. 387 = BStBl I 2024, 1484.
5) Vgl. hierzu Kögel in Gosch, § 234 AO Rz. 7 und Kögel in Gosch, § 237 AO Rz. 10.
6) Gesetz v. 27.3.2024, BGBl. I 2024 Nr. 108 = BStBl I 2024, 666.
7) Gesetz v. 2.12.2024, BGBl. I 2024 Nr. 387 = BStBl I 2024, 1484.

tete Haftungsansprüche verzinst, **soweit** sich die **Haftung auf Steuern** oder die Rückforderung einer Steuervergütung erstreckt (§ 236 Abs. 6 AO, Art. 97 § 15 Abs. 18 EGAO).

16. Säumniszuschläge: Verfassungsmäßigkeit ab März 2022

349 Wird eine Steuer nicht bis zum Ablauf des Fälligkeitstages entrichtet, so ist nach § 240 Abs. 1 AO für jeden angefangenen Monat der Säumnis ein Säumniszuschlag von 1 % des abgerundeten rückständigen Steuerbetrags zu entrichten, d.h. auf ein Jahr gesehen ein Zuschlag von 12 %. Mit der Frage, ob die Höhe des Säumniszuschlags verfassungsgemäß ist, hat sich der BFH mit Verweis auf die Rechtsprechung des BVerfG[1] zur Zinssatzhöhe bei Verzinsung von Steuernachforderungen und Steuererstattungen in den letzten Jahren wiederholt befasst. Zwar enthält diese Entscheidung des BVerfG keine Aussage zur Verfassungskonformität der Höhe der Säumniszuschläge. Gleichwohl hat u.a. der **VIII. Senat des BFH** mit Beschluss vom 22.9.2023[2] **Zweifel** an der Verfassungsmäßigkeit der Säumniszuschläge mit Verweis auf die Grundsätze dieser Entscheidung geäußert.

Mit Beschluss vom 21.3.2025[3] stellt der **X. Senat des BFH** nun klar, dass selbst wenn man die Grundsätze des zur Höhe der Nachzahlungszinsen ergangenen Beschlusses des BVerfG auf Säumniszuschläge übertragen wollte, diese Auffassung durch die zwischenzeitlich, **jedenfalls seit März 2022** eingetretene Entwicklung auf den Geld- und Kapitalmärkten **überholt** sei.

B. Arbeitnehmerbesteuerung

I. Arbeitsentgelt

1. Dienstwagenbesteuerung bei Nutzung eines E-Fahrzeugs

350 Der Wert der Privatnutzung eines betrieblichen Kraftfahrzeugs, das keine CO_2-Emissionen hat, kann auf Basis eines Viertels des Bruttolistenpreises berechnet werden. Dies galt bisher nur, wenn der Bruttolistenpreis nicht mehr als 70.000 Euro betrug.

Zur Förderung der E-Mobilität und der Nachfrage nach emissionsfreien Fahrzeugen wurde mit dem Gesetz für ein steuerliches Investitionssofortprogramm und zur Stärkung des Wirtschaftsstandorts Deutschlands[4] der Höchstbetrag für die Heranziehung nur eines Viertels des Bruttolistenpreises für **Fahrzeuge, die nach dem 30.6.2025 angeschafft** werden, in § 6 Abs. 1 Nr. 4 Satz 2 Nr. 3 EStG auf **100.000 Euro** angehoben (§ 52 Abs. 12 Satz 6 EStG). Unverändert gilt die Regelung, die nach § 8 Abs. 2 Satz 2 EStG entsprechend für die Ermittlung des geldwerten Vorteils bei den Einkünften aus nichtselbständiger Arbeit heranzuziehen ist, für Elektrofahrzeuge, die vor dem 1.1.2031 angeschafft werden. Alternativ dazu kann für Elektrofahrzeuge, die nach dem 30.6.2025, aber vor dem 1.1.2031 angeschafft werden, die Fahrtenbuchmethode unter Berücksichtigung eines Viertels der Anschaffungskosten zur Ermittlung der Gesamtkosten angewendet werden (§ 8 Abs. 2 Satz 4 i.V.m. § 6 Abs. 1 Nr. 4 Satz 3 Nr. 3 EStG).

2. Vorteilsminderung bei der 1 %-Regelung

351 Mit Urteil vom 14.11.2024[5] stellte der BFH klar, dass ein Arbeitnehmer den nach der 1 %-Regelung ermittelten geldwerten Vorteil aus der privaten Nutzung eines Dienst-

---

1) BVerfG v. 8.7.2021, 1 BvR 2237/14, 1 BVR 2422/17, HFR 2021, 922.
2) BFH v. 22.9.2023, VIII B 64/22 (AdV), BFH/NV 2023, 1418.
3) BFH v. 21.3.2025, X B 21/25 (AdV), BStBl II 2025, 485 = HFR 2025, 705 mit Anm. Kulosa. Vgl. hierzu auch Lutter, jurisPR-SteuerR 23/2025 Anm. 1.
4) Gesetz v. 14.7.2025, BGBl. I 2025 Nr. 161 = BStBl I 2025, 1486.
5) BFH v. 14.11.2024, VIII R 32/20, BStBl II 2025, 168 = HFR 2025, 11 mit Anm. Geisenberger. Vgl. hierzu Engels, BeSt 2025, 17.

wagens **nicht** um **selbst getragene privat veranlasste Maut, Fähr- und Parkkosten** sowie um die **Absetzung für Abnutzung eines privat angeschafften Fahrradträgers** für den Dienstwagen **mindern** kann.

Laut BFH würde eine **Kostentragung des Arbeitgebers** für private Maut, Fähr- und Parkkosten einen **zusätzlichen eigenständigen geldwerten Vorteil des Arbeitnehmers** begründen. Im Umkehrschluss ergebe sich daraus, dass der geldwerte Vorteil des Arbeitnehmers aus der Nutzungsüberlassung des Fahrzeugs nicht um diese Einzelkosten gemindert wird, wenn er diese Aufwendungen trägt. Dies gelte für die privat getragenen Maut-, Fähr- und Parkkosten sowie für den Wertverlust aus dem Fahrradträger in Höhe der AfA gleichermaßen.

Anmerkung:

Mit Urteil vom 23.1.2025[1)] führt der BFH im Einklang mit der vorgehend dargestellten Rechtsauffassung aus, dass der **geldwerte Vorteil**, der nach der 1 %-Regelung ermittelt wurde, nur durch solche Aufwendungen **gemindert** werde, die hypothetisch bei einer Übernahme durch den Arbeitgeber als Bestandteil dieses Vorteils gelten. Dies betreffe regelmäßig sowohl fahrtabhängige Aufwendungen, wie etwa Aufwendungen für Treibstoff, als auch wiederkehrende feste Aufwendungen, bspw. für die Fahrzeugwartung. Nicht einzubeziehen sind laut BFH hingegen Aufwendungen wie Fähr-, Maut- oder Vignettenkosten, die ausschließlich von der Entscheidung des Arbeitnehmers abhängen, mit dem Dienstwagen ein bestimmtes privates Reiseziel zu erreichen.

3. Altersteilzeit: Steuerfreiheit von Aufstockungsbeträgen

Aufstockungsbeträge zur Altersteilzeit sind auch dann steuerfrei, wenn sie erst nach 352
Beendigung des Altersteilzeitverhältnisses des Arbeitnehmers ausgezahlt werden. So bestätigte der BFH mit Urteil vom 24.10.2024[2)] die Rechtsauffassung des FG Köln als Vorinstanz[3)], wonach die Steuerfreiheit des Aufstockungsbetrags zur Altersteilzeit (§ 3 Nr. 28 EStG) nicht vom Zeitpunkt seiner Auszahlung abhängt. Entscheidend sei stattdessen, dass die **Zahlung eindeutig der Altersteilzeit zuzuordnen** sei, der Betrag also für einen Zeitraum geleistet wurde, in dem die Voraussetzungen der Altersteilzeit erfüllt waren.

Anmerkung:

Als Begründung führt das Gericht an, dass der Zweck der Steuerbefreiung, nämlich die Förderung der Altersteilzeit und die Entlastung des Arbeitsmarkts, auch bei einem späteren Zufluss des Aufstockungsbetrags weiterhin erfüllt wird.

4. Forschungspreisgeld für Habilitation

Der BFH hat entschieden, dass ein mit einem Preisgeld dotierter Wissenschaftspreis 353
nur dann Arbeitslohn eines Hochschullehrers darstellen kann, wenn der Preis ihm als Arbeitnehmer für Leistungen verliehen wird, die dieser gegenüber seinem Dienstherrn erbracht hat.

In seinem Urteil vom 21.11.2024[4)] kommt der BFH zu dem Ergebnis, dass das Preisgeld in dem konkreten Fall **mangels Veranlassungszusammenhang mit dem Dienstverhältnis** keinen Arbeitslohn des Hochschulprofessors darstellt. Mit dem Preisgeld wurde eine wissenschaftliche Leistung des Forschers gewürdigt, die nicht in Zusammenhang

1) BFH v. 23.1.2025, III R 33/24 (III R 50/17), BStBl II 2025, 516. Vgl. hierzu Selder, jurisPR-SteuerR 28/2025 Anm. 4.
2) BFH v. 24.10.2024, VI R 4/22, BStBl II 2025, 36 = HFR 2025, 8 mit Anm. Geserich. Vgl. hierzu auch Kielbassa, BeSt 2025, 7.
3) FG Köln v. 27.11.2021, 6 K 1902/19, EFG 2022, 499 mit Anm. Leyva.
4) BFH v. 21.11.2024, VI R 12/22, BStBl II 2025, 534 = HFR 2025, 328 mit Anm. Brandl. Vgl. hierzu auch Kielbassa, BeSt 2025, 25.

mit seinen späteren Dienstaufgaben als Hochschullehrer stand. Insb. wurde die Habilitation vor Berufung in das Dienstverhältnis verfasst. Auch aus der mit der Habilitation verbundenen Steigerung der wissenschaftlichen Reputation und einer damit möglicherweise verbundenen Förderlichkeit für die Hochschullehrertätigkeit ergebe sich kein Veranlassungszusammenhang zwischen der Vereinnahmung des Preisgeldes und seiner Tätigkeit als Hochschulprofessor.

Anmerkung:

Nach Auffassung des BFH stellt das Preisgeld ferner weder eine Einnahme aus freiberuflicher Lehr- und Beratungstätigkeit dar, noch unterliege es der Steuerpflicht im Rahmen der sonstigen Einkünfte.

5. Kein Arbeitslohn bei Anteilsübertragung zur Sicherung der Unternehmensnachfolge

354 Der geldwerte Vorteil aus einer unentgeltlichen Übertragung von Gesellschaftsanteilen kann nach ständiger BFH-Rechtsprechung Arbeitslohn darstellen, sofern der Arbeitnehmer den **Vorteil „für" seine Arbeitsleistung** erhält. Eine solche Veranlassung durch das Dienstverhältnis nahm das Finanzamt im Fall einer Übertragung von GmbH-Anteilen an leitende Angestellte zur Regelung der Unternehmensnachfolge und damit zur Sicherung des Fortbestands des Unternehmens an.

Der BFH bestätigt mit seinem Urteil vom 20.11.2024[1] hingegen die Auffassung der finanzgerichtlichen Vorinstanz, wonach die Anteilsübertragung im Streitfall **keine Entlohnung** für eine erbrachte oder zukünftige Arbeitsleistung darstellt. Ausschlaggebend für die Unternehmensübertragung sei vielmehr gewesen, die Leitung des Unternehmens in erfahrene Hände zu legen, um dessen **Fortführung zu sichern**. Auch der Umstand, dass die Anteilsübertragung nicht an den Fortbestand des Arbeitsverhältnisses geknüpft war, und dass der Vorteil aus der Übertragung im Vergleich zu den Bruttoarbeitslöhnen der Erwerber aus dem Rahmen fiel, sprächen im konkreten Fall gegen die Annahme von Arbeitslohn. Weiteres Indiz hierfür sei zudem die Vereinbarung einer Rückfallklausel für den Fall der Nichtanwendbarkeit erbschaftsteuerlicher Begünstigungen.

6. Mitarbeiterbeteiligung: Veräußerungsgewinn als Arbeitslohn oder Kapitaleinkünfte

355 Nach Auffassung des LfSt Rheinland-Pfalz[2] ist bei Mitarbeiter-(Kapital-)Beteiligungen (MIP) im Rahmen der Einkommensteuerveranlagung anhand klarer **Prüfungsschritte** zu entscheiden, **ob ein Veräußerungsgewinn als Arbeitslohn oder als Einkünfte aus Kapitalvermögen** einzuordnen ist. Dazu ist zunächst zu prüfen, ob und wann der Steuerpflichtige die wirtschaftliche Verfügungsmacht (wirtschaftliches Eigentum) an der Vermögensbeteiligung erlangt hat. Liegt **keine Verfügungsmacht** vor, beschränkt sich der Vorteil auf eine Geldzahlung im Zeitpunkt der „Veräußerung", die als Arbeitslohn zu versteuern ist.

Wird **wirtschaftliches Eigentum begründet**, ist im Zeitpunkt der Übertragung zu prüfen, ob die Beteiligung unentgeltlich oder verbilligt erworben wurde. In diesem Umfang liegt ein steuerpflichtiger geldwerter Vorteil vor, der als Arbeitslohn zu erfassen ist. Soweit bisher keine Besteuerung erfolgte, ist eine Korrektur der Einkommensteuerveranlagung vorzunehmen.

Der **spätere Veräußerungsgewinn** ist grundsätzlich hiervon **getrennt** zu beurteilen. Marktübliche Erträge wie Ausschüttungen oder Veräußerungsgewinne stellen Ein-

---

1) BFH v. 20.11.2024, VI R 21/22, BStBl II 2025, 256 = HFR 2025, 231 mit Anm. Teller. Vgl. hierzu auch Geserich, jurisPR-SteuerR 11/2025 Anm. 2.

2) LfSt Rheinland-Pfalz v. 2.7.2025, S 2360#2025/0002–0404 St, DStR 2025, 2143. Vgl. hierzu auch Günther, EStB 2025, 376.

künfte aus Kapitalvermögen dar. Arbeitslohn liegt nur vor, wenn ein marktunüblicher Überpreis erzielt wird. Bei Beteiligungen ab 1 % können Einkünfte nach § 17 EStG vorliegen.

Anmerkung:

Die Verwaltungsanweisung verdeutlicht, dass eine systematische Prüfung der einzelnen Besteuerungsebenen erforderlich ist. Steuerpflichtige müssen insb. Nachweise zum wirtschaftlichen Eigentum sowie zur Bewertung der Beteiligung vorlegen.

7. Erstattete Steuer auf Verdienstausfallentschädigung

Erstattet der Schädiger neben eines Verdienstausfallschadens auch die darauf anfallende Einkommensteuer, muss der Geschädigte laut Urteil des BFH vom 15.10.2024[1] auch diesen Betrag versteuern. Im Streitfall ersetzte die Versicherung des Schädigers der durch einen schweren medizinischen Behandlungsfehler Geschädigten jährlich ihren **Verdienstausfallschaden**. Die Zahlungen waren als **Entschädigung für entgehenden Arbeitslohn** zu versteuern (§ 24 Nr. 1 Buchst. a EStG). Die Versicherung erstattete der Geschädigten zudem die von ihr in den Vorjahren bereits geleistete Einkommensteuerzahlungen für die Entschädigungsleistungen. 356

Diese **Steuererstattungen** sind nach Auffassung des BFH **neben dem erstatteten Nettoverdienstausfall Bestandteile eines einheitlichen Schadensersatzanspruchs**, die lediglich zu unterschiedlichen Zeitpunkten gezahlt werden. Beide Elemente seien als **Einnahmenersatz** nach § 24 Nr. 1 Buchst. a EStG steuerpflichtig. Bei den Steuererstattungen handele es sich nicht um den Ersatz eines echten Steuerschadens, da dieser nicht vermeidbar, sondern vielmehr rechtmäßige Steuerfolge aus dem Ersatz des Nettoverdienstausfalls sei.

Anmerkung:

Mangels Zusammenballung der Entschädigungen lehnt der BFH zudem die Anwendung der Fünftelregelung nach § 34 Abs. 1 EStG ab.

8. Fünftelregelung

a) Abfindung bei Vereinbarung eines Rückkehrrechts

Eine Abfindung für eine betriebsbedingte Kündigung ist **nicht** nach der Fünftelregelung gemäß § 34 Abs. 1 i.V.m. Abs. 2 Nr. 2 EStG **ermäßigt zu besteuern**, wenn dem Arbeitnehmer gleichzeitig ein **unbefristetes Rückkehrrecht** zu seinem bisherigen Arbeitgeber eingeräumt wurde und das **Arbeitsverhältnis** im Wesentlichen **unverändert fortgesetzt** wird. Dies entschied das Niedersächsische FG in zwei Urteilen vom 15.2.2024.[2] 357

Das Finanzgericht wies die darauf gerichteten Klagen mit der Feststellung ab, dass in solchen Fällen kein Arbeitsplatzverlust vorliegt. Die Abfindung könne nicht als Entschädigung für entgangene Einnahmen (§ 24 Nr. 1 EStG) gewertet werden. Die Abfindung sei daher mit dem regulären Einkommensteuertarif zu besteuern.

---

1) BFH v. 15.10.2024, IX R 5/23, BStBl II 2025, 446 = HFR 2025, 148 mit Anm. Reddig. Vgl. hierzu auch Brandt, jurisPR-SteuerR 23/2025 Anm. 3.

2) Niedersächsisches FG v. 15.2.2024, 2 K 52/23, EFG 2024, 1301 mit Anm. Tiedchen, 2 K 55/23, DStRE 2025, 144 und 2 K 72/23 (Nichtzulassungsbeschwerden jeweils als unbegründet zurückgewiesen durch BFH v. 20.9.2024, IX B 34/24, IX B 36/24 und IX B 37/24, nicht dokumentiert).

b) Wegfall der Fünftelregelung beim Lohnsteuerabzug

358 Mit dem Wachstumschancengesetz[1] wurden die Regelungen § 39b Abs. 3 Satz 9 und 10 EStG mit Wirkung **ab dem 1.1.2025 gestrichen**. Damit ist seither die Fünftelregelung nach § 34 Abs. 1 EStG im Rahmen der Berechnung der Lohnsteuer nicht mehr anwendbar.

> **Anmerkung:**
>
> Der Wegfall der Regelungen dient der Entlastung des Arbeitgebers bei der Prüfung und Berechnung des Lohnsteuerabzugs. Nachteile für den Arbeitnehmer ergeben sich grundsätzlich daraus nicht, da dieser die Fünftelregelung **weiterhin im Rahmen der Einkommensteuerveranlagung** geltend machen kann.

9. Keine Pauschalbesteuerung gemäß § 37b EStG bei Beiträgen an Pensionsfonds

359 Mit Urteil vom 14.3.2024[2] hat das FG Hamburg entschieden, dass **Beiträge** des Arbeitgebers zu einem **ausländischen Pensionsfonds**, der den Arbeitnehmern einen Anspruch auf Geldleistungen in Form von Renten oder Kapitalabfindungen gewährt, als **Barlohn** zu qualifizieren sind. Der richterlichen Auffassung nach sei entscheidend, dass die Arbeitnehmer bei Eintritt eines der vorgesehenen Leistungsfälle einen Anspruch auf Geldleistungen aus dem Pensionsfonds hätten. Damit scheide eine Pauschalierung für Sachzuwendungen nach § 37b EStG aus.

II. Werbungskosten

1. Fahrtkosten

a) Berücksichtigung einer Leasingsonderzahlung

360 Nutzt ein Arbeitnehmer sein **Privatfahrzeug für sonstige berufliche Fahrten**, kann er die tatsächlich durch diese Fahrten veranlassten Kosten als Werbungskosten berücksichtigen (§ 9 Abs. 1 Satz 3 Nr. 4a Satz 1 EStG). Dazu sind die Gesamtfahrzeugkosten in einem Veranlagungszeitraum durch die Gesamtfahrleistung zu teilen und der sich so ergebende **Kilometersatz** auf die **sonstigen beruflichen Fahrten** anzuwenden.

Entgegen seiner bisherigen Rechtsprechung[3] vertritt der BFH nun mit Urteil vom 21.11.2024[4] die Auffassung, dass zur Ermittlung der Gesamtfahrzeugkosten in einem Veranlagungszeitraum eine Leasingsonderzahlung nicht sogleich in vollem Umfang zu berücksichtigen ist. Vielmehr sei eine **Leasingsonderzahlung** den einzelnen Veranlagungszeiträumen während der Laufzeit des Leasingvertrags **periodengerecht zuzuordnen**. Dies gelte auch für andere (Voraus-)Zahlungen, die sich wirtschaftlich auf die Dauer des Leasingvertrags erstrecken, wie z.B. Aufwendungen für einen weiteren Satz Reifen.

> **Anmerkung:**
>
> Die Verteilung einer Leasingsonderzahlung auf die einzelnen Veranlagungszeiträume während der Laufzeit des Leasingvertrags bejahte der BFH bereits zuvor bei der Ermittlung der Nutzungseinlage für betriebliche Fahrten des Unternehmers mit seinem Privatfahrzeug.[5]

---

1) Gesetz v. 27.3.2024, BGBl. I 2024 Nr. 108 = BStBl I 2024, 666.
2) FG Hamburg v. 14.3.2024, 6 K 109/20, EFG 2024, 1382 mit Anm. Schindler (Revision beim BFH anhängig unter Az. VI R 13/24). Vgl. hierzu auch Küsters, jurisPR-SteuerR 47/2024 Anm. 4.
3) BFH v. 5.5.1994, VI R 100/93, BStBl II 1994, 643.
4) BFH v. 21.11.2024, VI R 9/22, BStBl II 2025, 626 = HFR 2025, 228 mit Anm. Teller. Vgl. hierzu auch Geserich, jurisPR-SteuerR 12/2025 Anm. 2.
5) BFH v. 12.3.2024, VIII R 1/21, BStBl II 2024, 633 = HFR 2024, 721 mit Anm. Geisenberger.

b) Fahrtkosten eines Teilzeitstudenten

Laut BFH können bei einem Teilzeitstudium die **tatsächlichen Fahrtkosten** zur Universität als Werbungskosten steuerlich geltend gemacht werden, statt nur die Entfernungspauschale zu berücksichtigen. 361

Entscheidend für die Höhe der steuerlichen Abzugsfähigkeit von Fahrtkosten ist, ob es sich um Fahrten zur ersten Tätigkeitsstätte oder um beruflich veranlasste Fahrten zu anderen Arbeitsorten handelt. Während für Fahrten zur ersten Tätigkeitsstätte lediglich die Entfernungspauschale für den einfachen Weg zur Arbeit geltend gemacht werden kann (§ 9 Abs. 1 Satz 3 Nr. 4 EStG), können für **andere berufliche Fahrten** die tatsächlichen Aufwendungen für Hin- und Rückfahrt, oder wahlweise pauschalierte Kilometersätze nach dem Bundesreisekostengesetz, angesetzt werden (§ 9 Abs. 1 Satz 3 Nr. 4a EStG).

Nach § 9 Abs. 4 Satz 8 EStG gilt als erste Tätigkeitsstätte auch eine Bildungseinrichtung, die außerhalb eines Dienstverhältnisses zum Zwecke eines Vollzeitstudiums oder einer vollzeitigen Bildungsmaßnahme aufgesucht wird, so dass in diesen Fällen die Fahrtkosten auf den Ansatz der Entfernungspauschale begrenzt sind. Mit Urteil vom 24.10.2024[1)] hat der BFH klargestellt, dass diese **Regelung nur für ein Vollzeitstudium** gilt. Da der Kläger ein Teilzeitstudium absolvierte, durfte er somit die tatsächlichen Fahrtkosten nach Reisekostengrundsätzen ansetzen.

Anmerkung:

Da es sich im Streitfall um eine **Zweitausbildung** handelte, stellten die Fahrtkosten unstreitig (vorab entstandene) Werbungskosten dar. Hingegen sind Kosten einer **Erstausbildung** nicht als Werbungskosten zu berücksichtigen und können nur begrenzt als Sonderausgaben geltend gemacht werden.

c) Fahrtkosten eines Leiharbeitnehmers

Laut seinem Urteil vom 17.6.2025[2)] verneint der BFH bei Leiharbeitnehmer in einem unbefristeten Leiharbeitsverhältnis eine erste Tätigkeitsstätte i.S.d. § 9 Abs. 4 EStG beim Entleiher, sodass sie **Fahrtkosten** zum Entleiher nach den für sie günstigeren **Reisekostengrundsätzen** absetzen können. 362

Eine **erste Tätigkeitsstätte** setzt nach § 9 Abs. 4 EStG voraus, dass der Arbeitnehmer dauerhaft einer bestimmten Arbeitsstätte zugeordnet ist. Dauerhaft bedeutet entweder unbefristet, für die gesamte Dauer des Arbeitsverhältnisses oder für mehr als 48 Monate. Demnach kommt der BFH zu dem Ergebnis, dass bei Leiharbeitsverhältnissen eine unbefristete Zuordnung des Arbeitnehmers zur Tätigkeitsstätte des Entleihers grundsätzlich nicht möglich ist. Dies folge daraus, dass das Arbeitnehmerüberlassungsgesetz (AÜG) eine unbefristete Überlassung ausdrücklich verbietet und die maximale Überlassungsdauer beim selben Entleiher in der Regel auf 18 Monate beschränkt (§ 1 Abs. 1 Satz 2 AÜG a.F., § 1 Abs. 1b AÜG n.F.).

Beratungshinweis:

Zudem lag im entschiedenen Fall auch keine Zuordnung zur Tätigkeitsstätte des Entleihers für die Dauer des Arbeitsverhältnisses vor. Nach Auffassung des BFH kann diese Fallkonstellation ausschließlich bei einem – im Streitfall nicht gegebenen – befristeten (Leih-)Arbeitsverhältnis vorliegen.

1) BFH v. 24.10.2024, VI R 7/22, BStBl II 2025, 354 = HFR 2025, 226 mit Anm. Brandl. Vgl. hierzu auch Köster, DStZ 2025, 195.
2) BFH v. 17.6.2025, VI R 22/23, HFR 2025, 1030 mit Anm. Brandl.

2. Reisekosten bei betrieblich und beruflich veranlassten Auslandsreisen seit 1.1.2025

363 Bei Auslandsreisen können **Verpflegungsmehraufwendungen** nur i.H.v. Pauschbeträgen als Betriebsausgaben oder im Fall von Arbeitnehmern als Werbungskosten berücksichtigt oder vom Arbeitgeber lohnsteuerfrei erstattet werden. Steuerfreie Arbeitgebererstattungen für **Übernachtungskosten** bei Auslandsreisen sind ebenso nur i.H.v. Pauschbeträgen möglich. Für den Werbungskostenabzug und auch den Betriebsausgabenabzug sind hingegen die tatsächlichen Übernachtungskosten heranzuziehen.

Mit Schreiben vom 2.12.2024[1] aktualisierte das BMF die Pauschbeträge bei Auslandsreisen, die seit 1.1.2025 zu berücksichtigen sind (zu den ab 1.1.2026 geltenden Beträge → Rz. 116).

Anmerkung:

Im Vergleich zu den seit 1.1.2024 geltenden Werten haben sich u.a. Änderungen bei den Werten für Kroatien, Polen, Indien und die Türkei ergeben.

3. Umzug wegen Einrichtung eines Arbeitszimmers

364 Die infolge des Lock-down in der Corona-Pandemie in ihrer Wohnung arbeitenden Ehegatten zogen im Mai 2020 innerhalb von Hamburg in eine größere Wohnung um, in der sie zwei Zimmer als häusliche Arbeitszimmer einrichteten und nutzten. In der Folgezeit arbeiteten beide an vier Tagen in der Woche von zu Hause aus.

Laut Urteil des BFH vom 5.2.2025[2] sind die Kosten für den Wohnungswechsel als Kosten der Lebensführung nicht abzugsfähig. Zwar käme ein Abzug als Werbungskosten in Betracht, **wenn die berufliche Tätigkeit** der Steuerpflichtigen der **entscheidende Grund** für den Wohnungswechsel wäre und private Umstände allenfalls eine ganz untergeordnete Rolle spielen würden. Die berufliche Veranlassung müsse sich dazu anhand objektiver Umstände feststellen lassen.[3] Motive für die Wohnungswahl seien hingegen irrelevant.

Eine nahezu ausschließlich berufliche Veranlassung des Umzugs sei aber zu verneinen, auch wenn durch den Wohnungswechsel erstmals die Möglichkeit bestehe, ein Arbeitszimmer einzurichten. Es fehle insoweit an einem objektiven Kriterium, das nicht durch die private Wohnsituation jedenfalls mitveranlasst sei. Denn **durch die Einrichtung eines Arbeitszimmers verbessere sich stets auch die private Wohnsituation**, da der sonst als Arbeitsecke belastete Wohnraum nun ungestört genutzt werden könne.

4. Eigener Hausstand bei doppelter Haushaltsführung

365 Mit Urteil vom 29.4.2025[4] hatte der BFH zu prüfen, ob die Voraussetzungen eines eigenen Hausstands nach § 9 Abs. 1 Satz 3 Nr. 5 Satz 3 EStG vorlagen. Der Steuerpflichtige nutzte in den Streitjahren 2014 bis 2017 **sämtliche Räumlichkeiten im Obergeschoss des Wohnhauses seiner Eltern**, das er nach dem Auszug seines Bruders in 2010 renovierte und seitdem allein bewohnte. Die Räumlichkeiten wurden ihm von seinen Eltern unentgeltlich zur Nutzung überlassen. Der BFH sieht damit das Innehaben einer Wohnung für gegeben.

Weitere Voraussetzung eines eigenen Hausstands ist die **finanzielle Beteiligung** an den Kosten der Lebensführung. Dieses Tatbestandsmerkmal hält der **BFH** allerdings **bei**

---

1) BMF v. 2.12.2024, IV C 5 – S 2353/19/10010 :006, BStBl I 2024, 1549. Vgl. hierzu auch Mader, B+P 2025, 7.
2) BFH v. 5.2.2025, VI R 3/23, BStBl II 2025, 650 = HFR 2025, 540 mit Anm. Geserich.
3) Ständige Rspr., zuletzt BFH v. 21.2.2006, IX R 79/01, BStBl II 2006, 598.
4) BFH v. 29.4.2025, VI R 12/23, HFR 2025, 842 mit Anm. Geserich. Vgl. hierzu auch Durst, BeSt 2025, 39.

einem Ein-Personen-Haushalt für irrelevant, da eine „Beteiligung" nur möglich sein kann, wenn mehrere Personen einen gemeinsamen Haushalt führen.

Anmerkung:

Somit sind laut BFH im Streitfall Kosten der doppelten Haushaltsführung als Werbungskosten zu berücksichtigen.

C. Umsatzsteuer

I. Besteuerung der Umsätze

1. Geschäftsveräußerung im Ganzen

a) Grenzen der nicht steuerbaren Geschäftsveräußerung im Ganzen bei Leistungen an Dritte

Mit Urteil vom 29.8.2024[1)] stellt der **BFH** klar, dass Leistungen, die an einen Dritten 366 erbracht werden (im Streitfall: Betriebsfortführungsleistung) **nicht unter den Anwendungsbereich einer nicht steuerbaren Geschäftsveräußerung im Ganzen fallen** können. Etwas anderes gilt nur, wenn insoweit eine (weitere) Geschäftsveräußerung vorliegt. Der Sachverhalt stellte sich wie folgt dar: Eine Gebietskörperschaft übernahm ein Schwimmbad aus einem aufgelösten Zweckverband und verpflichtete sich, den Betrieb fortzuführen. Der Landkreis und die Stadt (beides Dritte) leisteten Ausgleichszahlungen, um den Weiterbetrieb zu sichern. Das Finanzamt unterwarf diese Zahlungen der Umsatzsteuer, während das FG sie als nicht steuerbar aufgrund einer Geschäftsveräußerung im Ganzen ansah. Der BFH hob das FG-Urteil auf und entschied zugunsten des Finanzamts.

Damit unterstreicht der BFH, dass sich die Rechtsfolge der Nichtsteuerbarkeit bei Vorliegen einer Geschäftsveräußerung im Ganzen nur auf Leistungen, die zwischen dem Übertragenden und dem Erwerber erbracht werden, beziehen können. Nicht erfasst davon seien Umsätze, die an Dritte ausgeführt werden, bei denen es sich folglich um gesonderte Leistungen handle.

Beratungshinweis:

Die abgrenzenden Aussagen des BFH können in der Praxis insbesondere auch für **gesellschaftsrechtliche Konstellationen** von Bedeutung sein, in denen bspw. ein Gesellschafter die defizitäre Gesellschaft gegen eine von dem ausscheidenden Gesellschafter geschuldete Ausgleichszahlung übernimmt. Nicht entscheiden musste der BFH, ob Zahlungen des Übergebers an den Übernehmer (sog. negative Kaufpreise) im Rahmen einer Geschäftsveräußerung im Ganzen nichtsteuerbar sein können.

b) Keine Geschäftsveräußerung im Ganzen bei Übertragung auf mehrere Erwerber

Im vorliegenden Fall veräußerte die Klägerin, eine GmbH Co. KG, Teile eines von ihr 367 betriebenen Solarparks an mehrere Sub-KGs. Die zentrale Infrastruktur, wie Übergabestation und Trafostationen, verblieb weiterhin im Eigentum der Klägerin und wurde den neuen Betreibern nur zur Nutzung überlassen. Darüber hinaus trat die Klägerin im Außenverhältnis weiterhin als Produzent und Vermarkter des Stroms auf.

Laut Urteil des FG Schleswig-Holstein vom 14.3.2024[2)] wird die Veräußerung von Teilen eines Solarparks durch eine GmbH & Co. KG an mehrere über die Kommanditisten der Klägerin verbundene „Sub-KGs" nicht als nichtsteuerbare Geschäftsveräußerung

1) BFH v. 29.8.2024, V R 41/21, BStBl II 2025, 642 = HFR 2025, 263 mit Anm. Martini. Vgl. hierzu auch Prätzler, jurisPR-SteuerR 7/2025 Anm. 5.
2) FG Schleswig-Holstein v. 14.3.2024, 4 K 76/23, EFG 2025, 594 mit Anm. Büchter-Hole.

im Ganzen angesehen. Dabei verblieb die zentrale Infrastruktur, wie Übergabestation und Trafostationen, weiterhin im Eigentum der Veräußerin und wurde den neuen Betreibern nur zur Nutzung überlassen. Darüber hinaus trat die Veräußerin im Außenverhältnis weiterhin als Produzent und Vermarkter des Stroms auf.

Zwar sei die Aufteilung und Veräußerung eines Betriebs an mehrere Erwerber nicht grundsätzlich schädlich. Auch könne unbeachtlich sein, wenn einzelne wesentliche Betriebsgrundlagen nicht übertragen werden, sofern sie den Übernehmern langfristig zur Nutzung überlassen werden. **Voraussetzung für eine Geschäftsveräußerung im Ganzen** sei aber, dass die **wirtschaftliche Tätigkeit der Erwerber mit der der Veräußerin übereinstimmt** bzw. dieser hinreichend ähnelt. Da die Produktionskapazitäten der Erwerber aufgrund ihrer Vielzahl und der damit einhergehenden Zersplitterung des Solarparks nicht der Produktionskapazität der Veräußerin entsprachen, sei hiervon im konkreten Fall nicht auszugehen.

Anmerkung:

Die Revision des Urteils ist derzeit unter dem Az. V R 33/24 beim BFH anhängig. Ggf. folgt der BFH den Rechtsgrundsätzen seines Urteils vom 3.7.2014[1]. Darin hatte der BFH das Vorliegen einer Geschäftsveräußerung im Ganzen bei dem Verkauf einer Immobilie verneint, wenn der Verkäufer seine Vermietung nach der Veräußerung fortführt und die Immobilie hierfür vom Erwerber anmietet.

2. Wärme- und Stromlieferungen sowie Betrieb von Anlagen zur Energieerzeugung

a) Unentgeltliche Wärmelieferungen an andere Unternehmer

368 Mit Urteil vom 4.9.2024[2] stellt der BFH klar, dass die unentgeltliche Wärmeabgabe an andere Unternehmer für deren unternehmerische Tätigkeit (hier: Zuwendung von Wärme aus dem Blockheizkraftwerk eines Stromlieferanten an ein landwirtschaftliches Unternehmen zum Beheizen von Spargelfeldern) als **unentgeltliche Zuwendung** eines Gegenstands gemäß § 3 Abs. 1b Satz 1 Nr. 3 UStG einer **Lieferung gegen Entgelt gleichgestellt** und damit der Umsatzsteuer zu unterwerfen sei. Voraussetzung für die Besteuerung sei, dass der Gegenstand oder seine Bestandteile zum vollen oder teilweisen Vorsteuerabzug berechtigt haben (§ 3 Abs. 1b Satz 2 UStG). Auf den steuerlichen Status des Empfängers komme es hingegen nicht an, daher sei unbeachtlich, ob der Leistungsempfänger die Wärme für Zwecke verwendet, die ihn zum Vorsteuerabzug berechtigen.

Zudem bestätigt der BFH, dass die **Bemessungsgrundlage** nach den anteiligen Selbstkosten (§ 10 Abs. 4 Satz 1 Nr. 1 UStG) zu bestimmen ist, da kein Einkaufspreis existiert. Der BFH führt hierzu – seiner bisherigen Rechtsprechung folgend – aus, dass ohne Anschluss an ein Wärmenetz, kein (fiktiver) Einkaufspreis existiere. Dabei habe die Aufteilung der Selbstkosten nach der Marktwertmethode zu erfolgen. Hierbei seien nicht nur die unmittelbaren Herstellungskosten oder Erzeugungskosten, sondern auch mittelbar zurechenbare Kosten wie Finanzierungsaufwendungen zu berücksichtigen, wobei es keine Rolle spiele, ob es sich um vorsteuerbelastete Kosten handelt oder nicht.

Anmerkung:

Der BFH folgt mit dem Urteil den **Vorgaben des EuGH**[3], den er zuvor in diesem Verfahren um Vorabentscheidung ersucht hatte. Im Streitfall hatte der BFH die Schätzung des FG zu überprüfen; grundsätzlich obliegt, betont der BFH, die sachgerechte Schätzung dem Steuerpflichtigen. Die Finanzbehörde (und dann das FG) kann nur nachprüfen, ob die Schätzung sachgerecht war.

---

1) BFH v. 3.7.2014, V R 12/13, HFR 2014, 931.
2) BFH v. 4.9.2024, XI R 15/24, BStBl II 2025, 465 = HFR 2025, 77 mit Anm. Nacke. Vgl. hierzu auch Prätzler, jurisPR-SteuerR 4/2025 Anm. 4.
3) EuGH v. 25.4.2024, FA X, C-207/23, UVR 2024, 195. Vgl. hierzu Huschens, MwStR 2025, 607.

b) Mieterstrom als selbständige Lieferung

Das FG Münster kommt in seinem rechtskräftigen Urteil vom 18.2.2025[1] zu dem Ergebnis, dass Stromlieferungen eines Vermieters an seine Mieter **keine unselbständigen Nebenleistungen zur umsatzsteuerfreien Wohnraumvermietung**, sondern eigenständige umsatzsteuerpflichtige Lieferungen sind. 369

Dies gelte sowohl für den Fall der entgeltlichen Lieferung von Strom, der durch eine eigens angeschaffte Photovoltaikanlage selbst erzeugt wird, als auch der Lieferung von Strom, der vor Inbetriebnahme der Photovoltaikanlage von einem externen Stromanbieter bezogen wurde.

Um eine selbständige umsatzsteuerpflichtige Leistung handele es sich, wenn für den Mieter die Möglichkeit besteht, den **Stromanbieter frei zu wählen**, und die **Stromlieferung getrennt und nach individuellem Verbrauch abgerechnet wird**. Hierfür spreche ebenfalls das gesetzliche Kopplungsverbot in § 42a Abs. 2 EnWG, nach dem ein Vertrag über die Belieferung mit Mieterstrom (Mieterstromvertrag) nicht Bestandteil eines Vertrags über die Miete von Wohnräumen sein darf.

Folglich hängen die Eingangsleistungen aus der Anschaffung der PV-Anlagen nicht mit umsatzsteuerfreien Vermietungsumsätzen zusammen, sondern mit der umsatzsteuerpflichtigen Stromlieferung, die grundsätzlich zum Vorsteuerabzug aus den Eingangsleistungen berechtigt.

Mit dieser Entscheidung schließt sich das FG Münster der **Rechtsprechung des BFH[2] und des EuGH[3]** an.

> **Beratungshinweis:**
>
> Zugleich wird in der Urteilsbegründung des FG Münster darauf hingewiesen, dass das Gericht nicht an die norminterpretierende Verwaltungsauffassung in Abschn. 4.12.1 Abs. 5 Satz 3 UStAE gebunden sei, wonach die Lieferung von Strom in der Regel als Nebenleistung zur umsatzsteuerfreien Wohnraumvermietung anzusehen ist.

c) Direktverbrauch aus dem Betrieb von Anlagen zur Energieerzeugung

Nach Auffassung des BFH führt die **Zahlung eines sog. KWK-Zuschlags** für nicht eingespeisten, sondern dezentral verbrauchten Strom nicht zu einer Lieferung im umsatzsteuerlichen Sinne. Der von einem Anlagenbetreiber erzeugte und dezentral verbrauchte Strom wird daher **weder an den Stromnetzbetreiber geliefert noch an den Anlagenbetreiber zurückgeliefert**. Der sog. Direktverbrauch bei zuschlagsberechtigten KWK-Anlagen führt somit nicht zu einer Lieferung an den Netzbetreiber.[4] 370

Ferner hat der BFH zur Umsatzbesteuerung der Wärmeabgabe aus einem Blockheizkraftwerk bzw. aus einer Biogas-Anlage entschieden, dass die **Bemessungsgrundlage** für eine unentgeltliche Wertabgabe von Wärme nach den anteiligen Selbstkosten zu bestimmen ist, wenn kein Marktpreis für die entnommene Wärme ermittelt werden kann.[5]

Diese Rechtsauffassungen übernimmt die Finanzverwaltung mit Schreiben vom 31.3.2025[6] in Abschn. 2.5 UStAE.

1) FG Münster v. 18.2.2025, 15 K 128/21 U, MwStR 2025, 366 = EFG 2025, 675 (mit Anm. Langenhövel).
2) BFH v. 17.7.2024, XI R 8/21, BFH/NV 2024, 1397. Vgl. hierzu RSM Ebner Stolz / BDI, Steuer- und Wirtschaftsrecht 2025, Rz. 390.
3) EuGH v. 16.4.2015, Wojskowa Agencja Mieszkaniowa w Warszawie (WAM), C-42/14, DStR 2015, 888.
4) BFH v. 29.12.2022, XI R 18/21, BStBl II 2025, 265 und v. 11.5.2023, V R 22/21, BStBl II 2025, 269.
5) BFH v. 15.3.2022, V R 34/20, BStBl II 2025, 259, und v. 9.11.2022, XI R 31/19, BStBl II 2025, 262.
6) BMF v. 31.3.2025, III C 2 – S 7124/00010/002/109, BStBl I 2025, 977.

Beratungshinweis:

Die Grundsätze des BMF-Schreibens sind in allen offenen Fällen anzuwenden. Es wird jedoch – auch für Zwecke des Vorsteuerabzugs – **nicht beanstandet, wenn** für **vor dem 1.1.2026** ausgeführte Umsätze die bisherige Verwaltungsauffassung herangezogen wird.

3. Übertragung von nach dem 1.1.2019 ausgegebenen Einzweck-Gutscheinen

371 Die Ausgabe und Übertragung von Einzweck-Gutscheinen wird seit 1.1.2019 als Lieferung eines Gegenstands oder Erbringung der sonstigen Leistung, auf die sich der Gutschein bezieht, angesehen (§ 3 Abs. 14 Satz 2 UStG), so dass die Umsatzsteuer bereits zu diesem Zeitpunkt abzuführen ist. Ein **Einzweck-Gutschein liegt vor, wenn** bei Ausstellung eines Gutscheins i.S.d. § 3 Abs. 13 UStG der Ort der Leistung, auf die sich der Gutschein bezieht, und die für die Leistung geschuldete Steuer feststeht (§ 3 Abs. 14 Satz 1 UStG).

Der BFH hatte über einen Streitfall zu entscheiden, in dem die Klägerin über ihren Internetshop Gutscheincodes zum Aufladen von Nutzerkonten für das X Netzwerk, einem elektronischen Portal mit verschiedenen digitalen Dienstleistungen, an Endverbraucher mit einem deutschen Nutzerkonto (Länderkennung DE) vertrieb. Die Klägerin hatte die Codes zuvor von Zwischenhändlern aus anderen EU-Mitgliedstaaten erworben. Streitig war, ob es sich bei der Ausgabe der Codes um Einzweck- oder Mehrzweck-Gutscheine, bei denen erst durch Einlösung Umsatzsteuer anfällt, handelte.

Der BFH rief zu dieser Frage mit Beschluss vom 3.11.2022[1)] den **EuGH** an, der mit Urteil vom 18.4.2024[2)] klarstellte, dass für einen Einzweck-Gutschein nur der Ort der Leistung an die Endverbraucher und – auch wenn dies nicht explizit im Leitsatz wiedergegeben wurde – der darauf anzuwendende Steuersatz zum Zeitpunkt der Ausstellung des Gutscheins feststehen müssen. Unerheblich sei, ob der Gutschein vor der Einlösung über Zwischenhändler übertragen wird, die in anderen Mitgliedstaaten ansässig sind. Ebenso wenig sei entscheidend, dass Gutscheincodes möglicherweise unter Verstoß gegen die Nutzungsbedingungen der X von Endverbrauchern aus anderen Mitgliedstaaten eingelöst werden.

Der BFH hat nun mit Beschluss vom 25.6.2025[3)] die Vorgaben des EuGH umgesetzt. Weil **nur eine Einlösung durch in Deutschland ansässige Endverbraucher in Betracht** kommt, stehe der **Ort der Leistung in Deutschland** fest. Da nur digitale Inhalte, die dem Regelsteuersatz unterliegen, abrufbar waren, handelte es sich bei den Gutscheincodes um Einzweck-Gutscheine. Damit hängt die Besteuerung von Gutscheinen nicht vom Vertriebsweg ab. Der Erwerb direkt beim ausgebenden Unternehmer wird laut BFH genauso besteuert wie der Erwerb über einen oder mehrere Zwischenhändler.

Beratungshinweis:

Die BFH-Entscheidung erging zu nach dem 31.12.2018 ausgegebenen Gutscheinen. Zu vor dem 1.1.2019 ausgegebenen Gutscheinen entschied der BFH bereits mit Beschluss vom 29.11.2022[4)], dass es bei der Übertragung von Gutscheincodes zu einer Steuerentstehung kam, weil diese Codes wie eine Ware gehandelt wurden und außerdem die Anzahlungsbesteuerung griff. Die praktischen Ergebnisse nach alter und neuer Rechtslage unterscheiden sich somit nicht.

4. Umsatzsteuer im digitalen Raum

a) Ortsregelung für Streamingdienstleistungen/virtuelle Veranstaltungen

372 Ab 1.1.2025 ist bei Veranstaltungsleistungen im kulturellen, künstlerischen, wissenschaftlichen, unterrichtenden, sportlichen, unterhaltenden Bereich und bei ähnlichen

1) BFH v. 3.11.2022, XI R 21/21, HFR 2023, 362.
2) EuGH v. 18.4.2024, M-GbR, C-68/23, HFR 2024, 584.
3) BFH v. 25.6.2025, XI R 14/24 (XI R 21/21), BFH/NV 2025, 1718.
4) BFH v. 29.11.2022, XI R 11/21, BStBl II 2023, 424.

Leistungen, wie Leistungen im Zusammenhang mit Messen und Ausstellungen sowie damit zusammenhängenden Tätigkeiten an Nichtunternehmer, hinsichtlich des Leistungsortes nach § 3a Abs. 3 Nr. 3 UStG, der durch das JStG 2024[1] neu gefasst wurde, zu differenzieren:

- Werden die Leistungen per Streaming übertragen oder auf andere Weise virtuell verfügbar gemacht, gilt der Ort, an dem der Empfänger ansässig ist oder seinen Wohnsitz oder gewöhnlichen Aufenthaltsort hat, als Leistungsort. Dazu wird durch einen neuen Satz 2 die **virtuelle Teilnahme** an Veranstaltungen ausdrücklich aus der sonst geltenden grundsätzlichen Bestimmung des Leistungsorts nach dem Ort der Leistungserbringung herausgenommen und gilt vielmehr der **Ansässigkeitsort des Empfängers** als Leistungsort.
- Andernfalls gelten die eingangs genannten Leistungen wie bisher als dort ausgeführt, wo sie tatsächlich erbracht werden.

Die bislang in § 3a Abs. 3 Nr. 3 Buchst. b und c UStG a.F. genannten Leistungen, die am Leistungsort erbracht werden, werden in § 3a Abs. 3 Nr. 3a UStG überführt.

Zudem wird in § 3a Abs. 3 Nr. 5 UStG (Leistungen an Unternehmer bzw. Nichtunternehmer mit USt-IdNr.) mit einem neuen Satz 2 geregelt, dass abweichend von der Leistungsortbestimmung für Eintrittsberechtigungen zu Veranstaltungen bei der Möglichkeit der virtuellen Teilnahme die Leistungsortbestimmung nach § 3a Abs. 2 UStG zu erfolgen hat.

b) In-App-Käufe

Der EuGH beantwortet in einem deutschen Verfahren zur **Rechtslage bis zum 31.12.2014** Vorlagefragen zu den Leistungsbeziehungen und zur Ortsbestimmung bei Umsätzen, die von einer deutschen App-Entwicklerin über einen irischen App-Store ausgeführt werden. In dem zugrunde liegenden Streitfall vertrieb eine in Deutschland ansässige App-Entwicklerin Spiele-Apps für mobile Endgeräte, die von Endkunden im Gemeinschaftsgebiet über einen irischen App-Store heruntergeladen werden konnten. **373**

Mit Beschluss vom 23.8.2023[2] legte der BFH dem EuGH u.a. die Frage vor, welche Leistungsbeziehungen zwischen Entwicklerin, App-Store und Endkunden bestehen. In seinem Urteil vom 9.10.2025[3] stellt der **EuGH** klar, dass zwischen den Beteiligten eine **fingierte Leistungskette** besteht und sich der **Ort der Leistung** der App-Entwicklerin nach der **Ansässigkeit des irischen App-Stores** und nicht nach ihrem Ansässigkeitsstaat richtet.

Beratungshinweis:

Mit Wirkung ab dem 1.1.2025 gilt bei der Besteuerung von Telekommunikations-, Rundfunk- und elektronischen Dienstleistungen, dass bei elektronischen Dienstleistungen über App-Stores oder ähnliche Wege grundsätzlich eine Dienstleistungskommission vorliegt (→ Rz. 372).

c) Freiwillige Zahlungen an Websitebetreiber

Das FG Berlin-Brandenburg hat sich mit dem Fall des **Betreibers eines Online-Blogs** befasst, der **Einnahmen aus als Patenschaften oder Spenden** bezeichneten freiwilligen Zahlungen der Leser erhielt. Alle Inhalte des Blogs waren jedoch sowohl für zahlende als auch nichtzahlende Nutzer vollständig frei zugänglich. Unterstützern wurde weder Zugang zu exklusiven Inhalten noch ein sonstiger Vorteil eingeräumt. Eine Registrierung der Unterstützer erfolgte nicht. **374**

1) Gesetz v. 2.12.2024, BGBl. I 2024 Nr. 387 = BStBl I 2024, 1484.
2) BFH v. 23.8.2023, XI R 10/20, BStBl II 2024, 302.
3) EuGH v. 9.10.2025, Xyrality, C-101/24, DStR 2025, 2487.

Mit Urteil vom 25.4.2025[1] qualifizierte das Gericht die Zahlungen als **nichtsteuerbare echte Zuschüsse** und verneinte einen umsatzsteuerlichen Leistungsaustausch. Ausschlaggebend war, dass kein unmittelbarer Zusammenhang zwischen Zahlung und einer bestimmten Leistung bestand, bzw. die zahlenden Nutzer keinen konkreten zurechenbaren Vorteil erhielten. Ferner bestand kein Rechtsverhältnis zwischen dem Blogbetreiber und den zahlenden Nutzern, die nicht persönlich identifiziert werden konnten.

Trotz der Nichtsteuerbarkeit der Zahlungen wurde dem Websitebetreiber der **volle Vorsteuerabzug** gewährt. Das Gericht führte dazu aus, dass der Blogbetreiber mit dem Ziel, steuerpflichtige Umsätze durch Werbeerlöse (durch Klickzahlen/Traffic) zu erzielen, ausschließlich wirtschaftlich tätig war. Die Spenden und Patenschaften dienten lediglich der Finanzierung dieser wirtschaftlichen Tätigkeit. Eine Vorsteueraufteilung sei insofern nicht notwendig.

Anmerkung:

Mit Beschluss vom 19.5.2025[2] hat der BFH nach einer **Nichtzulassungsbeschwerde** der Finanzverwaltung die Revision zugelassen, die nun beim BFH unter dem Az. V R 10/25 anhängig ist.

d) Umsätze aus Online-Veranstaltungsdienstleistungen

375 In dem BMF-Schreiben vom 8.8.2025[3] nimmt die Finanzverwaltung Stellung zur **Leistungsortbestimmung** und der **Anwendung von Steuersatzermäßigungen und Steuerbefreiungen** bei über das Internet angebotenen Veranstaltungen. Insbesondere wird mit dem Schreiben das bisher geltende BMF-Schreiben vom 29.4.2024[4] aufgehoben und der Umsatzsteuer-Anwendungserlass entsprechend geändert.

Änderungen ergeben sich u.a. hinsichtlich der umsatzsteuerlichen Behandlung von **Leistungskombinationen**: Nach bisheriger Auffassung der Finanzverwaltung handelte es sich bei der kombinierten Bereitstellung eines Live-Streams einer Veranstaltung und einer Aufzeichnung um eine Leistung eigener Art, die insgesamt dem allgemeinen Steuersatz unterliegt. Wurde die Aufzeichnung hingegen gegen Zahlung eines gesonderten Entgelts oder eines Aufpreises bereitgestellt, sollten nach bisheriger Auffassung zwei selbständige Leistungen vorliegen, die getrennt zu beurteilen waren. Diese Auffassung hat das BMF mit dem neuen Schreiben nun aufgegeben (Tz. 12). Vielmehr soll die Abgrenzung nun nach den allgemeinen Regeln zur Einheitlichkeit der Leistung beurteilt werden. Der UStAE wurde entsprechend angepasst. Das BMF folgt damit der Kritik an der bisherigen Auffassung, die mindestens teilweise keine Grundlage in Gesetz und Richtlinie hatte.

Zu den Ausführungen zu **vorproduzierten Inhalten, Live-Streaming und zur Dienstleistungskommission** in dem BMF-Schreiben vom 29.4.2024 ergeben sich keine inhaltlichen Änderungen.

Beratungshinweis:

Die Grundsätze des BMF-Schreibens sind im Hinblick auf die Umsatzsteuerbefreiungen sowie den ermäßigten Umsatzsteuersatz in allen offenen Fällen anzuwenden. Hinsichtlich der Regelungen zum Leistungsort findet es Anwendung auf Umsätze, die nach dem 31.12.2024 ausgeführt werden.

1) FG Berlin-Brandenburg v. 25.4.2025, 2 K 2085/21, MwStR 2025, 635. Vgl. hierzu Prätzler, jurisPR-SteuerR 36/2025 Anm. 6.
2) BFH v. 19.5.2025, V B 25/24, juris.
3) BMF v. 8.8.2025, III C 3 – S 7117-j/00008/006/043, BStBl I 2025, 1637. Vgl. hierzu Höink, DB 2025, 2463.
4) BMF v. 29.4.2024, III C 3 – S 7117-j/21/10002 :004, BStBl I 2024, 726. Vgl. hierzu BDI, Steuer- und Wirtschaftsrecht 2025, Rz. 375.

Für **vor dem 1.1.2026** ausgeführte Leistungen wird es **nicht beanstandet**, wenn sich der leistende Unternehmer, auch für Zwecke des Vorsteuerabzugs, auf die Regelungen des BMF-Schreibens vom 29.4.2024 beruft.

e) Handel mit Non-Fungible Token

In dem ersten vor einem FG verhandelten Streitfall im Zusammenhang mit Non-Fungible Token (NFT) handelte ein inländischer Einzelunternehmer mit NFT zu digitalen Bilddateien im Rahmen von Kollektionen als Sammelobjekte (sog. NFT Collectibles). Die NFT-Verkäufe erfolgten über eine weltweit genutzte Plattform. Dabei wurde nicht das jeweilige digitale Kunstwerk selbst, sondern nur ein Datenbankeintrag auf einer dezentralen Blockchain gehandelt, mit dem sich ein Erwerber als „Eigentümer" des digitalen Guts ausgeben konnte. Die Transaktionsvorgänge wurden auf der jeweiligen Blockchain u.a. mit den zugehörigen pseudonymisierten Krypto-Wallet-Adressen des Verkäufers und der Käufer gespeichert, so dass diese nicht eindeutig identifiziert werden konnten. **376**

In seinem Urteil vom 10.7.2025[1)] ordnet das Niedersächsische FG die NFT-Transaktion als eine auf **elektronischem Wege erbrachte sonstige Leistung** und nicht als Lieferung ein. Bei der grundsätzlichen Beurteilung eines Leistungsaustauschs sei es nicht erheblich, dass der Leistungsempfänger aufgrund der Pseudonymität oder Anonymität nicht ohne Weiteres mit Namen und Anschrift ermittelbar ist. Nach Auffassung des Gerichts stehe die Pseudonymisierung der Krypto-Wallet-Adressen der Leistungsempfänger dem Leistungstatbestand nicht entgegen.

Eine **Dienstleistungskommission** nach der Schnittstellenregelung (§ 3 Abs. 11a UStG) liege dabei **nicht vor**, da die Käufer der NFT als Leistungsempfänger anzusehen seien und nicht die Handelsplattform.

Da nicht nachgewiesen wurde, dass die Käufer der Token Unternehmer waren, richte sich der **Leistungsort** nach dem Wohnsitz oder gewöhnlichen Aufenthaltsort der **Leistungsempfänger**. Diese waren jedoch nicht im Einzelnen bekannt, da der Händler insofern seinen Mitwirkungs- und Aufklärungspflichten nicht nachgekommen ist. Das Gericht kam zu dem Ergebnis, dass wegen der weltweiten Nutzung der Handelsplattform nicht davon ausgegangen werden könne, dass alle Leistungen im Inland erbracht wurden, und ermittelte den inländischen Anteil mittels Schätzung.

Für die im Inland steuerbaren Umsätze sei keine Steuerbefreiung oder Steuersatzermäßigung einschlägig. Insbesondere wurde eine **Steuerbefreiung nach § 4 Nr. 8 UStG abgelehnt**, da NFT weder als gesetzliche Zahlungsmittel noch als Wertpapiere einzuordnen seien. Der ermäßigte Steuersatz sowie die Differenzbesteuerung seien ebenfalls mangels Lieferung körperlicher Gegenstände nicht anwendbar.[2)]

5. Dienstleistungen einer Holding an ihre Tochtergesellschaften

In einem **schwedischen Vorabentscheidungsverfahren** erbrachte eine Holding konzernintern verschiedene steuerpflichtige Leistungen u.a. aus den Bereichen Unternehmensführung und Finanzen an ihre Tochtergesellschaften. Für diese wurde eine Gegenleistung nach der Kostenaufschlagsmethode basierend auf einem durch Verteilerschlüssel ermittelten prozentualen Anteil der Unternehmenskosten bestimmt. Die schwedische Finanzverwaltung ging hingegen mangels ihrer Ansicht nach vergleichbarer auf dem freien Markt angebotener Dienstleistungen von einer umsatzsteuerlichen **Bemessungsgrundlage** basierend auf sämtlichen von der Holding getragenen Kosten aus. **377**

1) Niedersächsisches FG v. 10.7.2025, 5 K 26/24, EFG 2025, 1393 mit Anm. Stern. Vgl. hierzu Prätzler, jurisPR-SteuerR 44/2025 Anm. 6.
2) EuGH Schlussantrag Generalanwältin Kokott v. 11.9.2025, Žaidimų valiuta, C-472/24.

Dazu stellt der **EuGH**[1] zunächst klar, dass es sich bei den Leistungen der Holding **nicht um eine einheitliche Leistung** gegenüber den Tochtergesellschaften handele, sondern um mehrere Einzelleistungen. Es könne nicht davon ausgegangen werden, dass die Leistungen eng miteinander verbunden sind und damit objektiv eine einzige untrennbare wirtschaftliche Leistung bilden würden, deren Aufspaltung wirklichkeitsfremd wäre.[2] Dies gelte auch, wenn für die Leistungen ein einheitlicher Gesamtpreis berechnet wird, da die vereinbarten Zahlungsmodalitäten keinen Einfluss auf die umsatzsteuerliche Beurteilung der Leistungen haben.

Da es sich um einzelne Leistungen handele, sei die umsatzsteuerliche Bemessungsgrundlage für jede einzelne Leistung vorrangig **auf Grundlage marktüblicher Vergleichspreise** zu ermitteln. Eine einheitliche, nicht mit dem freien Markt vergleichbare Leistung, für die kein Vergleichspreis ermittelt werden kann, liege gerade nicht vor.

6. Verrechnungspreisanpassungen

378 In seinem Urteil vom 4.9.2025[3] stellt der **EuGH** erstmals klar, dass **ergebnisabhängige Vergütungen für konzerninterne Dienstleistungen steuerbar** sein können, wenn sie auf einem klar definierten Rechtsverhältnis beruhen und ein unmittelbarer Zusammenhang zwischen den erbrachten Leistungen und der Zahlung besteht. Dass die Höhe der Vergütung variabel ist, stehe der Steuerbarkeit nicht entgegen, solange die Berechnungskriterien vorab festgelegt sind.

Zur generellen Einordnung von Verrechnungspreisanpassungen stellte der EuGH ausdrücklich fest, dass allein der Umstand, dass es sich bei einer konzerninternen Zahlung formal um eine Verrechnungspreisanpassung handelt und die Höhe der Zahlung auf Grundlage einer anerkannten Methode zur Festlegung von Verrechnungspreisen ermittelt wurde, eine **umsatzsteuerliche Relevanz des Sachverhaltes nicht ausschließe**. Maßgeblich sei, ob nach den tatsächlichen wirtschaftlichen Gegebenheiten ein Leistungsaustausch vorliegt.

7. Innenumsätze in einer Organschaft nicht umsatzsteuerbar

379 Mit Urteil vom 29.8.2024[4] entschied der **BFH** im **Anschluss an das EuGH-Urteil** vom 11.7.2024[5], dass entgeltliche Leistungen, die eine Organgesellschaft an den Organträger erbringt entsprechend der bisherigen BFH-Rechtsprechung nicht steuerbar sind.

Dies gilt auch dann, wenn die Organgesellschaft Leistungen gegen Entgelt für den hoheitlichen und damit außerunternehmerischen Bereich des Organträgers erbringt. Zudem scheidet mangels Unentgeltlichkeit eine Besteuerung als unentgeltliche Wertabgabe aus. Damit folgt der BFH der Entscheidung des EuGH im ersten Vorlageverfahren[6] und gibt die im Rahmen eines Obiter Dictum geäußerte Auffassung[7] explizit auf.

Beratungshinweis:

Die nunmehr bestehende Rechtsklarheit ist zu begrüßen. Der Nichtsteuerbarkeit von Innenumsätzen steht demnach nicht entgegen, wenn Innenumsätze auch für nicht zum Vorsteuerabzug berechtigende Umsätze bezogen werden. Dabei kann dahinstehen, ob eine Vorsteuerabzugsbeschränkung aufgrund der Erbringung von steuerfreien Leistungen (bspw. Krankenhäuser, Banken, Versicherun-

1) EuGH v. 3.7.2025, Högkullen AB, C-808/23, DStR 2025, 1634.
2) EuGH v. 18.4.2024, Companhia União de Crédito Popular, C-89/23, UR 20254, 420; mit Anm. Joost/Szabó, UVR 2024, 166 und v. 17.10.2024, Digital Charging Solutions, C-60/23, DStR 2024, 2483; mit Anm. Joost/Szabó, UVR 2025, 98.
3) EuGH v. 4.9.2025, SC Arcomet Towercranes SRL, C-726/23, DStR 2025, 2132.
4) BFH v. 29.8.2024, V R 14/24 (V R 20/22; V R 40/19), HFR 2025, 370 mit Anm. Fu.
5) EuGH v. 11.7.2024, S/FA T II, C-184/23, UVR 2024, 259. Vgl. hierzu Nücken, WPg 2024, 1264.
6) EuGH v. 1.12.2022, S/FA T, C-269/20, DStR 2022, 2488.
7) BFH v. 20.8.2009, V R 30/06, BStBl II 2010, 863.

gen etc.) oder – wie im Urteilsfall – aufgrund des Bezugs zu einer auch hoheitlichen Tätigkeit besteht.

Die weitere Rechtsentwicklung muss dennoch abgewartet werden, denn eine Bund-Länder-Arbeitsgruppe arbeitet an einer Neufassung der gesetzlichen Regelung zur umsatzsteuerlichen Organschaft. Dem Vernehmen nach ist jedoch die Nichtsteuerbarkeit von Innenumsätzen hiervon nicht betroffen. Zur Diskussion stehen jedoch u.a. verfahrensrechtliche Änderungen im Hinblick auf die Organschaft.

8. Entgelt bei vorzeitiger Beendigung des Werklieferungsvertrags durch den Kunden

Im Urteil vom 28.11.2024[1] hat sich der EuGH in einem **österreichischen Vorabentscheidungsersuchen** mit der Frage beschäftigt, ob der Betrag, der vertraglich geschuldet wird, weil der Empfänger einer Dienstleistung einen wirksam geschlossenen Werkvertrag über die Errichtung von Parkplätzen, mit deren Bau der Dienstleistungserbringer begonnen hatte und zu deren Fertigstellung er bereit war, beendet hatte, ein mehrwertsteuerpflichtiges Entgelt darstellt. **380**

Nach Ansicht des **EuGH** besteht die **steuerbare Leistung** in dem Recht des Kunden, in den Genuss der Erfüllung der sich aus dem Werkvertrag ergebenden Verpflichtungen zu kommen, unabhängig davon, ob der Kunde dieses Recht auch wahrnimmt. Folglich unterliege der geschuldete Betrag in vollem Umfang der Mehrwertsteuer, obwohl die Parkplätze auf Wunsch des Kunden nicht errichtet worden waren.

Kritische Stellungnahme:

Das EuGH-Urteil könnte im Widerspruch zur Rechtsprechung des BGH stehen, wonach nur im Umfang des bereits hergestellten Leistungsteils eine steuerbare Leistung vorliegt.[2] Auch nach Auffassung der Finanzverwaltung wird bei Werklieferungen bisher danach differenziert, ob das teilweise vollendete Werk geliefert wird (dann Entgelt) oder eben nicht (dann kein Entgelt).[3] Da es sich um Verfahren österreichischen Rechts handelt, hat die Entscheidung allenfalls eine mittelbare Ausstrahlwirkung in Deutschland.

9. Kraftstofflieferungen in einem Tankkartensystem

Laut Schreiben des BMF vom 21.1.2025[4] gelten die für Kraftstofflieferungen im Kfz-Leasingbereich entwickelten **Abgrenzungskriterien** zwischen **einem Reihengeschäft und einer Finanzdienstleistung**[5] auch für Kraftstofflieferungen im Rahmen eines Tankkartensystems entsprechend. **381**

Dementsprechend liegt mithin beim Einsatz von Tankkarten regelmäßig eine Lieferung von Kraftstoff im Rahmen eines Reihengeschäfts vor, wenn u.a. der Karteninhaber die Karte erkennbar im Namen und für Rechnung des Kartenausgebers für den Bezahlvorgang nutzt und keine Vereinbarung zwischen Kartenausgeber und dem Karteninhaber über die Verwaltung von Kraftstoff oder eine Kreditgewährung besteht. Außerdem muss das Entgelt auf jeder Lieferstufe gesondert vereinbart werden.

Beratungshinweis:

Damit übernimmt das BMF die Grundsätze der sog. Tankkartenrechtsprechung des EuGH nicht.[6] Darin hatte der EuGH bei Bereitstellung von Tankkarten durch die Muttergesellschaft an ihre Tochtergesellschaft und Begleichung der Kraftstoffrechnungen durch diese sowie Weiterberechnung mit einem Aufschlag das Vorliegen von Kraftstofflieferungen in der Kette verneint.

1) EuGH v. 28.11.2024, rhtb, C-622/23, UVR 2025, 40. Vgl. hierzu Textor, MwStR 2025, 496.
2) BGH v. 22.11.2007, VII ZR 83/05, NJW 2008, 1522.
3) Abschn. 1.3 Abs. 5 und Abschn. 3.9 UStAE.
4) BMF v. 21.1.2025, III C 2 – S 7116/00010/005/168, BStBl I 2025, 371.
5) BMF v. 15.6.2004, IV B 7 – S 7100–125/04, BStBl I 2004, 605.
6) EuGH v. 15.5.2019, Vega International, C-235/18, UR 2019, 461.

Ob die oben dargestellten Grundsätze auch für E-Charging-Fälle bei Einbezug eines sog. E-Mobility Providers (EMP) gelten, ist in dem BMF-Schreiben nicht geregelt. Hierfür spricht aber, dass der EuGH mit Urteil vom 17.10.2024[1] im Falle des E-Charging unter Einbezug eines EMP ebenfalls von zwei im Rahmen eines Kommissionsgeschäfts ausgeführten Stromlieferungen ausgeht. Dem Vernehmen nach wird die Finanzverwaltung hierzu voraussichtlich ein gesondertes BMF-Schreiben veröffentlichen.

10. Entsorgung gefährlichen Abfalls

382 Gemäß Urteil des BFH vom 18.4.2024[2] liegt **kein tauschähnlicher Umsatz** vor, wenn ein Entsorgungsunternehmen gefährlichen Abfall zum ausschließlichen Zweck der gesetzlich angeordneten Entsorgung nach dem Kreislaufwirtschaftsgesetz zur Rückgewinnung bzw. Regenerierung von Abfällen übernimmt. Hierbei fehle es an einer Lieferung oder Leistung des Abfallbesitzers an das Entsorgungsunternehmen. Selbst wenn das Entsorgungsunternehmen einen Preisnachlass i.H.d. möglichen Verkaufspreises der aus dem verwerteten Abfall gewonnenen Stoffe gewährt, sei eine solche Leistung nicht anzunehmen. Letztlich handele es sich bei der **Abfallentsorgung** daher lediglich um eine **Entsorgungsdienstleistung des Entsorgungsunternehmers**.

Beratungshinweis:

Laut BMF-Schreiben vom 15.1.2025[3] wendet die Finanzverwaltung das BFH-Urteil in allen offenen Fällen an. Eine Übergangsregelung enthält das BMF-Schreiben nicht. Abschn. 3.16 Abs. 1 UStAE wurde entsprechend um einen neuen Satz 3 ergänzt.

11. Bemessungsgrundlage bei strafrechtlicher Einziehung von Bestechungsgeldern

383 Mit Urteil vom 25.9.2024[4] entschied der BFH, dass Bestechungsgelder bzw. Zuwendungen, die im Gegenzug für Auftragserteilungen bezahlt werden, Entgelt für steuerpflichtige Leistungen in Form der Verschaffung von Vorteilen im Auftragsvergabeprozess darstellen, obwohl es sich um illegale Zahlungen handelt.

Im Fall einer strafrechtlichen Einziehung sei die Bemessungsgrundlage für die zu entrichtende Umsatzsteuer jedoch **um die Beträge zu mindern, die eingezogen** und an die Landesjustizkasse entrichtet wurden.

Dies führe zu einer Berichtigung der festgesetzten Umsatzsteuer zum Zeitpunkt der Einziehung der Beträge. **Unbeachtlich** sei, dass diese Beträge nicht an die leistenden Unternehmen zurückbezahlt werden, sondern in der Staatskasse verbleiben.

12. Leistungen eines Fitnessstudios während des Corona-Lockdowns

384 Der BFH hat sich in zwei Verfahren mit den Auswirkungen der behördlich angeordneten Schließungen von Fitnessstudios während des Corona-Lockdowns auf die umsatzsteuerliche Behandlung der **während dieser Zeit bezahlten Mitgliedsbeiträge** befasst.[5]

Während der pandemiebedingten Schließung wurde den Mitgliedern der Fitnessstudios mitgeteilt, dass der Zeitraum der Schließung am Ende der Vertragslaufzeit ihrer Mitgliedschaft beitragsfrei ersetzt werde. Der BFH führt dazu aus, dass das Einräumen

1) EuGH v. 17.10.2024, Digital Charging Solutions GmbH, C-60/23, DStR 2024, 2483; mit Anm. Joost/Szabó, UVR 2025, 98.
2) BFH v. 18.4.2024, V R 7/22, BStBl II 2025, 60 = HFR 2025, 74 mit Anm. Wagner.
3) BMF v. 15.1.2025, III C 2 – S 7119/00004/002/027, BStBl I 2025, 274.
4) BFH v. 25.9.2024, XI R 6/23, BStBl II 2025, 377 = HFR 2025, 891 mit Anm. Nacke. Vgl. hierzu auch Prätzler, jurisPR-SteuerR 15/2025 Anm. 6.
5) BFH v. 3.11.2025, XI R 5/23, BStBl II 2025, 469 = HFR 2025, 795 mit Anm. Rauch und XI R 36/22, BFH/NV 2025, 695.

dieser kostenfreien Zusatzmonate einen **umsatzsteuerrechtlichen Leistungsaustausch darstelle**. Eine explizite zivilrechtliche Vereinbarung über die Gewährung der Zusatzmonate mit den Kunden werde hierfür nicht vorausgesetzt.

Unabhängig davon seien die vereinnahmten Mitgliedsbeiträge zudem **Anzahlungen** für steuerpflichtige monatliche Teilleistungen im Rahmen eines über die gesamte Vertragslaufzeit bestehenden Dauerschuldverhältnisses. Eine Minderung der Bemessungsgrundlage wegen einer nicht erbrachten Teilleistung für die Zeit, in der die Fitnessstudios pandemiebedingt geschlossen waren, erfolge auch im Falle der Unmöglichkeit der Leistung erst dann, wenn die hierfür entrichtete Anzahlung tatsächlich zurückgewährt wird. Das Bestehen eines zivilrechtlichen Rückzahlungsanspruchs rechtfertige noch keine Minderung der Bemessungsgrundlage.

13. Insolvenz eines Abrechnungsdienstleisters

In einem vom BFH entschiedenen Fall zur Umsatzsteuer in der Insolvenz hatte ein Apotheker einen Dienstleister mit der Abrechnung und dem Einzug von Forderungen beauftragt. Der Dienstleister handelte dabei im eigenen Namen, aber auf Rechnung des Apothekers. Nach der Insolvenz dieses Abrechnungsdienstleisters wurden die vereinnahmten Beträge nicht an den Apotheker weitergeleitet. **385**

In seinem Urteil vom 30.4.2025[1)] entschied der BFH, dass der **Zahlungsausfall keine Berichtigung der Umsatzsteuerbemessungsgrundlage** nach § 17 Abs. 2 Nr. 1 i.V.m. Abs. 1 UStG für die von dem Apotheker erbrachten Leistungen rechtfertige.

Der BFH führt aus, dass bei Beauftragung eines Abrechnungsdienstleisters das Entgelt für die Leistungen des Unternehmers (hier Apotheker) bereits mit **Zahlungseingang bei dem Abrechnungsdienstleiste**r durch den leistenden Unternehmer **vereinnahmt** werde. Werden die Zahlungen nicht weitergeleitet, liege somit keine nachträgliche Uneinbringlichkeit der Forderungen vor.

Anmerkung:

Der BFH betont damit, dass der Zahlungsausfall ausschließlich das Verhältnis zwischen dem Unternehmer und dem Abrechnungsdienstleister betrifft, nicht aber das umsatzsteuerlich relevante Rechtsverhältnis zwischen dem Unternehmer und den Leistungsempfänger.

14. Bonuszahlungen im Zentralregulierungsgeschäft

Mit Urteil vom 23.10.2024[2)] führt der BFH aus, dass für die umsatzsteuerliche Beurteilung der Weitergabe von Boni oder anderen Preisnachlässen durch einen Zentralregulierer an seine Anschlusskunden entscheidend ist, ob die Zahlungen innerhalb einer Leistungskette zwischen dem Lieferer, dem Zentralregulierer und dem Anschlusskunden erfolgen. Im Urteilsfall besteht **keine solche Leistungskette**, da der Lieferant das Anschlussunternehmen direkt beliefert, während der **Zentralregulierer eine eigenständige Leistung** erbringt. **386**

Folglich entschied der BFH, dass die Weitergabe von Preisnachlässen nicht die Bemessungsgrundlage für die Leistung des Zentralregulierers mindert und demnach nicht zu einer Berichtigung des Vorsteuerabzugs beim Anschlusskunden führt.

1) BFH v. 30.4.2025, XI R 15/22, BStBl II 2025, 621 = HFR 2025, 895 mit Anm. Textor. Vgl. hierzu auch Korn, kösdi 2025, 24330, 24342 (Report Nr. 384).

2) BFH v. 23.10.2024, XI R 6/22, BFH/NV 2025, 692 = HFR 2025, 575 mit Anm. Textor. Vgl. hierzu auch Prätzler, jurisPR-SteuerR 29/2025 Anm. 6.

Anmerkung:

Der BFH bestätigt damit seine bisherige Rechtsprechung[1] als Folgeentscheidung zu dem EuGH-Urteil vom 16.1.2014[2]. Die nun entschiedene Sache war jedoch nicht spruchreif und wurde an das Finanzgericht zurückverwiesen.

15. Unternehmereigenschaft beim Verkauf von Privatgrundstücken durch Ehegatten

387 In dem **polnischen Vorlageverfahren** entschied der **EuGH** mit Urteil vom 3.4.2025[3], dass auch der Verkauf von Grundstücken aus dem Privatvermögen eines Ehepaars eine **wirtschaftliche Tätigkeit begründen** könne. Entscheidend hierfür sei, dass der Veräußerer aktive Schritte zur **Vermarktung der Grundstücke** einleite und sich hierbei ähnlicher Mittel bediene wie ein Händler oder Dienstleister. Im Urteilsfall ging die Tätigkeit über eine typische Maklertätigkeit hinaus. U.a. wurden die Grundstücke parzelliert und erschlossen sowie Flächen hinzuerworben.

Ebenso liege eine selbständige wirtschaftliche Tätigkeit der Eheleute vor, wenn diese das wirtschaftliche Risiko der Veräußerung tragen, insbesondere das Risiko, dass es nicht zum Verkauf der Grundstücke kommt. Durch die Einschaltung des Geschäftsbesorgers und dessen honorarbasierter Vergütung sei das wirtschaftliche Risiko lediglich vermindert, verbleibe aber grundsätzlich beim Veräußerer.

Weiterhin nimmt der EuGH zur **Bestimmung des Steuerpflichtigen Stellung** und führt aus, dass im Rahmen eines solchen Verkaufsgeschäfts die von Ehegatten, die gemeinschaftliche Eigentümer sind, gebildete gesetzliche Gemeinschaft als Steuerpflichtiger angesehen werden kann. Voraussetzung hierfür sei, dass die Ehegatten gegenüber Dritten so auftreten, dass sie den Verkauf der Grundstücke gemeinsam durchführen und als Gemeinschaft das wirtschaftliche Risiko dieser Tätigkeit tragen. Die fehlende Rechtsfähigkeit der Gemeinschaft stehe dem nicht entgegen.

Anmerkung:

Im Hinblick auf das deutsche Umsatzsteuerrecht gibt die EuGH-Entscheidung Hinweise darauf, dass die Unternehmereigenschaft von Bruchteilsgemeinschaften grundsätzlich mit dem Unionsrecht vereinbar ist. Auch das BMF geht von einer Unternehmereigenschaft aus, lediglich der BFH äußerte hieran wiederholt Zweifel.[4]

II. Steuerbefreiungen

1. Modifizierung der Steuerbefreiung für Bildungsleistungen

388 Durch das JStG 2024[5] wurde mit Wirkung seit 1.1.2025 die Steuerbefreiung für Bildungsleistungen angepasst.

Geregelt wurde u.a., dass auch steuerbare Bildungsleistungen, die von **Einrichtungen des öffentlichen Rechts**, die mit solchen Aufgaben betraut sind, erbracht werden, steuerfrei sind (§ 4 Nr. 21 Buchst. a UStG). Das **Bescheinigungserfordernis** bleibt erhalten, allerdings beinhaltet dieses nur noch, dass Schulunterricht, Hochschulunterricht, Ausbildung, Fortbildung oder berufliche Umschulung erbracht wird (§ 4 Nr. 21 Buchst. a Doppelbuchst. bb UStG).

---

1) BFH v. 3.7.2014, V R 3/12, BStBl II 2015, 307.
2) EuGH v. 16.1.2024, Ibero Tours, C-300/12, MwStR 2013, 626.
3) EuGH v. 3.4.2025, Grzera, C-213/24, HFR 2025, 590. Vgl. hierzu auch Prätzler, jurisPR-SteuerR 22/2025 Anm. 4.
4) BFH v. 28.8.2023, V B 44/22, HFR 2023, 1094 mit Anm. Michel; mit Anm. Joost/Szabó, UVR 2023, 356.
5) Gesetz v. 2.12.2024, BGBl. I 2024 Nr. 387 = BStBl I 2024, 1484.

Ferner fällt nach § 4 Nr. 21 Buchst. c UStG Schul- und Hochschulunterricht, der von **Privatlehrern** erteilt wird, grundsätzlich ohne weitere Voraussetzungen unter die Steuerbefreiung. Handelt es sich allerdings um Eingliederungsleistungen oder Leistungen zur Teilhabe am Arbeitsleben, sind die in § 4 Nr. 15b und 15c UStG genannten Voraussetzungen zu erfüllen.

Mit Schreiben vom 24.10.2025[1] nimmt das **BMF** ausführlich Stellung zur Steuerbefrei- 389
ung von Bildungsleistungen nach neuer Rechtslage. Die durch das BMF-Schreiben geänderte Fassung des UStAE konkretisiert die Voraussetzungen für die Steuerbefreiung und enthält Hinweise zur Abgrenzung zwischen **unmittelbar und nicht unmittelbar dem Bildungszweck** dienenden Leistungen und damit **eng verbundenen Umsätzen.** Bildungsleistungen können auch digital als interaktiver Live-Stream angeboten werden. Die Bereitstellung einer Aufzeichnung des Unterrichts im Nachgang zu einer „Vor-Ort"-Veranstaltung oder zu einem Live-Stream ohne gesondertes Entgelt stellt eine Nebenleistung zur Bildungsleistung dar.

Kurse mit bloßem **Freizeitbezug** wie etwa Schwimmunterricht in Schwimmschulen bleiben hingegen grundsätzlich steuerpflichtig.

In dem Schreiben wird ferner klargestellt, dass im Rahmen des **Bescheinigungsverfahrens** Bescheinigungen, die vor dem 1.1.2025 ausgestellt wurden, bis zu einem etwaigen Widerruf bzw. bis zum Ablauf ihres Gültigkeitszeitraums fortgelten. Außerdem sind Bescheinigungen, die bis 31.12.2025 unter Berücksichtigung der Anforderungen der alten Rechtslage ausgestellt wurden, für Besteuerungszeiträume nach dem 31.12.2024 anzuerkennen.

Sofern der Unternehmer **keine Bescheinigung** der zuständigen Landesbehörde vorlegt, obliegt es der Finanzbehörde, bei begründeter Annahme des Vorliegens einer begünstigten Bildungsleistung eine Prüfung der Voraussetzungen zur Erteilung einer solchen Bescheinigung bei der zuständigen Landesbehörde anzuregen und um Erteilung einer Bescheinigung zu bitten.

Beratungshinweis:

Das BMF-Schreiben enthält eine ausgedehnte **Übergangsregelung**, nach der es nicht beanstandet wird, wenn Umsätze**, die vor dem 1.1.2028 ausgeführt werden**, nach den bisher geltenden Vorschriften des UStAE behandelt werden.

Hinsichtlich der Steuerbefreiungen im Rahmen der **Erwachsenenbildung** hat das BMF 390
mit Schreiben vom 24.10.2025[2] ein **Informationsblatt** zur Anwendung von § 4 Nr. 22 Buchst. a UStG herausgegeben, in dem die Voraussetzungen für das Vorliegen begünstigter Leistungen für Vorträge, Kurse und andere Veranstaltungen wissenschaftlicher oder belehrender Art konkretisiert werden. Das BMF führt in dem Informationsblatt u.a. aus, welche Anforderungen an die Inhalte und Zielsetzung solcher Veranstaltungen gestellt werden und welche Rahmenbedingungen für die fachliche und pädagogische Qualifikation der Lehrkraft gelten.

2. Ausfuhrlieferungen

a) Ausfuhrlieferungen von Gegenständen zur Ausrüstung oder Versorgung eines Beförderungsmittels

Ausfuhrlieferungen von Gegenständen zur Ausrüstung oder Versorgung eines Beförde- 391
rungsmittels sind bei Beförderung oder Versendung durch den Abnehmer oder in eines der Gebiete nach § 1 Abs. 3 UStG nur **steuerbefreit, wenn** das betreffende Beförderungsmittel den **unternehmerischen Zwecken eines ausländischen Abnehmers dient**. Diese Einschränkung schließt die Steuerbefreiung für Ausfuhrlieferungen solcher

1) BMF v. 24.10.2025, III C 3 – S 7179/00054/001/094, BStBl I 2025, 1841 = DStR 2025, 2552.
2) BMF v. 24.10.2025, III C 3 – S 7180/00032/001/065, BStBl I 2025, 1851 = DStR 2025, 2560.

Gegenstände bei einer Bestimmung für nicht unternehmerisch genutzte Beförderungsmittel grundsätzlich aus. Insbesondere ist auch die Ausfuhr im nichtkommerziellen Reiseverkehr für diese Gegenstände ausgeschlossen.

Mit Schreiben vom 12.3.2025[1] stellt die Finanzverwaltung hingegen klar, dass eine **steuerbefreite Ausfuhrlieferung** auch bei **Gegenständen zur Ausrüstung eines privaten Beförderungsmittels** vorliegen kann, wenn diese im Rahmen einer **Werklieferung** geliefert werden. Eine solche Werklieferung kann z.B. bei einer Lieferung von Ersatz- und Zubehörteilen einschließlich Montage vorliegen.

Ferner **definiert** die Finanzverwaltung in diesem Zusammenhang **relevante Begriffe** wie den Begriff des Beförderungsmittels und die unter die Gegenstände der Ausrüstung fallenden Ersatz- und Zubehörteile und übernimmt diese Definitionen in den UStAE.

Anmerkung:

Das BMF-Schreiben ist in allen offenen Fällen anzuwenden.

b) Klarstellung zum Scan-Verfahren bei Ausfuhrlieferungen

392 Das sog. Scan-Verfahren stellt eine **Erleichterung** bei der Führung der **Nachweise für die Voraussetzungen einer steuerbefreiten Ausfuhr im persönlichen Reisegepäck** dar. Das Scan-Verfahren kommt etwa zum Einsatz, wenn ein Einzelhändler im Sicherheitsbereich eines Flughafens Waren an in einem Drittland ansässige Abnehmer verkauft. Ein Scan der Reisepässe und Bordkarten der Abnehmer ersetzt beim Scan-Verfahren die zollamtlichen Ausfuhrbelege.

Das **Finanzministerium Schleswig-Holstein** informiert mit einer Kurzinformation vom 10.1.2025[2] darüber, dass das Scan-Verfahren sowohl an Flughäfen, an denen die Zollverwaltung nicht vertreten ist, als auch an Flughäfen, an denen eine vollständige räumlich wie zeitlich durchgängige Präsenz des Zolls nicht gesichert ist, zulässig ist.

Praxistipp:

Eine dauerhafte Präsenz der Zollverwaltung im Transit- und Sicherheitsbereich ist in den Flughäfen Frankfurt a.M., Hamburg, Berlin und Leipzig/Halle gewährleistet.

c) Nachweis der Voraussetzung für die Inanspruchnahme der Steuerbefreiung

393 Mit Schreiben vom 1.7.2025[3] ändert die Finanzverwaltung insbesondere Abschn. 6.6 Abs. 6 UStAE und fügt einen neuen Abs. 6a ein. Das **BMF** stellt damit u.a. klar, dass die Steuerbefreiung für die Ausfuhrlieferung zu gewähren ist, wenn die materiellrechtlichen Voraussetzungen für die Inanspruchnahme der Steuerbefreiung anhand **objektiver Kriterien zweifelsfrei nachgewiesen** werden, obwohl der Unternehmer den **formellen Anforderungen** des Ausfuhrnachweises **nicht genügen kann.**[4] Dies sei z.B. bei der Ausfuhr von im Sicherheits- bzw. Transitbereich eines deutschen Flughafens erworbenen Gegenständen im Reiseverkehr der Fall, wenn eine Bestätigung der Grenzzollstelle nicht möglich ist, etwa weil die Zollverwaltung nicht im Transit- bzw. Sicherheitsbereich des Flughafens präsent ist.

---

1) BMF v. 12.3.2025, III C 3 – S 7133/00043/001/076, BStBl I 2025, 726. Vgl. hierzu auch Finken/Schlack, DB 2025, 1116.
2) FinMin Schleswig-Holstein v. 10.1.2025, VI 358-S 7510–126, DStR 2025, 847.
3) BMF v. 1.7.2025, III C 3 – S 7134/00025/002/012, BStBl I 2025, 1477.
4) EuGH v. 11.2018, Cartrans Spedition, C-495/17, UR 2018, 908; v. 28.3.2019, Vinš, C-275/18, UVR 2019, 197 und vom 17.10.2019, Unitel Sp, C-653/18, UR 2019, 849 sowie BFH v. 12.3.2020, V R 20/19, BStBl II 2020, 608.

Anmerkung:

Die Grundsätze des Schreibens sind auf alle **Fälle nach Veröffentlichung des BMF-Schreibens** anzuwenden. Für Umsätze, die vor dem 1.1.2026 ausgeführt werden, enthält das BMF-Schreiben eine Übergangsregelung.

Mit der steuerbefreiten Ausfuhr ohne Wissen des Lieferers hat sich auch der **EuGH** in seiner aktuellen Rechtsprechung befasst: Im zugrunde liegenden Fall ging es um die polnische Gesellschaft W. sp. z o.o., die Äpfel an einen britischen Abnehmer lieferte, der in Lettland mehrwertsteuerlich registriert war. Die Lieferungen wurden von W. sp. z o.o. als innergemeinschaftliche Lieferungen deklariert. Die Transportdokumente wiesen Litauen als Bestimmungsort aus. Tatsächlich wurden die Äpfel jedoch von der britischen Firma ohne Wissen von W. sp. z o.o. nach Belarus exportiert.

In seinem Urteil vom 1.8.2025[1]entscheidet der EuGH, dass eine solche Lieferung unter die **Steuerbefreiung** für Ausfuhrlieferungen fällt, wenn die **Ausfuhr von den zuständigen** – hier polnischen – **Steuerbehörden** anhand von **Zolldokumenten bestätigt** wurde. Die objektiven Voraussetzungen der Steuerbefreiung seien entscheidend, nicht das Wissen des Lieferers über den endgültigen Bestimmungsort der Ware. Dabei sei unerheblich, ob der Nachweis der Ausfuhr durch den Lieferer oder die Steuerbehörden erbracht wurde. Entscheidend sei, dass tatsächlich eine Lieferung unter Übertragung der Verfügungsmacht in ein Drittland erfolgt ist und die Gegenstände physisch das Gebiet der Union verlassen haben.

d) Kein Ausschluss der Steuerbefreiung durch Zollformfehler bei der Wiedereinfuhr

In seinem Urteil vom 12.6.2025[2] befasst sich der **EuGH** anhand des Falls von schwedi- **394**
schen Turnierpferden, die nach einem Turnier in Norwegen wieder in die EU eingeführt wurden, mit der Frage, ob die **Nichterfüllung formaler Verpflichtungen der Mehrwertsteuerbefreiung bei Wiedereinfuhr entgegensteht**.

Konkret enthält Art. 143 Abs. 1 Buchst. e MwStSystRL die Befreiung der Wiedereinfuhr von unter eine Zollbefreiung fallenden Gegenständen durch denjenigen, der sie ausgeführt hat, sofern die Gegenstände in dem Zustand wiedereingeführt werden, in dem sie ausgeführt wurden.

Der EuGH kam zu dem Ergebnis, dass die Nichterfüllung formaler Verpflichtungen, wie die Gestellung der Waren und Anmeldung zur Überlassung zum zollrechtlich freien Verkehr, der Mehrwertsteuerbefreiung bei Wiedereinfuhr nicht entgegensteht, sofern kein Täuschungsversuch vorliegt.

III. Steuersatz

1. Ermäßigter Umsatzsteuersatz auf Kunstwerke

Bislang unterlag die Lieferung oder der innergemeinschaftliche Erwerb von Kunstwer- **395**
ken nur dann dem ermäßigten Umsatzsteuersatz, wenn der Urheber oder dessen Rechtsnachfolger ein Kunstwerk verkauft. Im Fall der Lieferung durch einen Unternehmer ist die Verwendung des ermäßigten Umsatzsteuersatzes nur vorgesehen, wenn es sich nicht um einen Wiederverkäufer handelt und die Kunstwerke u.a. vom Urheber erworben wurden.

Diese Einschränkungen der Anwendung des ermäßigten Umsatzsteuersatzes entfiel durch die im Rahmen des JStG 2024[3] erfolgte Streichung des § 12 Abs. 2 Nr. 13 UStG

1) EuGH v. 1.8.2025, W. sp. z o.o., C-602/24, UR 2025, 742. Vgl. hierzu Prätzler, jurisPR-SteuerR 41/2025 Anm. 5.
2) EuGH v. 12.6.2025, Palmstråle, C-125/24, UR 2025, 497.
3) Gesetz v. 2.12.2024, BGBl. I 2024 Nr. 387 = BStBl I 2024, 1484.

mit Wirkung seit 1.1.2025. Damit kommt im Fall der **Lieferung oder des innergemeinschaftlichen Erwerbs** von Kunstwerken stets der ermäßigte Umsatzsteuersatz zur Anwendung.

2. Ermäßigter Steuersatz auf die Lieferung von Holzhackschnitzeln als Brennholz

396 In Umsetzung der BFH- und EuGH-Rechtsprechung zur Steuersatzfindung bei der Lieferung von Holzhackschnitzeln[1] wurde im Zuge des JStG 2024[2] **gesetzlich klargestellt**, dass Holzhackschnitzel als Brennholz dem ermäßigten Steuersatz unterliegen, sofern diese in die Position 4401 des Zolltarifs eingereiht werden (Nr. 48 Buchst. a Anlage 2 zum UStG).

Mit Schreiben vom 15.7.2025[3] stellt das BMF darüber hinaus **Kriterien** für die Beurteilung auf, ob **Holzhackschnitzel ausschließlich zum Verbrennen** bestimmt sind, wobei unter den Begriff Verbrennen alle Arten der thermischen Verwertung gefasst werden. Maßgeblich sind die Art der Aufmachung bei der Abgabe und ein im Voraus festgelegter Feuchtegrad. Soweit der Feuchtegrad bezogen auf das jeweilige Trocken- oder Darrgewicht unter 25 % beträgt, ist davon auszugehen, dass die Holzhackschnitzel ausschließlich zur Verbrennung bestimmt sind. Bei Holzhackschnitzeln mit einem Feuchtegehalt von 25 % und mehr kann der ermäßigte Steuersatz trotzdem zur Anwendung kommen, wenn die Holzhackschnitzel im Einzelfall ohne weitere Bearbeitung (wie z.B. Lagerung oder Trocknung) unmittelbar thermisch vom Erwerber verwertet werden können.

Abweichend von der bisherigen Verwaltungsauffassung ist die **Abgabemenge nicht mehr maßgeblich** für die Beurteilung, ob Holzhackschnitzel als Brennholz anzusehen sind.[4]

Anmerkung:

Die Grundsätze dieses Schreibens gelten für alle **Umsätze, die nach dem 5.12.2024 ausgeführt** werden. Für im Zeitraum vom 6.12.2024 bis zum 30.9.2025 ausgeführte Umsätze wird es nicht beanstandet, wenn sich der Leistende und der Leistungsempfänger übereinstimmend – auch für Zwecke des Vorsteuerabzuges – auf die Regelungen des BMF-Schreibens vom 4.4.2023[5] berufen.

3. Aufteilung eines Gesamtentgelts bei Produkten mit unterschiedlichen Umsatzsteuersätzen

397 Mit Urteil vom 22.1.2025[6] lehnte der BFH für die **Aufteilung eines Gesamtentgelts für mehrere Speisen und Getränke** in einem Spar-Menü die von dem Unternehmer angewandte sog. **„Food-and-Paper"-Methode** ab, bei der die Aufteilung **anhand des Wareneinsatzes** erfolgt.

Zwar stellte der BFH klar, dass Unternehmer nicht zwingend die einfachste Aufteilungsmethode (z.B. nach Einzelverkaufspreisen) anwenden müssen. Allerdings müsse die gewählte Methode mindestens ebenso sachgerecht sein. Dies sei bei der „Food-and-Paper"-Methode nicht der Fall, da sie im Ergebnis dazu führen könne, dass der rechnerische Menüpreis eines Produkts mit hohem Wareneinsatz über dessen Einzelverkaufspreis liege. Dieses Aufteilungsergebnis entspreche nicht der wirtschaftlichen Realität eines rabattierten Kombiangebots und sei daher nicht als sachgerecht anzuerkennen.

---

1) BFH v. 21.4.2022, V R 2/22 (V R 6/18), BStBl II 2023, 460, und EuGH v. 3.2.2022, B AG, C-515/20, HFR 2022, 282.
2) Gesetz v. 2.12.2024, BGBl. I 2024 Nr. 387 = BStBl I 2024, 1484.
3) BMF v. 15.7.2025, III C 2 – S 7221/00019/005/056, BStBl I 2025, 1513. Vgl. hierzu auch Korn, kösdi 2025, 24330, 24341 f. (Report Nr. 382).
4) BMF v. 4.4.2023, III C 2 – S 7221/19/10002 :004, BStBl I 2023, 733.
5) BMF v. 4.4.2023, III C 2 – S 7221/19/10002 :004, MwStR 2023, 362.
6) BFH v. 22.1.2025, XI R 19/23, BStBl II 2025, 583. Vgl. hierzu Erdbrügger, DStR 2025, 1792.

IV. Vorsteuerabzug

1. Vorsteuerabzug bei konzerninternen Verrechnungen von Dienstleistungen

Mit Urteil vom 12.12.2024[1)] hatte der **EuGH** in einem **rumänischen Verfahren** über das Vorsteuerabzugsrecht bei konzerninterner Leistungsverrechnung zu entscheiden. Dabei betont er, dass das Recht auf Vorsteuerabzug integraler Bestandteil des Mechanismus für Mehrwertsteuer ist und daher grundsätzlich nicht eingeschränkt werden kann. Damit gewährleistet das gemeinsame Mehrwertsteuersystem die völlige Neutralität hinsichtlich der steuerlichen Belastung aller wirtschaftlichen Tätigkeiten. Bei konzerninterner Leistungsverrechnung setzt der Vorsteuerabzug voraus, dass auf einer vorangegangenen Umsatzstufe ein Umsatz vorliegt und dass die erworbenen Dienstleistungen vom Steuerpflichtigen für Zwecke seiner eigenen besteuerten Umsätze verwendet werden. **398**

Der EuGH hält es für den Vorsteuerabzug für **nicht maßgeblich**, ob der **Erwerb der Dienstleistung für den Leistungsempfänger notwendig oder zweckmäßig ist.** Ebenso sei es unerheblich, dass die Dienstleistungen auch von weiteren Konzerngesellschaften bezogen wurden, solange die auf den Steuerpflichtigen entfallenden Kosten tatsächlich den in Anspruch genommenen Dienstleistungen entsprechen. Ob der getragene Kostenanteil den erhaltenen Dienstleistungen entspricht, sei ebenso wie alle weiteren, den Vorsteuerabzug begründenden Tatsachen durch den Steuerpflichtigen nachzuweisen.

2. Kein Vorsteuerabzug bei unentgeltlicher Trocknung fremder Holzhackschnitzel

Im Rahmen der gemischten Nutzung eines BHKW verwendete der Betreiber eines BHKW Teile der erzeugten Wärme, um für ein verbundenes Unternehmen Holzhackschnitzel zu trocknen. Eine Gegenleistung hierfür erhielt er nicht, er beabsichtigte jedoch damit den KWK-Bonus, den er für den eingespeisten Strom erhält, zu erhöhen. **399**

Der BFH qualifizierte in seinem Urteil vom 11.12.2024[2)] die unentgeltliche Trocknung von Holzhackschnitzeln mit der Abwärme eines BHKW **nicht als unentgeltliche Wärmelieferung** gemäß § 3 Abs. 1b Satz 1 Nr. 3 UStG. Denn nicht die Wärme selbst wurde an ein verbundenes Unternehmen überlassen, sondern der Betreiber des BHKW nutzte selbst die Wärme, um die Holzhackschnitzel des verbundenen Unternehmens zu trocknen. Diese Trocknung wird laut BFH als **sonstige Leistung** eingestuft, die jedoch **keine steuerbare Wertabgabe** darstellt, da sie aus unternehmerischen Gründen erfolgte und nicht für Zwecke außerhalb des Unternehmens.

Da aber der Vorsteuerabzug aus Eingangsleistungen voraussetzt, dass diese für besteuerte Umsätze verwendet werden, sei der **Vorsteuerabzug ausgeschlossen**. Dies betrifft sowohl die Anschaffung und den Betrieb der Trocknungsanlage als auch anteilig die Kosten des BHKW. Eine Berichtigung des Vorsteuerabzugs gemäß § 15a UStG ist erforderlich, wenn die ursprüngliche Zuordnung zum Unternehmen materiell-rechtlich unzutreffend war.

Beratungshinweis:

Die Entscheidung betrifft **nicht nur Betreiber von BHKW**, sondern ist auch für andere Unternehmer mit **gemischt genutzten Wirtschaftsgütern** relevant. Das Verfahren verdeutlicht die strengen Anforderungen an die Verwendung von Eingangsleistungen für besteuerte Umsätze. Unternehmen sollten bei der Nutzung von Ressourcen wie Abwärme genau prüfen, ob und in welchem Umfang ein Vorsteuerabzug möglich ist und auf eine sorgfältige Dokumentation der Zuordnung von Eingangsleistungen achten.

---

1) EuGH v. 12.12.2024, Weatherford Atlas Gip SA, C-527/23, HFR 2025, 206. Vgl. hierzu Bärsch/Vobbe, DStR 2025, 1057; L'habitant/Bende, MwStR 2025, 377.

2) BFH v. 11.12.2024, XI R 4/23, DStR 2025, 1330 = HFR 2025, 781 mit Anm. Rauch. Vgl. hierzu auch Prätzler, jurisPR-SteuerR 33/2025 Anm. 7 und Korn, kösdi 2025, 24286, 24299 (Report Nr. 342).

3. Vorsteuerabzug in Insolvenzfällen

400 Der BFH hat in mehreren Entscheidungen zu umsatzsteuerlichen Besonderheiten in Insolvenzfällen entschieden und macht u.a. deutlich, dass für die Beurteilung des Vorsteuerabzugs aus Insolvenzverwalterleistungen zwischen Unternehmensfortführung und Unternehmenseinstellung durch den Insolvenzverwalter differenziert werden muss.

In seinem Urteil vom 23.10.2024[1] stellt der BFH zunächst klar, dass die **Vorsteuer aus einer Insolvenzverwalterleistung aufzuteilen** ist, wenn der Insolvenzschuldner die Leistung des Insolvenzverwalters sowohl für die Befriedigung seiner unternehmerischen als auch privaten Insolvenzverbindlichkeiten bezieht.

Führt der Insolvenzverwalter den Betrieb fort und nimmt keine wesentlichen Verwertungshandlungen vor, bestimmt sich der **Aufteilungsmaßstab** für die Vorsteuer auf Grundlage der Gesamttätigkeit des Insolvenzschuldners während der Zeit der Insolvenzverwaltung. Maßgeblich für die Vorsteueraufteilung ist das Verhältnis der steuerpflichtigen, steuerfreien und nichtwirtschaftlichen Tätigkeiten während dieser Zeit.

Praxistipp:

Eine **Unternehmensfortführung durch den Insolvenzverwalter** liegt vor, wenn die Leistung des Insolvenzverwalters nicht der Befriedigung der Insolvenzgläubiger mittels Verwaltung, Verwertung und Verteilung der Insolvenzmasse dient, sondern vorrangig darauf abzielt, das Unternehmen des Insolvenzschuldners zu erhalten. Davon ist insb. dann auszugehen, wenn in einem Insolvenzplan eine Regelung zum Erhalt des Unternehmens getroffen wird.

Anders hat der BFH mit Beschluss ebenfalls vom 23.10.2024[2] zur Vorsteueraufteilung im Fall der **Unternehmenseinstellung** entschieden: Hat der Insolvenzschuldner seine unternehmerische Tätigkeit eingestellt, ist der **Umfang des Vorsteuerabzugs** aus der Leistung des Insolvenzverwalters nach **Maßgabe der früheren unternehmerischen Tätigkeit** des Insolvenzschuldners zu beurteilen.

Der für den Vorsteuerabzug maßgebliche direkte und unmittelbare Zusammenhang zwischen Eingangs- und Ausgangsleistung besteht zwischen der einheitlichen Leistung des Insolvenzverwalters und den im Insolvenzverfahren angemeldeten Forderungen der Insolvenzgläubiger, die auf die frühere Umsatztätigkeit zurückzuführen sind. Auf einzelne Verwertungshandlungen des Insolvenzverwalters kommt es für die Ermittlung der Vorsteuerquote nicht an.

Anmerkung:

Damit schließt sich der XI. Senat der bisherigen Rechtsprechung des V. Senats zu den Leistungen eines Konkursverwalters[3] an und überträgt sie auf die Insolvenzordnung.

In einem weiteren Beschluss vom 11.12.2024[4] kommt der BFH zu dem Ergebnis, dass ein sich für den Zeitraum des vorläufigen Insolvenzverfahrens ergebender **Vorsteuer-Überhang** in die Steuerberechnung des vorinsolvenzlichen Bereichs eingeht und mit Umsatzsteuer aus vorinsolvenzlicher Zeit zu saldieren ist. Die Saldierung stelle keine nach den Vorschriften der Insolvenzordnung unzulässige Aufrechnung dar. Ferner sei der Vorsteuer-Überhang nicht in die Steuerberechnung der Insolvenzmasse einzubeziehen.

---

1) BFH v. 23.10.2024, XI R 20/22, HFR 2025, 684 mit Anm. Rauch; vgl. hierzu auch Anm. Joost/Szabó, UVR 2025, 130. Vgl. hierzu Budnik, DStR 2025, 1897.
2) BFH v. 23.10.2024, XI R 8/22, HFR 2025, 130 mit Anm. Sterzinger; vgl. hierzu auch Joost/Szabó, UVR 2025, 161.
3) BFH v. 23.11.2023, V R 3/22, BStBl II 2024, 501.
4) BFH v. 11.12.2024, XI R 1/22, BFH/NV 2025, 587. Vgl. hierzu Esteves Gomes, MwStR 2025, 456.

4. Vorsteueraufteilung bei Kreditinstituten

Das BMF nimmt in einem umfangreichen Schreiben vom 9.12.2024[1)] zum Vorsteuerabzug bei Kreditinstituten Stellung. Im Fokus der Verlautbarung steht die Zuordnung von Eingangs- zu Ausgangsumsätzen und die Vorsteueraufteilung nach § 15 Abs. 4 UStG. 401

Grundsätzlich gelten auch im Bankenbereich die allgemeinen Grundsätze, die das BMF einleitend erläutert (Vorrang der direkten Zuordnung, Nachrangigkeit des Gesamtumsatzschlüssels). Die Vorsteueraufteilung hat dabei nach einem **sachgerechten Schlüssel** zu erfolgen, wobei bei mehreren präzisen Methoden nicht zwingend die präziseste anzuwenden ist. Stellt sich ein angewandter Aufteilungsschlüssel im Nachhinein als nicht sachgerecht heraus, hat der Unternehmer zudem die Möglichkeit, einen sachgerechten und präzisen Aufteilungsschlüssel zu wählen und nur wenn er diese Möglichkeit nicht wahrnimmt, darf die Finanzverwaltung einen von ihr ermittelten sachgerechten und präzisen Schlüssel anwenden.

Anschließend geht das BMF konkret auf die Aufteilung der Vorsteuerbeträge bei Kreditinstituten ein, insb. auch auf die getrennte Betrachtung einzelner abgrenzbarer Teile des Unternehmens für Zwecke des Vorsteuerabzuges (sog. **Segmentierung**) als Möglichkeit der Zuordnung zu den Ausgangsumsätzen. Als Beispiele für mögliche Segmente werden genannt: Organgesellschaften, ausländische Betriebsstätten, Filialen, Geschäftsbereiche (z.B. Investmentbanking, Privatkundengeschäft, Firmenkundengeschäft), Abteilungen (z.B. Versicherungsvermittlung, Immobilienverwaltung), Produktgruppen (z.B. Kreditgeschäft, Depotgeschäft, Immobilienhandel, Windkraftanlagen, Zertifikatehandel).

Zudem enthält das Schreiben **Ausführungen zu grenzüberschreitenden Aktivitäten** (in- und outbound) von Kreditinstituten.

Praxistipp:

Auf die **Besonderheiten bei grenzüberschreitenden Organschaften** aufgrund der EuGH-Urteile vom 17.9.2014 und vom 11.3.2021[2)] geht das BMF nicht näher ein, sondern stellt im Hinblick auf deren Auswirkungen auf die deutsche Verwaltungsauffassung ein gesondertes BMF-Schreiben in Aussicht.

Die Grundsätze des Schreibens sind **in allen offenen Fällen anzuwenden**. Es wird jedoch nicht beanstandet, wenn sich ein Unternehmer in der Zeit bis zum 31.12.2025 auf die Grundsätze des BMF-Schreibens an die Bankenverbände vom 12.4.2005[3)] zur Aufteilung des Vorsteuerabzugs beruft, soweit dessen Voraussetzungen vorliegen und dem nicht andere zwischenzeitlich veröffentlichte BMF-Schreiben entgegenstehen.

5. Vorsteuerberichtigung bei geänderter rechtlicher Beurteilung der Umsätze

Werden bei der Anschaffung oder Herstellung eines Wirtschaftsguts Vorsteuerbeträge geltend gemacht und ändert sich dessen nicht nur einmalig vorgesehene Verwendung für die Ausführung von Umsätzen innerhalb von fünf Jahren ab der erstmaligen Verwendung, ist der **Vorsteuerabzug zu berichtigen** (§ 15a UStG). 402

Die **OFD Baden-Württemberg** führt dazu in ihrer Verfügung vom 27.3.2025[4)] aus, dass eine solche Vorsteuerberichtigung auch dann in Betracht kommt, wenn sich zwar die **Verwendungsumsätze nicht ändern**, aber sich deren **rechtliche Beurteilung** als unzutreffend erweist.

1) BMF v. 9.12.2024, III C 2 – S 7306/19/10003 :004, BStBl I 2024, 1604. Vgl. hierzu auch Jacobs, UR 2025, 125.
2) EuGH v. 17.9.2014, Skandia America, C-7/13, MwStR 2014, 728 und v. 11.3.2021, Danske Bank, C-812/19, UVR 2021, 163.
3) BMF v. 12.4.2005, IV A 5-S7306–5/05, BStBl I 2024, 1604.
4) OFD Baden-Württemberg v. 27.3.2025, S 7316 Karte 3, DStR 2025, 1226.

Eine Berichtigung des unzutreffenden Vorsteuerabzugs in einem Folgejahr setzt laut OFD Baden-Württemberg voraus, dass die Steuerfestsetzung für das Jahr, in dem der Vorsteuerabzug unzutreffend gewährt wurde, also im Abzugsjahr, abgabenrechtlich nicht mehr geändert werden kann (so auch Abschn. 15a.4 Abs. 3 UStAE).

Sind Ausgangsumsätze nach nationalem Recht steuerpflichtig, nach Unionsrecht jedoch steuerbefreit, können Vorsteuerbeträge aus Eingangsumsätzen geltend gemacht werden, wenn sich der Unternehmer nicht auf die unionsrechtliche Steuerbefreiung beruft. Beruft sich der Unternehmer jedoch in einem Folgejahr auf diese Steuerbefreiung, sieht die OFD Baden-Württemberg auch hier die Voraussetzungen für eine Vorsteuerberichtigung für gegeben, dann sogar unabhängig davon, ob eine Änderung im Abzugsjahr noch möglich wäre.

6. Vorsteuerberichtigung bei fortlaufendem Bau in Bauabschnitten

403 Die **OFD Baden-Württemberg** nimmt mit Verfügung vom 27.3.2025[1)] Stellung zur Ermittlung der **Grundlagen der Vorsteuerberichtigung** bei der **abschnittsweisen Nutzung** unfertiger Wirtschaftsgüter.

Wird ein Wirtschaftsgut, z.B. ein Gebäude, bereits entsprechend dem Baufortschritt verwendet, bevor es insgesamt fertiggestellt ist, liegt für jeden gesondert in Verwendung genommenen Teil des Wirtschaftsguts ein besonderer Berichtigungszeitraum vor. Diese Berichtigungszeiträume laufen jeweils ab dem Zeitpunkt, zu dem der einzelne Teil des Wirtschaftsguts erstmalig verwendet wird. Dies soll z.B. bei gesonderten Mieteinheiten in einem Gebäude der Fall sein.

Im Zusammenhang mit **Bauvorhaben** ist zu beachten, dass regelmäßig **Voraus- oder Abschlagszahlungen** geleistet werden. Der Vorsteuerabzug entsteht bereits mit Zahlung und Rechnungserhalt, sofern die erklärte Absicht der Verwendung für vorsteuerunschädliche Umsätze objektiv belegt ist. Ändert sich die Verwendungsabsicht im Verlauf des Bauvorhabens, wirkt sich dies nicht rückwirkend auf frühere Anzahlungen aus. Ein nachträglicher Vorsteuerabzug oder dessen Versagung ist daher ausgeschlossen. Stattdessen greift bei geänderter Verwendung die Vorsteuerberichtigung nach § 15a UStG ab dem Zeitpunkt der erstmaligen Nutzung, sofern die Bagatellgrenzen des § 44 UStDV überschritten sind.

Praxistipp:

Nach § 44 UStDV ist grundsätzlich **keine Vorsteuerkorrektur** durchzuführen, wenn die bei der Anschaffung oder Herstellung angefallene Vorsteuer **1.000 Euro nicht übersteigt**. Haben sich bei einem Wirtschaftsgut die Verhältnisse um weniger als 10 Prozentpunkte gegenüber dem Erstjahr geändert, unterbleibt zudem in diesem Jahr die Vorsteuerkorrektur, sofern der Betrag, um den die Vorsteuer zu korrigieren wäre, 1.000 Euro nicht übersteigt.

Für die **Berichtigung** ist auf die **gesamten Vorsteuerbeträge** abzustellen, die dem jeweiligen Berichtigungsobjekt zuzuordnen sind. Dabei ist eine Vorsteuerquote zu ermitteln, also das Verhältnis des ursprünglich geltend gemachten Vorsteuerabzugs zum gesamten Vorsteuervolumen (Abschn. 15a.1 Abs. 3 UStAE). Auf dieser Grundlage sind die berichtigungsrelevanten Beträge zu bestimmen. Die Verfügung enthält ein ausführliches Beispiel zu der Berechnungsmethode.

V. Rechnungstellung und E-Rechnungen

1. Angabe von Rechnungspflichtangaben in anderen Amtssprachen der EU

404 Für bestimmte Rechnungsangaben nach § 14 und § 14a UStG können anstelle der deutschen Formulierungen auch die **entsprechenden Begriffe in anderen Amtssprachen**

---

1) OFD Baden-Württemberg v. 27.3.2025, S 7316 Karte 5, DStR 2025, 1346.

der **EU** verwendet werden (z.B. „Self-billing" für „Gutschrift"). Das BMF-Schreiben vom 17.9.2025[1] enthält eine **Tabelle** zu den in anderen Amtssprachen verwendeten Begriffen für Rechnungsangaben, die dem Umsatzsteuer-Anwendungserlass als Anlage beigefügt wurde. Das BMF-Schreiben findet auf alle offenen Fälle Anwendung.

2. Unrichtiger und unberechtigter Steuerausweis

a) Unrichtiger Steuerausweis bei übernommenen Verträgen

In seinem Urteil vom 5.12.2024[2] stellt der **BFH** klar, dass die **Inanspruchnahme der** in einer Rechnung als Aussteller **bezeichneten Person** für den unrichtigen Steuerausweis voraussetzt, dass diese Person an der **Erstellung der Rechnung mitgewirkt hat** oder dass ihr die Ausstellung durch einen anderen zuzurechnen ist. Tritt der Erwerber eines vermieteten Gebäudes in die bestehenden Mietverträge ein, in denen Umsatzsteuer unrichtig ausgewiesen wird, sei er nicht an deren Erstellung beteiligt gewesen und habe die Steuerbeträge nicht selbst – im eigenen Namen – unrichtig ausgewiesen. 405

Zudem könne die Ausstellung der Rechnungen weder nach den zivilrechtlichen Vorschriften zur Überleitung von Mietverträgen bei Grundstücksveräußerungen noch nach den umsatzsteuerlichen Regelungen zur Geschäftsveräußerung im Ganzen dem Erwerber zugerechnet werden. Die Einzelrechtsnachfolge nach § 1 Abs. 1a UStG betreffe nicht die Steuerschuld nach § 14c UStG.

b) Unrichtiger Steuerausweis bei Rechnungen an Endverbraucher

In seinem ersten Urteil in der Rs. P-GmbH vom 8.12.2022[3] **verneinte der EuGH die Steuerschuld des Rechnungsausstellers** hinsichtlich des überhöhten Steuerausweises, wenn nicht vorsteuerabzugsberechtigten Endverbrauchern Rechnungen mit fehlerhaftem Steuerausweis erteilt wurden, da in diesen Fällen keine Gefährdung des Steueraufkommens bestehe. 406

Mit Urteil vom 1.8.2025[4] stellte der EuGH ergänzend klar, dass als **Endverbraucher** i.S.d. vorhergehenden Rechtsprechung ausschließlich nicht steuerpflichtige Personen, die nicht zum Vorsteuerabzug berechtigt sind, einzustufen sind. Unternehmer, die die Leistung im Einzelfall für private oder sonstige nicht zum Vorsteuerabzug berechtigende Zwecke in Anspruch genommen haben, fallen nicht darunter.

Ferner sei bei **Mischfällen**, in denen Leistungen an eine Vielzahl nicht identifizierbarer Kunden erbracht wurden und aus den Kleinbetragsrechnungen nicht hervorgeht, ob es sich bei den Rechnungsempfängern um Unternehmer oder Nichtunternehmer handelt, eine Schätzung des Anteils der an Endverbraucher ausgestellten Rechnungen zulässig.

Beratungshinweis:

Die **deutsche Finanzverwaltung** hat die Grundsätze der EuGH-Entscheidung vom 8.12.2022 mit BMF-Schreiben vom 27.2.2024[5] übernommen. Damit wurde klargestellt, dass bei einer Abrechnung über eine tatsächlich erbrachte Leistung gegenüber einem Endverbraucher keine Steuerschuld nach § 14c Abs. 1 UStG entsteht. Allerdings versteht die Finanzverwaltung unter „Endverbraucher" bislang nicht nur Nichtunternehmer, sondern auch Unternehmer, die nicht als solche handeln.

1) BMF v. 17.9.2025, III C 2 – S 7290/00003/003/013, BStBl I 2025, 1758. Vgl. hierzu Koisiak, StEd 2025, 459.
2) BFH v. 5.12.2024, V R 16/22, BStBl II 2025, 536 = HFR 2025, 569 mit Anm. Wagner. Vgl. hierzu auch Prätzler, jurisPR-SteuerR 18/2025 Anm. 7.
3) EuGH v. 8.12.2022, P-GmbH, C-378/21, DStR 2022, 2621, mit Anm. Joost/Szabó, UVR 2023, 68 und Prätzler, jurisPR-SteuerR 11/2023 Anm. 5.
4) EuGH v. 1.8.2025, P-GmbH II, C-794/23, DStR 2025, 1801; mit Anm. Joost/Szabó, UVR 2025, 293. Vgl. hierzu auch Weymüller, jurisPR-SteuerR 46/2025 Anm. 5.
5) BMF v. 27.2.2024, III C 2 – S 7282/19/10001 :002, BStBl I 2024, 361. Vgl. hierzu Schiffers, DStZ 2024, 265.

Zudem lehnt sie eine Schätzung bei gemischter Leistungserbringung an Endverbraucher und andere Abnehmer ab. Aufgrund der neuen EuGH-Entscheidung wird in diesen Punkten ggf. eine Anpassung der Verwaltungsauffassung erforderlich sein.

c) Vorliegen einer Rechnung in Fällen des unberechtigten Steuerausweises

407 In seinem Beschluss vom 19.3.2025[1] stellt der **BFH** klar, dass in Fällen des **unberechtigten Steuerausweises** eine **Rechnung bereits vorliegt**, wenn die **Mindestangaben** enthalten sind, wobei auch Bezugnahmen auf andere Dokumente und zusätzliche Informationen zu berücksichtigen sind (Bestätigung der Rechtsprechung[2]).

Praxistipp:

Ein Dokument, das widersprüchliche Angaben enthält und den Anschein erweckt, dass über umsatzsteuerpflichtige Leistungen abgerechnet wird, kann eine Gefährdung des Steueraufkommens darstellen, solange der Adressat es dazu nutzen kann, das Recht zum Vorsteuerabzug auszuüben. Folglich schuldet der Aussteller des Dokuments den unberechtigt gesondert ausgewiesenen Steuerbetrag.

d) Direktanspruch nur bei unrichtigem Steuerausweis

408 Der nach einer EuGH-Entscheidung[3] benannte sog. **Reemtsma- bzw. Direktanspruch** ermöglicht in bestimmten Fällen die Erstattung von zu Unrecht in Rechnung gestellten Umsatzsteuerbeträgen direkt vom Fiskus an den betroffenen Leistungsempfänger.[4] Dies kommt vor allem dann in Betracht, wenn die Geltendmachung der Erstattung vom Leistenden übermäßig erschwert oder unmöglich ist.

Der BFH geht in Übereinstimmung mit seiner bisherigen Rechtsprechung[5] in seinem Beschluss vom 5.12.2024[6] weiterhin davon aus, dass der **Direktanspruch voraussetzt**, dass eine Steuer in einer Rechnung für eine – bereits erbrachte oder noch zu erbringende – Leistung **zu Unrecht gesondert ausgewiesen** wurde. Ein Steuerausweis in einer Rechnung, der keine Leistungserbringung zugrunde liegt (§ 14c Abs.2 UStG), könne daher keinen Direktanspruch begründen.

3. Verpflichtende E-Rechnung im B2B-Bereich

409 Mit dem Wachstumschancengesetz[7] wurden die Regelungen zur Ausstellung von Rechnungen nach § 14 UStG dahingehend geändert, dass ab 1.1.2025 die Rechnungsausstellung in Form einer E-Rechnung zu erfolgen hat, wenn eine Leistung von einem Unternehmer im Inland an einen anderen Unternehmer für dessen Unternehmen erbracht wird (B2B; § 14 Abs. 1 Satz 3 und 5 i.V.m. Abs. 2 Satz 2 Nr. 1 UStG).[8] Die generelle Pflicht zur Ausstellung einer E-Rechnung greift hingegen nicht, wenn die Leistung an eine juristische Person erbracht wird, die nicht Unternehmer ist (§ 14 Abs. 2 Satz 2 Nr. 2 UStG und Umkehrschluss aus § 14 Abs. 1 Satz 5 UStG).

Allerdings sind in § 27 Abs. 38 Satz 1 Nr. 1 bis 3 UStG hinsichtlich der Pflicht zur Ausstellung von E-Rechnungen spezielle **zeitliche Übergangsregelungen** vorgesehen:

- So können Unternehmer **bis 31.12.2026** für in 2025 und 2026 ausgeführte Umsätze aus Vereinfachungsgründen mit Zustimmung des Rechnungsempfängers weiterhin

1) BFH v. 19.3.2025, XI R 4/22, DStR 2025, 1937. Vgl. hierzu Graßmann, BeSt 2025, 42.
2) BFH v. 21.9.2016, XI R 4/15, BStBl II 2021, 106.
3) EuGH v. 15.3.2007, Reemtsma Cigarettenfabriken GmbH, C-35/05, IStR 2007, 261.
4) EuGH v. 15.3.2007, Rs. Reemtsma Cigarettenfabrik, C-35/05, IStR 2007, 26.
5) BFH v. 22.8.2019, V R 50/16, BStBl II 2022, 290.
6) BFH v. 5.12.2024, V R 11/23, ZfZ 2025, 417; mit Anm. Joost/Szabó, UVR 2025, 163.
7) Gesetz v. 27.3.2024, BGBl. I 2024 Nr. 108 = BStBl I 2024, 666.
8) Vgl. hierzu auch Brill, ködi, 2024, 23856.

andere Rechnungsformate einschließlich der Papierrechnungen verwenden. Da keine weiteren gesetzlichen Vorgaben hinsichtlich der Zustimmung bestehen, kann diese entweder explizit in Form einer Rahmenvereinbarung (z.B. in den Allgemeinen Geschäftsbedingungen) oder aber auch konkludent erfolgen.

- Handelt es sich beim Aussteller der Rechnung um einen Unternehmer, dessen **Gesamtumsätze im vorangegangenen Kalenderjahr nicht mehr als 800.000 Euro** betragen haben, gilt diese **Übergangsregelung weiterhin bis zum 31.12.2027** für in 2027 ausgeführte Umsätze.
- Außerdem kann **bis zum 31.12.2027** für in den Jahren 2026 und 2027 ausgeführte Umsätze mit Zustimmung des Rechnungsempfängers weiterhin das **EDI-Verfahren** genutzt werden.

Beratungshinweis:

Unternehmer müssen in jedem Fall sicherstellen, dass sie **seit 1.1.2025** in der Lage sind, E-Rechnungen zu **empfangen** und zu **verarbeiten**.

Der einfachste Weg, die Empfangsbereitschaft zu gewährleisten, ist dabei ein Mailpostfach einzurichten und sicherzustellen, dass eingehende E-Rechnungen empfangen und archiviert werden, die Rechnungsdaten dann visualisiert und weiterverarbeitet werden können.

Verarbeiten bedeutet in diesem Zusammenhang bislang lediglich, den Inhalt der E-Rechnungen einsehen und ggf. manuell verbuchen zu können. Eine Pflicht zur systemgestützten automatisierten Verbuchung ist damit zunächst nicht verbunden.

Welchen **technischen Anforderungen** eine E-Rechnung genügen muss, ergibt sich aus § 14 Abs. 1 Satz 3 und 6 UStG. So muss eine E-Rechnung einem strukturierten elektronischen Datenformat folgen, welches der europäischen Norm für die elektronische Rechnungsstellung entspricht oder zwischen dem Rechnungsaussteller und dem Rechnungsempfänger vereinbart wird (§ 14 Abs. 1 Satz 6 UStG).

Anmerkung:

Mit Schreiben vom 15.10.2025[1)] aktualisiert das BMF seine bisherigen Ausführungen laut Schreiben vom 15.10.2024[2)], mit dem das BMF bereits ausführlich auf die Einführung der E-Rechnung eingegangen war. So wurde u.a. erläutert, was aus Sicht der Finanzverwaltung unter einer E-Rechnung zu verstehen ist. So muss das verwendete Format der europäischen Norm für die elektronische Rechnungsstellung (EN 16931) entsprechen oder mit dieser interoperabel sein. E-Rechnungen mit Formatfehler werden hingegen laut BMF-Schreiben vom 15.10.2025[3)] als sonstige Rechnung behandelt.

Neben dem rein strukturierten Format sind auch hybride Formate zulässig, die sowohl maschinenlesbare als auch menschenlesbare Abschnitte enthalten (z.B. das ZUGFeRD-Format ab Version 2.0.1 oder die XRechnung).

In ihrem zweiten Schreiben zur E-Rechnung vom 15.10.2025[4)] unterstreicht die Finanzverwaltung die Bedeutung der Validierung von R-Rechnungen und geht auf die Rechtsfolgen fehlerhafter elektronischer Rechnungen ein. Weiter weist das BMF darauf hin, dass zumindest der strukturierte Teil einer E-Rechnung in der ursprünglichen Form aufbewahrt werden muss, um die maschinelle Auswertbarkeit sicherzustellen.

Eine **Papierrechnung** oder eine Rechnung in einem anderen Format gilt ab 1.1.2025 als sonstige Rechnung (§ 14 Abs. 1 Satz 4 UStG). Deren bisheriger Vorrang entfällt bei innerstaatlichen B2B-Umsätzen (§ 14 Abs. 1 Satz 5 i.V.m. Abs. 2 Satz 2 Nr. 1 UStG).

Ausnahmen von der E-Rechnungspflicht bestehen für **Kleinbetragsrechnungen und Fahrausweise** (§§ 33 Satz 4, 34 Abs. 1 Satz 2 UStDV) sowie Rechnungen von **Kleinun-**

1) BMF v. 15.10.2025, III C 2 – S 7287-a/00019/007/243, BStBl I 2025, 1806.
2) BMF v. 15.10.2024, III C 2 – S 7287-a/23/10001 :007, BStBl I 2024, 1320.
3) BMF v. 15.10.2025, III C 2 – S 7287-a/00019/007/243, BStBl I 2025, 1806.
4) BMF v. 15.10.2025, III C 2 – S 7287-a/00019/007/243, BStBl I 2025, 1806. Vgl. hierzu Korn/Strahl, kösdi 2025, 24466, 24497 f.

ternehmern. Diese können weiterhin als Papierrechnungen ausgestellt werden. Zudem greift die E-Rechnungspflicht auch in den Fällen nicht, in denen der leistende Unternehmer ohnehin nicht zur Ausstellung einer Rechnung verpflichtet ist, somit in den Fällen von nach § 4 Nr. 8 bis 29 UStG steuerfreien Leistungen (§ 14 Abs. 2 Satz 2 UStG).

410 **Anmerkung:**

In Deutschland wurde die verpflichtende Verwendung der E-Rechnung im B2B-Bereich im Vorgriff auf das **ViDA-Projekt (VAT in the digital Age**) auf EU-Ebene umgesetzt. Zu ViDA konnte am 5.11.2024 eine Einigung der EU-Finanzminister erzielt werden. Nach der Zustimmung des Europäischen Parlaments am 12.2.2025 verabschiedete der Rat der Europäischen Union als letzten Schritt die ViDA-Reform am 11.3.2025.

Das Maßnahmenpaket regelt u.a., dass die elektronische Rechnungsstellung zum Standardverfahren in den EU-Mitgliedstaaten werden soll. Ab 1.7.2030 sollen elektronische Rechnungen für bestimmte Umsätze nur noch in strukturierter Form, grundsätzlich nach EN 16931, übermittelt werden dürfen, um diese für ein Reporting an die Finanzverwaltung nutzen zu können. Hinsichtlich der Ausgestaltung der Reportingpflichten, u.a. ob eine Übermittlung direkt, durch einen Dritten im Namen des Unternehmens oder über ein öffentliches Portal an die Finanzverwaltung erfolgt, sieht der Entwurf noch Optionen vor, die von den EU-Mitgliedstaaten auszuüben sind.

4. E-Rechnungen: Aufbewahrungserleichterungen für Kleinunternehmer

411 Obwohl umsatzsteuerliche **Kleinunternehmer** von der verpflichtenden Ausstellung elektronischer Rechnungen befreit sind, müssen sie **seit 1.1.2025** in der Lage sein, **elektronische Rechnungen zu empfangen, zu verarbeiten und zu archivieren**.

Dabei gilt auch für E-Rechnungen die **umsatzsteuerliche Aufbewahrungsfrist von acht Jahren**. Hinsichtlich der Archivierung empfangener E-Rechnungen gibt die Finanzverwaltung vor, dass der strukturierte Teil einer E-Rechnung so aufzubewahren ist, dass dieser in seiner ursprünglichen Form vorliegt und die Anforderungen an die Unveränderbarkeit erfüllt werden. Zudem muss eine maschinelle Auswertbarkeit seitens der Finanzverwaltung sichergestellt sein. Sofern in einem zusätzlich übersandten Dokument, wie dem Bildteil einer hybriden Rechnung, Aufzeichnungen enthalten sind, die für die Besteuerung von Bedeutung sind, z.B. Buchungsvermerke, sind diese ebenfalls so aufzubewahren, dass sie in ihrer ursprünglichen Form vorliegen und die Anforderungen an die Unveränderbarkeit erfüllt werden.[1)]

Damit stellt die Finanzverwaltung klar, dass die Grundsätze zur ordnungsmäßigen Führung und Aufbewahrung von Büchern, Aufzeichnungen und Unterlagen in elektronischer Form sowie zum Datenzugriff (GoBD) auch für E-Rechnungen gelten.

Für Kleinunternehmer hat die Finanzverwaltung jedoch insofern eine **Vereinfachungsregelung zur Archivierung** von E-Rechnungen getroffen, als dass deren Speicherung und Archivierung außerhalb eines GoBD-konformen Datenverarbeitungssystems bei Kleinunternehmern regelmäßig keinen Verstoß gegen die Aufbewahrungspflicht von Rechnungen begründet.

Anmerkung:

Diese Regelung geht aus einem FAQ der Finanzverwaltung zu Fragen zur Einführung der E-Rechnung hervor, die das BMF auf ihrer Website veröffentlicht hat. Der bloße Verstoß gegen eine Aufbewahrungspflicht führt dem BMF zufolge im Übrigen nicht zum Verlust des Vorsteuerabzugsrechts aus dem Beleg.

---

1) BMF v. 15.10.2024, III C 2 – S 7287-a/23/10001 :007, BStBl I 2024, 1320, Rn. 60 und v. 28.11.2019, IV A 4 – S 0316/19/10003 :001, BStBl I 2019, 1269, Rz. 131 und 133 bzw. mit Wirkung ab 14.7.2025 BMF v. 14.7.2025, IV D 2 – S 0316/00128/005/088, BStBl I 2025, 1502, Rz. 131 und 133, s. hierzu auch nachfolgend → Rz. 412).

5. Anpassungen der GoBD insb. hinsichtlich E-Rechnungen

Mit Schreiben vom 14.7.2025[1] passt das **BMF** die Grundsätze zur ordnungsgemäßen Führung und Aufbewahrung von Büchern, Aufzeichnungen und Unterlagen in elektronischer Form sowie zum Datenzugriff (**GoBD**) mit Wirkung ab 14.7.2025[2] an und führt u.a. aus, dass **E-Rechnungen**, die als **strukturierter Datensatz** (z.B. im XML-Format) empfangen werden, grundsätzlich **in diesem Format aufzubewahren sind**. Abweichend zu § 147 Abs. 2 Nr. 1 AO bedarf es bei dem Empfang von E-Rechnungen keiner bildlichen, sondern nur einer inhaltlichen Übereinstimmung mit dem empfangenen Datensatz. **412**

Wird eine hybride E-Rechnung empfangen, ist die Aufbewahrung des menschenlesbaren Datenteils, z.B. der PDF-Teil einer ZUGFeRD-Rechnung, nur erforderlich, wenn darin zusätzliche oder abweichende Informationen enthalten sind, die für die Besteuerung von Bedeutung sind, wie z.B. Buchungsvermerke.

VI. Sonstige umsatzsteuerliche Themen

1. Umsatzsteuer-Voranmeldung

a) Befreiung von der Abgabepflicht

Die Möglichkeit der Befreiung von der Verpflichtung zur Abgabe von Umsatzsteuer-Voranmeldungen und damit der Leistung von Vorauszahlungen wurde mit dem Wachstumschancengesetz[3] mit **Wirkung seit 1.1.2025** erweitert. Nach § 18 Abs. 2 Satz 3 UStG kann eine Befreiung ausgesprochen werden, wenn die Steuer für das vorangegangene Kalenderjahr **nicht mehr als 2.000 Euro** (statt bislang 1.000 Euro) betragen hat. **413**

b) Umsatzgrenze für monatlichen Voranmeldungszeitraum

Mit dem BEG IV[4] wurde die **Umsatzgrenzen**, ab deren Übersteigen im vorangegangenen Kalenderjahr monatlich eine Umsatzsteuer-Voranmeldung zu übermitteln ist, mit Wirkung seit 1.1.2025 von bislang 7.500 Euro auf **9.000 Euro** angehoben (§ 18 Abs. 2 Satz 2 und Abs. 2a Satz 1 UStG). **414**

2. Besteuerung von Kleinunternehmern

a) Modifizierungen der bisherigen Regelungen

Die Regelungen zur Besteuerung von Kleinunternehmern wurden mit dem **JStG 2024**[5] mit **Wirkung seit 1.1.2025** umfassend neu geregelt.[6] **415**

Bislang wurde die Umsatzsteuer nicht erhoben, wenn ein Unternehmer die Kleinunternehmerregelung nutzt. Laut § 19 Abs. 1 Satz 1 UStG erzielt der die Kleinunternehmerregelung anwendende Unternehmer seit 1.1.2025 hingegen **steuerfreie Umsätze**. Aus der Umqualifizierung der Umsätze in steuerfreie Umsätze resultieren einige Folgeänderungen, u.a. in § 1a Abs. 3 Nr. 1 Buchst. b, § 13b Abs. 5 Satz 9 und Abs. 8 und § 15 Abs. 2 Satz 1 Nr. 3, Abs. 3 Satz 2 UStG.

Zudem wurde die **Umsatzschwelle** für die Anwendung der Kleinunternehmerregelung von bisher 22.000 Euro auf 25.000 Euro im vorangegangenen und von bisher 50.000 Euro auf 100.000 Euro im laufenden Kalenderjahr angehoben (§ 19 Abs. 1 UStG).

Ferner kann der **Verzicht** auf die Anwendung der Kleinunternehmerregelung nun bis Ende Februar des zweiten auf den Besteuerungszeitraum folgenden Kalenderjahres

1) BMF v. 14.7.2025, IV D 2 – S 0316/00128/005/088, BStBl I 2025, 1502, Rz. 131.
2) Vgl. Rz. 184 des BMF-Schreibens.
3) Gesetz v. 27.3.2024, BGBl. I 2024 Nr. 108 = BStBl I 2024, 666.
4) Gesetz v. 23.10.2024, BGBl. I 2024 Nr. 323 = BStBl I 2024, 1421.
5) Gesetz v. 2.12.2024, BGBl. I 2024 Nr. 387 = BStBl I 2024, 1484.
6) Vgl. hierzu auch Weber, UVR 2025, 141.

erklärt werden (§ 19 Abs. 3 UStG), anstatt wie bisher bis zum Ablauf des zweiten auf den Besteuerungszeitraum folgenden Kalenderjahres. Die Erklärung ist allerdings künftig **unwiderruflich**. Die bereits derzeit vorgesehene Bindung über fünf Jahre wurde unverändert übernommen.

Zudem ist seit 1.1.2025 in den von Kleinunternehmern ausgestellten **Rechnungen** als Pflichtangabe ein Hinweis auf die Steuerbefreiung für Kleinunternehmer nach § 19 UStG aufzunehmen.

Anmerkung:

Mit Schreiben vom 18.3.2025[1] führt das **BMF** zu den geänderten Regelungen aus, dass aufgrund der Neuregelung, wonach Kleinunternehmer steuerfreie Umsätze erbringen, ein dennoch in einer Rechnung ausgewiesener Steuerbetrag nicht mehr nach § 14c Abs 2 UStG (unberechtigter Steuerausweis) geschuldet wird. Vielmehr wird der ausgewiesene Steuerbetrag – wie bei anderen Rechnungen über steuerfreie Leistungen – nach § 14c Abs. 1 UStG (unrichtiger Steuerausweis) geschuldet.

b) EU-weite Anwendung

416 Bisher stand die Kleinunternehmerregelung nur inländischen Unternehmern im Inland offen. Im Kern waren daher alle ausländischen Kleinunternehmer regelmäßig bereits mit dem ersten inländischen Umsatz in Deutschland grundsätzlich steuerpflichtig. Mit dem JStG 2024[2] wurde mit **Wirkung seit 1.1.2025** in § 19a UStG ein neues **besonderes Meldeverfahren** für die Anwendung der Steuerbefreiung bei Nutzung der Kleinunternehmerregelung durch einen im Inland ansässigen Unternehmer in anderen EU-Mitgliedstaaten eingefügt. Das Meldeverfahren wird in Deutschland über das BZSt abgewickelt.

Im Zuge dessen wird eine neue **Kleinunternehmer-Identifikationsnummer** mit dem Annex „EX" an inländische Kleinunternehmer für die Verwendung im übrigen Gemeinschaftsgebiet vergeben. Weitere Voraussetzungen für die Teilnahme an dem besonderen Meldeverfahren sind, dass der Unternehmer dies beim BZSt elektronisch beantragt, der Jahresumsatz des Unternehmers im Gemeinschaftsgebiet im vorangegangenen und im laufenden Kalenderjahr 100.000 Euro nicht überschreitet, die Voraussetzungen zur Anwendung der Steuerbefreiung nach der Kleinunternehmerregelung des Mitgliedstaats erfüllt sind und in keinem anderen EU-Mitgliedstaat eine Registrierung zur Anwendung der Steuerbefreiung erfolgt (§ 19a Abs. 1 Satz 2 und 3 UStG).

Anmerkung:

Wird das besondere Meldeverfahren genutzt, ist der Kleinunternehmer **zur vierteljährlichen Abgabe von elektronischen Meldungen** zu den Umsätzen in allen Mitgliedsstaaten beim BZSt verpflichtet (§ 19a Abs. 3 UStG).

Als Pendant wurden zudem Regelungen eingefügt, so dass **auch im übrigen Gemeinschaftsgebiet ansässige Unternehmer** die Kleinunternehmerregelung nach § 19 UStG nutzen können. Vorausgesetzt wird dazu, dass ihr Gesamtumsatz im Gemeinschaftsgebiet im vorangegangenen Kalenderjahr 100.000 Euro nicht überschritten hat und im laufenden Kalenderjahr nicht überschreitet und sie über eine Kleinunternehmer-Identifikationsnummer ihres Ansässigkeitsstaats verfügen (§ 19 Abs. 4 UStG). Der Verzicht auf die Anwendung ist nach den Vorgaben des § 19 Abs. 5 UStG gegenüber der zuständigen Behörde im Ansässigkeitsstaat zu erklären.

---

1) BMF v. 18.3.2025, III C 3 – S 7360/00027/044/105, BStBl I 2025, 742. Vgl. hierzu Sterzinger, UR 2025, 361.

2) Gesetz v. 2.12.2024, BGBl. I 2024 Nr. 387 = BStBl I 2024, 1484.

3. EuGH-Vorlage zum Vertrauensschutz im Steuerfestsetzungsverfahren

In seinem Vorlagebeschluss vom 19.2.2025[1] äußerte der **BFH europarechtliche Zweifel** an den deutschen **verfahrensrechtlichen Regelungen**, nach denen sich ein Steuerpflichtiger, sofern ein Gutglaubensschutz nicht explizit gesetzlich angeordnet ist, nicht bereits im **Festsetzungsverfahren**, sondern nur im **Billigkeitsverfahren** auf seinen **guten Glauben** berufen kann. 417

Der BFH hält es für denkbar, dass dem Steuerpflichtigen ein weiteres Verfahren neben dem Steuerfestsetzungsverfahren **nicht zugemutet** werden darf, weil dieses wegen seiner Dauer, Komplexität und Kosten eine unverhältnismäßige Belastung darstelle. Insbesondere sei die Verlängerung der Gesamtverfahrensdauer sowie das doppelte Kostenrisiko, das entsteht, wenn zunächst gegen die Steuerfestsetzung und anschließend gegen eine ablehnende Billigkeitsentscheidung ein Klageverfahren notwendig ist, kritisch zu sehen.

Anmerkung:

In dem konkreten Fall geht es um eine Uhrenhändlerin, die sich bei der Anwendung der umsatzsteuerlichen Differenzbesteuerung gutgläubig auf die Angaben der Vorlieferanten verließ. Allerdings könnte die Position des EuGH für das gesamte Umsatzsteuerrecht und nicht nur für die Differenzbesteuerung von Bedeutung sein.

4. Differenzbesteuerung bei der Lieferung von Gegenständen durch eine juristische Person

In seinem Urteil vom 1.8.2025[2] entschied der **EuGH**, dass auch Lieferungen von Kunstgegenständen durch juristische Personen vom Anwendungsbereich der Differenzbesteuerung erfasst sein können, sofern diese **Lieferungen dem Urheber oder dessen Rechtsnachfolgern zugerechnet** werden können. Dies sei der Fall, wenn die juristische Person vom Urheber oder dessen Rechtsnachfolgern zur Vermarktung der Kunstwerke gegründet wurde. 418

Die Differenzbesteuerung sei ferner nur anwendbar, wenn die Lieferung der Kunstgegenstände durch die juristische Person an den steuerpflichtigen Wiederverkäufer deren erstmalige Einführung in den Unionsmarkt darstellt.

D. Immobilienbesteuerung

I. Ertragsbesteuerung

1. Gebäude-AfA nach Wegfall der gewerblichen Prägung der Personengesellschaft

Entfällt bei einer bislang gewerblich geprägten Personengesellschaft die Prägung und werden deshalb deren Wirtschaftsgüter, insb. vermietete Immobilien, in das Privatvermögen überführt, ist die Gebäude-AfA im Rahmen der Einkünfte aus Vermietung und Verpachtung **nach dem steuerlich erfassten gemeinen Wert der Gebäude** zu ermitteln. Zu diesem Ergebnis kommt der BFH mit Urteil vom 3.6.2025[3], **unabhängig davon** – und damit entgegen der Rechtsprechung des XI. Senat des BFH[4] – ob der **gemeine Wert fehlerhaft** steuerlich erfasst wurde. 419

Konkret vermietete eine bislang gewerblich geprägte Personengesellschaft Immobilien. Zu Beginn des Jahres 2007 entfiel die gewerbliche Prägung, was zur Aufgabe des

1) BFH v. 19.2.2025, XI R 23/24, BStBl II 2025, 668 = HFR 2025, 967 mit Anm. Textor. Vgl. hierzu auch Prätzler, jurisPR-SteuerR 42/2025 Anm. 6.
2) EuGH v. 1.8.2025, Galerie Karsten Greve, C-433/24, HFR 2025, 1010. Vgl. hierzu auch Prätzler, jurisPR-SteuerR 39/2025 Anm. 6.
3) BFH v. 3.6.2025, IX R 18/24, BB 2025, 2032 = HFR 2025, 952 mit Anm. Reddig. Vgl. hierzu auch Jachmann-Michel, jurisPR-SteuerR 44/2025 Anm. 1.
4) BFH v. 29.4.1992, XI R 5/90, BStBl II 1992, 969.

Gewerbebetriebs und zur Ermittlung eines Betriebsaufgabeverlusts führte, der daraus resultierte, dass die mit der Betriebsaufgabe in das Privatvermögen überführten Immobilien mit gemeinen Werten berücksichtigt wurden, der unter deren Buchwerten lagen. In der Folgezeit erzielte die vermögensverwaltend tätige Personengesellschaft Einkünfte aus Vermietung und Verpachtung, wobei streitig war, welche Bemessungsgrundlage bei der Ermittlung der Gebäude-AfA zugrunde zu legen war.

Der BFH sieht in der Überführung der Immobilien im Rahmen der Betriebsaufgabe in das Privatvermögen einen **anschaffungsähnlichen Vorgang**, so dass der bei der Betriebsaufgabe angesetzte Teilwert oder gemeine Wert der AfA-Berechnung zugrunde zu legen ist. Dies gilt laut BFH (im Einklang mit der Finanzverwaltung, R 7.3 Abs. 6 Satz 1 EStR) auch dann, wenn bei der Betriebsaufgabe ein unzutreffender Wert erfasst wurde. Dieser Wert ist ungeachtet des tatsächlichen Werts für die AfA maßgebend.

2. Sonderabschreibung für Mietwohnungsneubau

420 Unter bestimmten Voraussetzungen können die Anschaffungs- oder Herstellungskosten neuer Wohnungen im Jahr der Anschaffung bzw. Herstellung und in den folgenden drei Jahren zusätzlich neben der linearen AfA nach § 7 Abs. 4 EstG jährlich bis zu 5 % abgeschrieben werden (§ 7b EStG).

Mit dem Schreiben vom 21.5.2025[1)] reagiert das **BMF** auf die zuletzt mit dem Wachstumschancengesetz[2)] vorgenommene **Verlängerung des zeitlichen Anwendungsbereichs**. Wohnungen, die bestimmte Nachhaltigkeitskriterien erfüllen und deren Bauantrag zwischen dem 1.9.2018 und 31.12.2021 und nunmehr 1.1.2023 und 30.9.2029 genehmigt wurde bzw. wird, sind grundsätzlich begünstigt. Das BMF-Schreiben ersetzt alle bislang zu § 7b EStG ergangenen Schreiben und ist in allen offenen Fällen anzuwenden.

Eingegangen wird auf die Anhebung der Baukostenobergrenze je Quadratmeter Wohnfläche auf 5.200 Euro und deren Ermittlung, die für die Anwendbarkeit der Sonderabschreibung einzuhalten ist, sowie die Deckelung der Bemessungsgrundlage pro Quadratmeter Wohnfläche auf 4.000 Euro.

Die bislang den vorgehenden BMF-Schreiben als Anlagen angefügten Formulare zu Angaben zur Inanspruchnahme einer Sonderabschreibung nach § 7b EStG werden nun als „**Checklisten**" auf der Website des BMF zur Verfügung gestellt.

Anmerkung:

Zuletzt lehnte der BFH die Anwendung der Sonderabschreibung des § 7b Abs. 2 EStG ab, wenn ein zuvor bestehendes Gebäude abgerissen und anschließend neu gebaut wird, hierdurch aber kein zusätzlicher Wohnraum geschaffen wird.[3)]

3. Photovoltaikanlagen: Steuerbefreiung von Einnahmen

421 Einnahmen und Entnahmen im Zusammenhang mit dem Betrieb von Photovoltaikanlagen sind einkommensteuerfrei, sofern gewisse Grenzen der installierten Bruttoleistung nicht überschritten werden. Bislang war hier zu differenzieren, ob die Anlage auf, an oder in Einfamilienhäusern oder nicht Wohnzwecke dienenden Gebäuden (dann 30 kW (peak)) oder auf an oder in sonstigen Gebäuden (dann 15 kW (peak)) installiert sind.

---

1) BMF v. 21.5.2025, IV C 3 – S 2197/00009/011/024, BStBl I 2025, 1419. Vgl. hierzu Feldgen, DStZ 2025, 632.
2) Gesetz v. 27.3.2024, BGBl. I 2024 Nr. 108 = BStBl I 2024, 666.
3) BFH v. 12.8.2025, IX R 24/24, BFH/NV 2025, 1670.

Bei Photovoltaikanlagen, die **nach dem 31.12.2024 angeschafft, in Betrieb genommen oder erweitert** werden (§ 52 Abs. 4 Satz 29 EStG), entfällt laut der mit dem JStG 2024[1)] vorgenommenen Neufassung des § 3 Nr. 72 Satz 1 EStG diese Differenzierung. Dann gilt grundsätzlich eine Beschränkung der installierten Bruttoleistung auf **30 kW (peak)**.

Anmerkung:

Unverändert ist allerdings eine Gesamtbruttoleistung von maximal 100 kW (peak) pro Steuerpflichtigem oder Mitunternehmerschaft für die Steuerbefreiung zu beachten. Zudem wird durch die angepasste Gesetzesformulierung klargestellt, dass es sich bei der Steuerbefreiung nach § 3 Nr. 72 Satz 1 EStG um eine **Freigrenze** handelt.

4. Förderung energetischer Maßnahmen an zu eigenen Wohnzwecken genutzten Gebäuden

Werden energetische Maßnahmen an einem in der EU oder dem EWR belegenen zu eigenen Wohnzwecken genutzten eigenen Gebäude, das älter als zehn Jahres ist, vorgenommen, kann die **tarifliche Einkommensteuer auf Antrag** im Kalenderjahr des Abschlusses der Maßnahme und im nächsten Kalenderjahr um je 7 % der Aufwendungen, höchstens jeweils 14.000 Euro, und im übernächsten Kalenderjahr um 6 % der Aufwendungen, höchstens 12.000 Euro, **gemindert** werden (§ 35c Abs. 1 EStG). Um die Steuerermäßigung in Anspruch nehmen zu können, bedarf es zudem einer nach amtlich vorgeschriebenem Muster erstellten **Bescheinigung des ausführenden Fachunternehmens**. Ein solches Muster veröffentlichte das BMF bereits mit Schreiben vom 23.12.2024.[2)] 422

Mit Schreiben vom 21.8.2025[3)] ersetzt das BMF sein bisheriges Schreiben vom 14.1.2021. Neben Anpassungen an gesetzliche Änderungen werden – wie bereits in der Vorgängerversion – in einer **nicht abschließenden Liste** von der Steuerermäßigung nach § 35c EStG erfasste Maßnahmen aufgeführt.

5. Teilentgeltliche Übertragung einer Immobilie des Privatvermögens

Ein Vater erwarb in 2014 eine Immobilie für 143.950 Euro, wobei ein Teil des Kaufpreises fremdfinanziert wurde. Fünf Jahre später – und damit innerhalb der zehnjährigen Spekulationsfrist des § 23 Abs. 1 Satz 1 Nr. 1 EStG – übertrug er die im Privatvermögen gehaltene Immobilie im Rahmen der vorweggenommenen Erbfolge auf seine Tochter, die die noch bestehende Bankverbindlichkeit i.H.v. 115.000 Euro übernahm. Der Verkehrswert der Immobilie lag zu diesem Zeitpunkt bei 210.000 Euro. 423

In Fortsetzung seiner bisherigen Rechtsprechung[4)] hat der **BFH** mit Urteil vom 11.3.2025[5)] entschieden, dass die **strenge Trennungstheorie anzuwenden** ist, und dies unabhängig davon, dass die Gegenleistung in Form der übernommenen Bankverbindlichkeit unterhalb der Anschaffungskosten der Immobilie liegt. Der teilentgeltliche Vorgang sei danach in einen voll entgeltlichen und einen voll unentgeltlichen Teil nach dem Verhältnis der Gegenleistung zum Verkehrswert des übertragenen Wirtschaftsguts aufzuteilen. **Soweit** die Übertragung der Immobilie unter Übernahme der Verbindlichkeiten **entgeltlich** erfolgte, liegt laut BFH damit ein **privates Veräußerungsgeschäft** vor. Der Veräußerungsgewinn ermittle sich aus der Differenz zwischen der übernommenen Verbindlichkeit und der auf den entgeltlichen Teil entfallenden Anschaffungskos-

---

1) Gesetz v. 2.12.2024, BGBl. I 2024 Nr. 387 = BStBl I 2024, 1484.
2) BMF v. 23.12.2024, IV C 1 – S 2296-c/20/10003 :008, BStBl I 2025, 39.
3) BMF v. 21.8.2025, IV C 1 – S 2296-c/00004/018/050, BStBl I 2025, 1609. Vgl. hierzu Bleschick, EStB 2025, 372.
4) Vgl. BFH v. 12.12.2023, IX R 15/23, DStRE 2024, 788 = HFR 2025, 623 mit Anm. Wiesmann. Vgl. hierzu auch Köster, DStZ 2024, 389.
5) BFH v. 11.3.2025, IX R 17/24, BStBl II 2025, 550 = HFR 2025, 732 mit Anm. Trossen. Vgl. hierzu auch Graßmann, BeSt 2025, 33.

ten der Immobilie. Eine teleologische Reduktion des § 23 Abs. 1 Satz 1 Nr. 1 EStG lehnt der BFH mangels Regelungslücke ab. Ebenso wenig wendet er die für Wirtschaftsgüter im Betriebsvermögen teilweise vertretene modifizierte Trennungstheorie an, da die Sachverhalte im Betriebsvermögen und im Privatvermögen nicht vergleichbar seien.

Beratungshinweis:

Für die teilentgeltliche Übertragung von Wirtschaftsgütern aus dem **Betriebsvermögen** unter Beteiligung von Mitunternehmerschaften (§ 6 Abs. 5 Satz 3 EStG) bleibt es weiterhin umstritten, ob die **modifizierte Trennungstheorie** zur Anwendung kommt.[1]

6. Schuldzinsenabzug bei unentgeltlicher Übertragung eines Teils des Vermietungsobjekts

424 Wird ein Miteigentumsanteil an einem Vermietungsobjekt unentgeltlich übertragen, ohne dass auch die zur Anschaffung des Vermietungsobjekts aufgenommenen Darlehen mitübertragen werden, können die auf den übertragenen Anteil entfallenden Schuldzinsen nicht als (Sonder-)Werbungskosten abgezogen werden, so der BFH mit Urteil vom 3.12.2024.[2]

Im zugrunde liegenden Fall übertrug der bisherige Alleineigentümer eines fremdvermieteten Grundstücks einen $^2/_5$-Miteigentumsanteil schenkweise an seinen Sohn im Wege der vorweggenommenen Erbfolge. Da weder ein Schuldbeitritt noch eine Schuldübernahme der aus der Anschaffung dieses Grundstücks resultierenden Darlehensverbindlichkeit erfolgte, werde insoweit der **wirtschaftliche Zusammenhang der Schuldzinsen mit den Einkünften aus Vermietung und Verpachtung gelöst**. Dementsprechend haben die Schuldzinsen in entsprechendem Umfang laut BFH ihre Objektbezogenheit verloren und seien dem privaten Bereich zuzuordnen.

Anmerkung:

Statt der Finanzierung des Vermietungsobjekts dienten sie fortan der Finanzierung der Schenkung. Folglich seien die Schuldzinsen, soweit diese auf den übertragenen Miteigentumsanteil entfallen, steuerlich nicht abzugsfähig.

7. Drei-Objekt-Grenze bei erstmaligen Grundstücksveräußerungen im sechsten Jahr

425 Eine in einen Immobilienkonzern eingegliederte GmbH erwarb im Jahr 2007 15 Grundstücke, auf denen sich Objekte mit zahlreichen Wohn- und Gewerbeeinheiten befanden. Diese Einheiten wurden gemäß dem Geschäftszweck der GmbH vermietet und verpachtet. Erstmals in 2013 wurden 13 der Grundstücke veräußert, in 2015 die verbleibenden beiden Grundstücke.

Nach der Drei-Objekt-Grenze liegt grundsätzlich ein gewerblicher Grundstückshandel vor, wenn mindestens vier Grundstücke innerhalb eines engen zeitlichen Zusammenhangs von i.d.R. fünf Jahren nach Anschaffung oder Errichtung verkauft werden. Der BFH weist mit Urteil vom 20.3.2025[3] darauf hin, dass zwar **trotz des Überschreitens des Fünf-Jahres-Zeitraums bei Vorliegen weiterer Beweisanzeichen** dennoch auf eine bedingte Veräußerungsabsicht geschlossen werden und damit ein gewerblicher Grundstückshandel anzunehmen sein kann. So hatte der BFH mit Urteil vom 15.6.2004[4] entschieden, dass eine hohe Zahl an Veräußerungen außerhalb des Fünf-Jahres-Zeitraums oder eine hauptberufliche Tätigkeit im Baubereich eine zumindest

1) Vgl. BFH v. 19.3.2014, X R 28/12, BStBl II 2014, 629.
2) BFH v. 3.12.2024, IX R 2/24, BStBl II 2025, 453 = HFR 2025, 542 mit Anm. Hamacher. Vgl. hierzu Reddig, jurisPR-SteuerR 28/2025 Anm. 3 und Korn, kösdi 2025, 24198, 24207 (Report Nr. 218).
3) BFH v. 20.3.2025, III R 14/23, BStBl II 2025, 566 = HFR 2025, 764 mit Anm. Stahmann. Vgl. hierzu auch Thum, jurisPR-SteuerR 40/2025 Anm. 3 und Korn, kösdi 2025, 24286, 24290 f. (Report Nr. 313).
4) BFH v. 15.6.2004, VIII R 7/02, BStBl II 2004, 914.

bedingte Veräußerungsabsicht im Zeitpunkt der Anschaffung und Errichtung indizieren würde.

In Abgrenzung zu dem Urteil aus 2004 sind aber laut BFH in dem nun entschiedenen Fall keine Indizien ersichtlich, dass die Grundstücke bei sich bietender Gelegenheit veräußert werden sollten. Es habe keine die Objektveräußerungen vorbereitenden Maßnahmen innerhalb des Fünf-Jahres-Zeitraums gegeben. Vielmehr sei die GmbH ausschließlich vermögensverwaltend tätig gewesen. Zudem durfte der überraschende Todesfall eines der Geschäftsführer der GmbH in 2012 als konkreter Veräußerungsanlass und damit als besonderer Umstand des Einzelfalls berücksichtigt werden.

Beratungshinweis:

Da kein gewerblicher Grundstückshandel vorlag, konnte die GmbH in den Streitjahren 2011 bis 2013 die erweiterte Grundstückskürzung nach § 9 Nr. 1 Satz 2 GewStG beanspruchen (vgl. dazu auch → Rz. 427).

8. Beginn der sachlichen Gewerbesteuerpflicht einer Ein-Objekt-KG

Eine Ein-Objekt-KG erwarb ein unbebautes Grundstück mit der Absicht, darauf ein Hotel zu errichten. Der hierfür beauftragte Generalübernehmer war zunächst selbst Kommanditist der KG, übertrug jedoch – wie von Anfang an vereinbart – seine Anteile nach Abschluss des Bauprojekts im Rahmen eines Share Deals an die KG. Die KG wollte die Verluste aus der Planung und Errichtung des Hotels gewerbesteuerlich geltend machen. **426**

Mit Urteil vom 20.2.2025[1] entschied der **BFH**, dass für den Beginn der gewerbesteuerlichen Tätigkeit allein darauf abzustellen ist, wann die **Gesellschaft tatsächlich aktiv am Markt teilnimmt**. Ausschlaggebend sei dabei, ob die Gesellschaft das Hotel mit der Absicht errichtet hat, es eigenständig zu betreiben, oder ob geplant war, die Immobilie nach Abschluss der Bauarbeiten zu veräußern. Bei einem **geplanten Hotelbetrieb** beginnt die Gewerbesteuerpflicht **erst mit der Eröffnung** des Hotels, nicht hingegen bereits mit dessen Bau, da die Bautätigkeit eine nicht gewerbesteuerbare Vorbereitungshandlung darstellt. Ist hingegen die Tätigkeit auf die Errichtung und Veräußerung des Hotels gerichtet, beginnt die Gewerbesteuerpflicht bereits mit dem Abschluss des Kaufvertrags über das zu bebauende Grundstück.

Die bereits zu Baubeginn vom Gesellschafter gefasste Absicht, seine gesamte Kommanditbeteiligung an die KG zu verkaufen und abzutreten, sei für die Bestimmung der werbenden Tätigkeit der KG unerheblich. Aus dem beabsichtigten Verkauf der Beteiligung könne nicht darauf geschlossen werden, dass die KG das zu errichtende Hotel veräußern wollte.

Anmerkung:

Der BFH stellte klar, dass die Bauplanung und Bauerrichtung bei einem geplanten Hotelbetrieb damit als gewerbesteuerlich unbeachtliche Vorbereitungshandlung einzustufen ist und die daraus resultierenden Verluste damit gewerbesteuerlich nicht berücksichtigungsfähig sind.

9. Erweiterte Grundstückskürzung

a) Keine Anwendung bei Überschreiten der Drei-Objekt-Grenze

Gemäß § 9 Nr. 1 Satz 2 GewStG kann eine vollständige Freistellung von der Gewerbesteuer erreicht werden, wenn der Steuerpflichtige einen Gewerbebetrieb unterhält, der **427**

1) BFH v. 20.2.2025, IV R 23/22, BFH/NV 2025, 686. Vgl. hierzu auch Steinhauff, jurisPR-SteuerR 25/2025 Anm. 5.

ausschließlich der Verwaltung eigenen Grundbesitzes und allenfalls zudem der Verwaltung von Kapitalvermögen dient. Liegt hingegen eine **originär gewerbliche Tätigkeit** vor, kommt **nur die gewerbesteuerliche Kürzung gemäß § 9 Abs. 1 Satz 1 GewStG** unter Heranziehung des Einheitswerts (bis 31.12.2024) bzw. Grundsteuerwerts (ab 1.1.2025) in Betracht. Als originär gewerbliche Tätigkeit wertet der BFH auch einen gewerblichen Grundstückshandel, von dem auszugehen ist, wenn innerhalb eines Zeitraums von fünf Jahren zwischen Anschaffung bzw. Errichtung und Veräußerung mehr als drei Objekte veräußert werden.

Im Streitfall befasste sich eine in einem Immobilienkonzern eingegliederte GmbH mit der Verwaltung eigenen, in 2016 erworbenen Grundbesitzes. In 2018 veräußerte die GmbH diesen Grundbesitz, bei dem es sich um fünf Grundstücke handelte, an eine andere Konzerngesellschaft.

Laut Urteil des BFH vom 3.6.2025[1] ist der GmbH in Streitjahr 2018 die erweiterte Grundstückskürzung nicht zu gewähren, weil die **Verwaltung oder Nutzung des eigenen Grundbesitzes die Grenzen zur Gewerblichkeit** infolge des Überschreitens der sog. Drei-Objekt-Grenze **überschritten** hat.

Beratungshinweis:

Dabei entscheidet der BFH insb. über die bislang noch nicht geklärte, im Streitfall aber relevante Frage, ob für die Prüfung einer originär gewerblichen Tätigkeit bei einer Kapitalgesellschaft das Kriterium der nachhaltigen Betätigung nach § 15 Abs. 2 EStG in derselben Weise wesentlich ist wie bei einem Personenunternehmen. Dies verneint der BFH und sieht auch bei einer **einmaligen Enbloc-Veräußerung** von Grundbesitz, mit der die Drei-Objekt-Grenze überschritten wird, den Rahmen bloßer Verwaltung und Nutzung des eigenen Grundbesitzes als überschritten an (vgl. dazu aber nach dem Umständen des Einzelfalls → Rz. 425).

b) Unterjähriger Verkauf des gesamten Grundbesitzes

428 Die grundstücksverwaltende Kapitalgesellschaft veräußerte ihr einziges Grundstück – und damit ihren gesamten Grundbesitz – mit Kaufvertrag im November 2016, wobei Besitz, Nutzung und Lasten zu Beginn des 31.12.2016 auf die Erwerberin übergingen. Da die Kapitalgesellschaft aber über den 30.12.2016 hinaus fortbestand, war sie laut Urteil des BFH vom 17.10.2024[2] **nicht ausschließlich während des gesamten Erhebungszeitraums**, der dem Kalenderjahr entspricht, **grundstücksverwaltend tätig**. Vielmehr sei sie an einem Tag des Erhebungszeitraums (31.12.2016) nicht der begünstigten Tätigkeit nachgegangen, weshalb die Voraussetzungen der erweiterten Grundstückskürzung nicht erfüllt seien.

Beratungshinweis:

Zwar hat der BFH bereits mit Urteil vom 11.8.2004[3] eine **„technisch bedingte" Ausnahme** bei einer Veräußerung zum 31.12., 23:59 Uhr, zugelassen. Bei einer Veräußerung zu Beginn des 31.12. sieht der BFH diesen Fall allerdings nicht für gegeben. Eine Ausnahme wegen Geringfügigkeit sah der BFH bereits in der Vergangenheit für nicht geboten.[4]

c) Betriebsverpachtung

429 Mit Urteil vom 30.10.2024[5] befasste sich der BFH mit der Frage, ob einer gewerblich geprägten Personengesellschaft, die ursprünglich ein Autohaus betrieb, den nach Auf-

1) BFH v. 3.6.2025, III R 12/22, BStBl II 2025, 749 = HFR 2025, 1073 (mit Anm. Stahmann) = DB 2025, 2407. Vgl. hierzu auch Carlé, BeSt 2025, 41.
2) BFH v. 17.10.2024, III R 1/23, BStBl II 2025, 158 = HFR 2025, 250 mit Anm. Wald. Vgl. hierzu auch Lutter, jurisPR-SteuerR 14/2025 Anm. 3.
3) BFH v. 11.8.2004, I R 89/03, BStBl II 2004, 1080, unter II.2.
4) Zuletzt BFH v. 23.3.2023, III R 49/20, BStBl II 2024, 126, Rz. 26.
5) BFH v. 30.10.2024, IV R 19/22, BFH/NV 2025, 271. Vgl. hierzu auch Köster, DStZ 2025, 146.

gabe des Autohauses unverändert im Eigentum befindlichen Grundbesitz an einen Nachfolger verpachtete und an diesen die gesamte Betriebs- und Geschäftsausstattung veräußerte, die erweiterte Grundstückskürzung (§ 9 Nr. 1 Satz 2 GewStG) gewährt werden kann.

Entgegen der Auffassung der Vorinstanz entschied der BFH, dass eine Betriebsverpachtung **nicht automatisch zur Versagung der erweiterten Kürzung führt**. Zwar ist die Vorschrift bei einer Betriebsverpachtung grundsätzlich nicht anzuwenden, weil es sich dabei typischerweise nicht mehr um die Verwaltung eigenen Grundbesitzes handelt. Kürzungsunschädlich sei jedoch, wenn alle wesentlichen, dem Betrieb das Gepräge gebenden Betriebsgegenstände vermietet werden und es sich dabei ausschließlich um eigenen Grundbesitz handelt. Als eigener Grundbesitz qualifiziere dazu sowohl Grundbesitz im Gesamthandsvermögen als auch im Sonderbetriebsvermögen eines Gesellschafters.

Anmerkung:

Der BFH stellte ebenfalls fest, dass zudem erbrachte **Nebenleistungen**, wie Bewachungs- und Pförtnerdienste, die Grenzen der Vermögensverwaltung nicht überschreiten, folglich also nicht kürzungsschädlich sind, wenn sie zwingend notwendiger Teil einer wirtschaftlich sinnvollen Grundstückverwaltung sind und nicht den Hauptzweck der Nutzung darstellen. Ob dies im konkreten Sachverhalt nach Art und Umfang der Nebenleistungen der Fall ist, muss nun das FG Düsseldorf im zweiten Rechtsgang entscheiden.

II. Grundsteuer

1. Verfassungskonformität der Grundsteuermodelle

a) Baden-Württembergisches Grundsteuermodell

Wie schon in seinen Entscheidungen vom 11.6.2024[1] kommt das FG Baden-Württemberg auch in einem Verfahren des vorläufigen Rechtsschutzes zu dem Ergebnis, dass **keine ernstlichen Zweifel an der Verfassungsmäßigkeit** der Ermittlung des Grundsteuerwerts zum 1.1.2022 nach Regelung in Baden-Württemberg in § 38 Abs. 1 LGStG bestehen.[2] **430**

Beratungshinweis:

Ergänzend weist das FG Baden-Württemberg darauf hin, dass bei der im Verfahren des vorläufigen Rechtsschutzes vorzunehmende Abwägung das öffentliche Interesse an einer geordneten Haushaltsführung der Gemeinden und damit an der fristgerechten Steuervereinnahmung auch dann das Interesse des Antragstellers auf Aussetzung der nach dem LGrStG festgesetzten Grundsteuer überwiegen würde, wenn ernstliche verfassungsrechtliche Zweifel an der Rechtmäßigkeit des Baden-Württembergischen Grundsteuermodells zu bejahen gewesen wären. Das Gericht sieht es nicht als erwiesen an, dass dem Antragsteller durch die Zahlung der Grundsteuer ein irreparabler Nachteil zugefügt oder gar die materielle Existenzgrundlage bedroht werden würde.

b) Hessisches Grundsteuermodell

Das Land Hessen regelt die Grundstücksbewertung, die erstmals auf den 1.1.2022 zu erfolgen hatte, durch das vom Bundesmodell abweichende **Hessischem Grundsteuergesetz** (HGrStG). Danach wird der Grundsteuermessbetrag nach dem sog. Flächen-Faktor-Verfahren ermittelt und beruht auf der typisierenden Annahme „je größer das Grundstück und Gebäude und je besser die Lage, desto höher die Grundsteuer". **431**

1) FG Baden-Württemberg v. 11.6.2024, 8 K 2368/22 und 8 K 1582/23; s. dazu RSM Ebner Stolz / BDI, Steuer- und Wirtschaftsrecht 2025, 267.
2) FG Baden-Württemberg v. 20.3.2025, 8 V 250/25, ErbStB 2025, 189.

Im Streitfall war eine Grundstückseigentümerin der Ansicht, dass das HGrStG gegen das verfassungsrechtliche Bestimmtheitsgebot (Art. 20 Abs. 3 GG) sowie gegen den Gleichheitsgrundsatz (Art. 3 Abs. 1 GG) verstoße, dabei insb. gegen das verfassungsrechtlich normierte Leistungsfähigkeits- und Äquivalenzprinzip.

Mit Urteil vom 23.1.2025[1)] hat das Hessische **FG** die Klage abgewiesen und das HGrStG für **verfassungsgemäß** erklärt. Die Vorschriften seien laut Hessischem FG hinreichend bestimmt, da die zu erwartende Größenordnung der Steuerzahlung jedenfalls vorhersehbar sei. Da die hessische Grundsteuer an das Eigentum am Grundbesitz anknüpfe, sei auch kein Verstoß gegen das Leistungsfähigkeitsprinzip gegeben. Wer Eigentümer eines Grundstücks sei, sei per se leistungsfähig, so das Hessische FG. Auch einen Verstoß gegen das Äquivalenzprinzip sah das Hessische FG nicht. Dieses Prinzip werde mit dem gesetzlichen Belastungsmaßstab nach Fläche, Nutzung und Lage der Grundstücke folgerichtig umgesetzt. Der Gesetzgeber dürfe typisierend davon ausgehen, dass im Fall größerer Grundstücke bzw. Gebäude die Infrastruktur in größerem Umfang in Anspruch genommen werde als bei kleinen Häusern. Zudem bestehe auch keine Veranlassung, die Kostenstrukturen der Gemeinden zu ermitteln und untereinander ins Verhältnis zu setzen, da die Grundsteuer kein Äquivalent für eine konkrete staatliche Leistung sei. Die gesetzgeberische Differenzierung zwischen unbebauten Grundstücken einerseits und Wohn- und Gewerbeimmobilien andererseits sei nicht nur zulässig, sondern sogar notwendig, da unbebaute Grundstücke deutlich weniger kommunale Kosten verursachten als Wohn- und Gewerbeimmobilien.

c) Grundsteuermodell der Stadt Hamburg

432 Gemäß dem für die Stadt Hamburg geltenden Modell wird die Grundsteuer B für bebaute Grundstücke, die nicht zu Betrieben der Land- und Forstwirtschaft gehören, anhand der Grundstücksgröße und der Gebäudefläche ermittelt. Bei Wohngebäuden wird die sog. Äquivalenzzahl für die Wohn- und Nutzflächen gemindert und zudem nach der Wohnlage differenziert (sog. Wohnlagemodell). Der wirtschaftliche Wert des Grundstücks bleibt hingegen unberücksichtigt.

Das **FG Hamburg** stellt mit Urteil vom 13.11.2024[2)] klar, dass diese **Berechnungsweise vom Gestaltungsspielraum des Gesetzgebers gedeckt** ist. Weiterhin hält das Gericht fest, dass das Hamburger Grundsteuergesetz nicht gegen das Gebot der Besteuerung nach der wirtschaftlichen Leistungsfähigkeit verstößt, da die individuelle Leistungsfähigkeit des Steuerpflichtigen für die Grundsteuer, die als Objektsteuer ausgestaltet ist, unerheblich ist. Das Grundsteuermodel der Stadt Hamburg sei damit als verfassungskonform anzusehen.

d) Grundsteuermodell des Freistaats Bayern

433 Das FG München hat die Regelungen im Bayerischen Grundsteuergesetz zu den Äquivalenzbeträgen der Grundsteuer B (Grundstücke des Grundvermögens), die von den bundesrechtlichen Regelungen des GrStG und des BewG abweichen, für sowohl formell als auch materiell verfassungskonform erachtet.[3)]

e) Grundsteuermodell des Bundes

434 In seinen am 10.12.2025 verkündeten Urteilen[4)] **verwarf der BFH verfassungsrechtliche Bedenken** gegenüber der Ermittlung des Grundsteuerwerts nach dem **Ertragswert-**

1) Hessisches FG v. 23.1.2025, 3 K 663/24, EFG 2025, 645 mit Anm. (Revision beim BFH anhängig unter Az. II R 12/25).
2) FG Hamburg v. 13.11.2024, 3 K 176/23, EFG 2025, 634; Revision beim BFH anhängig unter Az. II R 15/25.
3) FG München v. 25.6.2025, 4 K 2077/24, rkr., EFG 2025, 1703 mit Anm. Aschenbrenner; mit Anm. Halaczinsky, UVR 2025, 334, und v. 13.8.2025, 4 K 164/25, juris (Revision beim BFH unter dem Az. II R 40/25 anhängig); mit Anm. Köster, DStZ 2025, 785.
4) BFH v. 10.12.2025, II R 25/24, II R 31/24 und II R 3/25.

verfahren des Bundesmodells als Bemessungsgrundlage für die Grundsteuer ab 1.1.2025.

Zum einen bestätigt der BFH entgegen der Rechtsauffassung der Kläger die Gesetzgebungskompetenz des Bundes. Zum anderen folgt er nicht dem Vorbringen der Kläger, die Regelungen seien zu ungenau und ermöglichten keine realitätsgerechte Bewertung. Damit liegt laut BFH kein Verstoß gegen den allgemeinen Gleichheitssatz nach Art. 3 Abs. 1 GG vor.

2. Grundsteuerwerte: Anzeige von Änderungen

Ändern sich die tatsächlichen Verhältnisse, die der Feststellung der erstmals zum 1.1.2022 zu ermittelnden neuen Grundsteuerwerte zugrunde gelegt wurden, besteht auf den Beginn des folgenden Kalenderjahres eine Anzeigepflicht gegenüber dem zuständigen Finanzamt (§ 228 Abs. 2 Satz 1 BewG). **435**

Die ehemals vorgesehene Anzeigefrist von einem Monat wurde mit dem BEG IV[1] mit Wirkung seit 1.1.2025 auf **drei Monate** verlängert (§ 228 Abs. 2 Satz 3 BewG).

III. Grunderwerbsteuer

1. Grunderwerbsteuersatz – Erhöhung in Bremen zum 1.7.2025

Durch Art. 1 des Zweiten Gesetzes zur Änderung des Gesetzes über die Festsetzung des Steuersatzes für die Grunderwerbsteuer vom 22.1.2025[2] wurde der Grunderwerbsteuersatz für die Freie Hansestadt Bremen mit Wirkung ab dem 1.7.2025 geändert. Der Steuersatz beträgt nun 5,5 %. Bei Erwerben bis einschließlich 30.6.2025 betrug dieser noch 5 %. **436**

2. Änderung des Gesellschafterbestands einer Personengesellschaft

a) Kapitalgesellschaft als neue Gesellschafterin

Nach dem Ergänzungstatbestand des **§ 1 Abs. 2a GrEStG** fällt Grunderwerbsteuer an, wenn sich der Gesellschafterbestand an einer grundbesitzenden Personengesellschaft innerhalb von zehn Jahren (vor dem 1.7.2021: fünf Jahre) unmittelbar oder mittelbar dergestalt ändert, dass mindestens 90 % (vor dem 1.7.2021: 95 %) der Anteile am Gesellschaftsvermögen auf neue Gesellschafter übergehen. Eine unmittelbar an der Personengesellschaft beteiligte Kapitalgesellschaft gilt in vollem Umfang als neue Gesellschafterin, wenn mindestens 90 % (vor dem 1.7.2021: 95 %) ihrer Anteile auf neue Gesellschafter übergehen (§ 1 Abs. 2a Satz 4 GrEStG). Der Übergang von Anteilen auf sog. Altgesellschafter bei Einhaltung der gesetzlichen Frist führt hingegen grundsätzlich zu keinem Gesellschafterwechsel und löst damit auch keine Grunderwerbsteuer aus. **437**

Der BFH hatte über einen Streitfall zu entscheiden, in dem es vereinfacht um eine grundbesitzende KG ging, an der zunächst T als Komplementär ohne Kapitalbeteiligung sowie die beiden Kommanditisten R (10 %) und die R-GmbH (90 %) beteiligt waren. Alleingesellschafter der R-GmbH war R. Sodann übertrug R seine 100 %-ige Beteiligung an der R-GmbH auf T und gleichzeitig übertrug er seine 10 %-ige Beteiligung als Kommanditist an der KG auf eine Verwaltungs-GmbH. Strittig war hier insb., ob T als Alt- oder Neugesellschafter i.S.d. § 1 Abs. 2a Satz 4 GrEStG zu behandeln war.

In seinem Urteil vom 31.7.2024[3] hat der BFH – entgegen der Auffassung der Vorinstanz – festgestellt, dass für die Beurteilung der Frage, ob eine **unmittelbar an der grundbesitzenden Personengesellschaft beteiligte Kapitalgesellschaft** (hier: R-GmbH) als **neue**

1) Gesetz v. 23.10.2024, BGBl. I 2024 Nr. 323 = BStBl I 2024, 1421.
2) Gesetzblatt der Freien Hansestadt Bremen, Nr. 9 2025, 27.
3) BFH v. 31.7.2024, II R 28/21, HFR 2025, 167 mit Anm. Kugelmüller-Pugh.

Gesellschafterin i.S.d. § 1 Abs. 2a Satz 4 GrEStG gilt, **nur auf die Gesellschafter der Kapitalgesellschaft abzustellen** ist. Selbst wenn der neu an der Kapitalgesellschaft beteiligte Gesellschafter (hier: T) vor seinem Anteilserwerb bereits Gesellschafter der grundbesitzenden Personengesellschaft war, wird er für die Anwendung des § 1 Abs. 2a Satz 4 GrEStG nicht zum Altgesellschafter der Kapitalgesellschaft. Dies ergebe sich zwar nicht unmittelbar aus dem Wortlaut, aber jedenfalls aus der Entstehungsgeschichte und Systematik der Norm. Folglich führt die Übertragung aller Anteile an der R-GmbH von R auf T dazu, dass die **R-GmbH als neue Gesellschafterin der KG gilt**, da T nicht als Altgesellschafter anzusehen ist. In Verbindung mit der zeitgleichen Übertragung der 10 %-Beteiligung an der KG auf die Verwaltungs-GmbH hat sich damit der Gesellschafterbestand der KG unmittelbar vollständig i.S.d. § 1 Abs. 2a Satz 1 GrEStG geändert.

Anmerkung:

Das Urteil bestätigt die Auffassung der Finanzverwaltung in Tz. 5.2.3.2 der gleich lautenden Erlasse der obersten Finanzbehörden der Länder zur Anwendung des § 1 Abs. 2a GrEStG vom 12.11.2018.[1]

b) Verlängerung der Beteiligungskette

438 Wird die Beteiligungskette verlängert, indem in die Gesellschafterstruktur eine an der grundbesitzenden Personengesellschaft **mittelbar beteiligte Personengesellschaft eingefügt** wird, ohne dass sich die Gesellschafter ändern, ist kein neuer Gesellschafter i.S.v. § 1 Abs. 2a Satz 1 GrEStG hinzugekommen.

Zu diesem Ergebnis kommt der BFH in einem Streitfall, in dem die X KG mittelbar zu 100 % an einer grundbesitzenden Personengesellschaft beteiligt ist. An der X KG waren zunächst AB, CB und EG jeweils mit 20 %, MG mit 30 % und TG mit 10 % beteiligt. EG schenkte ihre Anteile jeweils hälftig an MG und TG. Sowohl MG als auch TG brachten ihre Anteile an der X KG in Kapitalgesellschaften ein. AB und CB gründeten die W KG, an der sie jeweils hälftig beteiligt waren, und brachten in diese ihre Anteile von insgesamt 40 % ein.

In seinem Urteil vom 21.8.2024[2] führt der BFH aus, dass durch das **Einfügen der W KG** in die Beteiligungskette insoweit **kein neuer Gesellschafter** an der grundbesitzenden Personengesellschaft hinzugekommen ist. Durch die W KG sei **hindurchzuschauen**, so dass weiterhin AB und CB jeweils zu 20 % an der grundbesitzenden Personengesellschaft beteiligt seien. Damit sei der Tatbestand des § 1 Abs. 2a Satz 1 GrEStG nicht erfüllt.

Anmerkung:

Das Finanzamt beurteilte hingegen mit Verweis auf die gleich lautenden Erlasse der obersten Finanzbehörden der Länder vom 10.5.2022[3] die neu zwischengeschaltete Personengesellschaft als neuen Gesellschafter, auch wenn an dieser unverändert dieselben Gesellschafter beteiligt waren.

c) Zweifache Grunderwerbsteuer bei zeitgleichen Grundstückskauf und bedingtem Anteilsverkauf

439 Am Gesellschaftsvermögen einer Personengesellschaft (KG) wurden 100 % der Anteile aufschiebend bedingt auf die Eintragung der Erwerber als Kommanditisten in das Handelsregister übertragen. Zeitgleich mit dem Anteilsübertragungs- und Abtretungsver-

1) Oberste Finanzbehörden der Länder v. 12.11.2018, BStBl I 2018, 1314.
2) BFH v. 21.8.2024, II R 16/22, HFR 2025, 252 (mit Anm. Kugelmüller-Pugh) = BFH/NV 2025, 338. Vgl. hierzu auch Loose, jurisPR-SteuerR 15/2025 Anm. 4.
3) Oberste Finanzbehörden der Länder v. 10.5.2022, BStBl I 2022, 801, Beispiel unter 5.3.2.

trag, und somit noch vor der Eintragung im Handelsregister, erwarb die KG ein Grundstück.

Der Grundstückserwerb unterlag unstreitig bereits im Zeitpunkt des Abschlusses des notariell beurkundeten Kaufvertrags nach § 1 Abs. 1 Nr. 1 GrEStG der Grunderwerbsteuer. Streitig war, ob durch die unmittelbare Änderung des Gesellschafterbestands ein weiteres Mal Grunderwerbsteuer aufgrund des Ergänzungstatbestands des § 1 Abs. 2a GrEStG ausgelöst wurde. Entscheidend für dessen Verwirklichung ist, dass der Personengesellschaft zum Zeitpunkt der Gesellschafterwechsel ein Grundstück „gehört", ihr also zuzurechnen ist (s. dazu auch → Rz. 441).

Mit Urteil vom 26.4.2024[1] hat das FG Baden-Württemberg klargestellt, dass der Ergänzungstatbestand des § 1 Abs. 2a GrEStG erst in dem Zeitpunkt erfüllt ist, in dem die Gesellschaftsanteile an der Personengesellschaft **dinglich auf die Erwerber übergehen**. Stehe die Abtretung der Gesellschaftsanteile – wie hier – unter der **aufschiebenden Bedingung** der Eintragung ins Handelsregister, sei die Abtretung **erst mit Bedingungseintritt zivilrechtlich wirksam**. Das Grundstück sei der KG aber bereits mit Abschluss des Kaufvertrags zuzurechnen, so dass ihr das Grundstück bei Bedingungseintritt auch bereits gehört habe. Folglich wurde laut FG durch die Änderung des zivilrechtlich erst später wirksamen Gesellschafterbestandes ein weiteres Mal auf Ebene der KG Grunderwerbsteuer ausgelöst. Eine Beurteilung nach Grundsätzen der wirtschaftlichen Betrachtungsweise komme jedenfalls bei unmittelbarer Änderung des Gesellschafterbestands – wie hier der Fall – nicht in Betracht.

Anmerkung:

Eine Anrechnung der Grunderwerbsteuer aus dem Kauf gemäß § 1 Abs. 6 GrEStG greift ebenfalls nicht, da die Vorschrift bereits nach ihrem Wortlaut nicht auf § 1 Abs. 2a GrEStG anwendbar ist.

3. Anteilsvereinigung an Kapitalgesellschaft

a) Ermittlung der Beteiligung am Gesellschaftskapital

Die Vereinigung von mindestens 90 % der Anteile (vor dem 1.7.2021 95 % der Anteile) **440** an einer grundbesitzenden Gesellschaft in der Hand eines Erwerbers oder in der Hand u.a. von herrschenden und abhängigen Unternehmen (sog. Anteilsvereinigung) unterliegt der Grunderwerbsteuer (§ 1 Abs. 3 GrEStG).

Hinsichtlich der Frage, auf welche Größe bei der Bestimmung der Höhe der Beteiligung abzustellen ist, hat der **BFH für mittelbare Beteiligungen die sog. Pro-Kopf-Betrachtung bereits aufgegeben**. Vielmehr hat er klargestellt, dass bei einer über eine zwischengeschaltete Gesellschaft vermittelten Beteiligung an einer grundbesitzenden Personengesellschaft für eine Anteilsvereinigung der Anteil am Vermögen der Personengesellschaft und nicht die sachenrechtliche Mitberechtigung am Gesamthandsvermögen maßgebend ist. Überschreitet der vermittelte Anteil die ehemalige 95 %-Grenze, könne der so beteiligte Gesellschafter seinen Willen in der grundstückshaltenden Gesellschaft in grunderwerbsteuerlich erheblicher Weise durchsetzen.[2] **Zum Fall einer unmittelbaren Beteiligung** hat der BFH bislang **noch nicht abschließend entschieden.**

In seinem Urteil vom 16.1.2025[3] führt das **FG Münster** aus, dass eine **Unterscheidung zwischen mittelbarer und unmittelbarer Anteilsvereinigung nicht überzeugend** sei. Es sei daher naheliegend, die Sichtweise des BFH zur mittelbaren Anteilsvereinigung auf

1) FG Baden-Württemberg v. 26.4.2024, 5 K 2540/23, EFG 2025, 332 mit Anm. Echtermann (Revision anhängig beim BFH unter Az. II R 20/24).
2) U.a. BFH v. 27.5.2020, II R 55/17, BStBl II 2021, 315.
3) FG Münster v. 16.1.2025, 8 K 2751/21 F, EFG 2025, 497 mit Anm. Echtermann (Revision beim BFH anhängig unter Az. II R 5/25).

die unmittelbare Beteiligung an einer grundbesitzenden Personengesellschaft zu übertragen: Ist, wie in dem Urteilsfall, ein Gesellschafter allein am Vermögen der grundbesitzenden Gesellschaft beteiligt, hat er die rechtliche Möglichkeit, seinen Willen in grunderwerbsteuerlich erheblicher Weise durchzusetzen. Dass er den Anteil des anderen Gesellschafters mittelbar erwirbt, führe nicht zu einer Änderung der Situation und löse somit keinen grunderwerbsteuerlich relevanten Erwerbsvorgang aus.

Beratungshinweis:

Bislang wendet die **Finanzverwaltung** die **Pro-Kopf-Betrachtung auf Fälle der unmittelbaren Beteiligung weiterhin** an.[1] Das FG Baden-Württemberg[2] lässt die Frage offen, inwieweit der BFH in einem obiter dictum tatsächlich eine Abkehr von seiner bisherigen Pro-Kopf-Betrachtung bekannt gemacht hat, und tendiert daher zur Aufrechterhaltung der sachenrechtlichen Betrachtung.

b) Zurechnung von Grundstücken

441 Eine niederländische Stiftung erwarb von einer natürlichen Person gegen Ausgabe von „Zertifikaten" 40,22 % der Anteile an einer Holding B.V., die über eine zwischengeschaltete Gesellschaft an einer GmbH (C-GmbH) beteiligt war. Der C-GmbH gehörte inländischer Grundbesitz. Die restlichen ca. 59,76 % hatte die niederländische Stiftung bereits zuvor gehalten, so dass sie nach Erwerb der 40,22 % zu insgesamt 99,98 % an der Holding B.V. beteiligt war.

Nach den sog. Ergänzungstatbeständen des **§ 1 Abs. 3 Nr. 1 oder 2 GrEStG** wird grundsätzlich Grunderwerbsteuer ausgelöst, wenn unmittelbar oder mittelbar mindestens 90 % der Anteile (vor dem 1.7.2021: 95 %) an einer grundbesitzenden Gesellschaft in der Hand des Erwerbers vereinigt werden. Voraussetzung für die Verwirklichung der Ergänzungstatbestände ist neben der Anteilsvereinigung mithin, dass einer Gesellschaft ein Grundstück für grunderwerbsteuerliche Zwecke „gehört", d.h. ihr zugerechnet werden kann.

Im Urteil vom 23.7.2024[3] kommt der BFH zum Ergebnis, dass die Voraussetzungen der Anteilsvereinigung an der Holding B.V. i.S.d. § 1 Abs. 3 Nr. 1 oder 2 GrEStG vorlagen und dieser das **inländische Grundstück der C-GmbH im Zeitpunkt der Anteilsvereinigung auch zuzurechnen** war. Der BFH schließt diesbezüglich an seine bisherige Rechtsprechung an, nach der ein Grundstück einer Gesellschaft für Zwecke der Ergänzungstatbestände zuzurechnen sei, wenn sie **zuvor** in Bezug auf dieses Grundstück einen unter **§ 1 Abs. 1, 2, 3 oder 3a GrEStG fallenden Erwerbsvorgang verwirklicht** hat. Dies gelte auch bei mehrstöckigen Beteiligungen. Hiervon ging der BFH im vorliegenden Urteilsfall aus, da die grundbesitzende C-GmbH zuvor (über eine zwischengeschaltete Gesellschaft) in die Holding B.V. eingebracht wurde, so dass auf Ebene der Holding B.V. ein Erwerbsvorgang nach § 1 Abs. 3 GrEStG verwirklicht worden war.

Anmerkung:

Der BFH hat keine Ausführungen dazu gemacht, ob auch hinsichtlich der grundstücksbesitzenden C-GmbH eine mittelbare Anteilsvereinigung i.S.v. § 1 Abs. 3 GrEStG vorgelegen haben könnte.

Mit dem JStG 2024[4] wurde erstmalig eine gesetzliche Regelung eingeführt, wann für Zwecke der Besteuerung von Share Deals mit Grunderwerbsteuer nach den Ergänzungstatbeständen des § 1 Abs. 2a bis 3a GrEStG einer Gesellschaft ein Grundstück „gehört". Nach der **neuen Zurechnungsnorm des § 1 Abs. 4a Satz 1 GrEStG**, die auf ab dem 6.12.2024 verwirklichte Erwerbsvorgänge nach § 1 Abs. 2a bis 3a GrEStG anzuwenden ist, setzt die Zugehörigkeit eines Grundstücks grundsätzlich einen Erwerb nach § 1 Abs. 1 GrEStG voraus. D.h. entgegen der bisherigen Rechtslage bzw.

---

1) Oberste Finanzbehörden der Länder v. 5.3.2024, S 4514, BStBl I 2024, 410.
2) FG Baden-Württemberg v. 5.7.2024, 5 K 2326/22, rkr., EFG 2025, 1028 mit Anm. Lutter.
3) BFH v. 23.7.2024, II R 11/22, BStBl II 2025, 867 = HFR 2025, 170 (mit Anm. Füssenich) = DStR 2024, 2823. Vgl. hierzu auch Loose, jurisPR-SteuerR 8/2025 Anm. 5.
4) Gesetz v. 2.12.2024, BGBl. I 2024 Nr. 387 = BStBl I 2024, 1484.

Auffassung des BFH führt die Verwirklichung eines steuerbaren Share Deals nach § 1 Abs. 3 oder Abs. 3a GrEStG (wie im hier im vorliegenden Urteilsfall) künftig nicht mehr zur Veränderung der Zugehörigkeit des Grundstücks.

c) Zweifel an zweimaliger Festsetzung bei Auseinanderfallen von Signing und Closing

Die Erwerberin sämtlicher Anteile an einer grundbesitzenden GmbH legte gegen den Grunderwerbsteuerbescheid vom 30.5.2024 Einspruch ein und beantragte die Aufhebung der Vollziehung (AdV). Dieser Bescheid war auf Grund des am 11.3.2024 notariell beurkundeten Kaufvertrags (**Signing**) mit Verweis auf **§ 1 Abs. 3 Nr. 1 GrEStG** ergangen. **Taggleich** hatte das zuständige Finanzamt gegenüber der GmbH mit Verweis auf die Abtretung der GmbH-Anteile (**Closing**) am 29.3.2024 Grunderwerbsteuer **nach § 1 Abs. 2b GrEStG** festgesetzt. **442**

Der **BFH** äußert in dem AdV-Verfahren mit Beschluss vom 9.7.2025[1] **ernstliche Zweifel an der Rechtmäßigkeit der Grunderwerbsteuerfestsetzung nach § 1 Abs. 3 Nr. 1 GrEStG** zum Zeitpunkt des Signing.

Zwar vertritt die Finanzverwaltung die Rechtsauffassung, dass bei zeitlichem Auseinanderfallen der Besteuerungszeitpunkte des § 1 Abs. 3 Nr. 1 GrEStG und § 1 Abs. 2b GrEStG beide Tatbestände erfüllt sind und der Vorrang der letztgenannten Regelung durch die Aufhebung der vorgehenden Steuerfestsetzung nach § 16 Abs. 4a GrEStG geklärt wird, sofern beide Erwerbsvorgänge nach § 16 Abs. 5 GrEStG fristgerecht und vollständig angezeigt wurden.[2]

Der BFH äußert jedoch rechtliche **Zweifel** daran, ob diese Auffassung **mit dem Wortlaut des § 1 Abs. 3 GrEStG im Einklang** steht, wonach die Regelung nur greift, soweit eine Besteuerung nach § 1 Abs. 2b GrEStG nicht in Betracht kommt. Anders als die Finanzverwaltung bezweifelt der BFH, ob die Vorrangregelung nur bei einer zeitgleichen Verwirklichung der Tatbestände des § 1 Abs. 2b und 3 Nr. 1 GrEStG greifen soll.

Jedenfalls ergeben sich laut BFH rechtliche Zweifel gegenüber der streitgegenständlichen Steuerfestsetzung, wenn das Finanzamt im Zeitpunkt der Steuerfestsetzung bezüglich des Signing darüber Kenntnis hatte, dass das Closing bereits erfolgt ist, und – wie im Streitfall – wissentlich zeitgleich zweimal Grunderwerbsteuer festsetzt.

Beratungshinweis:

Zum **gegenteiligen Ergebnis** kommt der BFH im Fall eines Antrags auf Aussetzung der Vollziehung, der sich gegen die **Festsetzung der Grunderwerbsteuer nach § 1 Abs. 2b GrEStG** aufgrund der dinglichen Übertragung der Anteile (Closing) richtet. Auch hier erfolgte das Closing erst einige Tage nach dem Abschluss des notariell beurkundeten Vertrags (Signing). Laut Beschluss vom 16.9.2025[3] verneint der BFH rechtliche Zweifel an der Rechtmäßigkeit der Steuerfestsetzung und verweist dazu neben der Argumentation im vorgenannten Beschluss vom 9.7.2025[4] auf den sich aus dem Einleitungssatz des § 1 Abs. 3 GrEStG ergebenden Vorrangs der Steuerfestsetzung nach § 1 Abs. 2b GrEStG.

4. Steuerbefreiungen bei Übertragung von/auf Gesamthand

a) Interpolierende Anwendung

Im Streitfall war der Vater zunächst mit 50 % an einer grundbesitzenden Personengesellschaft (KG) beteiligt, während seine beiden Söhne jeweils 25 % hielten. Später **443**

1) BFH v. 9.7.2025, II B 13/25 (AdV), BStBl II 2025, 874 = DB 2025, 2006. Vgl. hierzu Loose, jurisPR-SteuerR 39/2025 Anm. 4.
2) Oberste Finanzbehörden der Länder v. 5.3.2024, BStBl I 2024, 383, Rn. 30.
3) BFH v. 16.9.2025, II B 23/25 (AdV), BStBl II 2025, 876 = DStR 2025, 2367. Vgl. hierzu auch Köster, DStZ 2025, 822.
4) BFH v. 9.7.2025, II B 13/25 (AdV), BStBl II 2025, 874 = DB 2025, 2006. Vgl. hierzu Loose, jurisPR-SteuerR 39/2025 Anm. 4.

wurde die Beteiligung des Vaters auf 52,5 % erhöht und die der Söhne auf jeweils 23,75 % herabgesetzt. Schließlich brachte der Vater ein Grundstück gegen Gewährung von Gesellschaftsrechten in die KG ein. Infolgedessen betrug der Anteil des Vaters am Festkapital fortan 97 %, während die beiden Söhne jeweils mit 1,5 % beteiligt waren.

Mit Urteil vom 5.7.2024[1] stellt das FG Baden-Württemberg zunächst fest, dass ein steuerbarer **Erwerbsvorgang nach § 1 Abs. 3a GrEStG** vorliegt, da der Vater nach dem Einbringungsvorgang erstmalig eine (wirtschaftliche) Beteiligung i.H.v. mindestens 90 % inne hatte (hier: 97 %). Anschließend erörtert das FG die Kernfrage, inwieweit dieser Erwerbsvorgang von der Grunderwerbsteuer befreit ist. Wie auch vom Finanzamt anerkannt, bejaht das FG zunächst eine **Steuerbefreiung nach § 6 Abs. 2 GrEStG**. Danach ist die Anteilsvereinigung in dem Umfang begünstigt, in dem der Vater am Vermögen der Gesellschaft bereits vor der Anteilsvereinigung seit 15 Jahren bzw. seit der Gründung der KG beteiligt war (hier: 50 %).

Darüber hinaus ist nach Ansicht des FG zusätzlich noch eine **Steuerbefreiung gemäß § 3 Nr. 6 GrEStG** zu berücksichtigen. Nach § 3 Nr. 6 GrEStG ist der Grundstückserwerb zwischen Personen in geradliniger Verwandtschaft von der Besteuerung ausgenommen. Das Finanzamt lehnte diese Steuerbefreiung ab, da der Anteilserwerb des Vaters von der Gesellschaft und nicht von den Söhnen erfolgt sei. Dem tritt das FG entgegen und führt aus, dass im Wege der **interpolierenden Anwendung** der Befreiungstatbestände des § 6 Abs. 2 GrEStG und § 3 Nr. 6 GrEStG durch die KG auf die Gesellschafter hindurchzusehen ist. Die persönlichen Eigenschaften der Gesellschafter – d.h. auch die Verwandtschaftsverhältnisse – seien der KG quotal zuzurechnen. Folglich führt die bisherige Beteiligung der beiden Söhne (jeweils 23, 75 %) zu einer weiteren Steuerbefreiung von 47,5 %, sodass im Ergebnis eine Steuerbefreiung i.H.v. 97,5 % zu gewähren ist.

b) Zweifel an der Anwendung der verlängerten Nachbehaltensfrist

444 Geht ein Grundstück von einer Gesamthand auf eine andere Gesamthand über, entsteht keine Grunderwerbsteuer, soweit Personen an beiden Gesamthandsvermögen in gleichem Umfang beteiligt sind (§ 6 Abs. 3 Satz 1 GrEStG). Dies gilt jedoch nicht, soweit sich innerhalb der Nachbehaltensfrist der Anteil des Gesamthänders am Vermögen der erwerbenden Gesamthand vermindert (§ 6 Abs. 3 Satz 2 GrEStG). Die **Nachbehaltensfrist** wurde **mit Wirkung zum 1.7.2021 von bislang fünf auf zehn Jahre verlängert**.

Die Übergangsregelung in § 23 Abs. 18 GrEStG sieht vor, dass § 6 Abs. 3 Satz 2 GrEStG in der am 1.7.2021 geltenden Fassung **erstmals auf Erwerbsvorgänge nach dem 30.6.2021** anzuwenden ist. In § 23 Abs. 24 GrEStG ist **allerdings** geregelt, dass die zehnjährige Nachbehaltensfrist in § 6 Abs. 3 Satz 2 GrEStG auch dann gilt, wenn der **Erwerbsvorgang vor dem 1.7.2021 verwirklicht** wurde und zum 1.7.2021 die ehemalige fünfjährige Nachbehaltensfrist noch nicht abgelaufen war.[2]

Aufgrund dieses Widerspruchs der beiden Übergangsregelungen sieht der **BFH** mit Beschluss vom 10.4.2025[3] **ernstliche Zweifel**, ob die Verlängerung der Nachbehaltensfrist auf zehn Jahre auf einen vor dem 1.7.2021 verwirklichten Erwerbsvorgang anwendbar ist, und gewährt die Aussetzung der Vollziehung der Grunderwerbsteuerfestsetzung.

---

1) FG Baden-Württemberg v. 5.7.2024, 5 K 2326/22, EFG 2025, 1028, rkr., mit Anm. Lutter. Vgl. hierzu auch Halaczinsky, UVR 2025, 75.

2) Oberste Finanzbehörden der Länder v. 5.3.2024, BStBl I 2024, 410, Rn. 124.

3) BFH v. 10.4.2025, II B 54/24 (AdV), HFR 2025, 558 mit Anm. Kugelmüller-Pugh = DStR 2025, 1042.

Anmerkung:

Abzuwarten bleibt, ob zu dieser Streitfrage ein Hauptsacheverfahren beim BFH anhängig gemacht wird und wie der BFH dann entscheidet.

c) Aufhebung einer Wohnungseigentümergemeinschaft

Ein Steuerpflichtiger und eine Bank bildeten zwei Wohnungseigentümergemeinschaften. An den beiden zugrundeliegenden Grundstücken hatten die Beteiligten Wohnungs- und Teileigentum an den Einheiten in den darauf errichteten Gebäuden und unterschiedlich hohe Anteile am gemeinschaftlichen Eigentum. Zur Bereinigung der Miteigentumsverhältnisse wurden die beiden Gemeinschaften aufgehoben und den Beteiligten unterschiedlich hohe Miteigentumsanteile an den Grundstücken zugewiesen. Weiter wurden zwischen den Beteiligten in mehreren Schritten Miteigentumsanteile an beiden Grundstücken veräußert. Schließlich begründeten sie Wohnungs- und Teileigentum an verschiedenen Einheiten und ordneten sich jeweils einen Miteigentumsanteil einheitlich an den beiden Grundstücken zu. 445

Der BFH würdigt in seinem Urteil vom 31.7.2024[1] die einzelnen Vorgänge jeweils als **Tausch**, der nach § 1 Abs. 1 Nr. 1 und Abs. 5 GrEStG der Grunderwerbsteuer unterliegt. Eine entsprechende Anwendung der **Steuerbefreiung der Umwandlung von gemeinschaftlichem Eigentum in Flächeneigentum** nach § 7 Abs. 1 GrEStG **lehnt der BFH** sowohl für den Fall der Aufhebung der Wohnungseigentümergemeinschaften und Begründung von Miteigentum als auch für die bereinigenden Übertragungen der Miteigentumsanteile **ab**. Die für eine entsprechende Anwendung erforderliche planwidrige Gesetzeslücke sei nicht erkennbar. Lediglich für die nachfolgende Begründung von Wohnungs- und Teileigentum durch die Miteigentümer bejaht der BFH die entsprechende Anwendung des § 7 Abs. 1 GrEStG.

5. Konzernklausel

a) Zu den Voraussetzungen der Konzernklausel

Durch § 6a GrEStG werden unter bestimmten Voraussetzungen Erwerbsvorgänge im Rahmen von Umwandlungen, Einbringungen oder auf Basis anderer gesellschaftsvertraglicher Grundlagen im Konzern von der Grunderwerbsteuer befreit. Erforderlich dazu ist, dass an dem Vorgang ausschließlich ein **herrschendes Unternehmen** und ein oder mehrere von diesem abhängige Gesellschaften beteiligt sind. Als abhängig gilt eine Gesellschaft, wenn das herrschende Unternehmen ununterbrochen fünf Jahre vor und fünf Jahre nach dem Rechtsvorgang zu mindestens 95 % an diesem beteiligt ist. 446

Mit Urteil vom 21.5.2025[2] **verneint** der **BFH** das Vorliegen eines herrschenden Unternehmens, wenn die Anteile an einer GmbH nicht zu mindestens 95 % in einer Hand, sondern **unmittelbar von mehreren natürlichen Personen gehalten** werden.

Anmerkung:

Im zugrundeliegenden Fall übertrug die L-GmbH 100 % der Anteile an einer grundbesitzenden P-GmbH durch Abspaltung auf die für diese Zwecke zuvor gegründete X-GmbH. Die Gesellschafter der L-GmbH erhielten die gleichen Anteile an der X-GmbH, wie sie an L-GmbH beteiligt waren. Laut BFH kann die Gruppe natürlicher Personen nicht herrschendes Unternehmen i.S.d. § 6a Satz 3 und 4 GrEStG sein, sofern sie sich hinsichtlich des Haltens der Anteile nicht in der Rechtsform einer Personen- oder Kapitalgesellschaft zusammengeschlossen haben.

1) BFH v. 31.7.2024, II R 30/21, BStBl II 2025, 879 = HFR 2025, 254 mit Anm. Baldauf = BFH/NV 2025, 219. Vgl. hierzu Loose, jurisPR-SteuerR 7/2025 Anm. 4.
2) BFH v. 21.5.2025, II R 56/22, BFH/NV 2025, 1690.

In einem weiteren, am 21.5.2025 ergangenen Urteil[1] versagt der BFH ebenso die Anwendung des § 6a GrEStG, weil die **fünfjährige Vorbehaltensfrist nicht eingehalten** wurde. In dem Streitfall wurde ein grundbesitzendes Unternehmen im Wege der Ausgliederung zur Aufnahme auf eine kurz zuvor neu gegründete Gesellschaft übertragen.

Beratungshinweis:

Zwar hatte der BFH bereits entschieden, dass die Vorbehaltensfrist bei einer Ausgliederung zur Neugründung unbeachtlich ist.[2] Zu einem anderen Ergebnis kommt er allerdings in Fällen, wie dem vorliegenden, in denen die Einhaltung der Vorbehaltensfrist rechtlich möglich ist, weil die aufnehmende Gesellschaft bereits vor der Ausgliederung gegründet wurde. Einen Verstoß gegen den Gleichheitsgrundsatz nach Art. 3 Abs. 1 GG sieht der BFH in dieser unterschiedlichen Behandlung der Ausgliederung zur Neugründung und der Ausgliederung zur Aufnahme nicht.

b) Anwendung bei Einbringung durch Sachgründung

447 Gemäß der sog. Konzernklausel wird die Grunderwerbsteuer bei Umstrukturierungen im Konzern nicht erhoben, sofern der **übertragende Rechtsträger mindestens fünf Jahre vor und nach dem begünstigten Rechtsvorgang** zu **mindestens 95 % an der übernehmenden Gesellschaft beteiligt** war (§ 6a Satz 4 GrEStG). Die **Einhaltung** der Vor- oder Nachbehaltensfrist ist allerdings nach Ansicht der Finanzverwaltung in den gleich lautenden Erlassen zu § 6a GrEStG[3] **nicht erforderlich, wenn** dies umwandlungsrechtlich nicht möglich ist (zur Vorbehaltensfrist → Rz. 446).

In einem vom FG Nürnberg zu entscheidenden Fall war streitig, ob diese Steuerbegünstigung auch auf die Sachgründung einer UG & Co. KG angewendet werden kann, bei der der Kommanditist seine Einlagepflicht am Gründungstag erfüllte, indem er 90 % der Anteile an einer grundbesitzenden GmbH übertrug. Durch die Einbringung der GmbH-Anteile änderte sich deren Gesellschafterbestand zu 90 %, so dass ein grunderwerbsteuerbarer Erwerbsvorgang nach § 1 Abs. 2b GrEStG vorlag.

Das **FG Nürnberg** lehnte – wie zuvor das Finanzamt – die Steuerbefreiung mit Urteil vom 25.4.2024[4] mit der Begründung ab, dass die für die Steuerbefreiung erforderliche **Vorbehaltensfrist nicht eingehalten** wurde. Zwar ergibt sich aus der gefestigten BFH-Rechtsprechung, dass die Vorbehaltensfrist nur insoweit eingehalten werden müsse, als sie aus Rechtsgründen auch eingehalten werden könne. Im Fall der Abspaltung oder Ausgliederung zur Neugründung sei deshalb auch die Vorbehaltensfrist nicht einzuhalten.[5]

Im vorliegenden Fall wäre aber – so das FG – die Einhaltung der Vorbehaltensfrist **rechtlich möglich**, da die Sachgründung der UG & Co. KG und die dingliche Einbringung der GmbH-Anteile zwei zivilrechtlich eigenständige Verträge darstellen. Für den Einbringungsvorgang sei die zivilrechtliche Existenz der UG & Co. KG erforderlich. Auch im Streitfall sei die Gesellschaftsgründung vor der Einbringung erfolgt, wenn auch am selben Tag. Da die Einhaltung der Vorbehaltensfrist – anders als im Fall der Ausgliederung zur Neugründung – rechtlich möglich sei, stehe deren Nichtbeachtung der Steuerbefreiung entgegen.

1) BFH v. 21.5.2025, II R 31/22, BFH/NV 2025, 1687. Vgl. hierzu Kraft/Hohage, DB 2025, 3006 sowie Korn, kösdi 2025, 24502, 24514 (Report Nr. 552).
2) Zuletzt BFH v. 25.9.2024, II R 2/22, BStBl II 2025, 253.
3) Oberste Finanzbehörden der Länder v. 25.5.2023, BStBl I 2023, 995, Tz. 3.2.2.1 und 3.2.2.2.
4) FG Nürnberg v. 25.4.2024, 4 K 990/22, EFG 2024, 2053 mit Anm. Hüttner (Revision beim BFH anhängig unter II R 13/24).
5) BFH v. 21.8.2019, II R 16/19, BStBl II 2020, 333.

6. Vereinfachte Ermittlung der Gegenleistung

Gemäß dem Erlass des Finanzministeriums Sachsen-Anhalt vom 24.6.2025[1], der im Einvernehmen mit den anderen Bundesländern ergangen ist, können **Ermittlungen zum Wert sonstiger Leistungen** (§ 9 Abs. 1 Nr. 1 GrEStG), die ausschließlich für grunderwerbsteuerliche Zwecke erfolgen würden, **unterbleiben, sofern der Schwellenwert von 2.500 Euro nicht überschritten** wird. Dies gilt für sonstige Leistungen z.B. in Form von übernommenen Vermessungskosten oder Kosten für die Löschung von Grundstücksbelastungen, sowie auch für vom Verkäufer vorbehaltene Nutzungen, wie etwa das kurzfristige unentgeltliche Weiterbewohnen des veräußerten Grundstücks. 448

Darüber hinaus **erleichtert** der Erlass die **Aufteilung der Gesamtgegenleistung**, wenn ein Grundstück gemeinsam mit Gegenständen erworben wird, die nicht der Grunderwerbsteuer unterliegen, wie bspw. beim Erwerb eines Unternehmens im Ganzen. Die Aufteilung der Gesamtgegenleistung erfolgt in diesen Fällen nach dem Verhältnis des Teilwerts des Grundstücks zu dem Teilwert der sonstigen erworbenen Gegenstände. Die Finanzverwaltung wird hier angewiesen, von **besonderen Wertermittlungen regelmäßig abzusehen, sofern** der Wert der nicht der Grunderwerbsteuer unterliegenden Gegenstände laut Angaben der Erwerbsbeteiligten 15 % der Gesamtgegenleistung, maximal jedoch 50.000 Euro, nicht übersteigt.

Anmerkung:

Der Erlass erläutert außerdem, in welchen Fällen bei einer nachträglichen Kaufpreisanpassung aufgrund einer aufschiebenden Bedingung im Kaufvertrag auf die Überwachung des Bedingungseintritts verzichtet werden kann.

7. Bemessungsgrundlage bei Ausübung eines Vorkaufsrechts

Das FG München hat sich mit der Frage befasst, ob Notarkosten, Grundbuchkosten und Maklergebühren, die bei Ausübung eines Vorkaufsrechts dem Erstkäufer erstattet werden, in die Bemessungsgrundlage der Grunderwerbsteuer einzubeziehen sind. 449

In seinem Urteil vom 9.10.2024[2] kommt das FG München zu dem Ergebnis, dass diese **Kaufnebenkosten des Erstkäufers nicht bei der Bemessung** der Grunderwerbsteuer **zu berücksichtigen** sind. Bei den an den Erstkäufer erstatteten Kosten handelt es sich nicht um sonstige Leistungen, die gemäß § 9 Abs. 1 Nr. 1 GrEStG neben dem Kaufpreis die grunderwerbsteuerliche Bemessungsgrundlage bilden. Vielmehr handelt es sich um eine **eigene Verpflichtung des Vorkaufsberechtigten**, da er nach den zivilrechtlichen Vorschriften (§ 812 Abs. 1 Alt. 2 BGB) verpflichtet ist, dem Erstkäufer die Abschluss- und Durchführungskosten des Grundstückskaufs zu ersetzen.

8. Solar- und Photovoltaikanlagen als Gebäudebestandteil oder Betriebsvorrichtung

Auf die Frage der Berücksichtigung der für die im Rahmen eines Immobilienerwerbs gezahlten Gegenleistung für eine Solar- und Photovoltaikanlage geht das Finanzministerium Sachsen-Anhalt in seinem Erlass vom 16.7.2025[3] ein. 450

Es stellt dazu klar, dass thermische **Solaranlagen und Solarkraftwerke** die bereits vorhandene Wärmeversorgung ergänzen und damit Heizungsanlagen seien. Als **Gebäudebestandteile** zählten sie damit zur grunderwerbsteuerlichen Bemessungsgrundlage.

Photovoltaikanlagen seien dann als **Gebäudebestandteil** einzuordnen, **wenn** sie ausschließlich der Eigenversorgung dienen oder baulich als Ersatz für Dacheindeckungen

1) FinMin Sachsen-Anhalt v. 24.6.2025, 43-S 4521-5, DStR 2025, 1817. Vgl. hierzu auch Korn, kösdi 2025, 24374, 24384 (Report Nr. 425).

2) FG München v. 9.10.2024, 4 K 236/22, EFG 2024, 2056 mit Anm. Aschenbrenner (Revision beim BFH anhängig unter Az. II R 29/24).

3) FinMin Sachsen-Anhalt v. 16.7.2025, 43-S-4521-45. Vgl. hierzu Schiffers, DStZ 2025, 787.

bzw. Fassadenelemente integriert sind. Dienen sie dagegen der Einspeisung in öffentliche Netze, handelt es sich um Betriebsvorrichtungen.

9. Steuerbefreiender Rückerwerb auch bei Nichtsteuerbarkeit des vorausgegangenen Erwerbs

451 Der BFH entschied in zwei Verfahren, dass die Rückgängigmachung eines Erwerbsvorgangs i.S.v. § 1 GrEStG auf Antrag nach den Vorgaben des § 16 Abs. 2 GrEStG keine Grunderwerbsteuer für den Rückerwerb auslöst, ungeachtet dessen, ob der vorausgegangene Erwerb grunderwerbsteuerbar war.

Im ersten Streitfall erwarb eine GmbH, die bereits 94,9 % der Anteile an einer grundbesitzenden AG hielt, mit Aktienkauf- und Aktienabtretungsvertrag vom 20.12.2011 deren übrige 5,1 %. Der Erwerbsvorgang wurde am 31.1.2012 dem zuständigen Finanzamt angezeigt. Dieser Aktienkauf wurde in 2012 rückgängig gemacht. Das Finanzamt setzte für den ursprünglichen Erwerb Grunderwerbsteuer fest. Den Antrag der GmbH auf Aufhebung der Steuerfestsetzung nach § 16 Abs. 2 Nr. 1 GrEStG lehnte das Finanzamt wegen der Nichteinhaltung der Anzeigefrist des ursprünglichen Erwerbs nach § 16 Abs. 5 GrEStG ab. In 2014 wurde der Aktienrückkauf aus 2012 wiederum rückgängig gemacht, so dass die GmbH erneut Inhaberin sämtlicher Anteile an der grundbesitzenden AG wurde. Das Finanzamt setzte zu diesem Vorgang in 2014 nochmals Grunderwerbsteuer fest, wogegen sich die GmbH mit einem Antrag auf Aufhebung des Steuerfestsetzung nach § 16 Abs. 2 Satz 1 GrEStG wehrte.

Mit Urteil vom 7.5.2025[1] bejaht der **BFH** zwar zunächst das Vorliegen einer (erneuten) Anteilsvereinigung nach § 1 Abs. 3 Nr. 1 GrEStG (unter Anwendung der im Streitfall noch geltenden 95 %-Beteiligungsschwelle), wenn eine Anteilsvereinigung zunächst gegeben war, zu einem späteren Zeitpunkt die Beteiligung gesunken und anschließend wieder die erforderliche Beteiligungsschwelle überschritten hat. Auf den Erwerbsvorgang in 2014 sei aber § 16 Abs. 2 Nr. 1 GrEStG anzuwenden, so dass die Steuerfestsetzung aufzuheben sei. Dieser Erwerbsvorgang sei nicht deshalb als Ersterwerb anzusehen, weil sich die beiden vorhergegangenen Erwerbe aufgehoben haben. Vielmehr sei **§ 16 GrEStG für jeden Erwerbsvorgang gesondert zu prüfen**. Mit dem Vorgang in 2014 liege ein Rückerwerb i.S.d. § 16 Abs. 2 Nr. 1 GrEStG des vorgehenden Vorgangs in 2012 vor. Der Anwendung des § 16 Abs. 2 Nr. 1 GrEStG stehe dabei nicht entgegen, dass der vorausgegangene Erwerb (hier die Rückgängigmachung des ursprünglichen Anteilskaufs) nicht steuerbar war.

In einem zweiten Streitfall wurde eine in 2016 vereinbarte Schenkung von 49 % der Anteile an einer grundbesitzenden GmbH in 2018 rückgängig gemacht. Gegen die Steuerfestsetzung infolge der Wiedervereinigung aller Anteile an der GmbH in der Hand des Schenkers wehrte sich dieser mit einem Antrag auf Aufhebung des Steuerfestsetzung nach § 16 Abs. 2 Nr. 3 GrEStG. Nach Auffassung des BFH[2] steht auch in diesem Fall der Anwendung des § 16 Abs. 2 Nr. 3 GrEStG **nicht entgegen**, dass der **vorausgegangene Erwerb der Anteile nicht steuerbar** war.

E. Internationales Steuerrecht

I. Doppelbesteuerungsabkommen

1. Stand der Doppelbesteuerungsabkommen

452 Das BMF hat mit Schreiben vom 20.1.2025[3] den **Stand der zum 1.1.2025 geltenden DBA** zwischen Deutschland und anderen Staaten bekannt gegeben. Dabei weist das BMF zudem auf das Mehrseitige Übereinkommen vom 24.11.2016 zur Umsetzung

1) BFH v. 7.5.2025, II R 26/23, BStBl II 2025, 1002. Vgl. hierzu auch Halaczinsky, UVR 2025, 330.
2) BFH v. 7.5.2025, II R 16/23, BStBl II 2025, 999. Vgl. hierzu auch Köster, DStZ 2025, 825.
3) BMF v. 20.1.2025, IV B 2 – S 1301/01499/004/003, BStBl I 2025, 291.

abkommensbezogener Maßnahmen zur Verhinderung der Gewinnverkürzung und Gewinnverlagerung (**MLI**) hin (→ Rz. 453).

Beratungshinweis:

Explizit führt das BMF aus, dass das mit **Russland** vereinbarte DBA aufgrund der einseitigen Suspendierung durch Russland im Ergebnis derzeit nicht zur Anwendung kommt. Zudem wurde die Wirkung des mit der Republik **Belarus** vereinbarten DBA zum 1.1.2025 vollständig ausgesetzt.

2. Anwendung des MLI

Bereits am 7.6.2017 hat Deutschland das Multilaterale Instrument zur Umsetzung steuerabkommensbezogener Maßnahmen zur Verhinderung der Gewinnverkürzung und Gewinnverlagerung (**BEPS-MLI**) unterzeichnet. Konkret wurden damit verschiedene Mindeststandards, die im Rahmen des BEPS-Projekts der OECD beschlossen wurden, vereinbart. Über die Mindeststandards hinaus enthält das BEPS-MLI weitere im Zuge von BEPS erarbeitete Regelungen zur Anpassung der DBA. **453**

Anmerkung:

Deutschland hat für die Implementierung des BEPS-MLI ein zweistufiges Verfahren gewählt. Zunächst wurden mit anderen teilnehmenden Staaten vereinbart, welche Regelungen des BEPS-MLI konkret zur Anwendung kommen sollen. Anschließend bedurfte es noch der Ratifizierung dieser Vereinbarungen in nationales Recht und der entsprechenden Notifikation der Umsetzung bei der OECD.

Von den 33 übereinstimmenden Vereinbarungen wurden von Seiten Deutschlands die Regelungen **mit neun Staaten** mit dem Gesetz zur Anwendung des Mehrseitigen Übereinkommens vom 24. November 2016 und zu weiteren Maßnahmen (sog. MLI-Anwendungsgesetz)[1] in nationales Recht **umgesetzt**, das am 22.6.2024, am Tag nach der Gesetzesverkündung, in Kraft getreten ist.

Anzuwenden sind die Maßnahmen im Rahmen der DBA zwischen Deutschland und den folgenden Staaten:

- Frankreich
- Griechenland
- Japan
- Kroatien
- Malta
- Slowakei
- Spanien
- Tschechien
- Ungarn.

Anmerkung:

Die Notifikation der nationalen Umsetzung bei der OECD erfolgte am 2.10.2024 hinsichtlich sieben DBA (Frankreich, Griechenland, Kroatien, Malta, Slowakei, Spanien und Ungarn), so dass die Modifikation bezüglich dieser DBA **seit dem 1.1.2025 Anwendung** findet. Die Notifikation hinsichtlich der DBA mit der **Tschechischen Republik und Japan** erfolgte am 1.6.2025. Am 18.6.2025 wurde die Bekanntmachung über das Wirksamwerden des MLI hinsichtlich dieser Staaten **zum 1.1.2026** veröffentlicht.[2]

1) Gesetz v. 19.6.2024, BGBl. I 2024 Nr. 205.
2) BGBl. II 2025 Nr. 179.

Das MLI-Anwendungsgesetz enthält für die o.g. Staaten **jeweils individuelle Angaben**, welche Artikel des BEPS-MLI gelten. Dies betrifft u.a. Vorgaben zu Verständigungs- und Schiedsverfahren, die Voraussetzungen für die Begründung einer Betriebsstätte oder die Besteuerung von Immobiliengesellschaften.

Beratungshinweis:

Die sich daraus ergebenden Modifikationen sind bei der Anwendung der bestehenden DBA zu berücksichtigen, d.h. sie modifizieren entweder die Anwendung der Abkommensregelungen oder sind statt diesen anzuwenden. Dementsprechend wird bspw. die in den DBA mit Frankreich, Spanien und der Slowakei geregelten Quellensteuerentlastung bei Dividendenzahlungen an eine in bestimmtem Umfang beteiligte Gesellschaft nur bei Einhaltung einer Mindesthaltedauer von 365 Tagen gewährt.

3. Voraussetzungen für das Vorliegen einer ausländischen Betriebsstätte

454 Der BFH konkretisiert in zwei Urteilen, die zu grenzüberschreitenden Sachverhalten im Anwendungsbereich eines DBA ergangen sind, unter welchen Voraussetzungen eine Betriebsstätte im Ausland begründet wird, so dass die der Betriebsstätte zuzurechnenden Einkünfte nach den DBA-Vorgaben in Deutschland steuerfrei zu stellen sind.

In einem Streitfall nutzte ein in Deutschland lebender **Taxiunternehmer** (Kläger) aufgrund seiner Mitgliedschaft in einer Schweizer Taxifunkzentrale deren Büroraum in der Schweiz, der mit drei Arbeitsplätzen ausgestattet war und drei Taxiunternehmen zur Verfügung stand. In dem Büroraum nutzte der Kläger zudem einen abschließbaren Standcontainer. Er übte seine geschäftsleitende Tätigkeit sowie die Personalverwaltung seiner angestellten Taxifahrer in dem Büroraum aus, in dem er zudem die Buchführung vorbereitete, das Rechnungswesen, die Finanzkontrolle und die Kontrolle der Einhaltung behördlicher Auflagen vornahm. Laut Urteil des BFH vom 18.12.2024[1] besteht wegen der „**Verwurzelung**" des Unternehmens mit dem im Ausland belegenen Ort der Ausübung der unternehmerischen Tätigkeit eine abkommensrechtliche Betriebsstätte. Dies ergebe sich aus der **Gesamtwürdigung** der in Wechselwirkung zueinanderstehenden Merkmale der zeitlichen und örtlichen Festigung der Geschäftseinrichtung sowie aus der dauerhaften Verfügungsmacht über die Geschäftseinrichtung. Die dauerhafte Überlassung des persönlichen Standcontainers, die als personenbeschränkte Nutzungsstruktur gewertet wird, könne ein Indiz für das Bestehen einer dauerhaften Verfügungsmacht über den Büroraum sein. In dem Büroraum seien nicht nur Hilfstätigkeiten ausgeübt worden, denn die Haupttätigkeit eines Taxiunternehmers mit mehreren angestellten Taxifahrern erschöpfe sich nicht allein im Fahren von Taxis. Auch die geschäftsleitenden und zentral unternehmerisch-administrativen Tätigkeiten seien den Haupttätigkeiten zuzuordnen, die in dem Büroraum in der Schweiz ausgeübt wurden.

Anmerkung:

Der BFH wiederholt damit seine nur geringen Anforderungen an die Begründung einer Betriebsstätte durch eine ortsbezogene Geschäftseinrichtung, wenn deren Nutzung personenbeschränkt ist.[2]

In dem Urteil ebenso vom 18.12.2024[3] bestätigt der BFH seine bisherige Rechtsauffassung, dass eine „feste" Geschäftseinrichtung, die als Betriebsstätte gewertet werden kann, grundsätzlich eine **Mindestdauer von sechs Monaten** voraussetzt. Diese Mindestdauer beziehe sich aber nicht nur auf die Geschäftseinrichtung, sondern auch auf

1) BFH v. 18.12.2024, I R 47/21, HFR 2025, 619 (mit Anm. Einsfelder) = BFH/NV 2025, 941.
2) BFH v. 7.6.2023, I R 47/20, BFH/NV 2023, 1291.
3) BFH v. 18.12.2024, I R 39/21, HFR 2025, 624 mit Anm. Witt.

die dort ausgeübte unternehmerische Tätigkeit. Besteht ein Unternehmen weniger als sechs Monate, rechtfertige dies keine Ausnahme von der Mindestdauer, auch wenn die unternehmerische Tätigkeit vollständig in der ausländischen Geschäftseinrichtung ausgeübt werde.

4. Entstrickung bei Überführung von Wirtschaftsgütern in eine ausländische Betriebsstätte

Zwei niederländische Kapitalgesellschaften entnahmen als Gesellschafter einer inländischen GmbH & Co. KG im Jahr 2005 immaterielle Wirtschaftsgüter (u.a. Patent- und Markenrechte) aus dieser Gesellschaft und legten diese gegen Teil-Barzahlungen in eine inländische Schwester-GmbH & Co. KG ein, an der sie ebenso mit jeweils 50 % als Kommanditisten beteiligt waren. Diese immateriellen Wirtschaftsgüter wurden im Anschluss daran in 2005 auf die niederländische Betriebsstätte dieser KG überführt. 455

Die **Finanzverwaltung** vertrat die Auffassung, dass die **Überführung der Rechte** in Anwendung der sog. Betriebsstätten-Verwaltungsgrundsätze[1] **zum Fremdvergleichswert** und damit unter Aufdeckung der stillen Reserven erfolgen müsse, wobei aus Billigkeitsgründen ein korrespondierender Ausgleichsposten gebildet und über zehn Jahre gewinnerhöhend aufgelöst werden könne.

Mit Urteil vom 26.3.2025[2] geht der **BFH** zunächst auf die **Übertragung zwischen den Schwester-KGs** ein. Soweit die Übertragung der immateriellen Wirtschaftsgüter unentgeltlich erfolgte, sei diese nach § 6 Abs. 5 Satz 3 Nr. 4 EStG **steuerneutral**. Es komme also nicht zu einer Gewinnrealisierung durch Aufdeckung der stillen Reserven. Die zwar erst 2024 mit den JStG 2024[3] eingeführte Regelung sei nach § 52 Abs. 12 Satz 14 EStG explizit in allen offenen Fällen anzuwenden. Die Voraussetzungen der Buchwertübertragung sieht der BFH als erfüllt an, da die beiden Kommanditisten mit gleichen Beteiligungsverhältnissen an beiden Gesellschaften beteiligt sind. Zwar war im Urteilsfall unklar, ob auch die nicht vermögensmäßig beteiligten Komplementäre der Schwester-KGs identisch sind. Dies ist aber laut BFH mit Verweis auf die Gesetzesbegründung für die Frage der Beteiligungsidentität nicht relevant.

Die **Überführung der Rechte in die niederländische Betriebsstätte** sei dann aber korrekterweise unter gewinnerhöhender **Aufdeckung der stillen Reserven** erfolgt. Die Überführung des bislang einer inländischen Betriebsstätte zugeordneten Wirtschaftsguts in eine ausländische Betriebsstätte stehe gemäß § 4 Abs. 1 Satz 4 (i.V.m. Satz 3) EStG einer **Entnahme** gemäß § 4 Abs. 1 Satz 2 EStG **gleich** – unabhängig davon, ob die ausländischen Betriebsstättengewinne nach einem DBA von der deutschen Besteuerung freigestellt sind. § 4 Abs. 1 Satz 4 EStG ist zwar erst mit dem JStG 2010 eingefügt worden. § 52 Abs. 8b EStG Satz 2 Var. 1 i.V.m. Satz 3 EStG i.d.F. des JStG 2010 ordne dessen Anwendung jedoch rückwirkend, und somit auch für das Streitjahr 2005 an. Es handele sich dabei zwar um eine **echte Rückwirkung**, die grundsätzlich nur unter strengen Voraussetzungen zulässig ist. Jedoch sei diese Rückwirkung im vorliegenden Fall einer Überführung im Juni 2005 verfassungsrechtlich **gerechtfertigt**.

Anmerkung:

Dazu führt der BFH aus, dass sich Steuerpflichtige insb. nicht auf Vertrauensschutz berufen könnten, da insoweit lediglich eine in der Vergangenheit herrschende Rechtspraxis gesetzlich festgeschrieben wurde. Denn die Überführung von Wirtschaftsgütern in eine ausländische DBA-Freistellungsbetriebsstätte führte nach früherer BFH-Rechtsprechung zu einer Entstrickungsbesteuerung gemäß der sog. „Theorie der finalen Entnahme". Diese Rechtsauffassung gab der BFH erst mit Urteil vom 17.7.2008[4] auf, was schließlich zur Gesetzesänderung durch das JStG 2010[5] führte.

---

1) BMF v. 24.12.1999, IV B 4 – S 1300 – 111/99, BStBl I 1999, 1076.
2) BFH v. 26.3.2025, I R 5/24 (I R 99/15), BB 2025, 2014.
3) Gesetz v. 2.12.2024, BGBl. I 2024 Nr. 387 = BStBl I 2024, 1484.
4) BFH v. 17.7.2008, I R 77/06, BStBl II 2009, 464.
5) Gesetz v. 8.12.2010, BGBl. I 2010, 1768 = BStBl I 2010, 1394.

Darüber hinaus **verneint der BFH einen Verstoß gegen die Niederlassungsfreiheit** unter Berufung auf den EuGH[1], den das erstinstanzliche Finanzgericht im vorliegenden Fall angerufen hatte und der die angewandte auf zehn Jahre gestaffelte Erhebung der Entstrickungssteuer ausdrücklich billigt. Auch sah der BFH keinen Verstoß gegen das in Art. 24 Abs. 2 DBA-Niederlande normierte Diskriminierungsverbot. Wenn nämlich ein bisher der inländischen Betriebsstätte eines in Deutschland ansässigen Gesellschafters einer Personengesellschaft zuzuordnendes Wirtschaftsgut künftig einer im Ausland belegenen Betriebsstätte zuzuordnen ist, komme es ebenfalls zu einer erfolgswirksamen Aufdeckung der stillen Reserven gemäß § 4 Abs. 1 Satz 4 EStG.

5. Carried Interest von einer US-Personengesellschaft

456 Eine LLC mit Sitz und Geschäftsleitung in den USA war an zwei US-amerikanischen sowie einem deutschen Fonds beteiligt, deren Unternehmensgegenstand im Wesentlichen im Erwerb, Halten und in der Veräußerung von Anteilen an Kapitalgesellschaften bestand. Nach der Gewinnverteilungsabrede war die LLC auf zweifache Weise am Gewinn der Fonds beteiligt: proportional zu ihrer Einlage und darüber hinaus mit einem **zusätzlichen marktüblichen kapitaldisproportionalen Gewinnanteil** aufgrund ihres ideellen Beitrags zur Förderung des Gesellschaftszwecks, dem sog. „Carried Interest". **An der LLC** war u.a. eine **in Deutschland ansässige natürliche Person beteiligt**. Die LLC sowie die Fonds waren aus deutscher Sicht steuerlich unstreitig als Personengesellschaften zu qualifizieren, so dass die Einkünfte anteilig diesem Gesellschafter zuzurechnen waren. Dabei handelte es sich bei dem Carried Interest unstreitig um Einkünfte gemäß § 18 Abs. 1 Nr. 4 EStG. Streitig war hingegen, wie diese abkommensrechtlich zu qualifizieren waren. Die LLC ging i.S.v. Art. 7 Abs. 1, Abs. 7 DBA-USA von gewerblichen Gewinnen aus, so dass, soweit die Besteuerung in den USA erfolgte, die von Einkünften in Deutschland unter Progressionsvorbehalt steuerfrei zu stellen seien (Art. 23 Abs. 3 Buchst. a DBA-USA).

Dem ist das **FG Schleswig-Holstein** mit Urteil vom 8.10.2024[2] nicht gefolgt. Mangels Definition der **Gewerblichkeit** im DBA-USA sei der Begriff für Zwecke der Besteuerung in Deutschland **nach Maßgabe des deutschen Steuerrechts auszulegen** (Art. 3 Abs. 2 DBA-USA). Bei dem Carried Interest handele es sich aber nicht um Einkünfte aus Gewerbebetrieb gemäß § 15 EStG, die abkommensrechtlich als gewerbliche Gewinne zu behandeln seien. Auch schlage die „nationale Fiktion" des § 18 Abs. 1 Nr. 4 EStG nicht dergestalt auf das Abkommensrecht durch, dass diese Einkünfte stets gewerbliche Gewinne darstellen.

Anmerkung:

Dabei berief sich das FG auf die BFH-Rechtsprechung[3] zur gewerblichen Prägung nach § 15 Abs. 3 Nr. 2 EStG, die ebenfalls eine Fiktion darstelle, die abkommensrechtlich unbeachtlich sei. Der Carried Interest beruhe nicht auf einer der Art nach unternehmerischen bzw. selbständigen Tätigkeit. Vielmehr handele es sich bei dem Carried Interest originär um Einkünfte aus einer vermögensverwaltenden Tätigkeit.

6. Gewinnanteil eines in den USA ansässigen stillen Gesellschafters

457 Eine in den USA ansässige Y-Corp. war sowohl Mehrheitsgesellschafterin der Klägerin, einer inländischen Kapitalgesellschaft, als auch deren stille Gesellschafterin. Im Gewerbesteuermessbescheid der Klägerin für das Jahr 2000 wurde der an die Y-Corp. als stille Gesellschafterin gezahlte Gewinnanteil vom Finanzamt **nach § 8 Nr. 3**

1) EuGH v. 21.5.2015, Verder LabTec, C-657/13, HFR 2015, 809.
2) FG Schleswig-Holstein v. 8.10.2024, 3 K 37/22, IStR 2025, 176 = EFG 2025, 389 mit Anm. Kessens (Revision beim BFH anhängig unter I R 24/24).
3) BFH v. 28.4.2010, I R 81/09, BStBl II 2014, 754.

GewStG a.F. hinzugerechnet. Hiergegen wehrte sich die Klägerin und machte geltend, dass der Gewinnanteil von der Hinzurechnung aufgrund eines Verstoßes gegen die Kapitalverkehrsfreiheit und das abkommensrechtliche Diskriminierungsverbot auszunehmen sei.

Dem ist der **BFH** mit Urteil vom 26.2.2025[1] nicht gefolgt. Das **Diskriminierungsverbot des Art. 24 Abs. 3 DBA-USA** verpflichte zwar zur Gleichbehandlung von „Zinsen, Lizenzgebühren und anderen Entgelten" eines in den USA ansässigen und eines inländischen Gesellschafters. Gewinnanteile eines stillen Gesellschafters nach abkommensautonomer Auslegung zählten jedoch nicht zu diesen „anderen Entgelten", sondern seien als Dividenden i.S.d. Art. 10 DBA-USA zu qualifizieren.

Beratungshinweis:

Ob eine Beschränkung der **Kapitalverkehrsfreiheit** gemäß Art. 56 EGV (heute: Art. 63 AEUV) vorliegt, hat der BFH offengelassen, da eine etwaige Beschränkung jedenfalls aufgrund der Anwendung der sog. **Standstill-Klausel** des Art. 57 Abs. 1 EGV (heute: Art. 64 Abs. 1 AEUV) zulässig sei. Nach der Standstill-Klausel bleibt die Anwendung derjenigen Beschränkungen auf Drittstaaten erlaubt, die am 31.12.1993 aufgrund einzelstaatlicher Rechtsvorschriften i.Z.m. Direktinvestitionen bestanden. Die Voraussetzungen der Standstill-Klausel seien vorliegend erfüllt, da § 8 Nr. 3 GewStG a.F. bereits am 31.12.1993 bestand. Der Einwand der Klägerin, dass eine Berufung auf die Standstill-Klausel wegen einer zeitweilig anderslautenden Verfügung der Finanzverwaltung ausgeschlossen sei, wurde vom BFH abgelehnt, da sich die Gesetzeslage dadurch nicht verändert habe.

7. Treaty Override in § 50d Abs. 10 EStG verfassungskonform?

§ 50d Abs. 10 EStG betrifft Einkünfte aus **grenzüberschreitenden Geschäftsbeziehungen zwischen einer Personengesellschaft und ihren Gesellschaftern**, die den Gesellschaftern als Sondervergütungen gemäß § 15 Abs. 1 Satz 1 Nr. 2 Satz 1 2. Halbs. und Nr. 3 2. Halbs. EStG zufließen. Für die Anwendung eines DBA legt die Vorschrift fest, dass diese Vergütungen ausschließlich als **Teil des Unternehmensgewinns** des vergütungsberechtigten Gesellschafters zu behandeln sind, **sofern** das **DBA keine ausdrückliche Regelung enthält**. Damit überschreibt der Gesetzgeber einseitig abweichende Regelungen in DBA, die Deutschland mit anderen Staaten abgeschlossen hat (sog. Treaty Override). Der BFH hatte die Verfassungsmäßigkeit von § 50d Abs. 10 EStG hinsichtlich des mit Italien bestehenden DBA angezweifelt und die Rechtsfrage dem BVerfG zur verfassungsrechtlichen Überprüfung vorgelegt.[2] Dabei kritisierte der BFH sowohl den Inhalt der Vorschrift als auch die rückwirkende Anwendung einer in 2008 erfolgten Änderung. **458**

Mit Beschluss vom 4.7.2025[3] hat das **BVerfG** das **Verfahren nun jedoch eingestellt**. Grund hierfür ist, dass der im Ausgangsverfahren angegriffene Bescheid über die gesonderte und einheitliche Feststellung der Besteuerungsgrundlage für eine GmbH & Co. KG nach aktueller Rechtsprechung des BFH aus anderem Grunde aufzuheben wäre. Auf die Anwendung des § 50d Abs. 10 EStG komme es daher im konkreten Verfahren nicht mehr an.

Anmerkung:

Die Frage nach der Verfassungsmäßigkeit des Treaty Override in § 50d Abs. 10 EStG bleibt somit weiterhin offen.

1) BFH v. 26.2.2025, I R 33/21, BStBl II 2025, 633 = HFR 2025, 875 mit Anm. Witt.
2) BFH v. 11.12.2013, I R 4/13, BStBl II 2014, 791.
3) BVerfG v. 4.7.2025, 2 BvL 15/14, IStR 2025, 563.

8. Keine vGA wegen Nutzungsmöglichkeit einer spanischen Ferienimmobilie

459 Der BFH hatte über einen Streitfall zu entscheiden, in dem zunächst die in Spanien ansässigen Kläger an einer spanischen Kapitalgesellschaft beteiligt waren, die in ihrem Betriebsvermögen Anteile an einer spanischen Immobilie hielt. Diese Immobilie wurde von den Klägern zu Wohnzwecken genutzt und eine monatliche Miete an die Kapitalgesellschaft entrichtet. Nach dem Umzug der Kläger nach Deutschland stellten sie die bis dahin an die Kapitalgesellschaft geleisteten Mietzahlungen ein. Noch nicht abschließend geklärt ist, in welchem Umfang und aus welchen Gründen sie die Immobilie weiterhin nutzten.

Mit Urteil vom 1.10.2024[1)] beurteilt der BFH die **bloße hypothetische Möglichkeit zur Privatnutzung** der Immobilie **nicht als ausreichend** für die Annahme einer vGA. Es müsse vielmehr ein tatsächlicher Nutzungsvorteil für die Gesellschafter entstehen. Ein solcher läge bspw. bei einer tatsächlichen unentgeltlichen oder vergünstigten Nutzung für private Zwecke oder einer Privatnutzung entgegen einem Nutzungsverbot vor. Im konkreten Fall konnte sich der BFH hierzu mangels tatsächlicher Feststellungen durch die Vorinstanz kein Urteil bilden. Daher wurde der Sachverhalt zur weiteren Aufklärung an das Finanzgericht zurückverwiesen.

Beratungshinweis:

Wegen steuerlicher Vorgaben in Spanien und den Bestimmungen des zwischen Deutschland und Spanien vereinbarten **DBA werden spanische Ferienimmobilien regelmäßig** nicht direkt, sondern **über eine Kapitalgesellschaft gehalten**. Streitig war hier lange Zeit, wann von verdeckten Gewinnausschüttungen an die Gesellschafter auszugehen ist, wenn diese die Ferienimmobilie nutzen (können). Hier trägt die Entscheidung des BFH zu deutlich mehr Rechtssicherheit bei.

II. Quellensteuer

1. Geltungsdauer von Freistellungsbescheinigungen

460 Der Schuldner von Kapitalerträgen oder Vergütungen kann gegenüber einem beschränkt steuerpflichtigen Gläubiger vom Quellensteuereinbehalt u.a. dann absehen, wenn der Gläubiger eine Freistellungsbescheinigung vorlegt (§ 50c Abs. 2 Satz 1 Nr. 1 EStG). Die vom BZSt auszustellende Freistellungsbescheinigung konnte bislang für einen Zeitraum von maximal drei Jahren erteilt werden. Mit dem BEG IV[2)] wurde diese maximale Gültigkeitsdauer ab 1.1.2025 auf **fünf Jahre** verlängert (§ 50c Abs. 2 Satz 4 EStG).

2. Anti-Treaty-Shopping-Regelung des § 50d Abs. 3 EStG

a) Entschärfung

461 Mit seinem Merkblatt vom 17.3.2025[3)] lockert das **BZSt** seine bislang restriktive Auffassung zur Anwendung des Look-Through-Approachs und der Börsenklausel bei mehrstufigen Beteiligungsebenen im Rahmen des § 50d Abs. 3 EStG bzgl. der Freistellung und Erstattung von deutscher Kapitalertragsteuer.

Nach dem neuen Merkblatt soll für die **persönliche Entlastungsberechtigung** (sog. Look-Through-Approach) **ausreichend** sein, wenn die an der Antragstellerin beteiligten Personen/Gesellschaften einen Entlastungsanspruch zwar nicht aus derselben, aber aus einer anderen Rechtsgrundlage als die Antragsstellerin haben. Ergibt sich aus einer anderen Rechtsgrundlage ein betragsmäßig geringerer Entlastungsbetrag, besteht

---

1) BFH v. 1.10.2024, VIII R 4/21, BFH/NV 2025, 157. Vgl. hierzu auch Zapf, jurisPR-SteuerR 13/2025 Anm. 2.

2) Gesetz v. 23.10.2024, BGBl. I 2024 Nr. 323 = BStBl I 2024, 1421.

3) Abrufbar unter https://www.bzst.de/SharedDocs/Kurzmeldungen/DE/2025_Kurzmeldungen/20250317_merkblatt_50d_3.html (zuletzt abgerufen am 18.11.2025).

insoweit gedeckelt auf diesen geringeren Betrag die persönliche Entlastungsberechtigung.

Auch die **Börsenklausel** soll **bei mehrstufigen Beteiligungsebenen** auf der nachgelagerten Beteiligungsebene Anwendung finden, wenn zwar nicht auf der identischen, aber auf einer anderen Rechtsgrundlage ein gleich hoher oder höherer Entlastungsanspruch besteht.

Anmerkung:

In Bezug auf die sachliche Entlastungsberechtigung und den Principal Purpose Test ergeben sich aus dem Merkblatt keine neuen Erkenntnisse.

Zudem hat das BZSt am 31.3.2025[1)] den **Fragebogen zur Prüfung der Anspruchsvoraussetzungen** nach § 50d Abs. 3 EStG angepasst.

Beratungshinweis:

Das Merkblatt und der Fragebogen zu § 50d Abs. 3 EStG beziehen sich lediglich auf die **Freistellung sowie Erstattung von deutscher Kapitalertragsteuer**, nicht aber auf die Freistellung oder Erstattung von Quellensteuer nach § 50a EStG, die insb. Quellensteuer auf Lizenzen betreffen. Es bleibt daher abzuwarten, ob auch das Merkblatt zur Freistellung von deutscher Quellensteuer auf Lizenzzahlungen nach § 50a EStG aktualisiert wird. Bis dahin sollten sich Steuerpflichtige in Lizenzfällen auf das aktualisierte Merkblatt zur Kapitalertragsteuer berufen.

b) Verzinsung von Erstattungsbeträgen zur Kapitalertragsteuer

Eine deutsche AG hatte in den Jahren 2007 bis 2011 Gewinnausschüttungen an ihre **462**
österreichische Muttergesellschaft vorgenommen und dabei Kapitalertragsteuer einbehalten. Die **Anträge auf Erstattung** der einbehaltenen Steuerbeträge wurden **vom BZSt mit Verweis auf § 50d Abs. 3 EStG a.F. abgelehnt**. Zudem widerrief das BZSt eine zunächst erteilte Freistellungsbescheinigung zugunsten der österreichischen Muttergesellschaft, ebenso mit Verweis auf § 50d Abs. 3 EStG a.F. Der EuGH hat allerdings zwischenzeitlich mit Entscheidungen vom 20.12.2017[2)] § 50d Abs. 3 EStG a.F. als EU-rechtswidrig beurteilt. Daraufhin erstattete das BZSt im Rahmen der gegen die die Erstattung ablehnenden Bescheide eingelegten, zeitweise ruhenden Einspruchsverfahren die Kapitalertragsteuer. Eine Verzinsung der erstatteten Steuerbeträge lehnte das BZSt allerdings mit dem Hinweis ab, dass die Steuer unter Abhilfe eines Einspruchs erstattet wurde.

Dem widerspricht nun der **BFH** mit Urteil vom 25.2.2025.[3)] **Bei EU-rechtswidrig nicht erstatteten Steuerbeträgen** ergebe sich aus dem EU-Recht ein **Verzinsungsanspruch**. In Fällen, in denen ohne ein vorheriges Freistellungsbescheinigungsverfahren die Erstattung der Kapitalertragsteuer beantragt wird, beginne der Zinslauf drei Monate nach Einreichung eines formal ordnungsgemäßen Erstattungsantrags. Wurde eine zunächst erteilte Freistellungsbescheinigung EU-rechtswidrig widerrufen, beginne der Zinslauf mit dem Tag des Einbehalts der Kapitalertragsteuer. In beiden Fällen endet der Zinslauf mit dem Tag der Auszahlung des Erstattungsbetrags.

---

1) Abrufbar unter https://www.bzst.de/SharedDocs/Downloads/DE/Kapitalertragsteuerentlastung/fragebogen_50d_absatz3.html (zuletzt abgerufen am 18.11.2025).

2) EuGH v. 20.12.2017, Deister Holding, C-504/16 und Juhler Holding, C-613/16, HFR 2018, 245.

3) BFH v. 25.2.2025, VIII R 32/21, HFR 2025, 636 (mit Anm. Levedag) = DStR 2025, 1138. Vgl. hierzu auch Jachmann-Michel, jurisPR-SteuerR 35/2025 Anm. 2.

Anmerkung:

Neben der hier streitgegenständlichen Fassung des § 50d Abs. 3 EStG a.F. wurde auch die daraufhin geltende Fassung vom EuGH als EU-rechtswidrig beurteilt.[1] In 2021 wurde abermals § 50d Abs. 3 EStG neu gefasst und kommt in dieser Fassung in allen noch offenen Fällen zur Anwendung.

3. Abgeltender Kapitalertragsteuerabzug bei Drittstaatengesellschaft EU-rechtswidrig?

463 Die Klägerin, eine japanische Kapitalgesellschaft, bezog in den Jahren 2009 bis 2011 Dividenden von einer deutschen Tochterkapitalgesellschaft, deren alleinige Anteilseignerin sie war. Von den Dividenden wurde gemäß Art. 10 Abs. 2 DBA Japan Kapitalertragsteuer i.H.v. 15 % einbehalten. Der Quellensteuerabzug hatte abgeltende Wirkung. Infolge einer Änderung des japanischen Steuerrechts wurden seit 1.4.2009 **95 % der Dividenden in Japan steuerbefreit**. Dies hatte zur Folge, dass die deutsche Kapitalertragsteuer nicht mehr vollständig auf die japanische Körperschaftsteuer angerechnet werden konnte. Die Klägerin machte mit Verweis auf die Anrechnungs- oder Erstattungsmöglichkeit im Fall einer deutschen Mutterkapitalgesellschaft mit deutschen Tochterkapitalgesellschaften einen Verstoß gegen die Kapitalverkehrsfreiheit geltend und forderte die Erstattung der Kapitalertragsteuer.

Mit Beschluss vom 3.6.2025[2] legt der **BFH dem EuGH**[3] **die Frage vor, ob** hier die **Kapitalverkehrsfreiheit durch die Niederlassungsfreiheit verdrängt** wird. Als Drittstaaten-Kapitalgesellschaft fällt die Klägerin nur in den Schutzbereich der Kapitalverkehrsfreiheit. Für die Anwendung der Kapitalverkehrsfreiheit könnte sprechen, dass die Quellensteuerreduktion auf 15 % laut DBA Japan unabhängig von der Beteiligungshöhe gewährt wird. Dagegen könnte sprechen, dass die japanische Steuerbefreiung der Dividenden eine Mindestbeteiligung von 25 % an der ausschüttenden Kapitalgesellschaft erfordert. Damit kann ein sicherer Einfluss auf die Entscheidungen dieser Gesellschaft ausgeübt werden, was zum Vorrang der Anwendung der Niederlassungsfreiheit führen könnte.

Sofern aber die Kapitalverkehrsfreiheit anwendbar sein sollte, ist seitens des EuGH weiter zu klären, **ob** diese EU-rechtlich geschützte Grundfreiheit **durch den abgeltenden Kapitalertragsteuerabzug verletzt** wird, obwohl dessen definitive Wirkung letztlich auf der Änderung des japanischen Rechts beruht. Sollte eine Beschränkung der Kapitalverkehrsfreiheit anzunehmen sein, ist weiter zu klären, ob diese gerechtfertigt werden kann. Sollte mangels Rechtfertigung eine unzulässige Beschränkung der Kapitalverkehrsfreiheit vorliegen, stellt sich die Frage der Erstattungsmodalitäten, wobei aus Sicht des BFH die Höhe der in Japan nicht anrechenbaren deutschen Quellensteuer im Wege des Informationsaustauschs mit den japanischen Steuerbehörden zu überprüfen wäre. Hierin lägen aus Sicht des BFH aber höhere Anforderungen, als eine gebietsansässige Mutterkapitalgesellschaft bei der Veranlagung zur Körperschaftsteuer zu erfüllen hätte, so dass in den beschriebenen Erstattungsvoraussetzungen eine eigenständige Beschränkung der Kapitalverkehrsfreiheit liegen könnte.

III. Lizenzschranke

464 Die sog. Lizenzschranke nach § 4j EStG bewirkt, dass Aufwendungen für Rechteüberlassungen an nahestehende Personen nicht oder nur anteilig abziehbar sind, wenn beim Empfänger die entsprechenden Einnahmen aufgrund einer schädlichen Präferenzregelung einer Ertragsteuerbelastung von weniger als 15 % unterliegen.

1) EuGH v. 14.6.2018, GS, C-440/17, HFR 2019, 615.
2) BFH v. 3.6.2025, VIII R 21/22, BStBl II 2025, 685. Vgl. hierzu auch Levedag, jM 2025, 256.
3) Vorabentscheidungsersuchen anhängig beim EuGH unter dem Az. C-533/25.

Mit dem Mindeststeueranpassungsgesetz[1)] wurde die Regelung der Lizenzschranke mit Wirkung ab dem VZ 2025 ersatzlos gestrichen. Die Lizenzschranke ist somit letztmals im VZ 2024 anzuwenden.

Anmerkung:

Laut der Begründung des Gesetzentwurfs[2)] dient die Streichung der Lizenzschrankenregelung u.a. dem Bürokratieabbau.

IV. Außensteuerrecht

1. Verrechnungspreise

a) Preisermittlung bei Parallelimporten von Arzneimitteln

In Deutschland sind Apotheken gesetzlich verpflichtet, zur Kosteneinsparung im **465**
Gesundheitswesen bestimmte Arzneimittel auch von Parallelimporteuren aus der EU oder dem EWR zu beziehen (sog. Importförderklausel). Diese Parallelimporte sind in der Regel im Einkauf günstiger als die Originalprodukte, die von den Vertriebsgesellschaften inländischer Arzneimittelhersteller vertrieben werden. Dennoch profitieren die Parallelimporte indirekt von den Marketingmaßnahmen, die für die Originalprodukte durchgeführt werden.

Im konkreten Fall war streitig, ob die mit den Parallelimporten verbundenen Vertriebserfolge der ausländischen Muttergesellschaft eines Pharmakonzerns in die konzerninterne Vergütung der Vertriebstochtergesellschaft einfließen müssen. Die Finanzverwaltung bejahte dies mit der Begründung, dass die Vorteile mittelbar auf die Aktivitäten der deutschen Vertriebsgesellschaft zur Vermarktung der Originalprodukte zurückzuführen sind, und nahm eine verdeckte Gewinnausschüttung an.

Der BFH bestätigte diese Auffassung mit Urteil vom 11.12.2024.[3)] Er stellte fest, dass die **Vertriebsaktivität der deutschen Gesellschaft im konzernweiten Interesse ausgeübt** wird, so dass die **Muttergesellschaft faktisch auch vom Erfolg der Parallelimporte profitiert**. Auch wenn die Wirkung auf Parallelimporte nicht primär beabsichtigt sei, müsse diese daher im Rahmen der konzerninternen Aufwands- und Gewinnverrechnung berücksichtigt werden. Entsprechend sei der Tochtergesellschaft nach Maßgabe des Fremdvergleichsgrundsatzes eine angemessene Vergütung für die Nutzung der Marketingvorteile durch die Muttergesellschaft zu zahlen. Werde keine angemessene Vergütung vorgenommen, könne dies zu einer vGA in Höhe der Aufwandsersparnis der Muttergesellschaft führen.

Beratungshinweis:

Der Fall wurde an die Vorinstanz zurückverwiesen, die nun die Höhe der verhinderten Vermögensmehrung festzustellen hat. Abzuwarten bleibt, ob sich die Argumentation des BFH auch auf ähnlich gelagerte Sachverhalte und weitere Branchen übertragen lässt.

b) Unverzinslichen Darlehen an ausländische Tochtergesellschaften

Eine in Deutschland ansässige KG war zu mehr als 50 % an einer Personengesellschaft **466**
in Ungarn und zu 100 % an einer Kapitalgesellschaft in Rumänien beteiligt. Beide Tochtergesellschaften waren ausschließlich als Lohnfertiger für die deutsche KG tätig. Die KG gewährte der rumänischen Gesellschaft in 2002 ein zunächst tilgungsfreies, unverzinsliches und nicht besichertes Darlehen für den Bau einer Werkshalle. Auch

1) Gesetz v. 22.12.2025, BGBl. I 2025 Nr. 353.
2) BT-Drucks. 21/1865 v. 29.9.2025, 65.
3) BFH v. 11.12.2024, I R 41/21, BStBl II 2025, 577.

der ungarischen Gesellschaft wurde in 2008 ein unverzinsliches Darlehen gewährt, um deren Steuerschulden zu begleichen.

Mit Urteil vom 25.9.2024[1] wertet das FG Saarland beide Darlehen als Fremdfinanzierungen zwischen nahestehenden Personen, die **wegen ihrer Zinslosigkeit und fehlenden Besicherung fremdvergleichswidrig** seien. Damit durfte grundsätzlich in den Streitjahren ab 2005 eine außerbilanzielle Einkünftekorrektur nach § 1 Abs. 1 AStG a.F. erfolgen. Der Argumentation der KG, dass eine Gesamtbetrachtung von Darlehensgewährung und Lohnfertigung geboten sei, da ein etwaig berechneter Zins aufgrund der Anwendung der Kostenaufschlagsmethode bei den Darlehensnehmern zu einer Minderung des Gewerbeertrags bei der KG geführt hätte, wurde seitens des FG Saarland nicht akzeptiert. Es handele sich bei den Darlehensbeziehungen um eigene Geschäftsbeziehungen.

Allerdings stehe der Korrektur nach § 1 Abs. 1 AStG a.F. in den Streitjahren **ab 2007** entgegen, dass die KG für den Abschluss der zinslosen Darlehen **wirtschaftliche Gründe** vorgebracht habe. Dazu verweist das FG Saarland auf die Rechtsprechung des EuGH[2], wonach die Möglichkeit der Exkulpation der Vereinbarung fremdunüblicher Bedingungen mittels Nachweises sog. wirtschaftlicher Gründe einzuräumen sei, um dem wirtschaftlichen Eigeninteresse der Konzernobergesellschaft an ihren Beteiligungsgesellschaften und ihrer Verantwortung als Gesellschafterin bei deren Finanzierung Rechnung zu tragen. Diese Rechtsprechung, die sich auf die Niederlassungsfreiheit bezieht, kam jedoch im Streitfall für die Jahre 2005 und 2006 nicht zur Anwendung, weil Rumänien erst zum 1.1.2007 der EU beigetreten ist und somit die Niederlassungsfreiheit erst ab 2007 greift.

Anmerkung:

Zum Nachweis wirtschaftlicher Gründe hat die deutsche KG – so das FG Saarland – nachvollziehbar dargelegt, dass die Tochtergesellschaften zur Senkung der Produktionskosten gegründet wurden. Die Fortführung bzw. Ausweitung des Geschäftsbetriebs der Tochtergesellschaften sei von der Zuführung von Kapital abhängig gewesen. Deren finanzielle Unterstützung habe damit die Absatzmöglichkeiten der deutschen KG gefördert. Nicht entscheidend sei dabei, dass die Finanzierung im Rahmen von Darlehensgewährungen geregelt wurde.

c) Vorlage der Verrechnungspreisdokumentation

467 Verrechnungspreisdokumentationen waren bislang nur auf Verlangen der Finanzbehörde vorzulegen. Geht es um **Steuern, die nach dem 31.12.2024 entstehen** oder die zwar bereits vor dem 1.1.2025 entstanden sind, aber dazu nach dem 31.12.2024 eine Prüfungsanordnung bekanntgegeben wurde (Art. 97 § 37 Abs. 2 und 3 EGAO), gelten laut dem DAC7-UmsG[3] neue Vorlageregelungen.

Aufzeichnungen sind bei Anordnung einer **Außenprüfung ohne gesondertes Verlangen** vorzulegen. Dafür ist eine Frist von **30 Tagen** nach Bekanntgabe der Prüfungsanordnung vorgesehen. Darüber hinaus können die Finanzbehörden jederzeit die Vorlage von Aufzeichnungen nach § 90 Abs. 3 AO innerhalb einer Frist von 30 Tagen verlangen (§ 90 Abs. 4 Satz 1 und 2 AO). In begründeten Ausnahmefällen kann die Vorlagefrist verlängert werden (§ 90 Abs. 4 Satz 4 AO).

Mit dem BEG IV[4] wurden die Vorgaben zur Vorlage von Verrechnungspreisdokumentationen mit Wirkung zum 1.1.2025 nochmals inhaltlich modifiziert. Zu den bisherigen Dokumentationsbestandteilen kommt eine Übersicht über die zu dokumentierenden

1) FG Saarland v. 25.9.2024, 1 K 1258/18, EFG 2025, 688 mit Anm. Hennigfeld (Revision beim BFH anhängig unter Az. I R 23/24).
2) EuGH v. 31.5.2018, Hornbach Baumarkt, C-382/16, HFR 2018, 580.
3) Gesetz v. 20.12.2022, BGBl. I 2022, 2730 = BStBl I 2023, 82.
4) Gesetz v. 23.10.2024, BGBl. I 2024 Nr. 323 = BStBl I 2024, 1421.

Geschäftsvorfälle (sog. **Transaktionsmatrix**[1], s. → Rz. 468) hinzu (§ 90 Abs. 3 Satz 2 Nr. 1 AO). Die innerhalb von 30 Tagen zu erfüllende Vorlagepflicht im Fall einer Außenprüfung ohne gesondertes Verlangen umfasst dabei nur diese Transaktionsmatrix, die Stammdokumentation (Master File), sofern die 100 Mio. Euro-Grenze erreicht oder überschritten wird, und die Aufzeichnungen über außergewöhnliche Geschäftsvorfälle (§ 90 Abs. 4 Satz 3 AO). Die weiteren Bestandteile einer Verrechnungspreisdokumentation, namentlich die Sachverhalts- und Angemessenheitsdokumentation (§ 90 Abs. 3 Satz 2 Nr. 2 und 3 AO), können dabei von der Finanzverwaltung innerhalb einer Frist von 30 Tagen zudem jederzeit angefordert werden.

d) Transaktionsmatrix

Seit dem 1.1.2025 sind Steuerpflichtige gesetzlich verpflichtet, im Rahmen der Verrech- **468**
nungspreisdokumentation nach § 90 Abs. 3 Satz 2 AO eine Transaktionsmatrix zu erstellen und der Finanzbehörde nach Aufforderung oder im Fall einer Außenprüfung automatisch innerhalb von 30 Tagen nach Bekanntgabe der Prüfungsanordnung vorzulegen.

Bei der Transaktionsmatrix handelt es sich um eine **strukturierte, tabellarische Übersicht** mit relevanten Informationen zu grenzüberschreitenden Geschäftsbeziehungen mit nahestehenden Personen und Betriebsstätten.

In einem Merkblatt des **BMF**[2] werden die **einzelnen Bestandteile** einer Transaktionsmatrix – in Übereinstimmung mit der Gesetzesbegründung – aufgeführt und anhand von Beispielen näher erläutert. Hinsichtlich der Angabe zur Vertragsgrundlage stellt das BMF klar, dass vorhandene Verträge nur zu benennen, nicht jedoch der Transaktionsmatrix beizufügen sind. Zwecks Angabe, „ob Geschäftsvorfälle nicht der Regelbesteuerung im betreffenden Steuerhoheitsgebiet unterliegen", konkretisiert das BMF, dass Geschäftsvorfälle bspw. dann nicht der Regelbesteuerung unterliegen, wenn im betreffenden Steuerhoheitsgebiet ein steuerliches Präferenzregime (z.B. Lizenzbox) anzuwenden ist. Des Weiteren führt das BMF aus, dass Geschäftsvorfälle gegenüber einer nahestehenden Person oder Betriebsstätte, die gemessen an Funktionen und Risiken wirtschaftlich vergleichbar sind, in der Transaktionsmatrix zu Gruppen zusammengefasst werden können.

In bestimmten Fällen kann das BMF laut Merkblatt Abweichungen in Form, Inhalt oder Umfang der Transaktionsmatrix zulassen. Begehrte Abweichungen muss der Steuerpflichtige jedoch spätestens innerhalb der 30-Tage-Frist kommunizieren und begründen.

Besonders hinzuweisen ist auf die Ausführungen zur zeitlichen Anwendung der neuen Dokumentationspflichten. Laut BMF ist eine **Transaktionsmatrix auch für Jahre vor 2025 zu erstellen, wenn** eine Prüfungsanordnung, die nach dem 31.12.2024 ergeht, auch Prüfungszeiträume vor 2025 umfasst. Zudem stellt das BMF klar, dass die Transaktionsmatrix auch dann innerhalb von 30 Tagen vorzulegen ist, wenn die Prüfungsanordnung zwar vor dem 1.1.2025 ergangen ist, jedoch im Jahr 2025 ein Vorlageverlangen seitens der Finanzverwaltung gestellt wird.

Weiter stellt das BMF klar, dass bei Außenprüfungen, bei denen keine ertragsteuerlichen Auslandssachverhalte geprüft werden (z.B. Umsatzsteuersonderprüfung oder Lohnsteueraußenprüfung), die Aufzeichnungen nur bei expliziter Aufforderung vorzulegen sind.

Bei Nichtvorlage der Transaktionsmatrix wird laut Merkblatt ein Zuschlag i.H.v. 5.000 Euro festgesetzt (§ 162 Absatz 4 Satz 1 AO).

1) Vgl. hierzu Roser in Gosch, § 90 AO Rz. 121.1 ff.
2) BMF v. 2.4.2025, IV B 3 – S 0225/00019/004/009, BStBl I 2025, 966.

Beratungshinweis:

Keine Informationen enthält das Merkblatt dazu, ob die Erleichterungsvorschriften des § 6 GAufzV auf die Transaktionsmatrix analog anzuwenden sind.

e) Grenzüberschreitende Gruppenfinanzierungen

469 Das BMF veröffentlichte mit Schreiben vom 12.12.2024[1)] die **Verwaltungsgrundsätze Verrechnungspreise 2024** und geht darin u.a. ausführlich auf die neuen Vorgaben für grenzüberschreitende Gruppenfinanzierungen nach § 1 Abs. 3d AStG ein.

Die zusätzlichen Vorgaben nach § 1 Abs. 3d AStG sind grundsätzlich bereits für den VZ 2024 zu beachten, damit Aufwendungen aus grenzüberschreitenden Fremdfinanzierungen innerhalb einer Unternehmensgruppe steuerlich anerkannt werden. Allerdings ist für **Altfälle** eine „**Schonfrist**" vorgesehen, so dass erst nach dem 31.12.2024 entstehende Aufwendungen unter die Regelungen fallen. Als Altfälle gelten Finanzierungsbeziehungen, die zivilrechtlich wirksam vor dem 1.1.2024 vereinbart wurden und deren tatsächliche Durchführung vor dem 1.1.2024 begonnen hat.

Beratungshinweis:

Damit gilt letztlich, dass bei nach dem 31.12.2023 neu vereinbarten Finanzierungsbeziehungen die Aufwendungen insgesamt sowie bei Altfällen, wenn in 2024 wesentliche Änderungen an der zugrundeliegenden Vereinbarung vorgenommen wurden, ab dem Zeitpunkt der Modifikation den Vorgaben des § 1 Abs. 3d AStG unterliegen. Bei Altfällen sind die Vorgaben hinsichtlich der Aufwendungen anzuwenden, die nach dem 31.12.2024 anfallen.

Nach § 1 Abs. 3d AStG werden grenzüberschreitende Finanzierungsbeziehungen innerhalb einer Unternehmensgruppe **dem Grunde nach** nur steuerlich anerkannt, wenn

- die Kapitaldienstfähigkeit,
- die wirtschaftliche Notwendigkeit der Fremdfinanzierung und
- die Verwendung für den Unternehmenszweck des Schuldners

glaubhaft gemacht werden kann.

Der Höhe nach werden Aufwendungen steuerlich nur anerkannt, soweit der zu entrichtende Zinssatz nicht den Zinssatz übersteigt, der zwischen fremden Dritten unter Berücksichtigung des Ratings für die Unternehmensgruppe vereinbart worden wäre.

Das BMF geht auf die einzelnen Kriterien ein. Konkret finden sich u.a. folgende Erläuterungen zu den einzelnen Kriterien:

- Die **Kapitaldienstfähigkeit** erfordert grundsätzlich, dass zu Beginn der Finanzierungsbeziehungen ausreichend Vermögenswerte oder Zahlungsflüsse zu erwarten sind, um die gesamten Tilgungs- und Zinszahlungen zu leisten. Anschlussfinanzierungen können dabei in die Betrachtung mit einbezogen werden. Die Notwendigkeit einer solchen führt nicht bereits zur Fremdunüblichkeit der Kapitalüberlassung. Die Fremdüblichkeit der Kapitalüberlassung ist in der Gesamtschau der Verhältnisse zu beurteilen. Hierbei sind Indikatoren wie das Vorhandensein eines festen Rückzahlungstermins, die Verpflichtung und die Modalitäten zur Zahlung von Zinsen, das Recht auf Durchsetzung der Kapital- und Zinszahlung sowie die Fähigkeit des Empfängers der finanziellen Mittel, Darlehen unter vergleichbaren Bedingungen von unabhängigen Dritten aufzunehmen, zu berücksichtigen. In Altfällen ermöglicht das BMF die Glaubhaftmachung der Kapitaldienstfähigkeit aus Verein-

1) BMF v. 12.12.2024, IV B 3 – S 1341/19/10017 :004, BStBl I 2025, 207. Vgl. hierzu auch Rasch, IWB 2025, 94.

fachungsgründen auch zum 31.12.2024. Ebenso vereinfachend ergänzte das BMF, dass bei kurzfristigen Kapitalüberlassungen, insb. aus einem Cash Pool, regelmäßig von der Kapitaldienstfähigkeit auszugehen ist. Auch soll die Kapitaldienstfähigkeit zu bejahen sein, wenn zum Zeitpunkt des Abschlusses der Finanzierungsvereinbarung ein Rating im Investmentgrade-Bereich vorliegt, d.h. mindestens ein Rating von „BBB" (Standard & Poor's) oder „Baa" (Moody's) vorliegt.

- Die **wirtschaftliche Notwendigkeit** der Fremdfinanzierung liegt laut klarstellenden Ausführungen des BMF insb. dann vor, wenn die Finanzierung für den Betrieb oder zur Aufrechterhaltung der Geschäftsfähigkeit erforderlich ist, wenn also z.B. Betriebsmittel oder Investitionen in Anlagen finanziert werden sollen. Das BMF nimmt dabei eine Renditebetrachtung vor, wonach eine begründete Aussicht auf eine Rendite bestehen müsse, die die Finanzierungskosten deckt.
- Eine **Verwendung für den Unternehmenszweck** liegt laut BMF nicht vor, wenn die Mittel auf Tagesgeldkonten oder in einen unternehmensgruppeninternen Cash Pool angelegt werden. Das Vorhalten von fremdüblichen Liquiditätsreserven oder Kapitalpuffern wird dadurch aber nicht ausgeschlossen. Möglich sein soll auch, dass Gewinnausschüttungen finanziert werden. Diese Öffnung der Mittelverwendung schränkt das BMF allerdings dadurch wieder ein, dass die darlehensfinanzierten Gewinnausschüttungen der üblichen Ausschüttungspolitik des ausschüttenden Unternehmens entsprechen müssen.
- Klarstellend führt das BMF zur Beschränkung der Anerkennung der Finanzierungsbeziehungen **der Höhe nach** aus, dass nur insoweit eine Korrektur vorzunehmen ist, als der vereinbarte Zinssatz sich außerhalb der Bandbreite der fremdüblichen Zinssätze bewegt. Hinsichtlich der Prüfung der Fremdüblichkeit und des dabei zu berücksichtigenden Ratings lässt das BMF auch ein vom Unternehmensgruppenrating abweichendes Rating zu. Erforderlich ist dazu allerdings, dass die strategische Bedeutung des Darlehensnehmers für die Unternehmensgruppe nachgewiesen wird. Vereinfachend möglich ist laut BMF, ein von einem fremden Dritten genutztes Rating heranzuziehen, wenn eine vergleichbare und zeitnahe Finanzierungssituation vorliegt, die auch tatsächlich durchgeführt wird. Daneben erwähnt das BMF auch die Möglichkeit, die von der Deutschen Bundesbank erstellte Bonitätsanalyse für die Unternehmensgruppe heranzuziehen, wobei hier in der Praxis zu beachten sein wird, dass eine solche Analyse nicht für alle Finanzierungsanlässe sachgerecht und angemessen sein wird. Akzeptiert wird zudem auch ein Rating, das mittels einer am Markt üblichen Ratingsoftware erstellt wird und bei der dokumentiert wird, wie qualitative und quantitative Faktoren beim Rating berücksichtigt wurden.

Anmerkung:

Neben § 1 Abs. 3d AStG wurde zudem ebenso bereits zur erstmaligen Anwendung im VZ 2024 § 1 Abs. 3e AStG eingefügt. Die darin enthaltenen Neuerungen betreffen die **Vermittlung und Weiterleitung** von gruppeninternen Finanzierungsbeziehungen. Auch auf die Anwendung des § 1 Abs. 3e AStG wird in den Verwaltungsgrundsätzen Verrechnungspreise 2024 eingegangen.

f) § 1 Abs. 5 Satz 1 AStG „nur" Einkünftekorrekturvorschrift

Eine Kapitalgesellschaft ungarischen Rechts unterhielt eine inländische Betriebsstätte, **470**
durch die Montageleistungen erbracht wurden. Die der Steuererklärung zugrunde gelegte veranlassungsbezogene Gewinnermittlung verwarf das Finanzamt ohne weitergehende Prüfung. Vielmehr wertete es die inländische Betriebsstätte als Bau- und Montagebetriebsstätte i.S.d. § 32 Betriebsstättengewinnverordnung (BsGaV) und ermittelte den Gewinn mit Verweis auf § 32 Abs. 1 Satz 2 BsGaV auf Basis der sog. Kostenaufschlagsmethode als einer kostenorientierte Verrechnungspreismethode.

Dem widersprach der BFH mit Urteil vom 18.12.2024.[1] Bereits aus dem Wortlaut des § 1 Abs. 5 Satz 1 AStG ergebe sich, dass es sich bei § 1 Abs. 5 AStG nur um eine Einkünftekorrekturnorm und **nicht um eine eigenständige Regelung zur Betriebsstättengewinnermittlung** handele. § 1 Abs. 5 AStG knüpfe tatbestandlich an eine Einkünfteminderung an, die durch die Vereinbarung nicht fremdvergleichsgerechter Bedingungen (Verrechnungspreise) entsteht. Eine solche vorausgesetzte Einkünfteminderung werde auch nicht durch die Fiktion einer schuldrechtlichen Beziehung nach § 1 Abs. 4 Satz 1 Nr. 2 AStG und § 32 BsGaV ersetzt.

2. Erweiterte beschränkte Steuerpflicht

471 In einem vom BFH entschiedenen Streitfall zog die Klägerin von Deutschland nach Großbritannien und gab dafür ihren inländischen Wohnsitz und mithin ihre unbeschränkte Steuerpflicht in Deutschland auf. Nach ihrem Wegzug erzielte sie u.a. weiterhin Kapitalerträge (Zinsen und Dividenden) von einer deutschen Bank. Die **Kapitalerträge** transferierte sie nicht nach Großbritannien, so dass diese aufgrund der **britischen „remittance basis"-Regel in Großbritannien nicht besteuert** wurden. Auch fielen diese Kapitalerträge nicht in den Katalog der in Deutschland beschränkt steuerpflichtigen Einkünfte nach § 49 EStG, so dass bei nur beschränkter Steuerpflicht in Deutschland diese nicht der Besteuerung unterlägen. Das Finanzamt sah jedoch die Voraussetzungen der erweiterten beschränkten Steuerpflicht gemäß § 2 AStG als erfüllt an. Diese Vorschrift erlaubt es unter bestimmten Voraussetzungen, ins Ausland verziehende deutsche Staatsangehörige für einen Zeitraum von zehn Jahren mit allen Einkünften, die nicht zu den ausländischen Einkünften i.S.v. § 34d EStG gehören, der Besteuerung in Deutschland zu unterwerfen, wenn diese im Ausland einer niedrigen Besteuerung unterliegen.

Mit Urteil vom 14.1.2025[2] bestätigte der BFH die Rechtsauffassung der Finanzverwaltung und entschied, dass die britische „remittance basis"-Besteuerung eine **Vorzugsbesteuerung i.S.d. § 2 Abs. 2 Nr. 2 AStG** sein kann. Der Begriff der Vorzugsbesteuerung ist im Gesetz nicht definiert. In Abgrenzung zur allgemeinen Besteuerung sei für die Annahme einer Vorzugsbesteuerung laut BFH erforderlich, dass die steuerliche Begünstigung nicht allen im Wegzugstaat (hier: Großbritannien) lebenden Personen zugänglich ist und an persönliche Kriterien zur Ansässigkeit anknüpft. Die „remittance basis"-Besteuerung erfülle diese Erfordernisse, da diese insoweit einen steuerlichen Vorzug begründe als Auslandseinkommen, das nicht nach Großbritannien transferiert wird, in Großbritannien nicht besteuert wird. Zudem wird diese Form der Besteuerung nicht der Allgemeinheit gewährt, sondern im Kern nur nach Großbritannien zugewanderten Personen, die über einen „resident"-Status verfügen, dort aber nicht beheimatet („non-domiciled") sind. Auch habe die Möglichkeit, die „remittance basis"-Besteuerung zu nutzen, zur Folge, dass die Steuerbelastung i.S.d. § 2 Abs. 2 Nr. 2 Halbs. 1 AStG erheblich gemindert sein kann. Jedenfalls sei eine Minderung der Steuerlast dann „erheblich", wenn die Vorzugsbesteuerung – wie hier – eine vollständige Freistellung bestimmter Teile des nach dem allgemeinen britischen Besteuerungssystem grundsätzlich voll zu versteuernden Einkommens auslösen kann. Es sei dabei unerheblich, ob die Möglichkeit der Vorzugsbesteuerung tatsächlich in Anspruch genommen wird. Ferner teilte der BFH die von der Klägerin vorgebrachten Zweifel an der Verfassungs- und Unionsrechtskonformität des § 2 AStG nicht.

Beratungshinweis:

Mit Beginn des laufenden britischen Steuerjahres am 6.4.2025 hat das Vereinigte Königreich die „remittance basis"-Besteuerung abgeschafft und ein neues Regime eingeführt, wonach Auslandseinkommen von Zugezogenen unter bestimmen Voraussetzungen in den ersten vier Jahren nicht

1) BFH v. 18.12.2024, I R 45/22, HFR 2025, 509; v. 18.12.2024, I R 49/23, BFH/NV 2025, 851.
2) BFH v. 14.1.2025, IX R 37/21, BStBl II 2025, 342 = HFR 2025, 512 mit Anm. Reddig.

besteuert wird, vorausgesetzt, sie waren zehn Jahre vor Zuzug im Vereinigten Königreich steuerlich nicht ansässig. Abzuwarten bleibt, ob der BFH diese Regelung ebenso als Vorzugsbesteuerung bewerten wird. Darüber hinaus ist die Entscheidung des BFH auch für andere Länder mit ähnlichen Besteuerungsmodellen (z.B. Irland) von großer Relevanz.

3. Wegzugsbesteuerung

a) Rückkehrerregelung in Altfällen

Erfolgt ein Wegzug u.a. durch die Beendigung der unbeschränkten Steuerpflicht in Deutschland, wird eine Veräußerung von im Privatvermögen gehaltenen Anteilen an Kapitalgesellschaften i.S.v. § 17 EStG fingiert und die Wertsteigerung der sog. Wegzugsbesteuerung unterworfen. Die dafür maßgebliche Regelung in § 6 AStG wurde mit Wirkung für Wegzüge nach dem 31.12.2021 umfassend reformiert und teilweise verschärft. **472**

Nach der für **Wegzüge vor dem 1.1.2022 (sog. Altfälle)** geltenden Regelung in § 6 Abs. 3 AStG a.F. entfällt der Steueranspruch aus der Wegzugsbesteuerung, wenn neben weiteren Voraussetzungen die Beendigung der unbeschränkten Steuerpflicht nur auf einer vorübergehenden Abwesenheit beruht und der Steuerpflichtige innerhalb von fünf Jahren wieder unbeschränkt steuerpflichtig wird (sog. Rückkehrerregelung).

Mit Wirkung zum 1.1.2022 wurde auch diese Rückkehrerregelung neu gefasst und insb. Regelungen zu sog. **substanziellen Gewinnausschüttungen** eingeführt. Demnach entfällt der Steueranspruch aus der Wegzugsbesteuerung u.a. nicht, soweit Gewinnausschüttungen oder eine Einlagenrückgewähr erfolgt sind, deren gemeiner Wert insgesamt mehr als ein Viertel des gemeinen Werts der Anteile zum Zeitpunkt des Wegzugs beträgt (§ 6 Abs. 3 AStG n.F.).

Nach der **Übergangsregelung** des § 21 Abs. 3 Satz 2 Nr. 2 AStG a.F. sind die Regelungen zu den substanziellen Gewinnausschüttungen grundsätzlich auch auf Altfälle anzuwenden. Dies gilt jedoch nur für Gewinnausschüttungen oder eine Einlagenrückgewähr, die **nach dem 16.8.2023 erfolgen**. Dem Wortlaut nach bezieht sich die Übergangsregelung jedoch nur auf Stundungen i.S.d. § 6 Abs. 4 und Abs. 5 AStG a.F., nicht jedoch auf die Rückkehrerregelung des § 6 Abs. 3 AStG a.F.

Mit Schreiben vom 22.4.2025[1)] vertrat das BMF allerdings die Rechtsauffassung, dass der Steueranspruch aus der Wegzugsbesteuerung für Altfälle im Rahmen der Rückkehrerregelung nicht entfällt, soweit nach dem 16.8.2023 substanzielle Gewinnausschüttungen oder eine Einlagenrückgewähr im obigen Sinne erfolgen. Damit wird – entgegen dem Wortlaut – die in § 21 Abs. 3 Satz 2 Nr. 2 AStG gesetzlich normierte Übergangsregelung für Stundungen **auf die Rückkehrerregelung ausgeweitet**.

Dem ist nun der Gesetzgeber mit dem Mindeststeueranpassungsgesetz[2)] entgegengetreten und normiert in § 21 Abs. 3 Satz 2 Nr. 3 AStG, dass die Rückkehrerregelung in der bis 30.6.2021 geltenden Fassung nicht zur Anwendung kommt, soweit Gewinnausschüttungen oder eine Einlagenrückgewähr mit einem gemeinen Wert von insgesamt mehr als einem Viertel des gemeinen Werts des Anteils zum Zeitpunkt des Wegzugs erfolgen. Wie auch bei der nur geringfügig modifizierten Übergangsregelung des § 21 Abs. 3 Satz 2 Nr. 2 AStG sind dabei nur Gewinnausschüttungen oder eine Einlagenrückgewähr zu berücksichtigen, die nach dem 16.8.2023 erfolgen (§ 21 Abs. 3 Satz 3 AStG).

b) Steuerstundung bei Wegzügen in die Schweiz in Altfällen

Mit Urteil vom 26.2.2019[3)] entschied der EuGH, dass die Wegzugsteuer bei Wegzügen in die Schweiz (im Streitfall in 2011) aufgrund der EU-rechtlichen Vorgaben i.V.m. dem **473**

1) BMF v. 22.4.2025, IV B 5 – S 1348/00008/001/224, BStBl II 2025, 1007.
2) Gesetz v. 22.12.2025, BGBl. I 2025 Nr. 353.
3) EuGH v. 26.2.2019, Wächtler, C-581/17, IIFR 2019, 439.

sog. Freizügigkeitsabkommen der EU mit der Schweiz dauerhaft und zinslos zu stunden ist. Dem widersprach das BMF mit Schreiben vom 13.11.2019[1] mit Verweis auf die gesetzliche Regelung in § 6 Abs. 4 AStG a.F. und wies die Finanzverwaltung an, auf Antrag eine zu verzinsende Stundung in fünf gleichen Jahresraten zu gewähren.

In 2021 wurde die Stundungsregelung in § 6 Abs. 4 AStG neu gefasst. **Bei Wegzügen nach dem 31.12.2021** ist ohne Differenzierung zwischen EU/EWR, Schweiz oder anderen Drittstaaten auf Antrag eine **zinsfreie Zahlung in sieben gleichen Jahresraten** vorgesehen.

Für Wegzüge in die Schweiz **vor dem 1.1.2022, also in Altfällen**, änderte das BMF mit Schreiben vom 2.6.2025[2] seine Anweisung und hebt das BMF-Schreiben vom 13.11.2019 auf. Demnach ist **auf Antrag eine unbefristete und zinslose Stundung** zu gewähren, wobei einige Voraussetzungen zu erfüllen sind. Der Stundung ist dabei grundsätzlich nur gegen Sicherheitsleistung stattzugeben.

Beratungshinweis:

Wurde die Wegzugsteuer bereits gezahlt, kann dennoch eine Stundung erfolgen, wobei der sich daraus ergebende Erstattungsanspruch ab dem Zeitpunkt des Vorliegens sämtlicher Stundungsvoraussetzungen zu verzinsen ist. Die Stundung ist allerdings zu widerrufen, wenn u.a. Gewinnausschüttungen oder eine Einlagenrückgewähr in substanziellem Umfang nach dem 16.8.2023 erfolgen.

c) Vorlageentscheidungsersuchen zur Wegzugsteuer

474 Das **Polnische Verwaltungsgericht** hat in dem unter der Rs. C-430/25, Gena, anhängigen Verfahren dem EuGH zur Vorabentscheidung Fragen zur Vereinbarkeit der polnischen Wegzugsbesteuerung mit den EU-rechtlichen Vorgaben vorgelegt, deren Beantwortung auch für die in Deutschland anzuwendende Wegzugsbesteuerung nach § 6 AStG Konsequenzen haben könnte.

Dem Vorlageentscheidungsersuchen liegt ein Steuervorbescheid (ähnlich einer verbindlichen Auskunft) und eine dagegen eingelegte Klage eines seit 1.1.2023 in Polen unbeschränkt Steuerpflichtigen zugrunde, der mindestens bis zum 1.1.2028 seinen steuerlichen Wohnsitz in Polen aufgrund seiner Tätigkeit für eine polnische Gesellschaft beibehalten wird. Danach will er seinen Wohnsitz nach Deutschland verlegen. Bereits vor seiner Ansässigkeit in Polen verfügte er über erhebliches Vermögen, u.a. in Form von Kapitalgesellschaftsbeteiligungen. Mit der Klage beanstandet der Steuerpflichtige den Steuervorbescheid, wonach der Wegzug eine Wegzugsbesteuerung in Polen auslösen würde.

Das Polnische Verwaltungsgericht äußert in seiner Vorlageentscheidung **Zweifel an der Vereinbarkeit** der polnischen Bestimmungen zur Wegzugsbesteuerung **mit dem Recht auf Freizügigkeit** nach Art. 21 AEUV und dem Grundsatz der Freizügigkeit der Arbeitnehmer nach Art. 45 AEUV. Zweifel bestehen dahingehend, ob auch Wertsteigerungen von Vermögenswerten, die vor dem Erwerb des Status eines Gebietsansässigen in Polen erworben wurden, von der polnischen Wegzugsbesteuerung erfasst werden dürfen, und ob und wie Wertverluste zu berücksichtigen sind. Zweifel hinsichtlich der Vereinbarkeit mit EU-Recht bestehen aber auch dahingehend, dass mit dem Wechsel des Steuersitzes die **sofortige Erhebung der Wegzugsteuer verlangt oder alternativ eine Ratenzahlung** über einen Zeitraum von fünf Jahren zugelassen wird. Stattdessen könnte sich aus dem EU-Recht ergeben, dass die Zahlung der Steuer bis zur Veräußerung der verschiedenen Vermögenswerte zu stunden wäre.

---

1) BMF v. 13.11.2019, IV B 5 – S 1325/18/10001 :001, BStBl I 2019, 1212.
2) BMF v. 2.6.2025, IV B 5 – S 1348/00008/004/159, BStBl I 2025, 1448. Vgl. hierzu auch Höring, DStZ 2025, 585.

Beratungshinweis:
Wegen der ähnlichen Regelung in Deutschland ist insb. die Rechtsauffassung des EuGH zur Frage der Fälligkeit der Wegzugsteuer von Relevanz. So könnte die EU-Rechtskonformität der Fälligkeit nach § 6 Abs. 1 AStG und die Stundungsregelung nach § 6 Abs. 4 AStG in Frage stehen.

d) Wegzugsbesteuerung i.S.d. InvStG

Mit dem JStG 2024[1)] wurden entsprechende Regelungen zur Wegzugsbesteuerung im InvStG aufgenommen, durch die Anteile an in- und ausländischen Investmentfonds und Spezial-Investmentfonds erfasst werden. **475**

Einer **Veräußerung** der Investmentanteile oder Spezial-Investmentanteile zum gemeinen Wert **steht damit gleich**:

- die Beendigung der unbeschränkten Steuerpflicht des Anlegers durch Aufgabe des Wohnsitzes oder gewöhnlichen Aufenthalts,
- die unentgeltliche Übertragung auf eine nicht unbeschränkt steuerpflichtige Person oder
- der Ausschluss oder die Beschränkung des Besteuerungsrechts Deutschlands hinsichtlich des Veräußerungsgewinns der Anteile (§ 19 Abs. 3 Satz 1, § 49 Abs. 5 Satz 1 InvStG).

Investmentanteile werden allerdings nur erfasst, wenn eine **wesentliche Beteiligung** besteht, was bei einer Mindestbeteiligung von 1 % der ausgegebenen Investmentanteile in den letzten fünf Jahren oder Anschaffungskosten von mindestens 500.000 Euro gegeben ist (§ 19 Abs. 3 Satz 2 InvStG). Bei im Privatvermögen gehaltenen Spezial-Investmentanteilen ist eine solche Wesentlichkeitsgrenze nicht definiert, sondern wird laut der Gesetzesbegründung[2)] stets angenommen.

Entsprechend den Vorschriften zur Wegzugsbesteuerung nach § 6 AStG ist neben der Regelung zur nur **vorübergehenden Abwesenheit** (§ 6 Abs. 3 AStG) insb. auch die **Ratenzahlungsregelung** (§ 6 Abs. 4 AStG) entsprechend anzuwenden. Die noch ausstehenden Raten werden damit sogleich fällig, soweit bei Investmentanteilen Ausschüttungen oder steuerfreie Kapitalrückzahlungen des Investmentfonds (§ 19 Abs. 3 Satz 4 InvStG) bzw. bei Spezial-Investmentanteilen ausgeschüttete und ausschüttungsgleiche Erträge und Substanzbeträge (§ 49 Abs. 5 Satz 4 InvStG) mehr als ein Viertel des gemeinen Werts der Anteile betragen.

Anmerkung:
Die Regelungen sind auf Fälle anzuwenden, in denen die unbeschränkte Steuerpflicht des Anlegers nach dem 31.12.2024 endet bzw. einer der weiteren vorgenannten veräußerungsgleichen Tatbestände nach dem 31.12.2024 verwirklicht wird (§ 57 Abs. 10 Nr. 7 und 8 InvStG).

4. Hinzurechnungsbesteuerung

a) Vereinfachte Entlastungsmöglichkeit in Altfällen

Beherrscht ein unbeschränkt Steuerpflichtiger eine ausländische Gesellschaft, die passive Einkünfte erzielt (sog. Zwischengesellschaft), sind diese Einkünfte dem unbeschränkt Steuerpflichtigen zuzurechnen und von diesem zu versteuern (§§ 7 ff. AStG). Diese Hinzurechnungsbesteuerung kann allerdings vermieden werden, wenn der sog. **Motivtest** erbracht werden kann. In der **bis zum 30.6.2021 geltenden Fassung** des Motivtests nach § 8 Abs. 2 AStG a.F. wurde den Gesellschaftern von EU-/EWR-Zwi- **476**

1) Gesetz v. 2.12.2024, BGBl. I 2024 Nr. 387 = BStBl I 2024, 1484.
2) BT-Drucks. 20/13419 v. 16.10.2024, 247.

schengesellschaften die Möglichkeit eingeräumt, die Hinzurechnungsbesteuerung durch Nachweis hinreichender Substanz auf Ebene der ausländischen Gesellschaft zu vermeiden.

Mit Schreiben vom 20.12.2024[1] **erleichtert das BMF** mit Wirkung für alle offenen Fälle seine Anforderungen an den Motivtest des § 8 Abs. 2 AStG a.F. durch punktuelle Änderungen des BMF-Schreibens vom 17.3.2021[2]:

- Für den Nachweis einer tatsächlichen wirtschaftlichen Tätigkeit einer Kapitalanlagegesellschaft ist es nicht mehr erforderlich, dass der Kapitalbeschaffungs- oder Investitionsmarkt im Aufnahmestaat liegt. Vielmehr gelten hier jetzt auch die allgemeinen Auslegungskriterien des ersten Spiegelstrichs der Tz. II des BMF-Schreibens vom 17.3.2021.
- Grundsätzlich setzt der Substanznachweis voraus, dass die ausländische Gesellschaft ihre wesentliche wirtschaftliche Tätigkeit nicht durch Dritte besorgen lässt. Nach dem neuen BMF-Schreiben ist eine Besorgung durch nahestehende Personen im gleichen Staat jedoch unschädlich, wenn diese die wesentliche wirtschaftliche Tätigkeit der ausländischen Gesellschaft unter Einsatz ihrer eigenen sachlichen und personellen Ausstattung ausüben.
- Des Weiteren entfällt die Anwendung der letzten beiden Absätze der Tz. II des BMF-Schreibens vom 17.3.2021, wonach der Steuerpflichtige über die Substanzerfordernisse hinaus nachweisen musste, dass die Beteiligung an der ausländischen Gesellschaft keine rein künstliche Gestaltung darstellt, d.h. insb. keiner der Hauptzwecke der Beteiligung die Erlangung eines steuerlichen Vorteils ist. Ein entsprechender Nachweis ist somit nicht mehr erforderlich.

Anmerkung:

Die vorgenannten Schreiben sind ausschließlich auf § 8 Abs. 2 AStG in der bis zum 30.6.2021 geltenden Fassung anzuwenden. Zur Auslegung der aktuellen Fassung des § 8 Abs. 2 AStG i.d.F. des ATADUmsG vom 25.6.2021 hat das BMF ausführlich im BMF-Schreiben vom 22.12.2023[3] Stellung genommen.

b) Einkünfte mit Kapitalanlagecharakter

477 Bislang war in § 13 Abs. 1 Satz 1 AStG a.F. vorgesehen, dass im Falle einer ausländischen Gesellschaft, die niedrig besteuerte Einkünfte mit Kapitalanlagecharakter erzielt, die Hinzurechnungsbesteuerung ungeachtet der Beteiligungshöhe des unbeschränkt Steuerpflichtigen greift.

Mit dem Mindeststeueranpassungsgesetz[4] wurde nun rückwirkend für VZ bzw. EZ, in denen aus einem nach dem 31.12.2021 beginnenden Wirtschaftsjahr der ausländischen Gesellschaft bzw. Betriebsstätte resultierende Zwischeneinkünfte hinzuzurechnen sind, eine Beteiligungsgrenze in § 13 Abs. 1 Satz 1 AStG eingeführt. Erforderlich ist somit, dass an der ausländischen Gesellschaft mit niedrig besteuerten Einkünften mit Kapitalanlagecharakter unbeschränkt Steuerpflichtige allein oder zusammen mit ihnen nahestehende Personen am Ende des Wirtschaftsjahrs der ausländischen Gesellschaft unmittelbar oder mittelbar zu **mindestens 10 % am Nennkapital oder an den Stimmrechten beteiligt** sind.

5. Zurechnungsbesteuerung in Drittstaatenfällen EU-rechtswidrig

478 Für Zwecke der deutschen Einkommensteuer werden **„intransparente" ausländische Familienstiftungen als transparent behandelt**. Dies hat zur Folge, dass die in Deutsch-

1) BMF v. 20.12.2024, IV B 5 – S 1351/19/10002 :001, BStBl I 2025, 6.
2) BMF v. 17.3.2021, IV B 5 – S 1351/19/10002 :001, BStBl I 2021, 342.
3) BMF v. 22.12.2023, BStBl I 2023, Sondernr. 1, 3 (Grundsätze zur Anwendung des Außensteuergesetzes – sog. AEAStG).
4) Gesetz v. 22.12.2025, BGBl. I 2025 Nr. 353.

land ansässigen Stifter und Begünstigte unabhängig von einer tatsächlichen Zuwendung grundsätzlich mit ihrem Anteil an den Netto-Einkünften der Stiftung der Einkommensteuer unterliegen (sog. Zurechnungsbesteuerung, § 15 Abs. 1 AStG). Für Stiftungen mit Sitz oder Geschäftsleitung in der **EU oder im EWR** enthält das Gesetz jedoch eine **Escape-Klausel** (§ 15 Abs. 6 AStG).

Mit Urteil vom 3.12.2024[1] hat der BFH entschieden, dass die Beschränkung der Escape-Klausel auf EU- und EWR-Staaten **gegen die Kapitalverkehrsfreiheit** (Art. 63 AEUV) verstößt. Damit sei die Ausnahmeregelung auch auf in Drittstaaten ansässige Stiftungen, im konkreten Fall auf eine Schweizer Familienstiftung, anwendbar.

Im Rahmen der Prüfung, ob die Stiftung die sonstigen Voraussetzungen der Escape-Klausel erfüllt, stellt der BFH außerdem klar, dass es für die Frage, ob das Vermögen den Stiftern „rechtlich und tatsächlich" entzogen ist (§ 15 Abs. 6 Nr. 1 AStG), allein auf die zivilrechtliche Betrachtungsweise ankommt. Abweichend von der durch die Finanzverwaltung vertretenen Auffassung[2] einer wirtschaftlichen Betrachtungsweise komme es also allein darauf an, ob der Stifter die zivilrechtliche Möglichkeit hat, über das Vermögen der Stiftung zu verfügen.

Darüber hinaus war laut dem BFH auch die in § 15 Abs. 6 Nr. 2 AStG geforderte Vereinbarung zur Amtshilfe durch die im DBA zwischen Deutschland und der Schweiz vereinbarte sog. „große" Auskunftsklausel im konkreten Fall erfüllt.

6. Switch-over-Klausel bei Betriebsstätteneinkünften

Der Übergang von der Steuerfreistellung von ausländischen Betriebsstätteneinkünften **479** zur Anrechnung der auf diese Einkünfte erhobenen ausländischen Steuern (Switch-over-Klausel, § 20 Abs. 2 AStG) kommt **nur bei mehrheitlicher Beteiligung von Steuerinländern** an der Personengesellschaft, die eine ausländische Betriebsstätte vermittelt, in Betracht. Zu diesem Ergebnis kommt der BFH mit Urteil vom 8.4.2025[3] im Fall einer inländischen Kapitalgesellschaft, die zu 30 % an einer US-Personengesellschaft beteiligt war. Diese erzielte in ihrer US-amerikanischen Betriebsstätte Einkünfte aus Lizenzrechten, die als Zwischeneinkünfte qualifizieren würden, wäre die Betriebsstätte eine ausländische Gesellschaft. Dennoch sieht der BFH die Voraussetzungen des Wechsels von der Freistellungs- zur Anrechnungsmethode nach § 20 Abs. 2 AStG nicht für gegeben, da keine Mehrheitsbeteiligung des Steuerinländers an der die ausländische Betriebsstätte vermittelnden Personengesellschaft gegeben ist.

Er verweist dazu auf den Zweck des § 20 Abs. 2 AStG, eine Umgehung der Hinzurechnungsbesteuerung zu verhindern, die andernfalls durch den Einsatz einer ausländischen Betriebsstätte statt einer ausländischen Kapitalgesellschaft möglich wäre. Nach Auffassung des BFH darf eine solche sekundäre Missbrauchsabwehr nicht über die primäre Missbrauchsabwehr nach §§ 7 ff. AStG hinausgehen, die eine Mehrheitsbeteiligung voraussetzt.

Beratungshinweis:

Damit widerspricht der BFH der Rechtsauffassung des BMF, das mit Schreiben vom 22.12.2023[4] wiederholt ausführt, dass die Switch-over-Klausel ungeachtet der Beteiligungshöhe des inländischen Gesellschafters an der die ausländische Betriebsstätte vermittelnden Personengesellschaft greift. Anstelle dieser gesellschafterbezogenen Betrachtung nimmt der BFH nun eine gesellschaftsbezogene Auslegung des § 20 Abs. 2 AStG vor.

1) BFH v. 3.12.2024, IX R 32/22, HFR 2025, 609 mit Anm. Hamacher.
2) BMF v. 22.12.2023, BStBl I 2023, Sondernr. 1/2023, 2, Rn. 824 (Tz. 15.6.1.2 AEAStG).
3) BFH v. 8.4.2025, IX R 32/23, HFR 2025, 616 mit Anm. Reddig.
4) BMF v. 22.12.2023, BStBl I 2023, Sondernr. 1/2023, 2, Rn. 1002 (Tz. 20.2.3 AEAStG).

V. Globale Mindeststeuer – Anwendung des CbCR-Safe-Harbour bei Personengesellschaften

480 Multinationale Unternehmensgruppen mit einem Gruppenumsatz von mindestens 750 Mio. Euro haben jährlich einen CbCR zu übermitteln. Zudem unterfallen Unternehmen dieser Größenordnung der globalen Mindeststeuer, wobei Vereinfachungsregelungen auf Basis qualifizierender CbCR-Daten (CbCR-Safe-Harbour) in Betracht kommen. Klärungsbedarf besteht darin, wie steuerlich transparente Personengesellschaften im CbCR und im Rahmen der CbCR-Safe-Harbour-Regelungen zu behandeln sind.

Laut Schreiben des **BMF** vom 3.4.2025[1)] ist eine **inländische Personengesellschaft mit vermögensverwaltender Tätigkeit** sowohl für Zwecke des CbCR als auch des CbCR-Safe-Harbour als staatenlos zu behandeln. Ist an ihr ein gruppenzugehöriger Gesellschafter beteiligt, sind Angaben im CbCR entsprechend seiner Beteiligungshöhe in dessen steuerlichem Ansässigkeitsstaat zu machen. Zudem kann der gruppenzugehörige Gesellschafter die Anwendung des CbCR-Safe-Harbour beantragen, wobei das auf ihn entfallende Jahresergebnis aus der vermögensverwaltenden Personengesellschaft zu berücksichtigen ist.

Soweit die Angaben einer **inländischen Personengesellschaft mit gewerblichen Einkünften** einer oder mehreren inländischen Betriebsstätten zuzurechnen sind, sind die Angaben – einschließlich Gewerbesteuer – im CbCR unter „Deutschland“ auszuweisen. Lediglich Angaben zum Eigenkapital und zum einbehaltenen Gewinn sind grundsätzlich unter „staatenlos“ auszuweisen. Zudem ist für den an der Personengesellschaft beteiligten inländischen gruppenzugehörigen Gesellschafter die auf seinen Gewinnanteil anfallende Körperschaftsteuer, sein Anteil am Eigenkapital und am einbehaltenen Gewinn im CbCR unter „Deutschland“ auszuweisen. Für Zwecke des CbCR-Safe-Harbour ist die Personengesellschaft zwar als staatenlose Einheit nicht zu berücksichtigen. Allerdings werden die Angaben der inländischen Betriebsstätte der Personengesellschaft mit den Angaben des gruppenzugehörigen Gesellschafters zusammengefasst, sofern dieser den CbCR-Safe-Harbour nutzen möchte.

Dieses Vorgehen entspricht auch weitestgehend der Anwendung des CbCR und des CbCR-Safe-Harbour, wenn an der inländischen, gewerblich tätigen Personengesellschaft **im Ausland ansässige gruppenzugehörige Gesellschafter beteiligt** sind. Denn die Personengesellschaft vermittelt dem im Ausland ansässigen Gesellschafter eine inländische (abkommensrechtliche) Betriebsstätte, welcher der entsprechende Körperschaftsteueraufwand zuzuordnen ist. Es handelt sich insofern um eine doppelte Betriebsstätte: die der Personengesellschaft und die des Gesellschafters.

Anmerkung:
Für ausländische Personengesellschaften gelten die vorgenannten Ausführungen entsprechend.

VI. Grenzüberschreitend tätige Mitarbeiter

1. Keine Arbeitgebereigenschaft einer ausländischen Betriebsstätte

481 Eine SE mit Stammhaus in Deutschland unterhält zahlreiche Zweigniederlassungen im europäischen und außereuropäischen Ausland. Die **in den Zweigniederlassungen im Ausland tätigen Arbeitnehmer**, die dort auch wohnhaft sind, sind **zivilrechtlich bei der SE** angestellt. In unregelmäßigen Abständen kommen die Arbeitnehmer der ausländischen Zweigniederlassungen für kurzfristige Dienstreisen nach Deutschland, wobei sie sich nicht mehr als 183 Tage im Steuer- oder Kalenderjahr bzw. innerhalb eines Zwölf-Monats-Zeitraums in Deutschland aufhalten. Die mit der inländischen Tätigkeit verbundenen Kosten werden von den Zweigniederlassungen in deren Buchführung erfasst. Eine Erstattung vom Stammhaus erfolgt nicht.

1) BMF v. 3.4.2025, IV B 5 – S 1331/00010/012/032, BStBl I 2025, 970.

Laut Urteil des BFH vom 12.12.2024[1] sind die Arbeitnehmer hinsichtlich des Arbeitslohns für ihre Tätigkeit in Deutschland beschränkt steuerpflichtig. Dem steht nicht entgegen, dass in allen im Streitfall einschlägigen DBAs eine sog. 183-Tage-Regelung enthalten ist, die dem Ansässigkeitsstaat der Arbeitnehmer das ausschließliche Besteuerungsrecht hinsichtlich des gesamten Arbeitslohns zuweist. Es fehle an der Voraussetzung, dass die Vergütungen von oder für einen Arbeitgeber gezahlt werden, der nicht im anderen Staat (hier Deutschland) ansässig ist. Damit sei jedenfalls eine der kumulativ zu erfüllenden Voraussetzungen der 183-Tage-Regelung nicht gegeben.

Die ausländischen Betriebsstätten kommen – so der BFH – als Arbeitgeber nicht in Betracht. Nach ständiger Rechtsprechung des BFH kann Arbeitgeber im abkommensrechtlichen Sinne zwar nicht nur der zivilrechtliche Arbeitgeber, sondern auch eine andere natürliche oder juristische Person sein, die die Vergütung für die Arbeitsleistung wirtschaftlich trägt.[2] Die **ausländischen Zweigniederlassungen sind jedoch keine (juristische) Person** i.S.d. einschlägiger DBAs. Zudem kämen sie abkommensrechtlich nicht als Arbeitgeber in Betracht, da sie nicht die Fähigkeit besitzen, in einem der Vertragsstaaten ansässig zu sein.

Beratungshinweis:

Diese Ansicht vertritt auch die Finanzverwaltung, festgehalten im BMF-Schreiben vom 12.12.2023[3]: Reisen solcher Mitarbeiter nach Deutschland sind daher zu **tracken und lohnsteuerlich zu verarbeiten**. Dies erfordert regelmäßig eine Entscheidung, wer die Steuer trägt, da eine Entlastung im Heimatland der Mitarbeiter kaum oder nur zu unverhältnismäßig hohen Kosten zu erlangen ist. Im Einzelfall ist zu prüfen, ob die Pauschalversteuerung gemäß § 40a Abs. 7 EStG zur Anwendung kommt. Diese bietet Erleichterungen hinsichtlich des notwendigen Abrufs von Lohnsteuerabzugsmerkmalen als auch die lohnsteuerliche Beurteilung der Steuerübernahme durch den Arbeitgeber.

2. Steuerfreistellung in Deutschland ungeachtet niederländischer 30 %-Regelung

Für in Deutschland ansässige Arbeitnehmer, die in den Niederlanden angestellt und 482
auch dort tätig sind, sieht die niederländische 30 %-Regelung eine Steuerfreistellung von 30 % des Arbeitslohns vor. Diese Regelung dient der **Kompensation sog. extraterritorialer Mehrkosten**, wie bspw. höheren Lebenshaltungskosten oder zusätzlichen Reisekosten.

Der BFH hat mit Urteil vom 10.4.2025[4] entschieden, dass die niederländische 30 %-Regelung lediglich eine steuerfreie Kostenerstattung durch den Arbeitgeber ermöglicht. Die Regelung führe damit **nicht zu einer Nichtbesteuerung**, so dass Deutschland auch den in den Niederlanden steuerfreien Anteil des Arbeitslohns nach Art. 22 Abs. 1 Buchst. a) DBA-Niederlande **freistellen** muss.

Als Voraussetzung der abkommensrechtlichen Freistellung muss der Arbeitslohn von den Niederlanden „tatsächlich besteuert" worden sein. Hierfür reiche es jedoch aus, wenn der Betrag in die niederländische Steuerbemessungsgrundlage einfließe – eine effektive Zahllast sei nicht nötig. Die 30 %-Regelung führe nicht zu einer persönlichen oder sachlichen Steuerbefreiung. Vielmehr handele es sich um eine pauschalierte Erstattung von steuererheblichen Aufwendungen des Arbeitnehmers. Eine der abkommensrechtlichen Freistellung entgegenstehende Nichtbesteuerung i.S.d. Art. 22 Abs. 1 Buchst. a) DBA Niederlande sei damit nicht gegeben.

1) BFH v. 12.12.2024, VI R 25/22, BStBl II 2025, 507 = HFR 2025, 523 mit Anm. Ringler. Vgl. hierzu auch Geserich, jurisPR-SteuerR 22/2025 Anm. 1.
2) BFH v. 23.2.2005, I R 46/03, BStBl II 2005, 547.
3) BMF v. 12.12.2023, IV B 2 – S 1300/21/10024 :005, BStBl I 2023, 2179, Rn. 144.
4) BFH v. 10.4.2025, VI R 29/22, BStBl II 2025, 594 = HFR 2025, 716 mit Anm. Geserich.

Beratungshinweis:

Laut BFH ist damit der gesamte Arbeitslohn nicht in die deutsche Bemessungsgrundlage einzubeziehen und nur im Rahmen des Progressionsvorbehalts (§ 32b EStG) zu berücksichtigen.

3. Abfindungen aus dem Ausland: Besteuerungsrecht Deutschlands

483 Laut Urteil des BFH vom 20.3.2025[1] steht Deutschland als Ansässigkeitsstaat des Arbeitnehmers das Recht zur Besteuerung einer Abfindung zu, die für die Beendigung eines Dienstverhältnisses in Luxemburg gezahlt wurde. Der BFH begründet dies damit, dass mit der Abfindung nicht eine konkrete, im Ausland ausgeübte Tätigkeit entgolten wird, sondern diese vielmehr eine **Kompensationsleistung für den Verlust des Arbeitsplatzes** darstellt. Es liege damit kein zusätzliches Entgelt für eine frühere Tätigkeit vor, so dass das Besteuerungsrecht dem Ansässigkeitsstaat zusteht (Art. 14 Abs. 1 Satz 1 DBA-Luxemburg 2012). Dass Abfindungen nach deutschem Recht als Arbeitslohn (§ 19 EStG) behandelt werden, stünde dieser Einschätzung nicht entgegen.

Auch die diesem Ergebnis entgegenstehende Konsultationsvereinbarung zwischen Deutschland und Luxembourg[2] ändere daran nichts. Zum einen bezieht sich die Vereinbarung zeitlich auf die dem DBA Luxemburg 2012 vorgehende Regelung. Zum anderen könne eine solche Regelung rechtlich nicht bindend sein, soweit sie – wie hier der Fall – nicht von den Vorschriften des DBA gedeckt ist.

Beratungshinweis:

Für **ab dem 1.1.2017 gezahlte Abfindungen** für die Beendigung eines Dienstverhältnisses gilt die gesetzliche Regelung des **§ 50d Abs. 12 EStG**, wonach die Abfindung aus dem Ausland grundsätzlich als zusätzliches Entgelt für die frühere Tätigkeit anzusehen ist. Diese Regelung war im vorliegenden Fall jedoch nicht anwendbar, da es sich um eine Abfindungszahlung aus dem Jahr 2015 handelte.

4. Sonderausgabenabzug von Vorsorgeaufwendungen bei Auslandstätigkeit

484 Grundsätzlich ist der Abzug von Vorsorgeaufwendungen als Sonderausgaben **nicht möglich**, wenn diese im **unmittelbaren wirtschaftlichen Zusammenhang** mit steuerfreien Einnahmen stehen (§ 10 Abs. 2 Satz 1 Nr. 1 1. Halbs. EStG). **Ausnahmen** bestehen aus unionsrechtlichen Gründen bei Tätigkeiten in **EU- oder EWR-Mitgliedstaaten** sowie in der Schweiz, soweit der ausländische Staat keinerlei steuerliche Berücksichtigung der Vorsorgeaufwendungen zulässt (§ 10 Abs. 2 Satz 1 Nr. 1 2. Halbs. EStG).

Mit Schreiben vom 3.4.2025[3] erklärt das **BMF**, dass Beiträge zu einer **freiwilligen oder Zusatzversicherung im deutschen Sozialversicherungssystem** nicht im unmittelbaren Zusammenhang mit steuerfeien Einnahmen stehen und somit unter den weiteren Voraussetzungen grundsätzlich als Sonderausgaben **abzugsfähig** bleiben.

Beratungshinweis:

Hinsichtlich der Ausnahme bei Tätigkeiten in EU-/EWR-Staaten oder der Schweiz übernimmt das BMF die Grundsätze des BFH[4], wonach zur Beurteilung, ob der andere Staat keinerlei steuerliche Berücksichtigung zulässt, die einzelnen Sparten der Vorsorgeaufwendungen (d.h. Renten-, Kranken-, Pflege und Arbeitslosenversicherung) getrennt zu beurteilen sind, so dass die Abzugsfähigkeit von Aufwendungen einer Sparte im ausländischen Staat nicht zur Folge hat, dass die Abzugsfähigkeit von Vorsorgeaufwendungen für andere Versicherungssparten im Inland ausgeschlossen ist.

---

1) BFH v. 20.3.2025, VI R 24/22, HFR 2025, 627 mit Anm. Ringler.
2) Deutsch-Luxemburgische Konsultationsvereinbarungsverordnung v. 9.7.2012, BGBl. I 2012, 1484.
3) BMF v. 3.4.2025, IV C 4 – S 2221/00380/003/005, BStBl I 2025, 964.
4) BFH v. 27.10.2021, X R 11/20, BStBl II 2025, 221 sowie X R 28/20, BStBl II 2025, 226.

5. Zu den Ausnahmen von der Anwendung des Progressionsvorbehalts

Der im Inland unbeschränkt steuerpflichtige Ehemann wurde mit seiner in Polen ansässigen und in Deutschland als Arbeitnehmerin tätigen Ehefrau, für die die fiktive unbeschränkte Steuerpflicht nach § 1 Abs. 3 bzw. § 1a Abs. 1 Nr. 2 EStG beantragt wurde, gemeinsam zur Einkommensteuer veranlagt. Das Finanzamt unterwarf dabei die durch die Ehefrau in Polen erzielten Vermietungseinkünfte dem Progressionsvorbehalt. 485

Diesem Vorgehen stimmt der BFH mit Urteil vom 21.5.2025[1] zu. Die für in anderen als Drittstaaten erzielten **Vermietungseinkünfte geregelte Ausnahme von der Anwendung des Progressionsvorbehalts** nach § 32b Abs. 1 Satz 2 Nr. 3 EStG greife dem Wortlaut nach nicht. Denn die Ausnahmeregelung verweist eindeutig auf § 32b Abs. 1 Satz 1 Nr. 3 EStG und **setzt** damit **Einkünfte voraus**, die **aufgrund von DBA-Regelungen steuerfrei** sind.

Im Streitfall unterliegen aber die Vermietungseinkünfte deshalb nicht der Besteuerung im Inland, weil die Ehefrau nur der fiktiven unbeschränkten Steuerpflicht unterliegt und mangels Inlandsbezugs keine inländischen Einkünfte i.S.v. § 49 EStG gegeben sind. Somit greift hier der Progressionsvorbehalt nach § 32b Abs. 1 Satz 1 Nr. 5 EStG. Eine Ausdehnung des Anwendungsbereichs der Ausnahmeregelung vom Progressionsvorbehalt auch auf diesen Fall kommt laut BFH nicht in Betracht und ist nach seiner Auffassung auch nicht EU-rechtlich geboten.

VII. Steueroasen-Abwehrverordnung: Änderung durch Dritte Verordnung

Das Steueroasenabwehrgesetz (StAbwG) sieht u.a. Betriebsausgabenabzugsverbote, eine verschärfte Hinzurechnungsbesteuerung und Quellensteuermaßnahmen vor, wenn Geschäftsbeziehungen mit Bezug zu einem nicht kooperativen Steuerhoheitsgebiet unterhalten werden. Welche Steuerhoheitsgebiete als nicht kooperativ gelten, wird nach § 3 Abs. 1 StAbwG durch die Steueroasen-Abwehrverordnung (StAbwV) festgelegt. 486

Mit der Dritten Verordnung zur Änderung der Steueroasen-Abwehrverordnung[2] wurde die am 8.10.2024 durch den ECOFIN-Rat aktualisierte EU-Liste nicht kooperativer Länder und Gebiete für Steuerzwecke in den Anwendungsbereich des Steueroasen-Abwehrgesetzes überführt, indem § 2 Abs. 1 StAbwV neu gefasst wurde. **Antigua und Barbuda** sind nun **nicht mehr aufgeführt**. Russland befindet sich unverändert auf der Liste.

F. Erbschaftsteuer

I. Steuerpflichtige Vorgänge

1. Werterhöhung von GmbH-Anteilen durch disquotale Einlage?

Im Rahmen eines Verfahrens des vorläufigen Rechtsschutzes äußert der **BFH** mit Beschluss vom 6.6.2025[3] **ernstliche Zweifel** daran, ob durch Leistungen eines Gesellschafters in die Kapitalrücklage einer GmbH eine nach § 7 Abs. 8 Satz 1 ErbStG **steuerbare Werterhöhung** der Anteile der Mitgesellschafter bewirkt wird, wenn vereinbarungsgemäß die Einzahlungen dem leistenden Gesellschafter zugeordnet werden. 487

Die Entscheidung erging im Rahmen eines Verfahrens gegen die Festsetzung von Schenkungsteuer infolge disquotaler Einlagen eines GmbH-Gesellschafters in die

1) BFH v. 21.5.2025, I R 5/22, BStBl II 2025, 737 = HFR 2025, 1043 (mit Anm. Witt) = BB 2025, 2085.
2) Verordnung v. 20.12.2024, BGBl. I 2024 Nr. 444 = BStBl I 2025, 206.
3) BFH v. 6.6.2025, II B 43/24 (AdV), BStBl II 2025, 703 = HFR 2025, 885 mit Anm. Füssenich. Vgl. hierzu auch Engels, BeSt 2025, 46, Loose, jurisPR-SteuerR 39/2025 und Korn, kösdi 2025, 24330, 24343 (Report Nr. 387).

Kapitalrücklage der GmbH. Zeitgleich mit den Gesellschafterbeschlüssen über die Zuführung zur Kapitalrücklage wurde vereinbart, dass der Teil der Kapitalrücklage, der auf diese Einzahlungen entfällt, sowohl im Falle der Ausschüttung als auch bei Liquidation als personenbezogene disquotale Kapitalrücklage allein dem einzahlenden Gesellschafter zusteht. Zudem wurde dem einzahlenden Gesellschafter ein quotal erhöhtes Gewinnbezugsrecht in dem Umfang eingeräumt, in dem durch die Einlagen Investitionen der GmbH in Form von Unternehmensbeteiligungen getätigt werden konnten.

Aufgrund dieser dem einzahlenden Gesellschafter zusätzlich gewährten Rechte äußert der BFH erheblich Zweifel daran, dass der Tatbestand der Werterhöhung von Anteilen an einer Kapitalgesellschaft nach § 7 Abs. 8 Satz 1 ErbStG erfüllt ist. Nach dieser Vorschrift gilt als Schenkung auch die Werterhöhung von Anteilen an einer Kapitalgesellschaft, die eine an der Gesellschaft unmittelbar oder mittelbar beteiligte Person durch die Leistung einer anderen Person an die Gesellschaft erlangt. Zwar stehe **insoweit eine disquotale Einlage eines Gesellschafters einer Direktzuwendung** an die Mitgesellschafter **gleich, wenn** deren Anteile durch die Einlage im Wert erhöht werden. Der Eintritt einer solchen Werterhöhung ist jedoch nach den Ausführungen des BFH **dann ausgeschlossen, wenn** dem einlegenden Gesellschafter anlässlich seiner Leistung zusätzliche Rechte gewährt werden, wie z.B. eine Verbesserung seines Gewinnanteils, zusätzliche Anteile an der Gesellschaft oder eine von den Geschäftsanteilen abweichende Verteilung des Vermögens bei späterer Liquidation. Gleiches gilt, wenn zwischen den Gesellschaftern oder mit der Gesellschaft Zusatzabreden getroffen werden, die für den einlegenden Gesellschafter gewährleisten, dass seine Leistungen nicht zu einer endgültigen Vermögensverschiebung zugunsten der Mitgesellschafter führen, oder dem einlegenden Gesellschafter seine Einlageleistung über eine schuldrechtlich vereinbarte personenbezogene Kapitalrücklage bei der Gesellschaft zugeordnet wird.

Anmerkung:

Die Zweifel an der Wertsteigerung der Anteile der Mitgesellschafter manifestiert der BFH im entschiedenen Fall insb. an der gesellschafterbezogenen Zuordnung der in die Kapitalrücklage eingestellten Einzahlungen. Für eine solche Zuordnung könnte die getroffene schuldrechtliche Vereinbarung zwischen den Gesellschaftern ausreichend sein, auch wenn das FG in erster Instanz noch eine satzungsmäßige Regelung für erforderlich angesehen hat. Die einzeln ausgewiesenen und den jeweiligen Gesellschaftern der Höhe nach zugeordneten Beträge im Jahresabschluss unter der Bilanzposition „Kapitalrücklage“ ordnet der BFH als verbindliche Erklärung sowohl im Verhältnis der Gesellschafter zur Gesellschaft als auch im Verhältnis der Gesellschafter ein.

Der BFH weist jedoch auch darauf hin, dass in der höchstrichterlichen Rechtsprechung bislang noch nicht abschließend geklärt ist, ob die Wirksamkeit einer solchen gesellschafterbezogenen Zuordnung der Kapitalrücklage eine satzungsmäßige Grundlage erfordert.

2. Ausführungszeitpunkt einer gemischt-freigebigen Grundstücksschenkung

488 Die Schenkungsteuer, die für die unentgeltliche oder teilentgeltliche Übertragung eines Grundstücks anfällt, entsteht gemäß § 9 Abs. 1 Nr. 2 ErbStG mit dem Zeitpunkt der Ausführung der Zuwendung und berechnet sich regelmäßig nach dem Wert des Grundstücks im Zeitpunkt der Schenkung, ggf. abzüglich der vereinbarten Gegenleistung.

Nach ständiger Rechtsprechung gilt die Schenkung als ausgeführt, wenn die **Auflassung beurkundet** worden ist, der Schenker die Eintragung der Rechtsänderung in das Grundbuch bewilligt hat und der Beschenkte nach den getroffenen Vereinbarungen von der **Eintragungsbewilligung Gebrauch machen darf**; auf die Eintragung im Grundbuch kommt es nicht an. Enthält der Schenkungsvertrag jedoch eine Klausel, nach der der bevollmächtigte Notar die Eintragungsbewilligung erst nach vollständiger Kaufpreiszahlung verwenden darf (sog. **Vollzugshemmung**), verschiebt sich der Vollzug der

Schenkung laut Urteil des BFH vom 21.8.2024[1]. Demnach ist der für die Schenkungsteuer relevante Ausführungszeitpunkt erst dann anzunehmen, wenn die Zahlung des Kaufpreises nachgewiesen wird und die Vollzugshemmung entfällt.

Anmerkung:

Der BFH entwickelt mit dieser Entscheidung seine bestehende ständige Rechtsprechung weiter, nach der die Schenkung selbst dann nicht als ausgeführt gilt, wenn zwar bereits eine Auflassungsvormerkung für den Beschenkten im Grundbuch eingetragen wurde, dieser aber von der Eintragungsbewilligung erst zu einem späteren Zeitpunkt Gebrauch machen darf.[2]

3. Pauschalabfindung für den Verzicht auf nachehelichen Unterhalt

Ein Steuerpflichtiger schloss vor der Eheschließung mit seiner späteren Ehefrau einen **489** notariellen **Ehevertrag**. Darin wurden **zukünftige Ansprüche auf Zugewinnausgleich, nachehelichen Unterhalt und Hausratsteilung ausgeschlossen**. Als **Abfindung** für diese Verzichte verpflichtete sich der Kläger, ein Grundstück im Wert von mindestens 6 Mio. Euro an seine Ehefrau zu übertragen. Diese Übertragung erfolgte nach der Eheschließung. Das Finanzamt betrachtete die Grundstücksübertragung als freigebige Zuwendung i.S.d. § 7 Abs. 1 Nr. 1 ErbStG und setzte Schenkungsteuer fest.

Mit Urteil vom 9.4.2025[3] entschied der **BFH**, dass eine **freigebige Zuwendung** vorliegt, wenn ein Ehegatte vor der Eheschließung vom anderen Ehegatten als Ausgleich für einen ehevertraglich vereinbarten Verzicht auf den Anspruch auf Zugewinnausgleich, den nachehelichen Unterhalt und die Hausratsaufteilung ein Grundstück erhält.

Im Anschluss an seine Urteile vom 17.10.2007[4] und vom 1.9.2021[5] stellt er klar, dass die ehevertraglichen Ansprüche erst mit Beendigung der Ehe entstehen. Sie sind von Gesetzes wegen noch nicht entstanden und damit der Höhe nach noch ungewiss. Folglich kann auch der Verzicht hierauf keine die Bereicherung mindernde Gegenleistung darstellen.

Anmerkung:

Zukünftige, der Höhe nach noch ungewisse Ansprüche fallen unter § 7 Abs. 3 ErbStG und werden folglich bei der Feststellung, ob eine Bereicherung vorliegt, nicht berücksichtigt. Bei der Annahme, der ehevertragliche Verzicht auf Zugewinnausgleich und nachehelichen Unterhalt sei als eine die Bereicherung ausschließende Gegenleistung zu werten, handele es sich um einen schenkungsteuerrechtlich unbeachtlichen Subsumtionsirrtum, der die Erfüllung des subjektiven Tatbestands des § 7 Abs. 1 Nr. 1 ErbStG nicht ausschließt.

4. Einlage eines Familienheims in eine Ehegatten-GbR

Die Ehegatten waren zu je 50 % als Gesellschafter an einer GbR beteiligt. Sie verein- **490** barten, dass das im Alleineigentum der Ehefrau stehende Familienheim in das Gesellschaftsvermögen der zuvor gegründeten Ehegatten-GbR übertragen wird. Die zugunsten des Ehemannes bewirkte Berechtigung an dem Grundstück behandelten sie als unentgeltliche ehebedingte Zuwendung der Ehefrau an den Ehemann.

Der BFH entschied mit Urteil vom 4.6.2025[6], dass durch die Übertragung des Familienheims auf die GbR eine **Schenkung der Ehefrau an den Ehemann** in Höhe des **hälftigen**

1) BFH v. 21.8.2024, II R 11/21, BStBl II 2025, 525 = HFR 2025, 767 mit Anm. Bock. Vgl. hierzu auch Lutter, jurisPR-SteuerR 9/2025 Anm. 3.
2) BFH v. 17.6.2020, II R 38/17, BStBl II 2021, 98.
3) BFH v. 9.4.2025, II R 48/21, BStBl II 2025, 792 = NJW 2025, 3029. Vgl. hierzu auch Lutter, jurisPR-SteuerR 46/2025 Anm. 3.
4) BFH v. 17.10.2007, II R 53/05, BStBl II 2008, 256.
5) BFH v. 1.9.2021, II R 40/19, BStBl II 2023, 146.
6) BFH v. 4.6.2025, II R 18/23, DStR 2025, 2481 = HFR 2025, 1177 mit Anm. Kugelmüller-Pugh.

Werts des Familienheims erfolgte (§ 7 Abs. 1 Nr. 1 ErbStG). Unabhängig von der Frage, ob die Gesellschaft zivilrechtlich als Beschenkte anzusehen ist, ergebe die eigenständige schenkungsteuerliche Prüfung, dass nicht die GbR als Gesamthand, sondern die Gesellschafter als Gesamthänder als vermögensmäßig bereichert anzusehen und dementsprechend Steuerschuldner sind. Insoweit entspreche der schenkungsteuerlich Bedachte (der Gesellschafter) nicht dem zivilrechtlich Beschenkten. So habe der BFH bereits entschieden, dass die Rechtsprechung des BGH zur Teilrechtsfähigkeit einer (Außen-)GbR nicht der schenkungsteuerlichen Einordnung entgegensteht, bei einer Zuwendung an eine Gesamthandsgemeinschaft die Gesamthänder – und nicht die Gesamthandsgemeinschaft – als Bereicherte anzusehen. Daraus ergebe sich, dass trotz Teilrechts- und Grundbuchfähigkeit der GbR das durch sie selbst erworbene Eigentum an dem Schenkungsgegenstand den Gesellschaftern zugerechnet wird und diese als bereichert anzusehen sind.

Der Erwerb werde aber von der Steuerbefreiung nach § 13 Abs. 1 Nr. 4a Satz 1 ErbStG erfasst. Zwar setzt diese Regelung voraus, dass ein Ehegatte dem anderen Ehegatten durch Zuwendung unter Lebenden „Eigentum“ oder „Miteigentum“ an einem **Familienheim** verschafft. Der Begriff des „Gesamthandseigentums“ werde in der Vorschrift nicht genannt. Jedoch könne folgerichtig und unter einer **teleologisch erweiternden Auslegung** der Norm unter die Steuerbefreiungsvorschrift auch die Zuwendung aufgrund der Einlage des Familienheims durch einen Ehegatten in eine GbR fallen, an der beide Ehegatten als Gesellschafter beteiligt sind. Sieht man den an der GbR als Gesellschafter beteiligten Ehegatten unabhängig von der zivilrechtlichen Betrachtung schenkungsteuerlich durch die unentgeltliche Übertragung des Familienheims in das Gesellschaftsvermögen der GbR als bereichert an, sei auch für die Frage, wem durch die Zuwendung unter Lebenden Eigentum an dem Familienheim verschafft wird, auf den bereicherten Ehegatten abzustellen.

Beratungshinweis:

Das Urteil erging zu der Rechtslage vor Anwendung des sog. MoPeG ab 1.1.2024, wonach das Gesellschaftsvermögen einer GbR gesamthänderisch gebundenes Vermögen ist. Seit 1.1.2024 ist eine GbR zwar zivilrechtlich Eigentümerin des Gesellschaftsvermögens. Erbschaftsteuerlich ist aber auch nach dem 1.1.2024, also nach dem MoPeG und der zivilrechtlichen Aufgabe des Gesamthandsprinzips, nach § 2a ErbStG unverändert von Gesamthandsvermögen auszugehen.

Mit der Entscheidung besteht für die gängige Nachfolgegestaltung einer Ehegatten-GbR, über die u.a. das Familienheim gehalten wird, mehr Rechtssicherheit.

5. Verlagerung des Verwaltungssitzes einer liechtensteinischen Stiftung in das Inland

491 Mit Urteil vom 13.8.2025[1] verneinte das **FG München** als Folge der Sitzverlagerung einer im EU-/EWR-Ausland (im Streitfall Fürstentum Liechtenstein) rechtswirksam gegründeten Stiftung in das Inland eine Schenkung der Stiftung an den Stifter und hob den ergangenen Schenkungsteuerbescheid auf.

Nach Auffassung des FG München ist das **Stiftungsvermögen** vielmehr unverändert der **Stiftung zuzurechnen**. Die nach liechtensteinischem Recht rechtswirksam errichtete Stiftung habe durch die Verlagerung des Verwaltungssitzes in das Inland nicht ihre Rechtsfähigkeit verloren. Dies ergebe sich daraus, dass sich die Stiftung auf die **Niederlassungsfreiheit** nach Art. 43, 48 AEUV berufen könne, da sie u.a. durch den Betrieb einer Photovoltaikanlage im Inland einem Erwerbszweck nachgehe und damit als sonstige juristische Person gemäß Art. 54 Abs. 2 AEUV in den Anwendungsbereich der Niederlassungsfreiheit falle.

1) FG München v. 13.8.2025, 4 K 2055/23, EFG 2025, 1391 mit Anm. Zeller-Müller.

Anmerkung:

Dem Vernehmen nach hat die Finanzverwaltung gegen die Entscheidung Revision eingelegt (anhängig unter Az. II R 41/25), so dass nun der BFH Gelegenheit zur höchstrichterlichen Klärung hat.

6. Keine Ersatzerbschaftsteuerpflicht einer im Inland nichtrechtsfähigen ausländischen Familienstiftung

§ 1 Abs. 1 Nr. 4 ErbStG fingiert bei Stiftungen alle 30 Jahre einen steuerpflichtigen **492** Generationenwechsel, um zu verhindern, dass in Familienstiftungen gebundenes Vermögen dauerhaft der Erbschaftsteuer entzogen wird.

Mit Urteil vom 4.6.2025[1] führt der **BFH** dazu aus, dass eine dieser Ersatzerbschaftsteuer unterliegende Familienstiftung **nur** dann gegeben ist, wenn es sich um eine **rechtsfähige Stiftung** handelt. Er begründet dies damit, dass der Ersatzerbschaftsteuer nach § 1 Abs. 1 Nr. 4 ErbStG **nur Vermögen der Stiftung** unterliegt. Trägerin eigenen Vermögens kann zivilrechtlich aber nur eine rechtsfähige Stiftung sein.

Bei der Beurteilung der Rechtsfähigkeit einer nach schweizerischem Recht gegründeten Stiftung komme – anders als im EU- oder EWR-Fall – nicht die Gründungstheorie zur Anwendung. Vielmehr gelten nach der **Sitztheorie** die allgemeinen Grundsätze zur Rechtsfähigkeit ausländischer Gesellschaften, auf die nicht die Grundsätze der europarechtlichen Niederlassungsfreiheit anwendbar sind. Nach dem somit anzuwendenden deutschen Recht scheitere die Rechtsfähigkeit der Stiftung bereits daran, dass im Streitfall eine nach Maßgabe von § 80 BGB erforderliche Anerkennung nicht erfolgt ist.

Zwar seien (nichtrechtsfähige) Vermögensmassen ausländischen Rechts durch Änderungen in 1999 in einigen Regelungen des ErbStG mit rechtsfähigen Stiftungen gleichgestellt worden. Eine entsprechende gesetzliche Gleichstellung nichtrechtsfähiger Familienstiftungen ausländischen Rechts mit rechtsfähigen inländischen Stiftungen i.R.d. § 1 Abs. 1 Nr. 4 ErbStG sei jedoch nicht erfolgt.

Beratungshinweis:

Damit verneint der BFH die Ersatzerbschaftsteuerpflicht der vorliegenden schweizerischen Stiftung. Träger des Vermögens sind somit – mangels rechtsfähiger Stiftung – weiterhin die hinter der Stiftung stehenden natürlichen Personen, weshalb Vermögensübertragungen auf die nichtrechtsfähige Stiftung als Schenkung an die hinter der Stiftung stehenden Personen oder auch das Versterben einer dieser Personen Erbschaftsteuer auslösen.

II. Bewertung des übertragenen Vermögens

1. Ableitung des gemeinen Werts eines Kapitalgesellschaftsanteils aus Verkäufen

Ein Vater trat an seine drei Kinder unentgeltlich Teilgeschäftsanteile an seinem nicht **493** börsennotierten Geschäftsanteil an einer Holdingkapitalgesellschaft ab. Im Gesellschaftsvertrag der Gesellschaft war u.a. vorgesehen, dass Anteile nur nach vorheriger Zustimmung eines dafür beauftragten Gesellschafters veräußert werden durften. Auch sollte die Veräußerung vorzugsweise innerhalb des Familienstamms des verkaufswilligen Gesellschafters erfolgen. Gemäß einer von der Gesellschafterversammlung beschlossenen Richtlinie war für Verkäufe der von der Zentralabteilung Steuern der Gesellschaft ermittelte gemeine Wert i.S.v. § 11 BewG maßgebend. Dieser wurde auf Basis von Börsenwerten oder voraussichtlichen Erträgen unter Anwendung eines Vervielfältigers bei den Beteiligungsgesellschaften sowie der Nettofinanzposition der Holdinggesellschaft als „Net Asset Value" ermittelt, jedoch gemindert um einen Marktab-

1) BFH v. 4.6.2025, II R 30/22, BFH/NV 2025, 1674.

schlag von 20 %, wodurch die Holdingkosten sowie die geringere Handelbarkeit der Anteile berücksichtigt werden sollten. Die zu verkaufenden Anteile wurden vom Verwaltungsbüro angeboten, hierbei wurde bei der Reihenfolge der Personen, denen ein Anteil angeboten wurde, der Verwandtschaftsgrad berücksichtigt. Binnen eines Jahres vor der unentgeltlichen Übertragung der Teilgeschäftsanteile durch den Vater an seine Kinder erfolgten 63 Verkäufe, bei denen der Verkaufspreis auf diese Weise ermittelt wurde. Auf Grundlage dieser Verkäufe wurde der Wert des jeweils unentgeltlich übertragenen Anteils gegenüber dem Feststellungsfinanzamt erklärt.

Mit Urteil vom 25.9.2024[1] führt der BFH dazu aus, dass sich der gemeine Wert des unentgeltlich übertragenen Teilgeschäftsanteils **grundsätzlich auch aus Verkäufen unter fremden Dritten ableiten** lässt, die **weniger als ein Jahr zurückliegen** (§ 11 Abs. 2 Satz 2 BewG).

Aus den hier erfolgten 63 Verkäufen könne jedoch kein gemeiner Wert abgeleitet werden. Durch das im entschiedenen Fall angewandte Verfahren, das eine Reihenfolge der Verkaufsangebote nach dem Verwandtschaftsgrad vorsah, konnte sich nach Auffassung des BFH **kein frei ausgehandelter Preis** nach den marktwirtschaftlichen Grundsätzen von Angebot und Nachfrage bilden. Hierfür soll auch sprechen, dass die Verkaufspreise für einen Zeitraum stets dieselben waren. Auch scheide eine Ableitung des gemeinen Werts aus den Verkäufen wegen des pauschalen Holdingabschlags aus. Vorgenommene Abschläge müssten vielmehr dem Grunde als auch der Höhe nach objektivierbar und wirtschaftsgutbezogen sein, was bereits durch die gleichbleibende Höhe des Abschlags widerlegt werde.

Anmerkung:

Mangels eines aus zeitnahen Verkäufen unter fremden Dritten ableitbaren gemeinen Werts sieht der BFH im Streitfall den Ansatz des „Net Asset Value" als Substanzwert vor, der zugleich die Bewertungsuntergrenze bildet (§ 11 Abs. 2 Satz 3 BewG).

2. Geschlechterdifferenzierende Sterbetafeln

494 Die Anwendung geschlechterdifferenzierender Sterbetafeln bei der Bewertung lebenslänglicher Nutzungen und Leistungen für Zwecke der Erbschaft- und Schenkungsteuer ist laut Urteil des BFH vom 20.11.2024[2] **verfassungsgemäß**.

Im Streitfall hat der Kläger Anteile an einer GmbH von seinem Vater unentgeltlich im Wege der vorweggenommenen Erbfolge erhalten, wobei sich der Vater den lebenslangen Nießbrauch an den Anteilen vorbehielt. Bei der Festsetzung der Schenkungsteuer minderte das Finanzamt den Wert der Anteile um den Kapitalwert des Nießbrauchsrechts. Den Kapitalwert ermittelte das Finanzamt gemäß § 14 Abs. 1 Satz 1 BewG durch Multiplikation des Jahreswerts des Nießbrauchs mit dem sich aufgrund der voraussichtlichen Lebenserwartung des Vaters ergebenden Vervielfältiger. Die Vervielfältiger sind anhand der Sterbetafeln des Statistischen Bundesamtes zu ermitteln und werden vom BMF – getrennt nach Geschlecht sowie nach vollendetem Lebensalter – regelmäßig veröffentlicht (§ 14 Abs. 1 Satz 2 bis 4 BewG). Da Männer statistisch eine geringere Lebenserwartung haben als Frauen, sind die Vervielfältiger für die Kapitalisierung des Nießbrauchsrechts bei Männern niedriger und damit der steuerpflichtige Erwerb potenziell höher. Vor diesem Hintergrund vertrat der Kläger die Auffassung, dass die Verwendung geschlechterdifferenzierender Sterbetafeln gegen das Diskriminierungsverbot aus Art. 3 Abs. 3 GG verstoße.

1) BFH v. 25.9.2024, II R 49/22, BStBl II 2025, 493. Vgl. hierzu auch Loose, jurisPR-SteuerR 16/2025 Anm. 3.

2) BFH, 2. Senat, v. 20.11.2024, II R 38/22, BStBl II 2025, 546 = HFR 2025, 708 mit Anm. Füssenich; ebenso im Wesentlichen inhaltsgleiche Urteile vom 20.11.2024, II R 41/22, BFH/NV 2025, 656 und II R 42/22, BFH/NV 2025, 660.

Dies wies der BFH zurück. Nach seiner Auffassung ist die Heranziehung geschlechterdifferenzierender Sterbetafeln im Rahmen der Bewertung für Zwecke der Erbschaft- und Schenkungsteuer verfassungsrechtlich gerechtfertigt. Sie diene dem legitimen Zweck, die Kapitalwerte lebenslänglicher Nutzungen und Leistungen mit zutreffenden Werten zu erfassen und eine Besteuerung nach der tatsächlichen Leistungsfähigkeit zu gewährleisten. Da die **statistische Lebenserwartung** von Frauen ausweislich der amtlichen Sterbetafeln höher sei als von (gleichaltrigen) Männern, führt die Verwendung der geschlechtsspezifisch unterschiedlichen Vervielfältiger bei der Ermittlung des Kapitalwerts lebenslänglicher Nutzungen und Leistungen zu **genaueren und realitätsgerechteren Bewertungsergebnissen** als die Verwendung geschlechtsneutraler Vervielfältiger. Durch die geschlechtsspezifischen Vervielfältiger werde somit im Ergebnis eine wirtschaftliche Gleichbehandlung von Männern und Frauen erreicht. Zudem sei laut BFH auch kein Verstoß gegen EU-Recht ersichtlich.

Kritische Stellungnahme:

Da die Entscheidung zur Rechtslage im Jahr 2014 erging, hatte der BFH nicht darüber zu entscheiden, welche Auswirkungen sich aus dem am 1.11.2024 in Kraft getretenen Gesetz über die Selbstbestimmung in Bezug auf den Geschlechtseintrag für die Bewertung lebenslänglicher Nutzungen und Leistungen ergeben.

III. Steuerbegünstigungen

1. Betriebsvermögen

a) Reaktion der Finanzverwaltung auf das sog. Parkhausurteil

Der **BFH** entschied mit Urteil vom 28.2.2024[1], dass ein zum Nachlassvermögen gehörender verpachteter Parkhausbetrieb Verwaltungsvermögen darstellt. In dem Urteil führte der BFH weiter aus, dass er der in R E 13b.13 Satz 3 ErbStR 2019 dargestellte Verwaltungsauffassung nicht folgt. Demnach geht die Finanzverwaltung bei Dritten zur Nutzung überlassenen Grundstücksteilen nicht von Verwaltungsvermögen aus, wenn neben der Überlassung weitere gewerbliche Leistungen einheitlich angeboten und in Anspruch genommen werden, so dass die Tätigkeit nach ertragsteuerlichen Gesichtspunkten insgesamt als originär gewerbliche Tätigkeit einzustufen ist. Hierunter fallen laut Finanzverwaltung z.B. Beherbergungsbetriebe wie Hotels, Pensionen oder Campingplätze. 495

Laut **gleich lautenden Erlassen** vom 19.11.2024[2] teilen die obersten Finanzbehörden der Länder insoweit nicht die Auffassung des BFH und **wenden R E 13b.13 Satz 3 ErbStR 2019 weiterhin an**. Im Übrigen folgen sie jedoch dem BFH und kommen in Fällen, in denen der Betrieb des Parkhauses nicht verpachtet ist, zur Zuordnung zum Verwaltungsvermögen.

b) Begünstigung von Wohnungsunternehmen bei der Erbschaft- und Schenkungsteuer

Auch wenn sie sich in einem Betriebsvermögen befinden, sind **vermietete Immobilien als sog. schädliches Verwaltungsvermögen** grundsätzlich von den erbschaftsteuerlichen Begünstigungen für Betriebsvermögen ausgenommen (§ 13b Abs. 4 Nr. 1 Satz 1 ErbStG). § 13b Abs. 4 Nr. 1 Satz 2 Buchst. d ErbStG sieht hierzu jedoch eine **Rückausnahme** vor: Für Immobilien, die zum Betriebsvermögen von sog. **Wohnungsunternehmen** gehören und von diesen vermietet werden, können die Begünstigungen für Betriebsvermögen in Anspruch genommen werden. Die Voraussetzungen für ein Wohnungsunternehmen sind, dass der Hauptzweck des Betriebs darin besteht, Wohnungen 496

1) BFH v. 28.2.2024, II R 27/21, BStBl II 2024, 829; s. dazu auch RSM Ebner Stolz / BDI, Steuer- und Wirtschaftsrecht 2025, Rz. 494.
2) Oberste Finanzbehörden der Länder v. 19.11.2024, ZEV 2025, 64.

zu vermieten, und diese Tätigkeit einen wirtschaftlichen Geschäftsbetrieb i.S.d. § 14 AO erfordert.

Mit Urteil vom 10.10.2024[1)] hat sich das **FG Münster** umfassend zu den Anforderungen an ein begünstigungsfähiges Wohnungsunternehmen geäußert. Im Urteilsfall wurden Anteile an einer GmbH & Co. KG (kurz KG) im Wege der vorweggenommenen Erbfolge verschenkt. Im Betriebsvermögen der KG befanden sich am Schenkungsstichtag 182 Wohnungen, die sie an Dritte zu Wohnzwecken vermietete. Neben der Vermietung erbrachte die KG weitere optionale originär gewerbliche Zusatzleistungen (Stromhandel, Mediendienstleistungen, Hausmeister- und Handwerkerleistungen, Reinigungsleistungen).

Zunächst führt das FG Münster aus, dass das **Anbieten optionaler Zusatzleistungen** neben der Vermietungstätigkeit **für sich allein nicht ausreiche**, um einen wirtschaftlichen Geschäftsbetrieb annehmen zu können. Es komme vielmehr allein auf die Vermietungstätigkeit als solche an, d.h. es seien nur solche Leistungen in die Betrachtung einzubeziehen, die die Mieter im Rahmen der Wohnungsvermietung verpflichtend in Anspruch nehmen bzw. jedenfalls bezahlen müssen.

Im zweiten Schritt stellt das FG darauf ab, ob die Vermietungstätigkeit nach ertragsteuerlichen Kriterien als gewerbliche Tätigkeit oder als private Vermögensverwaltung zu qualifizieren sei. Wenn die Wohnungsvermietung als private Vermögensverwaltung einzustufen sei, liege kein wirtschaftlicher Geschäftsbetrieb vor, auch wenn es sich um einen großen Wohnungsbestand handele, dessen Vermietung einen erheblichen Einsatz von Arbeitskraft mit sich bringe. Erst wenn nach dem **Gesamtbild** der Verhältnisse die **Vermögensnutzung hinter** der Bereitstellung einer **einheitlichen gewerblichen Organisation zurücktrete**, sei eine gewerbliche Vermietungstätigkeit anzunehmen. Dazu müsse bei der Vermietung eine über das normale Maß einer Vermietertätigkeit hinausgehende Tätigkeit entfaltet werden. Davon sei – basierend auf den Grundsätzen des BFH in seinem Urteil vom 24.10.2017[2)] – bei bestimmten, ins Gewicht fallenden Sonderleistungen des Vermieters auszugehen (wie z.B. die Reinigung der Wohnungen, die Bewachung des Gebäudes, die Gestellung von Bettwäsche etc.), oder wenn wegen eines besonders schnellen Wechsels der Mieter eine Unternehmensorganisation erforderlich sei.

Im Urteilsfall hat das FG Münster das Vorliegen etwaiger Sonderleistungen und einer Unternehmensorganisation abgelehnt. Bei den von der KG erbrachten Zusatzleistungen handele es sich im Wesentlichen um Leistungen, die bei jedem Mietverhältnis erbracht werden. Die von der KG erbrachten Überwachungstätigkeiten beträfen nur eine kleine Anzahl an Wohnungen und prägten somit die Vermietungstätigkeit als solche nicht. Das FG Münster weist zudem darauf hin, dass es auf die Zahl der vermieteten Wohnungen nicht ankommen würde.

Beratungshinweis:

Die **Finanzverwaltung** vertritt eine dem BFH widersprechende Ansicht und hat gegen das vorgenannte BFH-Urteil vom 24.10.2017 mit einem Nichtanwendungserlass[3)] reagiert. Aus Sicht der Finanzverwaltung seien vielmehr vor allem der Umfang der Geschäfte und das Vorliegen einer umfangreichen Organisationsstruktur maßgebend. Zudem nimmt die Finanzverwaltung einen wirtschaftlichen Geschäftsbetrieb regelmäßig an, wenn das Unternehmen mehr als 300 eigene Wohnungen hält (vgl. R E 13b.17 Abs. 3 ErbStR 2019). Es bleibt abzuwarten, ob der BFH im Rahmen des Revisionsverfahrens seine vorherigen Grundsätze bestätigt oder davon abweichen wird.

1) FG Münster v. 10.10.2024, 3 K 751/22 F, EFG 2025, 483 mit Anm. Mai (Revision beim BFH anhängig unter Az. II R 39/24).
2) BFH v. 24.10.2017, II R 44/15, BStBl II 2018, 358.
3) Oberste Finanzbehörden der Länder v. 23.4.2018, BStBl I 2018, 692.

c) Forderung im Sonderbetriebsvermögen und korrespondierende Verbindlichkeit im Gesamthandsvermögen

Mit Urteil vom 25.2.2025[1] hatte das **FG Münster** darüber zu entscheiden, ob im Rahmen der gesonderten und einheitlichen Feststellung der gemeinen Werte der Finanzmittel eine Gesellschafterdarlehensforderung im Sonderbetriebsvermögen der ehemaligen Gesellschafterin (Erblasserin) mit der korrespondierenden Verbindlichkeit der Gesellschaft (Klägerin) im Gesamthandsvermögen unmittelbar saldiert werden kann und im Ergebnis bei der Ermittlung des begünstigten Vermögens nicht nur eine Verrechnung der Finanzmittel im Sonderbetriebsvermögen mit dem der Erblasserin anteilig zuzurechnenden Verbindlichkeit aus der Gesamthand erfolgt.[2] 497

Das FG kam zu dem Ergebnis, dass eine **unmittelbare Saldierung nicht erfolgen** kann. Die Forderung aus dem übertragenen Sonderbetriebsvermögen gegenüber der Klägerin ist vielmehr in die Feststellung der Finanzmittel nach § 13b Abs. 4 Nr. 5 Satz 1 i.V.m. § 13b Abs. 10 ErbStG a.F. vollständig einzubeziehen.

Forderungen sind nach Abzug von Schulden als Finanzmittel grundsätzlich dem Verwaltungsvermögen zuzuordnen. Wenn zum begünstigungsfähigen Vermögen mittelbar oder unmittelbar gehaltene Beteiligungen an Personengesellschaften oder Anteile an Kapitalgesellschaften gehören, sind für Zwecke der Ermittlung des begünstigten Vermögens die gemeinen Werte der diesen Gesellschaften zuzurechnenden Vermögensgegenstände mit dem jeweiligen Anteil einzubeziehen. Die unmittelbar oder mittelbar gehaltenen Finanzmittel, die Vermögensgegenstände des Verwaltungsvermögens sowie die Schulden sind nach § 13b Abs. 9 Satz 2 ErbStG a.F. jeweils zusammenzufassen (Verbundvermögensaufstellung). Demnach sind, soweit sich in der Verbundvermögensaufstellung Forderungen und Verbindlichkeiten zwischen den Gesellschaften untereinander oder im Verhältnis zu dem übertragenen Betrieb oder der übertragenen Gesellschaft gegenüberstehen, diese nicht anzusetzen.

Nach Ansicht des FG Münster erfüllt allein das Verhältnis des anteiligen Betriebsvermögens der Gesellschaft zu dem Sonderbetriebsvermögen des Mitunternehmers **nicht die Voraussetzungen eines Verbunds** i.S.v. § 13b Abs. 9 Satz 1 ErbStG a.F. Das Ergebnis, die Saldierung von Verbindlichkeiten und Forderungen im Gesamthands- und Sonderbetriebsvermögen zu versagen, wird nach Auffassung des Gerichts von der Systematik der Vorschrift gestützt. Deshalb lehnt das FG Münster in diesem Fall eine Saldierung der Gesellschafterdarlehensforderung im Sonderbetriebsvermögen mit der korrespondierenden Verbindlichkeit im Gesamthandsvermögen ab. Nach Auffassung des FG Münster war damit die **Gesellschafterdarlehensforderung als Finanzmittel** festzustellen.

d) Zeitlich auseinanderfallende Übertragung von Betrieb und Betriebsgrundstück

Die unentgeltliche Übertragung eines **Grundstücks** im Betriebsvermögen wird schenkungssteuerlich nur dann nach den Regelungen für Betriebsvermögen begünstigt, wenn dieses **zeitgleich mit dem übrigen Betriebsvermögen übertragen** wird. Werden die Auflassung des Betriebsgrundstücks sowie die Beantragung und Bewilligung der Eigentumsumschreibung im Grundbuch bereits **vor Übergabe des restlichen Betriebs** vorgenommen, kann für das Grundstück laut Urteil des FG München vom 14.6.2023[3] **nicht** die Begünstigung für Betriebsvermögen in Anspruch genommen werden. Vielmehr liegen dann zwei zeitlich auseinanderfallende Schenkungszeitpunkte vor, weshalb für die Grundstücksschenkung die Steuerbegünstigung für inländisches Betriebsvermögen nach §§ 13a, 13b ErbStG nicht zu gewähren war. 498

1) FG Münster v. 25.2.2025, 3 K 99/23 F, EFG 2025, 711 mit Anm. Feldkämper (Revision beim BFH anhängig unter II R 21/25).
2) Vgl. R E 13b.23 Abs. Satz 3 ErbStR 2019.
3) FG München v. 14.6.2023, 4 K 1481/22, EFG 2024, 309 mit Anm. Zeller-Müller (Revision beim BFH anhängig unter Az. II R 18/24).

Da im Zeitpunkt der Grundstücksschenkung nicht der gesamte Gewerbebetrieb (Einzelunternehmen) übergehe, könne diese nicht nach den §§ 13a ff. ErbStG begünstigt werden. Entscheidend für eine einheitliche Übertragung von begünstigtem Betriebsvermögen sei nach Auffassung des Finanzgerichts der Übergang von Unternehmerrisiko und Unternehmerinitiative, wovon im Zeitpunkt der isolierten Grundstücksschenkung nicht ausgegangen werden könne.

Beratungshinweis:

Im Fall der Übertragung eines Grundstücks aus dem Sonderbetriebsvermögen des Gesellschafters einer Personengesellschaft entschied der BFH bereits mit Urteil vom 17.6.2020[1], dass das Grundstück nur dann als begünstigtes Betriebsvermögen qualifiziert, wenn gleichzeitig der Anteil an der Personengesellschaft übertragen wird. Hält der BFH an diesem Rechtsverständnis fest, dürfte er auch im Revisionsverfahren in dem vorliegenden Fall des zeitlichen Auseinanderfallens der Übertragung von Betrieb und Betriebsgrundstück das Betriebsgrundstück nicht als begünstigtes Betriebsvermögen qualifizieren.

e) Nachträgliche Erklärung der Vollverschonung von Betriebsvermögen

499 In dem vom BFH entschiedenen Streitfall übertrug der Vater auf seinen Sohn mit Wirkung zum 31.12.2012 schenkweise Kommanditanteile an drei Kommanditgesellschaften samt der zum Sonderbetriebsvermögen gehörenden Geschäftsanteile an den Komplementär-GmbHs. Mit Bescheid vom 20.4.2016 wurde gegen den Sohn entsprechend den Angaben in der Schenkungsteuererklärung Schenkungsteuer festgesetzt, wobei die Regelverschonung von Betriebsvermögen von 85 % des Werts des Betriebsvermögens berücksichtigt wurde. Der Wert der übertragenen Kommanditanteile wurde mit Feststellungsbescheid vom 21.12.2018 festgestellt, woraufhin der Schenkungsteuerbescheid nach § 175 Abs. 1 Satz 1 Nr. 1 AO am 13.11.2019 geändert wurde. Gegen diesen geänderten Schenkungsteuerbescheid legte der Sohn Einspruch ein und gab die Erklärung zur optionalen Vollverschonung ab. Das Finanzamt wies den Einspruch als unbegründet zurück und berücksichtigte den Antrag auf Optionsverschonung nicht. Das FG Münster änderte mit Urteil vom 27.10.2021 den Schenkungsteuerbescheid dahingehend, dass die Steuer wie im formell bestandskräftigen Ausgangsbescheid vom 20.4.2016 festgesetzt wurde, und wies die Klage im Übrigen ab.

Mit Urteil vom 11.12.2024[2] bestätigt der BFH das Urteil des FG Münster. Gemäß den Ausführungen des BFH ist gesetzlich nicht ausdrücklich geregelt, bis wann der Antrag auf Optionsverschonung nach § 13a Abs. 8 ErbStG gestellt werden muss. Die ständige Rechtsprechung des BFH lässt die **Ausübung** oder Änderung von Antrags- oder Wahlrechten, die dem Grunde nach keiner zeitlichen Begrenzung unterliegen, grundsätzlich **so lange zu, wie der entsprechende Steuerbescheid nicht formell und materiell bestandskräftig** ist. Damit sind auch diejenigen Fälle erfasst, in denen Änderungsbescheide auf der Grundlage einer selbständigen Änderungsvorschrift – hier § 175 Abs. 1 Satz 1 Nr. 1 AO – die teilweise Durchbrechung der Bestandskraft bewirken.

Anmerkung:

Wird ein nach den §§ 172 ff. AO ergangener Änderungsbescheid angefochten, folgt jedoch aus § 351 Abs. 1 AO, dass die Ausübung von Antrags- oder Wahlrechten nur insoweit berücksichtigt werden kann, als die dadurch zu erzielende Steueränderung den durch die partielle Durchbrechung der Bestandskraft gesetzten Rahmen nicht verlässt. Ist somit – wie im vorliegenden Fall – die erstmalige Schenkungsteuerfestsetzung bereits bestandskräftig geworden, ist aufgrund des Änderungsrahmens des § 351 Abs.1 AO die Ausübung des Antragsrechts nur insoweit zu berücksichtigen, als die Bestandskraft des Erstbescheids durch den Änderungsbescheid partiell durchbrochen wurde. Im Ergebnis war im entschiedenen Fall der Antrag auf optionale Vollverschonung im geänderten

1) BFH v. 17.6.2020, II R 38/17, BStBl II 2021, 98.
2) BFH v. 11.12.2024, II R 44/21, BStBl II 2025, 564 = HFR 2025, 660 mit Anm. Baldauf. Vgl. hierzu auch Loose, jurisPR-SteuerR 27/2025 Anm. 3.

Schenkungsteuerbescheid zulässig, bewirkte allerdings nur in dem durch den Änderungsbescheid eröffneten Änderungsrahmen eine Minderung der Schenkungsteuer. Hier erfolgte eine Änderung des Erstbescheids durch Berücksichtigung des Feststellungsbescheids als Grundlagenbescheid (§ 175 Abs. 1 Satz 1 Nr. 1 AO).

Das Urteil des BFH vom 11.12.2024 ist zur alten Rechtslage ergangen. Aufgrund der ähnlichen Gestaltung der derzeitigen Fassung ist jedoch davon auszugehen, dass die Rechtsgrundsätze des aktuellen Urteils auf die derzeitige Fassung des § 13a Abs. 10 Satz 1 Nr. 1, Satz 2 ErbStG übertragen werden können.

f) Behaltensfrist bei Ausgliederung des geerbten Betriebs

Die Vergünstigungen für Betriebsvermögen (§ 13a Abs. 1 und Abs. 2 ErbStG) fallen rückwirkend weg, soweit der Erwerber innerhalb von fünf bzw. sieben Jahren (Behaltensfristen bei Regel- bzw. Optionsverschonung) über das begünstigte Vermögen schädlich verfügt, z.B. durch Veräußerung des Gewerbebetriebes (§ 13a Abs. 6 Satz 1 Nr. 1 ErbStG) Eine solche zum rückwirkenden Wegfall der Steuerbegünstigung führende Veräußerung liegt nach ständiger BFH-Rechtsprechung sowie nach Auffassung der Finanzverwaltung in R E 13a.13 Abs. 3 Satz 1 ErbStR 2019 jedoch grundsätzlich **nicht** vor, wenn ein Betrieb bzw. Einzelunternehmen nach § 20 Abs. 1 UmwStG **in eine Kapitalgesellschaft eingebracht bzw. ausgegliedert** wird. **500**

Mit Urteil vom 25.2.2025[1)] hat das **FG Münster** klargestellt, dass dies aber **nur insoweit** gelte, als die **Gegenleistung für die Sacheinlage in Geschäftsanteilen** besteht. Die Gewährung einer sonstigen Gegenleistung – wie hier in Gestalt einer Darlehensforderung gegenüber der Gesellschaft – führe hingegen insoweit zur Nachversteuerung. Sinn und Zweck der erbschaftsteuerlichen Begünstigungen sei es, der verminderten Fungibilität von Betriebsvermögen Rechnung zu tragen und dessen Fortführung auch im Gemeinwohlinteresse, insb. zum Erhalt von Arbeitsplätzen, zu gewährleisten. Die Bindung des begünstigt erworbenen Vermögens in einem Unternehmen wird dabei grundsätzlich durch eine Maßnahme i.S.d. § 20 Abs. 1 UmwStG unberührt gelassen, soweit die Gegenleistung für die Sacheinage in Anteilen an der Gesellschaft besteht. Gelangt dagegen, wie im entschiedenen Fall, durch die Geldforderung gegenüber der Gesellschaft als Gegenleistung erworbenes Unternehmenssubstrat insoweit auf die private Ebene des Gesellschafters, liegt ein Behaltensfristverstoß vor.

Unerheblich sei dabei, ob die Einbringung ertragsteuerlich zu Buchwerten erfolgt ist, da das ertragsteuerliche Buchwertprivileg einen anderen Zweck verfolge als die Erbschaftsteuerbefreiung für Betriebsvermögen.

Anmerkung:

Das Urteil des FG Münster ist zwar zu § 13a Abs. 5 Satz 1 Nr. 1 ErbStG in der Fassung vom 1.7.2011 ergangen. Die Behaltensregelungen sind aber nahezu wortgleich in § 13a Abs. 6 Satz 1 Nr. 1 ErbStG überführt worden, so dass das Urteil auch nach der aktuellen Rechtlage relevant ist.

g) Verschonungsabschlag bei Insolvenzeröffnung einer Kapitalgesellschaft

Der Erwerb von Anteilen an Kapitalgesellschaften im Fall einer Mindestbeteiligung von 25 % kann durch den Verschonungsabschlag steuerbegünstigt sein. Nach dem Wortlaut des § 13a Abs. 6 Satz 1 Nr. 4 Satz 2 Alt. 1 ErbStG löst allerdings bereits die Auflösung der Kapitalgesellschaft den nachträglichen (anteiligen) Wegfall des Verschonungsabschlags und damit eine Nachversteuerung aus. **501**

1) FG Münster v. 25.2.2025, 3 K 2046/23 Erb, EFG 2025, 709 mit Anm. Feldkämper (Revision beim BFH anhängig unter Az. II R 20/25).

Die Regelung wurde nun mit Wirkung für Erwerbe, für die die Steuer nach dem 1.1.2025 entsteht, durch das JStG 2024[1] dahingehend eingeschränkt, dass die insolvenzbedingte Auflösung **nicht zum Wegfall** des Verschonungsabschlags führt, **wenn** der Betrieb fortgeführt wird und soweit keine wesentlichen Betriebsgrundlagen veräußert werden (§ 13a Abs. 6 Satz 1 Nr. 4 Satz 3, § 37 Abs. 21 ErbStG).

Anmerkung:

So wird insb. eine Gleichbehandlung von Personen- und Kapitalgesellschaften erreicht, da der BFH mit Urteil vom 1.7.2020[2] entschieden hatte, dass die Eröffnung des Insolvenzverfahrens bei einer Personengesellschaft – anders als bei einer Kapitalgesellschaft – nicht zum Wegfall des Verschonungsabschlags führt.

2. Wohnimmobilien

a) Steuerbefreiung von Wohnimmobilien in Drittstaatenfällen

502 Mit Urteil vom 12.10.2023[3] entschied der EuGH, dass der Ausschluss von Immobilien in Drittstaaten von der Steuerbefreiung für zu Wohnzwecken vermieteten Grundstücken (§ 13d ErbStG a.F.) **EU-rechtswidrig** ist.

Für Erwerbe, für die die Steuer nach dem 31.12.2024 entsteht, wurde deshalb mit dem JStG 2024[4] die Steuerbefreiung auf alle Wohnimmobilien ausgedehnt (§ 13d Abs. 3 Nr. 2 ErbStG). In **Drittstaatenfällen** wird diese allerdings nur dann gewährt, wenn sich der Drittstaat gegenüber Deutschland zur **Amtshilfe** bezüglich der Erbschaftsteuer verpflichtet hat. Das BMF soll hierzu im Bundessteuerblatt eine Liste der Drittstaaten veröffentlichen, die diese Voraussetzung erfüllen.

b) Steuerstundung bei Wohnimmobilien

503 Gehört zum Erwerb durch Erbschaft oder Schenkung Wohnzwecken dienender Grundbesitz, wird dem Erwerber auf Antrag eine Stundung der darauf entfallenden Erbschaftsteuer bis zu zehn Jahren gewährt, soweit der Erwerber die Steuer nur durch Veräußerung dieses Vermögens aufbringen kann (§ 28 Abs. 3 Satz 1 ErbStG).

Bislang war eine solche Stundung nur für Grundstücke vorgesehen, die die Voraussetzungen des § 13d Abs. 3 ErbStG erfüllen. Für Erwerbe, für die die Steuer ab dem 1.1.2025 entsteht, findet die Stundung durch eine Änderung im Rahmen des JStG 2024[5] auch auf Grundstücke **im Ausland** Anwendung, wobei in **Drittstaatenfällen** zusätzlich erforderlich ist, dass in Bezug auf die Erbschaftsteuer der Informationsaustausch mit dem Drittstaat sowie die Möglichkeit der Beitreibung entsprechender Steuerforderungen sichergestellt ist (§ 28 Abs. 3 Satz 5 ErbStG).

Die Steuerstundung endet, wenn der zu Wohnzwecken genutzte Grundbesitz veräußert, das Vermögen auf andere Weise auf einen Dritten übergeht oder die Wohnnutzung dauerhaft aufgegeben wird (§ 28 Abs. 3 Satz 2 ErbStG).

Beratungshinweis:

Wie bereits bislang, erfolgt die Stundung nur im Fall des **Erwerbs von Todes wegen zinslos** (§ 28 Abs. 3 Satz 3 ErbStG). Ebenso ist weiterhin eine Stundung nach § 222 AO möglich, falls die Voraussetzungen für eine Stundung nach § 28 Abs. 3 ErbStG nicht vorliegen (§ 28 Abs. 3 Satz 4 ErbStG).

---

1) Gesetz v. 2.12.2024, BGBl. I 2024 Nr. 387 = BStBl I 2024, 1484.
2) BFH v. 1.7.2020, II R 19/18, HFR 2021, 182.
3) EuGH v. 12.10.2023, BA, C-670/21, BStBl II 2024, 576.
4) Gesetz v. 2.12.2024, BGBl. I 2024 Nr. 387 = BStBl I 2024, 1484.
5) Gesetz v. 2.12.2024, BGBl. I 2024 Nr. 387 = BStBl I 2024, 1484.

IV. Nachlassverbindlichkeiten

1. Erhöhung des Erbfallkosten-Pauschbetrags

Der zuvor in Höhe von 10.300 Euro zu berücksichtigende Erbfallkosten-Pauschbetrag wurde mit dem JStG 2024[1)] für Erwerbe ab dem 1.1.2025 auf **15.000 Euro** erhöht (§ 10 Abs. 5 Nr. 3 Satz 2, § 37 Abs. 21 ErbStG). 504

2. Auseinandersetzungskosten einer Erbengemeinschaft

Dem Urteil des BFH vom 21.8.2024[2)] lag der Fall zugrunde, dass bewegliche Nachlassgegenstände der Erblasserin bereits vor deren Versterben infolge des Umzugs in eine Seniorenresidenz kostenpflichtig eingelagert wurden. Die Erblasserin wurde von mehreren Miterben beerbt, an die laut Testament unterschiedliche Geldbeträge ausgezahlt werden sollten. Der eingesetzte Testamentsvollstrecker beauftragte eine Kunstexpertin für die Beratung beim Verkauf der Nachlassgegenstände. 505

Der BFH bejaht den Abzug sowohl der **Lagerkosten** als auch der **Honorarkosten** im Zusammenhang mit dem Verkauf als Nachlassregelungskosten, die nach § 10 Abs. 5 Nr. 3 Satz 1 ErbStG den Erwerb mindern. In Abgrenzung zu den nicht abziehbaren Nachlassverwaltungskosten nach § 10 Abs. 5 Nr. 3 Satz 3 ErbStG lägen Nachlassregelungskosten vor, wenn sie **in einem unmittelbaren Zusammenhang mit den jeweiligen Abzugstatbeständen** stehen. Die Abgrenzung zwischen Nachlassregelungs- und Nachlassverwaltungskosten sei dabei für den jeweiligen Erbfall zu treffen.

Anmerkung:

Dabei kam der BFH bereits mit Urteil vom 9.12.2009[3)] zu dem Ergebnis, dass Aufwendungen für die **Auseinandersetzung einer Erbengemeinschaft als Nachlassregelungskosten abziehbar** sind. Zu diesen Kosten können – wie im Streitfall – auch Kosten für den in unmittelbarem zeitlichem Zusammenhang mit dem Tod der Erblasserin erfolgten Verkauf von Nachlassgegenständen zählen, jedenfalls dann, wenn der Verkauf darauf abzielt, Geldbeträge zur Auszahlung der Miterben nach dem testamentarischen Willen der Erblasserin zu erlangen.

3. Abzugsfähigkeit bei beschränkter Steuerpflicht

Als Reaktion auf die Rechtsprechung des EuGH[4)], sind gemäß einer mit dem JStG 2024[5)] vorgenommenen Modifizierung Nachlassverbindlichkeiten, die in Fällen der beschränkten Steuerpflicht **nicht im wirtschaftlichen Zusammenhang** mit einzelnen Vermögensgegenständen des Erwerbs stehen, nicht mehr komplett vom Abzug ausgeschlossen, sondern können **anteilig abgezogen** werden. Die anteilige Abzugsfähigkeit von Nachlassverbindlichkeiten orientiert sich an dem Anteil, zu dem der Vermögensanfall der deutschen Erbschaftsteuer unterliegt (§ 10 Abs. 6 ErbStG). 506

Die bisher in den Sätzen 3 bis 11 des § 10 Abs. 6 ErbStG enthaltenen Regelungen wurden in die Abs. 6a und 6b des § 10 ErbStG überführt.

Die Regelungen sind auf Erwerbe anzuwenden, für die die Steuer nach dem letzten Tag des Monats der Gesetzesverkündung, somit ab 1.1.2025, entsteht (§ 37 Abs. 21 ErbStG).

---

1) Gesetz v. 2.12.2024, BGBl. I 2024 Nr. 387 = BStBl I 2024, 1484.
2) BFH v. 21.8.2024, II R 43/22, BStBl II 2025, 527 = HFR 2025, 156 mit Anm. Kugelmüller-Pugh. Vgl. hierzu auch Stelzer, StEd 2025, 4.
3) BFH v. 9.12.2009, I R 37/08, BStBl II 2010, 489.
4) EuGH v. 21.12.2021, C-394/20, BStBl II 2023, 156.
5) Gesetz v. 2.12.2024, BGBl. I 2024 Nr. 387 = BStBl I 2024, 1484.

G. Besteuerung von Privatpersonen

I. Einkünfte aus Kapitalvermögen

1. Einlösung von Zertifikaten als sonstige Kapitalforderung

507 Bei Wertpapieren (wie z.B. Zertifikaten), deren Erfüllung wahlweise auch in einer Sachleistung verlangt werden kann, stellt sich insb. die Frage, ob eine **Veräußerung einer (sonstigen) Kapitalforderung** i.S.d. § 20 Abs. 2 Nr. 7 EStG **oder ein Spekulationsgeschäft** i.S.d. § 23 EStG vorliegt. Die Qualifizierung als Kapitalforderung führt dazu, dass ein Veräußerungsgewinn grundsätzlich der Besteuerung mit der Abgeltungsteuer unabhängig von der Haltedauer unterliegt. Handelt es sich hingegen um ein Spekulationsgeschäft, ist die einjährige Veräußerungsfrist zu beachten und ein innerhalb dieser Frist realisierter Gewinn ist mit dem tariflichen Einkommensteuersatz und nicht mit dem Abgeltungsteuersatz zu versteuern.

Im Urteil vom 3.6.2025[1] stellt der **BFH** diesbezüglich klar, dass der Begriff der sonstigen Kapitalforderungen auch solche Forderungen umfasst, bei denen der Forderungsinhaber die Erfüllung auch in anderer Weise als in Geld verlangen kann. Im entschiedenen Fall erwarb der Steuerpflichtige mehrere **„BEAR EUR Convertible Certificate on Gold"**, die bei entsprechender Entwicklung des Gold-Kurses das Wahlrecht gewährten, entweder einen Geldbetrag oder einen Gold-Warrant zu erhalten. Die erhaltenen Gold-Warrants waren wiederum wahlweise auf eine Geldzahlung oder auf eine Gutschrift von Gold auf dem Metallkonto des Steuerpflichtigen gerichtet. Bei Fälligkeit der BEAR-Zertifikate entschied sich der Steuerpflichtige für den Erwerb der Warrants. Zum Zeitpunkt der Fälligkeit der Warrants ließ er sich Gold auf seinem Metallkonto gutschreiben. Dieses Gold veräußerte er im darauffolgenden Jahr.

Der BFH stufte die BEAR-Zertifikate als **sonstige Kapitalforderungen** ein, deren Erfüllung in anderer Weise als durch die Zahlung von Geld (Umtausch in Gold-Warrants) eine Einlösung i.S.d. § 20 Abs. 2 Satz 2 EStG ist. Dazu grenzte er die vorliegenden Zertifikate von „Gold Bullion Securities" ab, bei denen er sonstige Kapitalforderungen verneinte. Im Unterschied zum vorliegenden Fall richtete sich der Anspruch bei diesen primär auf die Lieferung physischen Goldes und damit auf eine Sachleistung.[2]

Im Urteilsfall blieb die Einlösung der Zertifikate **im Ergebnis dennoch steuerneutral** gemäß der im Streitjahr 2015 geltenden Fassung des § 20 Abs. 4a Satz 3 EStG. Danach ist das Entgelt für den Erwerb der Zertifikate als Veräußerungspreis der Forderung und als Anschaffungskosten der erhaltenen Gold-Warrants anzusetzen, sodass letztlich kein Veräußerungsgewinn entsteht. In der anschließenden Einlösung der Gold-Warrants, die vom BFH ebenfalls als sonstige Kapitalforderungen eingestuft wurden, gegen Gutschrift von Gold auf einem Metallkonto sah der BFH dagegen eine steuerpflichtige Einlösung i.S.d. § 20 Abs. 2 Satz 2 EStG. Die im ersten Vorgang noch mögliche Anwendung des § 20 Abs. 4a Satz 3 EStG a.F. (steuerneutraler Umtausch) schied mangels Einlösens in Wertpapiere aus.

Anmerkung:

Seit 2020 ist die Vorschrift des § 20 Abs. 4a Satz 3 EStG **enger** gefasst und auf die Lieferung von Kapitalgesellschaftsanteilen beschränkt. Daher ist nach aktueller Rechtslage die Einlösung von Zertifikaten gegen Gold-Warrants – anders als im Streitfall – nicht mehr als steuerneutral zu behandeln.

Darüber hinaus befasste sich der BFH in weiteren Urteilen vom 3.6.2025[3] mit den **Voraussetzungen** an einen **steuerneutralen Umtausch** gemäß § 20 Abs. 4a Satz 3 EStG

1) BFH v. 3.6.2025, VIII R 5/24, BStBl II 2025, 905 = BFH/NV 2025, 1642. Vgl. Hierzu auch Korn, kösdi 2025, 24458, 24461 (Report Nr. 486).

2) BFH v. 16.6.2020, VIII R 7/17, BStBl II 2021, 9.

3) BFH v. 3.6.2025, VIII R 9/22, BStBl II 2025, 899 = BFH/NV 2025, 1637, VIII R 18/23, BFH/NV 2025, 1538, und VIII R 35/23, BFH/NV 2025, 1541.

a.F. Nach Ansicht des BFH ist die Vorschrift nicht anwendbar, wenn weder der Emittent noch der Forderungsinhaber nach den Anlagebedingungen das Recht haben, anstelle der Erfüllung der Forderung in Geld Wertpapiere zu liefern oder zu verlangen. Diese Rechtsauffassung zum erforderlichen Wandelungsrecht dürfte auch auf die aktuelle Fassung des § 20 Abs. 4a Satz 3 EStG übertragbar sein.

2. Ausgleichszahlungen für die vorzeitige Auflösung eines Zinsswaps

Ein Zinsswap dient regelmäßig dazu, Risiken abzusichern, die durch schwankende **508**
Zinssätze entstehen. In einem vom BFH zu entscheidenden Fall bezog sich dies auf das Zinsrisiko eines Darlehens, das zur Finanzierung eines vermieteten Grundstücks verwendet wurde. Die Steuerpflichtige machte die Ausgleichszahlung, die aufgrund der vorzeitigen Beendigung des Zinsswaps fällig wurde, als Werbungskosten für Einkünfte aus Vermietung und Verpachtung geltend.

Mit Urteil vom 19.11.2024[1)] entschied der BFH jedoch, dass die **Ausgleichszahlung als Verlust aus einem Termingeschäft** zu werten sei und den Einkünften aus Kapitalvermögen zugerechnet werden müsse. Im Gegensatz zu den fortlaufenden Zahlungen im Rahmen eines Zinsswaps stünde die Ausgleichszahlung **nicht in einem ausreichenden wirtschaftlichen Zusammenhang mit den Einkünften aus Vermietung und Verpachtung**. Laut dem BFH ist die Zahlung allein durch die Beendigung des Zinsswaps veranlasst und beruht auf einem veräußerungsähnlichen Geschäft. Die ursprüngliche Verknüpfung des Zinsswaps mit der Finanzierung der vermieteten Immobilie würde vom Steuerpflichtigen willentlich gelöst und genüge damit nicht, um einen Zusammenhang der Ausgleichszahlung mit den Einkünften aus Vermietung und Verpachtung zu begründen.

Anmerkung:

Der VIII. Senat des BFH schließt sich damit der Rechtsauffassung des IX. Senats[2)] an, der bereits für den Fall positiver Ausgleichszahlungen eine Zurechnung zu den Einkünften aus Vermietung und Verpachtung verneinte.

3. Basiszins zur Berechnung der Vorabpauschale 2025

Anleger eines Investmentfonds haben die Vorabpauschale als Investmentertrag zu ver- **509**
steuern, soweit der Basisertrag höher ist als die in einem Kalenderjahr durch den Fonds erfolgten Ausschüttungen. Der Basisertrag ermittelt sich durch Multiplikation des Rücknahmepreises des Investmentanteils zu Beginn des Kalenderjahres mit 70 % des Basiszinses (§ 18 Abs. 1 Satz 2 InvStG).

Das BMF gab mit Schreiben vom 10.1.2025[3)] den maßgeblichen **Basiszins vom 2.1.2025** mit einem Wert von **2,53 %** an. Die Vorabpauschale 2025 ist unter Anwendung dieses Basiszinses zu ermitteln und gilt am 2.1.2026 als zugeflossen (§ 18 Abs. 3 InvStG).

Anmerkung:

Zur Ermittlung der Vorabpauschale 2024, die am 2.1.2025 als zugeflossen gilt, hatte das BMF mit Schreiben vom 5.1.2024[4)] einen Wert von 2,29 % als Basiszins bekannt gegeben.

---

1) BFH v. 19.11.2024, VIII R 26/21, BStBl II 2025, 153 = HFR 2025, 417 mit Anm. Levedag. Vgl. hierzu auch Reddig, jurisPR-SteuerR 16/2025 Anm. 1.
2) BFH v. 13.1.2015, IX R 13/14, BStBl II 2015, 827.
3) BMF v. 10.1.2025, IV C 1 – S 1980/00230/009/002, BStBl I 2025, 273.
4) BMF v. 5.1.2024, IV C 1 – S 1980–1/19/10038 :008, BStBl I 2024, 154.

4. Kapitalertragsteuerabzug: Übergangsregelung hinsichtlich weggefallener Verlustnutzungsbeschränkungen

510 Mit dem Schreiben vom 14.5.2025[1] passt das BMF seine bisherigen Ausführungen zu Einzelfragen zur Abgeltungsteuer laut Schreiben vom 19.5.2022[2] an. Hingewiesen wurde dadurch insb. darauf, dass zwischenzeitlich die **Verlustnutzungsbeschränkungen bei Termingeschäften und Forderungsverlusten** im Privatvermögen (§ 20 Abs. 6 Sätze 5 und 6 EStG a.F.) **weggefallen** sind.

Für den **Kapitalertragsteuerabzug** durch die auszahlenden Stellen wird es allerdings **nicht beanstandet**, wenn diese noch Zeit zur Anpassung ihrer Abläufe benötigen und die Verlustnutzungsbeschränkungen **bis 31.12.2025** weiterhin angewendet werden. Die Ausführungen des BMF-Schreibens vom 14.5.2025 sind insoweit erst ab 1.1.2026 zwingend anzuwenden (Rn. 325).

Anmerkung:

Mit einem weiteren Schreiben vom 16.5.2025[3] löst das BMF seine bisherigen Ausführungen laut Schreiben vom 23.5.2022[4] ab. Ausdrücklich weist das BMF darauf hin, dass für **vor dem 1.1.2026** zufließende Kapitalerträge noch die **Muster zur Bescheinigung des Kapitalertragsteuerabzugs** zu verwenden sind, die in dem Vorgängerschreiben enthalten sind. Dabei wird auch nicht beanstandet, wenn trotz Aufhebung der Verlustverrechnungsbeschränkungen in § 20 Abs. 6 Sätze 5 und 6 EStG a.F. weiterhin entsprechende Ausweise in den Bescheinigungen vorgenommen werden (Rn. 71). Erst für nach dem 31.12.2025 zufließende Kapitalerträge sind damit die in dem neuen Schreiben enthaltenen Steuerbescheinigungsmuster zu verwenden, so dass die zur Ausstellung der Bescheinigung Verpflichteten noch Anpassungen ihrer internen Prozesse vornehmen können.

II. Veräußerungsgewinne: Kryptowerte

511 Mit Urteil vom 22.1.2025[5] führt das FG Nürnberg die BFH-Rechtsprechung zur einkommensteuerlichen Behandlung von Veräußerungsgewinnen i.Z.m. Kryptowerten fort und entschied, dass im **Privatvermögen gehaltene Token als andere Wirtschaftsgüter i.S.d. § 23 Abs. 1 EStG** zu qualifizieren sind. Damit unterliegen Gewinne aus deren Veräußerung als private Veräußerungsgeschäfte der Einkommensteuerpflicht.

Maßgeblich für die Einordnung als Wirtschaftsgut sei dabei, dass Kryptowerte nach Ansicht der an der Transaktion beteiligten Verkehrskreise eine vermögensmäßige Bedeutung im Sinne einer wirtschaftlichen Chance oder Möglichkeit zukommt, die über Börsenplätze im Internet abgebildet werden kann. Eine Beurteilung aus Sicht eines „vernünftigen Kaufmanns" sei für diese Einordnung nicht zwingend notwendig.

Beratungshinweis:

Darüber hinaus stellte das Gericht klar, dass auch **Einkünfte aus dem Erhalt von Kryptowährungen aus Vorgängen wie Lending oder Staking** als sonstige Leistungen i.S.d. § 22 Nr. 3 EStG steuerpflichtig sind, sofern diese wirtschaftlich durch ein konkretes Verhalten des Steuerpflichtigen verursacht werden.

Das Argument des Klägers, die Besteuerung von Kryptowerten sei wegen mangelnder technischer Nachvollziehbarkeit rechtswidrig, wurde vom Gericht zurückgewiesen. Die vom Kläger bei der Ermittlung des Veräußerungsgewinns angewendete LiFo-Methode hat das Finanzgericht hingegen nicht beanstandet.

1) BMF v. 14.5.2025, IV C 1 – S 2252/00075/016/070, BStBl I 2025, 1330.
2) BMF v. 19.5.2022, IV C 1 – S 2252/19/10003 :009, BStBl I 2022, 742.
3) BMF v. 16.5.2025, IV C 1 – S 2401/00008/014/051, BStBl I 2025, 1388.
4) BMF v. 23.5.2022, IV C 1 – S 2401/19/10001 :006, BStBl I 2022, 860.
5) FG Nürnberg v. 22.1.2025, 3 K 760/22, EFG 2025, 1058 mit Anm. Hennigfeld (rkr.).

Anmerkung:

Damit widerspricht das Finanzgericht dem **BMF-Schreiben** vom 6.3.2025[1] zu Einzelfragen zur ertragsteuerlichen Behandlung bestimmter Kryptowerte, das neben der Einzelbetrachtung lediglich die FiFo-Methode als Verwendungsreihenfolge bei der Veräußerung zulässt.

III. Weitere Änderungen

1. Rentenbesteuerung: Abschmelzen des Versorgungsfreibetrags

Seit 1.1.2023 steigt der Besteuerungsanteil von Renten ab der Rentenkohorte 2023 statt einem Prozentpunkt nur noch um einen halben Prozentpunkt. Damit unterliegen Leibrenten und andere Leistungen aus der Basisversorgung nicht bereits ab der Kohorte 2040, sondern erst ab der Kohorte 2058 vollständig der Besteuerung (§ 22 Nr. 1 Satz 3 Buchst. a Doppelbuchst. aa Satz 3 EStG). 512

Mit Wirkung ab 1.1.2025 schmilzt **entsprechend der Verlangsamung des Anstiegs des Besteuerungsanteils** von Renten der Versorgungsfreibetrag und der Zuschlag zum Versorgungsfreibetrag bei Versorgungsbezügen **langsamer** ab und entfällt erst ab 2058 (§ 19 Abs. 2 Satz 3 EStG). Zudem verlangsamt sich auch das Abschmelzen des Altersentlastungsbetrags (§ 24a Satz 5 EStG). Die Änderungen wurden mit dem Wachstumschancengesetz[2] vorgenommen.

2. Einkommensteuerentlastungen

Durch das Steuerfortentwicklungsgesetz[3] wurden folgende Einkommensteuerentlastungen umgesetzt: 513

	2025	2026
Grundfreibetrag (und entsprechende Verschiebung der Tarifeckwerte)	12.096 Euro	12.348 Euro
Kinderfreibetrag	3.336 Euro	3.414 Euro
Kindergeld	255 Euro (unverändert)	259 Euro

Anmerkung:

Zudem wurden die **Freigrenzen beim Solidaritätszuschlag** angehoben und betragen für 2025 19.950 Euro bzw. 39.900 Euro bei zusammenveranlagten Ehegatten sowie für 2026 20.350 Euro bzw. 40.700 Euro bei zusammenveranlagten Ehegatten.

H. Wirtschaftsprüfung

I. Jahres- und Konzernabschlussprüfung

1. Das steuerliche Investitionssofortprogramm – Auswirkungen der neuen Abschreibungsregeln auf die Handelsbilanz

Am 18.7.2025 wurde das Gesetz für ein steuerliches Investitionssofortprogramm zur Stärkung des Wirtschaftsstandorts Deutschland vom 14.7.2025 im Bundesgesetzblatt verkündet.[4] Es trat am 19.7.2025 in Kraft. 514

1) BMF v. 6.3.2025, IV C 1 – S 2256/00042/064/043, BStBl I 2025, 658.
2) Gesetz v. 27.3.2024, BGBl. I 2024 Nr. 108 = BStBl I 2024, 666.
3) Gesetz v. 23.12.2024, BGBl. I 2024 Nr. 449 = BStBl I 2025, 2.
4) BGBl. I 2025 Nr. 161 v. 18.7.2025 = BStBl I 2025, 1486.

a) Abschreibungsregelungen für bewegliche Wirtschaftsgüter des Anlagevermögens

515 Das steuerliche Investitionsprogramm enthält u.a. die Einführung eines Investitionsboosters mittels **degressiver AfA für bewegliche Wirtschaftsgüter des Anlagevermögens**, die nach dem 30.6.2025 und vor dem 1.1.2028 angeschafft oder hergestellt wurden. Begünstigt sind somit beispielsweise Betriebsvorrichtungen, Betriebs- und Geschäftsausstattung und Fahrzeuge, nicht aber Immobilien oder immaterielle Wirtschaftsgüter. Der degressive AfA-Satz darf höchstens das Dreifache des linearen AfA-Satzes, maximal 30 % betragen, § 7 Abs. 2 Satz 1 und 2 EStG (→ Rz. 256). Für bewegliche Wirtschaftsgüter des Anlagevermögens, die nach dem 31.12.2019 und vor dem 1.1.2023 oder nach dem 31.3.2024 und vor dem 1.1.2025 angeschafft oder hergestellt worden sind, gilt § 7 Abs. 2 EStG weiterhin in der Fassung vom 27.3.2024 (vgl. § 52 Abs. 15 Satz 6 i.d.F. des Wachstumschancengesetz)[1]. Für den erstgenannten Zeitraum gilt ein Höchstsatz von 25 % bzw. das Zweieinhalbfache des linearen AfA-Satzes, für den zweitgenannten Zeitraum gilt ein Höchstsatz von 20 % bzw. das Zweifache des linearen AfA-Satzes.

Anmerkung:

Die degressive AfA bietet sich grundsätzlich für Wirtschaftsgüter mit einer Nutzungsdauer ab vier Jahren an. Der lineare Abschreibungssatz ist hingegen bei Nutzungsdauern bis drei Jahre höher.

Die Inanspruchnahme der degressiven Abschreibung ist grundsätzlich auch in der Handelsbilanz möglich. Voraussetzung ist, dass der degressive AfA-Verlauf auch dem tatsächlichen Wertverzehr entspricht.

Für Zwecke der handelsrechtlichen Bilanzierung ist die Ansatz- und Bewertungsstetigkeit bei Art- und Funktionsgleichheit zu beachten. Vor dem Hintergrund der zeitlichen Befristung bzw. der nicht fortlaufenden degressiven AfA (auch in den Vorjahren) und den variierenden AfA-Sätzen scheidet die Übernahme der degressiven AfA nach den steuerlichen Sätzen in die Handelsbilanz aufgrund des Stetigkeitsgebots (§ 252 Abs. 1 Nr. 6 HGB) in der Regel aus. Die Inanspruchnahme des neuen steuerlichen Wahlrechts führt aufgrund der in aller Regel abweichenden handelsrechtlichen Abschreibungsmethode und der daraus resultierenden temporären Differenzen zur Bildung latenter Steuern.

b) Sonder-AfA für Elektrofahrzeuge

516 Das steuerliche Investitionssofortprogramm hat auch zum Ziel, die Attraktivität der E-Mobilität zu fördern. Es ist eine **Sonder-AfA für Elektrofahrzeuge** vorgesehen, die zum Anlagevermögen gehören und die nach dem 30.6.2025 und vor dem 1.1.2028 angeschafft oder hergestellt worden sind. Neben Pkw umfasst die Regelung auch Busse, Lastkraftwagen und Elektronutzfahrzeuge. Hybridfahrzeuge sind nicht begünstigt. Die Sonder-AfA beträgt 75 % im Jahr der Anschaffung, in den Folgejahren können 10 %, 5 %, 5 %, 3 % und 2 % der ursprünglichen Anschaffungskosten abgezogen werden, § 7 Abs. 2a EStG (→ Rz. 257). Das Elektrofahrzeug ist nach sechs Jahren vollständig abgeschrieben.

Anmerkung:

Die Übernahme der steuerlichen Abschreibungsmöglichkeiten für Elektrofahrzeuge in die Handelsbilanz ist u.E. nicht zulässig, da die degressive Abschreibung für Elektrofahrzeuge nicht dem tatsächlichen Werteverzehr entspricht und damit nicht konform mit den Grundsätzen ordnungsmäßiger Buchführung ist.

Diese Regelungen wirken sich bereits für Abschlüsse mit einem abweichenden Wirtschaftsjahr (2024/2025) aus. Die neuen steuerlichen Abschreibungsregelungen (degressive AfA und arithmetisch-degressive AfA für Elektrofahrzeuge) können aufgrund neu entstehender temporärer Differenzen aufgrund abweichender Abschrei-

1) Gesetz v. 27.3.2024, BGBl. I 2024 Nr. 108 = BStBl I 2024, 666.

bungsregelungen in Handels- und Steuerrecht zur **Bildung weiterer latenter Steuern in der Handelsbilanz** führen. Da das Steuerrecht beispielsweise bei den Elektrofahrzeugen eine schnellere Abschreibung vorsieht, führt dies zum Entstehen passiver latenter Steuern.

2. IDW Stellungnahme zur Rechnungslegung: Abgrenzung von Erhaltungsaufwand und Herstellungskosten bei Gebäuden in der Handelsbilanz (IDW RS IFA 1 n.F.)

Am 6.11.2024 hat der Immobilienwirtschaftliche Fachausschuss (IFA) des Instituts der Wirtschaftsprüfer in Deutschland (IDW) die Neufassung der IDW Stellungnahme zur Rechnungslegung: Abgrenzung von Erhaltungsaufwand und Herstellungskosten bei Gebäuden in der Handelsbilanz (IDW RS IFA 1 n.F.) verabschiedet. Der Fachausschuss Unternehmensberichterstattung (FAB) hat den IDW RS IFA 1 n.F. am 14.11.2024 billigend zur Kenntnis genommen. Die ursprüngliche Verlautbarung IDW RS IFA 1 stammt aus dem Jahr 2013 und konkretisiert die Voraussetzungen, unter denen bauliche Maßnahmen an Gebäuden aktivierungspflichtige Herstellungskosten darstellen. **517**

Mit der Verlautbarung beabsichtigt der IFA, die **zunehmende Bedeutung von Klimaschutzinvestitionen im Gebäudebereich** angemessen zu würdigen und den bisherigen Standard zu konkretisieren. Die Neufassung des Klimaschutzgesetzes aus dem Jahr 2023 verlangt, den Gebäudebestand bis zum Jahr 2045 klimaneutral zu gestalten. Auf die Unternehmen kommen **erhebliche Aufwendungen** zu, um die Gebäude bis dahin klimaneutral zu modernisieren.

Sowohl **Wohn- als auch Gewerbeimmobilien** fallen in den Anwendungsbereich. Die Neufassung des IDW RS IFA 1 ist erstmals anzuwenden auf **Abschlüsse für Geschäftsjahre, die nach dem 31.12.2025 beginnen**. Eine frühere Anwendung wird vom IFA empfohlen und ist zulässig, sofern die enthaltenen Regelungen vollumfänglich beachtet werden.

Für bauliche Maßnahmen an Bestandsgebäuden werden in der Praxis unterschiedliche Begrifflichkeiten verwendet, wie zum Beispiel Instandhaltung, Instandsetzung, Sanierung oder Modernisierung. Bei der Bilanzierung ist zwischen aktivierungspflichtigen Herstellungskosten und nicht aktivierbarem Erhaltungsaufwand zu unterscheiden.

Beratungshinweis:

Außer den im HGB definierten aktivierungspflichtigen Herstellungskosten werden alle übrigen Aufwendungen zu sofort abzugsfähigem Erhaltungsaufwand. Bei Unklarheit bezüglich der Qualifizierung der entstandenen Aufwendungen ist im Zweifel Erhaltungsaufwand anzunehmen. Erhaltungsaufwand liegt demnach insbesondere dann vor, wenn Teile eines Vermögensgegenstandes ersetzt oder modernisiert werden, ohne dabei die Funktion des Vermögensgegenstandes zu ändern.

a) Voraussetzungen für eine Aktivierung von Herstellungskosten

Nach § 255 Abs. 2 Satz 1 HGB sind Aufwendungen als Herstellungskosten zu aktivieren, wenn eine der drei folgenden Voraussetzungen vorliegt: **518**

- Herstellung eines Vermögensgegenstandes (Gebäudes)
- Erweiterung eines Vermögensgegenstandes (Gebäudes)
- wesentliche Verbesserung eines Vermögensgegenstandes (Gebäudes), die über dessen ursprünglichen Zustand hinausgeht.

Herstellung eines Gebäudes

Die Herstellung eines Gebäudes liegt dann vor, wenn wesentliche Teile des Gebäudes derart abgenutzt waren, dass das Gebäude – gänzlich oder in seiner bisherigen Funktion – unbrauchbar geworden ist (Vollverschleiß) und **durch die vorgenommenen baulichen Maßnahmen unter Verwendung der noch nutzbaren Teile ein neues Gebäude**

entsteht. In bautechnischer Hinsicht führen bauliche Maßnahmen dann zu einem neuen Gebäude, wenn verschlissene Teile ersetzt werden, die für die Nutzungsdauer des Gebäudes bestimmend sind.

Erweiterung eines Gebäudes

Die Erweiterung eines bestehenden Gebäudes liegt dann vor, wenn durch die bauliche Maßnahme das **Gebäude in seiner Substanz vermehrt** wird. Beispiele hierfür sind die Aufstockung, der Anbau, sonstige Vergrößerungen der nutzbaren Fläche oder der nachträgliche Einbau neuer Bestandteile mit bisher nicht vorhandenen Funktionen.

Hingegen ist eine Gebäudeerweiterung zu **verneinen**, wenn **selbstständig verwertbare Anlagen** errichtet werden, die in **keinem einheitlichen Nutzungs- und Funktionszusammenhang** mit dem Gebäude stehen. Derartige Anlagen sind als eigenständige Vermögensgegenstände – unabhängig vom Gebäude – zu aktivieren.

Praxistipp:

Derzeit installieren viele Unternehmen **Aufdach-Photovoltaikanlagen** auf ihren Gebäuden. Diese Photovoltaikanlagen können – unter Berücksichtigung der Umstände des jeweiligen Einzelfalls – sowohl eine Erweiterung des Gebäudes darstellen, wenn sie in einem einheitlichen Nutzungs- und Funktionszusammenhang mit diesem stehen, als auch einen eigenständigen Vermögensgegenstand. Ein einheitlicher Nutzungs- und Funktionszusammenhang ist dann anzunehmen, wenn Pflichten zum Einbau der Photovoltaikanlage bestehen oder der mit der Photovoltaikanlage erzeugte Strom (nahezu) ausschließlich in dem betreffenden Gebäude verbraucht wird. Der neue Standard liefert hier sinnvolle Hinweise für die Praxis.

Wesentliche Verbesserung eines Gebäudes über den ursprünglichen Zustand hinaus

Unter **ursprünglichem Zustand** i.S.v. § 255 Abs. 2 Satz 1 HGB versteht man den Zustand des Gebäudes zu dem Zeitpunkt, in dem der Eigentümer das Gebäude in sein Vermögen aufgenommen hat. Dies ist grundsätzlich der Zeitpunkt der Anschaffung oder der Herstellung. Führten bauliche Maßnahmen zu nachträglichen Anschaffungs- oder Herstellungskosten, ist der Zustand nach Durchführung dieser Maßnahmen als ursprünglicher Zustand anzusehen. Traten Substanzverluste, beispielsweise aufgrund von Hochwasser, Brandschäden oder Abbruch auf, gilt der Zustand des Gebäudes nach dem Eintritt des Substanzverlusts als ursprünglicher Zustand.

Eine **wesentliche Verbesserung** ist gegeben, wenn die Nutzungsdauer eines Gebäudes deutlich verlängert oder die Gebäudequalität über eine zeitgemäße substanzerhaltende Erneuerung hinaus deutlich verbessert wird.

Bei der Beurteilung, ob eine deutliche Verlängerung der **Nutzungsdauer** des Gebäudes vorliegt, ist nicht nur die technische, sondern auch die wirtschaftliche Nutzungsdauer zu beachten. Eine wesentliche Verbesserung infolge deutlicher Verlängerung der Nutzungsdauer des Gebäudes setzt voraus, dass die für die Nutzbarkeit maßgebende mutmaßliche Haltbarkeitsdauer der Bausubstanz in ihrer Gesamtheit dies gewährleistet. So führt die Modernisierung einzelner Wohnungen in einem Mehrfamilienhaus beispielsweise nicht zu einer Ausdehnung der Nutzungsdauer des Gebäudes.

Auch eine **qualitative Verbesserung** des Gebäudes kann zu einer wesentlichen Verbesserung des Gebäudes führen. Als Indikator dient regelmäßig ein **wesentlicher Anstieg der erzielbaren Miete** – unabhängig von der tatsächlich erzielten Miete. Mieterhöhungen aufgrund von Modernisierungen können sowohl auf aktivierungspflichtigen als auch auf nicht aktivierbaren Aufwendungen beruhen.

Anmerkung:

Steigt die Miete, weil Maßnahmen durchgeführt wurden, die der Mietsache lediglich den zeitgemäßen Gebrauchskomfort wiedergeben, den sie im ursprünglichen Zustand besessen, aber seitdem durch den technischen Fortschritt und die Veränderung der Lebensgewohnheiten verloren hatte, ist keine wesentliche Verbesserung des Gebäudes anzunehmen.

Der Gebrauchswert eines Gebäudes bestimmt sich durch Lage, Architektur, Raumanzahl/-größe und Ausstattung. Eine **wesentliche Verbesserung** des Gebäudes ist anzunehmen, wenn eine **Anhebung des Standards in mindestens drei der zentralen Bereiche der Ausstattung** (Maßnahmen zur Wärme- und Energieversorgung und -speicherung, Sanitärausstattung, Elektroinstallation/Informationstechnik (einschließlich Gebäudeautomation), Fenster, Wärmedämmung) vorliegt. Auch der Ersatz bestehender Bestandteile durch neue Bestandteile mit zusätzlichen Funktionen – die über den üblichen technischen Fortschritt hinausgehen – kann zu einer wesentlichen qualitativen Verbesserung des Gebäudes führen. Hinsichtlich der Anhebung des Standards (Standardsprung) stellt der IFA klar, dass Verbesserungen bei der Gebäudeautomation als Teil der Elektroinstallation/Informationstechnik anzusehen sind. Ebenso wird der Begriff „Heizung" durch den weiterreichenden Begriff der „Maßnahmen zur Wärme- und Energieversorgung und -speicherung" ersetzt.

Die maßgebliche Neuerung in der neuen IDW-Verlautbarung betrifft die **Behandlung energetischer Sanierungen**: Auch Maßnahmen, die zu einer deutlichen Minderung des Endenergieverbrauchs oder -bedarfs führen, können eine wesentliche qualitative Verbesserung des Gebäudes darstellen. Durch die energetischen Maßnahmen muss der Endenergieverbrauch oder -bedarf um mindestens 30 % gegenüber dem ursprünglichen Zustand gesenkt werden. Bei Wohngebäuden entspricht dies einer Verbesserung der Energieeffizienzklasse des Gebäudes um mindestens zwei Stufen. Erstmals wird eine Ausnahme von der „Mindestens-drei-Regelung" hinsichtlich der Standardanhebung in zentralen Bereichen der Ausstattung vorgesehen.

Praxistipp:

Ob die energetische Maßnahme die angestrebte Senkung des Endenergieverbrauchs- oder -bedarfs erreicht, ist vor der Investition zu ermitteln. Solche Berechnungen werden regelmäßig von Energiesachverständigen bzw. von Energieberatern erstellt.

Anschaffungsnahe Herstellungskosten

Bauliche Maßnahmen kurze Zeit nach der Anschaffung eines Gebäudes führen nur dann zu Herstellungskosten, wenn diese der Herstellung eines neuen Gebäudes, dessen Erweiterung oder dessen wesentlicher Verbesserung dienen. Es ist zu unterscheiden, ob die Aufwendungen das Gebäude nur in dem Zustand erhalten, in dem es sich im Erwerbszeitpunkt befand oder ob bereits zu diesem Zeitpunkt ein Bedarf an erheblichen baulichen Maßnahmen bestand. Es besteht die Vermutung, dass hohe Aufwendungen im Vergleich zum Kaufpreis ein Anzeichen für eine wesentliche Verbesserung sind.

Zusammenhängende Baumaßnahmen

Bei der Beurteilung baulicher Maßnahmen, die gleichzeitig oder in engem zeitlichem Zusammenhang durchgeführt werden, ist **grundsätzlich getrennt zu prüfen**, ob sie substanzerhaltend sind oder eine Erweiterung oder wesentliche Verbesserung (in der Regel wertsteigernd) vorliegt.

Eine zusammenfassende Beurteilung ist nur dann geboten, wenn die einzelnen Maßnahmen für sich lediglich eine zeitgemäße substanzerhaltende Erneuerung (= Erhaltungsaufwand) bewirken, jedoch mit anderen erweiternden oder wesentlich verbessernden Maßnahmen in einem engen räumlichen, zeitlichen und sachlichen Zusammenhang stehen und insgesamt eine einheitliche Baumaßnahme bilden. Sachlicher Zusammenhang bedeutet, dass die Baumaßnahmen bautechnisch ineinandergreifen und sich gegenseitig bedingen. Maßnahmen, die sich planmäßig über mehrere Jahre erstrecken, schließen einen engen zeitlichen Zusammenhang nicht aus. Zusammenhängende Baumaßnahmen zur Modernisierung einzelner Wohnungen können eine wesentliche Verbesserung des Gebäudes bewirken, wenn durch diese der Gebrauchswert des gesamten Gebäudes steigt.

Praxistipp:

Aufgrund der Komplexität der baulichen Maßnahmen zur energetischen Sanierung bietet es sich an, die beteiligten Bauplaner und Architekten einzubinden, um beispielsweise die Frage nach der wesentlich verlängerten Nutzungsdauer oder der über den ursprünglichen Zustand hinaus gehenden wesentlichen Verbesserung sachgerecht beantworten zu können und damit die korrekte bilanzielle Behandlung sicherzustellen.

b) Außerplanmäßige Abschreibungen bei nicht rentierlichen Herstellungskosten

519 Außerplanmäßige Abschreibungen nach § 253 Abs. 3 Satz 5 HGB sind vorzunehmen, wenn die Aktivierung von Herstellungskosten zu einem Buchwert führt, der voraussichtlich dauernd über dem beizulegenden Wert liegt. Dieser Abschreibungsnotwendigkeit ist insbesondere zu prüfen, wenn die durchgeführte bauliche Maßnahme nicht eine entsprechende Erhöhung der zu erzielenden Mieteinnahmen nach sich zieht.

3. Handelsrechtliche Rechnungslegung bei Personenhandelsgesellschaften – IDW RS FAB 7

a) Hintergrund

520 Am 2.12.2024 hat der Fachausschuss Unternehmensberichterstattung (FAB) des IDW die finale neu gefasste IDW Stellungnahme zur Rechnungslegung: Handelsrechtliche Rechnungslegung bei Personenhandelsgesellschaften (IDW RS FAB 7) verabschiedet.

Das **Gesetz zur Modernisierung des Körperschaftsteuerrechts** (sog. KöMoG)[1] eröffnete für Personenhandelsgesellschaften mit dem in das KStG eingefügten § 1a KStG erstmals für das nach dem 31.12.2021 beginnende Wirtschaftsjahr (vgl. § 34 Abs. 1a KStG) die Möglichkeit, auf unwiderruflichen Antrag wie eine Kapitalgesellschaft besteuert zu werden (**Optionsmodell**). Eine solche Optierung zur Körperschaftsbesteuerung kann auch Auswirkungen auf die handelsrechtliche Rechnungslegung der optierenden Gesellschaft haben.

Daneben hat der Gesetzgeber durch das im Wesentlichen am 1.1.2024 in Kraft getretene **Gesetz zur Modernisierung des Personengesellschaftsrechts** (Personengesellschaftsrechtsmodernisierungsgesetz – MoPeG)[2] das Personengesellschaftsrecht umfassend modernisiert. Auch das MoPeG wirkt sich auf die handelsrechtliche Rechnungslegung von Personenhandelsgesellschaften aus.

Diese gesetzlichen Neuregelungen machten eine **Überarbeitung des IDW RS FAB 7** erforderlich.

Der neue IDW RS FAB 7 ist erstmals anzuwenden auf Geschäftsjahre, die nach dem 31.12.2024 beginnen. Eine vorzeitige (vollumfängliche) Anwendung wird empfohlen, da sich die Regelungen des KöMoG und/oder des HGB in der Fassung des MoPeG bereits auf Abschlüsse auswirken, die auf Stichtage aufzustellen sind, die vor dem Zeitpunkt der erstmaligen Pflichtanwendung des finalen IDW RS FAB 7 liegen.

Im Folgenden werden ausgewählte Regelungen aus dem Standard vorgestellt.

b) Bilanzierung latenter Steuern bei Optierung zur Körperschaftsteuer

521 Optiert eine Personenhandelsgesellschaft nach § 1a KStG zur Körperschaftsbesteuerung, umfassen die nach § 274 HGB zu bilanzierenden latenten Steuern neben der Gewerbesteuer auch die Körperschaftsteuer (zuzüglich Solidaritätszuschlag).

Bereits im Jahresabschluss für dasjenige Geschäftsjahr, in dem der Antrag nach § 1a KStG gestellt wurde, hat die optierende Gesellschaft latente Körperschaftsteuern und Veränderungen bislang bilanzierter sonstiger latenter Steuern zu berücksichtigen.

---

1) Gesetz v. 25.6.2021, BGBl. I 2021, 2050 = BStBl I 2021, 889.
2) Gesetz v. 10.8.2021, BGBl. I 2021, 3436.

Veränderungen der latenten Steuern in Folge des Wechsels zur Körperschaftsbesteuerung sind erfolgswirksam zu erfassen.

Solange die Personenhandelsgesellschaft bis zum Abschlussstichtag keinen Antrag nach § 1a Abs. 4 KStG auf Rückkehr zur transparenten Besteuerung gestellt hat, ist von einer fortgesetzten Körperschaftsbesteuerung auszugehen.

Bereits im Jahresabschluss für dasjenige Geschäftsjahr, in dem der Antrag auf Rückkehr zur transparenten Besteuerung gestellt wurde, sind der Wegfall latenter Körperschaftsteuern und Veränderungen bislang bilanzierter sonstiger latenter Steuern erfolgswirksam zu berücksichtigen. In der Bilanz ausgewiesene Körperschaftsteuerrückstellungen sind, solange die Steuerschuld besteht, fortzuführen.

c) Erträge aus Beteiligungen an Kapitalgesellschaften und die Behandlung der Kapitalertragsteuer

Erträge aus Beteiligungen an Kapitalgesellschaften umfassen auch die vom Schuldner **522**
der Dividende einbehaltene **Kapitalertragsteuer**.

Personenhandelsgesellschaften, die **nicht zur Körperschaftsbesteuerung** nach § 1a KStG **optiert** haben, haben die einbehaltene Kapitalertragsteuer wie folgt zu behandeln:

Phasenverschobene Gewinnvereinnahmung

Im Zeitpunkt der Einbuchung des Beteiligungsertrags ist die einbehaltene Kapitalertragsteuer als Entnahme der Gesellschafter zu behandeln, soweit dem nicht gesetzliche oder gesellschaftsvertragliche Regelungen entgegenstehen.

Phasengleiche Gewinnvereinnahmung

Die einbehaltene Kapitalertragsteuer ist erst im Zeitpunkt der zivilrechtlichen/steuerrechtlichen Entstehung, d.h. dem Zeitpunkt des tatsächlichen Zuflusses der Dividende bei der Personenhandelsgesellschaft, als Entnahme der Gesellschafter zu behandeln, soweit einer Behandlung als Entnahme nicht gesetzliche oder gesellschaftsvertragliche Regelungen entgegenstehen. Zuvor hat die Personenhandelsgesellschaft die Kapitalertragsteuer als Forderung gegen den Schuldner der Dividende auszuweisen.

Im Falle **einer zur Körperschaftsteuer optierenden Personenhandelsgesellschaft** stellt die vom Schuldner der Dividende einbehaltene Kapitalertragsteuer eine Vorauszahlung auf die eigene Körperschaftsteuerschuld dar und ist ab dem Zeitpunkt der zivil-/steuerrechtlichen Entstehung als sonstiger Vermögensgegenstand auszuweisen.

d) Sonderposten für aktivierte Anteile an der Komplementärgesellschaft

Personenhandelsgesellschaften, die an ihren Komplementärgesellschaften beteiligt **523**
sind, haben in Höhe des aktivierten Betrags einen Sonderposten unter der Bezeichnung „Ausgleichsposten für aktivierte eigene Anteile" zu bilden und nach dem Eigenkapital auszuweisen. Von der Dotierung eines Sonderpostens für aktivierte eigene Anteile darf abgesehen werden, wenn die Komplementärgesellschaft keine Einlage in die Kommanditgesellschaft geleistet hat.

e) Gewinnanteil des persönlich haftenden Gesellschafters

Ohne abweichende Regelung im Gesellschaftsvertrag ist der Gewinnanteil eines per- **524**
sönlich haftenden Gesellschafters wegen des Vorrangs des Vollausschüttungsprinzips bereits zum Abschlussstichtag als Verbindlichkeit zu erfassen.

f) Bilanzierung bei Abfindung ausscheidender Gesellschafter durch die Personenhandelsgesellschaft

Bereits geregelt ist folgender Fall: Erhält ein ausscheidender Gesellschafter von der **525**
Personenhandelsgesellschaft eine Abfindung, so ist eine **positive Differenz zwischen**

dem gezahlten Abfindungsbetrag und dem Buchwert des Kapitalanteils im Zeitpunkt des Ausscheidens erfolgsneutral zu behandeln.

Die Interpretation des Ausscheidens des Gesellschafters als Kapitalvorgang, sog. **Verrechnungslösung**, ist der Interpretation als Erwerbsvorgang, sog. Aufstockungslösung, vorzuziehen. Ein positiver Differenzbetrag ist bei der Verrechnungslösung mit dem verbleibenden Eigenkapital der Personenhandelsgesellschaft, d.h. mit den Kapitalanteilen der verbleibenden Gesellschafter und den gegebenenfalls vorhandenen Rücklagen zu verrechnen. Werden durch die Verrechnung die Kapitalanteile von verbleibenden Kommanditisten unter den auf die vereinbarte Einlage geleisteten Betrag herabgemindert, dürfen Gewinne, ohne abweichende vertragliche Regelung oder entsprechenden Gesellschafterbeschluss, erst dann wieder entnommen werden, wenn die Kapitalanteile der betreffenden Kommanditisten den Betrag der vereinbarten Einlage wieder erreichen.

Alternativ zur Verrechnung eines positiven Differenzbetrages mit dem verbleibenden Eigenkapital der Personenhandelsgesellschaft ist eine Abbildung des Ausscheidens eines Gesellschafters als Erwerbsvorgang (sog. **Aufstockungslösung**) zulässig. Die anteilig auf den ausscheidenden Gesellschafter entfallenden und im Rahmen der Abfindung vergüteten stillen Reserven werden bei den Vermögensgegenständen aktiviert, deren Buchwerte stille Reserven enthalten (Aufstockungslösung). Auch die nachträgliche anteilige Aktivierung von selbst erstellten immateriellen Vermögensgegenständen des Anlagevermögens oder eines Geschäfts- oder Firmenwerts ist zulässig.

In IDW RS FAB 7 **neu geregelt** ist der Fall, dass der durch die Personenhandelsgesellschaft an einen ausscheidenden Gesellschafter gezahlte bzw. zu zahlende Abfindungsbetrag ausnahmsweise geringer als der Buchwert seines Kapitalanteils im Zeitpunkt des Ausscheidens ist. Die **bilanzielle Behandlung des negativen Differenzbetrags zwischen Abfindungsbetrag und Buchwert des Kapitalanteils** richtet sich danach, ob das Ausscheiden des Gesellschafters aus der Perspektive der Gesellschaft als Kapitalvorgang oder als Erwerbsvorgang interpretiert wird.

Bei **Interpretation als Kapitalvorgang** ist der negative Unterschiedsbetrag in voller Höhe in die Rücklagen der Gesellschaft einzustellen.

Bei **Interpretation als Erwerbsvorgang** richtet sich die bilanzielle Behandlung nach dem oder den (mutmaßlichen) Gründen für den negativen Unterschiedsbetrag. Ist der Grund für den negativen Differenzbetrag in stillen Lasten, die im bilanziellen Reinvermögen der Personenhandelsgesellschaft enthalten sind, zu sehen, so ist der negative Differenzbetrag erfolgsneutral in einen nach dem Eigenkapital auszuweisenden passiven Unterschiedsbetrag einzustellen (z.B. unter der Postenbezeichnung „Negativer Unterschiedsbetrag aus der Abfindung ausgeschiedener Gesellschafter"). Dieser passive Unterschiedsbetrag ist in der Folge verursachungsgerecht ertragswirksam aufzulösen (z.B. in entsprechender Anwendung der Grundsätze des DRS 23 Tz. 143). Ist hingegen der Grund für den negativen Differenzbetrag in der Person des ausscheidenden Gesellschafters zu sehen, gilt Folgendes: Wollte der ausscheidende Gesellschafter nachweislich einen Sanierungszuschuss an die Personenhandelsgesellschaft leisten, ist der negative Differenzbetrag entweder in die Rücklagen der Gesellschaft einzustellen oder als sonstiger betrieblicher Ertrag zu erfassen. Ist der negative Differenzbetrag als Zugeständnis des ausscheidenden Gesellschafters an die Personenhandelsgesellschaft für sein kurzfristiges Ausscheiden („Abfindungsabschlag") zu interpretieren, ist er in die Rücklagen der Gesellschaft einzustellen.

4. Neue Kapitalkostenempfehlung des IDW – aktuelle Entwicklung für die Bewertung von Unternehmen und immateriellen Vermögenswerten

526 Der Fachausschuss für Unternehmensbewertung und Betriebswirtschaft (FAUB) des IDW hat in seiner Sitzung am 16.9.2025 beschlossen, seine **Empfehlung für die Markt-**

risikoprämie anzupassen. Für **Bewertungsstichtage ab dem 22.9.2025** gilt für die Marktrisikoprämie eine Bandbreite von:

- 5,25 % bis 6,75 % vor persönlichen Steuern
- 4,5 % bis 5,75 % nach persönlichen Steuern.

Die neuen Bandbreiten liegen unterhalb der bisherigen Empfehlung des FAUB aus dem Jahr 2019. Seinerzeit betrugen diese

- 6,0 % bis 8,0 % vor persönlichen Steuern und
- 5,0% bis 6,5 % nach persönlichen Steuern.

Neben der Reduzierung erfolgte auch eine Verengung der Bandbreiten.

Die Anpassung der Marktrisikoprämie hat u.a. Auswirkungen für die Bewertung von Unternehmen und immateriellen Vermögenswerten im Rahmen von Transaktionen, rechnungslegungsbezogenen Bewertungen, wie z.B. Kaufpreisallokationen, Impairment Tests, Beteiligungsbewertungen, und Gutachterlichen Unternehmensbewertungen nach IDW S 1.

Die Absenkung der Bandbreitenempfehlung zur Marktrisikoprämie kompensiert den gestiegenen Basiszinssatz und mindert den Abwertungsdruck von Beteiligungen und Firmenwerten aufgrund eines in der Vergangenheit deutlich gestiegenen Zinsniveaus, da ein geringeres, der Bewertung zu Grunde zu legendes Zinsniveau unter sonst gleichen Bedingungen zu höheren Unternehmenswerten führt.

Die Entwicklung auf den Kapitalmärkten wird vom FAUB kontinuierlich daraufhin beobachtet, ob seine Empfehlung zu den Kapitalkosten anzupassen ist. Der FAUB verfolgt einen pluralistischen Ansatz, bei dem historisch gemessene nominale und reale Aktienrenditen, historische gemessene Marktrisikoprämien sowie Ex-ante-Analysen impliziter Aktienrenditen gesamtheitlich betrachtet werden. Folgende Gründe werden für die Anpassung der Marktrisikoprämie angeführt:

- **Zinsumfeld:** Nach Jahren historisch niedriger und sogar negativer Zinsen hat sich das Zinsniveau seit dem Jahr 2022 stetig erhöht. Die Zinsstrukturkurve hat sich wieder normalisiert. Dadurch hat sich das Zinsniveau tendenziell wieder an historische Zinsniveaus angenähert, was auch eine Annäherung an historische durchschnittliche Marktrisikoprämien nahelegt.
- **Implizite Renditeerwartungen am Aktienmarkt:** Die implizit gemessenen Marktrisikoprämien haben sich im laufenden Jahr deutlich verringert. Ceteris paribus legt dies ebenfalls eine Reduktion der Marktrisikoprämie nahe.
- **Langfristige Erwartungen:** Die bisherige Empfehlung des FAUB vom 25.10.2019 würde im aktuellen Zinsumfeld rechnerisch zu einer Gesamtrendite oberhalb der vom FAUB erwarteten Bandbreite führen.

Kritische Stellungnahme:

Mit der angepassten Empfehlung zur Höhe der Marktrisikoprämie trägt der FAUB den aktuellen Entwicklungen an den Kapitalmärkten Rechnung. Unternehmen und Wirtschaftsprüfer erhalten eine verlässliche Orientierung zur Höhe der Marktrisikoprämie.

II. Internationale Rechnungslegung

1. Überblick zu den Angabepflichten in einem EU-IFRS-Konzernabschluss zum 31.12.2025

Bei der Erstellung und Prüfung des Konzernabschlusses sollte ein besonderes Augenmerk auf die **vollständigen Anhangangaben** zu neuen bzw. geänderten Standards gelegt werden. Anhangangaben sind sowohl für die neu angewendeten Standards und 527

Interpretationen (IAS 8.28), als auch für die verabschiedeten, aber noch nicht angewandten Standards und Interpretationen zu machen (IAS 8.30).

Im Folgenden wird ein Überblick über den Stand der durch das IASB **verabschiedeten Standards und Interpretationen** gegeben, über die gemäß IAS 8.28 und IAS 8.30 in einem **EU-IFRS-Konzernabschluss zum 31.12.2025** zu berichten ist.

2. Auswirkungen neuer bzw. geänderter Standards oder Interpretationen (IAS 8.28)

528 IAS 8.28 verlangt die Angabe von neuen bzw. geänderten Standards und Interpretationen, wenn ihre erstmalige Anwendung Auswirkungen auf die Berichtsperiode oder eine frühere Periode hat. Der Anwendungsbereich von IAS 8.28 umfasst daher alle **Änderungen von Bilanzierungs- und Bewertungsmethoden,** die sich aus der erstmaligen Anwendung eines neuen oder geänderten Standards oder einer Interpretation ergeben. Die Anhangangaben müssen dann in Bezug auf den neuen Standard oder die Interpretation u.a. folgende Inhalte umfassen:

- Titel des Standards bzw. der Interpretation,
- falls zutreffend, eine Beschreibung der Übergangsvorschriften,
- Art und Änderung der Rechnungslegungsmethode,
- Betrag der Änderung jedes betroffenen Abschlusspostens (einschließlich des Ergebnisses je Aktie) für den Beginn des Vorjahrs, für das Vorjahr und für das laufende Jahr, soweit praktikabel.

Ferner ist zu beachten, dass die Angaben nach IAS 8.28 auch bei einer frühzeitigen freiwilligen Anwendung eines neuen Standards oder einer Interpretation erforderlich sind.

Die folgende Tabelle gibt einen Überblick über potenziell angabepflichtige Vorschriften nach IAS 8.28 in einem EU-IFRS-Konzernabschluss zum 31.12.2025 sowie eine allgemeine Einschätzung hinsichtlich der Auswirkung auf die Bilanzierungspraxis.

Sofern die Anwendung der geänderten Vorschriften Auswirkungen auf den IFRS Konzernabschluss hat, sollte eine Erläuterung des neuen Standards erfolgen; andernfalls kann eine allgemeine Formulierung aufgenommen werden, wonach der erstmals zum 1.1.2025 verpflichtend in der EU anzuwendende Standard keine wesentlichen Auswirkungen auf den Konzernabschluss hat.

Standard	Titel	IASB Effective date*	Erstanwendungszeitpunkt in der EU*	Auswirkung**
Amend. IAS 21	Auswirkungen von Änderungen der Wechselkurse – Mangel an Umtauschbarkeit	1.1.2025	1.1.2025	Branchen- bzw. unternehmensspezifische Bedeutung

* Für Jahresabschlüsse, die am oder nach diesem Datum beginnen.

** Die allgemeine Einschätzung hinsichtlich der Auswirkung auf die Bilanzierungspraxis dient als Orientierung - die individuellen Auswirkungen auf das einzelne Unternehmen sind davon unabhängig zu erläutern.

3. Änderungen an IAS 21: „Auswirkungen von Änderungen der Wechselkurse" – Mangel an Umtauschbarkeit

529 Das IASB hat am 15.8.2023 Änderungen an IAS 21 „Auswirkungen von Änderungen der Wechselkurse – Mangel an Umtauschbarkeit" veröffentlicht, die Leitlinien zur **Bilanzierung bei mangelnder Umtauschbarkeit von Währungen** enthalten.

Die Klarstellungen sollen Unternehmen bei ihrer Verpflichtung zur Bereitstellung nützlicher Informationen in ihren Abschlüssen unterstützen, wenn eine Währung nicht in eine andere Währung umtauschbar ist. Die Klarstellungen schließen damit eine bislang in IAS 21 vorherrschende Regelungslücke.

Die vom IASB verabschiedeten Änderungen betreffen insbesondere:

- **Einheitlicher Ansatz** zur Beurteilung, ob eine Währung **umtauschbar** ist: Eine Währung gilt als umtauschbar, wenn ein Unternehmen zum jeweiligen Berichtszeitpunkt in der Lage ist, eine Währung für einen bestimmten Zweck über Märkte oder Umtauschmechanismen in eine andere Währung umzutauschen, sofern dabei ohne unangemessene Verzögerungen durchsetzbare Rechte und Pflichten geschaffen werden. Hingegen gilt eine Währung als nicht in eine andere Währung umtauschbar, wenn ein Unternehmen eine Währung lediglich in unwesentlicher Höhe erhalten kann.
- Vorgaben zur Bestimmung des **anzuwendenden Stichtagskurses**, wenn ein Umtausch in eine andere Währung nicht möglich ist: Ist eine Währung zum Berichtszeitpunkt nicht in eine andere Währung umtauschbar, hat das Unternehmen den Stichtagskurs als den Kurs zu schätzen, der für eine ordnungsgemäße Transaktion zwischen Teilnehmern am Markt unter den vorherrschenden wirtschaftlichen Bedingungen gegolten hätte.
- **Zusätzliche Angabepflichten**, wenn eine Währung nicht umtauschbar ist: Das Unternehmen hat den Abschlussadressaten Informationen zur Verfügung zu stellen, die eine Beurteilung über die Auswirkungen auf die finanzielle Leistung, die finanzielle Lage und die Cashflows des Unternehmens ermöglichen, wenn eine Währung nicht in eine andere Währung umtauschbar ist. Die Angabepflicht umfasst auch Angaben zu den verwendeten Stichtagskursen, zum Schätzverfahren sowie zu den Risiken, denen das Unternehmen aufgrund der mangelnden Umtauschbarkeit ausgesetzt ist.

Die Änderungen betreffen auch entsprechende Änderungen an IFRS 1, da darin bisher keine Definition zur Umtauschbarkeit enthalten war.

I. Wirtschaftsrecht

I. Allgemeines Zivilrecht

1. Neue Pfändungsfreigrenzen seit 1.7.2025

Gemäß Pfändungsfreigrenzenbekanntmachung 2025 vom 2.4.2025, die am 11.4.2025 **530**
veröffentlicht wurde,[1] haben sich die **unpfändbaren Beträge** nach § 850c ZPO zum 1.7.2025 erhöht.[2]

Die Vorschrift normiert die Höhe der Beträge, bis zu denen das Arbeitseinkommen eines Schuldners in der Zwangsvollstreckung unpfändbar ist. Danach beträgt etwa das unpfändbare Arbeitseinkommen seit dem 1.7.2025 1.555 Euro monatlich (statt bisher 1.491,75 Euro). Der unpfändbare Unterhaltsanspruch unter Ehegatten beträgt nunmehr 585,23 Euro monatlich (statt bisher 561,43 Euro) und für weitere unterhaltsberechtigte Personen 326,04 Euro monatlich (statt bisher 312,78 Euro).

1) BGBl. I 2025 Nr. 110.
2) Vgl. hierzu im Einzelnen Hintzen, Lohnpfändung 2025, Rz. 1 ff. Das Werk beinhaltet in der digitalen Version u.a. auch einen Lohnpfändungsrechner.

2. Unwirksamkeit von Negativzinsen

a) Negativzinsen in Verträgen über Giro-, Tagesgeld- und Sparkonten können unwirksam sein

531 Der XI. Zivilsenat des BGH stellte mit vier Urteilen vom 4.2.2025[1)] klar, dass für Guthaben auf **Spar- und Tagesgeldkonten** von Verbrauchern keine Verwahrentgelte (sog. Negativzinsen) erhoben werden dürfen. Bei **Girokonten** sind Verwahrentgelte dagegen zulässig, sofern entsprechende Vertragsklauseln dem Transparenzgebot standhalten. Geklagt hatten mehrere Verbraucherschutzverbände nach dem Unterlassungsklagengesetz.

Die Klauseln über Verwahrentgelte für Einlagen auf **Tagesgeldkonten**[2)] und für **Spareinlagen**[3)] unterliegen laut BGH einer AGB-rechtlichen Inhaltskontrolle, weil sie die von der Bank geschuldete Hauptleistung abweichend von der nach Treu und Glauben geschuldeten Leistung verändern. Denn Einlagen auf Tagesgeldkonten und Sparkonten dienen laut BGH nicht nur der sicheren Verwahrung von Geldern, sondern darüber hinaus auch **Anlage- und Sparzwecken**. Bei einer gleichzeitigen Verzinsung der Einlage mit 0,001 % p.a. reduziere sich das eingelegte Kapital auf den Tagesgeldkonten jenseits des Freibetrages, statt anzuwachsen. Ebenso widerspricht es dem den Sparvertrag kennzeichnenden Charakter des Kapitalerhalts. Daher hielten die Klauseln über Verwahrentgelte für Einlagen auf Tagesgeldkonten und für Spareinlagen wegen unangemessener Benachteiligung der AGB-rechtlichen Inhaltskontrolle nach § 307 Abs. 1 Satz 1, Abs. 2 Nr. 1 BGB nicht stand.

Anmerkung:

Zwar hatten Kreditinstitute im Euroraum im Zeitraum vom 11.6.2014 bis 26.7.2022 auf bestimmte Einlagen, die sie bei ihrer nationalen Zentralbank unterhielten, „negative Zinsen" zu zahlen. Dies rechtfertigt laut BGH jedoch nicht, die vertraglich berechtigten Erwartungen von Verbrauchern, ihre auf Tagesgeld- und auf Sparkonten verbuchten Einlagen mindestens zu erhalten, durch die Einführung eines Verwahr- oder Guthabenentgelts zu enttäuschen, das die Einlage bis zu einem Freibetrag fortlaufend reduziert.

Zu einer anderen Beurteilung kommt der BGH bei **Girokonten**.[4)] Bei diesen seien Verwahrentgelte grundsätzlich zulässig, sofern die Abreden transparent sind. Die Verwahrung des Geldes stelle nämlich eine von der Bank erbrachte Hauptleistung dar, die **keiner AGB-rechtlichen Inhaltskontrolle** nach § 307 Abs. 3 Satz 1 BGB unterliege. Folglich dürften Kreditinstitute auf diese Einlagen grundsätzlich auch Negativzinsen erheben.

Sofern allerdings entsprechende Klauseln, die die Hauptleistung bepreisen, nicht klar und verständlich sind, verstoßen diese laut BGH gegen das sog. Transparenzgebot (§ 307 Abs. 1 Satz 2 BGB) und sind damit gegenüber Verbrauchern letztlich doch auch unwirksam.

Der BGH begründet seine Auffassung in Bezug auf die Girokonten damit, dass Giroverträge sog. typengemischte Verträge sind, bei denen die von der Bank erbrachten Leistungen Elemente des Zahlungsdiensterechts, des Darlehensrechts und der unregelmäßigen Verwahrung aufweisen können. Innerhalb dessen stellt die Verwahrung von Guthaben auf Girokonten nach Auffassung des BGH neben der Erbringung von Zahlungsdiensten eine den Girovertrag prägende Leistung und damit eine Hauptleistung dar.

---

1) BGH v. 4.2.2025, XI ZR 161/23, NJW 2025, 1738; XI ZR 65/23, NJW 2025, 1743; XI ZR 183/23, NJW-RR 2025, 687; XI ZR 61/23, NJW-RR 2025, 684, vgl. zu den BGH-Urteilen auch Grünwald/von Rechteren, jM 2025, 155.
2) BGH v. 4.2.2025, XI ZR 161/23, NJW 2025, 1738; vgl. hierzu auch Anm. Rodi, ZIP 2025, 1135.
3) BGH v. 4.2.2025, XI ZR 183/23, NJW-RR 2025, 687; hierzu auch Anm. Omlor, ZIP 2025, 757.
4) BGH v. 4.2.2025, XI ZR 65/23, NJW 2025, 1743; hierzu auch Anm. Linardatos, ZIP 2025, 1004.

Wie auch die in der Vergangenheit gängige Vertragspraxis der Banken, wonach Guthaben auf Girokonten geringfügig verzinst wurden, belege, dient das Guthaben auf Girokonten nicht ausschließlich der Teilnahme am Zahlungsverkehr. Deshalb sei die Verwahrung von Guthaben auf Girokonten als von der Bank im Rahmen des Girovertrags erbrachte Hauptleistung anzusehen. Daher darf die Bank die Verwahrung auch grundsätzlich als Leistung selbst bepreisen, so dass eine Preisabrede zur Hauptleistung zwar von der AGB-Inhaltskontrolle ausgenommen ist, dennoch aber dem sich auf das Hauptleistungsversprechen erstreckende Transparenzgebot unterliegt.

Anmerkung:

Die in den maßgeblichen streitbefangenen Giroverträgen enthaltenen **Verwahrentgeltklauseln** waren laut BGH **intransparent** und aus diesem Grund unwirksam. Sie seien hinsichtlich der Höhe des Verwahrentgelts nicht bestimmt genug gewesen. Die Verbraucher könnten ihre mit den Klauseln verbundenen wirtschaftlichen Belastungen nicht hinreichend erkennen. Die Klauseln würden zudem nicht hinreichend genau darüber informieren, auf welches Guthaben sich das jeweilige Verwahrentgelt bezieht.

b) Verbraucherschutzverbände können keine Rückzahlung von Negativzinsen verlangen

Soweit die klagenden Verbraucherschutzverbände als Folgenbeseitigung die Rückzah- 532
lung der auf der Grundlage der unwirksamen Verwahrentgeltklauseln vereinnahmten Entgelte an die betroffenen Verbraucher und Auskunft über deren Vornamen, Zunamen und Anschriften verlangten, hat der BGH die Klage abgewiesen.[1] Eine Klage hinsichtlich des Zahlungsbegehrens sei bereits unzulässig, weil der Kläger mit seinem Antrag die Kunden der Beklagten nicht individualisiere, an die die Rückzahlung erfolgen soll. Außerdem wird in dem Antrag nicht der Betrag beziffert, der von der Beklagten an die Kunden jeweils zurückgezahlt werden soll. Folglich fehle es an der erforderlichen Bestimmtheit des Klageantrags.

Zudem kann ein Verbraucherschutzverband die begehrte Auskunft nicht beanspruchen, weil diesem im Rahmen eines Klageverfahrens nach dem UKlaG kein Beseitigungsanspruch auf Rückzahlung rechtsgrundlos vereinnahmter Entgelte an die betroffenen Verbraucher zusteht, so dass auch ein entsprechender Auskunftsanspruch nicht besteht. Betroffene Verbraucher müssen zu Unrecht gezahlte Negativzinsen ggf. selbst bei ihrer Bank zurückfordern.

Kritische Stellungnahme:

Die Entscheidung des BGH dürfte insbesondere mit Blick auf die Zukunft relevant sein, in dem er nunmehr für künftige Niedrigzinsphasen klare rechtliche Vorgaben geschaffen hat.

3. Anlagevermittlung: Informationspflichten zur Bonität des Emittenten

Ein Anlagevermittler kommt im Normalfall seiner Pflicht zur Information über die Boni- 533
tät des Emittenten einer Kapitalanlage nach, wenn er dem geschäftserfahrenen Anleger die im Anlagezeitpunkt **aktuelle Bewertung einer Rating-Agentur** mitteilt. Dabei kann er sich grundsätzlich auf die Richtigkeit des Ratings verlassen.

Der BGH hat mit Urteil vom 19.9.2024[2] klargestellt, dass mit der Vermittlung von Kapitalanlagen zumindest **konkludent ein Auskunftsvertrag** zustande kommt, wenn in Bezug auf eine bestimmte Anlageentscheidung deutlich wird, dass die **besonderen Kenntnisse des Vermittlers** in Anspruch genommen werden sollen und der Vermittler

1) BGH v. 4.2.2025, XI ZR 61/23, NJW-RR 2025, 684; vgl. hierzu auch Anm. Koch, ZIP 2025, 875.
2) BGH v. 19.9.2024, III ZR 299/23, NJW 2025, 3649; vgl. hierzu auch Bergmeister, jurisPR-BGHZivilR 22/2024 Anm. 1.

mit der gewünschten Tätigkeit beginnt. Ein solcher Vertrag begründet eine Informationspflicht des Vermittlers gegenüber dem Interessenten.

Dabei ist der Anlagevermittler grundsätzlich verpflichtet, sich über die Bonität des Emittenten zu informieren, jedoch nicht zu einer fachkundigen Bewertung oder Beurteilung. Die Weitergabe eines Ratings durch eine Rating-Agentur erfüllt in der Regel die Informationspflicht gegenüber geschäftserfahrenen Anlageinteressenten. Ein solches Rating muss der Vermittler grundsätzlich nicht eigenständig bewerten.

Eine **weitergehende Ermittlungspflicht** entsteht nur, wenn konkrete Anhaltspunkte vorliegen, die auf eine vom Rating negativ abweichende Bewertung hindeuten. Im Streitfall handelte es sich bei dem Anlageinteressenten um eine Gemeinde mit eigener Kämmerei. In diesem Fall konnte der Anlagevermittler davon ausgehen, dass den dort für die Anlageentscheidung verantwortlichen Personen die verschiedenen Rating-Grade und deren Bedeutung bekannt sind.

Anmerkung:

Der BGH konkretisiert mit diesem Urteil die **Anforderungen und Grenzen der Informationspflicht eines Anlagevermittlers**, insb. im Umgang mit geschäftserfahrenen Anlegern und betont, dass überzogene Anforderungen an Vermittler vermieden werden sollen und dass die Geschäftserfahrung der Anleger bei der Beurteilung der Informationspflichten berücksichtigt werden muss. Die Verpflichtung zu eigenen Ermittlungen des Vermittlers besteht nur ausnahmsweise und hängt dabei ebenso stark von den Umständen des Einzelfalls ab. Das Urteil gibt insbesondere bei Einlagegeschäften von Kommunen einen rechtlichen Rahmen vor.

4. Dreijährige Verjährungsfrist bei Verbraucheransprüchen auf Rückzahlung von Kontoführungsentgelten wegen unwirksamer Zustimmungsfiktion

534 Mit Urteil vom 3.6.2025[1] äußerte sich der BGH zur Verjährung der Rückforderungsansprüche von Verbrauchern gegen Banken wegen unrechtmäßig erhobener Kontoführungsentgelte, die auf der Verwendung unwirksamer Zustimmungsfiktionsklauseln beruhen.

Bereits im Jahr 2021 hatte der BGH[2] entschieden, dass vorformulierte Zustimmungsfiktionen zur Änderung von Entgelten in AGB gegenüber Verbrauchern unwirksami.S.d. § 307 Abs. 1 Satz 1, Abs. 2 Nr. 1 BGB sind. Es fehle an einer Rechtsgrundlage für die Erhebung solcher Entgelte durch die Sparkasse. Mittels einer Zustimmungsfiktion in den AGB sei dies nicht möglich. Vielmehr sei ein Änderungsantrag nötig, um die Interessen des Verwendungsgegners entsprechend zu berücksichtigen.

Weiter stand bereits fest, dass sich Verbraucher auch dann noch auf die Unwirksamkeit einer Zustimmungsfiktionsklausel berufen und rechtsgrundlos gezahlte Kontoführungsentgelte nach Bereicherungsrecht zurückverlangen können, wenn sie die von der Sparkasse rechtsgrundlos vereinnahmten Entgelte länger als drei Jahre widerspruchslos gezahlt haben, § 812 Abs. 1 Satz 1 Fall 1 BGB.[3]

Der BGH stellt in dem aktuellen Urteil nun jedoch klar, dass solche bereicherungsrechtlichen Rückforderungsansprüche der **regelmäßigen Verjährungsfrist von drei Jahren** (§ 195 BGB) unterliegen. Maßgeblich für den Fristbeginn sei gemäß § 199 Abs. 1 BGB das Ende des Jahres, in dem der Anspruch entstanden ist und der Gläubiger von den anspruchsbegründenden Umständen und der Person des Schuldners Kenntnis erlangt oder ohne grobe Fahrlässigkeit erlangen müsste. Danach seien die Ansprüche der Verbraucher nicht bereits mit der Abbuchung der Entgelte von den Girokonten entstanden, sondern erst mit der Anerkenntnis der Saldoabschlüsse durch die Verbraucher, in

---

1) BGH v. 3.6.2025, XI ZR 45/24, DB 2025, 1950, vgl. hierzu auch Rodi, ZIP 2025, 1909.
2) BGH v. 27.4.2021, XI ZR 26/20, NJW 2021, 2273, und v. 19.11.2024, XI ZR 139/23, DB 2025, 180, vgl. hierzu auch Schmalenbach, RdZ 2025, 133.
3) BGH v. 19.11.2024, XI ZR 139/23, DB 2025, 180, vgl. hierzu auch Schmalenbach, RdZ 2025, 133.

denen die Entgelte jeweils verrechnet worden sind. Diese Genehmigung erfolge i.S.d. § 7 der AGB-Sparkassen entweder ausdrücklich oder konkludent durch Schweigen nach Ablauf einer sechswöchigen Einwendungsfrist.

Anmerkung:

Für den Beginn der Verjährung ist nicht erforderlich, dass Verbraucher die Unwirksamkeit der Klausel rechtlich durchschauen. Es genügt, dass sie Kenntnis von den tatsächlichen Umständen hatten – also etwa von der Entgeltänderung und deren Ausweis im Kontoabschluss. Ein Hinausschieben des Verjährungsbeginns wegen einer „unsicheren Rechtslage" lehnt der BGH somit ab: Angesichts früherer Rechtsprechung[1] sei eine Klage auch bereits vor dem Urteil vom 27.4.2021 zumutbar gewesen – ggf. auch mit anwaltlicher Hilfe.

5. Ersatzfähigkeit von Inkassokosten eines verbundenen Unternehmens

Eine Inkassovergütung stellt auch dann einen **ersatzfähigen Verzugsschaden** dar, 535
wenn es sich bei dem von dem Gläubiger mit der Einziehung der Forderung beauftragten Inkassodienstleister um ein mit ihm verbundenes – aber gleichwohl rechtlich selbständiges – Unternehmen handelt (sog. Konzerninkasso, § 15 AktG) und die zwischen diesen beiden Gesellschaften getroffenen Vereinbarungen dazu führen, dass eine (unmittelbare) Zahlung der Vergütung durch den Gläubiger an den Inkassodienstleister im Regelfall ausscheidet.

Grundsätzlich sind einem Gläubiger alle Einbußen zu ersetzen, die er durch die Verfolgung seiner Rechte gegen den bereits in Verzug geratenen Schuldner erleidet. Zu den danach erstattungsfähigen Rechtsverfolgungskosten zählen nach gefestigter BGH-Rechtsprechung auch diejenigen Aufwendungen, die dem Gläubiger dadurch entstehen, dass er – nach Verzugseintritt – ein Inkassounternehmen mit der Einziehung der Forderung beauftragt.

Die Erstattungsfähigkeit setzt allerdings voraus, dass die Rechtsverfolgungskosten aus Sicht des geschädigten Gläubigers zur Wahrnehmung seiner Rechte erforderlich und zweckmäßig waren. Der BGH erkennt in dieser Hinsicht mit Urteil vom 19.2.2025[2] die Inkassovergütung als ersatzfähigen Verzugsschaden an: gerät der Schuldner in Zahlungsverzug, ist die Beauftragung eines (konzernverbundenen) Inkassounternehmens regelmäßig selbst in einfach gelagerten Fällen erforderlich und zweckmäßig, um offene Forderungen geltend zu machen. Entsprechende Kosten sind daher nach § 280 Abs. 1, 2, §§ 286, 249 Abs. 1 BGB erstattungsfähig.

Anmerkung:

Auch wenn Inkassodienstleister und Forderungsinhaber zueinander in einem Beherrschungs- und Gewinnabführungsverhältnis stehen (Konzerninkasso), ändert dies nichts an der Ersatzfähigkeit der Kosten. Laut BGH richtet sich die Frage der Erstattungsfähigkeit von Inkassokosten nicht nach der gewählten Organisation des Forderungsinkassos, sondern allein danach, mit welchen Tätigkeiten der Gläubiger das Inkassounternehmen beauftragt. Nur wenn im Einzelfall zusätzliche besondere Anhaltspunkte für ein von sachfremden Interessen geleitetes, rechtsmissbräuchliches Verhalten des Gläubigers ggf. in kollusivem Zusammenwirken mit dem konzernverbundenen Inkassounternehmen vorliegen, könne die Erforderlichkeit einer solchen Maßnahme infrage stehen.

6. Mindestkündigungsfrist auch bei automatischer Vertragsbeendigung bei D&O-Versicherungen im Insolvenzfall

Eine in den Allgemeinen Versicherungsbedingungen einer D&O-Versicherung enthal- 536
tene Klausel benachteiligt den Versicherungsnehmer unangemessen i.S.d. § 307 Abs. 1

1) BGH v. 11.10.2007, III ZR 63/07, NJW-RR 2008, 134.
2) BGH v. 19.2.2025, VIII ZR 138/23, NJW 2025, 1812, vgl. hierzu auch Prütting, ZIP 2025, 1198.

Satz 1 BGB, soweit sie das automatische Ende des Versicherungsvertrages mit dem Ablauf der Versicherungsperiode vorsieht, in der ein Insolvenzantrag gestellt worden ist.

Gemäß Urteil des BGH vom 18.12.2024[1] ist eine solche Klausel mit wesentlichen Grundgedanken der gesetzlichen Regelung des § 11 Abs. 1 und 3 Versicherungsvertragsgesetz (VVG) unvereinbar und damit unwirksam.

Nach § 11 Abs. 3 VVG ist zugunsten des Versicherungsnehmers im Falle der ordentlichen Kündigung stets eine **Mindestkündigungsfrist** von einem Monat einzuhalten. Eine Abweichung hiervon zum Nachteil des Versicherungsnehmers halte einer Inhaltskontrolle nach § 307 Abs. 3 Satz 1 BGB nicht stand. Denn Klauseln, die das Hauptleistungsversprechen – wie hier auf Schadensersatz – einschränken, verändern, ausgestalten oder modifizieren, sind laut BGH inhaltlich zu kontrollieren.

Die Vorgabe aus § 11 Abs. 3 VVG, dem Versicherungsnehmer im Falle der Vertragsbeendigung durch ordentliche Kündigung des Versicherers eine Mindestkündigungsfrist von einem Monat zuzubilligen, gelte **auch für eine vereinbarte „automatische" Beendigung des Vertrages mit Ablauf der Versicherungsperiode**. Mit der Normierung von (Mindest-)Kündigungsfristen in Dauerschuldverhältnissen beabsichtige der Gesetzgeber den Schutz des Vertragspartners, dem Gelegenheit gegeben werden solle, sich rechtzeitig auf die Beendigung des Vertragsverhältnisses einzustellen. So soll die Bestimmung dem Versicherungsnehmer auch einen gewissen Zeitraum für die Suche nach neuem Versicherungsschutz zusichern.

Anmerkung:

Nach Auffassung des BGH rechtfertigt das Stellen eines Insolvenzantrags den Verzicht auf die Mindestkündigungsfrist im Falle einer ordentlichen Kündigung nicht. So habe der Gesetzgeber die frühere Regelung, die dem Versicherer die Möglichkeit eröffnete, das Versicherungsverhältnis bei Insolvenz des Versicherungsnehmers mit einer Frist von einem Monat zu kündigen, bewusst nicht in das neue Recht übernommen.

7. Kündigungssperrfrist bei Erwerb von Wohnimmobilien durch Personenhandelsgesellschaften

537 Der BGH hat im Rahmen einer Kündigungssperrfrist bei Erwerb von Wohnimmobilien durch Personenhandelsgesellschaften mit Urteil vom 6.8.2025[2] entschieden, dass die (erstmalige) Veräußerung vermieteten Wohnraums an eine Personenhandelsgesellschaft – etwa eine GmbH & Co. KG – nicht die in § 577a Abs. 1a Satz 1 Nr. 1 BGB geregelte Kündigungssperrfrist für Eigenbedarfs- und Verwertungskündigungen des Erwerbers auslöst.

Im Streitfall erwarb eine GmbH & Co. KG Anfang 2012 Eigentum an einem Mehrparteienhaus, in dem die Beklagten seit 2004 Mieter einer Wohnung waren. Mitte 2012 teilte die GmbH & Co. KG das Eigentum an dem Hausgrundstück in Wohnungseigentum auf und veräußerte 2017 die den Beklagten vermietete Wohnung an die Kläger. Die Kläger kündigten gegenüber den Beklagten das Mietverhältnis wegen Eigenbedarfs.

Gemäß § 577a Abs. 1 BGB kann sich ein Erwerber, wenn an vermieteten Wohnräumen nach der Überlassung an den Mieter Wohnungseigentum begründet und das Wohnungseigentum veräußert worden ist, auf ein berechtigtes Interesse an der Kündigung, etwa für eine Eigenbedarfskündigung, erst nach Ablauf einer sog. **Kündigungssperrfrist** seit der Veräußerung berufen. Im Streitfall betrug die Sperrfrist nach Landesrecht zehn Jahre. Dies gilt nach § 577a Abs. 1a Satz 1 BGB entsprechend, wenn vermieteter Wohnraum nach der Überlassung an den Mieter an eine Personengesellschaft oder an

1) BGH v. 18.12.2024, IV ZR 151/23, NJW 2025, 831, vgl. hierzu auch Koch, ZIP 2025, 496.
2) BGH v. 6.8.2025, VIII ZR 161/24, DB 2025, 2060, vgl. hierzu auch Börstinghaus, jurisPR-BGHZivilR 20/2025 Anm. 3.

mehrere Erwerber veräußert worden ist. Wird nachfolgend hierzu Wohnungseigentum begründet, beginnt die Frist, innerhalb der eine Eigenbedarfskündigung ausgeschlossen ist, nach § 577a Abs. 2a BGB bereits mit der erstmaligen Veräußerung des in Wohnungseigentum umgewandelten Wohnraums.

Vorliegend erfolgte der Erwerb des noch ungeteilten Hausgrundstücks durch eine GmbH & Co. KG. Diese unterliegt gemäß der zuvor genannten Entscheidung des BGH vom 6.8.2025 jedoch nicht dem Tatbestand des § 577a Abs. 1a BGB, weswegen auch die Vorschrift des § 577a Abs. 2a BGB über die **zeitliche Vorverlagerung des Fristbeginns nicht einschlägig** ist.

Zur Begründung führt der BGH aus, dass eine Personengesellschaft i.S.d. Norm nur eine (Außen-)Gesellschaft bürgerlichen Rechts (GbR) sein könne. Nur sie dürfe ein Wohnraummietverhältnis grundsätzlich wegen Eigenbedarfs eines ihrer Gesellschafter kündigen, nicht aber eine Personenhandelsgesellschaft, wie die Kommanditgesellschaft oder die offene Handelsgesellschaft – und somit auch nicht die im Streitfall in Rede stehende GmbH & Co. KG –, da sie nicht zugunsten ihrer Gesellschafter Eigenbedarf geltend machen dürfe. Insoweit sei der vom Gesetzgeber im Normtext des Abs. 1a verwendete Begriff der Personengesellschaft zu weit gefasst. Personenhandelsgesellschaften wie eine GmbH & Co. KG lösen demnach nicht dieselben Folgen aus wie eine GbR hinsichtlich der zeitlichen Vorverlagerung der Kündigungssperrfrist.

Anmerkung:

Damit bleibt es in Fällen wie dem vorliegenden bei der „klassischen" Regelung: Die Kündigungssperrfrist wird nicht auf den Erwerb der GmbH & Co. KG vorverlegt, sondern sie beginnt erst mit der ersten Veräußerung der in Wohnungseigentum umgewandelten Wohnung – hier also mit dem Erwerb durch die Privatpersonen im Jahr 2017.

8. Grundpfandrecht zugunsten noch nicht gezeugter Nachkommen

Der BGH entschied eine lange ungeklärte Rechtsfrage und stellt klar, dass eine noch **538**
nicht gezeugte Person Inhaber eines – durch ihre Lebendgeburt bedingten – Grundpfandrechts sein und ein solches auch erwerben kann.

Mit Beschluss vom 26.6.2025[1] hat der BGH die **Rechte Ungeborener gestärkt**. Im Streitfall hatte eine 2003 verstorbene Mutter ihre Tochter als Vorerbin eingesetzt. Nach dem Willen der verstorbenen Mutter sollten die möglichen Kinder der Tochter eines Tages Rechte an einem Grundstück erwerben. Dazu wurde eine brieflose Grundschuld in das Grundbuch eingetragen. Die kinderlos gebliebene Tochter bemühte sich um die Löschung der Grundbucheintragung und versicherte an Eides statt, weder leibliche noch an Kindes statt angenommene Kinder zu haben. Ihre Klage wurde in allen Instanzen – auch vom BGH – abgewiesen. Die Voraussetzungen für eine Löschung der eingetragenen Grundschuld im Wege der Grundbuchberichtigung liegen nicht vor, da die Antragstellerin den Nachweis der Unrichtigkeit des Grundbuchs nicht erbracht habe. Es sei nicht ausgeschlossen, dass die Antragstellerin zukünftig Kinder haben wird, entweder durch Geburt oder Adoption.

Bisher war in der Rechtsprechung und Literatur ungeklärt, ob die Eintragung einer Grundschuld ins Grundbuch für noch nicht gezeugte Personen inhaltlich zulässig ist bzw. ob noch nicht gezeugte Personen nach materiellem Recht eine Grundschuld erwerben können. Dies hat der BGH nunmehr bejaht und sich der Rechtsauffassung angeschlossen, die bereits auf Entscheidungen des Reichsgerichts zurückgeht: Er stellte klar, dass eine **noch nicht gezeugte Person** – vorbehaltlich der Lebendgeburt – **unentziehbare Rechtspositionen** erlangen kann und diese auch gesichert werden müssten, so dass solche Personen auch Inhaber eines Grundpfandrechts sein und ein

1) BGH v. 26.6.2025, V ZB 48/24, ZEV 2025, 591.

solches erwerben können. Eine solche Eintragung erfülle auch das grundbuchrechtliche Bestimmtheitsgebot durch die Bezeichnung als „Kinder der Antragstellerin". Folglich ist die Eintragung eines Grundpfandrechts zugunsten noch nicht gezeugter Nachkommen in das Grundbuch nicht inhaltlich unzulässig i.S.v. § 53 Abs. 1 Satz 2 GBO.

Anmerkung:

Der BGH hielt es für nicht relevant, dass die 1960 geborene Frau vermutlich nie Kinder zur Welt bringen wird, denn aufgrund der sich stetig weiterentwickelnden modernen Reproduktionsmedizin sei selbst in hohem Alter nicht mehr offenkundig ausgeschlossen, dass Frauen leibliche Abkömmlinge bekommen.

9. Konkrete Verantwortlichkeiten bei Verbandsgeldbußen

539 Die Festsetzung einer Verbandsgeldbuße nach § 30 Abs. 1 OWiG gegen ein Unternehmen kann nur dann rechtmäßig erfolgen, wenn konkret festgestellt wird, **welche Leitungsperson** aus dem Unternehmen eine Ordnungswidrigkeit oder Straftat begangen hat bzw. ihr nach allgemeinen Grundsätzen das bestimmte ordnungswidrige Handeln zugerechnet werden kann. Pauschale oder vage Feststellungen genügen nicht.

Hat jemand u.a. als vertretungsberechtigtes Organ einer juristischen Person oder als Mitglied eines solchen Organs eine Straftat oder Ordnungswidrigkeit begangen, durch die Pflichten, die die juristische Person oder die Personenvereinigung treffen, verletzt worden sind, kann gegen die juristische Person eine Geldbuße festgesetzt werden, § 30 Abs. 1 OWiG.

Im Streitfall hatte ein international tätiger Speditionsdienstleister mit Sitz in Rumänien einem Fahrer die Genehmigung erteilt, eine Sattelzugmaschine durch Deutschland nach Frankreich zu transportieren. Bei einer Polizeikontrolle stellte sich heraus, dass das Fahrzeug die in Deutschland zulässige Maximallänge überschritt. Daraufhin verhängte das zuständige Amtsgericht eine Geldbuße gegen das Unternehmen mit der Begründung, dass die Fahrt vom Unternehmen angeordnet worden sei, auch wenn keine genaueren Feststellungen zur Verantwortung der Unternehmensleitung getroffen wurden.

Zu Unrecht, wie das BayObLG mit rechtskräftigem Beschluss vom 7.7.2025[1] entschied. Es fehle an hinreichend konkreten Feststellungen, dass eine der in § 30 Abs. 1 OWiG genannten natürlichen Personen eine Ordnungswidrigkeit oder Straftat begangen haben, durch die Pflichten der juristischen Person verletzt worden sind oder die juristische Person bereichert worden ist oder werden sollte. Zwar nannte das Amtsgericht den Geschäftsführer des Unternehmens namentlich, blieb jedoch die erforderlichen Feststellungen schuldig, inwieweit diesem eine Ordnungswidrigkeit oder Straftat zurechenbar ist. Die bloße Behauptung, dass „den für das Unternehmen handelnden Personen die Unzulässigkeit der Fahrt bekannt" gewesen sei, genüge nicht.

Das BayObLG stellte klar, dass die **alleinige Stellung als gesetzlicher Vertreter keine generelle Verantwortung für Mitarbeiterverstöße** begründet. Vielmehr sei es erforderlich, die **konkrete Leitungsperson** zu benennen und darzulegen, dass sie entweder selbst gehandelt hat oder ihr ein eigenes Fehlverhalten, etwa eine Aufsichtspflichtverletzung, vorzuwerfen ist. Diese Anforderungen an die Sachverhaltsaufklärung und Beweisführung gelten auch im Ordnungswidrigkeitenrecht nicht nur formal, sondern substanziell.

1) BayObLG v. 7.7.2025, 202 ObOWi 278/25, juris.

Anmerkung:

Der Beschluss des BayObLG bringt Unternehmensverantwortlichen Klarheit und Schutz vor pauschalen Sanktionen – und zwar über den Bereich von Verkehrsverstößen hinaus. So darf ein Gericht die Verantwortung nicht allein aufgrund organisatorischer oder hierarchischer Strukturen vermuten. Stattdessen müssen bei Verbandsgeldbußen konkrete Anknüpfungspunkte für eine Tatbeteiligung auf Leitungsebene bestehen. Für Unternehmen gilt somit: Sie sollten ihr Compliance-Management stärken, um Verstöße durch Mitarbeiter frühzeitig zu verhindern und ggf. Aufsichtspflichtverletzungen von Führungspersonen ausschließen zu können.

II. Gesellschaftsrecht

1. Allgemeines Gesellschaftsrecht

a) Bindung an die Stimmabgabe eines Gesellschafters bis zum Abschluss des Abstimmungsverfahrens in einer Personengesellschaft

Bisher war die Bindung eines Gesellschafters an seine Stimmabgabe bei der Beschluss- 540
fassung in einer Personengesellschaft nach deren Zugang bis zum Abschluss des Abstimmungsverfahrens umstritten und höchstrichterlich noch nicht abschließend entschieden. Mit Urteil vom 22.10.2024[1] stellte der BGH klar, dass die **Stimmabgabe** im Rahmen der Beschlussfassung einer Personengesellschaft eine **empfangsbedürftige Willenserklärung** i.S.v. § 130 Abs. 1 BGB darstellt, die mit Zugang bei der Gesellschaft (bzw. beim Versammlungsleiter) wirksam wird, sofern ein Widerruf nicht zuvor oder gleichzeitig zugeht. Somit kann ein Gesellschafter seine Stimmabgabe nach dem wirksamen Zugang bis zum Abschluss des Abstimmungsverfahrens grundsätzlich nicht mehr frei widerrufen. Dies gilt laut BGH für die Fälle, in denen weder im Gesellschaftsvertrag noch für den konkreten Abstimmungsvorgang Vereinbarungen zur Bindung an die Stimmabgabe getroffen wurden oder sich aus dem ausdrücklichen oder konkludent geäußerten Bindungswillen etwas anderes ergibt.

Der **grundsätzliche Ausschluss einer freien Widerruflichkeit** der abgegebenen Stimme vor Abschluss des Abstimmungsverfahrens in einer Personengesellschaft folgt aus der Funktion der Stimmabgabe als Bestandteil der kollektiven Willensbildung und dem gemeinsamen Verbandsinteresse an einer möglichst raschen und rechtssicheren Bildung des Organwillens. Gegenüber diesem gemeinsamen Verbandsinteresse hat das Interesse des einzelnen Gesellschafters an einer Änderung seiner Stimmabgabe, etwa wegen im Laufe des Abstimmungsverfahrens bekanntwerdenden neuen Gesichtspunkten, grundsätzlich zurückzustehen.

Anmerkung:

Der BGH musste nicht entscheiden, ob ausnahmsweise ein Widerrufsrecht aus wichtigem Grund anzuerkennen sei.

b) Keine Pflicht zur Offenlegung personenbezogener Daten eines Gesellschaftsvertrags im Handelsregister

EU-Mitgliedstaaten sind nach Art. 21 Abs. 2 Richtlinie (EU) 2017/1132[2] nicht ver- 541
pflichtet, die **Offenlegung eines Gesellschaftsvertrags im Handelsregister** zuzulassen, wenn dieser über die nach der Richtlinie vorgeschriebenen personenbezogenen Min-

1) BGH v. 22.10.2024, II ZR 64/23, DB 2025, 107, vgl. hierzu auch Lieder, ZIP 2025, 244.
2) RL 2017/1132/EU vom 14. Juni 2017 über bestimmte Aspekte des Gesellschaftsrechts, ABl.EU Nr. L 169, 46, zuletzt geändert mit Wirkung ab dem 12.8.2022 durch Art. 92 der VO 2021/23/EU des Europäischen Parlaments und des Rates v. 16.12.2020 über einen Rahmen für die Sanierung und Abwicklung zentraler Gegenparteien und zur Änderung der Verordnungen (EU) Nr. 1095/2010, (EU) Nr. 648/2012, (EU) Nr. 600/2014, (EU) Nr. 806/2014 und (EU) 2015/2365 sowie der Richtlinien 2002/47/EG, 2004/25/EG, 2007/36/EG, 2014/59/EU und (EU) 2017/1132, ABl.EU Nr. L 22, 1 v. 22.1.2021.

destdaten hinaus weitere personenbezogene Daten enthält, deren Offenlegung nach dem Recht dieses Mitgliedstaats nicht vorgeschrieben ist.

Im Streitfall begehrte die Gesellschafterin einer Gesellschaft mit beschränkter Haftung bulgarischen Rechts die Löschung ihrer personenbezogenen Daten aus dem im Handelsregister offengelegten Gesellschaftsvertrag. Konkret enthielt der Gesellschaftsvertrag unter anderem Name, Vorname, die Identifikationsnummer, die Nummer des Personalausweises, Datum und den Ort der Ausstellung dieses Ausweises sowie die Anschrift und Unterschrift der Gesellschafterin. Fraglich war, ob die Offenlegung mit der Richtlinie (EU) 2017/1132 über bestimmte Aspekte des Gesellschaftsrechts sowie mit der Datenschutz-Grundverordnung (DSGVO) vereinbar ist.

Der EuGH entschied mit Urteil vom 4.10.2024[1)], dass Art. 21 Abs. 2 Richtlinie (EU) 2017/1132 einen Mitgliedstaat gerade nicht verpflichtet, die Offenlegung eines Gesellschaftsvertrags im Handelsregister zuzulassen, der der Offenlegungspflicht nach dieser Richtlinie unterliegt und über die erforderlichen personenbezogenen Mindestdaten hinaus weitere personenbezogene Daten enthält, deren Offenlegung nach nationalem Recht nicht vorgeschrieben ist.

Weiter führte der EuGH aus, dass die DSGVO (insb. Art. 4 Nr. 7 und 9) dahingehend auszulegen ist, dass die für die Führung des Handelsregisters zuständige Stelle sowohl „Empfänger" als auch „Verantwortlicher" für die Verarbeitung der übermittelten personenbezogenen Daten ist. Dies gelte selbst dann, wenn der Vertrag weitergehende personenbezogene Daten enthält, die nach der Richtlinie oder dem nationalen Recht nicht vorgeschrieben sind. Eine nationale Praxis, die die Löschung solcher nicht erforderlichen Daten davon abhängig macht, dass eine bereinigte Kopie des Gesellschaftsvertrags vorgelegt wird, wurde vom EuGH aufgrund der Unvereinbarkeit mit Art. 16 Richtlinie (EU) 2017/1132 sowie Art. 17 Verordnung (EU) 2016/679 abgelehnt. Die Löschung muss auch ohne Vorlage einer solchen Kopie erfolgen können, sofern keine legitimen Gründe gegen die Löschung sprechen.

Der EuGH stellte ferner fest, dass die Offenlegung personenbezogener Daten im Handelsregister mit der DSGVO vereinbar sein kann, soweit die Verarbeitung rechtmäßig ist, bspw. zur Erfüllung einer rechtlichen Verpflichtung, die die Verarbeitung nach EU- oder nationalem Recht, dem der Verantwortliche unterliegt, oder zur Wahrnehmung einer Aufgabe, die im öffentlichen Interesse liegt oder in Ausübung öffentlicher Gewalt erfolgt, die dem Verantwortlichen übertragen wurde, erforderlich ist. Dabei müssen jedoch der Verhältnismäßigkeitsgrundsatz sowie auch die Datenschutzgrundsätze, insb. die der Datenminimierung und Zweckbindung, beachtet werden.

Anmerkung:

Mit dem Urteil wird klargestellt, dass EU-Mitgliedstaaten nicht verpflichtet sind, alle im Gesellschaftsvertrag enthaltenen personenbezogenen Daten offenzulegen, sondern lediglich die **gesetzlich vorgeschriebenen Mindestdaten**. Dies schützt das Recht der betroffenen Personen auf Löschung ihrer Daten gemäß Art. 17 DSGVO, sofern die Verarbeitung nicht auf einer rechtlichen Grundlage beruht oder die Daten für den ursprünglichen Zweck nicht mehr erforderlich sind. Das Urteil stärkt somit den Schutz personenbezogener Daten im Kontext von Gesellschaftsverträgen.

c) Geschäftsführerhaftung für gegen das Unternehmen verhängte Kartellbußgelder

542 Der BGH hat den EuGH um Klärung gebeten, ob Unternehmen ihre Geschäftsführer für Kartellbußgelder in Regress nehmen können. Dies könnte den Zweck der gegen Unternehmen verhängten Verbandsbußgelder unterlaufen, deutet der BGH an und zieht eine Parallele zum Steuerrecht.

Geschäftsführer und Vorstand müssen bei ihrer Geschäftsführung die Sorgfalt eines ordentlichen und gewissenhaften Geschäftsleiters walten lassen, § 43 Abs. 1 GmbHG

1) EuGH v. 4.10.2024, Agentsia po vpisvaniyata, C-200/23, DB 2024, 2952.

und § 93 Abs. 1 Satz 1 AktG. Im Falle einer schuldhaften Pflichtverletzung, etwa eines Kartellrechtsverstoßes, sind sie zum Ersatz des daraus entstehenden Schadens verpflichtet, § 43 Abs. 2 GmbHG, § 93 Abs. 2 Satz 1 AktG.

Hingegen ist umstritten, ob ein gegen das Unternehmen verhängtes Kartellbußgeld im Rahmen des Innenregresses von der Geschäftsleitung zu erstatten ist. Dies wird teilweise bejaht, wenn ein vom Leitungsorgan verschuldeter Kartellrechtsverstoß ursächlich für das verhängte Bußgeld war, so dass das Bußgeld auch einen Schaden i.d.S. darstellt. Die Zulässigkeit des Innenregresses richte sich demnach allein nach den zivil- und gesellschaftsrechtlichen Vorschriften. Diese dienten dazu, das Organ zu einer rechtstreuen Geschäftsführung und damit auch zur Beachtung kartellrechtlicher Verbotstatbestände anzuhalten. Nach anderer Auffassung überlagert das Kartellbußgeldrecht sowie Sinn und Zweck der Verbandsbuße als Sanktionierung den gesellschaftsrechtlichen Innenregress. Auch stehe das Unionsrecht einer Verlagerung des durch die Geldbuße bezweckten Vermögensnachteils auf den Geschäftsführer entgegen.

Im Streitfall hatte sich ein Geschäftsführer einer GmbH, der zugleich auch Vorstandsvorsitzender einer AG aus derselben Unternehmensgruppe war, an einem nach Art. 101 Abs. 1 AEUV verbotenen Preiskartell beteiligt. Daraufhin verhängte das Bundeskartellamt Bußgelder gegen die GmbH und gegen den Geschäftsführer persönlich. Die GmbH verlangt nun von ihrem ehemaligen Geschäftsführer die Erstattung des Bußgelds und die AG den Ersatz der zur Abwehr des Bußgelds entstandenen IT- und Anwaltskosten.

In den Vorinstanzen wurde die Auffassung vertreten, dass eine den Innenregress ausschließende teleologische Reduktion der § 43 Abs. 2 GmbHG und § 93 Abs. 2 Satz 1 AktG vorzunehmen sei, weil durch die Unternehmensgeldbuße gerade das Vermögen der Gesellschaft nachhaltig getroffen werden solle. Dies ist laut BGH umstritten.

Der BGH bejaht zwar dem Grunde nach einen Innenregress bei Unternehmensgeldbußen, allerdings könnten kartellrechtliche Besonderheiten ein Abweichen von diesem Ergebnis bewirken. Für die Beantwortung der Frage sei insb. erheblich, ob das Unionsrecht eine einschränkende Auslegung des § 43 Abs. 2 GmbHG und § 93 Abs. 2 Satz 1 AktG gebietet, weswegen der BGH die Frage dem EuGH mit Vorlagebeschluss vom 11.2.2025[1)] zur Vorabentscheidung vorlegte und das Verfahren aussetzte. Demnach könnte eine vollständige oder teilweise Entlastung die unionsrechtlich gebotene Abschreckungsfunktion vor künftigen Wettbewerbsrechtsverletzungen beeinträchtigen. Nun soll der EuGH Klarheit schaffen.

Anmerkung:

Der BGH zieht vorausschauend eine Parallele zum Steuerrecht. So habe der EuGH bereits zu erkennen gegeben, dass eine Geldbuße sehr viel von ihrer Wirksamkeit einbüßen kann, wenn das betroffene Unternehmen berechtigt wäre, sie auch nur teilweise steuerlich abzusetzen. In Anbetracht dessen sei es wahrscheinlich, dass aus dieser Position des EuGH auch eine **einschränkende Auslegung der Haftungstatbestände von Geschäftsleitern** folgt, da sonst der Zweck der kartellrechtlichen Geldbuße maßgeblich beeinträchtigt sei.

d) Publikumsgesellschaft: Auskunftsersuchen des Gesellschafters über persönliche Daten der Mitanleger

Das Auskunftsersuchen eines Gesellschafters einer Publikumsgesellschaft mit dem **543** Ziel, Namen, Anschriften und Beteiligungshöhen der Mitgesellschafter dazu zu verwenden, diesen Kaufangebote für ihre Anteile zu unterbreiten, ist nicht rechtsmissbräuchlich.

1) BGH v. 11.2.2025, KZR 74/23, DB 2025, 1537, vgl. hierzu auch Narjes, jurisPR-Compl 4/2025 Anm. 3.

Der BGH bezieht sich in seinem aktuellen Beschluss vom 22.1.2025[1] auf seinen Beschluss vom 24.10.2023[2] und bestätigt, dass in einem solchen Verhalten keine unzulässige Rechtsausübung und kein Missbrauch des Auskunftsrechts liegt.

Anmerkung:

Die Rechtsprechung stimmte laut BGH auch mit der Rechtsauffassung des EuGH[3] überein. Ebenso stehen die Regelungen der DSGVO (insb. Art. 6) der Erfüllung des Auskunftsanspruchs nicht entgegen, da die begehrten Auskünfte für die Ausübung der Mitgliedschaftsrechte erforderlich seien.

e) Anmeldung einer Umwandlung: Nachreichen einer Schlussbilanz

544 Bei einer Umwandlung ist der Handelsregisteranmeldung jedes der übertragenden Rechtsträger eine Bilanz dieses Rechtsträgers beizufügen, sog. Schlussbilanz, § 17 Abs. 2 Satz 1 UmwG. Dabei darf das Registergericht die Verschmelzung nur eintragen, wenn die Bilanz auf einen höchstens acht Monate vor der Anmeldung liegenden Stichtag aufgestellt worden ist, § 17 Abs. 2 Satz 4 UmwG.

Wie der BGH mit Beschluss vom 18.3.2025[4] klarstellt, kann die der Anmeldung einer Umwandlung beizufügende **Schlussbilanz „zeitnah" nachgereicht** werden, da es sich nach allgemeiner Ansicht auch bei der Schlussbilanz um ein innerhalb einer angemessenen Frist behebbares Eintragungshindernis handelt. Entgegen der Auffassung der Vorinstanz[5] spiele es zudem **keine Rolle, ob die Bilanz schon im Zeitpunkt der Anmeldung erstellt** wurde. Die Achtmonatsfrist in § 17 Abs. 2 Satz 4 UmwG gelte nur für den Abstand zwischen dem Stichtag der einzureichenden Bilanz und der Anmeldung der Umwandlung, nicht hingegen für den Abstand zwischen dem Stichtag der Bilanz und ihrer Erstellung oder Einreichung bei Gericht. Der Wortlaut von § 17 Abs. 2 Satz 1 UmwG unterscheide sich insofern nicht von der Regelung in § 17 Abs. 1 UmwG betreffend die übrigen erforderlichen Anlagen einer Anmeldung, bei der die Nachreichung von Unterlagen grundsätzlich für möglich erachtet wird. Ebenso wenig ergebe sich aus dem Wortlaut des § 17 Abs. 2 Satz 4 UmwG, dass die Schlussbilanz zugleich mit der Anmeldung oder vor Ablauf der Stichtagsfrist eingereicht werden oder zumindest zuvor erstellt worden sein muss. Soweit der Sinn des § 17 Abs. 2 Satz 4 UmwG insb. auch darin gesehen wird, den Gläubigern (und Anteilsinhabern) eine zur Eintragung der Verschmelzung einigermaßen zeitnahe Information über die Vermögensverhältnisse des übertragenden Rechtsträgers zu verschaffen, so werde dem bereits mit der Höchstfrist von acht Monaten hinreichend Rechnung getragen.

Anmerkung:

Im Streitfall beantragte eine GmbH die Eintragung ihrer Verschmelzung, ohne eine stichtagsgerechte Schlussbilanz einzureichen. Die Bilanz wurde erst zwei Monate nach der Anmeldung nachgereicht und erfüllte nicht die durch die Zwischenverfügung des Registergerichts gesetzte Monatsfrist. Demnach ist zwar die Nachreichung der Schlussbilanz grundsätzlich zulässig, muss jedoch innerhalb einer angemessenen Frist erfolgen. Diese Frist muss spätestens nach einer gerichtlichen Aufforderung eingehalten werden. Im vorliegenden Fall war die vom Registergericht gesetzte Monatsfrist überschritten, weshalb die Eintragung zu Recht abgelehnt wurde.

---

1) BGH v. 22.1.2025, II ZB 18/23, DB 2025, 1205, vgl. hierzu auch Hippeli, jurisPR-HaGesR 5/2025 Anm. 1.
2) BGH v. 24.10.2023, II ZB 3/23, DStR 2024, 192, vgl. hierzu auch Hippeli, jurisPR-HaGesR 1/2024 Anm. 3.
3) EuGH v. 12.9.2024, HTB Neunte Immobilien Portfolio, C-17/22, C-18/22, NJW 2024, 3637; vgl. hierzu auch Anm. Armbrüster, ZIP 2024, 2517.
4) BGH v. 18.3.2025, II ZB 1/24, DB 2025, 1403, vgl. hierzu auch Flick, jurisPR-HaGesR 6/2025 Anm. 1 und Vossius in Widmann/Mayer, Umwandlungsrecht aktuell (September 2025), A. II. 1.
5) OLG Düsseldorf v. 12.1.2024, 3 Wx 181/23, DB 2024, 1742 (nachgehend bestätigt und Rechtsbeschwerde zurückgewiesen durch BGH v. 18.3.2025, II ZB 1/24, DB 2025, 1403), zur Entscheidung des OLG vgl. auch Leonard/Bernhard, jurisPR-HaGesR 8/2024 Anm. 7.

f) Keine ausreichende Unterscheidungskraft einer Firma

Nach § 18 Abs. 1 HGB muss eine Firma u.a. Unterscheidungskraft besitzen. **Unterscheidungskraft** i.S.d. § 18 Abs. 1 HGB besitzt eine Firma gemäß Beschluss des BGH vom 11.3.2025[1] dann, wenn sie ihrer Art nach („ursprünglich") die Gesellschaft von anderen Unternehmen **unterscheiden und** auf diese Weise **individualisieren** kann. So müsse die Firma geeignet sein, bei Lesern und Hörern die Assoziation mit einem ganz bestimmten Unternehmen unter vielen anderen zu wecken. Die Unterscheidungskraft fehle bei reinen Gattungsbezeichnungen, insb. rein beschreibenden Angaben, die Art und Gegenstand des Unternehmens anzeigen, nicht aber ein bestimmtes Unternehmen kennzeichnen. Nach Auffassung des BGH führt bei einem Gattungsbegriff in der Second-Level-Domain auch der Zusatz einer Top-Level-Domain wie „.de" und die Tatsache, dass nach den Vergaberichtlinien der deutschen zentralen Registrierungsstelle eine Internetadresse mit dem für die Firma gewählten Namen nur einmal vergeben wird, nicht zu einer ausreichenden Unterscheidungskraft i.S.d. § 18 Abs. 1 HGB. Diese müsse sich vielmehr aus der sog. Second-Level-Domain ergeben. Demnach besitze die Firma „vertrieb.de AG" nicht die nach § 18 Abs. 1 HGB erforderliche Unterscheidungskraft. 545

Anmerkung:

Die erforderliche Unterscheidungskraft erhalte eine nicht unterscheidungskräftige Firma folglich nicht deswegen, weil derselbe Domainname nicht noch einmal vergeben werden darf. Werden weitere Unternehmen mit derselben Second-Level-Domain mit anderen Top-Level-Domains („.com", „.net") bei der deutschen Registrierungsstelle Denic eG registriert, schütze die Top-Level-Domain nicht hinreichend vor einer Verwechselungsgefahr im Geschäftsverkehr. Des Weiteren ist bei der Verwendung von Branchen- bzw. Gattungsbegriffen auch das Freihaltebedürfnis der Unternehmen des gleichen Geschäftszweiges zu berücksichtigen, da die Bildung anderer Firmen nicht übermäßig beeinträchtigt werden darf.

2. Gesellschaft bürgerlichen Rechts

a) Zwang zur Gesellschaftsregistereintragung für GbR bei Grundstücksveräußerung

Seit dem Inkrafttreten des MoPeG[2] zum 1.1.2024 ist die **vorherige Eintragung** einer Gesellschaft bürgerlichen Rechts (GbR) **ins Gesellschaftsregister** zwingende Voraussetzung für die Eintragung von Grundstücksverfügungen im Grundbuch. 546

Im Streitfall waren im Grundbuch zwei Gesellschafter einer GbR als Eigentümer eingetragen. Das Grundstück wurde mit notarieller Urkunde vom Oktober 2023 veräußert und eine Auflassungsvormerkung für den Erwerber eingetragen. Der Antrag auf Eigentumsumschreibung wurde erst 2024 gestellt. Das Grundbuchamt verlangte nun die vorherige Registrierung der GbR im Gesellschaftsregister. Die Beteiligten beriefen sich auf die Übergangsregelung des Art. 229 § 21 Abs. 4 EGBGB und argumentierten, die Auflassungsvormerkung sei bereits 2023 eingetragen worden, weshalb nach altem Recht vorzugehen sei.

Gemäß Art. 229 § 21 Abs. 1 EGBGB sollen Eintragungen in das Grundbuch, die ein Recht einer GbR betreffen, nicht erfolgen, solange die Gesellschaft nicht im Gesellschaftsregister und daraufhin nach den durch das MoPeG geänderten Vorschriften im Grundbuch eingetragen ist. Auf dieser Grundlage verneint das OLG Naumburg mit rechtskräftigem Beschluss vom 28.2.2025[3] eine Ausnahme von der Registrierungspflicht. Maßgeblich sei, dass nach dieser Vorschrift ab dem 1.1.2024 die Eintragung ins Gesellschaftsregister zwingend vorausgesetzt wird, bevor Grundbuchverfügungen

---

1) BGH v. 11.3.2025, II ZB 9/24, ZIP 2025, 956, vgl. hierzu Heckschen/Best, GmbHR 2025, 632.
2) Gesetz zur Modernisierung des Personengesellschaftsrechts (Personengesellschaftsrechtsmodernisierungsgesetz – MoPeG) v. 11.8.2021, BGBl. I 2021, 3436.
3) OLG Naumburg v. 28.2.2025, 12 Wx 52/24, ZIP 2025, 2436.

einer GbR eingetragen werden dürfen. Die Ausnahmevorschrift des Abs. 4 gelte dem Wortlaut und der Gesetzesbegründung nach ausschließlich für Erwerbsvorgänge durch eine GbR, bei denen bereits vor 2024 bestimmte Einleitungen (z.B. Auflassungsvormerkung) im Grundbuch vorgenommen wurden. Eine analoge Anwendung auf Veräußerungsvorgänge sei vom Gesetzgeber nicht vorgesehen und lehnt das Gericht daher ausdrücklich ab.

Anmerkung:

Sofern Immobilien einer GbR veräußert werden sollen, ist ab sofort die vorherige Eintragung im Gesellschaftsregister zwingend – unabhängig davon, ob bereits Grundbuchvorgänge im Jahr 2023 eingeleitet wurden. Dies gilt für jede rechtsgeschäftliche Veräußerung, wenn die GbR als Eigentümerin vor dem 1.1.2024 im Grundbuch stand.

b) Grundbuchberichtigung bei Veränderungen im Gesellschafterbestand einer GbR im Rahmen des MoPeG

547 Seit dem 1.1.2024 erfolgt keine Berichtigung des Grundbuchs mehr, wenn die Eintragung eines Gesellschafters einer nicht im Gesellschaftsregister eingetragenen Gesellschaft bürgerlichen Rechts (GbR) unrichtig geworden ist, es sei denn, die Einigung oder Bewilligung wurde vor dem 1.1.2024 erklärt und der Antrag auf Eintragung beim Grundbuchamt gestellt.

Nach einer in Art. 229 § 21 Abs. 1 EGBGB zum MoPeG getroffenen Übergangsregelung dürfen seit dem 1.1.2024 **keine Eintragungen** im Grundbuch erfolgen, die ein Recht einer GbR betreffen, **solange die Gesellschaft nicht im Gesellschaftsregister** und daraufhin auch im Grundbuch eingetragen ist.

Nach Art. 229 § 21 Abs. 2 Satz 1 EGBGB findet weiter eine Berichtigung des Grundbuchs bezüglich eines Gesellschafters seit dem 1.1.2024 nicht mehr statt, wenn die Eintragung eines Gesellschafters einer GbR gemäß § 47 Abs. 2 GBO a.F. unrichtig geworden ist. Die Berichtigung des Gesellschafterbestands ist insgesamt ausgeschlossen. Stattdessen verweist Art. 229 § 21 Abs. 2 Satz 2 EGBGB auf den Grundbuchberichtigungszwang nach § 82 GBO.

Bei Veränderungen im Gesellschafterbestand einer im Grundbuch eingetragenen Bestands-GbR ist dann eine **(Vor-)Eintragung der GbR als eGbR in das Gesellschaftsregister und sodann in das Grundbuch** vorzunehmen. Laut unanfechtbarem Beschluss des OLG München vom 23.7.2024[1)] gilt dies gemäß Art. 229 § 21 Abs. 4 Satz 1 EGBGB allerdings nicht, wenn vor dem 1.1.2024 die Einigung oder Bewilligung erklärt und der Antrag auf Eintragung beim Grundbuchamt gestellt wurde.

Anmerkung:

Anders als das OLG München lehnt das OLG Frankfurt a.M.[2)] sowohl eine direkte als auch eine analoge Anwendung der Übergangsvorschrift des Art. 229 § 21 Abs. 4 Satz 1 EGBGB auf Grundbuchberichtigungsanträge bei Gesellschafterwechseln ab, es verbleibt daher eine gewisse Rechtsunsicherheit.

c) Gesellschaftsregister: Eintragung einer GbR trotz unbekannter Erben

548 Die Eintragung einer GbR in das Gesellschaftsregister darf nicht mit der Begründung verweigert werden, dass ein Gesellschafter verstorben ist und die Erben noch unbekannt sind.

1) OLG München v. 23.7.2024, 34 Wx 167/24 e, ZIP 2024, 1894 (rkr.), vgl. hierzu auch Anm. Bork/Stefanink, ZIP 2024, 2810.

2) OLG Frankfurt a.M. v. 11.4.2024, 20 W 187/23, DB 2024, 2360 (rkr.), vgl. hierzu auch Anm. Cramer, ZIP 2024, 1883) und v. 3.12.2024, 20 W 36/24, NZG 2025, 461 (rkr.), vgl. hierzu auch Hippeli, jurisPR-HaGesR 3/2025 Anm. 2.

Im Streitfall war eine GbR als Eigentümerin eines Grundstücks im Grundbuch eingetragen. Unklar war nach dem Tod einer Gesellschafterin, wer deren Erben sind. Ein Nachlasspfleger vertrat die unbekannten Erben. Die GbR beantragte ihre Eintragung in das seit Inkrafttreten des MoPeG bestehende neue Gesellschaftsregister, um notwendige Änderungen im Grundbuch vornehmen zu können. Das Registergericht lehnte die Eintragung gemäß § 707 Abs. 1 und 2 BGB ab, da unter den Gesellschaftern unbekannte Erben seien und es unklar sei, ob es sich um eine Person oder eine Erbengemeinschaft handelt, die als nicht rechtsfähig gilt.

Zu Unrecht, wie das Kammergericht Berlin mit rechtskräftigem Beschluss vom 2.6.2025[1] entschied. Es stellte klar, dass die **Eintragung von gesetzlich vertretenen Personen** auch dann **zulässig** ist, wenn deren **Identität noch nicht feststeht**. Sofern der Name eines Gesellschafters (noch) nicht bekannt ist, sei dessen **Unbekanntsein einzutragen** („unbekannte Erben des verstorbenen Gesellschafters, vertreten durch den Nachlasspfleger"). Demnach setze sich die Eintragungspflicht auch bei unbekannten Erben durch. Entscheidend sei, dass mit dem Nachlasspfleger ein gesetzlicher Vertreter vorhanden ist, der für die unbekannten Erben handeln kann. Die Eintragung solcher „unbekannter Erben" wahre insb. die Publizität des Gesellschaftsregisters ebenso wie bei bekannten Gesellschaftern und gebe dem Rechtsverkehr weiterhin die notwendige Sicherheit über Haftung und Vertretungsverhältnisse.

Auch haftungsrechtlich sei die Eintragung unbedenklich: Nach dem Tod eines Gesellschafters treten die Erben nicht als Erbengemeinschaft, sondern kraft Sondererbfolge jeweils persönlich in den Erbteil ein. Sollte sich später herausstellen, dass mehrere Erben bestehen, würden diese als Einzelpersonen und nicht als Gesamthandsgemeinschaft Gesellschafter.

Anmerkung:

Die Entscheidung sorgt für Rechtssicherheit in Fällen, in denen ein Gesellschafter verstirbt, jedoch die Erbfolge anfänglich unklar bleibt. Die Handlungsfähigkeit der GbR bleibt gewahrt, notwendige gesellschafts- und grundbuchrechtliche Handlungen können vorgenommen werden, und eine lähmende „Grundbuchsperre" tritt nicht ein. Die Entscheidung ist somit richtungsweisend für die Praxis, da sie den Vorrang der wirtschaftlichen Funktionsfähigkeit, des Grundbuchrechts und der Registerpublizität betont.

d) Eintragung eines Eigentumswechsels bei noch nicht im Gesellschaftsregister, aber im Grundbuch als Eigentümerin eingetragener GbR

Mit dem MoPeG wurde das Recht der Personengesellschaften, insb. der GbR, grundle- 549
gend zum 1.1.2024 modernisiert. Im Streitfall hatten die Gesellschafter zweier Gesellschaften bürgerlichen Rechts (GbR), die jeweils Eigentümerinnen eines Grundstücks waren, im Dezember 2023 gemäß notariellem Vertrag beschlossen, die Gesellschaften aufzulösen und die Grundstücke auf sich selbst zu übertragen. Der entsprechende Antrag auf Grundbuchumschreibung wurde jedoch erst im Februar 2024 und damit nach Inkrafttreten des MoPeG gestellt. Das Grundbuchamt verweigerte die Umschreibung, da die GbR nicht in dem neu vorgeschriebenen Gesellschaftsregister eingetragen waren, was nunmehr Voraussetzung für die Eintragung von Grundstückrechten ist.

Diese Entscheidung bestätigte der BGH mit Beschluss vom 3.7.2025[2]und führte aus, dass gemäß Art. 229 § 21 Abs. 1 EGBGB eine **Eintragung im Grundbuch**, die Rechte einer GbR betrifft, **nur** erfolgen kann, wenn die Gesellschaft **zuvor im Gesellschaftsregister** registriert ist. Ein Verzicht auf diese Pflicht oder eine analoge Anwendung älterer Vorschriften wie § 40 GBO a.F. scheiden laut BGH aus. Auch die Tatsache, dass es sich

1) Kammergericht Berlin v. 2.6.2025, 22 W 20/25, RFamU 2025, 451 (rkr.), vgl. hierzu auch Hippeli, jurisPR-HaGesR 9/2025 Anm. 5.
2) BGH v. 3.7.2025, V ZB 17/24, DB 2025, 2362, vgl. hierzu auch Anm. Wicke, GmbHR 2025, 1027.

um die Übertragung des einzigen Vermögensgegenstands der GbR handelte und die GbR danach faktisch aufgelöst wären, ändere nichts an der Rechtslage.

Anmerkung:

Eine GbR mit Grundvermögen sollte ihre Registereintragung als eGbR einleiten. Ansonsten können erhebliche Zeit- und Kostenverluste eintreten, da Grundbuchänderungen blockiert werden.

e) Voreintragung im Gesellschaftsregister für GbR auch bei Zuschlag in der Zwangsversteigerung

550 Nach einer Zwangsversteigerung zugunsten einer GbR hatte das Vollstreckungsgericht die Löschung der Versteigerungsvermerke sowie die Eintragung der GbR im Grundbuch beantragt. Das Grundbuchamt lehnte dies ab, da die GbR noch nicht im Gesellschaftsregister eingetragen und der Antrag nach dem 1.1.2024 eingegangen war.

Zu Recht, wie das OLG Karlsruhe mit rechtskräftigem Beschluss vom 9.9.2025[1)] klarstellte. Ein Recht für eine GbR darf im Grundbuch nur dann eingetragen werden, wenn diese im Gesellschaftsregister eingetragen ist, § 47 Abs. 2 GBO n.F. Das gelte nicht nur für die rechtsgeschäftlichen, sondern **auch für die gesetzlichen Erwerbstatbestände** wie den Zuschlag in der Zwangsversteigerung, der sich außerhalb des Grundbuchs vollzieht. Der Zuschlag macht das Grundbuch zwar allein unrichtig, hat aber keine automatische Berichtigungswirkung. Die entsprechende Übergangsregelung des Art. 229 § 21 Abs. 4 EGBGB komme ferner nur zur Anwendung, wenn das Eintragungsersuchen vor dem 1.1.2024 beim Grundbuchamt einging – maßgeblich ist der Eingang des förmlichen Antrags, nicht etwa die Mitteilung des Zuschlags.

Anmerkung:

Eine GbR muss im Gesellschaftsregister eingetragen sein, bevor sie als Eigentümerin ins Grundbuch aufgenommen werden kann – und zwar unabhängig davon, ob ein rechtsgeschäftlicher oder ein gesetzlicher Erwerbstatbestand im Raum steht.

f) GbR-Gesellschaftsregister: Vertretungsbefugnis zur Abgabe der Versicherung nach § 707 Abs. 2 Nr. 4 BGB

551 Eine **(General-)Vollmacht** ohne Bezug zu einer Registereintragung und Hinweis auf eine Vertretungsbefugnis bei Antragstellung zur Eintragung in das Gesellschaftsregister berechtigt nicht zur Abgabe der Versicherung nach § 707 Abs. 2 Nr. 4 BGB.

Anmeldungen zum Gesellschaftsregister müssen u.a. die Versicherung enthalten, dass die Gesellschaft nicht bereits im Handels- oder im Partnerschaftsregister eingetragen ist, § 707 Abs. 2 Nr. 4 BGB. Grundsätzlich handelt es sich dabei um eine **höchstpersönliche Erklärung**, die von den Gesellschaftern selbst abgegeben werden muss, so dass eine Vertretung nicht ohne Weiteres zulässig ist.

In diesem Zusammenhang stellt das OLG Karlsruhe mit unanfechtbarem Beschluss vom 13.1.2025[2)] klar, dass insb. eine (General-)Vollmacht ohne jeden Bezug zu einer Registereintragung und ohne Hinweis auf eine Vertretungsbefugnis bei der Antragstellung zur Eintragung in das Gesellschaftsregister und den dafür erforderlichen persönlichen Versicherungen keine wirksame Bevollmächtigung zur Abgabe der Versicherung nach § 707 Abs. 2 Nr. 4 BGB darstellt.

So lasse die im Streitfall vom Vater der beiden Gesellschafter vorgelegte Generalvollmacht ihrem Wortlaut nach gerade nicht erkennen, dass sie sich auch auf eine im

1) OLG Karlsruhe v. 9.9.2025, 14 W 70/25 (Wx), ZIP 2025, 2303, vgl. hierzu auch Vossius in Widmann/Mayer, Umwandlungsrecht aktuell (September 2025), A. II. 1.

2) OLG Karlsruhe v. 13.1.2025, 1 W 14/24, NZG 2025, 744, vgl. hierzu auch Anm. Schodder, ZIP 2025, 2369.

Zusammenhang mit einer Registereintragung abzugebende Wissenserklärung bezieht. Es müsse sich nach allgemeinen Auslegungsregeln eindeutig ergeben, dass die Vollmacht auch die in Frage stehende Versicherung umfasst, wobei aus Gründen der durch die Registerführung bezweckten Verkehrssicherheit strenge Anforderungen zu stellen sind. Da sich eine wirksame Bevollmächtigung des Vertreters nicht feststellen lasse, komme es weiter nicht darauf an, ob eine Vertretung auch deshalb ausgeschlossen wäre, weil es sich bei der Abgabe der Versicherung, wonach die Gesellschaft nicht bereits im Handels- oder Partnerschaftsregister eingetragen ist, um eine höchstpersönliche Erklärung handelt, bei der nach allgemeiner Ansicht eine Vertretung ohnehin ausgeschlossen ist. Demnach habe das Registergericht zu Recht die Vorlage einer höchstpersönlichen Versicherung der Gesellschafter der neu einzutragenden GbR verlangt.

3. Kommanditgesellschaften

a) Einsichtsrecht eines Kommanditisten nur zur Wahrnehmung von Mitgliedschaftsrechten

Das bisher in § 166 Abs. 3 Satz 1 HGB enthaltene Informationsrecht diente insbesondere der Kontrolle der Geschäftsführung, jedoch begrenzt dadurch, dass es sich um schutzwürdige Belange des auskunftssuchenden Kommanditisten handeln musste. Demgegenüber kann ein Kommanditist nach Inkrafttreten des MoPeG nunmehr **allgemein Auskunft über die Gesellschaftsangelegenheiten** verlangen, § 166 Abs. 1 Satz 2 HGB, sofern dies zur Wahrnehmung seiner Mitgliedschaftsrechte erforderlich ist, insbesondere wenn Grund zur Annahme unredlicher Geschäftsführung besteht. 552

Sofern sich jedoch die Gesellschaft wegen eines Antrags auf Einsicht in Geschäftsunterlagen darauf beruft, dass diese geheimhaltungsbedürftigen Details über andere Personen enthalten (hier: Musterklage zur Wirksamkeit eines Entschädigungsausschlusses nach § 27 ErbbauRG), genügt es zur Darlegung der Voraussetzungen auf Einsichtnahme im Sinne obiger Vorschriften nicht, allein den Vorwurf eines Informationsdefizits oder etwaiger Schäden zu erheben. Vielmehr muss die Kommanditistin gemäß rechtskräftigem Beschluss des Kammergerichts Berlin vom 21.10.2024[1] **darlegen, zur Wahrnehmung welcher Mitgliedschaftsrechte** sie aus einer Einsicht Informationen erschließen möchte. Denn die Informationsrechte eines Gesellschafters und auch des Kommanditisten waren und sind stets, wie dies auch im Wortlaut des § 166 Abs. 1 Satz 2 HGB i.d.F. des MoPeG zum Ausdruck kommt, auf die Fälle beschränkt, in denen die Einsicht bzw. Auskunft zur Wahrnehmung der Mitgliedschaftsrechte erforderlich ist.

b) Ausgeschiedener Kommanditist: Einsichts- und Auskunftsrecht zur Überprüfung des Abfindungsguthabens

Ein ausgeschiedener Kommanditist darf zur Kontrolle seines Abfindungsguthabens **Einsicht in sämtliche relevante Gesellschaftsunterlagen** der Zeit seiner Mitgliedschaft nehmen – ausgenommen sind Jahre, deren Jahresabschlüssen und Gewinnverwendungsbeschlüssen er ausdrücklich zugestimmt hat sowie Geschäftsunterlagen des Jahres, in dem er ausscheidet. Die Informationsrechte gehen dabei über die rein handelsrechtliche Auskunft gemäß § 166 HGB hinaus. 553

Im Streitfall verlangte ein Insolvenzverwalter als Nachlassvertreter eines verstorbenen Kommanditisten Einsicht in Gesellschaftsunterlagen und Auskunft über Vorgänge, um Zweifel an der Richtigkeit des Abfindungsguthabens auszuräumen.

Das OLG München differenziert in seinem rechtskräftigen Endurteil 6.8.2025[2] die **Reichweite der verschiedenen Einsichtsrechte**. Nach § 166 HGB kann ein Kommanditist von der Gesellschaft eine Abschrift des Jahresabschlusses verlangen und zu dessen Überprüfung Einsicht in die zugehörigen Geschäftsunterlagen nehmen. § 810 BGB

1) Kammergericht Berlin v. 21.10.2024, 22 W 31/24, ZIP 2025, 640.
2) OLG München v. 6.8.2025, 7 U 1479/23 e, MDR 2025, 1486 (Kurzzusammenfassung).

regelt das Einsichtsrecht bei berechtigtem Interesse in Urkunden. Der Senat stellt insbesondere klar, dass § 166 HGB ein auf § 810 BGB gestütztes Einsichtsrecht des Kommanditisten nicht ausschließt.

So hat ein ausgeschiedener Kommanditist Anspruch auf Einsicht in alle Gesellschaftsunterlagen aus der Zeit seiner (bzw. seines Rechtsvorgängers) Mitgliedschaft gemäß § 810 BGB, sofern diese für die Berechnung des Abfindungsguthabens maßgeblich sind. Diese Rechte bestehen jedoch nicht für Jahre, in denen der Kommanditist die betreffenden Jahresabschlüsse und Gewinnverwendungsbeschlüsse anerkannt hat.

Ein **ergänzender Auskunftsanspruch** nach § 242 BGB besteht darüber hinaus, wenn der Anspruchsteller – wie hier der Insolvenzverwalter – ohne eigenes Verschulden über die Höhe seines Rechts (hier: Abfindungsanspruch) im Ungewissen ist und die Gesellschaft die Auskünfte ohne schwerwiegenden Aufwand erteilen kann. Dies erstreckt sich insb. auf Unklarheiten hinsichtlich einzelner Bilanzpositionen oder ungewöhnlicher Umstände wie erheblicher Fehlbeträge ohne Insolvenzantrag.

Anmerkung:

Eine explizite Zustimmung zu einem Jahresabschluss schließt nachträgliche Einsichts- und Auskunftsansprüche zu dessen Überprüfung aus. Die Bedeutung der Abstimmung über Bilanzen und deren Folgen sollte daher sorgfältig beachtet werden. Für die Gesellschaft sind vollständige und nachvollziehbare Unterlagen sowie deren langfristige Aufbewahrung entscheidend, um eventuelle spätere rechtliche Auseinandersetzungen und vermeidbare Auskunftsansprüche zu verhindern.

4. Gesellschaften mit beschränkter Haftung

a) Einberufung von GmbH-Gesellschafterversammlungen: Keine entsprechende Anwendung von § 121 AktG

554 Nach § 121 Abs. 2 Satz 2 AktG gelten im Handelsregister als Vorstand eingetragene Personen als befugt, eine Hauptversammlung einer Aktiengesellschaft einzuberufen. Aufgrund der **strukturellen Unterschiede zwischen AG und GmbH** kommt eine entsprechende Anwendung der Vorschrift auf die GmbH nicht in Betracht. Daher kann ein abberufener GmbH-Geschäftsführer eine Gesellschafterversammlung auch dann nicht einberufen, wenn er im Handelsregister noch als Geschäftsführer eingetragen ist.

Dies gilt gemäß rechtskräftigem Beschluss des Kammergerichts Berlin vom 25.11.2024[1)] auch dann, wenn ein fakultativer Aufsichtsrat über die Abberufung des Geschäftsführers entschieden hat. Trotz der Bildung eines Aufsichtsrats stehen nach Auffassung des KG die Gesellschafter der GmbH den Vorgängen um die Bestellung bzw. die Abberufung des Geschäftsführers näher als die Aktionäre den Vorgängen um die Bestellung und Abberufung eines Vorstands, wonach es zu keiner entsprechenden Anwendung des § 121 Abs. 2 Satz 2 AktG auf die GmbH kommt.

Anmerkung:

Im Streitfall war der Geschäftsführer der GmbH wirksam abberufen worden, so dass er nicht mehr zur Einberufung der streitgegenständlichen Gesellschafterversammlungen über die Geschäftsanteilseinziehung befugt war. Die Gesellschafter konnten sich auch nicht auf § 15 Abs. 1 HGB berufen, nämlich dass die Abberufung des Geschäftsführers (noch) nicht in das Handelsregister eingetragen wurde, weil Gesellschafter und Organmitglieder als solche nicht Dritte im Sinne dieser Vorschrift sind.

b) Wirksamkeit einer Erklärung auf Gesellschafts-Geschäftspapier

555 Gibt ein Geschäftsführer einer GmbH auf deren Geschäftspapier eine Erklärung ab, die Wirkung auf die Vertragsbeziehungen der Gesellschaft entfalten soll, geht im Sinne

1) Kammergericht Berlin v. 25.11.2024, 23 U 97/21, NZG 2025, 259.

der Auslegung, die neben dem Wortlaut auch bei einseitigen Rechtsgeschäften den verfolgten Zweck und die Interessenlage berücksichtigt, der **objektive Erklärungswert** einer solchen Erklärung grundsätzlich dahin, dass diese **im Namen der Gesellschaft** abgegeben werden soll. Dies stellte der BGH mit Urteil vom 18.3.2025[1)] klar. Es sei dabei nicht erforderlich, dass der Geschäftsführer ausdrücklich „in Vertretung" oder als „Geschäftsführer" zeichnet, wenn sich seine Stellung für den Erklärungsempfänger erkennbar, durch seine gemäß § 35a Abs. 1 Satz 1 GmbHG vorgeschriebene Namhaftmachung auf dem Geschäftsbrief ergibt.

Anmerkung:

Ergänzend weist der BGH darauf hin, dass bei der Auslegung der Erklärung der **weitere Inhalt des Schreibens nicht unberücksichtigt** bleiben darf. Im Streitfall wurde neben der Kündigung des Gesellschafter-Geschäftsführers auch ein Hausverbot ausgesprochen. Dies spräche ebenfalls dafür, dass die Kündigung auch durch die Geschäftsführung im Namen der GmbH erklärt werden sollte.

c) Haftung von GmbH-Geschäftsführern: Klare Ressortaufteilung entscheidend

Das LG Stuttgart stellte mit rechtskräftigem Urteil vom 19.2.2025[2)] klar, dass bei einem 556
Gesamtschuldnerregress unter GmbH-Geschäftsführern die Wertungen zur Haftung nach § 43 GmbHG auf die Inanspruchnahme der Parteien als Geschäftsführer nach § 823 Abs. 2 BGB – im Streitfall i.V.m. §§ 266a StGB – übertragbar sind. Nach Auffassung des Gerichts hat danach ein **unmittelbar verantwortlicher Geschäftsführer** im Verhältnis zu seinem Mitgeschäftsführer, dem im Innenverhältnis nur eine Verletzung der Überwachungspflicht zur Last fällt, der Wertung des § 840 Abs. 2 BGB zufolge den Schaden grundsätzlich allein zu tragen.

Von dem Grundsatz der vollen Haftung des ressortzuständigen Organmitglieds im Verhältnis zum lediglich aufsichtspflichtigen Organmitglied bestünden zwar im Einzelfall Ausnahmen, wenn sich ein wesentlicher Verursachungsbeitrag des nicht ressortzuständigen Organmitglieds ergibt.

Im Streitfall lehnte das Gericht eine abweichende Haftungsverteilung aber ab, da der für den Bereich Montage zuständige Geschäftsführer – anders als sein für Finanzen zuständiger Mitgeschäftsführer – keine Kenntnis von der bestehenden finanziellen Schieflage der Gesellschaft und von deren Dimension hatte. Eine Verdichtung seiner Aufsichtspflicht war daher vorliegend ausgeschlossen.

Anmerkung:

Eine klar dokumentierte und praktisch umgesetzte Ressortaufteilung in der Geschäftsführung schützt das ressortfremde Organmitglied vor ungerechtfertigter Haftung.

d) Haftung ausgeschiedener Geschäftsführer für Insolvenzverschleppungsschäden von Neugläubigern

Gemäß Urteil des BGH vom 8.7.2025[3)] **haftet** ein ausgeschiedener Geschäftsführer 557
gemäß § 823 Abs. 2 BGB i.V.m. § 15a InsO auch **für Schäden von Neugläubigern**, die nach seinem Ausscheiden in vertragliche Beziehungen zur Gesellschaft getreten sind, und, wenn die **durch seine Pflichtverletzung geschaffene Gefahrenlage** (z.B. durch eine Verletzung der Insolvenzantragspflicht) bei Abschluss der späteren Verträge noch fortbesteht.

---

1) BGH v. 18.3.2025, II ZR 77/24, DStR 2025, 1052, vgl. hierzu auch Geisler, jurisPR-BGHZivilR 9/2025 Anm. 2.
2) LG Stuttgart v. 19.2.2025, 49 O 13/23, NZG 2025, 1084, vgl. hierzu auch Anm. Brinkmeier, GmbH-StB 2025, 247.
3) BGH v. 8.7.2025, II ZR 165/23, DB 2025, 2160, vgl. hierzu auch Görden, GmbH-StB 2025, 271.

Maßgeblich für die Haftung sei, dass der ursprüngliche Verursachungszusammenhang nicht durch eine nachhaltige Besserung der wirtschaftlichen Lage der Gesellschaft unterbrochen wurde. Die haftungsrechtliche Zurechnung werde auch nicht dadurch ausgeschlossen, dass außer der in Rede stehenden Verletzungshandlung noch weitere Ursachen zur Rechtsgutsverletzung beigetragen haben. Dies gelte auch dann, wenn die Rechtsgutsverletzung erst durch das (rechtmäßige oder rechtswidrige) Dazwischentreten eines Dritten verursacht wird. Ein bloßer Geschäftsführerwechsel könne daher den Zurechnungszusammenhang nicht einfach unterbrechen.

Laut BGH kommt es entscheidend darauf an, ob die durch die Pflichtverletzung geschaffene **Gefahrenlage im Zeitpunkt des Vertragsschlusses weiterhin fortwirkt**. Ein bloßer zeitlicher Abstand zum Ausscheiden aus der Unternehmensleitung reiche hingegen nicht aus, um den Zurechnungszusammenhang und mithin die Haftung zu verneinen.

Anmerkung:

Damit endet die Haftung eines GmbH-Geschäftsführers nicht automatisch nach dessen Ausscheiden. Insb. Pflichtverletzungen während der Amtszeit – wie Unterlassen eines rechtzeitigen Insolvenzantrags – können eine fortwirkende Gefahrenlage schaffen. Der BGH bestätigt somit die Haftung ausgeschiedener Geschäftsführer für Neugläubigerschäden auf deliktischer Grundlage.

e) Auskunftspflichten eines GmbH-Geschäftsführers nach dessen Abberufung

558 Geschäftsführer einer GmbH sind der Gesellschaft auch nach ihrer Abberufung umfassend auskunftspflichtig, sobald ein **begründeter Verdacht einer Pflichtverletzung** besteht. Anders als bei § 242 BGB steht ein etwaiger Auskunftsanspruch nach §§ 97, 98 InsO der Geltendmachung des Anspruchs nicht entgegen, sondern die gesetzliche Verpflichtung des Beauftragten zur Erteilung von Auskünften besteht unabhängig davon, ob der Auftraggeber die erforderlichen Informationen selbst auf zumutbare Weise erlangen könnte.

Das OLG Brandenburg hatte in seinem Urteil vom 13.8.2025[1] die Frage zu klären, ob und in welchem Umfang ein ehemaliger GmbH-Geschäftsführer Gelder von der Gesellschaft entnehmen durfte und welche Auskunftspflichten ihn auch nach Abberufung noch treffen.

Dabei stellte das OLG zunächst klar, dass Auskunftsansprüche der Gesellschaft gemäß § 666 i.V.m. §§ 675, 611 BGB nach Eröffnung des Insolvenzverfahrens auf den Insolvenzverwalter übergehen und der Geschäftsführer ihnen selbst nach seiner Abberufung nachkommen muss, wenn der begründete Verdacht einer Pflichtverletzung besteht. Ein etwaiger insolvenzgerichtlicher Auskunftsanspruch (§§ 97, 98 InsO) steht der Geltendmachung des Anspruchs nicht entgegen. Vielmehr bestehe die gesetzliche Verpflichtung des ehemaligen Geschäftsführers zur Erteilung von Auskünften unabhängig davon, ob der Auftraggeber die erforderlichen Informationen selbst auf zumutbare Weise erlangen könnte.

Weiter stellte das OLG Brandenburg klar, dass die Veranlassung rechtsgrundloser Zahlungen an sich selbst durch den Geschäftsführer einer GmbH eine Pflichtverletzung darstellt, die einen Schadensersatzanspruch der Gesellschaft begründet. Ein schriftlicher Darlehensvertrag und entsprechende Buchungen in der Bilanz reichten nicht aus, um die Rechtmäßigkeit von Entnahmen durch den Geschäftsführer zu beweisen, wenn die tatsächliche Auszahlung des Darlehens nicht nachgewiesen werden kann.

f) Gerichtliche Bestellung eines Notgeschäftsführers bei der GmbH nur als ultima ratio

559 Die gerichtliche Bestellung eines Notgeschäftsführers für eine GmbH nach § 29 BGB kommt nur als letztes Mittel („**ultima ratio**") in Betracht, wenn die Gesellschaft selbst

1) OLG Brandenburg v. 13.8.2025, 7 U 134/23, ZRI 2025, 1081.

nicht in der Lage ist, innerhalb einer angemessenen Frist einen neuen Geschäftsführer zu bestellen und ohne ein Eingreifen ein Schaden droht. Bloße Streitigkeiten unter Gesellschaftern reichen nicht aus.

Im Streitfall war der GmbH-Geschäftsführer wegen „unüberwindbarer Differenzen" zwischen den beiden Gesellschaftern der GmbH zurückgetreten. Ein Versuch, in einer Gesellschafterversammlung einen neuen Geschäftsführer zu bestellen, scheiterte aus formalen Gründen. Die Mitgesellschafter beantragten daraufhin beim Gericht die Bestellung eines Notgeschäftsführers, was das Amtsgericht ablehnte.

Das OLG Brandenburg bestätigt in seinem rechtskräftigen Beschluss vom 21.2.2025[1)] die Entscheidung des Amtsgerichts: Es sei nicht Aufgabe des Verfahrens nach § 29 BGB, Differenzen zwischen den verschiedenen Gesellschaftern zu lösen, da der Gesetzgeber die Autonomie der Gesellschaften schützt, indem er deren rechtliche Verhältnisse weitgehend der vertraglichen Gestaltung und der Entscheidung der Gesellschaftsorgane überlässt, so dass die **Ernennung eines Notgeschäftsführers** durch das Registergericht als **schwerwiegender hoheitlicher Eingriff** nur in enger Auslegung der Ermächtigungsvorschrift erfolgen darf. Entscheidend sei, ob die Gesellschaftsorgane tatsächlich handlungsunfähig sind und ein Schaden droht. Die gerichtliche Bestellung eines Notgeschäftsführers sei lediglich ultima ratio – sie komme nicht in Betracht, wenn die Gesellschafter binnen angemessener Frist eine Gesellschafterversammlung zum Zwecke der Bestellung eines neuen Geschäftsführers durchführen können.

Sofern ein erster Versuch der Gesellschafter zur Bestellung eines neuen Geschäftsführers aus formalen Gründen gescheitert ist, könne ihnen ein weiterer Versuch zugemutet werden. Im Streitfall wurde eine akute Gefährdung der Gesellschaftsinteressen nicht konkret dargelegt und pauschale Hinweise auf die Erfüllung allgemeiner Geschäftsführerpflichten nach §§ 41, 42a GmbHG genügten nicht.

Anmerkung:

Gerichtliche Notlösungen kommen nur unter sehr engen Voraussetzungen in Betracht. Es müssen konkrete Umstände vorliegen, die eine Gefahr für die Gesellschaft begründen – bloße Streitigkeiten und gescheiterte Versammlungen reichen nicht aus.

g) Ausgliederung als Sachagio: Verzicht des Einbringenden auf Anteilsgewährung erforderlich

Um ein Einzelunternehmen steuerneutral in eine GmbH zu überführen, wird in der **560**
Praxis häufig der Weg der Ausgliederung gewählt. Dazu wird entweder die GmbH neu gegründet oder bei einer bestehenden GmbH eine Sachkapitalerhöhung vorgenommen. Bei einer **Sachgründung** sind dazu ein **Sachgründungsbericht** und ein **Werthaltigkeitsnachweis** zum Handelsregister einzureichen. Umstritten in der Registergerichtspraxis ist, ob auch bei einer Sachkapitalerhöhung entsprechende Unterlagen einzureichen sind.

Wegen des damit verbundenen Mehraufwandes wird in der Praxis u.a. der Weg über eine Bargründung oder Barkapitalerhöhung und Ausgliederung des Unternehmens als Sachagio gewählt. Bei einem **Sachagio findet eine Werthaltigkeitskontrolle grundsätzlich nicht statt**.

Das OLG Celle hat mit Beschluss vom 13.6.2024[2)] und dem nun auch folgend das KG mit Beschluss vom 16.6.2025[3)] diese **Gestaltung** allerdings für **unzulässig** erklärt, weil es für die Einbringung des Unternehmens im Wege der Ausgliederung als Sachagio an

---

1) OLG Brandenburg v. 21.2.2025, 7 W 1/25, NZG 2025, 1331, vgl. hierzu auch Anm. Brinkmeier, GmbH-StB 2025, 304.
2) OLG Celle v. 13.6.2024, 9 W 37/24, ZIP 2024, 1662, vgl. hierzu auch Cranshaw, jurisPR-HaGesR 8/2024 Anm. 3.
3) Kammergericht Berlin v. 16.6.2025, 22 W 11/25, DStR 2025, 1768 (rkr.).

einer Gegenleistung fehle (§ 126 Nr. 2 UmwG). Danach müsse die Übertragung des ausgegliederten Vermögens „gegen" Gewährung von Anteilen an der übernehmenden GmbH erfolgen. Dies sei nur bei Vermögen der Fall, das in das Stammkapital eingeht. Die Anteile würden aber bei einer Bareinlage mit Sachagio allein für die Bareinlage gewährt, da nur diese in das Stammkapital der Gesellschaft einfließt. Wenn der Einbringende keine Anteile an der aufnehmenden Gesellschaft erhält, muss er ausdrücklich auf die Anteilsgewährung verzichten. Somit wäre eine Barkapitalerhöhung neben einer Ausgliederung unter Verzicht der Anteilsgewährung auch unter dem § 126 Nr. 2 UmwG möglich.

Anmerkung:

Angesichts dieser Rechtsprechung wird deutlich, dass bei einer Bargründung/Barkapitalerhöhung mit Sachagio keine Gesamtrechtsnachfolge nach den umwandlungsrechtlichen Vorgaben in Betracht kommt, sondern vielmehr die im Sachagio enthaltenen Wirtschaftsgüter einzeln zu übertragen sind.

h) Fehlende Beschwerdeberechtigung: GmbH-Gesellschafter kann falschen Handelsregistereintrag nicht löschen lassen

561 Ein Gesellschafter kann selbst dann nicht die Löschung einer Handelsregistereintragung über die Auflösung der Gesellschaft verlangen, wenn die **Eintragung nicht der Beschlusslage** entspricht, da dies seine subjektiven Rechte nicht beeinträchtigt.

Der BGH bestätigte mit Beschluss vom 7.5.2025[1] die Entscheidung der Vorinstanz, wonach die Antragstellerin durch die abgelehnte Löschung der Eintragung nicht in einem subjektiven Recht nach § 59 Abs. 1 FamFG verletzt werde. Die Eintragung der Auflösung der Gesellschaft im Handelsregister wirke gemäß § 65 GmbHG nicht konstitutiv für die Auflösung selbst, sondern lediglich deklaratorisch. Die Auflösung erfolge durch den Gesellschafterbeschluss gemäß § 60 Abs. 1 Nr. 2 GmbHG, der ohne vorherige Eintragung wirksam sei. Eine unrichtige Eintragung führe daher nicht zur Auflösung der Gesellschaft und habe keinen Einfluss auf das Fortbestehen der Gesellschafterrechte.

Zwar könne die Eintragung im Handelsregister faktische Auswirkungen auf das Verhalten potenzieller Geschäftspartner haben, sie stelle jedoch **keine unmittelbare Beeinträchtigung der subjektiven Rechte des Gesellschafters** dar. Die Publizitätswirkung des Handelsregisters gemäß § 15 HGB sei für die Gesellschafter ohnehin nicht relevant, da diese keine Dritten i.S.d. Vorschrift seien.

Anmerkung:

Die Antragstellerin könne gegenüber ihrer Mitgesellschafterin im Zivilrechtsweg geltend machen, dass die eingetragene Auflösung nicht wirksam beschlossen worden und eine Liquidation der Gesellschaft daher unzulässig sei.

i) Fehlender Ladungsnachweis führt zur Nichteintragung einer Abberufung bzw. Neubestellung von Geschäftsführern

562 Nehmen an einer GmbH-Gesellschafterversammlung nicht alle Gesellschafter teil, ist gegenüber dem **Registergericht nachzuweisen,** dass die **nichterschienenen Gesellschafter ordnungsgemäß geladen** worden sind.

1) BGH v. 7.5.2025, II ZB 15/24, DB 2025, 1614, vgl. hierzu auch Hippeli, jurisPR-HaGesR 6/2025 Anm. 4.

Gemäß Beschluss des Kammergerichts in Berlin vom 18.2.2025[1)] genügt die Erklärung in der Gesellschafterversammlung, dass alle Gesellschafter ordnungsgemäß geladen worden sind, nicht.

Im Streitfall ging es um die Eintragung der Abberufung sowie Bestellung einer Geschäftsführerin im Handelsregister. Das Registergericht verweigerte die Anmeldung, da kein Nachweis über die ordnungsgemäße Ladung einer Mitgesellschafterin vorlag, da Grundlage einer Eintragung als Geschäftsführer nur ein wirksamer Beschluss der Gesellschafterversammlung sein kann, der wiederum (sofern es sich nicht um eine Vollversammlung handelt) die ordnungsgemäße Ladung zugrunde liegt. Die einfache Behauptung, sämtliche Gesellschafter seien form- und fristgerecht geladen worden, reichte nicht aus. Gemäß § 39 Abs. 2 GmbHG sei ein urkundlicher Nachweis erforderlich, um die Eintragung von Veränderungen in der Geschäftsführung zu ermöglichen. Laut KG müsste zur Vorbeugung unwahrer Eintragungen im Handelsregister ein ordnungsgemäßer Nachweis der Ladung und der tatsächlichen Voraussetzungen vorgelegt werden – eine reine Behauptung reicht auch dann nicht aus.

Anmerkung:

Die Entscheidung unterstreicht die Notwendigkeit einer strikten Beachtung der formalen Anforderungen bei der Einberufung von Gesellschafterversammlungen. Dies bedeutet, dass jede Beschlussfassung in der Gesellschafterversammlung nur dann Bestand hat, wenn alle Gesellschafter ordnungsgemäß geladen werden. Ein unzureichend nachgewiesener Ladungsprozess kann nicht nur die Wirksamkeit von Beschlüssen beeinträchtigen, sondern auch zu erheblichen Verzögerungen im Registrierungsprozess führen.

5. Aktiengesellschaften

a) Virtuelle Hauptversammlung: Zulässigkeit der Teilnahme von Aufsichtsratsmitgliedern per Bild- und Tonübertragung

Die Satzung einer Aktiengesellschaft kann regeln, dass Aufsichtsratsmitglieder an virtuellen Hauptversammlungen im Wege der Bild- und Tonübertragung teilnehmen dürfen. **563**

Aktionäre einer börsennotierten Europäischen Aktiengesellschaft (SE) hatten gegen eine Satzungsänderung geklagt, die virtuelle Hauptversammlungen und die Teilnahme der Aufsichtsratsmitglieder per Bild- und Tonübertragung ermöglichte.

§ 118 Abs. 3 AktG begründet zwar eine **grundsätzliche, höchstpersönliche Teilnahmepflicht** für die Mitglieder des Vorstands und des Aufsichtsrats an der Hauptversammlung. Die **Satzung** kann jedoch **bestimmte Fälle vorsehen**, in denen die Teilnahme von Mitgliedern des Aufsichtsrats im Wege der **Bild- und Tonübertragung** erfolgen darf. Das OLG Hamm stellte mit Urteil vom 26.2.2025[2)] klar, dass die Regelung des virtuellen Formats als ein „bestimmter Fall" im Sinne dieser Vorschrift nicht unzulässig und somit eine nach § 23 Abs. 5 Satz 1 AktG erlaubte Abweichung vom Grundsatz der Präsenzteilnahme ist, weil die Satzungsregelung vom Wortlaut der Ermächtigungsgrundlage in §§ 118, 118a AktG gedeckt ist. Die Durchführung einer virtuellen Hauptversammlung sei eine klar abgrenzbare Fallgruppe, für die eine Satzungsermächtigung rechtlich zulässig ist. In § 118 Abs. 3 Satz 2 AktG wurde mit der Einführung des virtuellen Hauptversammlungsformats gerade ein neuer Handlungsspielraum eröffnet.

---

1) Kammergericht Berlin v. 18.2.2025, 22 W 4/25, NZG 2025, 464, vgl. hierzu auch Flick, jurisPR-HaGesR 4/2025 Anm. 6.

2) OLG Hamm v. 26.2.2025, 8 U 25/24, NZG 2025, 746, vgl. hierzu auch Schilha/Gaßner, ZIP 2025, 2367.

Anmerkung:

Ziel sei es, den Aufsichtsratsmitgliedern eine effektive Teilnahme zu ermöglichen, ohne gegen schutzwürdige Interessen von Aktionären zu verstoßen. Eine generelle Freistellung von der Teilnahmepflicht wurde durch die Regelung gerade nicht eingeführt; vielmehr werde die virtuelle Teilnahme gleichwertig zu einer Teilnahme in Präsenz angesehen. Sämtliche Ziele, die der Gesetzgeber angesichts der herausgehobenen Position des Aufsichtsrats in der Struktur der Aktiengesellschaft und der besonderen Bedeutung, die die Hauptversammlung für die Gesellschaft hat, mit der in § 118 Abs. 3 Satz 1, § 118a Abs. 2 Satz 2 AktG geregelten Teilnahmepflicht der Mitglieder des Aufsichtsrates verfolgt, könnten bei der virtuellen Hauptversammlung ebenso gut erreicht werden, wenn die Mitglieder des Aufsichtsrates nicht vor Ort sind.

b) Zum Teilnahmerecht von Aktionären in Hauptversammlungen

564 Der BGH stellte mit Beschluss vom 8.7.2025[1] klar, dass das Teilnahmerecht aus § 118 AktG besondere Bedeutung hat. Danach üben Aktionäre ihre Rechte in den Angelegenheiten der Gesellschaft grundsätzlich in der Hauptversammlung aus. So entspreche es allgemeiner Meinung, dass Ausfluss des aktienrechtlichen Teilnahmerechts aus § 118 AktG grundsätzlich auch der ungehinderte Zugang zu den Versammlungsräumen bzw. deren Zugänglichkeit unter zumutbaren Bedingungen ist. Zudem sei die Gesellschaft verpflichtet, dem einzelnen Aktionär eine ungehinderte und sachgemäße Wahrnehmung seiner Mitgliedschaftsrechte zu ermöglichen und alles zu unterlassen, was dieses Recht beeinträchtigen könnte. Die **auferlegte Einschränkung, Geräte zur Bild- und Tonaufnahme generell zu verbieten,** könne daher einen **unverhältnismäßigen Eingriff** in dieses Recht darstellen. Ob dies der Fall ist, hänge jedoch von den konkreten Umständen des Einzelfalls ab.

Anmerkung:

Im Streitfall machte ein Aktionär geltend, dass ihm die Teilnahme an der Hauptversammlung eines Unternehmens im Jahr 2019 verweigert wurde, da er ein Gerät mitführen wollte, das zur Fertigung von Bild- und Tonaufnahmen geeignet war. Das Unternehmen argumentierte, dies sei notwendig, um interne Sicherheitsvorkehrungen zu gewährleisten.

c) Herabsetzung der Vorstandsbezüge nach Eröffnung eines Insolvenzverfahrens

565 Gemäß Urteil des BGH vom 22.10.2024[2] steht das Recht zur Herabsetzung der Vorstandsvergütung nach der Insolvenzeröffnung über das Vermögen einer Aktiengesellschaft dem Insolvenzverwalter und nicht mehr dem Aufsichtsrat zu. Die Zurechenbarkeit der Verschlechterung der Lage der Gesellschaft an den Vorstand ist keine Voraussetzung für die Herabsetzung seiner Bezüge, sondern ein wesentlicher Umstand bei der gebotenen Abwägung, bei der sämtliche Umstände des Einzelfalls zu berücksichtigen und gegeneinander abzuwägen sind. Bei dieser Abwägung sind insbesondere der Umfang der Verschlechterung der Lage der Gesellschaft gegenüber dem Zeitpunkt der Vereinbarung der Vergütung sowie weiter zu berücksichtigen, in welchem Grad die Verschlechterung dem Vorstandsmitglied zurechenbar ist und ob er sie gegebenenfalls sogar pflichtwidrig herbeigeführt hat.

In seinem Urteil stellte der BGH klar, dass das aus § 87 Abs. 2 Satz 1 AktG resultierende Herabsetzungsrecht der Vergütung für ein Vorstandsmitglied für die Zeit nach der Eröffnung des Insolvenzverfahrens vom Insolvenzverwalter ausgeübt wird. Dies diene dem **Schutz der Insolvenzmasse** und sei nach der Eröffnung keine interne Angelegenheit der Gesellschaft mehr. Damit erteilt der BGH der im Schrifttum vertretenen

1) BGH v. 8.7.2025, II ZR 24/24, ZIP 2025, 2119.
2) BGH v. 22.10.2024, II ZR 97/23, DB 2025, 40, vgl. hierzu auch Staake, jurisPR-HaGesR 2/2025 Anm. 1.

Auffassung eine Absage, wonach dieses Herabsetzungsrecht in der Insolvenz dem Aufsichtsrat zustehe bzw. dessen Zustimmung bedürfe.

Nach Auffassung des BGH sei für die Herabsetzung entscheidend, ob die Beibehaltung der vollen Vergütung angesichts der Situation der Gesellschaft unbillig wäre. Ausdrücklich verneinte er die Frage, ob eine Herabsetzung der Vergütung voraussetze, dass dem Vorstand die Verschlechterung der Lage der Gesellschaft individuell zugerechnet werden könne. Es sei vielmehr regelmäßig eine Betrachtung des jeweiligen Einzelfalls vorzunehmen und sämtliche Umstände des Einzelfalls zu berücksichtigen und gegeneinander abzuwägen. In diesem Rahmen stellt der BGH klar, dass die Zurechenbarkeit der Verschlechterung der Lage der Gesellschaft an den Vorstand mithin keine Voraussetzung für die Herabsetzung seiner Bezüge, sondern ein wesentlicher Umstand bei der gebotenen Gesamtabwägung ist, der eine Reduzierung der Vergütung rechtfertigen könne.

Auch wird darauf hingewiesen, dass für den Fall, in dem das Vorstandsmitglied zu der Zeit, in der sich die Lage der Gesellschaft verschlechtert hat, noch nicht Mitglied des Vorstands der Aktiengesellschaft war, die Annahme der Unbilligkeit für die Gesellschaft, über deren Verfahren das Insolvenzverfahren eröffnet ist, unter Berücksichtigung des Gebots der restriktiven Auslegung von § 87 Abs. 2 AktG in der Regel ausgeschlossen ist.

Anmerkung:

Mit der Entscheidung wird für die Praxis der Rechtsrahmen des Insolvenzverwalters geklärt. Auch wird erläutert, unter welchen Bedingungen die Vergütung eines Vorstandsmitglieds in einer Krise angepasst werden kann. Dabei steht das **Unternehmensinteresse** des § 87 Abs. 2 Satz 1 AktG **im Vordergrund** – nicht hingegen die formalen vertraglichen Ansprüche des Vorstandsmitglieds.

d) Vertragswidrige Umwandlung: Außerordentliches Kündigungsrecht

Die Klägerin war als atypisch stille Gesellschafterin an einer GmbH beteiligt und hatte **566**
zudem Genussrechte an einer AG erworben. Beide Unternehmen wurden verschmolzen, und die Genussrechte sowie die atypisch stille Beteiligung wurden einseitig in Aktien der Beklagten umgewandelt. Die Klägerin erklärte daraufhin eine außerordentliche fristlose Kündigung und forderte die Rückzahlung des Kapitals nebst Zinsen und Rechtsanwaltskosten.

Der BGH entschied mit Urteil vom 15.7.2025,[1] dass die Umwandlung der Beteiligung in Aktien gegen den **Bestandsschutz der ursprünglichen Rechte** der Klägerin verstieß. Nach den Vertragsbedingungen hätte eine Änderung – insb. im Fall des atypisch stillen Gesellschaftsverhältnisses – einer Zustimmung der Klägerin bedurft. Das Gericht sah in der Umwandlung ohne Zustimmung eine dauerhafte Verletzung der Rechte der Klägerin. Dies rechtfertige eine außerordentliche Kündigung nach § 314 BGB.

Dabei betonte der BGH, dass bei rechtswidrigem Dauerverhalten die Kündigungsfrist erst mit Beendigung des geschaffenen Zustands zu laufen beginnt. Das gelte auch für § 314 Abs. 3 BGB. Im Streitfall bestand das pflichtwidrige Dauerverhalten darin, dass – anders als in den Anlagebedingungen vorgesehen – vor der Umwandlung keine Zustimmung der Klägerin eingeholt wurde. Dies stelle eine fortlaufende Verletzung dar. Laut BGH kommt ein Anspruch der Klägerin auf Zahlung einer Abfindung ebenso in Betracht wie ein Anspruch auf Schadensersatz wegen Pflichtverletzung (§ 280 BGB).

1) BGH v. 15.7.2025, II ZR 132/23, NZG 2025, 1091.

6. Vereine

a) Grundbuchfähigkeit eines nicht eingetragenen Idealvereins

567 Auch nach Inkrafttreten des MoPeG ist der **Verein ohne Rechtspersönlichkeit**, dessen Zweck nicht auf einen wirtschaftlichen Geschäftsbetrieb gerichtet ist, uneingeschränkt **grundbuchfähig**.

Gemäß Beschluss des OLG München vom 10.2.2025[1)] ist für einen Verein ohne Rechtspersönlichkeit **keine Voreintragung in das Vereinsregister** erforderlich, um eine Grundbucheintragung zu erwirken. Das Gericht begründet seine Auffassung damit, dass die Bestimmungen über Vereine ohne Rechtspersönlichkeiten auf das materielle Vereinsrecht verwiesen und die grundbuchrechtlichen Regelungen in § 47 Abs. 2 GBO zu Gesellschaften bürgerlichen Rechts nicht analog anwendbar seien. Entgegen der Gegenansicht bestehe demnach keine Regelungslücke, so dass von vornherein kein Raum für eine Analogie sei, unabhängig von der Frage der Rechtsähnlichkeit zwischen Verein ohne Rechtspersönlichkeit und GbR. Das OLG München folgt damit der Auffassung und Begründung des OLG Frankfurt a.M.[2)]

Anmerkung:

Darüber hinaus wird in dem Urteil klargestellt, dass für den **Nachweis**, dass dem Verein **kein wirtschaftlicher Geschäftsbetrieb** zugrunde liegt, trotz der Formvorschrift des § 29 GBO, auch eine nur **in privatschriftlicher Form vorgelegte Satzung ausreicht**. Eine sofortige Antragszurückweisung durch das Grundbuchamt aufgrund eines Verstoßes gegen § 29 GBO erweist sich mithin als verfahrensfehlerhaft.

Auch das OLG Braunschweig schließt sich mit rechtskräftigem Beschluss vom 11.6.2025[3)] der Auffassung des OLG München und des OLG Frankfurt a.M. an. Mit der Änderung des § 54 BGB sei **der nicht eingetragene Verein aus dem Recht der GbR ausgegliedert** und als Verein ohne Rechtspersönlichkeit dem Vereinsrecht unterstellt worden, aus dem die Grundbuchfähigkeit zu folgern sei. Der Gesetzgeber habe sich in dieser Hinsicht bewusst für eine Differenzierung zwischen wirtschaftlichem Verein und Idealverein entschieden. Es besteht mithin keine Planwidrigkeit und die vereinsrechtlichen Vorschriften einschließlich der Grundbuchfähigkeit seien konsequent anzuwenden.

b) Alternative Einberufungsformen in einer Vereinssatzung

568 Das OLG Celle befasst sich mit Beschluss vom 22.8.2025[4)] mit der Frage, welche Einberufungsformen für die Einladung zur Mitgliederversammlung zulässig sind.

Ein Verein hatte in seiner Mitgliederversammlung einstimmig eine Satzungsänderung beschlossen, die es dem Vorstand ermöglicht, Einladungen zur Mitgliederversammlung entweder durch Bekanntgabe/Aushang in der Geschäftsstelle oder alternativ durch schriftliche Benachrichtigung zu versenden. Das Registergericht verweigerte die Eintragung mit der Begründung, die Wahlfreiheit zwischen den Einberufungsformen sei unzulässig, insbesondere weil so die Einladung entweder unmittelbar (schriftlich) oder nur mit Mitwirkung des Mitglieds (Aushang) erfolgen könne. Gegen diese Auffassung legte der Verein erfolgreich Beschwerde ein.

Das OLG Celle hält eine Satzungsklausel, die dem Vorstand **die Wahl zwischen verschiedenen Formen der Einladung zur Mitgliederversammlung** erlaubt, **nicht grund-**

1) OLG München v. 10.2.2025, 34 Wx 328/24 e, DStR 2025, 795, vgl. hierzu auch Anm. Gummert, GmbHR 2025, 426.
2) OLG Frankfurt a.M. v. 10.10.2024, 20 W 186/24, ZIP 2024, 2823, vgl. hierzu auch Anm. Schulteis, ZIP 2025, 364.
3) OLG Braunschweig v. 11.6.2025, 2 W 47/25, ZIP 2025, 1671.
4) OLG Celle v. 22.8.2025, 9 W 65/25, ZIP 2025, 2236.

sätzlich für unzulässig. Entscheidend sei, dass die Satzungsregelung die Mitglieder nicht in unzumutbarer Weise daran hindert, von der Einladung Kenntnis zu nehmen, denn die Vereinsfreiheit nach § 32 BGB erlaubt solche Wahlmöglichkeiten nur, solange sie für die Mitglieder zumutbar sind. Regelungen die „die Möglichkeit der Kenntnisnahme in unzumutbarer Weise erschweren" seien unzulässig. Alternative Einberufungsformen, wie Aushang und schriftliche Benachrichtigung, seien zulässig, sofern zumindest eine davon zumutbar ist. Insbesondere sei die Einladung durch Aushang allein anerkannt; die Ergänzung um eine schriftliche Option stelle sogar eine Erleichterung für die Mitglieder dar.

Für gemeinnützige Vereine heißt das: Flexibilität bei der Satzungsgestaltung zur Einladung von Mitgliederversammlungen ist zulässig, solange keine unzumutbare Erschwernis für die Kenntnisnahme durch die Mitglieder besteht. Die Satzung kann verschiedene und auch ergänzende Einladungsformen enthalten (z.B. Aushang, elektronische oder schriftliche Einladung). Wichtig ist dabei, dass die demokratische Teilhabe der Mitglieder nicht durch schwer zugängliche oder rein formale Einladungswege gefährdet wird. Einladungswege müssen transparent und für alle Mitglieder zumutbar zugänglich sein. Eine Einladung nur durch Aushang ist nach ständiger Rechtsprechung zulässig, die Ermöglichung zusätzlicher Einladungswege sogar positiv zu bewerten. Die Entscheidung stärkt die Gestaltungsfreiheit der Vereine und sichert gleichzeitig den Schutz der Mitgliederrechte in Bezug auf die Information und Teilhabe an Mitgliederversammlungen.

III. Restrukturierung und Sanierung

1. Restrukturierungsverfahren nach dem StaRUG bei natürlichen Personen

Nach § 30 Abs. 1 Satz 2 StaRUG können die Instrumente des Stabilisierungs- und Restrukturierungsrahmens von jedem insolvenzfähigen Schuldner in Anspruch genommen werden. Für natürliche Personen gilt dies allerdings nur, soweit sie unternehmerisch tätig sind. Das AG Köln stellte in seinem rechtskräftigen Beschluss vom 14.3.2024[1)] klar, dass für die Anwendbarkeit des StaRUG eine Restrukturierungsfähigkeit nur gegeben ist, wenn der **Schuldner unternehmerisch tätig** ist. Nach Art. 2 Abs. 1 Nr. 9 der RL 2019/1023 ist eine natürliche Person dann unternehmerisch tätig, wenn sie eine gewerbliche, geschäftliche, handwerkliche oder freiberufliche Tätigkeit ausübt. Das bloße Halten von Gesellschaftsanteilen reiche nicht aus, vielmehr erfordere das StaRUG ein **aktives** (im Zeitpunkt der Restrukturierung noch nicht eingestelltes), **unternehmerisches Engagement**. Wählt der Schuldner bewusst eine Struktur über eine anteilehaltende haftungsbeschränkte Gesellschaft, bezwecke er, das unternehmerische Risko weg von der natürlichen Person zu verlagern. Der Umstand, dass der die Anteile haltende Schuldner zusätzlich Bürgschaften für Darlehensverpflichtungen der GmbH übernommen habe, eröffne keine unternehmerische Tätigkeit i.S.d. § 30 Abs. 1 Satz 2 StaRUG. Das Ziel, sich von seinen Bürgschaftsforderungen zu befreien, sei nicht vom Sinn und Zweck des StaRUG erfasst. 569

Anmerkung:

Das StaRUG setzt eine **restrukturierungsfähige unternehmerische Aktivität** voraus. Es ist nicht anwendbar auf natürliche Personen, die unternehmerische Tätigkeiten über haftungsbeschränkte Gesellschaften abwickeln. Somit muss für eine Restrukturierung nach dem StaRUG eine aktive, eigenverantwortliche Unternehmensführung nachgewiesen werden.

2. Bestätigung des Basis- und Optionsmodells in einem Restrukturierungsplan

Ansprüche aus einem freiwilligen Beitritt zur Sanierungsvereinbarung sind bei der gerichtlichen Bestätigung eines Restrukturierungsplans nach StaRUG nicht zu berück- 570

1) AG Köln v. 14.3.2024, 83 RES 1/24, ZIP 2024, 2726, vgl. hierzu auch Anm. Krüger/Kleinekathöfer, ZIP 2025, 498.

sichtigen. Es genügt sowohl eine rechtliche Gläubigergleichbehandlung als auch die Bildung von Pflichtgruppen ohne wirtschaftliche Differenzierung.

Das AG München befasste sich in seinem Beschluss vom 6.6.2025[1] mit einem Restrukturierungsverfahren, in dem es u.a. darum ging, vereinzelte, opponierende Finanzgläubiger in ein ansonsten konsensuales Sanierungskonzept einzubinden. Dieses wurde im Rahmen eines öffentlichen Restrukturierungsverfahrens und mittels einer parallelen Sanierungsvereinbarung umgesetzt. Dabei wurden zwei Gruppen von Planbetroffenen gebildet: einfache Restrukturierungsgläubiger und beteiligte Aktionäre. Für die Gläubiger sah der Plan eine Basisregelung (Verschiebung von Fälligkeiten, Anpassung von Zinsen) vor; darüber hinaus wurde allen Gläubigern die Option zum Beitritt in die weitergehende Sanierungsvereinbarung angeboten. Die Aktionäre wurden zur Kapitalerhöhung eingebunden.

Das Gericht bestätigte den Restrukturierungsplan und wies einen Minderheitenschutzantrag zurück. Es stellte klar, dass Vorteile aus dem Beitritt zur Sanierungsvereinbarung auf **individualvertraglicher Grundlage** stehen und nicht unter die gestaltenden Planregelungen des Restrukturierungsplans (§ 27 Abs. 2 Nr. 1 StaRUG) fallen, weswegen sie für die gerichtliche Prüfung irrelevant sind. Eine gruppenübergreifende Ungleichbehandlung bei den Anteilsinhabern sei ausgeschlossen, wenn alle Aktionäre in einer Gruppe zusammengefasst sind. Die Bildung weiterer Untergruppen sei nicht notwendig, selbst wenn unterschiedliche wirtschaftliche Interessen bestehen. Laut AG ist für die gruppeninterne Gleichbehandlung nach § 10 StaRUG allein die rechtliche Gleichbehandlung maßgeblich; eine Prüfung wirtschaftlicher Gleichbehandlung im Einzelfall ist nicht erforderlich. Weiter führt es aus, dass die Option auf weitergehende Sanierungsvereinbarungen die Bestandsfähigkeit des Schuldners nicht gefährden darf (§ 14 StaRUG).

Anmerkung:

Der Beschluss des AG München bestätigt das Basis- und Optionsmodell, wonach Unternehmen **neben der planerischen Basisregelung weitergehende Wahlmöglichkeiten für Gläubiger** eröffnen dürfen, ohne dass dies zu einer verbotenen Überkompensation oder einer neuen Prüfpflicht des Gerichts führt. Eine Gleichbehandlung der Gläubiger wird dabei gewährleistet, wenn jeder Gruppe die gleiche Option angeboten wird.

3. Keine Pflicht zur Schlussrechnung bei Insolvenz

571 Der Insolvenzverwalter eines Unternehmens ist nicht verpflichtet, eine Schlussrechnung zu erstellen, bevor eine Insolvenzforderung des Bestellers zur Rückzahlung überzahlter Voraus- oder Abschlagszahlungen zur Insolvenztabelle angemeldet und geprüft wurde.

Im Streitfall hatte ein Bauunternehmer seine Arbeiten vor Fertigstellung eingestellt und ein Insolvenzverfahren wurde eröffnet. Die Klägerin, die Vorauszahlungen geleistet hatte, forderte eine Schlussrechnung, um die eventuell überzahlten Beträge einzuklagen. Gemäß Urteil des BGH vom 7.11.2024[2] kann jedoch eine **Schlussrechnung im Insolvenzfall erst** verlangt werden, **wenn die Hauptforderung zur Insolvenztabelle angemeldet** wird und dieser **Anmeldung widersprochen** wurde. Dazu führt der BGH aus, dass ein Anspruch auf Erteilung einer Schlussrechnung als Nebenanspruch das rechtliche Schicksal der Hauptforderung teile, weswegen auch dieser das insolvenzrechtliche Prüfungsverfahren durchlaufen müsste, bevor er geltend gemacht werden könne. Der Anspruch auf Erteilung einer Schlussrechnung bereite nicht die Durchsetzung eines Aussonderungs- oder Absonderungsrechts oder einer Masseforderung vor, sondern stelle lediglich eine Insolvenzforderung dar. Damit können **Rückzahlungsfor-**

1) AG München v. 6.6.2025, RES 337/25, ZInsO 2025, 1639.
2) BGH v. 7.11.2024, IX ZR 179/23, DB 2024, 3160, vgl. hierzu auch Anm. Pape, ZIP 2024, 2926.

derungen nur im Rahmen des Insolvenzverfahrens verfolgt werden, indem sie im Wege der Schätzung (§ 45 Satz 1 Var. 2 InsO) zur Insolvenztabelle angemeldet werden (§§ 38, 174 ff. InsO). Auch sei die Anmeldung der Insolvenzforderung nach Schätzung durch den Gläubiger im Falle eines ggf. erfolgenden Widerspruchs mit keinem besonderen Kostenrisiko verbunden.

4. Behandlung strittiger Forderungen im Rahmen der Prüfung der Zahlungsunfähigkeit

Ein **vorläufig vollstreckbarer Titel über eine strittige Forderung** ist bei der Beurteilung der Zahlungsunfähigkeit des Schuldners in Höhe des Nennwerts zu berücksichtigen. **572**

Dies lässt der BGH mit Urteil vom 23.1.2025[1)] dann zu, wenn die **Voraussetzungen für eine Vollstreckung aus dem Titel** vorliegen und der Titelgläubiger die **Vollstreckung eingeleitet** hat.

In diesem Fall gelte die Forderung für Zwecke der Beurteilung der Zahlungsunfähigkeit als bewiesen und sei deshalb im Liquiditätsstatus in voller Höhe zu passivieren.

5. Abwehr einer Zahlungsunfähigkeit: Realisierbarkeit von Forderungen gegen Dritte binnen drei Wochen

Im Rahmen der Prüfung der Zahlungsunfähigkeit eines Schuldners nach § 17 InsO sind **573** nur solche **Forderungen** gegen Dritte berücksichtigungsfähig, die tatsächlich bestehen und **binnen drei Wochen vollständig realisierbar** sind. Andernfalls gelten diese Forderungen als wirtschaftlich wertlos.

Eine GmbH & Co. KG hatte Steuerverbindlichkeiten ihres Kommanditisten beglichen. Diese Zahlungen focht der Insolvenzverwalter der Schuldnerin nach § 134 Abs. 1 InsO als unentgeltliche Leistung an und verlangte deren Rückzahlung. Die Vorinstanz hatte einen möglichen Gewinnanspruch des Kommanditisten als ausreichend angesehen, um die Werthaltigkeit der Steuerforderung und damit die Entgeltlichkeit der Leistung zu bejahen.

Der BGH hat mit Urteil vom 31.7.2025[2)] in Fortführung seiner bisherigen Rechtsprechung[3)] klargestellt, dass ein Schuldner, der aus Mangel an liquiden Mitteln seine fälligen Zahlungspflichten nicht erfüllen kann, zahlungsunfähig ist. Hierbei seien aber nur diejenigen **liquiden Mittel** einzubeziehen, über die der Schuldner **tatsächlich verfügt** oder die er sich **kurzfristig beschaffen** kann.

So komme es für die Berücksichtigung von Forderungen gegen Dritte auf deren tatsächliche Werthaltigkeit und darauf an, dass diese innerhalb von drei Wochen realisiert werden können. Forderungen, die bloß rechtlich bestehen, aber weder auszahlbar sind noch von einer leistungsfähigen sowie leistungswilligen Gegenpartei stammen, dürften die Feststellung der Zahlungsunfähigkeit nicht beeinflussen. Im Streitfall fehlte für den Kommanditisten ein gefestigter und kurzfristig durchsetzbarer Gewinnanspruch, da weder ein entsprechender Jahresabschluss aufgestellt noch ein Feststellungsbeschluss der Gesellschafterversammlung erfolgt war.

Anmerkung:

Damit sind etwaige Gewinn- oder Entnahmeansprüche nur dann zu berücksichtigen, wenn diese zur Zeit der Zahlungsunfähigkeit konkret existieren und sofort realisiert werden können.

---

1) BGH v. 23.1.2025, IX ZR 229/22, DB 2025, 381, vgl. hierzu auch Anm. Rissmann, ZIP 2025, 1605.
2) BGH v. 31.7.2025, IX ZR 160/24, DB 2025, 2429, vgl. auch Anm. Eckardt, ZIP 2025, 2371.
3) BGH v. 24.5.2005, IX ZR 123/04, DStR 2005, 1616, v. 19.7.2007, IX ZB 36/07, NZI 2007, 579 und v. 18.4.2013, IX ZR 90/10, NZI 2013, 592.

6. Verbundene Unternehmen: Nachrangigkeit einer Darlehensforderung

574 Der BGH hatte sich mit der Frage auseinander zu setzen, ob ein Darlehen, das von einem Gesellschafter der Komplementär-GmbH einer GmbH & Co. KG gewährt wird, auch dann nachrangig ist, wenn der **Gesellschafter nicht am Haftkapital der KG beteiligt** ist. Er entschied mit Urteil vom 7.11.2024[1], dass für die Anwendung des Gesellschafterdarlehensrechts nach § 39 Abs. 1 Satz 1 Nr. 5 Var. 2 InsO weder nach dem Wortlaut der Vorschrift noch aus Gründen der Gesetzessystematik eine Beteiligung der Komplementär-GmbH am Kapital der KG notwendig ist. Es reiche vielmehr aus, wenn ein Gesellschafter einen **maßgeblichen Einfluss auf die Darlehensgeberin** ausübt. Es genüge auch eine indirekte Beteiligung an der Darlehensnehmerin über die Komplementär-GmbH in Kombination mit maßgeblichem Einfluss auf die Darlehensgeberin, um das Darlehen als nachrangig einzuordnen. Das für die Anwendung des Gesellschafterdarlehensrechts erforderliche Eigeninteresse könne ebenso in einer Lenkung der Geschäftstätigkeit zum Ausdruck kommen.

Anmerkung:

Somit ist eine **formale Gesellschafterstellung mit Kapitalbeteiligung für die Nachrangigkeit einer Darlehensforderung nicht zwingend erforderlich**. Hierdurch wird der Anwendungsbereich der Gesellschafterdarlehen dahingehend erweitert, dass auch ohne Gewinnbeteiligung des Darlehensgebers der Gesellschafterstatus eine Nachrangigkeit begründen kann.

7. Auskunftspflichten des Insolvenzverwalters

575 Ist ein Insolvenzschuldner zur Auskunft verpflichtet, muss der Insolvenzverwalter diese Verpflichtung während des Insolvenzverfahrens erfüllen. Wie das OLG Karlsruhe mit rechtskräftigem Beschluss vom 28.2.2025[2] klarstellte, gilt etwas anderes nur, wenn Auskunfts-, Rechnungslegungs- und Abrechnungsansprüche tatsächlich nur von dem Schuldner erbracht werden können oder kein Bezug zur Masse besteht, etwa weil der Anspruch sich auf eine vor der Eröffnung des Insolvenzverfahrens abgetretene Forderung bezieht. In einem solchen Fall handele es sich bei dem Auskunftsanspruch um keinen Vermögensanspruch i.S.v. § 38 InsO.

Sofern der **unselbständige Auskunftsanspruch** dagegen zur **Vorbereitung einer Forderung** dient, die ihrerseits Bezug zur Masse hat, sei der **Insolvenzverwalter** zur Auskunft und Rechnungslegung verpflichtet.

Anmerkung:

Weiter führt das OLG aus, dass es für den **Verweis auf unzumutbaren Zeit- und Arbeitsaufwand nicht genügt**, wenn der Insolvenzverwalter pauschal auf den unzureichenden Zustand der Buchführung des Schuldnerunternehmens hinweist und dem Auskunftsberechtigten aufgibt, die vorhandenen Unterlagen selbst zu sichten. Nach Auffassung des OLG Karlsruhe gehört es zu den Aufgaben des Insolvenzverwalters, den Bestand der Masse festzustellen.

8. Verschärfte Vorgaben für Anfechtung durch Insolvenzverwalter

576 Streitig war, inwieweit ein Insolvenzverwalter Anfechtungsansprüche eines insolventen Gläubigers weiterverfolgen kann. Mit Eröffnung des Insolvenzverfahrens nahm der Insolvenzverwalter den Anspruch des Gläubigers auf. Die praktische Frage war, ob dies auch ohne einen vollstreckbaren Schuldtitel möglich ist.

---

1) BGH v. 7.11.2024, IX ZR 216/22, DB 2024, 3158, vgl. hierzu auch Cranshaw, jurisPR-InsR 1/2025 Anm. 3.

2) OLG Karlsruhe v. 28.2.2025, 3 U 38/23, ZIP 2025, 237, vgl. hierzu auch Anm. Spruytenburg, ZIP 2025, 2422.

Nach § 2 AnfG ist jeder Gläubiger zur Anfechtung berechtigt, der einen vollstreckbaren Schuldtitel erlangt hat und dessen Forderung fällig ist, wenn die Zwangsvollstreckung in das Vermögen des Schuldners nicht zu einer vollständigen Befriedigung des Gläubigers geführt hat oder wenn anzunehmen ist, dass sie nicht dazu führen würde. Verfolgt der Insolvenzverwalter einen von einem Insolvenzgläubiger erhobenen Anfechtungsanspruch für Rechtshandlungen, die außerhalb der Anfechtungsfristen der Anfechtungstatbestände der Insolvenzordnung aber innerhalb der Anfechtungsfristen nach dem Anfechtungsgesetz liegen, kann er einen auf Anfechtungstatbestände nach dem Anfechtungsgesetz gestützten Anfechtungsanspruch nur erfolgreich durchsetzen, wenn zugunsten des Insolvenzgläubigers ein **vollstreckbarer Schuldtitel** vorliegt. In einem solchen Fall kann der Anfechtungsgegner sich gegenüber dem Insolvenzverwalter in gleicher Weise mit Einwendungen gegen den Schuldtitel verteidigen wie gegenüber dem anfechtenden Gläubiger. Dies stellte der BGH mit Urteil vom 5.12.2024[1)] klar.

§ 2 AnfG bleibe als Grundlage für die Anfechtungsberechtigung eines Gläubigers zwingend, auch wenn der Insolvenzverwalter den Anspruch verfolgt. Dem liege der Gedanke zugrunde, dass die **Einwände des Anfechtungsgegners gegen den Schuldtitel gewahrt** bleiben müssen. Diese Grundlage schütze den Anfechtungsgegner vor einer Verkürzung seiner Verteidigungsrechte.

9. Vorsatzanfechtung: Zahlung von Gewerbemiete als Bargeschäft

Zahlungen eines Mieters nach Kündigung des Mietvertrags können im Rahmen einer Insolvenzanfechtung nicht ohne weiteres zurückgefordert werden, weil die Zahlung auch nach einer Kündigung eine gleichwertige Gegenleistung einer bargeschäftsähnlichen Abwicklung darstellt und somit nicht anfechtbar ist. 577

Im Streitfall wurde bei einer GmbH ein Insolvenzverfahren eröffnet. Der Insolvenzverwalter verlangte von einem ehemaligen Vermieter die Rückzahlung von Mieten, die nach einer Kündigung gezahlt wurden. Die angefochtenen Zahlungen wurden im Zuge der Fortsetzung der Mietnutzung für die Dauer der Vorenthaltung der Mietsache geleistet, was als kongruente Deckung angesehen wurde.

Nach der **Neuausrichtung der Rechtsprechung zur Vorsatzanfechtung** reicht bei **kongruenten Deckungshandlungen** – im Streitfall den Mietzahlungen – die erkannte Zahlungsunfähigkeit im Zeitpunkt der angefochtenen Rechtshandlungen zur Annahme des Gläubigerbenachteiligungsvorsatzes nicht aus. Sofern der Schuldner im Zeitpunkt der angefochtenen Rechtshandlung erkanntermaßen zahlungsunfähig ist, komme es vielmehr zusätzlich darauf an, ob er wusste oder jedenfalls billigend in Kauf nahm, seine anderen Gläubiger auch zu einem späteren Zeitpunkt nicht vollständig befriedigen zu können.

Gemäß Urteil des BGH vom 17.10.2024[2)] können die streitgegenständlichen Zahlungen mangels Vorliegens eines Gläubigerbenachteiligungsvorsatzes nicht als anfechtbar gemäß § 133 Abs. 1 InsO betrachtet werden. Die angefochtenen Mietzahlungen seien in bargeschäftsähnlicher Lage (Leistung Zug um Zug gegen eine zur Fortführung des Unternehmens unentbehrliche Gegenleistung, die den Gläubigern im Allgemeinen nutzt) erfolgt.

Unschädlich sei, dass der Mietvertrag zur Zeit der angefochtenen Zahlungen wirksam gekündigt und die Zahlungen demzufolge eine gemäß § 546a Abs. 1 Alt. 1 BGB geschuldete Nutzungsentschädigung gewesen sein könnten. Denn **durch eine wirksame Kündigung des Mietvertrags entfalle die zur Annahme eines Bargeschäfts notwendige Verknüpfung von Leistung und Gegenleistung nicht**. Die Bezahlung der Miete für die Dauer der Vorenthaltung der Immobilie finde entsprechend hinreichend

1) BGH v. 5.12.2024, IX ZR 42/24, NZG 2025, 376.
2) BGH v. 17.10.2024, IX ZR 244/22, WM 2024, 2210, vgl. hierzu auch Cranshaw, jurisPR-InsR 1/2025 Anm. 4.

Ausdruck in der ursprünglichen Parteivereinbarung. Die Anknüpfung an die ursprüngliche Parteivereinbarung sowie der vertragsähnliche Charakter des Anspruchs gemäß § 546a Abs. 1 Alt. 1 BGB bestärke außerdem die Annahme eines bargeschäftlichen Austauschs in Form des weiteren Nutzens der Immobilie im Austausch der Entrichtung der Entschädigung.

10. Insolvenzanfechtung: Zahlung unter unmittelbarem Vollstreckungsdruck

578 Eine Rechtshandlung, die einem Insolvenzgläubiger eine Sicherung oder Befriedigung gewährt oder ermöglicht hat, die er nicht oder nicht in der Art bzw. zu der Zeit zu beanspruchen hatte, ist unter bestimmten Umständen anfechtbar, § 131 Abs. 1 InsO. Dies ist bspw. dann der Fall, wenn die Handlung innerhalb des zweiten oder dritten Monats vor dem Eröffnungsantrag vorgenommen worden ist und dem Gläubiger zur Zeit der Handlung bekannt war, dass sie die Insolvenzgläubiger benachteiligte. Nach ständiger BGH-Rechtsprechung ist eine **Zahlung dann inkongruent**, wenn sie **unter unmittelbarem Vollstreckungsdruck** erfolgte. Bei der Annahme der Drucksituation komme es auf die objektivierte Sicht des Schuldners an. Maßgeblich sei der Inhalt der Zahlungsaufforderung.

Mit Urteil vom 22.5.2025[1] hat der BGH eine Zahlung des Schuldners an einen Sozialversicherungsträger innerhalb von drei Monaten vor Stellung des Insolvenzantrags als inkongruent angesehen, weil der Gläubiger zuvor eine Frist zur Zahlung des fälligen Beitrags gesetzt und im Falle einer nicht fristgemäßen Zahlung die ohne weiteres mögliche Zwangsvollstreckung angekündigt hatte, auch wenn die Zahlungsaufforderung insgesamt in einem „freundlichen" Tonfall verfasst war und der „Betreff" eine bloße Zahlungserinnerung suggeriert hatte.

11. Insolvenzanfechtung von Auslagenerstattungen und verspäteten Gehaltszahlungen an Gesellschafter-Geschäftsführer

579 **Auslagenerstattungen** sind grundsätzlich nur wie Gesellschafterdarlehen nachrangig und im Rahmen einer Insolvenzanfechtung anfechtbar, wenn der Geschäftsführer tatsächlich **Gesellschaftsschulden** beglichen hat. Bei **verspäteten Gehaltszahlungen** kann eine Anfechtbarkeit bestehen, wenn die Auszahlung mehr als drei Monate nach Fälligstellung erfolgt und dadurch eine **Finanzierungsfunktion** für die Gesellschaft eintritt.

Der Insolvenzverwalter forderte in dem vom BGH mit Urteil vom 10.7.2025[2] entschiedenen Fall von einem Gesellschafter-Geschäftsführer die Rückgewähr von Auslagen, die der Geschäftsführer zuvor für die Gesellschaft verauslagt und anschließend erstattet bekam, sowie von verspätet gezahlten Gehältern.

Laut BGH sind Erstattungszahlungen grundsätzlich dann wie Gesellschafterdarlehen (und damit nachrangig) zu behandeln, wenn der Gesellschafter-Geschäftsführer tatsächlich **Forderungen von Gesellschaftsgläubigern aus privaten Mitteln** beglichen hat. Der daraus resultierende Regressanspruch des Gesellschafters sei wirtschaftlich wie ein klassisches Darlehen zu qualifizieren. Anders verhalte es sich bei der Rückerstattung von eigenen Spesen oder Aufwandserstattungen im Rahmen des laufenden Anstellungsverhältnisses: Diese werden nur dann wie ein Gesellschafterdarlehen behandelt, wenn der Anspruch gestundet oder das „Stehenlassen" der Forderung festgestellt werden kann. Fehlt eine solche Stundung oder ein Stehenlassen, bleibe diese Rückzahlung vorrangig und sei nicht als nachrangig gemäß § 39 Abs. 1 Nr. 5 InsO anzusehen.

Für **verspätete Gehaltszahlungen** kommt es laut BGH darauf an, ob die Auszahlung **mehr als drei Monate nach Entstehen des Anspruchs** erfolgt: Wird diese Grenze über-

1) BGH v. 22.5.2025, IX ZR 80/24, ZIP 2025, 1755; vgl. auch Brzoza, jurisPR-InsR 7/2025 Anm. 1.
2) BGH v. 10.7.2025, IX ZR 189/24, DB 2025, 2359, vgl. hierzu auch Nassall, jurisPR-BGHZivilR 20/2025 Anm. 5.

schritten, liege eine Finanzierungsfunktion vor. In diesem Fall sei die Zahlung wie ein Gesellschafterdarlehen zu behandeln und könne anfechtbar sein.

Anmerkung:

Gesellschafter-Geschäftsführer sollten bei der Verauslagung von Mitteln für ihre Gesellschaft sorgfältig dokumentieren, ob und wann sie eigene oder fremde Ansprüche begleichen. Besonders relevant ist dies im Hinblick auf die Zahlungsströme und die Fälligkeit von Geschäftsführergehältern. Wird ein Gehaltsanspruch nicht binnen drei Monaten ausgezahlt, besteht das Risiko einer Anfechtung durch den Insolvenzverwalter.

12. Insolvenzanfechtung: Tilgungsleistungen auf gemeinsame Ehegattendarlehen

Tilgungsleistungen, die ein Ehegatte allein auf ein gemeinsames, grundstücksfinan- **580**
ziertes Darlehen erbringt, sind im Fall seiner Insolvenz als unentgeltliche Leistungen an den anderen Ehegatten anfechtbar. Dies gilt zumindest insoweit, wie sie zu lastenfreiem Eigentum des anderen Ehegatten führen. Zinsleistungen werden hingegen als unterhaltsrechtlich geschuldet (und somit als entgeltlich) gewertet.

Der Ehemann hatte als Alleinverdiener ein hälftiges, gemeinsam mit seiner Ehefrau erworbenes Wohngrundstück allein finanziert und sämtliche Zins- und Tilgungsleistungen für das gemeinsam aufgenommene Darlehen erbracht. Nach der Vereinbarung der Eheleute sollte diese Übernahme der Darlehenslast die Gegenleistung für die Haushaltsführung und Kindererziehung der Ehefrau sein. Nach Eröffnung des Insolvenzverfahrens über das Vermögen des Ehemannes machte der Insolvenzverwalter Anfechtungsansprüche gegen die Ehefrau hinsichtlich der hälftigen Tilgungsleistungen geltend.

Gemäß § 134 Abs. 1 InsO ist eine unentgeltliche Leistung des Schuldners anfechtbar, wenn sie nicht früher als vier Jahre vor dem Antrag auf Eröffnung des Insolvenzverfahrens vorgenommen wurde. In seinem Urteil 10.7.2025[1)] bejahte der BGH die Anfechtbarkeit der Tilgungsanteile als unentgeltliche Leistung, weil diese Zahlungen zu einer Vermögensmehrung der Ehefrau führten.

Entscheidend war, dass sie durch Entlastung von der eigenen Darlehenshaftung **lastenfreies Eigentum** erlangte. Die Haushaltsführung und Kinderbetreuung durch die Ehefrau stellen nach Auffassung des BGH keine ausgleichsfähige Gegenleistung im insolvenzrechtlichen Sinne dar. Die **Tilgung diente der Vermögensbildung** und war nicht unterhaltsrechtlich geschuldet, da das Unterhaltsrecht lediglich die Sicherung des laufenden Familienbedarfs, insb. der Wohnkosten in Form von Zinsen, nicht aber des Erwerbs von Wohneigentum, umfasst. Lediglich die **Zinszahlungen** seien als **laufende Unterhaltskosten** für den Wohnbedarf der Familie zu behandeln und deshalb nicht als unentgeltlich, sondern als entgeltlich anzusehen. Sie unterlägen daher nicht der Insolvenzanfechtung.

Anmerkung:

Wer als Alleinverdiener sämtliche Lasten eines gemeinsamen Hausdarlehens trägt, riskiert, dass im Insolvenzfall ein Teil der gezahlten Tilgung von der Insolvenzmasse zurückgefordert wird – und zwar grundsätzlich derjenige Anteil, durch den der andere Ehegatte schuldenfrei gestellt wird und lastenfreies Eigentum erwirbt. Zudem stellt der BGH klar, dass Haushaltsführung, Kindererziehung oder die bloße Verwendung der Immobilie durch die Familie keine anfechtungsrechtlich relevante Gegenleistung begründen.

1) BGH v. 10.7.2025, IX ZR 108/24, DB 2025, 2630.

13. Unrichtiger Steuerbescheid oder unrichtige Steueranmeldung: Anfechtbarkeit von Steuerzahlungen nach § 134 InsO

581 Der BGH hat mit Urteil vom 31.7.2025[1)] Klarheit hinsichtlich der **Anfechtbarkeit von Steuerzahlungen in Insolvenzverfahren** nach § 134 InsO geschaffen. Nach dieser Vorschrift ist eine unentgeltliche Leistung des Schuldners grundsätzlich anfechtbar, sofern sie nicht früher als vier Jahre vor dem Antrag auf Eröffnung des Insolvenzverfahrens vorgenommen wurde.

Die Erfüllung von Verbindlichkeiten aus Steuerbescheiden und Steueranmeldungen ist dabei grundsätzlich auch dann **nicht** als unentgeltliche Leistung des Schuldners i.S.d. Vorschrift **anfechtbar, wenn eine Steuer materiell-rechtlich nicht entstanden ist**. Allerdings ist laut BGH eine **Unentgeltlichkeit ausnahmsweise** anzunehmen, wenn der **Schuldner durch eigenes Verhalten dazu beiträgt**, dass ein bei objektiver Betrachtung offenkundig und ohne ernsthaften Zweifel von der materiellen Rechtslage abweichender Steuerbescheid ergeht oder wenn er durch eine eigene Steueranmeldung eine bei objektiver Betrachtung offenkundig und ohne ernsthaften Zweifel von der materiellen Rechtslage abweichende Zahlungsverpflichtung begründet.

Anmerkung:

Im Streitfall hatte der Insolvenzschuldner, ein Verein, Lohnsteuer sowohl für tatsächliche Arbeitsverhältnisse mit überhöhten Löhnen als auch für ein Scheinarbeitsverhältnis abgeführt. Nach einer Prüfung setzte das Finanzamt die entsprechenden Steuerverbindlichkeiten per Steuerbescheid fest. Hiergegen legte der Schuldner keinen Einspruch ein. Nach der Vereinsinsolvenz machte der Insolvenzverwalter die Rückforderung dieser Steuerzahlungen für den überhöhten Lohnanteil und die Scheinarbeitsverhältnisse geltend.

Hinsichtlich der **überhöhten Lohnsteuerzahlungen für tatsächliche Arbeitsverhältnisse** lehnte der BGH eine Anfechtung nach § 134 InsO ab, da die Leistung nicht unentgeltlich erfolgt sei. Der Schuldner habe durch die Zahlung der Lohnsteuer seine gesetzlich bestehende Schuld erfüllt (§§ 38, 41a EStG). Selbst überhöhte Zahlungen stehen im weitesten Sinn in einem Zusammenhang mit dem Arbeitsverhältnis und gelten daher als entgeltlich.

Demgegenüber erkannte der BGH hinsichtlich der **Lohnsteuer für Scheinarbeitsverhältnisse** die Unentgeltlichkeit der Steuerleistung an, da die zugrunde liegende Steuerschuld materiell-rechtlich gar nicht entstanden war. Scheingeschäfte seien gemäß § 41 Abs. 2 AO für die Besteuerung irrelevant, mit der Folge, dass keine echte Verbindlichkeit begründet wurde. Zudem konnte der BGH nachweisen, dass der Schuldner bewusst ein Scheinarbeitsverhältnis vortäuschte und durch Steueranmeldungen offensichtlich rechtswidrige Verbindlichkeiten schuf, die keine Grundlage im Steuerrecht hatten.

Der BGH betonte jedoch, dass die ausnahmsweise Annahme einer Unentgeltlichkeit bei Steuerzahlungen **restriktiv auszulegen** sei: Eine Anfechtung komme nur in Betracht, wenn bei objektiver Würdigung des Sachverhalts und der Rechtslage offenkundig ist und keine ernsthaften Zweifel daran bestehen können, dass eine Steuerschuld materiell-rechtlich nicht in Betracht kommt. In diesem Fall handele der Schuldner auf Kosten seiner anderen Gläubiger objektiv freigiebig.

14. Vergütungsanspruch für vor der Insolvenzeröffnung vom Schuldner mangelfrei erbrachten Leistungsteil

582 Sofern die **beiderseitig geschuldeten Leistungen teilbar** sind, bewirkt gemäß Urteil des BGH vom 17.7.2025[2)] bereits die Eröffnung des Insolvenzverfahrens, und nicht erst

1) BGH v. 31.7.2025, IX ZR 32/24, DStR 2025, 2031, vgl. hierzu auch Anm. Jacoby, ZIP 2025, 2489.
2) BGH v. 17.7.2025, IX ZR 70/24, DB 2025, 2021, vgl. hierzu auch Anm. Thole, ZIP 2025, 1913.

die spätere Erfüllungswahl oder -ablehnung eine **Aufspaltung** des einheitlichen Vertragsverhältnisses **in den vom Schuldner erfüllten und den nicht erfüllten Teil**. Dabei sei eine mangelhafte Leistung nur teilweise – im Umfang der Mängelfreiheit – erbracht. Sie sei teilbar, wenn sich ein mangelfreier Leistungsteil abgrenzen lässt. Dabei komme es darauf an, ob sich der Wert der mangelfrei erbrachten Teilleistung und ein auf sie entfallender Anteil der Gegenleistung im Verhältnis zur Gesamtleistung und Gesamtvergütung objektiv bestimmen lassen.

Im Falle der Teilbarkeit einer Werkleistung setze die Durchsetzung des Vergütungsanspruchs für den vor Eröffnung des Insolvenzverfahrens vom Schuldner erbrachten Teil der Leistung aufgrund der insolvenzrechtlichen Modifikationen keine Abnahme dieser Teilleistung voraus. Falls die vorinsolvenzlich erbrachte Teilleistung Mängel aufweist, ist der auf diese Teilleistung entfallende Vergütungsanspruch laut BGH von vornherein um die Mängelbeseitigungskosten gemindert.

15. Keine Unlauterbarkeit bei bloßer Fortsetzung eines verlustträchtigen Betriebs

Nach § 142 Abs. 1 InsO ist ein Bargeschäft, also eine Leistung des Schuldners, für die unmittelbar (zeitlicher Zusammenhang) eine gleichwertige Gegenleistung in sein Vermögen gelangt, nur anfechtbar, wenn die Voraussetzungen der Vorsatzanfechtung nach § 133 Abs. 1 bis 3 InsO gegeben sind und der andere Teil erkannt hat, dass der Schuldner unlauter handelte. **583**

Wie der BGH mit Urteil vom 5.12.2024[1)] klarstellte, handelt ein Schuldner bei einem Bargeschäft **unlauter**, wenn es ihm um die **gezielte Schädigung der übrigen Gläubiger** geht. Er verlangt dabei mehr als das Bewusstsein, nicht alle Gläubiger befriedigen zu können. Dies kommt in Betracht, wenn zusätzlich zu den Voraussetzungen der Vorsatzanfechtung das Bargeschäft zu einer gezielten Benachteiligung anderer Gläubiger führt oder dazu genutzt wird, den Empfänger gegenüber anderen Gläubigern gezielt zu bevorzugen. In folgenden Fällen bejaht der BGH unlauteres Handeln:

- Der Schuldner erhält eine Gegenleistung, die nicht zur Fortführung des Geschäftsbetriebs erforderlich ist, etwa bei Ausgaben für Luxusgüter.
- Der Schuldner stößt Vermögen ab, das für den Geschäftsbetrieb erforderlich ist, um den Gegenwert den Gläubigern zu entziehen.
- Dem Schuldner kommt es gezielt auf die Bevorzugung eines Gläubigers an, dabei bezahlt er einen Gläubiger, um ihn von der Stellung eines Insolvenzantrages abzuhalten.
- Der Schuldner tätigt ein Bargeschäft, obwohl ein Insolvenzantrag bereits als unabwendbar erkannt wurde und vom Schuldner beabsichtigt war.
- Es erfolgt ein bargeschäftlicher Leistungsaustausch für eine Sanierungsberatung bei einem untauglichen Sanierungsversuch.
- Ein Bargeschäft wird mit einer nahestehenden Person i.S.d. § 138 InsO eingegangen, die anders behandelt wird als andere Gläubiger.
- Verbundene Unternehmen setzen Waren und Leistungen an den Schuldner ab, um dessen verbleibende Vermögenswerte auf das verbundene Unternehmen zu übertragen.

Demgegenüber liegt nach Auffassung des BGH **unlauteres Handeln nicht** schon dann vor, wenn der Schuldner **fortlaufend Verluste erwirtschaftet**.

1) BGH v. 5.12.2024, IX ZR 122/23, DB 2025, 45, vgl. hierzu auch Hain, jurisPR-InsR 1/2025.

Anmerkung:

Auch ergebe sich ein unlauteres Handeln nicht daraus, dass das Handeln des Schuldners die Regelungen zur Insolvenzantragspflicht nach §§ 15a, 15b InsO verletzt. Dies ergebe sich daraus, dass diesen Vorschriften ein Schutzkonzept mit anderen Voraussetzungen zugrunde liege, welches dem Schutz der Gesamtheit der Gläubiger diene. Eine Verletzung dieser Vorschriften könne deshalb nicht bestimmen, wann ein Eingriff in die Interessen eines einzelnen Gläubigers zulässig sei.

16. Höhe des Rückgewähranspruchs im Rahmen einer Inkongruenzanfechtung

584 Eine Rechtshandlung ist im Rahmen einer sog. Inkongruenzanfechtung anfechtbar, wenn sie einem Insolvenzgläubiger eine Sicherung oder Befriedigung gewährt oder ermöglicht hat, die er nicht oder nicht in der Art oder nicht zu der Zeit zu beanspruchen hatte (verfrühte Leistung), sofern diese Handlung im letzten Monat vor dem Antrag auf Eröffnung des Insolvenzverfahrens oder nach diesem Antrag vorgenommen worden ist, § 131 Abs. 1 Nr. 1 InsO.

Wie der BGH mit Urteil vom 14.11.2024[1)] klarstellte, ist die **verfrühte Leistung** im Rahmen einer solchen Anfechtung **im Ganzen zurückzugewähren** und nicht nur in Höhe des Nutzungsvorteils. Dies begründet der BGH damit, dass die Masse aufgrund der vorzeitigen Zahlungen nicht nur um entgangene Nutzungsvorteile in Form des Zwischenzinses geschmälert sei und sich der Rückzahlungsanspruch deshalb auf die Gesamtsumme der geleisteten Zahlung richte.

Dazu führt der BGH aus, dass die **Rechtfolge** der Inkongruenzanfechtung die **Anfechtbarkeit der Rechtshandlung** sei. Eine Unterscheidung nach der Art der Inkongruenz sehe das Gesetz nicht vor. So müsse das, was durch die anfechtbare Handlung aus dem Vermögen des Schuldners weggegeben ist, gemäß § 143 Abs. 1 InsO zur Insolvenzmasse zurückgewährt werden.

Anmerkung:

Laut BGH zielt die Anfechtung einer verfrühten, nicht zu der Zeit zu beanspruchenden Leistung als inkongruente Deckung darauf ab, einem auf diese Weise bevorzugten Gläubiger den Vorteil wieder zu nehmen und dadurch die **Gläubigergleichbehandlung** herbeizuführen. Dabei bestehe der Vorteil für den Gläubiger in der ganzen Leistung. Nur der Abzug des Zwischenzinses würde die Inkongruenz der verfrühten Zahlung nicht beheben. Auch könne der Umstand, dass die vorzeitig getilgte Schuld doch noch vor Eröffnung durch Vereinbarung fällig geworden sein mag, die Anfechtbarkeit nicht rückwirkend beseitigen.

17. Glaubhaftmachung von Steuerforderungen durch das Finanzamt

585 Im Rahmen eines Insolvenzantrags der Finanzbehörden ist zur Glaubhaftmachung von Steuerforderungen keine unterzeichnete und gesiegelte Vollstreckbarkeitserklärung erforderlich.

Mit Beschluss vom 19.9.2024[2)] bestätigt der BGH seine Rechtsprechung, wonach die **Vorlage eines Steuerbescheids zur Glaubhaftmachung einer Steuerforderung** ausreicht. Weiter führt er aus, dass sofern das Finanzamt den Insolvenzantrag auf Steuerforderungen stützt, die sich aus Steueranmeldungen oder -voranmeldungen des Schuldners ergeben, wie dies etwa bei der Lohn- und Umsatzsteuer der Fall ist, zur Glaubhaftmachung statt der Vorlage die genaue Aufstellung der einzelnen Steueranmeldungen und Steuervoranmeldungen genügt. Diese Aufstellung sei zusammen mit der Erklärung des Finanzamts, dass es sich dabei um Forderungen aus entsprechenden (Vor-)Anmeldungen des Schuldners handele, abzugeben.

1) BGH v. 14.11.2024, IX ZR 13/24, DB 2025, 101, vgl. hierzu auch Anm. Schröder, ZIP 2025, 763.
2) BGH v. 19.9.2024, IX ZB 13/22, DB 2024, 2823, vgl. hierzu Anm. Ries, ZIP 2025, 369.

In einem weiteren Verfahren[1] stellte der BGH klar, dass es zur Glaubhaftmachung des Eröffnungsgrunds der Zahlungsunfähigkeit durch das Finanzamt genügen kann, wenn der wegen Nichtabgabe der Vermögensauskunft bereits im Schuldnerverzeichnis eingetragene Schuldner auf rückständige Steuern in fünfstelliger Höhe seit mehreren Jahren keine Zahlung mehr geleistet hat, eine Kontenpfändung nur zu einer verhältnismäßig geringen Zahlung geführt und der Schuldner erklärt hat, keine Einnahmen zu haben.

18. Zulässigkeit einer Insolvenzanfechtungsklage gegen Finanzbehörde eines EU-Mitgliedstaats

Der BGH stellt mit Urteil vom 16.1.2025[2] ein Vorabentscheidungsersuchen an den EuGH, das die Anfechtbarkeit von Zahlungen erheblich beeinflussen könnte, die in den Geltungsbereich der Europäischen Insolvenzverordnung fallen. **586**

Im Streitfall begehrt der Insolvenzverwalter einer deutschen GmbH gemäß § 130 Abs. 1 Nr. 2 InsO die Rückzahlung von Umsatzsteuerzahlungen, die der Schuldner nach Insolvenzantragsstellung an den polnischen Fiskus gezahlt hatte. Der polnische Fiskus beruft sich auf den internationalen **Grundsatz der Staatenimmunität**, der ihn vor Klagen in deutschen Gerichten schützt, da die umstrittene Steuerverwendung in Ausübung hoheitlicher Aufgaben erfolgte.

Der BGH setzte das Verfahren aus und legte dem EuGH die entscheidende Frage zur Staatenimmunität vor. Konkret geht es um die Auslegung des Art. 6 Abs. 1 der Verordnung (EU) 2015/848, die die Zuständigkeit und die Anfechtung von Rechtshandlungen gegenüber Mitgliedstaaten regelt. Obwohl die Vorinstanzen die Klage wegen der Staatenimmunität abwiesen, könnte ein konkludenter Verzicht auf diese Immunität im engeren Rahmen europäischer Rechtsvorgaben denkbar sein.

Anmerkung:

Sollte der EuGH einen konkludenten Verzicht auf die Staatenimmunität bejahen, könnten Insolvenzverwalter möglicherweise Rechtsansprüche gegen staatliche Organe geltend machen, gerade wenn diese anscheinend gezielte Handlungen vorgenommen haben, die die Insolvenzmasse schmälern.

19. Insolvenzplanverfahren: Dreimonatsfrist gemäß § 58a Abs. 4 GmbHG nicht anzuwenden

Auch nach **Insolvenzeröffnung** obliegt den Geschäftsführern einer GmbH die **Handelsregisteranmeldung** von Veränderungen der Geschäftsleitung sowie von Satzungsänderungen, die eine vereinfachte Kapitalherabsetzung zum Gegenstand haben. Der Insolvenzverwalter hat nur solche Anmeldungen vorzunehmen, die sich auf die Insolvenzmasse beziehen. **587**

Dies entschied das OLG Jena mit rechtskräftigem Beschluss vom 9.8.2024.[3] Eine GmbH wird grundsätzlich durch die Eröffnung des Insolvenzverfahrens aufgelöst (vgl. § 60 Abs. 1 Nr. 4 GmbHG). Die Gesellschafter können die Fortsetzung der Gesellschaft beschließen, wenn das Insolvenzverfahren auf Antrag des Schuldners eingestellt oder nach der Bestätigung eines Insolvenzplans, der den Fortbestand der Gesellschaft vorsieht, aufgehoben wird, § 60 Abs. 1 Nr. 4 GmbHG.

In einem Insolvenzplan können zudem Kapitalmaßnahmen (z.B. Kapitalherabsetzung und Kapitalerhöhung) vorgesehen werden. Die Frist des § 58a Abs. 4 Satz 2 GmbHG, wonach die Eintragung einer Kapitalmaßnahmen in das Handelsregister innerhalb von

1) BGH v. 19.9.2024, IX ZB 14/22, DB 2024, 2834.
2) BGH v. 16.1.2025, IX ZR 60/24, ZIP 2025, 390, vgl. hierzu auch Cranshaw, jurisPR-InsR 6/2025 Anm. 2.
3) OLG Jena v. 9.8.2024, 2 W 242/24, ZIP 2025, 1291, vgl. hierzu auch Anm. Ruhe-Schweigel, ZIP 2025, 2045.

drei Monaten nach Beschlussfassung zu erfolgen habe, findet nach Ansicht des OLG Jena im Insolvenzplanverfahren keine Anwendung. Der von der Norm verfolgte Beschleunigungszweck werde im Rahmen eines Insolvenz(plan)verfahrens durch die insolvenzrechtlichen Vorschriften der § 231 Abs. 1 Satz 2, § 235 Abs. 1 Satz 2, § 236 InsO gewahrt.

20. Eigenverwaltung: Geschäftsführerhaftung für Begründung von Masseverbindlichkeiten

588 Die Geschäftsführung eines Unternehmens hatte im Eigenverwaltungsverfahren mehrere Transportaufträge erteilt. Das Speditionsunternehmen klagte auf Schadensersatz, da seine Vergütungsforderungen nicht aus der Insolvenzmasse bedient werden konnten: Der Geschäftsführer des Unternehmens hatte keine ausreichende Prüfung der Massevoraussetzungen vorgenommen und es versäumt, die Liquidität fortlaufend zu überwachen.

Kann eine Masseverbindlichkeit, die durch eine Rechtshandlung des Insolvenzverwalters begründet worden ist, aus der Insolvenzmasse nicht voll erfüllt werden, ist gemäß § 61 InsO der Verwalter dem Massegläubiger zum Schadenersatz verpflichtet. Das OLG Düsseldorf unterstrich in seinem Beschluss vom 11.11.2024[1], dass **§ 61 InsO analog auf die Eigenverwaltung** anzuwenden ist. Der Geschäftsführer einer Gesellschaft in der Eigenverwaltung übernehme die **Rechte und Pflichten eines Insolvenzverwalters** – einschließlich der Verpflichtung, bei der Begründung von Verbindlichkeiten die ausreichende Masse zu prüfen. Diese Pflicht beinhalte die **Erstellung und Überprüfung eines Finanzplans**, welcher den Liquiditätsbedarf und vorhandene Mittel gegenüberstellen. Es genüge nicht, lediglich auf künftige, unsichere Entwicklungen wie die Genehmigung eines Insolvenzplans zu vertrauen.

Anmerkung:

Der Geschäftsleiter muss nicht den Nichterfüllungs-, sondern den **Vertrauensschaden** ersetzen. Deshalb besteht laut OLG nur ein Anspruch auf Ersatz des negativen Interesses, der nach Sinn und Zweck von § 61 InsO der Höhe nach auf das positive Interesse begrenzt ist und nicht die Umsatzsteuer umfasst. Dabei hat der Geschädigte den aus der Quote resultierenden Vorteil entsprechend § 255 BGB auszugleichen, so dass der Geschäftsleiter von dem Geschädigten die Abtretung seiner Ansprüche gegen die unzulängliche Masse beanspruchen könne, so dass dieser Leistung nur gegen die Abtretung verlangen könne. Vom Schadensersatzanspruch nicht umfasst sind laut OLG Düsseldorf Rechtsverfolgungskosten und Zinsen.

21. Bankrottstraftat: Klarstellung zu Buchführungspflichten und Bilanzaufstellung bei Unternehmen in der Krise

589 Wegen Bankrotts macht sich u.a. strafbar, wer bei Überschuldung, drohender oder eingetretener Zahlungsunfähigkeit Handelsbücher, zu deren Führung er gesetzlich verpflichtet ist, zu führen unterlässt oder so führt oder verändert, dass die Übersicht über seinen Vermögensstand erschwert wird, § 283 Abs. 1 Nr. 5 StGB.

Der BGH stellte mit Beschluss vom 15.7.2025[2] klar, dass eine entsprechende Strafbarkeit nur dann eintritt, wenn ein Geschäftsführer die **Buchführung ganz unterlässt**, also überhaupt keine Bücher i.S.v. § 238 Abs. 1 HGB führt. Die teilweise unterlassene Buchführung reiche hierfür nicht aus, wenn bspw. ein Steuerberater weiterhin die Lohnbuchhaltung führt und die Belege geordnet vorliegen. Fehlen vollständige Bücher, könne eine erschwerte Übersicht ebenfalls ausscheiden, wenn die rekonstruierbare Belegsammlung existiert.

1) OLG Düsseldorf v. 11.11.2024, 12 U 15/24, ZIP 2025, 520, vgl. hierzu auch König, jurisPR-HaGesR 4/2025 Anm. 4.
2) BGH v. 15.7.2025, 4 StR 541/24, ZInsO 2025, 2175.

Im Falle einer **nicht fristgerechten Bilanzaufstellung** nach § 283 Abs. 1 Nr. 7b StGB kommt es laut BGH wesentlich darauf an, dass sich das Unternehmen zu dem maßgeblichen Bilanzstichtag bereits in einer Krise befindet. Dazu müsse konkret eine Überschuldung, Zahlungsunfähigkeit oder zumindest drohende Zahlungsunfähigkeit feststellbar sein.

Anmerkung:

Für Unternehmen ist insb. die Klarstellung relevant, dass schon die Vorlage geordneter Belege bei fehlender formeller Buchführung vor Strafbarkeit schützen kann.

IV. Arbeitsrecht

1. Vergütungen

a) BVerfG stärkt Tarifautonomie

Mit Beschlüssen vom 11.12.2024[1] entschied das BVerfG, dass **unregelmäßige Nachtarbeit** im Gegensatz zu geplanter Schichtarbeit bei Nacht laut Tarifvertrag mit einem **höheren Zuschlag** vergütet werden kann. 590

In dem streitbefangenen Tarifvertrag sind **Nachtarbeit und Nachtschichtarbeit unterschiedlich** geregelt und werden dementsprechend auch nicht gleich vergütet. Das BAG hatte den Arbeitnehmern in der Nachtschichtarbeit ebenfalls 50 % statt nur 25 % Zuschlag zugesprochen. Darin liegt laut BVerfG eine Verletzung der Tarifautonomie zu Lasten des Arbeitgebers. Zwar seien Tarifvertragsparteien bei der Vereinbarung verbindlicher Tarifnormen an den allgemeinen Gleichheitssatz des Art. 3 Abs. 1 GG gebunden. Um die grundsätzlich autonome Aushandlung der Tarifregelungen zu wahren, beschränke sich die richterliche Kontrolle auf eine Willkürkontrolle. Laut BVerfG bestehen **sachliche Gründe** für die Differenzierung zwischen Nachtarbeit und Nachtschichtarbeit. Diese lägen u.a. in den unterschiedlichen sozialen Belastungen in Folge der unterschiedlichen Planbarkeit.

Anmerkung:

Die Entscheidung des BAG war auch auf der Rechtsfolgenseite, wonach eine Anpassung der Zuschläge nach oben hätte erfolgen müssen, verfassungsrechtlich fehlerhaft. Der primären Korrekturkompetenz der Tarifvertragsparteien sei nicht hinreichend Rechnung getragen worden, wobei insb. das quantitative Verhältnis zu berücksichtigen sei. So komme die unregelmäßige, ungeplante Nachtarbeit nur in Ausnahmefällen vor, während die Nachtschichtarbeit sehr viel verbreiteter sei. Selbst wenn die unterschiedlichen Regelungen den Gleichheitsgrundsatz verletzen würden, hätten die Tarifvertragsparteien immer noch eine von der Tarifautonomie geschützte Korrekturkompetenz. Sie hätten zunächst Gelegenheit bekommen müssen, selbst eine neue Lösung zu finden.

b) Gehaltsabrechnungen online?

Die Arbeitgeber sind verpflichtet, ihren Arbeitnehmern bei Zahlung des Arbeitsentgelts eine **Abrechnung in Textform** zu erteilen, § 108 Abs. 1 Satz 1 GewO. Diese Verpflichtung kann auch dadurch erfüllt werden, dass die **Abrechnung als elektronisches Dokument zum Abruf** in ein passwortgeschütztes digitales Mitarbeiterpostfach eingestellt wird, wie das BAG mit Urteil vom 28.1.2025[2] klarstellt. 591

Danach wahrt ein Arbeitgeber grundsätzlich die erforderliche Textform, wenn er Entgeltabrechnungen dergestalt erteilt, dass er diese in ein **digitales Mitarbeiterpostfach** einstellt. Der Anspruch eines Arbeitnehmers auf Abrechnung seines Entgelts sei eine

1) BVerfG v. 11.12.2024, 1 BvR 1109/21 und 1 BvR 1422/23, NJW 2025, 1323, vgl. hierzu auch Däubler, jurisPR-ArbR 17/2025 Anm. 1 und Flink, B+P 2025, 680.

2) BAG v. 28.1.2025, 9 AZR 48/24, ZIP 2025, 1358, vgl. hierzu auch Besgen, B+P 2025, 530.

sog. Holschuld, die der Arbeitgeber erfüllen kann, ohne für den Zugang der Abrechnung beim Arbeitnehmer verantwortlich zu sein. Es genüge, dass er die Abrechnung an einer elektronischen Ausgabestelle bereitstellt. Einschränkend weist das BAG darauf hin, dass der Arbeitgeber hierbei den berechtigten Interessen der Beschäftigten Rechnung zu tragen habe, die privat nicht über die Möglichkeit eines Online-Zugriffs verfügen.

Weiter führt das BAG aus, dass die in der Konzernbetriebsvereinbarung geregelte digitale Zurverfügungstellung der Entgeltabrechnungen auch nicht unverhältnismäßig in die Rechte der betroffenen Arbeitnehmer eingreift.

Anmerkung:

Das vorinstanzliche Landesarbeitsgericht war der Auffassung, dass die Entgeltabrechnungen durch Einstellen in das Online-Portal nicht ordnungsgemäß erteilt worden seien, da es sich bei Entgeltabrechnungen um zugangsbedürftige Erklärungen handele. Ein digitales Mitarbeiterpostfach sei demnach nur dann als Empfangsvorrichtung geeignet, wenn der Empfänger es für den Erklärungsempfang im Rechts- und Geschäftsverkehr bestimmt habe. Dieser Rechtsauffassung widersprach das BAG im vorliegenden Urteil.

c) Equal-Pay-Grundsatz: Anspruch nur auf Median-Entgelt-Differenz

592 Eine Arbeitnehmerin, die im Gegensatz zu ihren männlichen Kollegen auf gleicher Hierarchiestufe ein geringeres Gehalt erhält, kann aufgrund des Equal-Pay-Grundsatzes einen Anspruch auf ein höheres Gehalt haben, der sich allerdings nur auf die Höhe der Differenz der Mediane der männlichen und weiblichen Vergleichsgruppe beschränken soll.

Bei gleicher oder gleichwertiger Arbeit ist eine unmittelbare oder mittelbare Benachteiligung wegen des Geschlechts im Hinblick auf sämtliche Entgeltbestandteile und Entgeltbedingungen verboten, § 3 Abs. 1 EntgTranspG. Auch darf für gleiche oder für gleichwertige Arbeit nicht wegen des Geschlechts ein geringeres Entgelt vereinbart oder gezahlt werden, § 7 EntgTranspG. Das LAG Baden-Württemberg bemisst in seinem Urteil vom 1.10.2024[1)] die **geschlechtsbezogene Benachteiligung** lediglich **in Höhe der Differenz des männlichen zum weiblichen Medianentgelt**.

Nach Auffassung des Gerichts genüge nicht irgendein Indiz für eine geschlechtsbedingte Vergütungsdiskriminierung, um einen Anspruch auf den maximal denkbaren Differenzbetrag zu begründen. Vielmehr müsse ein Indiz gerade für eine geschlechtsbedingte Benachteiligung in einer bestimmten Höhe bestehen.

Im Streitfall habe festgestanden, dass die Vergütung des zum Vergleich herangezogenen Kollegen oberhalb des Medianentgelts der männlichen Vergleichsgruppe und die Vergütung der Arbeitnehmerin unterhalb des von der Arbeitgeberin konkret bezifferten Medianentgelts der weiblichen Vergleichsgruppe lag. Laut LAG bestand **keine hinreichende Kausalitätsvermutung** dahingehend, dass die volle Differenz ihres individuellen Gehalts zum Gehalt des namentlich benannten männlichen Kollegen bzw. dem Median der männlichen Vergleichsgruppe auf einer geschlechtsbedingten Benachteiligung beruhte.

Auch konnte sich die Arbeitnehmerin für die Anpassung „nach ganz oben“ nicht auf die Regelungen des AGG stützen. Der arbeitsrechtliche Gleichbehandlungsgrundsatz sei bei Differenzierungen innerhalb der begünstigten Gruppe auf den Durchschnittswert gerichtet.

1) LAG Baden-Württemberg v. 1.10.2024, 2 Sa 14/24, NZA-RR 2025, 12, vgl. hierzu auch Besgen, B+P 2024, 797.

Anmerkung:

Das LAG hat die Revision zum BAG wegen grundsätzlicher Bedeutung der Sache für beide Parteien zugelassen.

d) Entgeltfindung: Auskunftspflicht des Arbeitgebers nach dem Entgelttransparenzgesetz

Nach den Vorgaben des EntgTranspG erstreckt sich die Auskunftsverpflichtung zu den **593** Kriterien und Verfahren der Entgeltfindung auf die Information über die Festlegung des eigenen Entgelts sowie des Entgelts für die Vergleichstätigkeit. Beruhen die Kriterien und Verfahren der Entgeltfindung auf gesetzlichen Regelungen bzw. tarifvertraglichen Entgeltregelungen, genügt die Nennung dieser Regelungen und die Angabe, wo diese einzusehen sind, um dem Auskunftsverlangen Rechnung zu tragen, § 11 Abs. 2 EntgTranspG.

Das LAG Köln stellte mit Urteil vom 12.2.2025[1] klar, dass sich der **Auskunftsanspruch** nach dem EntgTranspG ausdrücklich **auf den Betrieb** und nicht auf das gesamte Unternehmen bezieht. Dies ergebe sich aus der Gesetzessystematik und der Gesetzesbegründung, die auf den allgemeinen Betriebsbegriff des Betriebsverfassungsgesetzes verweist. Auch die Einbindung des Betriebsrats in das Verfahren unterstreiche die betriebsbezogene Ausrichtung der Vorschrift. Weiter führte das LAG Köln aus, dass der beklagte Arbeitgeber durch die Vorlage des Career Stage Profils, das die Einstufung der Mitarbeiter beschreibt, und der relevanten Betriebsvereinbarungen seinen Auskunftsanspruch erfüllt hat. Diese Dokumente seien mit tarifvertraglichen Regelungen vergleichbar und genügten den Anforderungen des § 11 Abs. 2 EntgTranspG. Eine weitergehende Auskunft, insb. zu individuellen Joblevels, sei nicht erforderlich, da keine zusätzlichen Kriterien existieren, die über die vorgelegten Regelungen hinausgehen. Schließlich lehnte das LAG den Antrag der Klägerin auf unternehmensweite Auskunft ab, da das Gesetz keine Grundlage für eine solche Verpflichtung bietet.

Anmerkung:

Arbeitgeber sollten sicherstellen, dass ihre Betriebsvereinbarungen und Regelwerke zur **Entgeltfindung klar und detailliert formuliert** sind. Da Auskunftsansprüche nach dem EntgTranspG auf den Betrieb beschränkt sind, ist eine **klare Abgrenzung der Betriebe** innerhalb des Unternehmens essenziell.

Gegen das Urteil wurde Revision beim BAG eingelegt (Az. 8 AZR 83/25).

e) Geringe Hürden für Entgeltgleichheitsklagen

Arbeitnehmerinnen können bei ungleicher Bezahlung für gleiche oder gleichwertige **594** Arbeit bereits dann eine **Benachteiligung wegen des Geschlechts vermuten** lassen, wenn ein männlicher Kollege ein höheres Entgelt erhält.

Der Arbeitgeber muss diese Vermutung widerlegen, ansonsten besteht Anspruch auf das gleiche Entgelt, so das BAG in seinem Urteil vom 23.10.2025.[2] Entsprechend sehe es die Rechtsprechung des EuGH vor. Eine Klage auf Entgeltgleichheit könne auf den sog. **Paarvergleich** gestützt werden. Die **Größe der Vergleichsgruppe** oder der Median der jeweiligen Gehaltsgruppen sind laut BAG für die Vermutungswirkung **ohne Bedeutung**. Entscheidend sei allein, ob für eine konkrete Vergleichsperson eine Benachteiligung erkennbar ist. Das BAG hat bestätigt, dass es keiner überwiegenden Wahrscheinlichkeit oder einer statistischen Indizwirkung für eine geschlechtsbedingte Benachteiligung bedarf.

1) LAG Köln v. 12.2.2025, 5 Sa 479/23, NZA-RR 2025, 375, vgl. hierzu auch Dahl, jurisPR-ArbR 33/2025 Anm. 3.
2) BAG v. 23.10.2025, 8 AZR 300/24.

Anmerkung:

Arbeitgeber sollten gerade auch im Hinblick auf die Mitte nächsten Jahres in Kraft tretende **Entgelttransparenzrichtlinie** (→ Rz. 204) ihr Entgeltsystem transparent und diskriminierungsfrei gestalten und etwaige Unterschiede im Einzelfall objektiv begründen können.

f) Schadensersatz wegen verspäteter Zielvorgabe

595 Verstößt der Arbeitgeber schuldhaft gegen seine Verpflichtung, dem Arbeitnehmer rechtzeitig für eine Zielperiode eine Zielvorgabe zu machen, an deren Erreichen eine variable Vergütung geknüpft ist, löst dies einen Schadensersatzanspruch aus, der an die Stelle der Leistung tritt.

Dies gilt gemäß Urteil des BAG vom 19.2.2025[1)] zumindest dann, wenn durch eine nachträgliche Zielvorgabe die **Motivations- und Anreizfunktion nicht mehr erfüllt** werden kann.

Im Streitfall hatte der beklagte Arbeitgeber seine Verpflichtung zu einer den Regelungen der Betriebsvereinbarung entsprechenden Zielvorgabe schuldhaft verletzt, indem er dem Arbeitnehmer keine individuellen Ziele vorgegeben und er ihm die Unternehmensziele erst verbindlich mitgeteilt hatte, nachdem bereits etwa dreiviertel der Zielperiode abgelaufen waren. Eine ihrer Motivations- und Anreizfunktion gerecht werdende Zielvorgabe war zu diesem Zeitpunkt laut BAG nicht mehr möglich.

Anmerkung:

Die **Höhe des Schadensersatzes** ist durch **Schätzung** zu ermitteln. Dabei ist von der für den Fall der Zielerreichung zugesagten variablen Vergütung auszugehen und anzunehmen, dass der Arbeitnehmer bei einer entsprechenden Zielvorgabe die Unternehmensziele zu 100 % und die individuellen Ziele entsprechend dem maßgeblichen Durchschnittswert von im Streitfall 142 % erreicht hätte. Besondere, dieser Annahme entgegenstehende Umstände müsse der Arbeitgeber darlegen.

Auch müsse sich der Arbeitnehmer **kein anspruchsminderndes Mitverschulden** (§ 254 Abs. 1 BGB) anrechnen lassen. Denn, so das BAG, bei einer unterlassenen oder verspäteten Zielvorgabe des Arbeitgebers scheidet ein Mitverschulden des Arbeitnehmers wegen fehlender Mitwirkung regelmäßig dann aus, wenn allein der **Arbeitgeber die Initiativlast** für die Vorgabe der Ziele trage.

g) Diskriminierung Teilzeitbeschäftigter bei Überstundenzuschlägen

596 Eine tarifvertragliche Regelung, die unabhängig von der individuellen Arbeitszeit **für Überstundenzuschläge** das **Überschreiten der regelmäßigen Arbeitszeit eines Vollzeitbeschäftigten** voraussetzt, behandelt teilzeitbeschäftigte Arbeitnehmer wegen der Teilzeit schlechter als vergleichbare Vollzeitbeschäftigte und verstößt grundsätzlich gegen das Verbot der **Diskriminierung Teilzeitbeschäftigter** und den arbeitsrechtlichen Gleichbehandlungsgrundsatz.

Das BAG hatte zu diesen Rechtsfragen zunächst mit Beschluss vom 28.10.2021[2)] das Revisionsverfahren ausgesetzt und den EuGH um die Beantwortung von Rechtsfragen betreffend die Auslegung des Unionsrechts ersucht. Dem ist der EuGH mit Urteil vom 29.7.2024[3)] nachgekommen. Auf der Grundlage der Vorgaben des EuGH musste das BAG in seinem Urteil vom 5.12.2024[4)] davon ausgehen, dass die streitige Bestimmung des Manteltarifvertrags insoweit wegen Verstoßes gegen das Verbot der Benachteiligung von Teilzeitbeschäftigten unwirksam ist, als sie bei Teilzeitbeschäftigung keine

1) BAG v. 19.2.2025, 10 AZR 57/24, ZIP 2025, 1298, vgl. hierzu auch Besgen, B+P 2025, 222.
2) BAG v. 28.10.2021, 8 AZR 370/20 (A), ZIP 2022, 708.
3) EuGH v. 29.7.2024, KfH Kuratorium für Dialyse und Nierentransplantation e.V., C-184/22 und C-185/22, NZA 2024, 1265, vgl. hierzu auch Besgen, B+P 2025, 76.
4) BAG v. 5.12.2024, 8 AZR 370/20, ZIP 2025, 848, vgl. hierzu auch Besgen, B+P 2025, 76.

der Teilzeitquote entsprechende anteilige Absenkung der Grenze für die Gewährung eines Überstundenzuschlags vorsah. Einen sachlichen Grund für diese Ungleichbehandlung vermochte das BAG nicht zu erkennen.

Anmerkung:

Die Unwirksamkeit der tarifvertraglichen Überstundenzuschlagsregelung führt laut BAG zu einem Anspruch auf eine weitere Zeitgutschrift. Daneben erkannte das BAG eine Entschädigung nach § 15 Abs. 2 AGG zu, denn durch die Anwendung der tarifvertraglichen Regelung kam es zu einer **mittelbaren Benachteiligung wegen des Geschlechts**. So seien in der relevanten Gruppe der in Teilzeit Beschäftigten zu mehr als 90 % Frauen vertreten.

h) Diskriminierung Teilzeitbeschäftigter bei tariflicher Altersfreizeit

Ein in Teilzeit beschäftigter Arbeitnehmer darf grundsätzlich nicht schlechter behandelt werden als ein vergleichbarer in Vollzeit beschäftigter Arbeitnehmer. Ihm ist **Arbeitsentgelt** oder eine andere teilbare geldwerte Leistung mindestens **in dem Umfang** zu gewähren, der dem **Anteil seiner Arbeitszeit an der Arbeitszeit eines vergleichbaren vollzeitbeschäftigten Arbeitnehmers** entspricht. **597**

Mit Urteil vom 9.7.2024[1] stellte das BAG klar, dass eine tarifvertragliche Regelung, die Teilzeitbeschäftigte von der Gewährung bezahlter Altersfreizeit ausschließt, gegen das in § 4 Abs. 1 Satz 2 TzBfG festgeschriebene Benachteiligungsverbot verstößt und nichtig ist. Die Benachteiligung ist nach Auffassung des Gerichts nicht durch einen sachlichen Grund gerechtfertigt. So berechtige allein das **unterschiedliche Arbeitspensum nicht** zu einer **unterschiedlichen Behandlung von Voll- und Teilzeitkräften**. Demnach haben die diskriminierten Teilzeitbeschäftigten einen Anspruch auf eine zeitanteilige Gewährung bezahlter Altersfreizeit.

i) Aktienoptionen: Erstattungsanspruch des Arbeitgebers bei für den Arbeitnehmer geleisteten Lohnsteuernachzahlungen

Wie das LAG Mecklenburg-Vorpommern mit rechtskräftigem Urteil vom 13.2.2024[2] **598**
bestätigte, ist die Zuwendung von **Aktienoptionen** innerhalb eines Dienstverhältnisses ein als **Arbeitslohn** zu versteuernder geldwerter Vorteil, gleichgültig, ob dieser direkt vom Arbeitgeber oder von der Konzernmutter gewährt wurde. Der **Erstattungsanspruch des Arbeitgebers** beruht darauf, dass der **Arbeitnehmer alleiniger Steuerschuldner** ist und der Arbeitgeber mit dem Lohnsteuerabzug eine fremde steuerliche Verpflichtung des Arbeitnehmers erfüllt. Dies gelte unabhängig davon, ob der Arbeitgeber die Steuerforderung des Arbeitnehmers freiwillig oder aufgrund eines Haftungsbescheides begleicht.

Anmerkung:

Die arbeitsvertraglich vereinbarte dreimonatige Ausschlussfrist für Ansprüche aus dem Arbeitsverhältnis fand auf den Erstattungsanspruch keine Anwendung, da dieser nicht als Anspruch aus dem Arbeitsverhältnis, sondern aus der Erfüllung steuerrechtlicher Pflichten resultiert.

j) Kein Ausschluss von Arbeitnehmern in der Passivphase ihrer Altersteilzeit von der Inflationsausgleichsprämie

Der tarifvertragliche Ausschluss von Arbeitnehmern in der Passivphase der Altersteil- **599**
zeit von der Inflationsausgleichsprämie verstößt gemäß Urteil des BAG vom

1) BAG v. 9.7.2024, 9 AZR 296/20, DB 2024, 3109, vgl. hierzu auch Sievers, jurisPR-ArbR 47/2024 Anm. 1.
2) LAG Mecklenburg-Vorpommern v. 13.2.2024, 2 Sa 60/23, DStR 2025, 174 mit Anm. Mentzel/Sura, DStR 2025, 176.

12.11.2024[1] gegen § 4 Abs. 1 TzBfG. Danach darf ein teilzeitbeschäftigter Arbeitnehmer wegen der Teilzeitarbeit nicht schlechter behandelt werden als ein vergleichbarer vollzeitbeschäftigter Arbeitnehmer, es sei denn, dass sachliche Gründe eine unterschiedliche Behandlung rechtfertigen. Einem teilzeitbeschäftigten Arbeitnehmer ist Arbeitsentgelt oder eine andere teilbare geldwerte Leistung mindestens in dem Umfang zu gewähren, der dem Anteil seiner Arbeitszeit an der Arbeitszeit eines vergleichbaren vollzeitbeschäftigten Arbeitnehmers entspricht.

Eine Schlechterstellung von Teilzeitbeschäftigten könne sachlich gerechtfertigt sein, wenn sich ihr Grund aus dem Verhältnis von Leistungszweck und Umfang der Teilzeitarbeit herleiten lässt. In der Bestimmung des Leistungszwecks seien die Tarifvertragsparteien zwar weitgehend frei. Vorliegend hätten sie jedoch ihre begrenzte Rechtsetzungsbefugnis überschritten. So lasse sich **kein sachlicher Grund für die Ungleichbehandlung** von Arbeitnehmern aufgrund der Freistellung in der Altersteilzeit gegenüber vergleichbaren Vollzeitbeschäftigten aus den erkennbaren Leistungszwecken und dem Umfang der Teilzeitarbeit herleiten. Die Ausgestaltung der Anspruchsvoraussetzungen stehe der Annahme entgegen, dass es sich bei der Inflationsausgleichsprämie auch um eine Gegenleistung für erbrachte Arbeit handelt. Auch in Bezug auf die vergangene Betriebstreue seien keine Aspekte ersichtlich, die die Ungleichbehandlung rechtfertigen könnten. Die Tarifvertragsparteien hätten den Anspruch zudem nicht von einer zukünftigen Betriebstreue abhängig gemacht. Schließlich seien auch keine Unterschiede für einen unterschiedlichen Bedarf aufgrund der gestiegenen Verbraucherpreise zwischen Vollzeitbeschäftigten und Teilzeitbeschäftigten, die sich in der Freistellungsphase der Altersteilzeit befinden, erkennbar.

k) Zeitgutschriften für Umkleidezeiten bei Urlaub und Krankheitsfall

600 Arbeitnehmer können ihre Ansprüche auf Zeitgutschriften für Umkleidezeiten auch während urlaubs- oder krankheitsbedingter Abwesenheit geltend machen.

Im Streitfall forderte ein Rettungssanitäter die Ergänzung seines Arbeitszeitkontos um Zeitgutschriften für das An- und Ablegen von Schutzkleidung an Krankheits- und Urlaubstagen. Zu Recht, wie das BAG mit Urteil vom 14.5.2025[2] entschied. Danach sind solche **Zeitgutschriften als Teil der Vergütung** des Arbeitnehmers anzusehen, die aufgrund gesetzlicher Vorgaben **im Krankheitsfall und während des Urlaubs** (§ 3 Abs. 1 EFZG, § 4 Abs. 1 EFZG) **fortzuzahlen** ist.

Gemäß § 3 Abs. 1 EFZG besteht der Anspruch auf Entgeltfortzahlung eines Arbeitnehmers in der Regel im Krankheitsfall für bis zu sechs Wochen fort. Dabei ist ihm das bei der für ihn maßgebenden regelmäßigen Arbeitszeit zustehende Arbeitsentgelt fortzuzahlen, § 4 Abs. 1 EFZG. Weiter ist das Urlaubsentgelt gemäß § 1 BUrlG gleichrangig mit jener Vergütung zu bemessen, die während der tatsächlichen Arbeitszeit anfiele. Basierend auf diesen gesetzlichen Grundlagen argumentiert das BAG, dass Zeitgutschriften für Umkleidezeiten unter den Vergütungsanspruch des Arbeitnehmers fallen, da das Anlegen von Schutzkleidung ausschließlich betrieblich veranlasst ist und somit fremdnützigen Charakter hat. Zu dem bei regulärer Arbeitsleistung zu zahlendem Entgelt gehören auch pauschalierte Zeitgutschriften, die als Form der tariflich geregelten Vergütung anzusehen sind.

Zudem stellte das BAG klar, dass tarifvertragliche Regelungen, die solche Ansprüche ausschließen, entweder nicht bestehen oder im vorliegenden Tarifvertrag nicht wirksam formuliert wurden.

l) Keine Entgeltminderung bei voll freigestelltem Betriebsratsmitglied

601 Ein freigestelltes Betriebsratsmitglied hat Anspruch auf diejenigen Vergütungsbestandteile, die es ohne die Betriebsratstätigkeit verdient hätte, einschließlich variabler Anteile wie etwa Boni und Provisionen.

1) BAG v. 12.11.2024, 9 AZR 71/24, NJW 2025, 1764, vgl. hierzu auch Besgen, B+P 2025, 4.
2) BAG v. 14.5.2025, 5 AZR 215/24, DB 2025, 1969.

Nach § 37 Abs. 2 BetrVG ist das Arbeitsentgelt eines Betriebsratsmitglieds in der Höhe fortzuzahlen, wie es dieses unter **normalen Arbeitsbedingungen** erhalten hätte. Wie das BAG in seinem Urteil vom 12.5.2024[1] ausführt, begründet diese Vorschrift keinen eigenständigen Vergütungsanspruch, sondern sichert den Entgeltanspruch des Betriebsratsmitglieds aus § 611a Abs. 2 BGB i.V.m. dem Arbeitsvertrag.

Anmerkung:

Die Berechnung des Arbeitsentgelts eines freigestellten Betriebsratsmitglieds muss laut BAG dabei im Einklang mit dem **Lohnausfallprinzip** erfolgen. Dazu sei eine **hypothetische Betrachtung** für die nicht geleistete Arbeit während der Freistellung vorzunehmen.

Weiter bestätigt das BAG, dass das Betriebsratsmitglied einen **Anspruch auf den Zielerreichungs-Bonus** hat. Dessen Berechnung erfolge unter Berücksichtigung aller in Betracht kommender Umstände, wobei eine Schätzung gemäß § 287 Abs. 2 ZPO zulässig war. Auch **nachlaufende Provisionen**, die aus vor der Amtsübernahme getätigten Abschlüssen hervorgingen, stehen laut BAG dem Betriebsratsmitglied zu. Dieser Anspruch erlösche nicht deshalb, weil das Betriebsratsmitglied zum Zeitpunkt der Fälligkeit von seiner ursprünglichen Tätigkeit freigestellt war.

Anmerkung:

Mit Beschluss vom 26.11.2024[2] stellte das BAG zudem klar, dass dem Betriebsrat bei der Erhöhung des Arbeitsentgelts eines freigestellten Betriebsratsmitglieds kein Mitbeurteilungsrecht zusteht. Dem Betriebsrat steht eine Beteiligung bei Ein- und Umgruppierungen vor. Bei der Erhöhung des Arbeitsentgelts eines freigestellten Betriebsratsmitglieds erfolge jedoch keine solche Einordnung, sondern eine Anpassung dessen Vergütung. Demnach sei die Vergütung in einem solchen Fall entweder entsprechend der betriebsüblichen Entwicklung vergleichbarer Arbeitnehmer oder zur Vermeidung einer Benachteiligung anzupassen, weil das Betriebsratsmitglied nur infolge der Amtsübernahme nicht in eine höher vergütete Position aufsteigen konnte.

m) Vergütung (freigestellter) Betriebsratsmitglieder

Nach dem BetrVG haben Mitglieder des Betriebsrats Anspruch auf Erhöhung ihres Arbeitsentgelts in dem Umfang, in dem das Arbeitsentgelt vergleichbarer Arbeitnehmer mit betriebsüblicher Entwicklung steigt. Die Darlegungs- und Beweislast liegt beim Betriebsratsmitglied. **602**

Nach § 37 Abs. 4 Satz 1 BetrVG darf das Arbeitsentgelt von Betriebsratsmitgliedern grundsätzlich nicht geringer bemessen werden als das Arbeitsentgelt vergleichbarer Arbeitnehmer mit betriebsüblicher beruflicher Entwicklung. Gemäß Urteil des BAG vom 20.3.2025[3] ist grundsätzlich das **Betriebsratsmitglied** für das Vorliegen der Voraussetzungen dieses Anspruchs **darlegungs- und beweislastpflichtig**.

Anmerkung:

Korrigiert der Arbeitgeber eine mitgeteilte und gewährte **Vergütungserhöhung**, die sich für das Betriebsratsmitglied als Anpassung seines Entgelts entsprechend § 37 Abs. 4 Satz 1 BetrVG darstellen durfte, muss dagegen der Arbeitgeber darlegen und beweisen, dass die Vergütungserhöhung objektiv fehlerhaft war.

n) Gleichbehandlung bei Gehaltserhöhungen aus Gesamtbudget

Stellt ein Arbeitgeber für jährliche Gehaltserhöhungen einer Arbeitnehmer-Gruppe ein Budget bereit und überlässt die Entscheidung über dessen Verteilung ohne die Vor- **603**

1) BAG v. 12.6.2024, 7 AZR 141/23, NZA 2024, 1589, vgl. hierzu auch Anm. Sura, ZIP 2025, 567.
2) BAG v. 26.11.2024, 1 ABR 12/23, NZA 2025, 263, vgl. hierzu auch Besgen, B+P 2025, 77.
3) BAG v. 20.3.2025, 7 AZR 46/24, NZA 2025, 1177, vgl. hierzu auch Besgen, B+P 2025, 292.

gabe von speziellen Kriterien dem Ermessen der unterschiedlichen Vorgesetzten, verstößt dies gegen den allgemeinen arbeitsrechtlichen Gleichbehandlungsgrundsatz.

Das LAG Düsseldorf würdigte dies in seinem Urteil vom 10.12.2024[1] als **willkürliche Leistungsgewährung nach Gutdünken**, die einen Gehaltserhöhungsanspruch des nicht oder nur geringfügig berücksichtigten Mitarbeiters nach dem arbeitsrechtlichen Gleichbehandlungsgrundsatz begründe. Dabei kommt nach Auffassung des LAG bei einer Leistungsgewährung ohne vorgegebene Kriterien nur eine **Anpassung „nach ganz oben"** in Betracht.

Entgegen der bisherigen Auffassung des BAG[2] können die klagenden gruppenzugehörigen Arbeitnehmer, die nicht die prozentual größte Erhöhung erhalten haben, diese – und nicht nur den Mittelwert oder Median – beanspruchen.

Anmerkung:

Gegen das Urteil wurde Revision beim BAG unter dem Az. 5 AZR 94/25 eingelegt.

o) Gesamtzusagen unter Vorbehalt und der arbeitsrechtliche Gleichbehandlungsgrundsatz

604 Im Streitfall ging es um die Höhe des Übergangsgeldes bei vorzeitiger Inanspruchnahme einer tariflichen Übergangsversorgung. Ein Tarifvertrag über die Übergangsversorgung gewährte ausscheidenden Arbeitnehmern – im Streitfall Fluglotsen – ab Vollendung des 52. Lebensjahres Anspruch auf ein monatliches Übergangsgeld. Wird dieses Übergangsgeld vor Vollendung des 55. Lebensjahres bezogen, erfolgte eine Kürzung um monatlich 0,3 %. Die Klägerin kündigte vor 2021 an, vor Vollendung des 55. Lebensjahres in Ruhestand zu gehen mit der Folge der Kürzung des monatlichen Übergangsgeldes. Aufgrund von Personalüberhängen schloss der Arbeitgeber einen ab 2021 in Kraft tretenden Tarifvertrag zum bedarfsgerechten Personaleinsatz in Pandemie-Zeiten, wonach von 2022 bis 2024 die Möglichkeit eines Wechsels in die Übergangsversorgung zwischen dem 52. und 55. Lebensjahr ohne Kürzung des Übergangsgeldes bestand, sofern dem keine betrieblichen Belange entgegenstehen. Da sich die Klägerin vor Inkrafttreten der neuen tariflichen Regelung entschieden hatte, in Vorruhestand zu gehen, unterlag ihr Übergangsgeld unverändert der Kürzung. Der Arbeitgeber verkündete per E-Mail, ein kürzungsfreies Übergangsgeld auch für vor dem 1.1.2021 angekündigte Wechsel zu gewähren. Er stellte diese Zusage allerdings unter den Vorbehalt nicht entgegenstehender betrieblicher Belange. Bei einigen Arbeitnehmern aus der Altersgruppe der Klägerin sah die Beklagte von der Kürzung der Übergangsversorgung ab. Dagegen wurde der Klägerin das Übergangsgeld unverändert gekürzt. Ihre Klage richtete sich auf Gewährung eines ungekürzten Übergangsgeldes.

Das BAG gab der Klägerin mit Urteil vom 29.4.2025[3] Recht und wertete die E-Mail des Arbeitgebers als Gesamtzusage. Eine solche könne wirksam unter den Vorbehalt nicht entgegenstehender betriebliche Belange gestellt werden – und zwar auch, wenn der Wechsel in die Übergangsversorgung vor der Zusage feststand. Zur Prüfung, ob betriebliche Belange vorliegen, wies das BAG das Verfahren an das LAG zurück.

Auch ein Anspruch aus dem arbeitsrechtlichen Gleichbehandlungsgrundsatz bestehe nicht ohne Weiteres. Der arbeitsrechtliche Gleichbehandlungsgrundsatz verlange, dass Arbeitnehmer oder Gruppen von Arbeitnehmern, die sich in vergleichbarer Lage befinden, bei Anwendung einer selbst gegebenen Regel gleich zu behandeln seien. Einzelne Arbeitnehmer dürften nicht aus sachfremden oder willkürlichen Motiven ausgeschlossen werden.

---

1) LAG Düsseldorf v. 10.12.2024, 3 SLa 318/24, juris, vgl. hierzu auch Kromm, jurisPR-ArbR 33/2025 Anm. 2.
2) BAG v. 23.2.2011, 5 AZR 84/10, NZA 2011, 693.
3) BAG v. 29.4.2025, 9 AZR 39/24, juris.

Sofern keine betrieblichen Belange entgegenstehen, trägt der Wechsel der Klägerin in die Übergangsversorgung laut BAG zum erforderlichen Personalabbau bei, so dass ihr aus dem arbeitsrechtlichen Gleichbehandlungsgrundsatz ungekürzte Übergangsgelder zustünden.

Anmerkung:

Arbeitgeberseitige Versprechungen können schnell als rechtsverbindliche Gesamtzusagen gewertet werden, weswegen sie **sorgfältig formuliert** werden sollten. Es empfiehlt sich, nicht nur die Bedingungen der Gesamtzusage, sondern auch die Motive für die freiwilligen Leistungen zu erläutern. Andernfalls besteht das Risiko, aufgrund des arbeitsrechtlichen Gleichbehandlungsgrundsatzes Leistungen gewähren zu müssen, die in der Quantität nicht intendiert waren.

p) AGB-Kontrolle: Gesamtzusage einer Inflationsausgleichsprämie

Der Anspruch auf eine – jedenfalls auch – als Gegenleistung für geleistete Arbeit 605
geschuldete Inflationsausgleichsprämie in einer Gesamtzusage darf **nicht vom Fortbestehen des Arbeitsverhältnisses** bis zu einem bestimmten Stichtag oder von Rückzahlungsklauseln bei Beendigung des Vertrags **abhängig** gemacht werden.

Ein Arbeitgeber im November 2022 eine Inflationsausgleichsprämie als freiwillige Leistung zur Abfederung der gestiegenen Lebenshaltungskosten angekündigt. Die Auszahlung sollte im Dezember 2022 erfolgen, war aber an die Bedingung geknüpft, dass das Arbeitsverhältnis bis mindestens 31.3.2023 fortbestehen müsse. Bei Eigenkündigung vor diesem Stichtag war die Rückzahlung der Prämie vorgesehen. Ein Arbeitnehmer, dessen Arbeitsverhältnis zum 31.12.2022 endete, erhielt keine Prämie und klagte.

Gemäß Urteil des BAG vom 21.5.2025[1)] ist entscheidend, dass die im Rahmen einer Gesamtzusage ausgelobte **Inflationsausgleichsprämie** wenigstens auch eine Gegenleistung für bereits erbrachte Arbeitsleistung ist und somit **Entgeltcharakter** hat. Dies zeige sich insb. daran, dass Teilzeitkräfte die Prämie anteilig erhalten.

Stichtags- und Rückzahlungsklauseln verstoßen laut BAG gegen die AGB-rechtliche Inhaltskontrolle gemäß § 307 Abs. 1 und 2 BGB. Sie entziehen dem Arbeitnehmer den bereits erarbeiteten Anspruch auf die Prämie, obwohl die Arbeitsleistung bis zum Auszahlungszeitpunkt vollständig erbracht wurde. Damit widersprächen solche Regelungen dem Grundgedanken, dass eine Vergütung für geleistete Arbeit gezahlt werde, und schränken unzulässig die durch Art. 12 GG geschützte Berufsfreiheit ein. Die bloße Honorierung von Betriebstreue könne in diesen Fällen keinen Vorrang haben, wenn die Leistung zugleich Lohncharakter aufweist.

§ 3 Nr. 11c EStG verlange nicht, dass eine – zusätzlich zum ohnehin geschuldeten Arbeitslohn – vom Arbeitgeber gewährte Inflationsausgleichsprämie arbeitsrechtlich ausschließlich der Abmilderung der gestiegenen Verbraucherpreise dienen muss. Die Frage, ob die Prämie Steuerfreiheit genießt, sei allein steuerrechtlicher Natur.

Anmerkung:

Arbeitnehmer, die bis zum Zeitpunkt der Auszahlung gearbeitet haben, können die Inflationsausgleichsprämie beanspruchen – unabhängig davon, ob sie kurz darauf ausscheiden. Nur wenn eine Sonderzuwendung ausschließlich für Betriebstreue gezahlt werden soll, kann sie an das Bestehen des Arbeitsverhältnisses zu einem Stichtag geknüpft werden. Dies ist klassischerweise beim Weihnachtsgeld der Fall, das regelmäßig für Betriebstreue, nicht für geleistete Arbeit geleistet wird. Allerdings ist auch beim Weihnachtsgeld darauf zu achten, dass bspw. aus der Begründung für die Zahlung des Weihnachtsgeldes keine Anhaltspunkte ersichtlich werden, dass dieses ggf. auch als Honorierung für erbrachte Leistung/Arbeit gezahlt wird.

---

1) BAG v. 21.5.2025, 10 AZR 121/24, DB 2025, 2438.

2. Befristete Arbeitsverhältnisse

a) Vorübergehender Mehrbedarf an Arbeitskräften: Befristung eines Arbeitsvertrages

606 Der die Befristung eines Arbeitsvertrags rechtfertigende Sachgrund des vorübergehenden Mehrbedarfs setzt voraus, dass zum Zeitpunkt des Vertragsschlusses mit **hinreichender Sicherheit** davon auszugehen ist, dass nach dem Vertragsende für die Beschäftigung des befristet eingestellten Arbeitnehmers **kein dauerhafter betrieblicher Bedarf** mehr besteht.

Die Befristung eines Arbeitsvertrages ist zulässig, wenn sie durch einen sachlichen Grund gerechtfertigt ist, § 14 Abs. 1 TzBfG. Gemäß rechtskräftigem Urteil des LAG Mecklenburg-Vorpommern vom 20.8.2024[1)] hat der Arbeitgeber dazu bei Vertragsschluss eine Prognose anzustellen und deren tatsächliche Grundlagen darzulegen. Die allgemeine Unsicherheit über die zukünftig bestehende Beschäftigungsmöglichkeit rechtfertige die Befristung nicht, sie gehöre zum unternehmerischen Risiko des Arbeitgebers. Weiter führt das LAG aus, dass für die Feststellung des betrieblichen Bedarfs an der Arbeitsleistung nur die Verhältnisse in dem Betrieb maßgeblich sind, für den der Arbeitnehmer befristet eingestellt sei. Auch müsse der Arbeitnehmer gerade zur Deckung des Mehrbedarfs eingesetzt werden.

b) Kürzere angemessene Probezeit bei befristeten Arbeitsverhältnissen

607 Wird für ein befristetes Arbeitsverhältnis eine Probezeit vereinbart, so muss diese im Verhältnis zu der erwarteten Dauer der Befristung und der Art der Tätigkeit stehen, § 15 Abs. 3 TzBfG. Das BAG bestätigte in seinem Urteil vom 5.12.2024[2)], dass die sechsmonatige Probezeit in dem auf sechs Monate befristeten Arbeitsverhältnis unverhältnismäßig und somit unwirksam ist. Dies lasse jedoch die ordentliche Kündbarkeit des Arbeitsverhältnisses insg. unberührt.

Laut BAG muss die **Probezeit im Verhältnis zur Befristungsdauer** stehen. Es lehnte zudem eine geltungserhaltende Reduktion der arbeitsvertraglichen Vereinbarung auf das angemessene Maß ab. Bei der Festlegung von Probezeiten sei darauf zu achten, dass diese lediglich einen gewissen Anteil der Befristung ausmachen und die Angemessenheit im Kontext der Art der Tätigkeit und Befristungsdauer überprüft werde. Angemessen sei die Probezeitdauer nach LAG-Entscheidungen bei 25 bis 50 % der Vertragsdauer; das BAG hat dies bisher offengelassen.

Rechtsfolge der unverhältnismäßigen Dauer der Probezeit ist, wenn die Kündigungsklausel als AGB in den Vertrag eingeführt worden ist, dass für die Kündigung des Arbeitsverhältnisses nicht die verkürzte Frist von zwei Wochen gemäß § 622 Abs. 3 BGB gilt. Hingegen kommt entweder die gesetzliche Kündigungsfrist von vier Wochen zum 15. oder Monatsende oder die vertraglich vereinbarte Frist zum Tragen.

c) Kein Diskriminierungsschutz bei Befristung auf die Regelaltersgrenze

608 Ein befristet beschäftigter Arbeitnehmer darf wegen der Befristung des Arbeitsvertrages nicht schlechter behandelt werden als ein vergleichbarer unbefristet beschäftigter Arbeitnehmer, sofern nicht sachliche Gründe eine unterschiedliche Behandlung rechtfertigen, § 4 Abs. 2 TzBfG.

Eine tariflich beschäftigte Arbeitnehmerin berief sich auf Diskriminierungsverbote und Gleichbehandlungsgrundsätze, insbesondere, weil ihr Arbeitsvertrag auf das Erreichen der gesetzlichen Altersgrenze befristet war. Die Differenzierung sah sie als sachlich unbegründet und als Verstoß gegen unions- und verfassungsrechtliche Gleichheitsgebote an.

---

1) LAG Mecklenburg-Vorpommern v. 20.8.2024, 2 SLa 19/24, juris.
2) BAG v. 5.12.2024, 2 AZR 275/23, NZA 2025, 417, vgl. hierzu auch Flink, B+P 2025, 395.

Das BAG wies die Klage mit Urteil vom 31.7.2025[1] ab und stellte klar, dass das **Diskriminierungsverbot** für befristet beschäftigte Arbeitnehmer **nicht** auf Arbeitsverträge anwendbar ist, die auf das **Erreichen der Regelaltersgrenze befristet** sind. Zwar sei der persönliche und sachliche Anwendungsbereich des § 4 TzBfG grundsätzlich eröffnet, wenn ein Arbeitsverhältnis auf das Erreichen der Altersgrenze befristet wird. Sinn und Zweck der Regelungen des Teilzeit- und Befristungsgesetzes schließen jedoch eine Erstreckung des Diskriminierungsschutzes des § 4 Abs. 2 Satz 1 TzBfG auf solche Arbeitnehmer aus, deren Arbeitsverhältnis auf das Erreichen der Regelaltersgrenze befristet ist. Für diese Konstellation bestehe kein Diskriminierungsschutz. So seien Verträge mit einer Befristung auf die Regelaltersgrenze als konsolidierte Normalarbeitsverhältnisse zu betrachten. Sie unterscheiden sich wesentlich von „echten" atypischen Befristungen, da sie in der Regel über viele Jahre Bestand haben und den Charakter eines festen Beschäftigungsverhältnisses tragen, so dass ein besonderer Schutz nicht erforderlich sei. Dies sei auch unionsrechtlich vom EuGH geklärt.

Anmerkung:

Damit bestätigt das BAG die ständige Praxis, wonach Arbeitsverhältnisse, die mit Eintritt der gesetzlichen Regelaltersgrenze enden, keine besonderen Schutzmechanismen im Hinblick auf Diskriminierungen genießen. Die mit Eintritt der Regelaltersgrenze vereinbarte Beendigung von Arbeitsverhältnissen bleibt somit arbeitsrechtlich unproblematisch.

3. Arbeitsunfähigkeit

a) Beweiswert einer Arbeitsunfähigkeitsbescheinigung bei Zusammenfallen von Kündigung und Arbeitsunfähigkeit

Arbeitnehmer sind verpflichtet, dem Arbeitgeber die Arbeitsunfähigkeit und deren voraussichtliche Dauer unverzüglich mitzuteilen. Dauert diese länger als drei Kalendertage, ist eine ärztliche Bescheinigung über das Bestehen der Arbeitsunfähigkeit sowie deren voraussichtliche Dauer spätestens an dem darauffolgenden Arbeitstag vorzulegen, § 5 Abs. 1 EFZG. Geben die vom Arbeitnehmer vorgetragenen Tatsachen Anlass zu ernstlichen Zweifeln an der bescheinigten Arbeitsunfähigkeit, ist der Beweiswert einer ärztlichen Arbeitsunfähigkeitsbescheinigung erschüttert. **609**

Besteht zwischen der in Kenntnis einer – ggf. noch bevorstehenden – Kündigung bescheinigten Arbeitsunfähigkeit und der Kündigungsfrist ein zeitlicher Zusammenhang, ist ein solcher Anlass gegeben. Mit Urteil vom 21.8.2024[2] bejahte das BAG eine **zeitliche Koinzidenz** bei einem Arbeitnehmer, der sich einen Tag nach seiner Eigenkündigung bis zum Ablauf der Kündigungsfrist hatte krankschreiben lassen.

Anmerkung:

Unerheblich ist laut BAG, ob die Kündigung zum Zeitpunkt der Krankschreibung bereits zugegangen ist. Auch komme es nicht darauf an, ob die Kündigungsfrist durch eine oder mehrere Bescheinigungen abgedeckt wird.

b) Erschütterung des Beweiswerts einer im Nicht-EU-Ausland erstellten Arbeitsunfähigkeitsbescheinigung

Zwar kommt einer Arbeitsunfähigkeitsbescheinigung, die in einem Staat außerhalb der Europäischen Union ausgestellt wurde, grundsätzlich der gleiche Beweiswert wie einer in Deutschland ausgestellten Bescheinigung zu, wenn sie erkennen lässt, dass der ausländische Arzt zwischen einer bloßen Erkrankung und einer mit Arbeitsunfähigkeit **610**

1) BAG 31.7.2025, 6 AZR 18/25, ZIP 2025, 2466.
2) BAG v. 21.8.2024, 5 AZR 248/23, NZA 2025, 41, vgl. hierzu auch Flink, B+P 2025, 171.

verbundenen Krankheit unterschieden hat. Das BAG stellte mit Urteil vom 15.1.2025[1] jedoch klar, dass bei Zweifeln an der bescheinigten Arbeitsunfähigkeit die vorgetragenen tatsächlichen Umstände nicht nur insoliert, sondern im Rahmen einer **Gesamtwürdigung** zu beurteilen seien. Insoweit gelten die gleichen Grundsätze wie bei einer in Deutschland ausgestellten Arbeitsunfähigkeitsbescheinigung.

Anmerkung:

Im Streitfall habe der tunesische Arzt dem Kläger für 24 Tage eine Arbeitsunfähigkeit bescheinigt, ohne eine Wiedervorstellung anzuordnen. Weiter buchte der Kläger bereits einen Tag nach der attestierten Notwendigkeit häuslicher Ruhe und des Verbots, sich bis zum 30.9.2022 zu bewegen und zu reisen, ein Fährticket für den 29.9.2022 und trat an diesem Tag die lange Rückreise nach Deutschland an. Zudem hatte er bereits in den Jahren 2017 bis 2020 dreimal unmittelbar nach seinem Urlaub Arbeitsunfähigkeitsbescheinigungen vorgelegt. Zwar mögen diese Gegebenheiten für sich betrachtet unverfänglich sein. In einer Gesamtschau begründen sie nach Auffassung des BAG jedoch ernsthafte Zweifel am Beweiswert der Arbeitsunfähigkeitsbescheinigung.

Bei begründeten Zweifeln am Beweiswert der Arbeitsunfähigkeitsbescheinigung trägt der **Arbeitnehmer die volle Darlegungs- und Beweislast** für das Bestehen krankheitsbedingter Arbeitsunfähigkeit als Voraussetzung für den Entgeltfortzahlungsanspruch nach § 3 Abs. 1 EFZG.

c) Höchstgrenze für Krankheitstage: EuGH bestätigt unionsrechtskonforme Kündigung trotz mittelbarer Benachteiligung

611 Die Beendigung von Arbeitsverhältnissen nach Überschreiten einer tariflichen Höchstgrenze von Krankheitstagen trotz einer möglichen mittelbaren Benachteiligung von Menschen mit Behinderung kann unionsrechtskonform sein, sofern das nationale Regelwerk angemessene Schutzmaßnahmen für behinderte Arbeitnehmer garantiert.

Der EuGH hatte in seinem Urteil vom 11.9.2025[2] die Frage zu klären, ob eine **tarifvertragliche Regelung zur maximalen Zahl an Krankheitstagen diskriminierend** ist, wenn sie faktisch Menschen mit Behinderung stärker betrifft als andere Arbeitnehmer. Er stellte klar, dass solche Vorschriften zwar eine **mittelbare Ungleichbehandlung** bewirken können, da Menschen mit Behinderung häufiger krankheitsbedingt fehlen und deshalb schneller die Höchstgrenze überschreiten. Eine mittelbare Ungleichbehandlung liegt nach Art. 2 Abs. 2 lit. b der Gleichbehandlungs-Richtlinie (RL 2000/78/EG) vor, wenn eine an sich neutrale Regelung Personen mit Behinderung regelmäßig stärker benachteiligt als andere Arbeitnehmer.

Entscheidend sei jedoch, ob diese **unterschiedliche Behandlung gerechtfertigt** werden kann. Der EuGH erkennt das legitime sozialpolitische Ziel an, sicherzustellen, dass Arbeitnehmer in der Lage und verfügbar sind, ihre berufliche Tätigkeit tatsächlich auszuüben. Die Höchstgrenze bei Krankheitstagen diene auch den Interessen der Arbeitgeber an einem funktionierenden Betrieb. Voraussetzung sei aber, dass die Regelung verhältnismäßig ist. Hierzu sei eine Einzelfallbetrachtung erforderlich, in die auch nationale Vorschriften zum besonderen Schutz von Menschen mit Behinderung einzubeziehen sind. Maßgeblich sei nicht isoliert die tarifliche Regelung, sondern das Gesamtsystem des nationalen Rechts, das eventuell Schutzvorkehrungen für behinderte Beschäftigte vorsieht.

---

1) BAG v. 15.1.2025, 5 AZR 284/24, NZA 2025, 559, vgl. hierzu auch Bissels/Pitzer, jurisPR-ArbR 21/2025 Anm. 2.
2) EuGH 11.9.2025, C-5/24.

Anmerkung:

Für die Praxis in Deutschland hat das Urteil nur begrenzte Auswirkungen, da hier nach § 1 Abs. 2 KSchG und der gefestigten BAG-Rechtsprechung stets eine Einzelfallprüfung erforderlich ist. Kündigungen wegen Krankheit sind nur zulässig, wenn eine negative Gesundheitsprognose vorliegt. Eine pauschale Höchstgrenze für Krankheitstage im Tarifvertrag ist mit höherrangigem Recht nicht vereinbar.

d) Urlaubsabgeltung bei Langzeiterkrankung

Eine arbeitsvertragliche Regelung, wonach wegen Krankheit nicht genommener 612
gesetzlicher Mindesturlaub auch über den gesetzlichen Übertragungszeitraum hinaus bestehen bleibt, ist wirksam und steht einem Verfall des Urlaubs entgegen.

Im Streitfall war die Klägerin mehrere Jahre durchgehend arbeitsunfähig erkrankt. Im Arbeitsvertrag wurde auf die Arbeitsvertragsrichtlinien der Diakonie Deutschland (AVR-DD) Bezug genommen. Dort war zudem eine Klausel enthalten, wonach im Falle von Krankheit der noch bestehende gesetzliche Urlaubsanspruch auch über den gesetzlichen Übertragungszeitraum hinaus fortbesteht. Die Klägerin verlangte nach Beendigung des Arbeitsverhältnisses die Abgeltung von 144 nicht genommenen Urlaubstagen aus den Vorjahren.

Das BAG stellte mit Urteil vom 15.7.2025[1)] klar, dass **individualvertragliche Regelungen zum Urlaubsverfall** – sofern sie für den Arbeitnehmer günstiger sind als gesetzliche oder kollektivrechtliche Normen – uneingeschränkt zulässig sind. Die vom EuGH entwickelte 15-monatige Verfallsfrist kann zugunsten des Arbeitnehmers individualvertraglich verlängert oder abbedungen werden. Kollektivrechtliche Regelungen oder kirchliches Arbeitsrecht würden eine solche individualvertragliche Besserstellung nicht verhindern. Auch verfassungsrechtliche Einwände des Arbeitgebers blieben ohne Erfolg, so dass der Klägerin die Urlaubsabgeltung in voller Höhe zugesprochen wurde.

Anmerkung:

Das BAG bestätigt, dass Arbeitgeber durch **eindeutig formulierte Vertragsklauseln** vom gesetzlichen Grundfall des Urlaubsverfalls abweichen und **zu Gunsten der Arbeitnehmer** günstigere Regelungen treffen können. Solche Klauseln setzen sich gegenüber weniger günstigen kollektivrechtlichen Standards sogar dann durch, wenn letztere eigentlich Anwendung finden sollen.

e) Dienstwagennutzung und Leasingkosten während Krankheit

Arbeitgeber können keine Rückerstattung von Leasingkosten verlangen, wenn Arbeit- 613
nehmer einen Dienstwagen nach Ablauf des Entgeltfortzahlungszeitraums weiterhin privat nutzen, sofern entsprechende Vertragsklauseln gegen gesetzliche Bestimmungen zu AGB verstoßen.

Ein Arbeitgeber stellte seinem seit Juli 2023 erkrankten Mitarbeiter einen Dienstwagen zur dienstlichen und privaten Nutzung zur Verfügung. Nach den internen Richtlinien des Unternehmens durfte der Arbeitnehmer den Wagen auch nach Ablauf der sechswöchigen Entgeltfortzahlung weiterhin nutzen, war jedoch verpflichtet, die Leasingraten zu übernehmen. Dem widersprach der Arbeitnehmer und nutzte das Fahrzeug weiter, ohne die Leasingraten zu erstatten.

Das LAG Hessen sprach dem Arbeitgeber keinen Anspruch auf Rückerstattung der Leasingraten zu. Es stellte mit rechtskräftigem Urteil vom 16.5.2025[2)] klar, dass die Überlassung eines Firmenwagens auch zur privaten Nutzung einen geldwerten Vorteil

1) BAG v. 15.7.2025, 9 AZR 198/24, NZA 2025, 1324. Vgl. hierzu auch Bissels/Jopp, jurisPR-ArbR 44/2025 Anm. 1.
2) LAG Hessen v. 16.5.2025, 10 Sla 1164/24, juris, vgl. hierzu auch Anm. Gralla, ArbR 2025, 360.

sowie Sachbezug darstellt und damit Teil der Arbeitsvergütung ist. Damit sei die **Gebrauchsüberlassung** zwar regelmäßig eine zusätzliche Gegenleistung für die geschuldete Arbeitsleistung und **nur so lange geschuldet**, wie der Arbeitgeber **Arbeitsentgelt** leisten muss. Sie entfalle grundsätzlich, wenn der Entgeltfortzahlungszeitraum nach § 3 Abs. 1 EFZG ausläuft.

Allerdings ist nach Auffassung des LAG die vom Arbeitgeber verwendete Klausel, die eine Kostenbeteiligung des Mitarbeiters nach Ablauf der sechswöchigen Entgeltfortzahlung vorsieht, gemäß § 307 Abs. 1 BGB unwirksam. Die Klausel lasse dem Arbeitnehmer kein Wahlrecht, sondern setze den hypothetischen gemeinsamen Willen der Parteien voraus, dass der Dienstwagen nach Ablauf des Entgeltfortzahlungszeitraums beim Arbeitnehmer verbleiben und dieser im Gegenzug die Leasingraten tragen solle. Darin liege eine **unzulässige Abwälzung des Verwendungsrisikos** auf den Arbeitnehmer. Solche Regelungen seien intransparent und benachteiligten den Arbeitnehmer unangemessen. Das LAG war hierbei der Auffassung, die vom Arbeitgeber verwendete Klausel erwecke den Eindruck, der Arbeitnehmer könne den Dienstwagen nach Ablauf des Entgeltfortzahlungszeitraums zu den bisherigen Konditionen weiter nutzen.

Anmerkung:

Nach Ablauf des sechswöchigen Entgeltfortzahlungszeitraums haben arbeitsunfähige Arbeitnehmer grundsätzlich **keinen Anspruch auf Weitergewährung** des ihnen auch zur privaten Nutzung überlassenen **Dienstwagens**. Arbeitgeber können den Dienstwagen entschädigungslos zurückfordern. Für den Fall, dass ein **Dienstwagen** nach Ablauf des Entgeltfortzahlungszeitraums **weitergenutzt** wird, sollten die Parteien eine eindeutige Abrede treffen, die insb. **bei Kostenregelungen eine ausdrückliche Zustimmung** des Arbeitnehmers verlangt. Andernfalls läuft der Arbeitgeber Gefahr, auf Kosten sitzen zu bleiben. Unternehmen sollten ihre Dienstwagenrichtlinien kritisch prüfen und gegebenenfalls anpassen, um rechtliche Risiken und Streitigkeiten zu minimieren. Allein aus dem Umstand, dass der Arbeitgeber den überlassenen Dienstwagen nach Auslaufen der Entgeltfortzahlung nicht zurückfordert, kann noch nicht auf ein Angebot zur Weitergewährung des Dienstwagens geschlossen werden und auch nicht auf eine Kostentragungspflicht des Arbeitnehmers.

f) Kein Anspruch auf Krankengeld nach Renteneintritt

614 Gesetzlich Krankenversicherte, die eine Regelaltersrente aus der gesetzlichen Rentenversicherung erhalten, weiterarbeiten und erkranken, haben keinen Anspruch auf Krankengeld mehr.

Nach § 50 Abs. 1 Nr. 1 SGB V endet für Versicherte, die eine volle Erwerbsminderungsrente oder Altersrente beziehen, ein Krankengeldanspruch von Beginn dieser Leistungen an – auch entsteht nach Beginn dieser Leistungen **kein neuer Krankengeldanspruch**. Wie das LAG Köln mit rechtskräftigem Urteil vom 19.12.2024[1] klarstellte, scheidet der Anspruch auf Krankengeld auch dann wegen des Bezugs einer Altersrente aus, wenn der Anspruchsteller wegen Überschreitung der Hinzuverdienstgrenzen überhaupt keinen Rentenzahlbetrag erhält. Dabei bezieht sich das LAG Köln auf die Rechtsprechung des Bundessozialgerichts.

Anmerkung:

Für Mitglieder, die keinen Anspruch auf Krankengeld haben, gilt gemäß § 243 SGB V ein ermäßigter Beitragssatz für die gesetzliche Krankenversicherung. Diesen hatte der Arbeitgeber im Streitfall abgeführt. Hierfür komme es nicht auf die Zustimmung des Arbeitnehmers an.

4. Beendigung von Arbeitsverhältnissen

a) Klarstellungen des EuGH zu Fehlern im Massenentlassungsverfahren

615 Eine unterlassene Massenentlassungsanzeige bei der Agentur für Arbeit führt weiterhin zwingend zur **Unwirksamkeit der ausgesprochenen Kündigungen**. Dies entschied

1) LAG Köln v. 19.12.2024, 8 SLa 259/24, juris.

der EuGH in zwei Urteilen vom 30.10.2025[1] und verwarf damit die vom 6. Senat des BAG geplante Lockerung der Unwirksamkeitsfolge bei Fehlern im Massenentlassungsverfahren. Dies führt zu erheblichen Mehrbelastungen, da die Gehälter bis zum Ablauf der Kündigungsfrist der erneuten Kündigung weiterzuzahlen sind.

In der Rechtssache C-134/24 hatte es der **Arbeitgeber versäumt**, eine nach § 17 Abs. 3 Satz 1 KSchG **erforderliche Massenentlassungsanzeige** bei der zuständigen Agentur für Arbeit **anzuzeigen**. Er war irrtümlich davon ausgegangen, dass der Schwellenwert von 20 regelmäßig beschäftigten Arbeitnehmern nicht erreicht war. Laut EuGH kann ein Arbeitgeber vor allem die **fehlende Massenentlassungsanzeige nicht so nachholen**, dass damit die Kündigung 30 Tage nach der Nachholung wirksam würde. Demnach ist eine **nachträgliche Heilung nicht möglich**: Wurde eine Massenentlassungsanzeige versäumt, muss diese nachgeholt werden. Im Anschluss muss der Arbeitgeber neue Kündigungen aussprechen – die dann erst zum Ablauf der erneut laufenden Kündigungsfrist wirksam werden.

In der Rechtssache C-402/24 war die **Massenentlassungsanzeige fehlerhaft** bzw. unvollständig: Sie wurde zwar erstattet, ihr wurde allerdings weder eine abschließende Stellungnahme der Arbeitnehmervertreter zur Konsultation beigefügt noch enthielt sie konkrete Angaben zum Inhalt der im Rahmen dieser Konsultation geführten Gespräche. Diesbezüglich stellte der EuGH klar, dass eine fehlerhafte oder unvollständige Anzeige die Behörde daran hindern würde, ihre Aufgabe zu erfüllen und nach Lösungen für die durch die beabsichtigten Massenentlassungen aufgeworfenen Probleme zu suchen. Ein Arbeitgeber könne von den entsprechenden Verfahrenspflichten außerdem nicht allein dadurch befreit werden, dass eine ursprünglich fehlerhafte oder unvollständige Anzeige durch eine von der zuständigen Behörde auf der Grundlage der anwendbaren nationalen Regelung von Amts wegen vorgenommene Mangelbehebung geheilt wird.

Damit bleibt laut EuGH die Einhaltung des formellen Anzeigeverfahrens eine zwingende Voraussetzung für die Wirksamkeit der Kündigungen.

Anmerkung:

Gemäß deutschem Kündigungsschutzrecht müssen beabsichtige Massenentlassungen der zuständigen Behörde angezeigt werden. In diesem Zusammenhang vertraten der 6. und der 2. Senat BAG unterschiedliche Auffassungen, welche Rechtsfolgen das Fehlen oder die Fehlerhaftigkeit dieser Anzeige nach sich ziehen.

Das BAG hatte dem EuGH zudem die Frage vorgelegt, ob auch bloße **Fehler im Anzeigeverfahren** (etwa unzureichende Angaben) zur Unwirksamkeit der Kündigung führen. Diesbezüglich kommt es laut EuGH darauf an, welche **Rechtsfolgen sich nach dem nationalen Recht** ergäben. In der Tendenz dürfte jedoch davon auszugehen sein, dass auch unvollständige bzw. fehlerhafte Angaben weiterhin zur Unwirksamkeit der Massenentlassungsanzeige und demnach der Kündigungen führen.

b) Beweis des Zugangs eines Kündigungsschreibens als Einwurf-Einschreiben

Der Arbeitgeber trägt die Darlegungs- und Beweislast für den Zugang eines Kündigungsschreibens. **616** Neben der persönlichen Übergabe des Kündigungsschreibens kann der Arbeitgeber das Kündigungsschreiben auch per Einwurf-Einschreiben auf dem Postweg zustellen lassen. Der mit dem Nachnamen des Arbeitnehmers gekennzeichnete Hausbriefkasten gehört als von ihm vorgehaltene Empfangseinrichtung zu seinem Empfängerbereich.

1) EuGH v. 30.10.2025, C-134/24, NZA 2025, 1547 und C-402/24, NZA 2025, 1551.

Das BAG hat mit Urteil vom 30.1.2025[1]) entschieden, dass allein die **Vorlage des Einlieferungsbelegs eines Einwurf-Einschreibens** bei der Post und die Darstellung des Sendungsverlaufs **ohne die Vorlage einer Reproduktion des Auslieferungsbelegs keinen Anscheinsbeweis** für den Zugang beim Empfänger begründen. Es fehle für den Anscheinsbeweis für den Zugang der Postsendung an Angaben über die Person des den Einwurf bewirkenden Postbediensteten sowie über weitere Einzelheiten der Zustellung. Der **Sendungsstatus** sei **kein Ersatz für den Auslieferungsbeleg**, letzteren hätte der Arbeitgeber über mehrere Monate (bis zur Löschung) bei der Post elektronisch abrufen können.

Anmerkung:

Bei der Zustellung eines Kündigungsschreibens als Einwurf-Einschreiben ist zu beachten, dass die Zustellung manchmal mehrere Kalendertage in Anspruch nimmt. Wenn also ein Kündigungsschreiben gegen Ende eines Kalendermonats – aus Fristwahrungsgründen – noch in selben Monat zugestellt werden soll, ist anzuraten, das Kündigungsschreiben über einen Boten, entweder durch den Arbeitgeber oder durch ein externes Unternehmen, in den Hausbriefkasten zustellen zu lassen.

c) Schadensersatzanspruch des Arbeitgebers bei Rückgabe eines beschädigten Kraftfahrzeugs

617 Gibt der Arbeitnehmer ein ihm überlassenes betriebliches Fahrzeug mit Schäden zurück, die **über die üblichen Gebrauchsspuren** hinausgehen, ist er dem Arbeitgeber zum Schadensersatz verpflichtet.

Zu diesem Ergebnis kommt das LAG Köln mit rechtskräftigem Urteil vom 14.1.2025.[2]) Der Entscheidung lag der Fall zugrunde, dass ein Arbeitnehmer ein ihm vom Arbeitgeber für Fahrten zwischen der Wohnung und dem Betrieb überlassenen Pkw u.a. mit stark verschmutztem Innenraum, fleckigen Sitzen und Armauflagen sowie Brandlöchern im Dachhimmel sowie im Bezug eines Sitzes zurückgab. Nach Erstellung eines Gutachtens durch einen Kfz-Sachverständigen reinigte der Arbeitgeber das Fahrzeug und stellte dem Arbeitnehmer die Kosten in Rechnung.

Nach Auffassung des LAG Köln ist der Arbeitnehmer zum Schadensersatz aus seiner **arbeitsrechtlichen Verpflichtung zur Rücksichtnahme** auf die Rechte, Rechtsgüter und Interessen des Arbeitgebers nach § 241 Abs. 2 BGB verpflichtet. Hierzu gehört laut LAG Köln, das Fahrzeug pfleglich zu behandeln und Schäden zu vermeiden, die über die üblichen Gebrauchsspuren hinausgehen. **Nicht zu den üblichen Gebrauchsspuren** gehören starke Verschmutzungen, Beschädigungen wie Brandlöcher, Risse oder Geruchsbelästigungen. Es bedurfte auch **keines ausdrücklichen Rauchverbots** durch den Arbeitgeber, denn es stelle eine Selbstverständlichkeit dar, dass man fremdes Eigentum sorgsam und pfleglich behandelt. Als Ausprägung seines allgemeinen Persönlichkeitsrechts könne der Arbeitnehmer zwar für sich entscheiden, ob und wieviel er raucht. Dieses Recht findet jedoch seine Grenze in den Gesetzen und den Rechten anderer Personen.

Die Grundsätze über die **beschränkte Arbeitnehmerhaftung** kämen **nicht** zur Anwendung, da diese ein betrieblich veranlasstes Handeln des Arbeitnehmers voraussetzen, das hier nicht gegeben war.

d) Entschädigungsloser Widerruf der Privatnutzung eines Dienstwagens

618 Eine Klausel in einem Arbeitsvertrag, wonach ein Arbeitnehmer einen auch privat nutzbaren Dienstwagen bei berechtigter Freistellung während der Kündigungsfrist entschädigungslos an den Arbeitgeber zurückgeben muss, ist wirksam.

---

1) BAG v. 30.1.2025, 2 AZR 68/24, NZA 2025, 483, vgl. hierzu auch Jüngst, B+P 2025, 387.
2) LAG Köln v. 14.1.2025, 7 SLa 175/24, AE 2025, 112, vgl. hierzu auch Schubert/Koneberg, DB 2025, 2374.

Wie das BAG in seinem Urteil vom 12.2.2025[1] ausführt, genügt die Widerrufsklausel den formellen Anforderungen von § 308 Nr. 4 BGB. Nach dieser Vorschrift ist die Vereinbarung eines Rechts des Verwenders, die versprochene Leistung zu ändern oder von ihr abzuweichen (sog. Änderungsvorbehalt) unwirksam, wenn nicht die Vereinbarung der Änderung oder Abweichung unter Berücksichtigung der Interessen des Verwenders für den anderen Vertragsteil zumutbar ist. Das BAG hält die streitgegenständliche Regelung für klar und verständlich gefasst und die Auswirkungen seien für den Arbeitnehmer kalkulierbar gewesen. Auch sei die **Widerrufsklausel materiell wirksam**, da der Widerruf dem Arbeitnehmer zumutbar sei – er musste bis zum Kündigungstermin keine Arbeitsleistung erbringen, insb. entfielen Dienstfahrten mit dem Fahrzeug.

Einschränkend führt das BAG aus, dass im Rahmen der sog. Ausübungskontrolle bei einem pauschal versteuerten Dienstwagen im Regelfall nur ein **Widerruf zum Monatsende** billigem Ermessen gemäß § 315 Abs. 1 BGB entspricht. Dies begründet es damit, dass der zu versteuernde geldwerte Vorteil nur monatlich und nicht kalendertäglich angesetzt werden kann, § 6 Abs. 1 Nr. 4 EStG. Daher trage der Arbeitnehmer bei einer Rückgabe des Dienstwagens innerhalb des laufenden Monats die Steuerlast für den ganzen Monat und damit auch für die Zeit, in der er den Dienstwagen nicht mehr nutzen könne. Vor dem Hintergrund dieser Einkommensminderung entspreche im Regelfall nur ein Widerruf der privaten Nutzung des Dienstwagens zum jeweiligen Monatsende billigem Ermessen.

Anmerkung:

Arbeitgeber sollten sowohl die Inhalts- als auch die Ausübungskontrolle einer arbeitsvertraglichen Regelung beachten. Sie sollten Vorbehalte zum Widerruf der Privatnutzung eines Dienstwagens in Arbeitsverträge aufnehmen. Dabei ist auf eine transparente und klare Benennung der Widerrufsgründe zu achten. Auch sollte die Ausübung des Widerrufs bei pauschal versteuerten Dienstwagen auf das Ende eines Kalendermonats erfolgen. Ob dies auch bei einem konkret versteuerten Dienstwagen gilt, hatte das BAG offengelassen.

e) Kein böswilliges Unterlassen anderweitigen Verdienstes bei Freistellung während der Kündigungsfrist

Kündigt der Arbeitgeber das Arbeitsverhältnis ordentlich und stellt den Arbeitnehmer **619**
trotz dessen Beschäftigungsanspruchs von der Arbeit frei, unterlässt der Arbeitnehmer in der Regel nicht böswillig anderweitigen Verdienst, wenn er nicht schon vor Ablauf der Kündigungsfrist ein anderweitiges Beschäftigungsverhältnis eingeht.

Kommt der Arbeitgeber mit der **Annahme der Arbeitsleistung** seines Arbeitnehmers in **Verzug**, kann der Arbeitnehmer nach § 615 BGB für die infolge des Verzugs nicht geleisteten Dienste die vereinbarte Vergütung verlangen, ohne zur Nachleistung verpflichtet zu sein. Allerdings muss sich der Arbeitnehmer den Wert desjenigen anrechnen lassen, was er infolge des Unterbleibens der Dienstleistung erspart oder durch anderweitige Verwendung seiner Dienste erwirbt oder zu erwerben böswillig unterlässt.

Im Streitfall kündigte ein Arbeitgeber das Arbeitsverhältnis ordentlich und stellte den Arbeitnehmer unwiderruflich von der Pflicht zur Erbringung der Arbeitsleistung frei. Nach Zugang der Kündigung meldete sich der Arbeitnehmer arbeitssuchend. Der Arbeitgeber übersandte ihm insgesamt 43 von Jobportalen oder Unternehmen online gestellte Stellenangebote, die nach seiner Einschätzung für den Arbeitnehmer in Betracht gekommen wären. Nachdem der Arbeitgeber dem Arbeitnehmer nach Vorlage der Stellenangebote keine Vergütung mehr zahlte, forderte der Arbeitnehmer diese im Klageweg ein.

1) BAG v. 12.2.2025, 5 AZR 171/24, NZA 2025, 646, vgl. hierzu auch Flink, B+P 2025, 537.

Zu Recht, wie das BAG mit Urteil vom 12.2.2025 [1] entschied. Der Arbeitgeber befand sich aufgrund der von ihm einseitig erklärten Freistellung des Arbeitnehmers während der Kündigungsfrist im Annahmeverzug und schuldet diesem nach § 615 Satz 1 i.V.m. § 611a Abs. 2 BGB die vereinbarte Vergütung für die gesamte Dauer der Kündigungsfrist. Nicht erzielten anderweitigen Verdienst müsse sich der Arbeitnehmer nicht nach § 615 Satz 2 BGB anrechnen lassen. Der durch eine fiktive Anrechnung nicht erworbenen Verdienstes beim Arbeitnehmer eintretende Nachteil sei nur gerechtfertigt, wenn dieser entgegen Treu und Glauben (§ 242 BGB) untätig geblieben ist. Weil § 615 Satz 2 BGB eine Billigkeitsregelung enthält, könne der Umfang der Obliegenheit des Arbeitnehmers zu anderweitigem Erwerb nicht losgelöst von den Pflichten des Arbeitgebers beurteilt werden.

Anmerkung:

Im Streitfall hat der Arbeitgeber nach Auffassung des BAG jedoch nicht dargelegt, dass ihm die Erfüllung des aus dem Arbeitsverhältnis resultierenden, auch während der Kündigungsfrist bestehenden Beschäftigungsanspruchs des Arbeitnehmers unzumutbar gewesen wäre. Demzufolge bestand für den Arbeitnehmer keine Verpflichtung, schon vor Ablauf der Kündigungsfrist zur finanziellen Entlastung des Arbeitgebers ein anderweitiges Beschäftigungsverhältnis einzugehen und daraus Verdienst zu erzielen. Denkbare Fälle, in denen von einer Unzumutbarkeit ausgegangen werden kann, sind bspw. solche, in denen der Arbeitgeber den gekündigten Arbeitnehmer aus tatsächlichen oder rechtlichen Gründen nicht mehr beschäftigen kann, selbst wenn er wollte (z.B. Stilllegung des Betriebs, fehlende Arbeitserlaubnis des Arbeitnehmers). Aber auch Fälle des unwiderleglich zerrütteten Vertrauensverhältnisses dürften u.U. genügen, solange der Arbeitgeber dafür konkrete aus der Sphäre bzw. Person des Arbeitnehmers stammende Umstände darlegen kann.

f) Dokumentationspflicht im Arbeitsvertrag: Kein Nachwirkungsanspruch bei Beendigung des Dienstverhältnisses

620 Die arbeitsvertraglich vereinbarte Verpflichtung, die **geleistete Arbeit zu dokumentieren** oder dokumentieren zu lassen, ist Teil der angewiesenen Arbeitsleistung, die **nicht nach Beendigung des Arbeitsverhältnisses eingeklagt** werden kann.

Die rechtskräftige Entscheidung des LAG Berlin-Brandenburg vom 17.1.2025[2] verdeutlicht, dass eine vertragliche **Pflicht zur Dokumentation** geleisteter Arbeit als Nebenpflicht an die Hauptleistungspflicht gekoppelt und damit **integraler Bestandteil der Arbeitspflicht** ist. Diese Pflicht bestehe allerdings nur **während des Arbeitsverhältnisses**. Mit der Beendigung des Arbeitsverhältnisses entfielen sowohl die Haupt- als auch die damit verbundenen Nebenleistungspflichten wegen ihres Fixschuldcharakters. Ein Anspruch des Arbeitgebers auf nachträgliche Herausgabe von Tätigkeitsnachweisen bestehe demnach nicht.

Anmerkung:

Arbeitgeber sollten bei dokumentationspflichtigen Tätigkeiten unbedingt auf die rechtzeitige Einholung der Unterlagen während eines aktiven Arbeitsverhältnisses achten. Verspätete Anforderungen können zu einem vollständigen Anspruchsverlust führen. Besonders in Branchen, in denen Tätigkeitsnachweise Grundlage für die Abrechnung gegenüber Dritten sind (z.B. Zeitarbeit, Dienstleistungssektor), sollten klare interne Prozesse definiert werden, um solche Situationen zu vermeiden.

g) Verfallfristen bei Urlaubsabgeltungsansprüchen

621 Die Fälligkeit von Urlaubsabgeltungsansprüchen und der Beginn des Fristenlaufs setzen bei beendeten Arbeitsverhältnissen nicht voraus, dass der Arbeitgeber den Arbeit-

1) BAG v. 12.2.2025, 5 AZR 127/24, NZA 2025, 556, vgl. hierzu auch Gravenhorst, jurisPR-ArbR 17/2025 Anm. 5.

2) LAG Berlin-Brandenburg v. 17.1.2025, 12 Sa 102/24, juris, vgl. hierzu auch Bissels/Steeger, jurisPR-ArbR 34/2025 Anm. 3.

nehmer zuvor über den noch bestehenden Urlaubsanspruch und die Verfallfristen belehrt hat.

Das LAG Köln stellte mit rechtskräftigem Urteil vom 12.12.2024[1)] klar, dass **Urlaubsabgeltungsansprüche** als **reine Geldansprüche mit der rechtlichen Beendigung des Arbeitsverhältnisses fällig** werden und dabei sowohl der Verjährung als auch vereinbarten Ausschlussfristen unterliegen. Die mit der rechtlichen Beendigung des Arbeitsverhältnisses eintretende Fälligkeit des Urlaubsabgeltungsanspruchs ist **nicht** davon **abhängig**, ob der Arbeitnehmer von den Urlaubs- bzw. Urlaubsabgeltungsansprüchen bis zur Inanspruchnahme anwaltlicher Beratung **Kenntnis** hatte. Denn für den Verfall eines Anspruchs komme es regelmäßig nicht auf die Kenntnis des Gläubigers von dem Anspruch an. Die Rechtsprechung des EuGH,[2)] wonach eine **Mitwirkungsobliegenheit** des Arbeitgebers hinsichtlich der Inanspruchnahme von Urlaub besteht, betreffe den **Verfall von Urlaub im laufenden Arbeitsverhältnis** und sei auf die Situation des möglichen Verfalls von Urlaubsabgeltungsansprüchen nach Beendigung des Arbeitsverhältnisses nicht übertragbar. Bei Beendigung des Arbeitsverhältnisses sei vielmehr eine Belehrung des Arbeitnehmers über bestehende Ansprüche oder Verfallfristen durch den Arbeitgeber nicht erforderlich.

h) Kein Verfall virtueller Optionsrechte nach Beendigung des Arbeitsverhältnisses

Bestimmt eine **Verfallklausel** in den Allgemeinen Geschäftsbedingungen, dass zuguns- **622**
ten des Arbeitnehmers bereits ausübbare „gevestete" virtuelle Optionsrechte nach Beendigung des Arbeitsverhältnisses aufgrund einer Eigenkündigung sofort verfallen, **benachteiligt** diese den Arbeitnehmer **unangemessen**. Dies gilt auch für eine Klausel, wonach die „gevesteten" virtuellen Optionsrechte nach Beendigung des Arbeitsverhältnisses doppelt so schnell verfallen, wie sie innerhalb der sog. „Vesting-Periode" entstanden sind.

In Vesting-Klauseln wird geregelt, was mit den Anteilen eines Mitarbeiters geschieht, wenn er (in der Regel das Start-up-)Unternehmen verlässt. Im Streitfall endete das zwei Jahre andauernde Arbeitsverhältnis durch fristgerechte Eigenkündigung des Arbeitnehmers. Im Verlauf des Arbeitsverhältnisses bezog er virtuelle Optionsrechte. Nach den Bestimmungen für Mitarbeiter-Aktienoptionen setzte die Ausübung der virtuellen Optionen u.a. deren Ausübbarkeit nach Ablauf einer Vesting-Periode voraus. Die dem Arbeitnehmer zugeteilten virtuellen Optionen waren nach einer Mindestwartezeit von zwölf Monaten innerhalb einer Vesting-Periode von insgesamt vier Jahren gestaffelt ausübbar. Die Vesting-Periode wurde ausgesetzt, wenn und solange der Arbeitnehmer von seiner Pflicht zur Arbeitsleistung ohne Gehaltsanspruch entbunden ist. Bereits ausübbare („gevestete"), aber noch nicht ausgeübte virtuelle Optionen verfielen u.a., wenn das Arbeitsverhältnis durch Eigenkündigung des Arbeitnehmers endet. Im Übrigen verfielen „gevestete", aber noch nicht ausgeübte virtuelle Optionen sukzessive innerhalb eines Zeitraums von zwei Jahren nach Ende des Arbeitsverhältnisses. Zum Zeitpunkt des Ausscheidens des Mitarbeiters waren 31,25 % der ihm zugeteilten Optionsrechte „gevestet". Er machte seinen Anspruch auf diese virtuellen Optionen geltend. Dies lehnte der Arbeitgeber unter Hinweis auf den Verfall der Optionsrechte ab.

Zu Unrecht, wie das BAG mit Urteil vom 19.3.2025[3)] entschied. Bei den Bestimmungen über das **Mitarbeiterbeteiligungsprogramm** handele es sich um **Allgemeine Geschäftsbedingungen**. Die an die Beendigung des Arbeitsverhältnisses anknüpfenden Verfallklauseln hielten der AGB-Inhaltskontrolle nicht stand. Die durch teilweisen Ablauf der Vesting-Periode „gevesteten" virtuellen Optionen stellen nach Auffassung des BAG auch eine Gegenleistung für die vom Mitarbeiter in dieser Zeit im aktiven

1) LAG Köln v. 12.12.2024, 3 Sla 356/24, NZA-RR 2025, 602, vgl. hierzu auch Bissels/Zirkelbach, jurisPR-ArbR 38/2025 Anm. 5.
2) EuGH v. 22.9.2022, C 120/21, NZA 2022, 1326.
3) BAG v. 19.3.2025, 10 AZR 67/24, NZA 2025, 927, vgl. hierzu auch Besgen, B+P 2025, 292.

Arbeitsverhältnis erbrachte Arbeitsleistung dar. Dies folge insb. aus der Regelung zur Aussetzung der Vesting-Periode in Zeiten, in denen der Arbeitnehmer keinen Entgeltanspruch erwirbt.

Weiter führt das BAG aus, dass der **sofortige Verfall** „gevesteter" Optionen nach Beendigung des Arbeitsverhältnisses die Interessen des Arbeitnehmers nicht angemessen berücksichtige. Die „gevesteten" Optionsrechte seien eine **Gegenleistung für die erbrachte Arbeitsleistung des Arbeitnehmers** und dürften nach der AGB-rechtlichen Inhaltskontrolle des § 307 Abs. 1 Satz 1 und Abs. 2 Nr. 1 BGB nicht verfallen. Zudem sah das BAG darin eine **unverhältnismäßige Kündigungserschwerung**, denn der Optionsberechtigte dürfe zur Vermeidung einer möglichen Vermögenseinbuße das Arbeitsverhältnis vor einem ungewissen Ausübungsereignis nicht kündigen.

Anmerkung:

Soweit das BAG in seiner Entscheidung vom 28.5.2008[1] den sofortigen Verfall bereits „gevesteter" Optionen, die während des Arbeitsverhältnisses noch nicht ausgeübt werden konnten, nach Beendigung des Arbeitsverhältnisses für zulässig hielt, hält das BAG nunmehr an dieser Auffassung ausdrücklich nicht mehr fest.

Auch die **Klausel zum sukzessiven Verfall** benachteilige den ausscheidenden Arbeitnehmer bei typisierender Betrachtung unangemessen. Zwar reflektiere sie durch den graduellen Verfall der Optionen, dass dessen Einfluss auf den Unternehmenswert mit der Zeit abnimmt. Sie lasse jedoch zu, dass die dem Arbeitnehmer zugeteilten virtuellen Optionen doppelt so schnell verfallen, wie sie „gevestet" sind. Damit bliebe die Zeit, die der Arbeitnehmer durch Erbringung seiner Arbeitsleistung in der Vesting-Periode für die ausübbaren Optionsrechte aufgewandt hat, unberücksichtigt, ohne dass die kürzere Verfallfrist durch entgegenstehende Interessen des Arbeitgebers gerechtfertigt ist.

i) Einbeziehung virtueller Aktienoptionen in die Karenzentschädigung

623 In die Berechnung einer nach Beendigung des Arbeitsverhältnisses zu zahlenden Karenzentschädigung für ein nachvertragliches Wettbewerbsverbot fließen Leistungen aus einem virtuellen Aktienoptionsprogramm nur dann ein, wenn die **Optionsrechte im noch bestehenden Arbeitsverhältnis ausgeübt** worden sind.

Zwischen den Parteien eines Arbeitsverhältnisses war vereinbart worden, dass der Arbeitnehmer virtuelle Aktienoptionen während einer „Vesting Period" von vier Jahren schrittweise erdient, die er unter bestimmten Voraussetzungen später ausüben konnte und daraufhin Geldzahlungen vom Arbeitgeber erhielt. Zudem war mit dem Arbeitnehmer ein nachvertragliches Wettbewerbsverbot nach der Beendigung des Arbeitsverhältnisses nach §§ 74 ff. HGB gegen Zahlung einer Karenzentschädigung i.H.v. 50 % der zuletzt bezogenen vertragsmäßigen Leistungen vereinbart worden. Der Arbeitnehmer forderte in dem Klageverfahren, dass sämtliche Leistungen des Arbeitgebers aufgrund von virtuellen Aktienoptionen in die Berechnung der Karenzentschädigung für das nachvertragliche Wettbewerbsverbot einzubeziehen seien, also nicht nur die vor, sondern auch die vom Arbeitgeber erst nach Beendigung des Arbeitsverhältnisses erbrachten Leistungen aus dem virtuellen Aktienoptionsprogramm. In der Revision vor dem BAG hatte der Arbeitnehmer erneut keinen Erfolg.

Hat ein Arbeitnehmer Anspruch auf sog. **wechselnde Bezüge**, sind sie bei der Berechnung der Karenzentschädigung in Ansatz zu bringen, § 74b Abs. 2 HGB. Gemäß Urteil das BAG vom 27.3.2025[2] gehören auch die von einem Arbeitgeber während des laufenden Arbeitsverhältnisses erbrachten Leistungen aus dem Programm über virtuelle

1) BAG v. 28.5.2008, 10 AZR 351/07, ZIP 2008, 1390.
2) BAG v. 27.3.2025, 8 AZR 63/24, NZA 2025, 935, vgl. hierzu auch Anm. Leister, ZIP 2025, 2046.

Aktienoptionen zu den vom gekündigten Arbeitnehmer zuletzt bezogenen vertragsmäßigen Leistungen in Form von wechselnden Bezügen, § 74b Abs. 2 HGB. Sie stellen eine **Gegenleistung für die im Arbeitsverhältnis erbrachte Arbeitsleistung** dar und sind deshalb bei der Berechnung der Karenzentschädigung zu berücksichtigen. Laut BAG ist dabei aber entscheidend, dass die **Optionsrechte während des bestehenden Arbeitsverhältnisses** im Zeitraum des § 74b Abs. 2 HGB **ausgeübt** worden sind.

Anmerkung:

Dagegen fallen Leistungen des Arbeitgebers aufgrund der Ausübung von Optionsrechten nach der Beendigung des Arbeitsverhältnisses nicht unter die zuletzt bezogenen vertragsmäßigen Leistungen i.S.v. § 74 Abs. 2 HGB und sind deshalb nicht in die Berechnung der Karenzentschädigung einzubeziehen.

j) Freiwilligenprogramm: Keine nachträgliche Anpassung eines geschlossenen Aufhebungsvertrags

Schließt ein Arbeitnehmer auf Basis eines Freiwilligenprogramms einen Aufhebungsvertrag mit Abfindungszahlung ab, besteht grundsätzlich **kein Anspruch auf Anpassung des Aufhebungsvertrages**, wenn der Arbeitgeber ein **neues Freiwilligenprogramm** mit besseren Konditionen ausrollt. 624

Gemäß der vom LAG Köln mit Urteil vom 11.3.2025[1)] vertretenen Auffassung ist es nicht Geschäftsgrundlage des abgeschlossenen Aufhebungsvertrages geworden, dass sich die Konditionen für Aufhebungsverträge bei dem Arbeitgeber nie mehr verbessern werden. Es sei für den Arbeitnehmer nicht unzumutbar gewesen, an seinem gut dotierten Aufhebungsvertrag festzuhalten.

Anmerkung:

Aufgrund eines zu einem späteren Zeitpunkt noch lukrativer ausgelobten Freiwilligenprogrammes für andere Arbeitnehmer bestehe auch **kein Schadensersatzanspruch** aus § 280 Abs. 1 BGB gegen den Arbeitgeber, insoweit fehle es sowohl an einer Pflichtverletzung als auch an deren Kausalität für den geltend gemachten Schaden.

Zudem gilt bei der Auflegung von Freiwilligenprogrammen allgemein, dass der Gleichbehandlungsgrundsatz sowie Diskriminierungsverbote zu beachten sind.

k) Verzugszinsen aus gerichtlich angefochtener Sozialplanabfindung

Abfindungsansprüche aus einem durch erfolglos gerichtlich angefochtenen Spruch der Einigungsstelle beschlossenen Sozialplan werden zu dem im Sozialplan bestimmten Zeitpunkt fällig. 625

Arbeitgeber und Betriebsrat sind gehalten, vertrauensvoll zusammenzuarbeiten, § 2 Abs. 1 BetrVG. Zur Klärung von Meinungsverschiedenheiten besteht die Möglichkeit, Einigungsstellenverfahren durchzuführen, § 76 Abs. 5 und 6 BetrVG.

Im Streitfall entschied die Einigungsstelle über einen Sozialplan, auf dessen Grundlage einer Arbeitnehmerin gegenüber ihrem Arbeitgeber ein Abfindungsanspruch zustand. Der Arbeitgeber hatte den Einigungsstellenspruch erfolglos gerichtlich überprüfen lassen. Daraufhin zahlte die Arbeitgeber eine Sozialplanabfindung an die Klägerin aus, die nunmehr noch Verzugszinsen auf diesen Betrag ab dem im Sozialplan bestimmten Auszahlungszeitpunkt verlangte.

---

1) LAG Köln v. 11.3.2025, 7 SLa 512/24, juris, vgl. hierzu auch Burmeister-Bießle, jurisPR-ArbR 28/2025 Anm. 2.

Zu Recht, wie das BAG mit Urteil vom 28.1.2025[1] befand. Die erfolglose gerichtliche **Anfechtung des Sozialplans** habe zu **keiner Verschiebung** des dort bestimmten **Fälligkeitszeitpunkts** geführt. Die gerichtliche Entscheidung über die Wirksamkeit eines Einigungsstellenspruchs habe lediglich feststellende, nicht dagegen rechtsgestaltende Wirkung.

5. Urlaubsrecht

a) Urlaubsabgeltung für Ausfallzeiten wegen mehrerer nahtlos aufeinander folgender Beschäftigungsverbote

626 **§ 24 Satz 2 MuSchG**, wonach eine Frau den vor Beginn eines Beschäftigungsverbots nicht (vollständig) erhaltenen Urlaub nach Ende des Beschäftigungsverbots im laufenden oder im nächsten Urlaubsjahr nehmen kann, **steht** auch **einem Verfall solcher Urlaubsansprüche entgegen**, die **während mehrerer unmittelbar aufeinanderfolgender mutterschutzrechtlicher Beschäftigungsverbote** entstanden sind.

Urlaub, der wegen Beendigung des Arbeitsverhältnisses ganz oder teilweise nicht mehr gewährt werden kann, ist nach § 7 Abs. 2 BUrlG abzugelten. Dieser Abgeltungsanspruch setzt voraus, dass offene Urlaubsansprüche zum Zeitpunkt der rechtlichen Beendigung des Arbeitsverhältnisses bestehen, die angesichts der Beendigung des Arbeitsverhältnisses nicht mehr erfüllt werden können. Nach § 24 Satz 1 MuSchG werden bei der Urlaubsberechnung Ausfallzeiten wegen eines Beschäftigungsverbots den Zeiten tatsächlicher Arbeitsleistung gleichgestellt. Dies veranlasste das BAG zu der Entscheidung,[2] dass eine Frau den vor Beginn eines Beschäftigungsverbots nicht (vollständig) erhaltenen Urlaub nach Ende des Beschäftigungsverbots im laufenden oder im nächsten Urlaubsjahr nehmen kann, auch einem Verfall solcher Urlaubsansprüche entgegensteht, die während mehrerer unmittelbar aufeinanderfolgender mutterschutzrechtlicher Beschäftigungsverbote entstanden sind.

b) Kein Verzicht auf Urlaub durch Prozessvergleich

627 Das BAG stellte mit Urteil vom 3.6.2025[3] klar, dass ein Anspruch auf **Abgeltung des nicht erfüllten gesetzlichen Mindesturlaubs nicht durch Prozessvergleich erlöschen** kann. Die im Streitfall im Rahmen des Prozessvergleichs getroffene Vereinbarung, Urlaubsansprüche seien in natura gewährt, sei gemäß § 134 BGB unwirksam, soweit sie einen nach § 13 Abs. 1 Satz 3 BUrlG unzulässigen Ausschluss des gesetzlichen Mindesturlaubs regelt.

Weder der gesetzliche Anspruch auf bezahlten Erholungsurlaub noch ein erst mit der rechtlichen Beendigung des Arbeitsverhältnisses entstehender Anspruch auf Abgeltung gesetzlichen Mindesturlaubs darf laut BAG im Voraus ausgeschlossen oder beschränkt werden. Dies gelte selbst dann, wenn bei Abschluss eines gerichtlichen Vergleichs, der eine Beendigung des Arbeitsverhältnisses gegen Zahlung einer Abfindung regelt, bereits feststeht, dass der Arbeitnehmer den gesetzlichen Mindesturlaub wegen krankheitsbedingter Arbeitsunfähigkeit nicht mehr in Anspruch nehmen kann.

6. Kollektives Arbeitsrecht

a) Betriebsratswahl: Aktives Wahlrecht von Führungskräften in mehreren Betrieben bei unternehmensinterner Matrix-Struktur

628 Einem Arbeitnehmer, der mehreren Betrieben desselben Unternehmens angehört, steht bei der Wahl des Betriebsrats in sämtlichen dieser Betriebe das aktive Wahlrecht zu.

---

1) BAG v. 28.1.2025, 1 AZR 73/24, NZA 2025, 1006, vgl. hierzu auch Besgen, B+P 2025, 221 und Dahl, jurisPR-ArbR 28/2025 Anm. 1.
2) BAG-v. 20.8.2024, 9 AZR 226/23, NZA 2024, 1636, vgl. hierzu auch Flink, B+P 2025, 96.
3) BAG v. 3.6.2025, 9 AZR 104/24, NJW 2025, 3107.

Das gilt laut BAG auch für Führungskräfte in Unternehmen mit einer unternehmensinternen Matrix-Struktur.

Bei der Wahl des Betriebsrats sind alle Arbeitnehmer des Betriebs, die das 16. Lebensjahr vollendet haben, wahlberechtigt, § 7 Satz 1 BetrVG. Für die Wahlberechtigung kommt es damit auf die **Zugehörigkeit des Arbeitnehmers zu dem Betrieb** an. Diese ergibt sich durch dessen Eingliederung in die Betriebsorganisation. Allerdings steht der Umstand, dass ein Arbeitnehmer bereits in einem Betrieb eingegliedert und damit in diesem wahlberechtigt ist, seiner Wahlberechtigung in einem weiteren Betrieb nicht entgegen. Gemäß Urteil des BAG vom 22.5.2025[1)] ist es möglich, **in mehreren Betrieben wahlberechtigt** zu sein.

Anmerkung:

Im Streitfall erbrachte die Arbeitgeberin IT-Dienstleistungen und vertrieb IT-Produkte an verschiedenen Standorten. Aufgrund einer Gesamtbetriebsvereinbarung (GBV) waren bei ihr abweichend von den Betriebsstrukturen des BetrVG fünf Organisationseinheiten – u.a. der Betrieb Region Süd – gebildet, in denen jeweils ein Betriebsrat gewählt wird. Die Erledigung der Arbeitsaufgaben im Unternehmen der Arbeitgeberin gliederte sich in verschiedene Bereiche, in denen Arbeitnehmer aus verschiedenen Organisationseinheiten in Teams zusammenarbeiteten und von sog. Matrix-Führungskräften, die keine leitenden Angestellten sind, geführt wurden (unternehmensinterne Matrix-Struktur). Bei der Wahl des Betriebsrats im Betrieb Region Süd hatte der Wahlvorstand auch diejenigen Matrix-Führungskräfte als wahlberechtigt angesehen, die Vorgesetzte der dem Betrieb Region Süd angehörenden Arbeitnehmer waren. Das BAG vermochte im Streitfall nicht abschließend zu beurteilen, ob die erforderliche Eingliederung vorlag und verwies den Fall zur weiteren Sachverhaltsaufklärung an das LAG zurück.

b) Faktischer Konzern: Keine Arbeitnehmerbeteiligung im Aufsichtsrat nach dem Drittelbeteiligungsgesetz

Im Bereich der drittelparitätischen Mitbestimmung gemäß Drittelbeteiligungsgesetz 629
(DrittelbG) werden **Arbeitnehmer von Tochtergesellschaften** bei einem rein faktischen Konzern oder im gemeinschaftlichen Betrieb **nicht auf den Schwellenwert angerechnet**.

Mehrere Betriebsräte begehrten die Feststellung, dass bei der Obergesellschaft eines Bankkonzerns ein nach DrittelbG zu bildender Aufsichtsrat einzurichten sei. Die Obergesellschaft beschäftigte 290, eine verbundene Tochtergesellschaft 80, und zwei weitere Tochterunternehmen jeweils rund 400 Arbeitnehmer. Sie vertraten die Auffassung, dass für die Schwellenwertberechnung von mehr als 500 Arbeitnehmern auch die Beschäftigten der Tochterunternehmen zu addieren seien, da ein faktischer Konzern sowie ein gemeinsamer Betrieb vorlägen.

Beschäftigt eine AG in der Regel mehr als 500 und weniger als 2.000 Arbeitnehmer, muss ihr Aufsichtsrat nach dem sog. Drittelbeteiligungsgesetz zu einem Drittel aus Arbeitnehmervertretern bestehen. Dabei nehmen an der Wahl der Aufsichtsratsmitglieder der Arbeitnehmer des herrschenden Unternehmens eines Konzerns i.S.d.§ 18 Abs. 1 AktG auch die Arbeitnehmer der übrigen Konzernunternehmen teil, § 2 Abs. 1 DrittelbG. Sofern dabei die Beteiligung der Arbeitnehmer im Aufsichtsrat eines herrschenden Unternehmens von dem Vorhandensein oder der Zahl von Arbeitnehmern abhängt, gelten die Arbeitnehmer eines Konzernunternehmens als solche des herrschenden Unternehmens, wenn zwischen den Unternehmen ein Beherrschungsvertrag besteht oder das abhängige Unternehmen in das herrschende Unternehmen eingegliedert ist, § 2 Abs. 2 DrittelbG.

Das KG Berlin stellte mit Beschluss vom 17.6.2025[2)] klar, dass unter Zugrundelegung dieser Vorgaben eine **Zurechnung der Arbeitnehmer von Tochtergesellschaften in**

1) BAG v. 22.5.2025, 7 ABR 28/24, ZIP 2025, 2714, vgl. hierzu auch Besgen, B+P 2025, 437.
2) Kammergericht Berlin v. 17.6.2025, 14 W 2/25, NZG 2025, 1129, vgl. hierzu auch Schirrmacher, GmbHR 2025, R295.

einem rein faktischen Konzern aufgrund des eindeutigen Gesetzeswortlauts **nicht erfolgt**. Danach sei eine Zurechnung nur bei Bestehen eines Beherrschungs- oder Eingliederungsvertrags vorgesehen. Die Regelung erfasse gerade nicht den faktischen Konzern, sondern nur den sog. Vertragskonzern.

Auch eine Berücksichtigung der Arbeitnehmer aufgrund des Bestehens eines gemeinschaftlichen Betriebs führe zu keiner Zurechnung. Zwar könnten Betriebsräte in gemeinschaftlichen Betrieben gesellschaftsübergreifend gebildet werden, es fehle aber eine gesetzliche Grundlage für die Addition für die Schwellenwertberechnung des DrittelbG. Die institutionalisierte Mitbestimmung im Aufsichtsrat sei strikt nach gesetzlichen Vorgaben zu beurteilen und unterliege keinem Auslegungs- bzw. Analogiespielraum der Gerichte.

Ein Aufsichtsrat ist somit nur dann drittelparitätisch mit Arbeitnehmern zu besetzen, wenn das herrschende Unternehmen selbst – einschließlich der Arbeitnehmer von Tochterunternehmen mit Beherrschungs- oder Eingliederungsvertrag – mehr als 500 Arbeitnehmer beschäftigt.

Anmerkung:

Gegen die Entscheidung des KG wurde Rechtsbeschwerde beim BGH unter dem Az. II ZB 11/25 eingelegt.

c) Befristetes Arbeitsverhältnis eines Betriebsratsmitglieds

630 Das BAG bestätigte mit Urteil vom 18.6.2025[1] seine bisherige Rechtsprechung, wonach die Wahl eines befristet beschäftigten Arbeitnehmers in den Betriebsrat **keine Unwirksamkeit der Befristung** bedingt. Eine solche Annahme sei auch durch das Recht der Europäischen Union nicht zwingend vorgegeben. Das betreffende Betriebsratsmitglied sei durch § 78 Satz 2 BetrVG ausreichend geschützt, wonach es in der Ausübung seiner Tätigkeit nicht gestört oder behindert werden darf.

Benachteiligt jedoch der Arbeitgeber das befristet beschäftigte Betriebsratsmitglied, indem er diesem wegen des Betriebsratsmandats keinen Folgevertrag anbietet, hat das Betriebsratsmitglied einen Anspruch auf den Abschluss des verweigerten Folgevertrags als Schadensersatz. Dabei ist zu berücksichtigen, dass es zumindest keinen Erfahrungssatz gibt, wonach die Entscheidung eines Arbeitgebers, mit einem befristet beschäftigten Betriebsratsmitglied keinen Folgevertrag zu schließen, auf dessen Betriebsratstätigkeit beruht.

d) Meldestellen nach dem Hinweisgeberschutzgesetz: Mitbestimmungsrecht des Betriebsrats

631 Der Betriebsrat hat bei der **Ausgestaltung von Whistleblower-Meldestellen** nach dem Hinweisgeberschutzgesetz (HinSchG) mitzubestimmen – und zwar auch dann, wenn die Meldestelle an eine externe Rechtsanwaltskanzlei ausgelagert wird.

Gemäß rechtskräftigem Urteil des LAG Schleswig-Holstein vom 8.7.2025[2] ist zwischen der **gesetzlichen Pflicht zur Einrichtung** einer Meldestelle („Ob"), für die kein Mitbestimmungsrecht besteht, und der **konkreten Ausgestaltung** („Wie") zu unterscheiden. Hierbei blieben Arbeitgebern Gestaltungsspielräume. Dies betreffe insb. die Frage, welche Meldekanäle eröffnet werden (z.B. E-Mail, Telefon, persönliche Vorsprache, anonyme Meldungen), wie die Bearbeitung und Dokumentation der eingehenden Hinweise organisiert wird und wie die Rückmeldung an Hinweisgeber erfolgt. Das Hinweisgebersystem beeinflusse das Ordnungsverhalten der Belegschaft maßgeblich,

---

1) BAG v. 18.6.2025, 7 AZR 50/24, DB 2025, 2508, vgl. hierzu auch Besgen, B+P 2025, 508.
2) LAG Schleswig-Holstein v. 8.7.2025, 2 TaBV 16/24, juris, vgl. hierzu auch Anm. Kaciran-Demir, ArbR 2025, 434.

weswegen das Mitbestimmungsrecht nach § 87 Abs. 1 Nr. 1 BetrVG einschlägig ist. Es komme nicht darauf an, dass das Meldeangebot freiwillig ist, da auch solche Systeme innerbetriebliches Verhalten steuern können.

Das Mitbestimmungsrecht dürfe nicht dadurch umgangen werden, dass die Meldestelle an Dritte, etwa externe Rechtsanwaltskanzleien, ausgelagert wird. Arbeitgeber müssten auch bei der Beauftragung externer Anbieter sicherstellen, dass die Mitbestimmungsrechte des Betriebsrats gewahrt bleiben. Ansonsten hätten es Arbeitgeber selbst in der Hand, durch eine Auslagerung an einen Dritten die Mitbestimmung durch den Betriebsrat zu umgehen. Es würde eine vom Gesetzgeber nicht gewollte Schutzlücke entstehen.

Anmerkung:

Arbeitgeber müssen bei der Ausgestaltung der Meldestelle, Auswahl des Kanals und ggf. Wahl externer Dienstleister die Mitbestimmungsrechte des Betriebsrats umfassend berücksichtigen, um rechtliche Konflikte und Unterlassungsansprüche zu vermeiden. Das Urteil dürfte, trotz Offenlassens der Frage der Mitbestimmung bei technischen Einrichtungen, auf andere Konstellationen übertragbar sein, in denen betrieblich relevante Meldesysteme eingeführt werden.

7. Sonstiges Arbeitsrecht

a) Mutterschutzanpassungsgesetz beschlossen

In seiner letzten Sitzung der 20. Legislaturperiode am 30.1.2025 verabschiedete der Bundestag noch das Gesetz zur Anpassung des Mutterschutzgesetzes und weiterer Gesetze – Anspruch auf Mutterschutzfristen nach einer Fehlgeburt (Mutterschutzanpassungsgesetz), dem der Bundesrat am 14.2.2025 zustimmte. Das Gesetz vom 24.2.2025 wurde am 27.2.2025 im Bundesgesetzblatt verkündet.[1] Es trat am 1.6.2025 in Kraft. **632**

Danach wird der Begriff der **Entbindung** im Mutterschutzgesetz als Lebend- oder Totgeburt definiert. Weiter wurden **gestaffelte Mutterschutzfristen** nach einer Fehlgeburt ab der 13. Schwangerschaftswoche eingeführt. Dabei soll ein Beschäftigungsverbot nach einer Fehlgeburt nur dann gelten, wenn sich die Betroffene nicht ausdrücklich zur Arbeit bereit erklärt. Im Falle eines entsprechenden Beschäftigungsverbots hat der Arbeitgeber Anspruch auf Erstattung der mutterschutzrechtlichen Leistungen im Rahmen des U2-Umlageverfahrens i.H.v. 100 %.

b) Arbeitszeitbegriff bei mobilen Tätigkeiten

Wegezeiten, die Arbeitnehmer zu einer bestimmten Zeit mit einem vom Arbeitgeber bereitgestellten Fahrzeug von einem festgelegten Ausgangspunkt zu einem wechselnden Arbeitsort und wieder zurück absolvieren müssen, gelten als **Arbeitszeit**, wenn diese **Fahrten zwingend und organisatorisch vom Arbeitgeber vorgegeben** sind. **633**

Im Streitfall hatten spanische Arbeitnehmer keinen festen Arbeitsort, sondern arbeiteten an wechselnden Einsatzorten in Naturschutzgebieten. Dazu mussten sie sich morgens zu einem festgelegten Stützpunkt begeben. Von dort aus fuhren sie gemeinsam in einem Firmenfahrzeug zum jeweiligen Einsatzort und nach Arbeitsende wieder zurück. Der Arbeitgeber gab alle organisatorischen Vorgaben für diese Fahrten vor und die Fahrzeiten waren für die Arbeitnehmer nicht frei gestaltbar.

Der EuGH stellte in seinem Urteil vom 9.10.2025[2] klar, dass der Begriff „Arbeitszeit" i.S.v. Art. 2 Nr. 1 der Arbeitszeitrichtlinie (RL 2003/88/EG) unionsweit einheitlich und anhand objektiver Kriterien auszulegen ist. Laut EuGH ist Arbeitszeit dabei **jede Zeit-**

1) BGBl. I 2025 Nr. 59.
2) EuGH v. 9.10.2025, C-110/24, RIW 2025, 756.

spanne, während der ein Arbeitnehmer arbeitet, dem Arbeitgeber zur Verfügung steht und seine Tätigkeit ausübt oder Aufgaben wahrnimmt. Die Richtlinie lasse keine Zwischenkategorie zwischen Arbeitszeit und Ruhezeit zu – beides schließe sich gegenseitig aus. Die Kriterien der Arbeitszeit seien konkret erfüllt, wenn

- der Arbeitnehmer organisatorischen Weisungen für die Dauer und Durchführung der Fahrt unterliegt,
- die Fahrt für die arbeitsvertraglich geschuldete Tätigkeit zwingend erforderlich ist und
- die Arbeitnehmer während der Fahrzeit nicht frei über ihre Zeit verfügen können, sondern dem Direktionsrecht des Arbeitgebers unterstehen.

Der EuGH betonte, dass die Fahrten im Streitfall untrennbar mit der Tätigkeit der Arbeitnehmer verbunden seien und sie während dieser Zeit dem Arbeitgeber zur Verfügung stünden und arbeiteten.

Anmerkung:

Der EuGH schreibt fest, wann Wegezeiten bei mobilen Tätigkeiten als Arbeitszeit zu werten sind. Entscheidend ist dabei immer die **organisatorische Gestaltung durch den Arbeitgeber**. Sind Beginn, Ablauf und Verkehrsmittel der Fahrt durch ihn vorgegeben, müssen solche Zeiten – sofern kein fester Arbeitsort existiert – in vollem Umfang als Arbeitszeit gewertet werden.

c) Schutz der Rechte behinderter Personen vor indirekter Diskriminierung erstreckt sich auf Eltern behinderter Kinder

634 Beschäftigungs- und Arbeitsbedingungen sind so anzupassen, dass Eltern behinderter Kinder sich ohne die Gefahr einer mittelbaren Diskriminierung um ihr Kind kümmern können.

Im Fall einer italienischen Mutter, die feste Arbeitszeiten begehrte, um nachmittags ihren schwerbehinderten Sohn betreuen und pflegen zu können, entschied der EuGH mit Urteil vom 11.9.2025[1], dass das Verbot der mittelbaren Diskriminierung wegen einer Behinderung nach der Rahmenrichtlinie zur Gleichbehandlung in Beschäftigung und Beruf auch für einen Arbeitnehmer gilt, der wegen der Unterstützung seines behinderten Kindes diskriminiert wird.

Zur Wahrung der Rechte von behinderten Menschen, insb. Kindern, **erfasst das allgemeine Diskriminierungsverbot auch die mittelbare „Mitdiskriminierung“ wegen einer Behinderung**, damit auch die Eltern behinderter Kinder in Beschäftigung und Beruf gleichbehandelt und nicht aufgrund der Lage ihrer Kinder benachteiligt werden. Um die Gleichbehandlung der Arbeitnehmer zu gewährleisten, ist ein Arbeitgeber nach den Ausführungen des EuGH verpflichtet, angemessene Vorkehrungen zu treffen, damit Arbeitnehmer ihren behinderten Kindern die erforderliche Unterstützung zukommen lassen können, sofern dadurch der Arbeitgeber nicht unverhältnismäßig belastet wird. Die Verkürzung der Arbeitszeit oder der Einsatz an einem anderen freien Arbeitsplatz könnten solche Maßnahmen darstellen.

Das nationale Gericht muss nun prüfen, ob in dieser Rechtssache das Ersuchen des Arbeitnehmers den Arbeitgeber nicht unverhältnismäßig belastet hätte.

d) Verarbeitung personenbezogener Daten aufgrund Betriebsvereinbarung

635 Der EuGH hatte sich in seinem Urteil vom 19.12.2024[2] mit der Datenverarbeitung auf der Grundlage von Kollektivvereinbarungen auseinander zu setzen. Konkret ging es

1) EuGH v. 11.9.2025, Bervidi, C-38/24, NZA 2025, 1381, vgl. hierzu von Roetteken, jurisPR-ArbR 40/2025 Anm. 8.

2) EuGH v. 19.12.2024, K-GmbH, C-65/23, NZA 2025, 38, vgl. hierzu auch Jukic, jurisPR-IWR 3/2025 Anm. 1.

um die Bedingungen, unter denen nationale Gesetze und Betriebsvereinbarungen nach den Vorgaben der **DSGVO spezifische Regeln** für den Umgang mit Beschäftigtendaten festlegen können.

Im Streitfall warf der Arbeitnehmer seinem Arbeitgeber vor, auf der Grundlage einer Betriebsvereinbarung personenbezogene Daten unrechtmäßig auf einen US-Server übertragen zu haben. Der EuGH stellte in seinem Urteil klar, dass eine nach Art. 88 Abs. 1 DSGVO erlassene nationale Rechtsvorschrift über die Verarbeitung personenbezogener Daten bei Beschäftigungsverhältnissen bewirken muss, dass ihre Adressaten nicht nur die sich aus Art. 88 Abs. 2 DSGVO ergebenden Anforderungen für die Datenverarbeitung im Beschäftigungskontext erfüllen, sondern auch diejenigen, die sich aus Art. 5 (Grundsätze für die Verarbeitung personenbezogener Daten), Art. 6 Abs. 1 (Rechtmäßigkeit der Verarbeitung) sowie Art. 9 Abs. 1 und 2 DSGVO (Verarbeitung besonderer Kategorien personenbezogener Daten) ergeben.

Dabei verbleibt den Parteien einer Kollektivvereinbarung laut EuGH zwar ein Beurteilungsspielraum in Bezug auf die Erforderlichkeit einer Datenverarbeitung. Dieser Beurteilungsspielraum dürfe jedoch zu keinen Kompromissen der Parteien aus Zweckmäßigkeits- und Wirtschaftlichkeitserwägungen führen, um das aus der DSGVO resultierende hohe Datenschutzniveau für die Beschäftigten nicht in unzulässiger Weise zu beeinträchtigen. Weiter stellt der EuGH klar, dass nationale Gerichte eine umfassende gerichtliche Kontrolle hinsichtlich der Erforderlichkeit der Datenverarbeitung ausüben können.

e) Verjährung von kapitalisierten Forderungen des Pensions-Sicherungs-Vereins

Streitig war die Verjährung von Forderungen, die ein Pensions-Sicherungs-Verein **636** (PSV) zur Insolvenztabelle angemeldet hat. Gemäß Urteil des BAG vom 21.1.2015[1] bleiben die kapitalisierten Forderungen eines PSV weiterhin – auch nach dem gesetzlichen Übergang von den Berechtigten auf den PSV – Ansprüche auf Leistungen aus der betrieblichen Altersversorgung, die der **30-jährigen Verjährung** unterliegen. Da diese Forderungen mit der Insolvenzeröffnung als Kapitalsumme zur Insolvenztabelle anzumelden sind, haben sie nicht den Charakter wiederkehrender Leistungen, die lediglich einer Verjährungsfrist von drei Jahren unterlägen.

f) Arbeitgeberzuschuss zu Entgeltumwandlung: Tariföffnung

Von den gesetzlichen Regelungen zur Entgeltumwandlung einschließlich des **637** Anspruchs auf einen Arbeitgeberzuschuss nach § 1a Abs. 1a BetrAVG kann gemäß § 19 Abs. 1 BetrAVG auch in „alten" Tarifverträgen abgewichen werden, die also bereits vor Inkrafttreten des Ersten Betriebsrentenstärkungsgesetzes am 1.1.2018 geschlossen wurden.

In dem vom BAG mit Urteil vom 11.3.2025[2] entschiedenen Fall war der Kläger seit 1995 als Sachbearbeiter bei dem beklagten Kreis beschäftigt. Kraft beidseitiger Tarifbindung finden auf das Arbeitsverhältnis die Tarifverträge des öffentlichen Dienstes der Kommunen (TV-VKA) Anwendung. Hierzu gehört auch der Tarifvertrag zur Entgeltumwandlung für Arbeitnehmer im Kommunalen öffentlichen Dienst vom 1.1.2003 (TV-EUmw/VKA).

Der Kläger beansprucht die monatliche Einzahlung eines Arbeitgeberzuschusses i.H.v. 15 % des umgewandelten Entgelts in die von ihm abgeschlossenen Altersversorgungsverträge. Zu Unrecht, wie das BAG nunmehr entschied: Die Auslegung von § 19 Abs. 1 BetrAVG ergibt, dass von § 1a BetrAVG abweichende Regelungen auch in vor dem

---

1) BAG v. 21.1.2015, 3 AZR 45/24, DB 2025, 1497, vgl. hierzu auch Langohr-Plato, jurisPR-ArbR 25/2025 Anm. 2 und Besgen, B+P 2025, 148.

2) BAG v. 11.3.2025, 3 AZR 53/24, ZTR 2025, 393, vgl. hierzu auch Anm. Hansen, ZIP 2025, 1975 und Besgen, B+P 2025, 293.

Inkrafttreten des Ersten Betriebsrentenstärkungsgesetzes geschlossenen Tarifverträgen enthalten sein können (sog. Öffnungsklausel). Dies sei vorliegend gegeben. Es bedürfe weder einer konkreten oder ausdrücklichen Abbedingung des Zulagenanspruchs aus § 1a Abs. 1a BetrAVG im Tarifvertrag noch einer hierauf bezogenen oder sonstigen Kompensation.

g) Pensionskasse: Anpassung von Versorgungsleistungen durch den Arbeitgeber

638 Die **Befreiung von der Anpassungsprüfungs- und -entscheidungspflicht** eines Arbeitgebers im Rahmen einer betrieblichen Altersversorgung über eine Pensionskasse entfällt auch dann, wenn eine Pensionskasse ihren eigenen Arbeitnehmern eine betriebsrentenrechtliche Versorgungszusage erteilt, die über sie selbst als Pensionskasse durchgeführt wird.

Der Arbeitgeber muss alle drei Jahre eine Anpassung der laufenden Leistungen der betrieblichen Altersversorgung prüfen und hierüber nach billigem Ermessen entscheiden, es sei denn, die betriebliche Altersversorgung wird über eine Direktversicherung oder über eine Pensionskasse durchgeführt und ab Rentenbeginn werden sämtliche auf den Rentenbestand entfallende Überschussanteile zur Erhöhung der laufenden Leistungen verwendet § 16 Abs. 1 i.V.m. Abs. 3 Nr. 2 BetrAVG.

Dies gilt gemäß Urteil des BAG vom 6.5.2025[1] auch dann, wenn eine **Pensionskasse ihren eigenen Arbeitnehmern** eine betriebsrentenrechtliche Versorgungszusage erteilt, die über sie selbst als Pensionskasse durchgeführt wird. § 16 Abs. 3 Nr. 2 BetrAVG verlange gerade keine Personenverschiedenheit von Arbeitgeber und Pensionskasse. Maßgeblich sei, dass die Zusage entsprechend mittelbar durchgeführt werde – und nicht etwa eine Direktzusage vorliege.

h) Keine betriebliche Altersversorgung bei alleiniger Bezugsberechtigung des Arbeitgebers

639 Eine betriebliche Altersversorgung liegt nur dann vor, wenn der Arbeitnehmer oder dessen Hinterbliebene ganz oder teilweise als Bezugsberechtigte einer Versicherung benannt sind. Ist allein der Arbeitgeber nach dem Versicherungsvertrag bezugsberechtigt, liegt keine Versorgungszusage zugunsten des Arbeitnehmers vor.

Ein Arbeitgeber hatte auf das Leben seiner Arbeitnehmerin eine Lebensversicherung abgeschlossen und zahlte hierfür erhebliche Prämien. Bezugsberechtigt war jedoch ausschließlich der Arbeitgeber. Die Arbeitnehmerin sollte nach dessen Ableben eine Rente erhalten, sofern sie bis dahin weiterhin ihre Tätigkeit fortgeführt hatte. Mit Beendigung des Arbeitsverhältnisses verlangte sie die Zahlung einer monatlichen Rente.

Das BAG wies die Klage mit Urteil vom 6.5.2025[2] ab. Eine Versorgungszusage i.S.d. § 1 Abs. 1 Satz 1 BetrAVG setzt voraus, dass der **Arbeitnehmer** oder seine Hinterbliebenen ganz oder teilweise **bezugsberechtigt** sind. Dies war laut BAG nach dem vorliegenden Versicherungsvertrag nicht der Fall – alleiniger Bezugsberechtigter war der beklagte Arbeitgeber.

Anmerkung:

Damit bieten rein arbeitgeberbezogene Versicherungsmodelle keinen Schutz nach dem BetrAVG für Arbeitnehmer. Für die Anerkennung als betriebliche Altersversorgung ist unabdingbar, dass der Arbeitnehmer oder dessen Hinterbliebene aus der Versicherung unmittelbar bezugsberechtigt sind und deren biometrische Risiken abgesichert werden.

---

1) BAG v. 6.5.2025, 3 AZR 142/24, NZA 2025, 1559.
2) BAG v. 6.5.2025, 3 AZR 118/24, NZA 2025, 1646, vgl. hierzu auch Langohr-Plato, jurisPR-ArbR 37/2025 Anm. 3.

i) Elterngeld: Bemessung der Einkommensgrenze

Gemäß § 1 Abs. 8 Satz 2 BEEG entfällt der Anspruch auf Elterngeld, wenn die berechtigte Person im Veranlagungszeitraum vor der Geburt des Kindes ein zu versteuerndes Einkommen von derzeit mehr als 175.000 Euro erzielt hat. Lebt auch der zweite nicht verheiratete Elternteil mit seinem Kind in dem Haushalt (§ 1 Abs. 1 Satz 1 Nr. 2 BEEG), entfällt der Anspruch auch, wenn die Summe des zu versteuernden Einkommens beider Personen mehr als 175.000 Euro beträgt. **640**

Das LSG Bayern hat mit rechtskräftigem Urteil vom 29.4.2025[1)] entschieden, dass die Vorschrift **unabhängig vom Familienstand** gilt. Bei steuerrechtlicher Zusammenveranlagung eines Elternteils im letzten Veranlagungszeitraum vor der Geburt des Kindes mit einem anderen Partner (Nicht-Elternteil) sei im Rahmen der Einkommensgrenze das konkret auf den Elternteil entfallende, dem Einkommensteuerbescheid zugrunde liegende zu versteuernde Einkommen maßgeblich. Die Zusammenveranlagung führe weder dazu, dass sich der Elternteil das zu versteuernde Einkommen beider Ehegatten zurechnen lassen müsste, noch dazu, dass dem Elternteil pauschal die Hälfte des gemeinsam versteuerten Einkommens beider Ehegatten zuzurechnen wäre. Im Streitfall wurde der Anspruch auf Elterngeld ausgeschlossen, weil das zu versteuernde Einkommen der Mutter und des nicht mit ihr verheirateten Kindsvaters die maßgebliche Einkommensgrenze von seinerzeit 300.000 Euro überschritten hatte.

Anmerkung:

Zudem vermag das LSG Bayern im Hinblick auf die in BEEG festgeschriebenen Einkommensgrenzen keine verfassungsrechtlichen Bedenken zu erkennen.

j) Elternzeit: Nur ausnahmsweise einstweilige Verfügung auf Teilzeitbeschäftigung

Eine einstweilige Verfügung auf Beschäftigung in Teilzeit kommt während der Elternzeit nur ausnahmsweise in Betracht. Dies entschied das LAG Hessen mit rechtskräftigem Urteil vom 13.1.2025[2)]. Dies begründet das LAG damit, dass eine Arbeitnehmerin im Rahmen des Anspruchs auf Elternzeit grundsätzlich nicht zur Arbeitsleistung verpflichtet ist und deshalb die Organisation der Kinderbetreuung – anders als im Rahmen des allgemeinen Teilzeitanspruchs – kein Argument für eine Teilzeit sei. **641**

Die Zuerkennung eines Anspruchs auf einstweilige Verfügung sei allein in der Konstellation denkbar, dass die Arbeitnehmerin auf die **Teilzeit** während der Elternzeit **zur Sicherung** ihres **Lebensunterhalts** dringend angewiesen ist.

k) Gesetzliche Rentenversicherung: Versicherungspflicht bei deutschem Arbeitgeber und Wohnsitz im Ausland

Für die Annahme eines Beschäftigungsortes im sozialversicherungsrechtlichen Sinn sind allein die **tatsächlichen Verhältnisse** und nicht die rechtlichen Vereinbarungen maßgeblich. **642**

Im Sozialversicherungsrecht gilt derjenige Ort als Beschäftigungsort, an dem die Beschäftigung tatsächlich ausgeübt wird, § 9 Abs. 1 SGB IV. Gemäß rechtskräftigem Urteil des LSG Bayern vom 22.1.2025[3)] kommt es regelmäßig auf die **körperliche Anwesenheit des Beschäftigten** an.

Weiter stellt das LSG Bayern klar, dass **keine Entsendung** vorliegt, wenn ein Arbeitnehmer in seinem ausländischen Wohnstaat von einem Unternehmen mit Sitz in Deutsch-

---

1) LSG Bayern v. 29.4.2025, L 9 EG 1/23, juris.
2) LAG Hessen v. 13.1.2025, 16 Gla 1182/24, juris.
3) LSG Bayern v. 22.1.2025, L 19 R 456/22, juris.

land zu einer Tätigkeit in seinem Wohnstaat oder in einem anderen ausländischen Staat angeworben wurde.

Anmerkung:

Für die Frage, ob eine Entsendung im Sinne eines bilateralen Abkommens (hier: deutsch-türkisches Sozialversicherungsabkommen, DTSVA) vorliegt, ist nach Auffassung des LSG Bayern das Recht des (potenziellen) Entsendestaates ausschlaggebend.

V. IT-Recht und Datenschutz

1. EuGH zur Berechnung von Bußgeldern nach der DSGVO

643 Nach Art. 83 Abs. 4 DSGVO werden bei entsprechenden Verstößen Geldbußen von bis zu 10 Mio. Euro oder im Fall eines Unternehmens von bis zu 2 % seines gesamten weltweit erzielten Jahresumsatzes des vorangegangenen Geschäftsjahrs verhängt, je nachdem, welcher der Beträge höher ist. Bislang war allerdings unklar, ob der Gesamtumsatz eines Konzerns zur Festlegung der Maximalhöhe auch für die eigentliche Berechnung der Geldbuße maßgeblich sein kann. Diese Unklarheit hat der EuGH nun in seinem Urteil vom 13.2.2025[1] geklärt.

Zunächst stellt der EuGH in Fortführung seiner bisherigen Rechtsprechung klar, dass für die Berechnung des Höchstbetrages des Bußgeldes der **weltweite Konzernumsatz** berücksichtigt werden kann. Denn der Begriff Unternehmen i.S.v. Art. 83 Abs. 4 bis 6 DSGVO entspreche dem **wettbewerbsrechtlichen Unternehmensbegriff**. Der Begriff „Unternehmen" sei zudem relevant, um die tatsächliche oder materielle Leistungsfähigkeit des Adressaten der Geldbuße zu beurteilen und so zu überprüfen, ob die Geldbuße wirksam, verhältnismäßig und abschreckend ist. Gleichwohl betont der EuGH, dass die **Bestimmung des Höchstbetrags von der eigentlichen Berechnung der Geldbuße zu unterscheiden** sei. Für die konkrete Berechnung der Geldbuße seien auch die in Art. 83 Abs. 2 DSGVO genannten Kriterien (insb. Art, Schwere und Dauer des Verstoßes etc.) sowie die **tatsächliche oder materielle Leistungsfähigkeit des Bußgeldadressaten**, d.h. des sanktionierten Unternehmens, zu berücksichtigen.

Anmerkung:

Für die Praxis bedeutet dies, dass die **maximal mögliche Geldbuße** bei DSGVO-Verstößen **bis zu 2 % des Konzernjahresumsatzes** betragen kann, die konkret zu verhängende Geldbuße aber eben doch auch die **wirtschaftliche Leistungsfähigkeit** des betroffenen Unternehmens berücksichtigen muss.

2. Wettbewerbsrechtliche Klage von Verbraucherschutzverbänden wegen datenschutzrechtlicher Verstöße

644 Nach Auffassung des BGH können Verbraucherschutzverbände vor den Zivilgerichten wettbewerbsrechtliche Unterlassungsansprüche gegenüber dem Betreiber eines sozialen Netzwerks einklagen, die aus einem Verstoß gegen die datenschutzrechtliche Verpflichtung resultieren, Netzwerknutzer über den Umfang und den Zweck der Erhebung und Verwendung ihrer personenbezogenen Daten zu unterrichten.

Die Entscheidung des BGH erging zu kostenlosen Online-Spielen, die ein soziales Netzwerk auf seiner Internetplattform in einem App-Zentrum anbot. Unter dem Button „Sofort spielen" waren Hinweise zu lesen, wonach durch das Anklicken des Buttons „allgemeine Informationen (?), Deine E-Mail-Adresse, Über Dich, Deine Statusmeldungen" der Anwendung mitgeteilt wurden. Beim Beenden des Spiels wurde der Hinweis

---

1) EuGH v. 13.2.2025, C-383/23, DB 2025, 589, vgl. hierzu auch Anm. Ernst, ZIP 2025, 692.

angezeigt, dass die Anwendung Statusmeldungen, Fotos und mehr im Namen des Nutzers posten darf.

Der Dachverband der Verbraucherzentralen der Bundesländer vertrat die Auffassung, dass der **Betreiber des sozialen Netzwerks** die Nutzer des Netzwerks nicht hinreichend über den Umfang und Zweck der Erhebung und Verwendung ihrer personenbezogenen Daten unterrichtet und damit gegen die gesetzlichen Anforderungen an die Einholung einer **wirksamen datenschutzrechtlichen Einwilligung** verstoßen habe. Der Dachverband sah darin zugleich ein wettbewerbswidriges Verhalten und nahm den Netzwerkbetreiber auf Unterlassung in Anspruch. Zudem sah der Dachverband in dem Hinweis beim Beenden des Spiels eine den Nutzer unangemessen benachteiligende Allgemeine Geschäftsbedingung.

Mit Urteil vom 27.3.2025[1] bestätigt der BGH das Klagebegehren des Dachverbands, nachdem zuvor das Verfahren ausgesetzt und dem EuGH Fragen zur Auslegung der DSGVO zur Vorabentscheidung vorgelegt wurden[2]. So bejaht der BGH die Klagebefugnis wegen Verstoßes gegen die DSGVO nach den Vorgaben des Gesetzes gegen den unlauteren Wettbewerb. Durch die unzureichende Unterrichtung des Nutzers zu Beginn des Nutzungsvorgangs sei **gegen die Informationspflichten** nach Art. 12 Abs. 1 Satz 1, Art. 13 Abs. 1 Buchst. c und e DSGVO und zugleich **gegen das Lauterkeitsrecht** unter dem Gesichtspunkt des Vorenthaltens einer wesentlichen Information gemäß § 5a Abs. 1 UWG **verstoßen** worden. Auch der Beurteilung als unangemessene benachteiligende Allgemeine Geschäftsbedingung durch den Hinweis nach Spielende folgt der BGH.

Anmerkung:

In zwei weiteren Entscheidungen vom 27.3.2025[3] kommt der BGH zu dem Ergebnis, dass ein Apotheker, der auf einer Internet-Verkaufsplattform Arzneimittel verkauft und dort ohne ausdrückliche Einwilligung der Kunden deren Bestelldaten erhebt, gegen die für Gesundheitsdaten geltenden datenschutzrechtlichen Bestimmungen verstößt. Dieser Verstoß könne durch einen anderen Apotheker mit einer wettbewerbsrechtlichen Klage vor den Zivilgerichten verfolgt werden. Dem Urteil unter dem Az. I ZR 223/19 ging dabei ebenso eine Entscheidung des EuGH voraus,[4] mit der Fragen zur Auslegung der DSGVO vorab geklärt wurden.

3. Datenschutz am Arbeitsplatz: Zulässige Kündigung eines Vorstandsmitglieds

Die außerordentliche Kündigung eines Vorstandsmitglieds, das sensible Unternehmensdaten an seinen privaten E-Mail-Account weitergeleitet hatte, ist rechtmäßig. **645**

Wie das OLG München in seinem Urteil vom 31.7.2024[5] ausführt, ist die Weiterleitung sensibler Unternehmensdaten durch ein Vorstandsmitglied an dessen privaten E-Mail-Account ein bedeutender Verstoß gegen die Datenschutz-Grundverordnung (DSGVO) – und zwar auch dann, wenn keine gesetzliche Verschwiegenheitspflicht nach Aktiengesetz (§ 93 Abs. 1 Satz 3 AktG) verletzt wurde. Jedenfalls habe das Vorstandsmitglied durch die Weiterleitung der E-Mails gegen die sich aus § 91 Abs. 1 Satz 1 AktG ergebende **Sorgfaltspflicht**, die in Gestalt der Legalitätspflicht die eigene **Regeltreue des Vorstands** fordert, verstoßen. Die Weiterleitung der E-Mails auf den privaten Account und die dortige Speicherung stelle eine Verarbeitung i.S.d. Art. 4 Nr. 2 DSGVO dar,

1) BGH v. 27.3.2025, I ZR 186/17, DB 2025, 1068, vgl. hierzu auch Becker, jurisPR-WettbR 6/2025 Anm. 3.
2) EuGH v. 28.4.2022, Meta Platforms Ireland I, C-319/20, DB 2022, 1191 und EuGH v. 11.7.2024, Meta Platforms Ireland II, C-757/22, DB 2024, 1945, vgl. hierzu auch Anm. Rott, ZIP 2024, 2754.
3) BGH v. 27.3.2025, I ZR 222/19, WM 2025, 774, und I ZR 223/19, NJW 2025, 2237, vgl. zu den beiden BGH-Urteilen auch Becker, jurisPR-WettbR 6/2025 Anm. 3.
4) EuGH v. 4.10.2024, Lindenapotheke, C-21/23, BB 2024, 2508
5) OLG München v. 31.7.2024, 7 U 351/23 e, NJW-RR 2025, 38, vgl. hierzu auch Anm. Vetter, ZIP 2025, 127.

die nicht durch eine Einwilligung der betroffenen Personen gedeckt sei. Diese Weiterleitung war auch nicht zur Wahrung der berechtigten Interessen des Vorstandsmitglieds erforderlich (Art. 6 Abs. 1 Buchst. f DSGVO). Die Verletzung der in der DSGVO festgelegten Regeln ist ein eine außerordentliche Kündigung rechtfertigender wichtiger Grund gemäß § 626 Abs. 1 BGB.

Weiter erachtete das Gericht den Abberufungsbeschluss als materiell wirksam. So bilde ein wichtiger Grund gemäß § 626 Abs. 1 BGB für die außerordentliche fristlose Kündigung des Vorstandsdienstvertrages immer auch einen wichtigen Grund für die Abberufung des Vorstands nach § 84 Abs. 4 Satz 1 AktG, da die Voraussetzungen des § 626 Abs. 1 BGB enger seien als der Kreis der Gründe, die den Widerruf der Organstellung erlauben.

Anmerkung:

Eine vorherige Abmahnung sei bei Vorstandsdienstverträgen nicht erforderlich, da Vorstandsmitglieder die Pflicht haben, ihre Aufgaben gesetzeskonform zu erfüllen.

4. Kein Schadensersatz allein wegen eines negativen Gefühls aufgrund verspäteter Datenauskunft

646 Die **verzögerte Auskunft über gespeicherte personenbezogene Daten** löst noch keinen Schadensersatzanspruch aus. Für sich genommen würde es sich dabei zunächst einmal lediglich um einen zeitlichen Verzug handeln. Vielmehr muss für das Vorliegen eines Schadensersatzanspruchs auch das Tatbestandsmerkmal des Schadens mit Leben gefüllt werden und etwa bei einer **konkreten Gefahr des Datenmissbrauchs** vorliegen.

Im Streitfall verlangte ein Arbeitnehmer sechs Jahre nach Beschäftigungsende Auskunft von seiner ehemaligen Arbeitgeberin über die personenbezogenen Daten, die sie noch von ihm gespeichert hatte. Die vom Arbeitnehmer gesetzte Frist ließ die Arbeitgeberin verstreichen. Sie reagierte erst auf eine erneute Aufforderung. Für diese Verzögerung verlangte der Arbeitnehmer Schadensersatz.

Gemäß Urteil des BAG vom 20.2.2025[1)] löst allein die Verzögerung der Auskunftserteilung keinen Schadensersatzanspruch nach Art. 82 Abs. 1 DSGVO aus. Erforderlich sei nicht nur die Darlegung und der Beweis der verzögerten Auskunftserteilung i.S.v. Art. 82 DSGVO, sondern auch des dadurch entstandenen Schadens. Hierfür reiche allein ein **negatives Gefühl nicht** aus. Einen gesetzwidrigen Datenabfluss oder sonstigen Datenmissbrauch habe der Arbeitnehmer nicht beklagt. Auch die konkrete Gefahr eines solchen Schadens habe er nicht dargelegt. Insbesondere seien seine Daten in den letzten sechs Jahren nicht missbraucht worden.

VI. Immobilienrecht

1. Gewerblicher Pachtvertrag: Unwirksamkeit einer „Change-of-Control-Klausel" in Miet- oder Pachtvertrags-AGB

647 Der Austausch des Geschäftsführers einer juristischen Person oder die Änderung der Gesellschafter begründet **keinen Wechsel des Vertragspartners** in einem Miet- oder Pachtvertrag. In diesem Fall liegt keine unbefugte Überlassung an einen Dritten vor. An der Pachtsache besteht **Organbesitz der Gesellschaft**, ausgeübt durch den jeweiligen Geschäftsführer.

Mit rechtskräftigem Urteil vom 21.2.2025[2)] stellte das OLG Frankfurt a.M. klar, dass eine sog. **„Change-of-Control-Klausel"** im Rahmen Allgemeiner Geschäftsbedingungen bei Abschluss eines Miet- oder Pachtvertrags mit einer Unternehmensgesellschaft

1) BAG v. 20.2.2025, 8 AZR 61/24, NZA 2025, 837, vgl. hierzu auch Besgen, B+P 2025, 455.
2) OLG Frankfurt v. 21.2.2025, 2 U 35/24, GmbHR 2025, 700, vgl. hierzu auch Anm. Linnerz, ZIP 2025, 2166.

– im Streitfall einem in der Rechtsform einer GmbH geführten Hotel – den Vertragspartner **unangemessen benachteiligt** und damit unwirksam ist (§ 307 Abs. 1 Satz 1 BGB). Bei Abschluss eines Miet- oder Pachtvertrags mit einer Unternehmensgesellschaft müsse ein Vermieter mit einem Gesellschafterwechsel rechnen. Die Annahme eines Kontrollinteresses bei jeglichem Wechsel im Gesellschafterbestand oder der Geschäftsführung gehe zu weit.

In diesem Sinne ist auch die Kündigung im Hinblick auf eine unterlassene Anzeige der Änderung der gesellschaftsrechtlichen Verhältnisse nicht aus wichtigem Grund (§ 581 Abs. 2 BGB i.V.m. § 543 Abs. 1 Satz 2 BGB) wirksam, da es für einen wichtigen Grund bereits an der Pflichtverletzung fehlt.

2. Rücktritt vom Bauträgervertrag: Kein Erlöschen eines entstandenen Anspruchs auf Vertragsstrafe

Sofern nichts Abweichendes vereinbart wurde, erlischt der Anspruch auf Zahlung einer **648** vereinbarten und bereits verwirkten Vertragsstrafe wegen des Verzugs des Unternehmers mit der Fertigstellung eines abnahmereifen Bauwerks nicht dadurch, dass der Werkbesteller aufgrund eines ihm in einem Bauträgervertrag vertraglich eingeräumten Rücktrittsrechts wegen der nicht termingerechten Fertigstellung vom Vertrag zurücktritt.

Der BGH kam in seinem Urteil vom 22.5.2025[1] zu dem Ergebnis, dass die Vorschriften über den Rücktritt in §§ 346 ff. BGB und die Vertragsstrafe in §§ 339 ff. BGB keine ausdrücklichen Regelungen zu den Rechtsfolgen eines Rücktritts in Bezug auf eine zum Zeitpunkt des Rücktritts bereits verwirkte, jedoch noch nicht gezahlte Vertragsstrafe enthalten. So führe der Rücktritt von einem Vertrag nur zu dessen Umgestaltung für die Zukunft (**Rückgewährsschuldverhältnis ex nunc**). Zwar erlöschen nach Auffassung des BGH die Primärleistungspflichten; jedoch werde der Vertrag **nicht** in seinen **Ursprungszustand** zurückversetzt. Die Druck- und Ausgleichsfunktion der Vertragsstrafe würde beeinträchtigt, wenn der Anspruch durch den Rücktritt entfiele.

Demnach durfte ein Werkbesteller im Streitfall eine vereinbare Vertragsstrafe in voller Höhe verlangen, nachdem er wegen nicht termingerechter Fertigstellung eines abnahmefertigen Bauwerks vom Bauträgervertrag zurückgetreten war.

VII. Environmental Social Governance

1. Verpackungsgesetz: Systembeteiligungspflicht von Verpackungen

a) Typischerweise als Abfall zu bewertende Verpackungen

Das VG Osnabrück entschied mit Urteilen vom 11.2.2025[2] in zwei ähnlich gelagerten **649** Fällen, dass für die Frage, ob eine **Verpackung** gemäß § 3 Abs. 8 VerpackG **„typischerweise" beim privaten Endverbraucher als Abfall** anfällt und daher systembeteiligungspflichtig ist, die **allgemeine Verkehrsauffassung** maßgeblich ist. Diese sei die mittels einer ex-ante-Einschätzung anhand abstrakt-typisierender Merkmale zu bestimmen.

Hierfür dürfe die Stiftung Zentrale Stelle Verpackungsregister norminterpretierende Verwaltungsvorschriften erlassen, unter die der Katalog systembeteiligungspflichtiger Verpackungen fällt. Die dort vorgenommene Typisierung sei in den Grenzen des allgemeinen Gleichheitsgrundsatzes und zum Zwecke der Praktikabilität und Vereinfachung zulässig, da es sich bei Einordnungsentscheidungen systembeteiligungspflichtiger Verpackungen um Massenentscheidungen handele.

1) BGH v. 22.5.2025, VII ZR 129/24, NJW 2025, 2401, vgl. hierzu auch Schwenker, jurisPR-BGHZivilR 17/2025 Anm. 2.

2) VG Osnabrück v. 11.2.2025, 7 A 157/23, Magazindienst 2025, 943, und 7 A 162/23, juris.

Anmerkung:

Eine Herstellerin von Lacken und Beizen sowie ein Unternehmen der Lebensmittelindustrie wehrten sich gegen die Einordnung der Stiftung Zentrale Stelle Verpackungsregister, die verschiedene derer Verpackungen – u.a. Eimer, Dosen und Kanister aus Kunststoff und Metall, befüllt mit Grundierung, Verdünnung und Lackfarben sowie einen 9 kg Eimer Salatmayonnaise aus Polyprophylen – als systembeteiligungspflichtige Verpackungen gemäß § 3 Abs. 8 VerpackG einstufte.

Das Gericht vertritt die Auffassung, dass mit dem Katalog der Stiftung Zentrale Stelle Verpackungsregister in zulässiger Weise von der Befugnis zum Erlass normkonkretisierender Verwaltungsvorschriften zum Zwecke der Verwaltungsvereinheitlichung und -vereinfachung Gebrauch gemacht wurde. Die danach heranzuziehenden Kriterien zur Differenzierung anhand von Merkmalen wie z.B. der (Grenz-)Füllgröße und auch die dadurch entstehende Typisierung der Verpackungen sei zugunsten des anerkannten Ziels der Praktikabilität zulässig.

Auch durfte die Stiftung die Entscheidung zur Systembeteiligungspflicht aufgrund ihrer allgemeinen Bedeutung und Auswirkungen für sämtliche mit dem Prüfgegenstand befassten Personen als sachbezogene Allgemeinverfügung im Internet öffentlich bekanntgeben.

Anmerkung:

Das VG Osnabrück hat die Berufung wegen grundsätzlicher Bedeutung zugelassen. Die Frage, ob die der Einordnungsentscheidung zugrunde gelegte abstrakt-typisierende Betrachtungsweise in Anwendung des Katalogs systembeteiligungspflichtiger Verpackungen rechtmäßig ist, bedürfe der Klärung in der obergerichtlichen Rechtsprechung.

b) Kunststoff-Permanenttragetasche als systembeteiligungspflichtige Verpackung

650 Das VG Köln bestätigte mit Urteil vom 31.1.2025[1] eine Einordnungsentscheidung der Stiftung Zentrale Stelle Verpackungsregister bezüglich einer **Permanenttragetasche aus Kunststoff** mit einer Traglast von bis zu 20 kg als **systembeteiligungspflichtige Verpackung** im Sinne von § 3 Abs. 8 VerpackG. So werde die Tasche primär in ihrer Funktion als Verkaufsverpackung erworben und genutzt. Die Möglichkeit der Verwendung der Tasche zu anderen Zwecken als zur Befüllung mit Ware durch den Letztvertreiber, schließe die Verpackungseigenschaft nicht aus. Zudem falle auch die Permanenttragetasche typischerweise beim Endkunden zu irgendeinem Zeitpunkt als Abfall an.

Das VG Köln stufte die Permanenttragetasche gestützt auf § 3 Abs. 1 Satz 1 Nr. 1 Buchst. b) VerpackG zunächst als Serviceverpackung im Sinne einer Verkaufsverpackung ein. Sie erfülle mehrere der in § 3 Abs. 1 Satz 1 VerpackG genannten Verpackungsfunktionen und werde im Kassenbereich angeboten, um in erster Linie die Übergabe der erworbenen Waren an die Kunden zu ermöglichen. Der mögliche Zweitnutzen der Tragetasche ändere an der Erfüllung der Verpackungsdefinition nichts. Dies werde auch in Nr. 1 Buchst. a) der Anlage 1 zu § 3 Abs. 1 VerpackG klar, wonach Gegenstände als Verpackungen gelten, wenn sie der in § 3 Abs. 1 VerpackG genannten Begriffsbestimmung entsprechen, und zwar unbeschadet anderer Funktionen, die die Verpackung möglicherweise ebenfalls erfüllt.

Zudem sei die Permanenttragetasche als Verkaufsverpackung gemäß § 3 Abs. 8 VerpackG systembeteiligungspflichtig, da sie nach Gebrauch typischerweise beim privaten Endverbraucher als Abfall anfalle. Denn es sei davon auszugehen, dass grundsätzlich jede Verpackung – auch Permanenttragetaschen – früher oder später einmal als Abfall anfallen wird. Eine zwischenzeitliche, auch längerfristige Weiterverwendung

1) VG Köln v. 31.1.2025, 9 K 783/22, juris.

durch den privaten Endverbraucher befreie insofern nicht von der Systembeteiligungspflicht.

Anmerkung:

Das VG Köln hat die Sprungrevision zum BVerwG wegen der grundsätzlichen Bedeutung der Rechtssache zugelassen. Die Frage, ob die Permanenttragetasche auch im Hinblick auf ihre vielfache anderweitige Verwendbarkeit eine Verpackung im Sinne des VerpackG ist, sei nicht zuletzt vor dem Hintergrund, dass beim Umweltbundesamt derzeit noch mehrere Widerspruchsverfahren zur Einstufung gleich ausgestalteter Tragetaschen als systembeteiligungspflichtige Verpackung anhängig sind, höchstrichterlich klärungsbedürftig.

2. Tübinger Verpackungssteuer ist verfassungsgemäß

Die Universitätsstadt Tübingen erhebt mit der Verpackungssteuersatzung seit dem 1.1.2022 eine Steuer auf den Verbrauch nicht wiederverwendbarer Verpackungen sowie nicht wiederverwendbaren Geschirrs und Bestecks, sofern Speisen und Getränke darin bzw. damit für den unmittelbaren Verzehr an Ort und Stelle oder als mitnehmbare take-away-Gerichte oder -Getränke verkauft werden. Der Endverkäufer entsprechender Speisen und Getränke ist zur Entrichtung der Steuer verpflichtet. **651**

Ein Tübinger Schnellrestaurant wandte sich gegen die Besteuerung des Verbrauchs der von ihm verwendeten Einwegartikel und stellte einen Normenkontrollantrag, der vom Bundesverwaltungsgericht mit Urteil vom 24.5.2023[1] im Wesentlichen abgelehnt wurde.

Die hiergegen gerichtete Verfassungsbeschwerde blieb ohne Erfolg. Das BVerfG hat die Verfassungsbeschwerde gegen die Satzung der Universitätsstadt Tübingen über die Erhebung einer Verpackungssteuer mit Beschluss vom 27.11.2024[2] zurückgewiesen und diese für rechtmäßig befunden. Danach handelt es sich bei der **Verpackungssteuer** auch insoweit um eine **„örtliche" Verbrauchsteuer** i.S.d. Art. 105 Abs. 2a Satz 1 Grundgesetz (GG), als der Verbrauch von Einwegartikeln beim Verkauf von „mitnehmbaren take-away-Gerichten oder -Getränken" besteuert wird. Der mit der Verpackungssteuersatzung bezweckte Anreiz zur Verwendung von Mehrwegsystemen widerspreche auch keiner seit ihrem Inkrafttreten maßgeblichen Konzeption des bundesrechtlichen Abfallrechts.

Anmerkung:

Tübingen darf damit weiterhin für jede Einwegverpackung 50 Cent und für jedes Einwegbesteck 20 Cent Verpackungsteuer erheben.

VIII. Energierecht

1. Gesetz zur Änderung des Kraft-Wärme-Kopplungsgesetzes

Das Gesetz zur Änderung des Kraft-Wärme-Kopplungsgesetzes und der KWK-Ausschreibungsverordnung wurde am 31.1.2025 vom Bundestag angenommen. Der Bundesrat erteilte am 14.2.2025 seine Zustimmung. **652**

Mit dem Gesetz zur Änderung des Kraft-Wärme-Kopplungsgesetzes und der KWK-Ausschreibungsverordnung vom 21.2.2025, das am 25.2.2025 im Bundesgesetzblatt[3] verkündet wurde und 1.4.2025 in Kraft trat, wurde zunächst ein drohender Ausbaustopp von KWK Anlagen verhindert. Bisher war das Kraft-Wärme-Kopplungsgesetz bis

1) BVerwG v. 24.5.2023, 9 CN 1.22, ZKF 2023, 233.
2) BVerfG v. 27.11.2024, 1 BvR 1726/23, HFR 2025, 282 mit Anm. Bopp/Möller, jurisPR-SteuerR 16/2025 Anm. 7.
3) BGBl. I 2025 Nr. 54.

Ende 2026 befristet, so dass nur Anlagen gefördert wurden, die bis dahin in Dauerbetrieb genommen worden sind.

Diese **Frist** ist nunmehr **bis zum 31.12.2030 verlängert** worden. Darüber hinaus wurde das Gesetz an geänderte EU-Vorschriften sowie geänderte Begrifflichkeiten angepasst. Es wurden Übergangsvorschriften bis zum Inkrafttreten des KWKG 2025 geschaffen.

2. Gesetz zur Änderung des Energiewirtschaftsrechts

653 Das Gesetz zur Änderung des Energiewirtschaftsrechts zur Vermeidung von temporären Erzeugungsüberschüssen ist die abgespeckte Version der in der 19. Legislaturperiode geplanten großen Energierechtsnovelle. Das Gesetz vom 21.2.2025 wurde am 24.2.2025 im Bundesgesetzblatt[1] verkündet. Es sieht vor, dass **neue PV-Anlagen** in der Regel keine **Einspeisevergütung** zu Zeiten erhalten, in denen die Strommarktpreise wegen zu hohen Angebots negativ sind.

Weiter ist geregelt, dass sich der **Vergütungszeitraum** um die Anzahl der Viertelstunden verlängert, in denen die Vergütung wegen negativer Strompreise weggefallen ist. Weiterhin wird die Vergütung für Überschuss-Einspeisung gesenkt und die Pflicht zur Steuerbarkeit von PV-Anlagen auf Anlagen ab einer Leistung von 7 kWp ausgedehnt.

Aufgrund des bisher nach wie vor zu langsamen Smart-Meter-Rollouts wurden die Rahmenbedingungen für **intelligente Messsysteme** noch einmal zugunsten der Anbieter verbessert.

Die Regelungen zum Netzanschluss wurden flexibler. So können nunmehr **Netzverknüpfungspunkte** überbaut werden, so dass die Summe der angeschlossenen Leistungen höher sein kann als die Anschlusskapazität am Netzverknüpfungspunkt. Daneben können Netzanschlussvereinbarungen flexibel gestaltet werden. Es kann bspw. vereinbart werden, dass in bestimmten Zeitfenstern oder auch auf Anweisung des Netzbetreibers nur Teile der installierten Anlagenleistung eingespeist werden können.

Speicherbetreibern stehen nunmehr drei unterschiedliche nach dem EEG geförderte Optionen zum Betrieb ihrer Speicher zur Verfügung.

Netzbetreiber, die aufgrund ihrer Größe nicht zur gesellschaftsrechtlichen Entflechtung verpflichtet sind (de minimis Unternehmen) durften nach bisheriger Rechtslage nach dem 31.12.2024 **keine Ladesäulen** mehr betreiben. Diese Frist hat der Gesetzgeber erneut um zwei Jahre bis Ende 2026 verlängert.

3. Gesetz zur Änderung des Erneuerbare-Energien-Gesetzes

654 Mit dem Gesetz zur Änderung des Erneuerbare-Energien-Gesetzes zur Flexibilisierung von Biogasanlagen und Sicherung der Anschlussförderung vom 21.2.2025[2] wurde am 24.2.2025 im Bundesgesetzblatt verkündet, wodurch sich die Situation für Betreiber von Biogasanlagen verbessert. Das **Ausschreibungsvolumen** wurde um 75 % angehoben und die Chancen auf eine **Anschlussförderung** wurden erhöht.

Abfallverbrennungsanlagen, die dem Brennstoffemissionshandelsgesetz (BEHG) unterfallen, werden ausdrücklich aus dem Anwendungsbereich des Gesetzes über den Handel mit Berechtigungen zur Emission von Treibhausgasen (TEHG) ausgenommen.

4. TEHG-Europarechtsanpassungsgesetz 2024

655 Das Gesetz zur Anpassung des Treibhausgas-Emissionshandelsgesetzes an die Änderungen der Richtlinie 2003/87/EG (TEHG-Europarechtsanpassungsgesetz 2024) vom 27.2.2025[3] und im Bundesgesetzblatt verkündet am 5.3.2025 enthält eine **Anpassung**

1) BGBl. I 2025 Nr. 51.
2) BGBl. I 2025 Nr. 52 v. 24.2.2025.
3) BGBl. I 2025 Nr. 70.

der nationalen Rechtsgrundlagen an die auf europäischer Ebene beschlossenen Änderungen des Emissionshandels und des **CO_2-Grenzausgleichsystems CBAM**.

5. Zulässigkeit von Baukostenzuschüssen für Batteriespeicher

Baukostenzuschüsse (BKZ) sind finanzielle Beträge, die Netzbetreiber von Kunden erheben können, um die Kosten für die Errichtung des Strom- oder Gasnetzes teilweise oder vollständig abzudecken. Solche Baukostenzuschüsse werden typischerweise beim Anschluss von Verbrauchern erhoben. Inwieweit sie aber auch für netzgekoppelte Batteriespeicher erhoben werden können, die ja nicht nur Verbraucher, sondern auch Einspeiser sind, war bislang unklar. **656**

Der BGH hat mit Beschluss vom 15.7.2025[1)] entschieden, dass **Netzbetreiber** grundsätzlich einen **Baukostenzuschuss nach dem sog. Leistungspreismodell erheben** dürfen, ihnen aber ein Ermessenspielraum zusteht. Nach Ansicht des Gerichts seien die besonderen Kapazitätsanforderungen von Batteriespeichern mit erheblichen Investitionen in die Netzinfrastruktur verbunden, die im Wege des Leistungspreismodells angemessen abgebildet werden könnten. Dem Interesse der Allgemeinheit am weiteren Ausbau von Batteriespeichern werde an anderer Stelle – durch die derzeit geltende Freistellung von Netzentgelten und die steuerlichen Vergünstigungen – Rechnung getragen. Es gebe daher keine objektive Rechtfertigung dafür, Batteriespeicher anders zu behandeln als andere Letztverbraucher.

Beratungshinweis:

Im Rahmen der Projektkalkulation sind die nun bestätigten Baukostenzuschüsse zu berücksichtigen. Für Projekte kann dies empfindliche wirtschaftliche Folgen haben. Es empfiehlt sich, frühzeitig das Gespräch mit dem Netzbetreiber zu suchen.

6. Ende der Kundenanlage

Im Streitfall versorgte ein Energieversorgungsunternehmen (Antragstellerin) aufgrund eines Wärmelieferungsvertrags mit einer Grundstückseigentümerin vier Wohnblöcke mit 96 Wohneinheiten sowie sechs Wohnblöcke mit 160 Wohneinheiten durch jeweils eine Energiezentrale und ein daran angeschlossenes Nahwärmenetz mit Wärme und Warmwasser. Die Stromversorgung der Wohnblöcke erfolgte über das Elektrizitätsverteilernetz der allgemeinen Versorgung, das von der Antragsgegnerin betrieben wird. 2018 plante das Energieversorgungsunternehmen die Errichtung und den Betrieb von zwei Blockheizkraftwerken und zwei getrennten elektrischen Leitungssystemen, an die die in den Wohnblöcken wohnenden Mieter angeschlossen werden sollten. Der in den Blockheizkraftwerken erzeugten Strom sollte an die Mieter verkauft werden. Deshalb meldete das Energieversorgungsunternehmen bei der örtlichen Verteilernetzbetreiberin Netzanschlüsse für zwei getrennte Kundenanlagen an und beantragte den Anschluss an deren Netz sowie die Bereitstellung der erforderlichen Zählpunkte gemäß § 20 Abs. 1d EnWG. Diese Anträge hat die Antragsgegnerin abgelehnt, weil es sich nicht um Kundenanlagen gemäß § 3 Nr. 24a EnWG handele. **657**

Wie nach dem Urteil des EuGH vom 28.11.2024[2)] nicht anders zu erwarten war, hat der BGH mit Beschluss vom 13.5.2025[3)] entschieden, dass die elektrischen Anlagen der Antragstellerin nicht als Kundenanlage anzuschließen sind und der Netzbetreiber auch nicht verpflichtet ist, eine Abrechnung über Unterzähler nach dem Summenzählermodell gemäß § 20 Abs. 1d EnWG zu ermöglichen.

1) BGH v. 15.7.2025, EnVR 1/24, WM 2025, 1845, vgl. hierzu auch Anm. Schellberg/Berg, N&R 2025, 238.
2) EuGH v. 28.11.2024, C-293/23, N&R 2025, 39 mit Anm. Sauer, N&R 2025, 43.
3) BGH v. 13.5.2025, EnVR 83/20, WM 2025, 1612, vgl. Hierzu auch Anm. Wilde, EnWZ 2025, 31.

Der Begriff der Kundenanlage in § 3 Nr. 24a EnWG ist laut BGH richtlinienkonform dahingehend auszulegen, dass eine **Kundenanlage** nur gegeben ist, wenn sie **kein Verteilernetz im Sinne von Art. 2 Nr. 28 der Elektrizitätsbinnenmarktrichtlinie darstellt**. Da die Anlage der Antragstellerin aber ein Netz sei, könne sie keine Kundenanlage sein.

Bereits nach dem EuGH Urteil haben sich Netzbetreiber vielfach geweigert, neue Anschlüsse als „Kundenanlagen" zu realisieren. Soweit ersichtlich, schließen Netzbetreiber zurzeit keine Anlagen als „Kundenanlagen" an ihr Netz an, die mehr als ein Gebäude umfassen.

Solange alle Marktteilnehmer sowie die Steuer- und Regulierungsbehörden die bestehenden Kundenanlagenkonstellationen unterstützen, gibt es für die Betreiber bestehender Anlagen keine Notwendigkeit, Änderung zu veranlassen. Allenfalls könnte geprüft werden, ob insbesondere bei größeren Anlagen eine Einstufung als geschlossenes Verteilernetz einen Ausweg bietet. Sollten bestehende Anlagen allerdings als Netze zu qualifizieren sein, entsteht verstärkter Handlungsbedarf.

Der BGH sieht die Möglichkeit, die Regelungen zur Kundenanlage richtlinienkonform auszulegen. Voraussetzung für die Annahme einer Kundenanlage ist danach, dass es sich nicht um ein Verteilernetz im Sinne von Art. 2 Nr. 28 Elektrizitätsbinnenmarktrichtlinie handelt. Die Elektrizitätsbinnenmarktrichtlinie definiert allerdings nur den Begriff der Verteilung (Transport von Elektrizität über Verteilernetze zur Belieferung von Kunden), nicht aber den Begriff des Netzes.

Praxistipp:

Es ist unbestritten, dass dezentrale Gebäude- und Quartierskonzepte einen wichtigen Beitrag zum Umbau der Energieversorgung leisten können. Diese Konzepte dürfen nicht durch eine überbordende Regulierungsbürokratie verhindert werden. Es wäre daher wünschenswert, wenn in der Elektrizitätsbinnenmarktrichtlinie selbst verbindlich geregelt würde, anhand welcher Kriterien die Abgrenzung von nicht Regulierung bedürftigen Anlagen zu regulierungsbedürftigen Netzen zu erfolgen hat. Die Bundesregierung sollte sich bei der EU-Kommission zügig für eine entsprechende Regelung stark machen. Entsprechende Anregungen von Seiten der Verbände gibt es bereits.

Bei neu anzuschließenden Anlagen sollte Konstellationen der Vorzug gegeben werden, die sich möglichst auf einzelne Gebäude beschränken. Das Risiko, dass gebäudeinterne Verteilungsanlagen als „Netz" zu qualifizieren sind, dürfte eher gering sein.

Die Betreiber bestehender Anlagen könnten prüfen, ob eine Einstufung als geschlossenes Verteilernetz Rechtssicherheit bietet.

Anhang

Steuerterminkalender 2026 658

Monat	Abgabetermin	Zahlungstermin[1]	Ende der Zahlungsschonfrist[2]	Steuerarten								Sozialversicherungsbeiträge	
				Lohnsteuer		Umsatzsteuer		Gewerbesteuer	Grundsteuer	Einkommensteuer	Körperschaftsteuer	Abgabe	Fälligkeit[3]
				Monat	Quartal	Monat	Quartal						
Januar	12.	12.	15.	■	■	■	■					26.	28.
Februar	10.	10.	13.	■		■						23.	25.
		16.	19.					■	■				
März	10.	10.	13.	■		■			31.[4]	■	■	25.	27.
April	10.	10.	13.	■	■	■	■					24.	28.
Mai	11.	11.	15.	■		■						22.	27.
		15.	18.					■	■				
Juni	10.	10.	15.	■		■				■	■	24.	26.
Juli	10.	10.	13.	■	■	■	■					27.	29.
August	10.	10.	13.	■		■						25.	27.
		17.	20.					■	■				
September	10.	10.	14.	■		■				■	■	24.	28.
Oktober	12.	12.	15.	■	■	■	■					26.	28.
November	10.	10.	13.	■		■						24.	26.
		16.	19.					■	■				
Dezember	10.	10.	14.	■		■				■	■	22.	28.
										15.[5]			

1) Bei Zahlung durch Scheck ist zu beachten, dass die Zahlung erst drei Tage nach Eingang des Schecks beim Finanzamt oder der Kommune (im Hinblick auf Gewerbesteuer und Grundsteuer) als erfolgt gilt.
Ist eine Steuer z.B. am 10.xx. fällig, muss der Scheck spätestens am 07.xx. beim Finanzamt eingehen.
2) Erfolgt die Zahlung innerhalb der Schonfrist, setzt die Finanzverwaltung keinen Säumniszuschlag fest. Bei Zahlung durch Scheckeinreichung wird keine Zahlungsschonfrist gewährt.
3) Sozialversicherungsbeiträge sind einheitlich am drittletzten Bankarbeitstag des laufenden Monats zur Zahlung fällig.
4) Fristablauf für Antrag auf Grundsteuer-Erlass 2025.
5) Fristablauf für Antrag auf Abgeltungsteuer-Verlustbescheinigung bei den Kreditinstituten.

Durch regionale Feiertage können sich Abweichungen ergeben.
Die vorstehenden Angaben wurden sorgfältig zusammengestellt, erfolgen jedoch ohne Gewähr. Eine Haftung kann nicht übernommen werden.

Stichwortverzeichnis

Die Ziffern des Stichwortverzeichnisses verweisen auf die Randziffern.

E

H

V